铜梁区地图

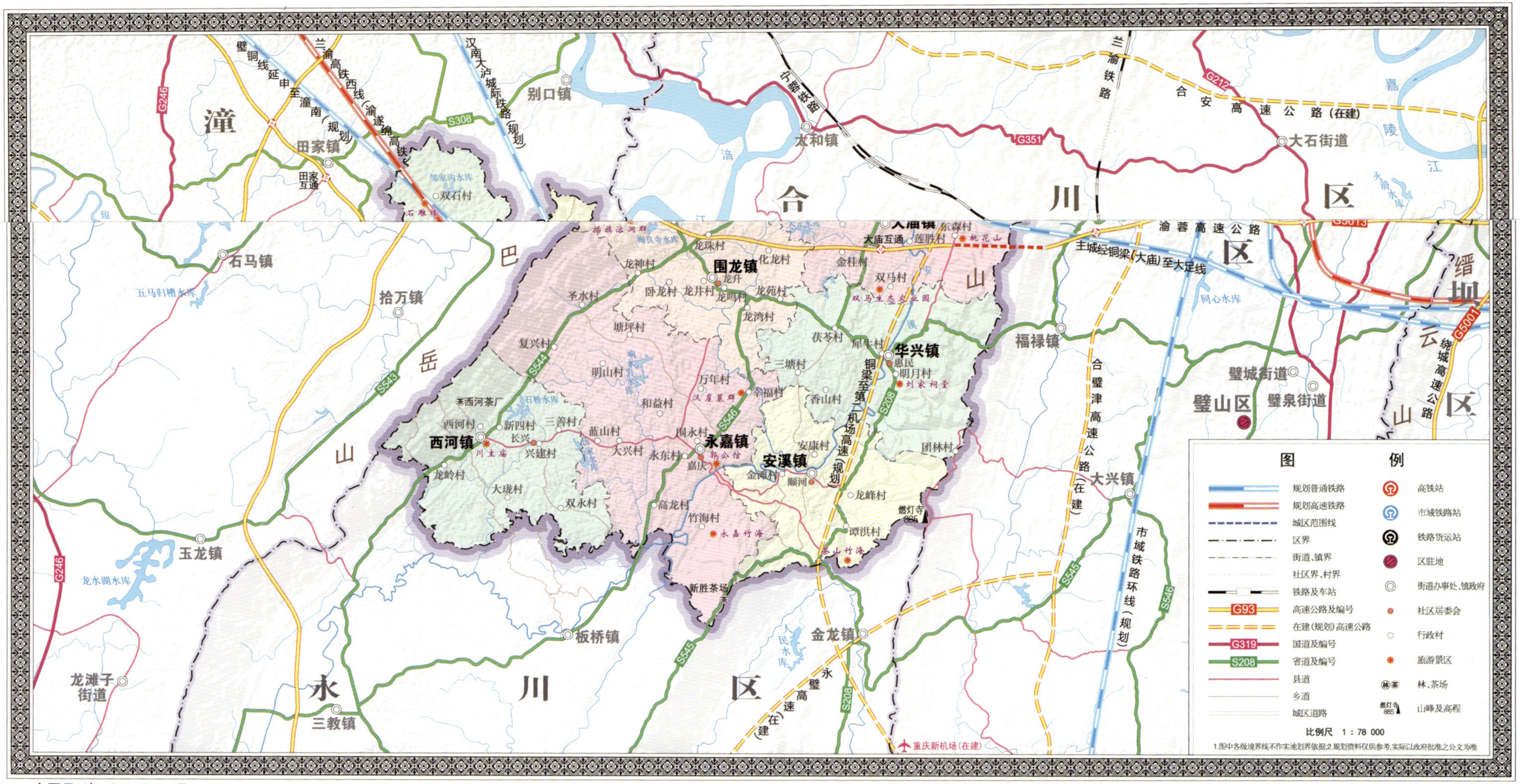

审图号：渝 S(2022)025 号

铜梁区规划和自然资源局 监制 重庆市勘测院(重庆市地图编制中心) 编制 二〇二一年八月

铜梁年鉴

2022

重庆市铜梁区人民政府／主办
重庆市铜梁区党史地方志研究中心／编纂

西南大学出版社

图书在版编目(CIP)数据

铜梁年鉴.2022/重庆市铜梁区党史地方志研究中心编纂.—重庆:西南大学出版社,2022.12

ISBN 978-7-5697-1621-4

Ⅰ.①铜… Ⅱ.①重… Ⅲ.①铜梁-2022-年鉴
Ⅳ.①Z527.193

中国版本图书馆CIP数据核字(2022)第193089号

铜梁年鉴(2022)(总第08卷)

重庆市铜梁区人民政府◎主办
重庆市铜梁区党史地方志研究中心◎编纂

责任编辑|于诗琦 张 昊
责任校对|谭 玺
装帧设计|闰江文化
排 版|黄金红
出版发行|西南大学出版社(原西南师范大学出版社)
地 址|重庆市北碚区天生路2号
邮 编|400715
电 话|023-68868624
经 销|新华书店
印 刷|重庆友源印务有限公司
幅面尺寸|210mm×285mm
印 张|35.5
字 数|830千字
版 次|2022年12月 第1版
印 次|2022年12月 第1次印刷
书 号|ISBN 978-7-5697-1621-4
定 价|288.00元

《铜梁年鉴》编辑委员会

《铜梁年鉴》编辑部

编辑说明

一、《铜梁年鉴》于2015年创刊，是重庆市铜梁区人民政府主管，铜梁区人民政府办公室主办，铜梁区党史地方志研究中心编辑出版的政府综合年鉴，自2018年卷起向国内外公开发行。

二、《铜梁年鉴》坚持以马克思列宁主义、毛泽东思想、邓小平理论、“三个代表”重要思想、科学发展观、习近平新时代中国特色社会主义思想为指导。它逐年真实、全面、系统地记载和反映铜梁区改革开放、经济发展及社会进步的情况，收录年度性主要文献和重要资料，旨在为决策服务、为经济导航、为民众提供信息、为修志积累史料，是各级、各部门、各单位和国内外人士认识铜梁的一个窗口。

三、《铜梁年鉴(2022)》记录2021年铜梁区政治、经济、文化、社会和生态文明建设的发展变化情况。全卷共有14个类目，分别是特载、专记、大事记、区情概览、政治、法治、军事、经济、生态文明、社会事业、镇 街道、荣誉、附录和索引，重点反映铜梁区的改革开放实践，政治、经济、科教、文化建设成就；反映加快推进新型工业化、信息化、城镇化、农业现代化建设，推进科技创新体系建设和保障民生以及城乡统筹发展的新进展、新成果。

四、《铜梁年鉴(2022)》采取类目、分目、条目的编辑体例，少数分目下增设次分目，条目下增设次条目，以字体、字号等区别不同层次。条目标题用方头括号【 】顶格表示，次条目标题用黑体字分段落表示。

五、《铜梁年鉴(2022)》统计资料由铜梁区统计局及相关职能单位提供。统计数据使用法定计量单位。因统计口径等原因，区级部门和镇街稿件中有个别数据与统计资料数据不尽一致的，一般以统计数据为准。

六、为避免文字累赘，凡直书月、日而未写年份的，即为2021年；数据增加或减少未注明出处的，即为2021年与上年(2020年)比较。

七、《铜梁年鉴(2022)》稿件由铜梁区属各部门、党派、团体以及各镇街和驻铜部队提供，并经供稿单位领导审核。

数字铜梁

·2021年度·

◆区域面积	1340.48平方千米
◆年末户籍人口	84.55万人
◆城镇化率	62.85%
◆地区生产总值	704.50亿元
◆公共财政预算收入	40.01亿元
◆公共财政预算支出	74.35亿元
◆工业增加值	272.72亿元
◆农业增加值	65.40亿元
◆全社会固定资产投资	392.07亿元
◆社会消费品零售总额	276.52亿元
◆银行业金融机构人民币存款余额	604.69亿元
◆银行业金融机构人民币贷款余额	433.40亿元
◆外贸进出口总额	12.53亿元
◆旅游总收入	85亿元
◆城镇常住居民人均可支配收入	45972元
◆农村常住居民人均可支配收入	23303元
◆城镇常住居民人均生活消费支出	27573元
◆农村常住居民人均生活消费支出	14617元

（聂倩 供稿）

目录

CONTENTS

特　载

专　记

大事记

区情概览

政　治

法 治

军 事

经　济

生态文明

社会事业

镇　街道

荣　誉

附　录

索　引

目录

CONTENTS

Quote

Special record

Events

Overview of the District

Politics

Law

Military

Economy

Ecological civilization

Social undertakings

Towns and Sub-districts

Honors

Appendix

Indexes

活力龙乡　魅力铜梁

2021年4月26日，土桥镇荷和原乡铜梁火龙表演现场。

郭洪 / 摄

铜梁区智能制造产业园外景，摄于2021年3月1日。
郭洪 / 摄

2021年4月，图为在建中的合璧津高速公路玉峰山段。
郭洪 / 摄

铜梁高楼柠檬基地，摄于2021年3月1日。

郭洪 / 摄

2021年3月21日，重庆铜梁原乡风情马拉松现场。

郭洪／摄

原乡风情马拉松
NATIVE CUSTOM MARATHON
重庆铜梁玄天湖
全程检录
入口
原乡风情
2021重庆铜梁
原乡风情马拉松

重庆铜梁高新技术产业开发区，摄于2021年5月7日。

郭洪/摄

铜梁
高新技术产业开发区

▶2021年6月13日，安居古城龙舟会现场。

郭洪/摄

▶2021年6月28日，铜梁区“永远跟党走”庆祝建党100周年文艺会演现场。

郭洪/摄

2021年7月31日，重庆精鸿益有限公司智能机器人车间。

郭洪 / 摄

2021年8月30日，铜梁区在土桥镇高垭村举行2021年中国农民丰收节稻谷收割比赛。

郭洪 / 摄

铜梁区龙城天街商圈，摄于2021年9月18日。

郭洪/摄

2021年9月18日，铜梁玄天湖。

郭洪/摄

2021年9月30日，铜梁区在邱少云烈士纪念碑前举行公祭仪式。
郭洪 / 摄

2021年9月，图为水口镇清泉社区乡村振兴车间。
区融媒体中心 / 供图

2021 年 10 月 30 日，亚洲龙狮锦标赛比赛现场。

郭洪 / 摄

2021 年 11 月 11 日，维新镇沿河村扶贫果丰收现场。

郭洪 / 摄

▶ 铜梁区城市快轨修建现场，摄于2021年11月30日。

郭洪/摄

▶2021年11月30日，巴川街道第七选区选民进行人大代表投票选举。
郭洪/摄

2021年12月14日，学习贯彻党的十九届六中全会精神区委宣讲团报告会现场。

区融媒体中心 / 供图

2021年12月17日，中国共产党重庆市铜梁区第十五届委员会第十四次全体会议召开。

区融媒体中心 / 供图

远眺铜梁城区，摄于2021年4月。

郭洪 / 摄

2022

铜/梁/年/鉴

特 载

坚定落实“两个确立”坚决做到“两个维护”建设重庆西向发展桥头堡争当成渝中部崛起排头兵奋力谱写铜梁高质量发展高品质生活新篇章

——2021年12月27日在中国共产党重庆市铜梁区第十六次代表大会上的报告

中共重庆市铜梁区委书记 谭庆

同志们：

现在，我代表中国共产党重庆市铜梁区第十五届委员会，向大会做报告。

中国共产党重庆市铜梁区第十六次代表大会，是在全面开启“十四五”、开拓奋进新征程的关键时刻召开的一次十分重要的会议。大会的主题是：以习近平新时代中国特色社会主义思想为指引，坚定落实“两个确立”，坚决做到“两个维护”，坚定不移大抓产业，持续强化民生保障，加快建设重庆西向发展桥头堡，努力争当成渝中部崛起排头兵，奋力谱写铜梁高质量发展高品质生活新篇章！

回望铜梁经济社会发展历程，我们深知创业的艰难和前行的不易。铜梁的改革开放能有今天的良好成效，铜梁的经济发展能有今天的良好势头，铜梁的社会民生能有今天的良好保障，铜梁的安全稳定能有今天的良好局面，是历届党委特别是第十五届区委团结带领全区人民拼搏奋斗的结果，是我们继往开来、继续前进的信心和基础。

站在新的历史起点上，我们深感使命光荣、责任重大。未来五年，是铜梁发展史上最难得、最重要的机遇期，面临的挑战也十分严峻，容不得我们有半点动摇和懈怠。全区各级党组织和广大党员干部一定要不忘初心、牢记使命，更加奋发有为、兢兢业业地工作，全力推进铜梁在新一轮改革发展中实现新的赶超跨越！

一、过去五年的工作和取得的成绩

区第十五次党代会以来的五年，是牢记嘱托、感恩奋进的五年。五年来，我们始终沿着习近平总书记指引的方向坚定前行，全面落实市委市政府决策部署，以新发展理念引领高质量发展，打好“三大攻坚战”，实施“八项行动计划”，胜利完成区第十五次党代会确定的目标任务，“十三五”圆满收官，“十四五”良好开局，为乘势而上开启社会主义现代化建设新征程奠定了坚实基础。

过去五年，是党的建设全面加强的五年。我们坚持“两个首先必学”，深学笃用习近平新时代中国特色社会主义思想，常态化开展贯彻落实习近平总书记视察重庆重要讲话和系列重要指示批示精神“回头看”，“四个意识”更加牢固,“四个自信”更加坚定,“两个维护”更加自觉。严守政治纪律和政治规矩,全面彻底干净肃清孙政才恶劣影响和薄熙来、王立军流毒,深刻汲取邓恢林案件教训,高质量完成中央、市委巡视反馈意见整改工作。坚持“一个党委、五个党组”运行机制,形成团结协作、和衷共济的良好工作局面。扎实开展“两学一做”学习教育、“不忘初心、牢记使命”主题教育和党史学习教育,精心组织庆祝中国共产党成立100周年、新中国成立70周年、改革开放40周年系列活动,意识形态领域保持向上向好态势。统筹推进各领域基层党组织建设,圆满完成镇领导班子和村(社区)党组织换届,党建考核连年位居全市前列,被确定为中组部基层党建直接联系点、全市乡村组织振兴试验示范区。持之以恒正风肃纪反腐,常态化落实为基层减负“九条措施”“六条规定”,完成届内巡察全覆盖,基层小微权力得到有效监督,查处一批重点领域腐败案件,风清气正的政治生态进一步巩固。

过去五年,是改革开放深入推进的五年。党政机构、群团组织、农业农村、教育医疗、国资国企等重点领域改革任务全面落实,“五清”行动、“四基”建设和“党建扎桩、治理结网”等成为全市改革典型。政务服务事项实现“综办”“通办”“秒办”和“一件事一次办”,“四零”审批获评全市优化营商环境十佳示范案例。入选国家知识产权试点城市、全国社会信用体系建设示范区。成渝中线高铁在铜设站并启动建设,城轨快线璧铜线、渝遂复线高速、铜安高速全线动工。加强与粤港澳大湾区协作,打造广州—铜梁高新技术产业合作区。59个10亿元以上投资项目签约落户,总投资72亿元的工矿区PPP项目落地推进。558名高层次人才来铜发展,成功举办重庆英才大会海归论坛。

过去五年,是经济实力稳步提升的五年。预计地区生产总值年均增长8%、达到700亿元,人均GDP逾10万元、超过全市平均水平,一般公共预算收入年均增长7.7%。电子信息、装备制造等主导产业集群成链,“西部美谷”美妆产业加速集聚,国家级高新技术产业开发区创建工作有序推进,高新区规上工业产值达到560亿元。高新技术企业、科技型企业数量分别增长2.3倍、9.4倍,“双新”企业产值占规上工业比重达到45.3%,全社会研发投入强度由0.8%提高至2.2%。农业增加值年均增长5.2%,农村集体经济经营性收入达到6500万元、较2017年增长4.2倍,成功创建国家农业科技园区。服务业快速发展,社会消费品零售总额年均增长14%。市场主体达到5.7万户,民营经济增加值占GDP比重达到74%。

过去五年,是城乡面貌显著改善的五年。城市建成区面积达到40平方千米,常住人口城镇化率提高10个百分点、达到63%。淮远新区显现雏形,龙城天街全面开街,玄天秀水生态画廊、原乡中央公园等建成开放,凤山公园改造提升,人均公园绿地面积达到16.1平方米。改造78个老旧小区、10个棚户区,13万名少云志愿者常态化开展服务,获评全国文明城区提名城区、国家卫生区。场镇雨污分流全面完成,建成“四好农村路”1890千米,硬化泥结石路1130千米,城乡供水、公交一体化加速推进。全面推行农村人居环境整治“积分制”,建设乡村振兴会客厅、讲习所、理事会,西郊示范片串点连线扩面。入选国家城乡融合发展试验区,获评全国乡村振兴先锋十大榜样、全国村庄清洁行动先进区。全力推介“周末到铜梁”,安居古城、西郊花语悠游谷逐步成为重庆近郊旅游目的地。

过去五年,是生态环境整体向好的五年。污染防治攻坚战取得阶段性成效,生态保护和修复工程深入推进,绿色生产生活方式逐步形成，河长制、林长制、流域生态补偿等一批制度成果不断巩固。森林覆盖率达到48%，空气质量优良天数从2017年的280天提高至2020年的334天，PM2.5年平均浓度下降47%，获评中国天然氧吧。主要河流水质稳定达标，城市集中式水源地水质达标率100%，涪江铜梁段等3条河流成为全市最美河流，淮远河获评市级美丽河湖。农药、化肥、抗生素减量增效，土壤、声、辐射环境质量总体稳定。长江干支流“十年禁渔”全面落实，第一轮中央环保督察反馈问题整改全部销号，第二轮督察无反馈问题。

过去五年，是文化建设成果丰硕的五年。社会主义核心价值观深入人心，新时代文明实践中心建设和“五风浸润”工程深入推进，邱少云英雄品格广泛传承，“新中国最美奋斗者”“全国道德模范”“中国好人”等重大荣誉奖项榜上有名。基层综合文化服务中心全面升级，人均体育场地面积达到2.2平方米。《龙把子》《焰火龙》《安居古城》《那一片云》等原创作品获全国全市大奖，“双晒”作品获全市最佳作品奖、最佳营销奖。铜梁龙灯彩扎新入选国家级非遗名录，获评中国民间文化艺术之乡、中国龙灯龙舞文化之乡，铜梁龙舞献礼新中国70华诞。成功举办龙灯艺术节、原乡风情马拉松赛、原乡文化旅游周、国际舞龙争霸赛等活动，年游客接待量突破1500万人次，旅游综合收入年均增长23.5%。

过去五年，是人民生活不断提高的五年。5个市级贫困村全部出列，12290名贫困人口全部脱贫，助力芒康县、巫山县脱贫摘帽。每年办理一批重点民生实事，民生支出占一般公共预算支出比重保持在80%以上，全体居民人均可支配收入达到3.7万元。“把老乡留在老家”行动让5.1万名群众在家门口就业，基本养老、基本医疗保险参保率稳定在97%以上，低保对象、特困人员应保尽保、应救尽救，妇女、儿童、残疾人等事业稳步推进，养老服务设施实现全覆盖。新改扩建中小学、幼儿园23所，学前教育普惠率提高至87.5%，中小学教学质量监测居全市前列。职业教育快速发展，3所高校签约落户。5家医院建成投用，行政村卫生室全部标准化，人均预期寿命达到78.5岁。

过去五年，是民主法治持续进步的五年。支持人大及其常委会依法履行监督、决定、任免等职责，“双亮双接双办”让人民代表更好服务群众。支持政协充分发挥凝聚共识和建言资政作用，“书香政协”“渝事好商量”展现铜梁政协工作特色。坚持大统战工作格局，各民主党派、工商联和无党派人士作用充分发挥，民族、宗教、侨务、对台、外事工作取得新成绩，工会、共青团、妇联等人民团体的桥梁纽带作用进一步增强。国防动员、军民融合、退役军人服务保障工作深入推进，成功创建全国双拥模范城。深化平安铜梁建设，获评防范化解重大风险攻坚战先进区县、扫黑除恶专项斗争优秀区县，政法队伍教育整顿成效明显，群众安全感、政法队伍满意度、司法公信力调访指数创历史新高。全面推进依法治区，成功获评全市首批法治政府建设示范区。入选全国市域社会治理现代化试点区、全国乡村治理体系建设试点区。

2020年初，一场突如其来的新冠肺炎疫情，严重影响了我们正常的生产生活秩序和发展前进的步伐。在党中央、国务院和市委市政府的坚强领导下，我们坚定信心、同舟共济、科学防控、精准施策，广大医护人员、公安民警和社区工作者闻令而动、义无反顾，广大党员干部以身作则、冲锋在前，社会各界主动响应、全力协同，全区无医务人员感染、无社区传播、无死亡病例，生产生活秩序有序恢复，常态化疫情防控措施落地落实，取得了阶段性的重大胜利！当前，国际国内疫情防控的形势依然严峻复杂，但疫情防控战线的同志们一直忙碌着、一直坚守着、一直战斗着，让我们向他们表示慰问和致敬！

五年的奋斗历程异常艰辛，五年的奋斗成果来之不易。成绩的取得，根本在于以习近平同志为核心的党中央掌舵领航，在于习近平新时代中国特色社会主义思想的科学指引，是市委市政府坚强领导的结果，是历届党委接续奋斗的结果，是全区广大党员干部和人民群众团结拼搏的结果。在此，我谨代表中共重庆市铜梁区第十五届委员会，向全区广大党员干部群众，向历届老领导、老前辈、老同志们，向各民主党派、工商联、无党派人士、各人民团体和社会各界人士，向驻铜部队、武警官兵、公安民警和消防救援队伍指战员，向所有关心支持铜梁建设和发展的同志们、朋友们，表示衷心的感谢，并致以崇高的敬意！

回顾总结这五年，我们更深切地领悟到：党的领导是最大优势，必须旗帜鲜明讲政治，坚决听从党中央指挥、向总书记看齐，才能自信自强、守正创新。发展经济是最硬道理，必须完整、准确、全面贯彻新发展理念，心思向发展聚焦、精力向发展集中、力量向发展倾斜，才能增强实力、提升位势。改革创新是最强动力，必须解放思想、敢闯敢试，不断因时应势、革故鼎新，才能塑造优势、走在前列。苦干实干是最好行动，必须以“无我”的情怀、“有我”的担当、“忘我”的干劲，一以贯之抓到底，才能把更多不可能变为可能。人民满意是最高标准，必须坚持以人民为中心，同人民想在一起、干在一起，才能汇聚民力、改善民生、赢得民心。这些政治原则和工作原则，我们一定要坚定坚持，不断丰富发展。

回顾总结这五年，我们更深切地认识到：坚持工业为先、产业为重、实体为本，是铜梁做大总量、调优结构、加快发展的有效路径。坚持改革破题、开放蓄势、创新赋能，是铜梁激发活力、争取主动、赢得先机的有效抓手。坚持城乡融合、产城融合、景城融合，是铜梁拓展空间、提升能级、彰显品质的有效方略。坚持激励投资、提振消费、扩大出口，是铜梁融入新格局、培育新动能、形成新优势的有效支撑。坚持生态优先、绿色发展，是铜梁践行“两山论”、走好“两化路”的有效举措。坚持守住底线、不碰红线、筑牢防线，是铜梁实现安全发展、健康发展、持续发展的有效保障。

回顾总结这五年，我们更深切地意识到：铜梁的经济总量还不大，工业支撑力还不够强，产业能级还不够高，市场主体培育和发展还不够充分，稳定增长的造血功能还不够足，总体上还处在新一轮发展动能培育转换、产业优化转型升级的关键阶段，在全市的经济版图上还处于中等偏下的水平。城区和场镇的集聚辐射功能、综合承载能力还不够强，城乡建设的品质和品位还不够高，对一些历史文化载体的有效保护与开发利用做得还不够好。生态环境保护的任务依然艰巨繁重。公共服务供需不够平衡，群众普遍关心的就业难、就学难、就医难、出行难、停车难等问题还局部存在。安全发展压力较大，平安建设任务依然较重。党的建设和民主法治建设有待进一步加强，一些部门单位的工作标准要求不高不精、一些行业领域的管理不深不细、一些干部的工作作风不严不实，个别干部还存在不廉洁行为等等。这些问题，我们一定要高度重视，认真对待，切实解决。

二、奋力打造产业高地文旅胜地宜居美地民生福地，加快建设重庆西向发展桥头堡，努力争当成渝中部崛起排头兵

今后五年，是铜梁在全面建成小康社会的基础上，迈向实现社会主义现代化建设目标的

第一个五年，也是铜梁进一步夯基础、壮筋骨、兴产业、求突破的重要五年。当前，“两个大局”相互交织、“两个一百年”历史交汇，我国发展仍然处于重要战略机遇期，共建“一带一路”、长江经济带发展、新时代西部大开发等重大战略机遇交汇叠加，特别是习近平总书记亲自谋划、亲自部署、亲自推动成渝地区双城经济圈建设，市委市政府加快推进“一区两群”协调发展，其战略牵引力、政策推动力、发展支撑力前所未有，对外交通通道提速建设，让铜梁融入重庆中心城区、融入双城经济圈、构建新发展格局呈现加速之势。只要我们抢抓机遇、发挥优势，高唱发展经济的“国际歌”，吹响大抓产业的“集结号”，就一定能够在新一轮区域竞合发展中展现更大担当作为、实现新的赶超跨越。

今后五年，全区工作的指导思想是：以习近平新时代中国特色社会主义思想为指引，全面贯彻党的十九大和十九届历次全会精神，深入贯彻习近平总书记视察重庆重要讲话和系列重要指示批示精神，坚定落实“两个确立”，坚决做到“两个维护”，按照市委市政府决策部署，统筹推进“五位一体”总体布局，协调推进“四个全面”战略布局，立足新发展阶段、贯彻新发展理念、构建新发展格局，抢抓成渝地区双城经济圈建设和重庆主城都市区发展的重大机遇，坚定不移大抓产业，持续强化民生保障，加快建设重庆西向发展桥头堡，努力争当成渝中部崛起排头兵，以实干实绩谱写铜梁高质量发展高品质生活新篇章。

今后五年，全区发展的奋斗目标是：奋力打造产业高地、文旅胜地、宜居美地和民生福地，努力建设产业竞争力更强、文化影响力更广、环境吸引力更大、群众获得感更多的新铜梁。

——打造更高能级更强支撑的产业高地。地区生产总值突破1000亿元，人均GDP超过13万元。传统产业、新兴产业协同发力，形成两千亿级工业产业集群。全社会研发投入强度、科技进步贡献率超过全国平均水平，成功创建国家级高新技术产业开发区。全面融入成渝现代高效特色农业带，加快建成辐射成渝的特色消费聚集区。通过五年的努力，使铜梁成为成渝地区重要的高新技术产业基地、创新成果转化基地、现代制造业基地、山地特色农业基地和现代服务业发展示范区。

——打造更有活力更具魅力的文旅胜地。龙灯龙舞非遗魅力更加彰显，“铜梁龙”品牌影响力进一步提升，初步形成世界级IP。安居古城争创国家5A级景区，重现千年古城景韵，重塑滨水城市文明。乡愁文化更加浓郁，乡村旅游业态不断丰富，“原乡”成为都市人的诗和远方。邱少云英雄品格融入血液，红色文化深入人心，打造红色旅游精品景区。通过五年的努力，铜梁文旅呈现出全域化推进、全季节体验、全产业发展、全方位服务的形态业态，“周末到铜梁”品牌享誉巴渝，龙文化旅游名城主客共享、近悦远来。

——打造更好环境更优生态的宜居美地。城乡融合发展取得明显成效，“双五十”中等城市全面建成，常住人口城镇化率达到70%，城市温润宜人、场镇面貌一新、乡村处处是景，成功创建全国文明城区。生态文明制度体系更加健全，碳达峰、碳中和取得积极进展，绿色低碳发展走在前列，成功创建国家森林城市。通过五年的努力，铜梁的城市、场镇和乡村各美其美、美美与共，“城市让生活更美好、乡村让人们更向往”在铜梁更好展现，加快建设国际大都市后花园。

——打造更有保障更加和谐的民生福地。社会事业全面进步，基本公共服务质量显著提升，在更高水平上实现幼有善育、学有优教、病有良医、住有宜居、老有颐养、弱有众扶。脱贫攻坚成果巩固拓展，居民收入与经济同步增长，城乡居民收入比进一步缩小，推动共同富裕取得实质性进展。民主法治更加健全，基层治理实现共建共治共享，成功创建市级平安建设示范区，争创平安中国建设示范区。通过五年的努力，铜梁人民的获得感、幸福感、安全感更加充实更有保障更可持续，龙乡成为人民安居乐业的温馨家园、幸福港湾。

实现上述奋斗目标，我们必须更加注重工作的全局性和系统性，牢固树立"一盘棋"思想，正确处理全局与一域、整体与局部的关系，强化工作间的关联性、均衡性和时序性，避免畸轻畸重、顾此失彼。必须更加注重工作的统筹性和协同性，把集中统一领导和分级分类负责结合起来，加强区域间、行业间、部门间协作协同，形成上下贯通、左右联动的工作格局。必须更加注重工作的基础性和前瞻性，把立足当前和着眼长远结合起来，既尽力而为做好补短板、兜底线的工作，又量力而行做好打基础、增后劲的工作。必须更加注重工作的科学性和规范性，坚持依法行政、依法履职，自觉运用法治思维和法治方式深化改革、推动发展、维护稳定，让全区工作始终在法治轨道上稳步前行。必须更加注重工作的针对性和实效性，突出目标导向、问题导向、结果导向，项目化、事项化、清单化地推进工作，以钉钉子精神抓好各项工作落地落实。必须更加注重工作的持续性和长效性，订立的合同、达成的协议、做出的承诺必须切实履行，定下的决策必须坚定地推进执行，部署的任务必须不折不扣完成，一张蓝图绘到底，一届接着一届干。

三、坚定不移大抓工业大抓产业大抓实体经济大抓开放发展，持续改善城乡环境增进民生福祉，全力推动铜梁高质量发展创造高品质生活

今后五年，我们要立足建好桥头堡、融入经济圈，进一步根植大抓工业大抓产业大抓实业的基因和爱民为民造福于民的情怀，坚持发展第一要务、民生第一目标，聚焦重点任务，抓住关键环节，推动铜梁经济实现更好发展、民生事业取得更大进步。

（一）坚定不移大抓工业，奋力突破铜梁工业支撑力不强的瓶颈

坚持首抓工业、重抓制造业，聚力促进高新区高水平建设发展，强力打造铜梁产业发展的支撑脊梁。力争到2026年，工业总产值超过1400亿元，实现五年翻番，工业增加值年均增长10%以上。

坚定现代工业发展方向。坚持以大数据智能化为引领，加快数字产业化、产业数字化。巩固提升传统优势产业，强化工业互联网赋能，支持企业数字化转型和智能化升级，加速企业"上云用数赋智"和"专精特新"发展。培育壮大战略性新兴产业，聚焦云计算、大数据、物联网、区块链、人工智能等新一代信息技术，大力发展新型智能终端、高端装备制造、新能源、新材料、生物医药等产业，培育工业新支撑，战新产业产值占比超过25%。

提升高新园区承载能力。强化高新区工业主平台、主阵地、主支撑作用，聚焦"高"和"新"，"以升促建"推进国家级高新技术产业开发区建设。细化完善空间总体规划和产业发展规划，统筹推进蒲吕—姜家岩—白土坝"一中心"和旧县、大庙"两组团"建设。优化蒲吕片区产业布局，加快姜家岩、白土坝片区产业转型升级。打

造旧县组团新业态，优化升级大庙组团规划，建设大庙城市副中心。推动镇街低效工业“散小入园”，实现集聚规范发展。

构建“3+N”产业集群体系。培育壮大电子信息、装备制造、健康美妆三大主导产业。重点发展笔电和手机终端产品制造、智能家居制造，电子信息产业产值达到400亿元。重点发展高端汽车零部件制造、通机设备制造、轨道交通装备制造维保、摩托车整车制造，装备制造产业产值达到600亿元。重点发展创新药物和现代中药，培育化妆品、医美日化等产业，建设“西部美谷”，健康美妆产业产值达到300亿元。加快发展锂电、功能玻璃、锶盐等材料产业，大力发展消费品产业，积极发展节能环保、新型储能、智能电网等产业，逐步形成特色优势。

深化产产、产教和产城融合。加快完善上下游企业联盟机制、供应链合作伙伴关系，推动企业之间开展交流合作和专业协作。深化校企合作，拓展职教实训基地，建成职教培训中心。建设重庆科技学院、重庆第二师范学院、重庆医药高等专科学校等高校铜梁校区，构建环大学创新生态圈和产业带。强化职住平衡，完善基础设施和功能配套，推动项目集中、资源集约、功能集成、产业集群，持续改善园区生产生活环境。

（二）坚定不移大抓产业，奋力提升铜梁产业系统能级不高的短板

大力发展现代山地特色高效农业。以国家农业科技园区为引领，推动农业规模化、品牌化、标准化、融合化发展，力争到2026年，农业总产值达到150亿元。坚决遏制耕地“非农化”、防止“非粮化”，实施高标准农田建设和农地宜机化改造，积极发展大田农业。稳定优质粮油、生猪生产，大力发展绿色有机蔬菜，推动都市林果、生态养殖、山地中药材等特色产业提档升级。深化国家农产品质量安全区建设，加大“两品一标”认证力度，做精做强“铜梁龙米”“铜梁莲藕”等区域公用品牌。强化科技成果导入，大力发展设施农业、智慧农业，建设一批科技大棚，建成一批专家大院、科技小院、星创天地，打造绿色生态农业示范区。培育农产品精深加工，实施“互联网+”农产品出村进城工程，因地制宜发展现代都市农业和休闲农业。

大力提升发展建筑和房地产业。充分认识建筑和房地产业在区县发展中的地位和作用，引进培育一批特级、一级建筑业总承包企业和一级房地产开发企业，打造建筑业总部基地，促进建筑和房地产业转型升级、高质量发展。发展装配式建造，培育部品部件生产、工业化装修等产业；发展绿色建造，推广近零能耗建筑，发展零碳建筑；发展智能建造，培育建筑业互联网平台，推广智慧工地，打造智慧小区。坚持“房住不炒”，引进品牌房地产企业，推进房地产与文旅、康养等融合发展，促进商品房市场更好满足购房者的合理住房需求。

大力发展文化旅游产业。用好龙灯龙舞、安居古城、生态原乡、少云故里“四张名片”，推动农文体商旅融合发展。提质改造安居古城、邱少云烈士纪念馆等精品景区，支持巴岳山玄天湖创建市级、国家级旅游度假区，打造国家级全域旅游示范区。建设小北海农文体商旅试验示范区和龙文化演艺中心，打造主题小镇，开发文旅项目，研发文创产品，发展铜梁龙舞演艺产业，建设市级文化产业园区。加快构建快旅慢游、智慧智能服务体系，全面提升“吃住行游购娱”品质，深度开发非遗体验游、古城寻根游、乡村休闲游、红色记忆游。办好龙灯艺术节、马拉松赛、安居龙舟会、刘雪庵音乐节等品牌赛会，引进铁人三项等体育赛事，举办“一镇一主题”乡村节会活动。力争到2026年，全区游客接待

量和旅游综合收入分别达到2000万人次、130亿元。

大力发展生产和生活性服务业。积极参与“巴渝新消费行动”,充分释放内需潜力。规划布局汽车交易、再生资源等专业市场,升级小北海物流产业园,发展冷链物流、仓储物流、电商物流。集聚提质金融机构,发展银行、保险、证券、基金等行业,培育消费金融、绿色金融等新兴业态。积极搭建软件信息、检验检测等技术服务平台,加快发展研发设计、科技服务等专业服务。规划建设淮远新区新型商业,提档升级老城商业街区,持续繁荣龙城天街商圈,建设淮远河岸夜间经济集聚区、特色美食街,推动行业门店“划行规市”。推进医养结合发展康养产业。培育婴幼托育、家庭用品配送和家政服务业。发展一站式团建培训服务业。

(三)坚定不移大抓实体经济,奋力强化铜梁市场主体发育发展不充分的弱项

坚持以创新生态培育和营商环境打造为前提,以提升政策时度效和重点国有企业服务保障能力为依托,以企业主体投资和配套项目建设为抓手,千方百计育主体、兴实体、重配套、强服务。力争到2026年,全区市场主体总量突破8万户,“四上”企业超过1200家,民营经济增加值占GDP比重超过80%。

激发市场主体内生动力,促进民营企业发展壮大。鼓励民营企业转型升级、优化重组,引导建立现代企业制度。落实公平竞争审查制度,支持企业更好参与市场合作和竞争。加强产权和知识产权保护,对涉企资产审慎执法、精准执法。定期召开党政亲商会,畅通政企沟通渠道。依法保护企业家合法权益,开展民营企业接班人培育提升工程,支持广大民营企业家做精主业、做强实业、做长基业。促进国企民企积极合作、大中小企业协同发展、军民产业深度融合。

强化创新引领科技赋能,推动企业往前端走往高端走。累计投入不少于10亿元,鼓励支持企业加大研发投入、创新驱动发展。实施国家级研发平台“破零”行动,支持建设高端产业研究院、创新联合体。优化创新成果转化生态,打造“双创”示范基地,构建全链条孵化体系。实施科技企业成长工程,培育一批创新型中小微企业和科技创新“小巨人”,高新技术企业达到300家、科技型企业超过2000家。

提升要素保障水平,促进企业可持续发展。深化政银企合作,增强金融服务实体经济能力,用好用活重庆制造业转型升级基金,建立产业扶持“资金池”,鼓励企业合资合作、上市融资。引进一流科技领军人才和团队,加快培养创新型、应用型、技能型人才队伍。强化企业用水、用电、用气保障,加快推进渝西水资源配置工程、1000千伏特高压输变电工程和渝西天然气输气管网建设,开展页岩气综合开发利用,有效降低企业生产要素成本。积极向上争取用地指标,盘活低效闲置用地,严格集约节约用地。健全领导干部联系项目制度,加强企业发展配套项目建设,支持企业新建、扩建和技术改造。

持续优化营商环境,提升服务企业效能。用好“渝快办”,打造铜梁特色政务服务品牌,全面推行“一网通办”“一窗综办”,开展智能导办、智能审批,实现更多政务服务就近办、网上办、马上办、一次办。进一步梳理优化促进企业高质量发展政策,全面落实纾困惠企政策,健全领导干部联系企业制度,持续深化“解七难”。优化高新区财税管理体制,推进审批权限下放、内设机构优化、工作职能整合。深化重点国有企业战略性重组、市场化转型,培育信用评级AA+企业,提升国有资本运作能力和运营效益,更好服务市场主体。

民营企业是实体经济的主体力量，民营企业发展越充分越良性，地方财税、就业、民生、消费就越有支撑、越有保障，支持民营企业良性发展是促进地方经济社会良性发展的有效路径。我们将始终把民营企业家当成自己人，把支持企业发展的事放在第一位，全力帮助解决民营企业发展中的困难和问题，努力把铜梁打造成为民营企业发展壮大的摇篮、乐园和福地！

（四）坚定不移大抓开放发展，奋力改变铜梁经济社会外向发展滞后的局面

全力推进对外交通通信网络建设，推动铜梁与外界的高效便捷联通。推动建成成渝中线高铁、城轨快线璧铜线、渝遂复线高速、铜安高速、合璧津高速，建成投用高铁站客运综合枢纽。开工建设市郊铁路西二环线、铜梁至重庆新机场高速、渝遂高速扩能二期。积极推进渝遂绵城际铁路、汉南大泸城际铁路、重庆中心城区经铜梁大庙至大足城轨快线、团结村经铜梁至成都货运铁路等项目前期工作。规划建设铜梁至重庆中心城区的快速通道，推进建设千吨级涪江航道。推动智能灯杆等融合性基础设施建设，加快5G网络规模组网覆盖城区、高新区和农村重点区域，建设千兆小区、千兆园区，建成双千兆宽带城市。

坚持把招商引资作为增总量、优结构、强支撑的战略性根本性举措，坚定推进铜梁经济外向发展。完善招商体制机制，优化招商考核，加强招商队伍能力建设，把专门招商和专业招商结合起来，推动分段招商向一体招商转变，提高招商成果转化效率。力争通过五年的努力，引进落地一批世界500强、全国500强、民营500强企业和投入产出100亿级、50亿级项目，引进落地一批央企国企和上市公司区域总部、加工制造基地、物流配套基地、汇算结算中心，全力改变铜梁产业缺少大企业大项目支撑的窘境。推动外贸外资外经联动发展，积极培育本土外向发展企业，推动服务贸易创新发展试点，大力发展数字贸易，力争五年外贸进出口总额突破100亿元、实际利用外资达到10亿美元。

认真落实“一区两群”协调发展机制，全面融入成渝地区双城经济圈建设。加强与两江新区、重庆高新区产业互补协作，深化与西永、两路寸滩综合保税区合作，打造“无水港”等开放平台，争创重庆自由贸易试验区联动创新区。推动“大铜新区”规划建设，促进铜梁—巫山产业协作园发展。主动参与川南渝西融合发展试验区建设，加快推动“铜遂绵”合作，着力构建“铜资简”轴线城市联盟，共建涪江流域科技创新走廊、涪江观光农业走廊、巴蜀文化旅游走廊、商品交易市场集散走廊、跨境河流生态廊道，打造基本公共服务跨区域合作示范区。

坚持供给侧和需求侧双向发力，积极融入国内国际双循环。立足国内大循环，发挥比较优势，扩大优质初级产品供给，激发新型消费、绿色消费、农村消费等活力潜力，培育平台经济、共享经济等消费经济形态。扩大与东部沿海地区协作，有效承接产业转移，创新发展“飞地经济”，高质量建设广州—铜梁高新技术产业合作区。依托中欧班列加强与“一带一路”沿线城市的经贸合作，主动承接中新（重庆）战略性互联互通示范项目，积极参与西部陆海新通道建设。

深化对外人文交流合作，不断扩大“朋友圈”，提升影响力。组织参加进博会、智博会、西洽会等重大会展活动，高规格常态化举办重庆英才大会海归论坛，支持在铜职业院校积极承办全国、全市职业技能大赛，更好地宣传铜梁、推介铜梁。围绕文化、教育、艺术、体育等领域开放，精心打造一批人文交流品牌，积极承办国际舞龙争霸赛、亚洲龙狮锦标赛等重大国际体

育赛事活动，持续强化“铜梁龙”国内国际影响力，打造中西部国际交往中心“多点支撑区”。

实践一再证明，一座城市的崛起无不首先源于其产业人口的集聚和经济的持续快速发展。只要我们坚定不移大抓工业、大抓产业、大抓实体经济、大抓开放发展，持续用力、久久为功，就一定能够逐步改变铜梁传统农业区、低端产业区、发展滞后区的面貌和形象，就一定能够用产业强区、经济大区、开放新区重新塑造和定义铜梁！

(五)持续强化城镇提升和乡村振兴，努力让铜梁城乡环境更优配套更好融合度更高

深入推进城市提升，努力建设宜居宜业宜游的魅力城市。坚持生态、业态、形态、文态“四态合一”理念，持续提升城市规划建设管理水平。优化全域空间发展布局，完成国土空间规划，强化规划要素管控。深化城市东拓南扩，建设科创新城、龙腾片区、淮远新区，打造大学园片区和高铁站片区，提速建设城区“三横五纵”骨干道路。深化产城景融合，补齐功能短板弱项，持续改造老旧小区和棚户区，整体改造提升民主路等片区，完成重点区域地下雨污管网分流、存量空间提质增效。优化城市“三园”，深化城市“三管”，建设“三宜”城市。

深入推进场镇提能，努力建设美丽宜居示范小镇。开展场镇基础设施建设补短板三年行动计划，完善停车场、农贸市场、休闲广场等基础设施，提升环卫保洁、园林绿化及市政设施管护规范化、精细化水平。立足区位条件、资源禀赋和产业特色，实施场镇分类规划，支持安居、平滩等重点镇组团式发展，推动一般镇串珠式发展，打造综合服务型、工业发展型、农业产业型、商贸物流型、文化旅游型等各具特色的小城镇。

深入推进乡村振兴，努力建设全市乡村振兴先行示范区。深化农村集体产权制度改革，完善利益联结和风险防范机制，发展壮大新型农村集体经济，“一村一品”发展特色产业，实现巩固拓展脱贫攻坚成果同乡村振兴有效衔接。建强带头人、年轻人“两支队伍”，大力发展新型职业农民，培育创新创业领军人才。深入实施“五风浸润”工程，常态化选树“新乡贤、好乡亲”，推进移风易俗，培育文明乡风。全面推进乡村建设行动，实现村规划全覆盖，完成“五沿”区域2万农户“六改”，建成西郊、淮远、安居3个乡村振兴示范片和一批乡村振兴示范村，深化延展农村人居环境整治“积分制”管理功效，积极创建绿色示范村庄，打造“数字乡村”。巩固乡村组织振兴试验示范成果，开展农村基层党建示范创建。

深入推进城乡融合，努力建设全国城乡融合发展示范区。坚持用改革思维促进人、地、钱等要素双向自由流动，推动城乡产业、基础设施和公共服务融合发展。健全农业转移人口市民化机制，大力支持本土人才回乡和城市人才下乡。积极拓展城市产业链条，促进城乡产业协同发展。强化城乡基础设施统一建设、统一管护，推进城乡公交、供水、环卫等一体化，补强农村电网，提质改造国省干线路，加密联网农村路，实现镇镇通三级公路、干线公路全部“油化”。聚焦教育医疗、公共文化等领域，不断提高城乡基本公共服务均等化水平。

(六)持续强化污染防控和生态文明建设，努力让铜梁大地更加环保更加绿色更加生态

深化污染综合防治。打造智慧环保监测系统，推动生态环境保护联防联控联治。全面管控交通污染、工业污染、扬尘污染和生活污染，纠治露天焚烧等习惯行为。严格落实河长制，深入开展“三排”“三乱”整治，持续提升“三率”水平，涪江、琼江、小安溪铜梁段水质达到或优

于Ⅲ类。加强农村面源污染治理和土壤管控修复，强化固废、危废规范化处置，建成投运生活垃圾焚烧发电厂，建设“无废城市”。加大噪声治理力度，确保环境功能区噪声达标。

加强生态保护修复。严格落实林长制，全面推进国土绿化提升和矿山生态修复，实施涪江铜梁段“两岸青山·千里林带”建设，开展城乡区域、道路沿线绿化美化，森林覆盖率达到50%。加强巴岳山玄天湖风景名胜区、安居国家湿地公园、毓青山国家森林公园等自然保护地管理，深入落实长江干支流“十年禁渔”，保护好生物多样性。全面推行“林长”“河长”+“检察长”协作机制，严肃查处违法占地和违规建设行为，集中整治群众身边的环保问题，对破坏生态环境的行为“零容忍”。

促进绿色低碳发展。坚持“减污”“增绿”“降碳”一体推进，制定落实碳达峰、碳中和实施方案，推动低碳发展区域合作，增加林业等生态系统碳汇，落实碳排放交易制度。严格生态环保准入制度，落实能源、水资源、建设用地等总量和强度“双控”机制，深化国家产业转型升级示范区和国家循环化改造示范园区建设，培育壮大绿色产业和循环经济。倡导绿色低碳生活，全面推行垃圾分类，加快充电桩、换电站建设，鼓励绿色出行。

（七）持续强化民生保障和民生改善，努力让铜梁人民有更多获得感更大幸福感更高满意度

推进就业创业更充分更稳定。强化就业优先政策，健全覆盖城乡的公共就业服务体系，持续擦亮“把老乡留在老家”品牌。建立新职业培训示范基地，支持和规范发展新就业形态。完善公益岗位托底安置制度，拓展重点群体就业渠道，城镇零就业家庭动态清零。实施创业带动就业工程，建设农民工返乡创业园和创业孵化示范基地，持续开展创业创新大赛，打造一体化创业服务体系。鼓励勤劳致富、创新致富，健全工资合理增长机制，拓宽低收入群体增收渠道，增加居民经营性、财产性收入，扩大中等收入群体。

推进社会保障更全面更完善。深入实施全民参保计划，推动“五险”应保尽保。完善分层分类社会救助体系，健全返贫监测和动态帮扶机制，推动社会救助、社会福利、慈善事业等有效衔接。加强心理健康服务，维护好妇女、儿童、老人、残疾人等特殊群体合法权益。健全退役军人服务保障体系，全面落实抚恤优待政策。关注“一老一小”，落实“三孩”生育政策及配套措施，完善养老服务体系，扩大养老托幼服务供给。建成一批医养结合、康复护理、集中照护服务设施。新建殡仪馆及城市公益性公墓。完善多层次住房保障体系，有效解决低收入群体和新市民、青年人住房问题。

推进教育资源更优质更均衡。全面贯彻党的教育方针，加快推进教育现代化，完善服务全民终身学习的教育体系。擦亮基础教育名片，新扩建铜梁中学淮远校区等中小学20所，建成国家学前教育普及普惠区，建设全国义务教育优质均衡发展区，争创市级特色示范高中、特色高中。积极发展职业教育，推动职普融通、中高本贯通培养。大力发展高等教育，支持在铜高校内涵式发展。办好特殊教育、继续教育、社区教育、老年教育，推进融合教育，规范发展民办教育。深化教育体制机制改革和教育评价改革，全面落实“双减”政策，优化智慧教育资源供给，锻造德才兼优的高素质校长和教师队伍，持续提升教育质量和办学水平。

推进医疗卫生更系统更公平。深化医药卫生体制改革，强化医疗、医保、医药“三医”联动，持续提供优质优价医疗卫生服务。深入实施健

康中国铜梁行动，巩固国家卫生区创建成果，建成全国健康促进区。健全公共卫生防控救治体系，启动区疾控中心整体迁建。支持区人民医院创建“三甲”综合医院、区妇女儿童医院创建“三级”专科医院。完成区中医院整体迁建，巩固提升“三甲”中医院成果。促进基层医疗资源均衡布局，有序实施镇卫生院迁扩建，建成一批基层区域医疗卫生中心。完善卫生领域高端、骨干、哨点三级人才队伍体系，建设一批国家级、市级重点学（专）科。深入推进分级诊疗和医疗共同体发展，建设美丽医院、智慧医院。

推进文体生活更丰富更精彩。坚持以社会主义核心价值观引领文化建设，广泛开展理想信念教育和爱国主义教育，深化公民道德建设。拓展新时代文明实践，建实志愿者队伍。深入开展群众性精神文明创建活动，传承弘扬邱少云英雄品格，持续选树宣传先进典型，讲好铜梁故事。构建现代公共文化服务体系，新建融媒体中心及美术馆、科技馆，建成国家级数字档案馆，持续开展文化进万家活动，倡导全民阅读，普及全民艺术。保护修缮张佳胤旧居、郭汝瑰故居等文化遗产，推动铜梁龙舞、铜梁龙灯彩扎等非遗创造性转化创新性发展。深化体教融合，建设体育传统特色学校，培养竞技体育人才。健全全民健身场地设施，建设奥林匹克体育中心，推动群众体育蓬勃开展，创建全民运动健身模范区。

民生是最大的政治，不断满足人民群众对美好生活的向往，是我们推动事业发展的根本出发点和归宿。我们将始终把民生保障和民生改善作为最重要的工作，谋事以民生为要，做事以民生为先，用铜梁发展的高质量支撑人民生活的高品质，让老百姓始终成为铜梁发展进步成果最多最大的获益者和享受者！让老百姓在共同富裕的道路上日子越过越红火！

（八）持续强化风险防控和社会治理，努力让铜梁更加安全更加稳定更加和谐

坚决捍卫政治安全。健全维护国家政治安全工作机制，严密防范和坚决打击敌对势力渗透、破坏、颠覆、分裂活动，严防暴恐案事件发生。深化宗教事务基层网格化管理和农村宗教问题整治，依法治理非法宗教活动。推进“关爱之家”规范化建设、多元化应用，依法严厉打击各类邪教违法犯罪活动。牢牢掌握意识形态工作领导权，严格落实意识形态工作责任制，强化阵地管理，构建线上线下一体、内宣外宣联动的主流舆论格局。加强新时代高校思想政治工作。筑牢网络安全屏障，加强网络文明建设，依法管网治网，营造更加清朗的网络空间。

突出抓好经济安全。加强市场监测预警，加大援企稳岗力度，确保产业、能源、通信、网络等领域安全，保持经济运行在合理区间。坚持“三环协同”的财税经营理念，形成财政、重点国有企业和市场主体相互依存、相互支撑的良性循环。认真落实过紧日子要求，加强税收征管，强化预算绩效管理，限额管理政府债务，红线管理隐性债务，精细管理经营性融资。完善金融风险防范预警机制，严厉打击非法金融活动。严格落实房地产开发建设监管制度，妥善处理房地产领域历史遗存问题。

全力维护公共安全。健全完善应急管理体系，综合治理重大安全风险、重大安全隐患和突出违法行为，全面提升安全生产治理水平。全面加强防灾减灾救灾工作，常态化开展道路交通、建筑施工、高层建筑消防等重点行业领域风险排查整治，提高应急救援处置能力，坚决防止重特大事故发生。加快构建立体化智能化社会治安综合防控体系，常态化开展扫黑除恶专项斗争，深入开展全民禁毒、全民反诈行动，严厉打击各类违法犯罪活动。高度重视、毫不放松

常态化疫情防控工作，确保铜梁“清净无疫”。加强生物安全保护，严格食品药品安全监管，创建国家食品安全示范城市。建设新型智慧城市“智能中枢”，推行城市运行“一网统管”，让城市更智慧更安全。

加强和创新社会治理。坚持和发展新时代“枫桥经验”，深化拓展全国市域社会治理现代化试点和全国乡村治理体系建设试点，深入实施“党建扎桩、治理结网”，推进“五治”融合。优化三级指挥体系，完善网格化管理，丰富智能化应用场景，提升平安员队伍能力水平。用好乡村理事会、乡贤评理堂等基层治理平台，提高乡村善治水平。贯通社区和小区治理，探索社区党组织领导下的业主委员会、物业管理委员会、物业服务企业协调运行模式，完善矛盾纠纷大调解体系，实现小事不出小区、大事不出社区。坚持寓管理于服务，发挥社区工作者、社会志愿者等作用，为群众提供生活便利、权益维护等服务，打造人人有责、人人尽责、人人享有的社会治理共同体。

四、全面加强党的建设，切实加强民主法治建设，为推动铜梁高质量发展创造高品质生活提供坚强有力保障

事业成败，关键在党、关键在人。在新的征程上，要深刻理解“两个确立”的决定性意义，坚持和加强党的全面领导，全面落实管党治党政治责任，以民主聚力、用法治护航，更好担负起推动铜梁高质量跨越发展的时代重任。

加强党的政治建设。坚持把“两个维护”作为最高政治原则和根本政治规矩，坚定不移忠诚核心、信赖核心、紧跟核心、维护核心。始终胸怀“两个大局”、牢记“国之大者”，确保习近平总书记殷殷嘱托在铜梁落地生根、开花结果。严明政治纪律和政治规矩，坚决防止“七个有之”，做到“五个必须”，严格执行重大事项请示报告制度，严肃党内政治生活，持续营造风清气正的良好政治生态。加强党员干部特别是领导干部政治能力训练和政治实践历练，不断增强政治判断力、政治领悟力、政治执行力。

加强党的思想建设。坚持把学习习近平新时代中国特色社会主义思想作为必修课、首修课、终身课，学深立场观点方法，学懂道理学理哲理，学出信仰信念信心，做到真学真信、常学常新、细照笃行，不断提高马克思主义看家本领。巩固拓展党史学习教育成果，坚持用伟大建党精神滋养党性修养，自觉从党的百年奋斗历程中汲取智慧和力量，不断坚定理想信念，自觉践行初心使命，永远爱党为党，以身许党报党。

加强党的组织建设。区委常委会率先垂范加强自身建设，带动各级党委（党组）建设成为坚决听从党中央指挥、管理严格、监督有力、班子团结、风气纯正的坚强组织。牢固树立大抓基层的鲜明导向，健全领导干部联系镇村制度，深入推进中组部基层党建直接联系点建设。持续推进基层党建标准化、规范化、信息化建设，加强农村、城市、非公领域党的建设，统筹推进机关、学校、医院、国企等各领域党组织建设。充分发挥基层党组织引领作用和广大党员先锋模范作用，把基层党组织建设成为坚强的战斗堡垒。

“上面千条线，下面一根针。”镇街村居的干部每天都在老百姓的“急难愁盼”中“穿针引线”，这是全区最基层、最基础的工作，也是最直接、最有效的群众工作，镇街村居的工作做好了，全区的工作就有了支撑和保障。我们将切实为镇街村居的工作减负减压、赋权赋能，让镇街村居的干部有责有权、有为有位，更好地促一

方发展、富一方百姓、保一方平安！

加强干部和人才队伍建设。严格落实新时代好干部标准，统筹"育选管用"四个环节。注重在改革发展稳定主战场培养发现使用干部，以正确用人导向激励干部干事创业。选派优秀年轻干部到一线"墩苗"。深化中组部公务员工作直接联系点建设，健全考核评价体系，激励干部比实干、赛实绩。深化人才发展体制机制改革，坚持用好现有人才与引进外来人才并重，健全领导干部联系人才制度，聚焦"高精尖缺"提升龙乡人才政策针对性、吸引力，加强"银发人才"资源二次开发，做优"龙乡英才"服务品牌。

加强党风廉政建设和反腐败斗争。深化落实"两个责任"，推动全面从严治党向纵深发展。强化政治监督，推动"四个监督"贯通融合，积极融入巡视巡察上下联动工作格局，加强对"一把手"和领导班子监督。严格落实中央八项规定及其实施细则精神，健全作风建设长效机制，推动基层减负工作走深走实。深入开展党风廉政教育，精准运用"四种形态"，落实"三个区分开来"，推动"以案四说""以案四改"常态化。始终保持反腐败高压态势，一体推进不敢腐、不能腐、不想腐，联合惩戒行贿行为，坚决查处重点领域、关键环节和群众身边的腐败问题。

切实加强民主法治建设。坚持和完善人民代表大会制度，支持区人大及其常委会依法行使职权，保障人大代表依法履职。坚持和完善中国共产党领导的多党合作和政治协商制度，支持区政协充分发挥人民政协专门协商机构作用，提高建言资政能力和凝聚共识水平。一体推进法治铜梁、法治政府、法治社会建设，积极创建全国法治政府建设示范区；巩固拓展政法队伍教育整顿成果，支持公安机关、检察机关、审判机关、司法行政机关各司其职；实施"八五"普法。巩固和发展最广泛的爱国统一战线，全面落实党的民族、宗教、侨务等政策，积极主动做好新时代对外对台工作，用心用情、精准服务做好老干部工作，切实加强群团工作，扎实推动国防动员和后备力量建设，深入开展双拥共建活动，汇聚起奋进新征程的磅礴力量。

同志们，百舸争流奋楫者先，千帆竞发勇进者胜。铜梁的发展进步，从来都不是在墨守成规、故步自封中实现的，推进铜梁新一轮的赶超跨越，我们必须坚持解放思想、与时俱进、改革创新、真抓实干。我们将全力营造鼓励探索、支持创新、宽容失误的良好氛围，支持大胆闯大胆试，鼓励担苦担难担重担险；我们将为敢于担当的干部担当、为敢于负责的干部负责，让锐意改革、开拓进取、干事创业、敢作善成成为龙乡新风尚！

同志们，我们的事业总是薪火相传，必须持续加大教育、培养、选拔、使用年轻人的力度，让一代又一代后继之人接力奋斗、赓续传承。要坚持用习近平新时代中国特色社会主义思想教育年轻人，用中华民族伟大复兴历史使命激励年轻人，努力培养造就大批堪当时代重任的事业接班人。要大力发展各方面先进分子特别是优秀青年加入我们党的组织中来，大量选拔高素质专业化特别是善谋发展、善抓产业、善惠民生、善保稳定的优秀年轻干部，大胆使用德才兼备、忠诚干净担当的优秀年轻干部，让他们在实践中经风雨、见世面、壮筋骨、长才干，让铜梁的事业发展永远行进在年轻一代激情满怀、朝气蓬勃、勇于开拓、奋发有为的成长成熟、成才成功之路上。

同志们，征程万里风正劲，重任千钧再扬帆。延续好、发展好铜梁干事创业的良好局面，推进铜梁新一轮更好更快发展，是时代赋予我们的责任和使命。只要我们更加紧密地团结在以习近平同志为核心的党中央周围，在习近平新时代中国特色社会主义思想的科学指引下，在市委市政府的坚强领导下，团结带领全区广大党员干部和人民群众，弘扬伟大建党精神，坚守初心、勇担使命，求真务实、开拓创新，坚定不移大抓工业、大抓产业、大抓实体经济、大抓开放发展，持续强化民生保障，我们就一定能够在建设桥头堡争当排头兵中展现更大作为！我们就一定能够建设一个更显活力更具实力更有魅力的新铜梁！我们就一定能够谱写出更高质量发展更高品质生活的新篇章！

名词解释

1.“两个确立”：确立习近平同志党中央的核心、全党的核心地位，确立习近平新时代中国特色社会主义思想的指导地位。

2.两个维护：坚决维护习近平总书记党中央的核心、全党的核心地位，坚决维护党中央权威和集中统一领导。

3.三大攻坚战：防范化解重大风险攻坚战、精准脱贫攻坚战、污染防治攻坚战。

4.八项行动计划：工业振兴行动计划、乡村振兴行动计划、城市提升行动计划、营商环境提升行动计划、英才培育行动计划、改善民生行动计划、绿色发展行动计划、军民融合发展行动计划。

5.两个首先必学：党委（党组）会议、理论学习中心组学习会第一议题首先必学习近平新时代中国特色社会主义思想，研究重大事项首先必学习近平总书记相关领域重要论述。

6.四个意识：政治意识、大局意识、核心意识、看齐意识。

7.四个自信：中国特色社会主义道路自信、理论自信、制度自信、文化自信。

8.一个党委、五个党组：区委和区人大常委会党组、区政府党组、区政协党组、区法院党组、区检察院党组。

9.九条措施：解决会议量多时长问题，解决文件过多过长问题，解决调研不实指导不力问题，解决督查考核过多过滥问题，解决过度“留痕”不重实效问题，解决依赖微信遥控指挥问题，解决材料报表过多过急问题，解决部门镇街权责失衡问题，解决不敢担当作为问题。

10.六条规定：统筹精简会议，精简文件简报，改进台账报表，规范检查指导，改进考核评价，加强日常监督。

11.五清：清钱、清房、清地、清人、清树。

12.四基：乡村基础设施、基本产业、基层组织、基层治理。

13.四零：政务服务零材料、零费用、零见面、零跑路。

14.双新：高新技术产业、战略性新兴产业。

15.四好农村路：建好、管好、护好、运营好农村公路。

16.五风浸润：和风化人、新风沐人、惠风育人、清风怡人、暖风助人。

17.双晒：晒旅游精品、晒文创产品。

18.双亮双接双办：双亮即亮明代表身份、亮明履职承诺事项，双接即开展主任接待日、代表接待日活动，双办即完善代表建议办理和群众意见反馈办理机制。

19.两山论：绿水青山就是金山银山。

20.两化路：产业生态化、生态产业化。

21.两个大局：实现中华民族伟大复兴的战略全局和世界百年未有之大变局。

22.两个一百年：中国共产党成立一百年和新中国成立一百年。

23.一带一路：新丝绸之路经济带、21世纪海上丝绸之路。

24.一区两群：重庆主城都市区和渝东北三峡库区城镇群、渝东南武陵山区城镇群。

25.五位一体：经济建设、政治建设、文化建设、社会建设和生态文明建设。

26.四个全面：全面建设社会主义现代化国家、全面深化改革、全面依法治国、全面从严治党。

27.世界级IP：世界级知识产权(品牌)。

28.“双五十”中等城市：城市建成区面积50平方千米、常住人口50万的现代中等城市。

29.碳达峰：我国承诺力争在2030年前，二氧化碳的排放不再增长达到峰值，之后逐步回落。

30.碳中和：我国承诺力争在2060年前，通过植树造林、节能减排等形式，抵消自身产生的二氧化碳排放，实现二氧化碳“零排放”。

31.两品一标：绿色食品、有机农产品和农产品地理标志。

32.“四上”企业：规模以上工业企业、有资质等级的建筑业和房地产开发企业、限额以上批零住餐企业、规模以上服务业企业。

33.双创：大众创业、万众创新。

34.解七难：解决民营企业普遍反映的融资难、降本难、兑现难、引才难、升级难、交往难、订单难问题。

35.大铜新区：依托成渝中线高铁铜梁站、大足石刻站周边及高速公路，重点选取位于大足、铜梁城区间接壤地带的镇，整合利用既有资源条件加快新区建设，打造城乡融合发展平台，推动大足铜梁相向发展，构建城乡融合发展的新型城镇化空间。

36.飞地经济：两个相互独立、经济发展存在落差的行政地区打破原有行政区划限制，通过跨空间的行政管理和经济开发，实现两地资源互补、经济协调发展的一种区域经济合作模式。

37.三横五纵：横向建成蒲旧大道、科创大道、英才大道，纵向建成金山大道跨淮远河延伸至铜梁新城站、育才大道、全蒲大道、金川大道延伸至高铁站、佳胤大道。

38.三园：田园、公园、花园。

39.三管：细管、智管、众管。

40.三宜：宜居、宜业、宜游。

41.五沿：沿城区周边、沿旅游景区(园区)周边、沿国(省、县)道公路两边、沿高速公路两旁、沿区域河流两岸等范围。

42.六改：改房、改厨、改厕、改圈、改棚、改院。

43.三排：污水偷排、乱排、直排。

44.三乱：污水乱排、河道乱建、岸线乱占。

45.三率：污水收集率、污水处理率、处理达标率。

46.无废城市：通过推动形成绿色发展方式和生活方式，持续推进固体废物源头减量和资源化利用，最大限度减少填埋量，将固体废物环境影响降至最低的城市发展模式和管理理念。

47.五险：养老保险、医疗保险、失业保险、工伤保险和生育保险。

48.双减：有效减轻义务教育阶段学生过重作业负担和校外培训负担。

49.三环协同：第一环，财税收支长效平衡；第二环，重点国有企业良性运行；第三环，市场主体经营效益持续增长。

50.五治：政治引领、法治保障、德治教化、自治强基、智治支撑。

51.七个有之：搞任人唯亲、排斥异己的有之，搞团团伙伙、拉帮结派的有之，搞匿名诬告、制造谣言的有之，搞收买人心、拉动选票的有之，搞封官许愿、弹冠相庆的有之，搞自行其是、阳奉阴违的有之，搞尾大不掉、妄议中央的也有之。

52.五个必须：一是必须维护党中央权威，

决不允许背离党中央要求另搞一套，必须在思想上政治上行动上同党中央保持高度一致，听从党中央指挥，不得阳奉阴违、自行其是，不得对党中央的大政方针说三道四，不得公开发表同中央精神相违背的言论。二是必须维护党的团结，决不允许在党内培植私人势力，要坚持五湖四海，团结一切忠实于党的同志，团结大多数，不得以人划线，不得搞任何形式的派别活动。三是必须遵循组织程序，决不允许擅作主张、我行我素，重大问题该请示的请示，该汇报的汇报，不允许超越权限办事，不能先斩后奏。四是必须服从组织决定，决不允许搞非组织活动，不得跟组织讨价还价，不得违背组织决定，遇到问题要找组织、依靠组织，不得欺骗组织、对抗组织。五是必须管好亲属和身边工作人员，决不允许他们擅权干政、谋取私利，不得纵容他们影响政策制定和人事安排、干预日常工作运行，不得默许他们利用特殊身份谋取非法利益。

53.两个责任：落实党风廉政建设责任制，党委负主体责任，纪委负监督责任。

54.四个监督：纪律监督、监察监督、派驻监督、巡视巡察监督。

55.四种形态：经常开展批评和自我批评、约谈函询，让“红红脸、出出汗”成为常态；党纪轻处分、组织调整成为违纪处理的大多数；党纪重处分、重大职务调整的成为少数；严重违纪涉嫌违法立案审查的成为极少数。

56.三个区分开来：把干部在推进改革中因缺乏经验、先行先试出现的失误和错误，同明知故犯的违纪违法行为区分开来；把上级尚无明确限制的探索性试验中的失误和错误，同上级明令禁止后依然我行我素的违纪违法行为区分开来；把为推动发展的无意过失，同为谋取私利的违纪违法行为区分开来。

57.以案四说：以案说纪、以案说法、以案说德、以案说责。

以案四改：以案改治理、以案改监管、以案改制度、以案改作风。

重庆市铜梁区人民政府工作报告

——2022年1月10日重庆市铜梁区第十八届人民代表大会第一次会议

重庆市铜梁区人民政府区长 万隆

各位代表：

现在，我代表区人民政府向大会报告工作，请予审议，并请区政协委员和其他列席人员提出意见。

一、过去五年和2021年工作回顾

过去五年，是铜梁发展史上牢记嘱托、感恩奋进的五年。面对重大战略机遇和复杂严峻挑战，我们坚持以习近平新时代中国特色社会主义思想为指导，深入贯彻习近平总书记对重庆提出的营造良好政治生态，坚持“两点”定位、“两地”“两高”目标，发挥“三个作用”和推动成渝地区双城经济圈建设等重要指示要求，全面贯彻党中央国务院决策部署、市委市政府工作部署和区委工作要求，在区人大、区政协的监督支持下，紧紧依靠全区人民，立足新发展阶段、贯彻新发展理念、构建新发展格局，坚持从全局谋划一域、以一域服务全局，统筹疫情防控和经济社会发展，统筹发展和安全，全力推进稳增长、促改革、调结构、惠民生、防风险、保稳定工作，较好地完成了本届政府任期目标，与全国、全市一道全面建成小康社会，实现了“十三五”圆满收官、“十四五”良好开局，为开启社会主义现代化建设新征程奠定了坚实基础。

五年来，我们坚持稳中求进，综合实力显著提升。地区生产总值达到704.5亿元、年均增长8.4%，人均地区生产总值突破10万元、年均增长7.2%，工业增加值年均增长9%，完成固定资产投资392.1亿元、年均增长8.7%，社会消费品零售总额276.5亿元、年均增长14.3%，一般公共预算收入40亿元、年均增长11.1%，全体居民人均可支配收入达3.65万元。各类市场主体由4万户发展到5.7万户，民营经济增加值占GDP比重达到74%。先后获得国家产业转型升级示范区、国家园林城市、国家卫生区、全国双拥模范城、中国绿色发展优秀城市、中国天然氧吧等荣誉。

五年来，我们坚持全力以赴，三大攻坚战取得重大成就。脱贫攻坚全面胜利。以决胜之势尽锐出战，实施扶贫项目244个，5个市级贫困村全部出列，4406户12290名贫困人口全部稳定脱贫，“两不愁三保障”和饮水安全全部实现。助力巫山县、西藏芒康县脱贫摘帽。污染防治成效显著。主要河流水质稳定达标，巴川河、淮远河、涪江铜梁段获评全市最美河流。空气质量优良率持续提升，土壤环境质量保持稳定。全面完成第一轮中央环保督察反馈问题整改，第二轮督察无反馈问题。河长制工作走深走实，长江干支流“十年禁渔”全面落实。自然资源保护成效明显，完成营造林57.2万亩，森林覆盖率达48%。重大风险总体可控。全面落实总体国家安全观，狠抓意识形态工作，坚决维护基层政治安全。全区上下众志成城、共克时艰，成功应对新冠肺炎疫情冲击、百年不遇特大洪水。政府债务风险绿色可控，守住了不发生系统性区域性金融风险的底线。应急管理体系日趋健全，安全生产基本面有效改善。连续获评防范化解重大风险攻坚战优秀区县。

五年来，我们坚持提质增效，产业体系日趋完善。工业经济不断壮大。"以升促建"推动国家级高新技术产业开发区建设，高新区规上工业产值达563.7亿元、占全区比重81.3%。装备制造、电子信息等主导产业正集群成链，西部美谷美妆产业初见成效。累计引进工业项目288个，工业投资年均增长17.5%。规上工业企业增加到366家。科技创新加速赋能，全社会研发投入强度从0.92%增长到2.2%，高新技术企业达129家、增长2.4倍，科技型企业达793家、增长9.4倍。"双新"产业产值达330.9亿元、增长2.7倍，数字经济产值达215.7亿元、增长1.4倍。现代农业稳产增效。牢牢守住耕地保护红线和粮食安全底线。严格落实"米袋子""菜篮子""肉盘子"责任，粮食产量常年稳定在35万吨左右，蔬菜产量常年保持在72万吨以上，生猪存栏常年保持在20万头以上。培育市级以上龙头企业32家，创建"两品一标"农产品281个、重庆市名牌农产品19个，获评国家农产品质量安全区。成功创建国家农业科技园区，"一中心四基地"基本建成。新型农村集体经济快速发展，在全市率先全面消除"空壳村"，农村集体经济经营性收入达8080万元、较2017年增长5.5倍。农业增加值达65.4亿元、年均增长5.1%。服务业提档升级。龙城天街商圈全面开街，集聚万达广场、居然之家等大型商贸业态。小北海物流园正式投运，农副产品批发、快递物流等专业市场建成投用。新零售、连锁经营等新兴业态蓬勃发展，电子商务销售额达54.7亿元、年均增长20%。金融机构增加到53家，存贷款余额增加到1144.6亿元。安居古城元天宫等11个宫庙、西街等9条老街完成保护性修复并对外开放，玄天湖创建为4A级旅游景区。成功举办龙灯艺术节、原乡风情马拉松、国际舞龙争霸赛等节会赛事。年游客接待量突破1500万人次，旅游综合收入年均增长23.5%。

五年来，我们坚持统筹融合，城乡面貌更加亮丽。城市建设扩容提质。城市建成区面积达40平方千米，常住人口城镇化率达63%。淮远新区初具规模，铜梁中学淮远校区启动建设，原乡中央公园、望山公园、见水公园、龙腾广场建成开放。基础设施建设全面铺开，原乡大道、少云大道、龙腾大道等骨干道路建成通车，市政道路达215千米，新增雨污管网400千米，全面完成场镇雨污分流改造，完成涪江防洪护岸综合整治和13个镇街中小河流整治工程。城市更新步伐加快，改造老旧小区78个、棚户区9.2万平方米，安装老旧楼房电梯221部，新改建城市公厕50座。实施街头绿地提质、坡坎崖绿化美化，新增城市绿地面积410万平方米，凤山公园获评重庆市最美公园。"大城三管"不断深化，"马路办公"成为常态，建成城市综合管理服务平台，13万少云志愿者广泛开展服务，获评全国文明城区提名城区。乡村面貌明显改善。建成"四好农村路"1890千米，硬化泥结石路1130千米，村民小组通畅率、建制村通客车率均达100%。新建供水管网3096千米，改造农村电网4.7万户，新安装天然气3.9万户，实现城区5G网络和城乡光纤网络全覆盖。改造卫生户厕4.29万户，建成农村生活垃圾分类示范村215个，全面推行农村人居环境整治"积分制"，获评全国村庄清洁行动先进区县。乡村振兴西郊示范片获评重庆十大最美乡村。

五年来，我们坚持改革开放，发展动能加速集聚。重点改革实现突破。接稳兜住全国、全市改革任务，创新推出一批有力度、有影响的改革举措。强力推进“放管服”改革，实施行政审批流程再造集成创新，企业和群众办事时间压缩80%以上，获评全国最具投资吸引力城市。投融资改革加快推进，72亿元独立工矿区转型升级产城融合PPP项目成功落地。建成西南地区首家区级能源大数据中心。完成镇街供水企业整合改革。科技、教育、文化、卫生体制改革不断深化，国有企业、农村集体经济等领域改革深入推进。“五清”行动、“四基”建设、“党建扎桩、治理结网”等改革经验全市推广，入选国家城乡融合发展试验区。加快融入双城经济圈建设。落实成渝地区双城经济圈建设规划纲要，推进“铜资简”轴线城市、“铜潼遂”涪江流域一体化发展，常态开展跨省异地就医直接结算、跨流域区域生态保护等100余项合作事项。对外大通道建设取得突破，成渝中线高铁在铜设站并启动建设，城轨快线璧铜线提速建设，渝遂复线高速、铜安高速、合璧津高速全线动工。发展动力更加强劲。引资引智融合互动，引进项目434个，到位资金650亿元，558名高层次人才扎根龙乡。开放型经济不断壮大，外经贸企业达75家，外贸进出口总额达62.2亿元、增长3.4倍，实际利用外资5.5亿美元、增长1.6倍。营商环境持续优化，创新设立市民服务和营商环境促进中心，“四零”审批入选全市优化营商环境十佳示范案例，承诺制信任审批改革经验全市推广，获评全国社会信用体系建设示范区。要素保障全面增强，安居提水二期工程、小北海水厂竣工投用，500千伏铜梁变电站建成投运，天然气输送管道磨铜线贯通运行，页岩气日产量50万立方米。

五年来，我们坚持发展为民，民生福祉持续改善。每年财政支出80%以上投入民生领域，115件重点民生实事顺利完成。民生保障更加完善。城镇累计新增就业7.7万人，“把老乡留在老家”行动让5.3万名群众在家门口就业。基本养老、医疗保险参保率稳定在97%以上，困难群众基本生活保障实现“应保尽保”“应救尽救”。新建敬老院23所，新增社区养老服务设施660个。探索院坝互助养老模式，打通农村养老服务“最后一公里”。建成退役军人服务站362个，实现退役军人服务保障体系全覆盖。教育事业不断进步。财政性教育经费累计投入79.9亿元、年均增长9.7%。新增普惠学位5280个，学前教育普惠率提高到87.5%。新改建中小学、幼儿园23所，成功创建全国义务教育发展基本均衡区。中小学教学质量监测稳居全市前列。优化设置职教专业，校企合作深入推进。社区教育机构实现零的突破。医疗服务持续提升。实施区中医院整体迁建，建成投用区第三人民医院、精神卫生中心等医院5家，行政村卫生室标准化建设全覆盖，形成农村30分钟、城镇15分钟医疗服务圈。建成国家级、市级重点特色专科24个。居民人均预期寿命提高到78.5岁。文化事业日益繁荣。社会主义核心价值观深入人心，涌现出“全国脱贫攻坚先进个人”“新中国最美奋斗者”“全国道德模范”“中国好人”等一大批先进典型。基层综合文化服务中心和健身设施全覆盖，免费开放率达100%，累计开展流动文化服务进村6244场、群众性体育活动300余次。区融媒体中心荣获全国服务农民服务基层文化建设先进集体。“双晒”作品获全市最佳作品奖、最佳营销奖。文艺作品推陈出新，获得全国全市大奖33个，舞蹈《龙把子》《焰火龙》分别荣获“群星奖”“山花奖”，歌曲《那一片云》、长篇小说《安居古城》分别荣获重庆艺术奖、文学奖。铜梁龙舞晋京献礼新中国70华诞，铜梁龙灯彩扎入选国家级非遗名录，获评中国民间文化艺术之乡、中国龙灯龙舞之乡。社会治理全面加强。全面推进立体化信息化社会治安防控体系建设，创新和加强基层社会治理，连续12年保持命案全破，社会治安秩序持续向好，群众安全感指数、政法满意度、执法公信力保持全市前列，入选全国市域社会治理现代化试点区、全国乡村治理体系建设试点区，连续三年获评全市扫黑除恶专项斗争优秀区县。

过去五年，我们坚持把党的建设贯穿政府自身建设全过程，深入开展“不忘初心、牢记使命”主题教育和党史学习教育，扎实推进巡视、审计、督查等问题整改，坚决肃清孙政才恶劣影响和薄熙来、王立军流毒，清除邓恢林案件负面影响，旗帜鲜明讲政治、对标对表抓落实的政治氛围更加浓厚。严格落实向区委请示报告制度，主动接受人大和政协监督，高质量办理人大代表议案1479件、政协提案1416件，满意率分别达99.4%和99.6%。深入学习贯彻习近平法治思想，坚持依法决策、依法行政，成功创建全市首批法治政府建设示范区。完成新一轮政府机构改革，政府职能加快转变。严格落实中央八项规定精神和市委实施意见，持之以恒正风肃纪，坚定不移惩治腐败，始终保持清正廉洁。常态化落实区委基层减负“九条措施”“六条规定”。认真落实过“紧日子”要求，“三公”经费年均下降7.3%。政府性投资项目财评审减17.4亿元、审计审减10.5亿元。科学制定“十四五”经济社会发展和2035年远景规划，高标准完成第四次全国经济普查、第七次全国人口普查、第三次全国国土调查和全国农业普查。国防动员和后备力量建设稳步推进，双拥工作和军民共建深入开展。外事、民族、宗教、侨务和港澳台工作不断加强，档案、统计、物价、编制、气象、地震、救灾、人防、通信、保密、文史和修志工作取得新成绩，工会、妇女、儿童、青少年、科普、慈善、老龄、残疾人、红十字、老年体育和关心下一代事业取得新进步。

各位代表！刚刚过去的2021年，是党和国家历史上具有里程碑意义的一年。面对百年变局和世纪疫情，我们坚持稳中求进，沉着应对、精准施策，持续巩固稳中向好的发展势头，实现了“十四五”良好开局。一是主要经济指标全面完成。全年地区生产总值增长8.3%，工业增加值增长9.5%，固定资产投资增长10.8%，社会消费品零售总额增长25.7%，一般公共预算收入增长15.4%，工业税收增长21.4%，城镇、农村居民人均可支配收入分别增长8.3%、10.3%。二是科技创新加快推进。优化创新资源配置，实施“博士直通车”等科研项目116项。建成市级以上研发平台14个、市级数字化车间18个，实施智能化改造项目63个。预计全社会研发投入15亿元、增长20%。深入实施科技企业成长工程，建立高新技术企业培育库，新培育科技型企业254家、高新技术企业34家。三是双城经济圈建设取得新成效。积极参与川南渝西融合发展试验区建设总体方案编制。着力推动铜梁大足一体化发展，“大铜新区”总体方案编制上报。与遂宁、潼南等市区共建人才共育园、现代高效特色农业产业带。联合遂宁、安岳、简阳共同举办“川渝携手创汇铜梁”第二届创业创新大赛总决赛。梳理“跨省通办”事项210项，办结业务9922件。四是产业提质行动加快实施。引进工业项目67个，总投资391.4亿元。新开工工业项目49个，竣工投产26个。爱玛科技西南制造基地一期建成投产。“西部美谷”展示中心即将竣工，规模100亿元的制造业转型升级基金落户铜梁。实现规上工业总产值680.8亿元、增长

12.2%，全区工业用电量、用气量分别增长19.6%、36.2%。丰富现代服务业业态，协信星光天地顺利开业，举办川渝特色商品展、消费帮扶展等会展活动，拉动消费3.5亿元。深化文旅融合发展，全面唱响“周末到铜梁”，土桥镇和六赢村获评全国乡村旅游重点镇、村。五是乡村振兴全面提速。全年粮食产量35.5万吨，出栏生猪45万头。完成高标准农田建设和宜机化改造6.4万亩。农业总产值实现98.1亿元、增长9.8%。巩固拓展脱贫攻坚成果同乡村振兴有效衔接，推进村庄规划、产业规划编制，农村路水电气信等基础设施持续完善。开通城区至土桥、庆隆公交客运。建成乡村振兴车间49个，提供就业岗位1500余个。人居环境整治“积分制”入选全国推广典型案例。六是城市品质明显提升。科创新城规划编制工作有序推进。淮远新区建设提速，乡逢路等5条道路基本建成，综合管廊结构工程全面建成。加快推进城市更新，改造老旧小区16个，启动民主路片区棚户区改造。污水处理厂三期建成投用，新建、改造城镇雨污管网70千米。有序推进平滩、大庙、太平等小城镇建设。整治小区违法建筑1.1万平方米。城市管理综合执法智能化系统上线运行。七是改革开放稳步推进。结合实际推出特色改革34项，营商环境、城市管理等7项工作获市政府督查激励。探索“智能秒办”改革，公共场所卫生许可等125件事项上线运行。严格政府债务“借用还管”全过程管理。全面完成国有企业公司制改革。OTC挂牌企业和新三板挂牌企业分别达16家、4家。参与重庆市中西部国际交往中心建设，实现出口农产品生产基地备案，建立外资企业行政管家服务制度，引进外资企业2家、引资金额6000万美元。八是生态建设不断加强。严格落实河长制，治理水产养殖尾水6886亩，新增生态养殖9883亩，主要河流水质达到或优于Ⅲ类，“五个一律”治污做法列入全市河长制典型案例。全面推行林长制，扎实抓好森林资源“四乱”突出问题专项整治，“林长+检察长”协作机制经验全市推广。推动减污降碳协同增效，全年空气质量优良天数达324天。完成龙璋纸业白泥渣场整治。全面推行生活垃圾分类，建成生活垃圾焚烧发电厂。九是社会民生持续改善。办好“我为群众办实事”实践活动10件实事，25件重点民生实事年度任务全面完成。做好重点群体就业服务，新增就业1.3万人。全面优化养老服务体系，建成敬老院2所、社区养老服务中心10个。建设城乡居民健康大数据共享平台，初步建立信息互通、医防协同的城乡健康管理新机制。建成区级卫生应急指挥中心，有效提升院前急救能力。顺利通过国家卫生区复审。“双减”政策全面落地，妥善处理重庆巴川中学“公参民”问题，职教中心三期工程、金砂小学建成投用，重庆第二师范学院、重庆科技学院、重庆医药高等专科学校铜梁校区项目正式签约。扎实开展安全生产大排查大整治大执法“百日行动”，落实常态化安全监管“十条措施”，无较大及以上安全生产事故发生。深化市域社会治理现代化试点，推进信访“治重化积”专项工作，开展政法队伍教育整顿，实施全民反诈专项行动，常态化推进扫黑除恶专项斗争，推行“村村见警”警务模式，实现恶性刑事案件等“六个零发生”，人民群众安全感和满意度得到“双提升”。十是疫情防控有力有效。持续强化“外防输入、内防反弹”，健全完善一触即发、一步到位、高效运转的突发疫情应急指挥体系，压紧压实属地、属事、单位、个人“四方责任”，安全有序推进新冠疫苗接种，全年无确诊病例报告。

各位代表！奋斗伴随艰辛，收获凝结汗水。这些成绩的取得，根本在于以习近平同志为核心的党中央掌舵领航，在于习近平新时代中国特色社会主义思想的科学指引，是市委、市政府和区委坚强领导的结果，是各位人大代表、政协委员大力支持、共同努力的结果，是全区上下齐心协力、拼搏奋进的结果。在此，我代表区人民政府，向各位人大代表、政协委员，向各民主党派、工商联、无党派人士和各人民团体，向驻铜部队、武警官兵、公安民警和消防救援队伍指战员，向全区离退休老同志、企业家和社会各界朋友，向所有参与铜梁建设发展的广大干部群众，致以崇高的敬意和衷心的感谢！

各位代表！回首五年历程，我们深刻体会到，做好政府工作，推动铜梁高质量发展、创造高品质生活，必须坚持党的领导，坚决听党中央指挥、向总书记看齐，自觉做到“两个维护”，时时处处对标对表，确保各项工作方向不偏、落实有力。必须推进改革创新，积极践行新发展理念，主动适应新时代新要求，用改革创新思维攻坚破题，有效提高经济发展质量和效益。必须严格依法行政，坚守底线思维，强化法治理念，全面提升依法履职能力，切实规范行政行为，确保各项工作在法治轨道上运行。必须以人民为中心，始终把人民群众的利益放在首位，扎实保障和改善民生，切实把人民至上理念落实到千家万户。必须强化实干担当，切实转变作风，勇于攻坚克难，锻造一支忠诚、干净、担当的高素质干部队伍，汇聚起在新征程中推动新发展的磅礴力量。

成绩属于过去，奋斗赢得未来。对照推进高质量发展的新要求，我们还面临不少困难和挑战，主要是：经济总量还不大，工业支撑能力不够强，产业能级不够高，市场主体培育和发展不够充分，稳定增长的造血功能不够足，总体上还处在新一轮发展动能培育转换、产业优化转型升级的关键阶段，在全市经济版图上还处于中等偏下的水平。城区和场镇的集聚辐射、综合承载能力还不够强，城乡建设的质量和品位还不够高，对一些历史文化载体有效保护与开发利用做得还不够好。生态环境保护的任务依然艰巨繁重。公共服务供需不够平衡，群众普遍关心的就业难、就学难、就医难、出行难、停车难等问题还局部存在。安全发展压力较大，平安建设任务依然较重。政府效能仍需提升，党风廉政建设还需进一步加强。对此，我们一定高度重视，采取更加精准、更加有力的措施切实加以解决。

二、未来五年主要目标任务

今后五年，是铜梁在全面建成小康社会的基础上，迈向基本实现社会主义现代化建设目标的第一个五年，也是铜梁进一步夯基础、壮筋骨、兴产业、求突破的重要五年。我们要坚持以习近平新时代中国特色社会主义思想为指引，全面贯彻党的十九大和十九届历次全会精神，深入贯彻习近平总书记视察重庆重要讲话和系列重要指示批示精神，坚定落实“两个确立”，坚决做到“两个维护”，按照市委市政府决策部署和区委工作要求，统筹推进“五位一体”总体布局，协调推进“四个全面”战略布局，立足新发展阶段、贯彻新发展理念、构建新发展格局，抢抓成渝地区双城经济圈建设和重庆主城都市区发展的重大机遇，坚定不移大抓产业、持续强化民生保障，加快建设重庆西向发展桥头堡，努力争当成渝中部崛起排头兵，以实干实绩谱写铜梁高质量发展高品质生活新篇章。

今后五年，我们将认真贯彻落实区第十六次党代会部署要求，坚定不移大抓工业、坚定不移大抓产业、坚定不移大抓实体经济、坚定不移大抓开放发展，持续强化城镇提升和乡村振兴，持续强化污染防控和生态文明建设，持续强化民生保障和民生改善，持续强化风险防控和社会治理，奋力打造产业高地、文旅胜地、宜居美地和民生福地，努力建设产业竞争力更强、文化影响力更广、环境吸引力更大、群众获得感更多的新铜梁。全区经济社会发展的主要预期目标是：地区生产总值年均增长7.5%左右、突破1000亿元，人均地区生产总值超过13万元；工业总产值超过1400亿元，工业增加值年均增长10%以上；固定资产投资年均增长8%左右；社会消费品零售总额年均增长12%；一般公共预算收入年均增长10%；力争外贸进出口总额突破100亿元、实际利用外资达到10亿美元；常住人口城镇化率达到70%；城镇新增就业4万人以上；全体居民人均可支配收入年均增长9%，城乡居民收入比缩小到2以内，推动共同富裕迈出坚实步伐。

为实现上述奋斗目标，必须在工作中做到“六个坚持”：坚持高质量发展，不断提升发展的含金量、含新量、含绿量，推动经济实现质的稳步提升和量的合理增长。坚持稳中求进，以稳为前提，在关键领域有所进取；以进为方向，在把握好度的前提下奋发有为。坚持创新驱动，把创新作为第一动力，用改革的办法破解发展难题，推进制度创新、观念创新、科技创新、文化创新。坚持求真务实，进一步解放思想、实事求是，尊重人民意愿，尊重基层实际，按客观规律办事。坚持系统观念，统筹推进各项工作，正确处理政府与市场、继承与创新、发展与安全、当前与长远的关系。坚持底线思维，强化风险防控，坚决守住民生、稳定、安全、生态、廉洁等底线。

今后五年，我们将着眼战略性、基础性、支撑性、带动性、保障性发展，突出抓好以下六个方面工作。

——聚焦工业强区，着力推进转型升级。坚持首抓工业、重抓制造业，以高新区为工业经济发展的主战场，加快建设成渝地区重要的高新技术产业基地、创新成果转化基地、现代制造业基地。构建“3+N”产业集群。培育400亿元电子信息产业、600亿元装备制造产业、300亿元健康美妆产业，打造智能终端建设基地和美妆产业基地。加快发展锂电、功能玻璃、锶盐等新材料产业，大力发展消费品产业，积极发展绿色低碳、新型储能、智能电网等产业，形成两千亿级工业产业集群。工业投资年均增长13%以上。加快培育龙头企业和骨干企业，新增规上工业企业100家以上、“专精特新”企业15家以上。坚持创新引领。发挥政府引导、市场导向、企业主体作用，围绕产业链部署创新链，实施国家级研发平台“破零”行动，打造一批工程研究中心、技术创新中心、重点实验室，建设高端产业研究院、创新联合体。支持企业数字化转型和智能化升级，高新技术企业达到300家、科技型企业超过2000家，战新产业产值占比达到35%。累计投入不少于10亿元，鼓励企业加大研发力度，全社会研发投入强度、科技进步贡献率达到全国平均水平。强化招商引资。坚持招商引资与招才引智并举，强化专业化、一体化招商，实施市场化招商，提高招商成果转化效率。瞄准重点区域、主导产业、品牌企业，力争引进世界500强企业2家以上，100亿级项目2个、50亿级项目3个、20亿级项目10个，落地一批上市公司区域总部、加工制造基地、物流配套基地、汇算结算中心。做实发展平台。强化高新区工业主平台、主阵地作用，统筹推进“一中心、两组团”建设，加快推进姜家岩片区产业转型升级、白土坝片区“退二进三”，优化蒲吕片区产业布局，构建旧县、大庙组团新业态，推动镇街低效工业“散小入园”，构建“一区多园”发展格局。深化产产、产教、产城融合，推动项目集中、资源集约、功能集成、产业集群。

——聚焦产业培育，持续壮大实体经济。立足工业，发展产业，坚持抓项目、育企业、强实体，不断提高经济综合竞争力。完善产业体系。全面融入成渝现代高效特色农业产业带，以建设国家农业科技园区为引领，争创国家农业高新技术产业示范区，实现农业规模化、品牌化、标准化、融合化发展，打造山地特色农业基地，农业总产值达到150亿元。积极融入重庆国家消费中心城市建设，打造现代服务业发展示范区。繁荣龙城天街商圈业态，加快发展现代物流、现代金融、专业服务等产业，特色消费聚集区加速形成。推进医养结合发展康养产业，培育婴幼托育、家政服务、一站式团建培训等服务业。深化农文体商旅融合发展，擦亮龙灯龙舞、安居古城、生态原乡、少云故里“四张名片”，创建安居古城国家5A级旅游景区、巴岳山玄天湖国家级旅游度假区，打造一批红色旅游精品景区，建设一批文旅小镇，建成市级文化产业园、市级全域旅游示范区。办好国际舞龙争霸赛、亚洲龙狮锦标赛、龙灯艺术节、刘雪庵音乐节等节会赛事，打造中西部国际交往中心“多点支撑区”，龙文化旅游名城享誉巴渝。游客接待量和旅游综合收入分别达到2000万人次、130亿元。健全房地产市场调控联动机制，培育住房租赁市场，发展装配式建造、绿色建造、智能建造、精品建造，打造建筑业总部基地。壮大民营经济。坚持“两个毫不动摇”，破除制约民营企业发展壁垒，落实民营经济发展支持政策，更大力度为民营企业纾困解难。把支持企业发展的事放在第一位，畅通政企沟通渠道，构建亲清政商关系。依法保护企业家合法权益，持续加强产权和知识产权保护。深入推动“大众创业万众创新”，激发各类市场主体活力，推动国企民企积极合作、大中小企业协同发展、军民深度融合，支持企业升规升限。市场主体突破8万户，其中企业2.4万户、个体工商户5.6万户；“四上”企业超过1200家、上市企业3家以上，民营经济增加值占地区生产总值比重超过80%。夯实要素资源。深化政银企合作，建立产业扶持“资金池”，用好用活各类产业发展基金。实施产业人才攻坚专项行动，持续开展“把老乡留在老家”行动。积极争取发展用地指标，严格集约节约用地，提高土地利用效率。加快推进渝西水资源配置工程和长征渠引水工程建设。建成1000千伏特高压输变电工程、文曲220千伏变电站。推进渝西天然气输气管网建设，推动页岩气综合开发利用。加快5G网络规模组网，全覆盖建设千兆小区、千兆园区，建成双千兆宽带城市。

——聚焦开放合作，积极构建新发展格局。积极参与国内国际双循环，推进更大范围、更宽领域、更深层次对外开放，促进产业交汇、经济交汇。拓展开放通道。强化“桥头堡”城市枢纽功能，打造东融西进、南引北接综合交通网络。建成成渝中线高铁、城轨快线璧铜线，全面融入“轨道上的都市区”，加快形成“两高两普一城际两轨道”铁路网。建成投用高铁站客运综合枢纽。加快建设千吨级涪江航道。建成投运铜安高速、合璧津高速和渝遂复线高速，加快实施“一环七射两连线”高速公路网。建设铜梁至重庆新机场高速、渝遂高速扩能二期，创建主城都市区城乡交通一体化示范区，基本形成“半小时、1小时、3小时”出行圈，实现所有镇街15分钟上高速。深化区域合作。扩大与东部沿海地区协作，有效承接产业转移，创新发展“飞地经济”，高质量建设广州—铜梁高新技术产业合作区。加强与“一带一路”沿线城市的经贸合作，主动承接中新(重庆)战略性互联互通示范项目，积极参与西部陆海新通道建设。融入川南渝西融合发展试验区建设，密切“铜遂绵”“铜资简"合作，打造基本公共服务跨区域合作示范区。提速"大铜新区"规划建设，加快铜梁—巫山产业协作园建设。深化与西永、寸滩等综合保税区合作，打造"无水港"等开放平台，争创重庆自由贸易试验区联动创新区。优化营商环境。抢抓全市营商环境创新试点城市建设机遇，聚焦市场化、法治化、国际化，不断深化"放管服"改革，全面推行"一网通办""一窗综办"，推动程序再优化、效率再提高，营商环境持续走在全市前列。推进社会信用体系建设，构建以信用为基础的新型监管机制。深化"互联网+政务服务"，加快推进全区政务数据汇聚、共享、开放。

——聚焦城乡统筹，深入实施融合发展。进一步提升新型城镇化建设水平，分层分类推进乡村振兴，不断增强全域综合承载能力，加快建设国际大都市后花园。持续推进城市提升。建立完善"多规合一"国土空间规划体系，全面建成"双五十"中等城市。深化城市东拓南扩，规划建设科创新城，打造大学园片区和高铁站片区，加快建设龙腾片区，基本建成淮远新区，提速建设城区"三横五纵"骨干道路。完善城市功能配套，建好龙文化演艺中心、科技馆等公共服务设施，建设智慧排水系统、智慧路网等新基建。推动城市有机更新，整体打造民主路、大北街、丝厂、白土坝4个片区，实施35个老旧小区综合整治和棚户区改造。建设大庙城市副中心，因地制宜建设一批现代化特色小城镇。深化"大城三管"，推动城市运行"一网统管"智能化场景示范应用。持续巩固国家卫生区创建成果，成功创建全国文明城区。纵深推进乡村振兴。强化耕地保护，坚决遏制耕地"非农化"、防止"非粮化"。建设全市乡村振兴先行示范区，农村居民可支配收入达到东部地区平均水平。加快实施乡村建设行动和"数字乡村"工程，推动农村道路、水电气灯、通信网络等基础设施改造升级，完善教育、医疗、体育等公共服务设施。实施村容村貌整治提升五年行动计划，创建一批美丽宜居乡村和绿色示范村庄。深入推进城乡融合。加快建设国家城乡融合发展试验区，搭建城乡产业协同发展平台，探索创新城乡融合体制机制，开展一批创新性政策试点，促进人、地、钱等城乡生产要素双向自由流动。完善小城镇联结城乡节点功能，推动城乡基础设施一体化和公共服务均等化。

——聚焦绿色发展，全面改善生态环境。坚持生态优先、绿色发展，突出减污降碳协同增效，筑牢生态屏障，以生态"含绿量"提升发展"含金量"。强化系统保护。坚持共抓大保护、不搞大开发，以生态保护红线、自然保护地为重点，依托水系生态涵养和山体生态屏障，优化生态安全格局。推进山水林田湖草系统治理，实施一批水土保持、水源涵养、生物多样性保护重大工程。森林覆盖率达到50%。提升环境质量。用最严格制度、最严密法治保护生态环境，深入打好污染防治攻坚战，深化河长制、林长制实践。强化多污染物协同控制和区域协同治理，主要污染物排放总量持续减少，环境突出问题得到有效治理。市控河流水质全面稳定达标，土壤环境质量保持稳定，PM2.5年均浓度持续下降，年空气质量优良天数保持在320天以上。推动节能降碳。深入推进"碳达峰、碳中和"，开展低碳发展区域合作，落实碳排放交易制度。加快构建绿色产业体系，推动重点行业和重要领域绿色化改造，坚决遏制"两高"项目盲目发展。完善资源节约集约循环利用政策体系，持续实施资源再生利用重大示范工程。倡导绿色低碳生活，全面推行垃圾分类，持续开展"光盘行动"，鼓励绿色出行，营造文明健康的生活风尚。

——聚焦民生福祉，合力共创幸福生活。聚焦共同富裕，加强普惠性、基础性、兜底性民生建设，每年滚动办理一批民生实事，让发展成果惠及更多群众。织密社会保障网络。强化就业优先政策，鼓励创新创业，每年新增就业8000人以上。健全工资合理增长机制，拓宽低收入群体增收渠道，扩大中等收入群体。完善社会保险和医疗保障体系，稳定养老保险、医疗保险参保率，扩大基本生活保障范围，提高医疗保障待遇水平。积极应对人口老龄化，发展城乡互助养老，落实“三孩”生育政策，扩大养老托幼服务供给。建成投用残疾人康复护理中心、农村失能特困人员照护中心，建设完善一批公益性殡葬设施。促进社会事业进步。规范和支持普惠性幼儿园发展，建成国家学前教育普及普惠区。新改扩建中小学20所，全面落实“双减”政策，争创全国义务教育优质均衡发展区。深化普通高中课程改革，争创市级特色示范高中、特色高中。加快构建现代职业教育体系，实施“双优”“双高”计划，建成高水平职教实训及培训中心。发展社区教育、继续教育、老年教育，办好特殊教育，规范民办教育。推动教育评价和督导体制改革。新培育名优教师500名以上。深入实施健康中国铜梁行动，建成全国健康促进区。深化医药卫生体制改革，推进区域医共体“三通”建设，基层诊疗量占比达65%以上。构建完善的公共卫生体系，实施疾控能力提升三年行动，启动区疾控中心整体迁建。推进区人民医院“三甲”医院、妇女儿童医院“三级”专科医院创建。推动中医药传承创新发展，争创全国基层中医药工作示范区。构建现代公共文化体育服务体系，推进文化体育场馆数字化建设，持续开展“文化进万家”活动，建设中华习字文化名城。加强非遗传承与保护，修缮张佳胤旧居、郭汝瑰故居等文化遗产。完善全民健身设施，建设奥林匹克体育中心，大力发展群众体育和竞技体育，创建全民运动健身模范区。守住安全稳定底线。强化国家安全体系和能力建设，坚决维护以政权安全、制度安全、意识形态安全为核心的政治安全。持续推进国防动员和后备力量建设。加强安全风险预警和防控机制建设，维护产业、金融、粮食、能源、通信、网络等领域安全。全面加强防灾减灾救灾工作，持续开展安全生产专项整治，坚决遏制重特大事故发生。常态化抓好疫情防控，筑牢健康安全防线。加强食品药品安全监管，积极创建国家食品安全示范城市。常态化推进扫黑除恶专项斗争，优化社会治安防控体系，严厉打击违法犯罪活动。加强和创新社会治理，推进社区管理智能化网格化，强化矛盾纠纷和信访积案化解，建设更高水平的平安铜梁，争创平安中国建设示范区。

三、2022年工作安排

2022年是新一届政府的开局之年。我们将迎来党的二十大和市第六次党代会，做好今年工作意义重大。全区经济社会发展的主要预期目标是：地区生产总值增长7.5%左右，固定资产投资增长8%，社会消费品零售总额增长12%，一般公共预算收入增长10%，外贸进出口总额增长12%，常住人口城镇化率达到64.5%，城镇调查失业率控制在5.5%以内，全体居民人均可支配收入增长9%。

实现上述目标，必须坚持稳字当头、稳中求进，在战略上更加主动、在战术上更加精准，注重稳定经济大盘、稳住社会大局，注重保市场主体、保民生改善，注重构建新发展格局、推动高质量发展。重点抓好十个方面工作。

（一）全力以赴稳增长，保持经济运行在合

理区间。积极扩大有效投资。抢抓国家、全市加大政府投资规模、适度超前开展基础设施投资的“窗口期”，争取更多项目纳入国家、全市“盘子”。建立完善项目储备库，强化项目前期工作和过程管理，实施175个重点项目、完成年度投资364亿元。推动项目投资放量，聚焦对外通道、工业投资、园区基础设施、城市更新、乡村建设、民生补短板等领域，抓紧开工一批成熟项目，加快在建工程进度，形成更多实物量。强化项目资金保障，争取地方政府债券更大份额，创新政府投融资机制，更好撬动社会资本参与。全面促进消费升级。抢抓重庆培育建设国际消费中心城市机遇，积极参与“巴渝新消费”行动。繁荣发展假日经济、会展经济，深度挖掘铜梁特色文化、特色美食和特色旅游资源，推动消费产业联动融合，提质发展电子商务，促进线上线下融合、商旅文体跨界发展。激发城乡消费潜力，有序开展新能源汽车促销、绿色智能家电下乡和以旧换新，推动护理、家政等生活性服务业发展。完善消费者权益保护机制，打击假冒伪劣行为，让市民消费更便捷、更放心。激发市场主体活力。抓好助企纾困政策落实，持续推进“解七难”。降低企业税费和用能成本，落实国家、全市新的组合式减税降费政策，健全水电气油保供机制，深化区能源大数据中心应用，完善科学用能政策。深化政银企合作，充分发挥政府风险补偿金引导作用，实施金融助企“十条措施”，缓解企业融资难、融资贵问题。深化产教融合，加快培养创新型、应用型、技能型产业工人队伍，帮助企业解决用工难题。

（二）强化工业支撑地位，推动制造业高质量发展。狠抓集群壮大。围绕“3+N”产业体系，大力发展主导产业，积极发展特色产业，竣工投产31个项目，开工建设29个项目。规上工业总产值达到770亿元，规上工业增加值增长10%以上，工业投资增长13%以上。电子信息产业，重点发展笔电和手机终端、智能家居制造，加快引进小米生态链企业，推动天合兴智能家居、铧富锦航空航天连接器结构件等项目开工建设，实现精鸿益智能终端配套二期、竣邦精密模具、铭利达镁铝合金结构件等项目竣工投产。装备制造产业，重点发展高端汽车零部件、通机设备、轨道交通装备、摩托车整车制造，积极推动克诺尔轨道交通制动系统、仕兴鸿精密数控机床制造等项目落地，加快建设爱玛电动车整车生产、雅雅电动车研发生产、中车导轨电车组装、东方迅达轨道机车配件、昆山捷凌电子高端线束等项目，实现车舟汽车升降器总成、朗基尔汽车零部件等项目竣工投产。健康美妆产业，加快建设“西部美谷”，重点发展化妆品、医美日化，积极推动中草集中药护肤品、旭妆现代化妆品、盛时达有机保健食品等项目落地，加快思特精细化工等项目建设。新材料、新能源等特色产业，全力推进凯盛君恒药用玻璃等项目建设，加快西南水泥迁建技改进度。狠抓科技创新。启动创新平台集聚行动，实施“智汇龙乡·铜创未来”创新资源导入行动，强化产学研协同创新，吸引知名高校、科研院所来铜设立研发机构，鼓励企业组建创新联合体、产业联盟，建成市级以上研发平台8个。加快广铜国家级科技企业加速器建设，构建项目评估、检验检测、技术转移等领域全流程科技服务体系。实施“揭榜挂帅”科研项目，推进关键共性技术突破。激发技术交易市场活力，技术合同交易额超过1亿元。全社会研发经费投入增长20%以上，万人发明专利拥有量达到8件。狠抓企业培育。全面落实“链长制”，紧盯细分领域，大力引育领军企业、龙头企业和“链主”企业。用好黑马实验室“创业加速器”，培育辅导企业30家以上，推动企业实现融资并购突破。支持企业实施数字化改造、智能化提升，加快工业互联网融合应用，建成数字化车间20个、智能工厂2个，实施智能化改造项目50个以上。推动企业上云上规上市，新增“专精特新”企业5家、上云企业10家、规上企业25家，加快推进昆凌电子、和泰润佳、百钰顺等企业上市。大力发展专利密集型产业，培育市级知识产权优势企业5家。新培育科技型企业200家、高新技术企业30家，“双新”产业产值增长18%以上。狠抓园区建设。完善高新区空间规划，启动科创大道、英才大道、全蒲大道、蒲旧大道等基础设施建设，全力创建国家高新区。优化高新区运行机制，建立智慧园区综合管理服务平台，完善企业服务专员等制度。优化用活“龙乡人才政策十条”，评选“铜梁英才”，新引进高层次急需紧缺人才300名。完成人才公园二期、人才公寓主体工程。改扩建金龙220千伏变电站，建成铜梁至全德220千伏输电线路工程。

（三）繁荣壮大现代服务业，推动完善现代产业体系。提质发展商贸物流业。持续丰富商贸业态，提升龙城天街商圈步行街品质，建设淮远河岸夜间经济集聚区、特色美食街，创建特色餐饮品牌。规划淮远新区新型商业，提档升级老城商业，优化社区商业。推动行业门店“划行规市”。加快建设百货快消品市场，规划建设汽车二手车交易市场。改造升级农贸市场3个，建成智慧化菜市场2个。新增限额以上商贸单位30家以上。大力发展冷链、仓储、电商物流，启动建设叶水福西部冷链物流枢纽，实施莲藕等优势农产品供应链项目，建成三级物流体系。加快发展文化旅游业。深入挖掘龙文化精髓，开展龙文化“十个一”活动，打造“追梦·铜梁龙”山水实景演出节目，研发一批龙文化创意产品。完成安居古城文庙、县衙保护性修复，推进巴岳山玄天湖业态提质，打造玄天湖水上运动娱乐项目基地，启动安居古城国家5A级旅游景区、巴岳山玄天湖市级旅游度假区创建。规划建设小北海农文体商旅试验示范区，提升荷和原乡、奇彩梦园等景区品质，打造水口大滩、安居杨乐、安溪谭洪、侣俸西岳等乡村旅游点，新改建一批旅游精品民宿，提升“周末到铜梁”营销品牌影响力。大力发展高端服务业。健全金融服务体系，推动银行、保险、证券、基金等金融业态发展。加快广发银行、华夏银行铜梁支行落户。发挥鹏龙母基金作用，推动鹏鹿、穗龙、龙裕等子基金投资突破。用好100亿元制造业转型升级基金，实现投资10亿元以上。引育研发设计、知识产权、技术转移等科技服务机构，提质发展会计、法律、审计等专业中介服务，鼓励发展远程医疗、数据处理、文化创意等领域外包服务。稳步发展房地产业。坚持“房住不炒”、租购并举，优化土地出让和开发建设时序，着力稳地价、稳房价、稳预期，促进房地产业良性循环和健康发展。积极发展长租房市场，引进培育规模化住房租赁企业1家以上。引导企业升级特级总承包、一级总承包，引进知名房地产开发企业，加快淮远新区、汇龙片区等开发建设，打造一批房地产精品项目，更好满足群众的合理住房需求。

（四）持续推进乡村振兴，加快农业农村现代化。积极建设都市现代高效特色农业示范区。严格落实耕地保护制度，守住粮食安全底线，建设高标准农田8万亩，促进粮食稳产增收。巩固生猪产能，出栏量稳定在45万头以上。建设“兔管家”肉兔示范园，全区出栏200万只以上。拓展莲藕规模到4万亩，巩固提升20万亩绿色蔬菜、12万亩优质水果、6万亩生态水产养殖基地。实施品牌培育工程，推广“铜梁莲藕”“铜梁米”等农产品区域公用品牌。深化国家农产品质量安全区建设，“两品一标”稳定在280个以上，绿色食品续展率达90%以上。大力发展农产品精深加工产业，创建国家农村产业融合发展示范园，建成全市最大的标准化畜禽集中屠宰中心，启动美食中央厨房项目建设。强化农业科技服务，建成农业科技信息中心、绿色蔬菜研究院，打造优质果苗繁育基地。实施现代农民培育计划，培育新型职业农民700人。深入实施乡村建设行动。合理布局乡村“三生”空间，实现村规划全覆盖。分层分类推进乡村振兴先行示范区建设，因地制宜打造区级乡村振兴示范村120个。推动农村道路加宽提质、联网成环，建设农村联网公路50千米，硬化泥结石路100千米。加快渝西水资源配置工程建设，建成同心桥水库，建设太平水厂一期，延伸农村供水管网200千米。实施农村电网巩固提升工程。推进农村节能路灯安装。提速数字乡村建设，加快推动5G在农村地区应用，农村互联网普及率达到70%。深化人居环境整治，推进农村房屋“六改”，改造农村旧房1700户、卫生户厕2000户，推动污水治理和畜禽粪污综合利用，持续开展再生资源、废弃农膜回收，建设美丽宜居乡村5个、绿色示范村庄2个。推动人居环境整治“积分制”逐步向乡村治理全领域拓展，培育文明乡风。巩固拓展脱贫成果。持续做好巩固拓展脱贫攻坚成果同乡村振兴有效衔接，因地制宜发展衔接项目50个，新建乡村振兴车间10个，促进脱贫人口创业就业、稳定增收。严格落实“四个不摘”要求，健全防止返贫动态监测和帮扶机制，开展农村低收入人口常态化帮扶。扎实开展“万企兴万村”行动。深化与巫山县、西藏芒康县对口协作，持续推进消费扶贫、就业扶贫和教育卫生扶贫。

（五）大力推动城镇提升，建设近悦远来美好城市。提速建设重点片区。加快推进国土空间规划报批，完成中心城区控制性详规及各专项规划编制。统筹划定“三条控制线”，推进永久基本农田、生态保护红线勘界定标。提速建设淮远新区，加快建设融媒体中心、美术馆等项目。加快科创新城大学园片区、高铁站片区建设，启动建设重庆第二师范学院、重庆科技学院、重庆医药高等专科学校铜梁校区。打通迎宾东路连接龙腾大道，推进龙腾片区基础设施建设。持续推进城市更新。完善城市功能，新建气象科技馆，实施民主路片区改造、邱少云烈士纪念馆配套提质等项目。改造老旧小区10个以上、棚户区3个，加装老旧小区电梯70部以上。新改建城镇公厕10座。提质交通路网，打通金龙一路、法建路等断头路4条，增设公共停车位600个。合理优化公交线路，建成蒲吕至龙城天街导轨电车示范线，有序推进共享单车科学布点。改善城市环境，推进淮远河沿岸生态综合治理，启动白土坝、华夏康城片区排水管网雨污分流工程，开工建设姜家岩环卫综合作业基地。持续实施坡坎崖滩绿化美化和绿地公园更新提质，合理利用边角地建设群众身边的“口袋公园”，新增城市绿地40万平方米。深入推进场镇提质。实施场镇基础设施建设补短板三年行动，围绕“补短板、排隐患、提品质”要求，推进雨污管网分流、强弱电规范、场镇道路油化，完善公厕、停车场、农贸市场、休闲广场等功能配套。提质改造干线公路32千米。坚持“一镇一主题”，推动少云、大庙建设全市美丽宜居示范乡镇，支持安居、平滩等重点镇组团式发展，推动一般镇串珠式发展，打造一批特色小城镇。创新推动城市管理。树立主城都市区同城化管理理念，强化“大城三管”“马路办公”，巩固“五沿带动，全域整治”成果。探索“街区制”，建设“门前三包”“五长制”示范道路6条，打造一批“精品街巷”。建设新型智慧城市“智能中枢”，打造重点行业领域智慧化应用场景10个。落实

《重庆市生活垃圾管理条例》，推动生活垃圾分类全域覆盖，全面实现分类后的生活垃圾全焚烧、零填埋。加大违法建筑整治力度，依法查处扰乱道路交通秩序、建筑垃圾违法运输等行为。巩固创建施工扬尘控制示范工地10个，力争创建市级安全文明工地2个。

（六）积极融入双城经济圈建设，大力发展开放型经济。深化双城经济圈合作。依托川南渝西融合发展试验区、“铜遂绵”“铜资简”等合作平台，完善政策协同、产业协作、市场联动、资源共享等机制，形成更多可视化成果。紧扣成渝现代高效特色农业带、涪江流域科技创新走廊、涪江观光农业走廊、巴蜀文化旅游走廊、商品交易市场集散走廊、跨境河流生态廊道等共建任务，实施一批川渝合作共建项目。充分用好两省市推动川渝毗邻地区先行先试的政策优势，探索试点经济区和行政区适度分离，与遂宁、资阳等共同打造跨区域合作先行示范区。完成“大铜新区”规划编制，谋划推动重大项目、重大政策落地。加快对外大通道建设。着眼融入主城、融合周边，加快推进成渝中线高铁、城轨快线璧铜线建设，动工建设渝遂高速扩能二期，加快渝遂复线高速建设，完成铜安高速巴岳山隧道工程。推进市郊铁路西二环线、铜梁至重庆新机场高速公路前期工作，争取铜梁至中心城区快速通道纳入全市建设计划。拓展能源和信息通道，启动天府南至铜梁1000千伏特高压输变电工程、长征渠水利工程前期工作，扩大5G网络规模组网覆盖面，新增5G基站100个，铺设光纤1000千米。拓宽招商引资格局。完善招商体制机制，健全全流程招商服务体系，推动大招商向招大商、分段招商向一体招商转变。坚持领导带头招商，靠前指挥协调，定期拜访企业，举办招商推介活动10场以上。开展专业招商，推行管委会、区属重点国有企业一体化招商，围绕集群补链，瞄准新兴前沿产业，实现工业引资400亿元、现代服务业引资150亿元、现代农业引资50亿元。推动以商招商，用好进博会、智博会、西洽会等重大会展活动，发挥龙头企业、商会协会等作用，提升信息捕捉实效。开展招商季活动，定期举办集中签约、集中开工仪式，营造浓厚招商投资氛围。优化考核机制，加大招商激励力度。全年协议引资600亿元以上，实际到位160亿元以上。推动更高水平对外开放。抢抓重庆实施RCEP行动计划、开展CPTPP试点等机遇，深化与广州开发区、两江新区、重庆高新区协同协作。推进服务贸易创新发展试点和服务业扩大开放综合试点，落实外资企业行政管家服务制度，加快培育跨境电商等外贸新业态。积极推进制造业、金融业等领域利用外资，实际利用外资达到6500万美元。

（七）坚定不移深化改革，增强经济发展动力。深化重点领域改革。持续深化预算管理体制改革，加强资金、资产、资源统筹，增强预算控制力和约束力。严格落实政府债务绿色可控机制，控增量化存量，守住债务风险底线。优化完善镇街和园区财政体制机制，厘清区与镇街、园区财政事权与支出责任。全面完成国企改革三年行动任务，加快推进金龙城建公司信用评级升至AA+，提升国有资本运作能力和运营效益。深化城乡融合发展改革，推动进城落户农民依法自愿有偿转让退出农村权益，探索农村集体经营性建设用地入市，稳步推进农村闲置宅基地盘活利用试点，盘活农村闲置土地1万亩。深化农村集体产权制度改革，扩大集体经济管理人员激励试点范围，扩面农村“三变”改革，深化“三社”融合，新发展农村集体经济项目60个以上。持续优化营商环境。对标世界银行和中国营商环境评价指标体系，落实全市营商环境创新试点任务。完善营商环境“观察员”制度，探索推进“智能秒办”改革，持续打造“暖心政务”品牌。拓展“无差别”受理范围，增加“无差别”综合窗口事项。推动“证照分离”改革全覆盖。持续深化“四零”、承诺制信任审批等改革。加强“渝快办”推广应用，推进“一卡一码”工作，提升政务事项网上受理率。拓展电子签名和市场主体电子印章配置，推进政务服务全流程无纸化办理。大力发展民营经济。鼓励民营企业转型升级、优化重组，引导建立现代企业制度。落实公平竞争审查制度，支持企业更好参与市场合作和竞争。健全完善信用修复机制，推广应用安居古城“诚信码”，做好文化和旅游市场信用经济发展全国试点。深化行业协会商会和中介机构改革，对新产业新业态实行包容审慎监管。全面落实市场准入负面清单，深化商事登记制度改革，深入推进企业简易注销登记改革试点。新登记民营企业2500家、个体工商户6000户，民营企业增速达18%以上。

（八）全力推进减污降碳，强化生态文明建设。深化污染综合防治。持续推进河长制，深入开展“三排”“三乱”专项整治和提升“三率”专项行动，实施水环境综合治理PPP项目，水环境质量总体优良，涪江、琼江、小安溪铜梁段水质保持或优于Ⅲ类，创建琼江川渝跨界示范河流和淮远河市级示范河流。全面管控交通污染、工业污染、扬尘污染和生活污染，大力整治露天焚烧，有效降低臭氧和PM2.5浓度，年空气质量优良天数达320天以上。加强农村面源污染治理和土壤管控修复，强化固废、危废规范化处置，加快建设“无废城市”。加大噪声治理力度，确保环境功能区噪声达标。建立健全执法监测联合工作机制，与毗邻区县开展联动执法。加强生态保护修复。深化落实林长制，全面推进国土绿化，实施涪江铜梁段“两岸青山·千里林带”建设、森林抚育、退耕还林质量提升和天然林保护修复，开展城乡区域、道路沿线绿化美化，完成矿山生态修复15公顷，创建绿色矿山2个，全力争创国家森林城市。加强毓青山国家森林公园、安居国家湿地公园、巴岳山—西温泉风景名胜区等自然保护地管理。持续开展长江干支流“十年禁渔”。深入实施“三线一单”生态环境分区管控，对破坏生态环境的行为“零容忍”。促进绿色低碳发展。编制温室气体排放清单和应对气候变化专项规划。推动低碳发展区域合作，增加林业等生态系统碳汇，落实碳排放交易制度，促进绿色价值转换。加快推进生产方式绿色转型，严格生态环保准入制度，完善能源、水资源、建设用地等总量和强度“双控”机制，深化国家产业转型升级示范区和国家循环化改造示范园区建设。开展绿色生活创建行动，加快充电桩、换电站建设，实施路灯综合节能改造，推广装配式建筑，新开工装配式建筑和城镇绿色建筑占新建建筑比例分别不低于18%、50%。

（九）提档提质公共服务，全面保障和改善民生。坚持尽力而为、量力而行，办好25件重点民生实事。加强就业和社会保障。健全覆盖城乡的公共就业服务体系，建立新职业培训示范基地，开展职业技能培训6000人以上，拓展重点群体就业渠道，回引在外务工人员1万名以上，城镇新增就业8000人以上。对低收入家庭中重残人员、重病患者等特殊困难人员，参照“单人户”纳入低保。加强保障性租赁住房管理，对符合廉租住房保障条件对象“应保尽保”。深入实施全民参保计划，推动“五险”应保尽保。扩大全国异地就医联网结算覆盖面，稳步推进长期护理保险制度试点。深化婚姻登记“跨省通办”和“全市通办”。加快新殡仪馆和城市公益性公墓建设。扎实推进双拥共建，全面落实优待抚恤、接收安置政策，完成退役军人和其他优抚对象优待证发放。推动教育优质均衡。规划建设淮远新区小学，新建白龙小学，迁建关溅小学，加快实施铜梁中学淮远校区、铜梁巴川中学等新扩建工程。推进"区管校聘"改革、集团化办学改革。启动区教师进修学院创建工作。加快发展职业教育和高等教育，推进中高本贯通培养，支持在铜高校内涵式发展。持续抓好养成教育、家庭教育、社区教育、特殊教育。提高卫生健康服务质量。加快推进区中医院整体迁建、基层区域医疗卫生中心建设等6个项目，推动优质医疗资源扩容。区中医院通过"三甲"复评，实施5家甲级基层卫生院建设，落实好"区管镇用""镇聘村用"人才管理制度，不断提升医疗服务水平。深入开展纠正医药购销领域和医疗服务不正之风专项整治。扎实推进全国健康促进区创建，不断提高居民健康素养水平。完善养老托幼服务体系。全覆盖建成镇级养老服务中心和农村互助养老点，加快蒲吕等4所敬老院建设，建成低收入人口监测平台和智慧养老服务中心。推进"城企联动"普惠养老专项行动，增加普惠性养老服务床位300张。探索完善"公建民营""民建公助"运营模式，推动社区养老服务设施社会化、规范化、连锁化发展。建成庙坡幼儿园，新增普惠性学位1100个。新增3岁以下婴幼儿照护托位260个，不断满足育儿家庭多样化托幼服务需求。提升文化体育公共服务。建成国家级数字档案馆，新建文化馆分馆，实施川渝阅读"一卡通"项目，开展可移动文物预防性保护，实施馆藏石质文物保护修复，完成巴岳寺修缮工程。成立重庆铜梁龙艺术团，拍摄电影《龙魂》。倡导全民阅读、全民习字，推进中华习字文化名城建设。改造提升金龙体育馆、运动场等场地设施，新建虎峰体育公园，推进足球俱乐部项目建设，承接中华龙狮大赛、重庆市摔跤冠军赛等体育赛事，办好马拉松、气排球等群众体育活动。

（十）深入推进平安建设，全力维护和谐稳定。慎终如始抓好疫情防控。坚持"外防输入、内防反弹"不动摇，坚持"人""物"同防、闭环严防、关口细防、横向联防、社会谨防，用好疫情防控信息平台，健全快速反应、数据分析、协查管控、人文关怀机制，积极推进疫苗接种，引导群众做好个人防护，守护好人民群众生命安全和身体健康。毫不放松抓好安全生产和自然灾害防治。持续开展工贸、消防、道路交通、建设施工等重点行业领域安全隐患排查整治，全面推行企业一线岗位从业人员"两单两卡"，坚决防范遏制重特大事故发生。深入推进燃气油气安全专项整治，安装燃气泄漏安全保护装置5.5万处。创建全市安全用电示范区。完成第一次全国自然灾害综合风险普查。完善应急指挥信息平台，做好地质灾害防治、防汛抗旱、森林防灭火等工作，推进三级救援队伍标准化建设，持续提升应急处置能力。加强生物安全保护。强化食品药品安全监管。提高基层治理现代化水平。坚持和发展新时代"枫桥经验"，加快建设全国市域社会治理现代化试点区，构建三级矛盾纠纷综合调处平台，推进"雪亮工程"补点扩面，积极调动广大群众参与社会治理，健全社会心理服务疏导和预警干预机制。全力打好政治安全、反恐防暴、维护稳定、治安防控、公共安全"五场保卫战"，扎实推进公安队伍、能力素质、执法规范化、科技信息化、基层基础"五项建设"，持续开展全民禁毒、全民反诈工作，推动扫黑除恶长效常治，建设更高水平的平安铜梁。

四、全面加强政府自身建设

身处伟大新时代，站在百年新起点，全区政府系统必须始终坚持和加强党的全面领导，牢记初心使命，抢抓时代机遇，珍惜干事舞台，持续改进作风，着力建设法治政府、高效政府、廉洁政府，以实干担当提升全区的“发展指数”和群众的“幸福指数”。

（一）旗帜鲜明讲政治。深学笃用习近平新时代中国特色社会主义思想，增强“四个意识”、坚定“四个自信”、做到“两个维护”，始终胸怀“两个大局”、时刻牢记“国之大者”，不断增强政治判断力、政治领悟力、政治执行力。全面彻底干净肃清孙政才恶劣影响和薄熙来、王立军流毒，清除邓恢林案件负面影响。持续抓好巡视、审计、督查等反馈问题整改和“回头看”。严格落实意识形态工作责任制。巩固拓展党史学习教育成果，传承弘扬伟大建党精神，涵养对党忠诚的政治品格，营造风清气正的政治生态。

（二）依法行政促规范。深入学习贯彻习近平法治思想，全面落实法治政府建设实施纲要，提高依法行政能力，确保政府行为全面纳入法治轨道。自觉接受人大监督、政协监督、监察监督、司法监督，主动接受社会监督和舆论监督，强化审计监督。严格执行区人大及其常委会决议决定，支持人民政协履行职责，扎实办好人大代表建议和政协提案。规范行政决策程序，严格执行“三重一大”制度规定，广泛听取民主党派、工商联、无党派人士和人民团体意见，推进依法民主决策。深化政务公开，强化政务诚信建设，努力使政府治理各方面制度更加健全、更加完善。

（三）强化效能抓落实。增强“八项本领”，提升“七种能力”，练就担当作为的硬脊梁、宽肩膀、真本事。加强调查研究，吃透上情、把握实情、倾听民情，从实际出发做决策、干事业。深化拓展基层减负，让基层干部集中精力解决问题、破解难题。始终把抓落实作为政府工作的生命线，建立重点项目、民生实事等清单，加强跟踪问效，强化政务督查和绩效管理，严厉整肃不担当、不作为、慢作为，让实干担当、狠抓落实成为政府的鲜明底色。

（四）尚廉崇俭守底线。坚持把纪律和规矩挺在前面，严格落实中央八项规定及其实施细则精神，做到不踩红线、守牢底线。综合运用“四种形态”，常态化开展廉政警示教育，深化拓展“以案四说”，全面推进“以案四改”，筑牢拒腐防变的思想防线和制度防线。认真落实过“紧日子”要求，严控“三公”经费和一般性支出。深入推进政府系统党风廉政建设和反腐败斗争，聚焦工程建设、资源开发等重点领域，紧盯财政支出、公共交易等关键环节，严肃查处侵害群众利益的害群之马，永葆为民务实清廉的政治本色。

各位代表！行程万里，不忘初心；重任在肩，实干做答。让我们更加紧密地团结在以习近平同志为核心的党中央周围，坚持以习近平新时代中国特色社会主义思想为指导，在市委、市政府和区委的坚强领导下，奋勇争先担使命，乘势而上开新局，奋力谱写铜梁高质量发展高品质生活新篇章，以更加优异的成绩迎接党的二十大胜利召开！

2022

铜梁年鉴

专记

上下同心　尽锐出战
全力打赢脱贫攻坚战

2021年2月25日，习近平总书记在全国脱贫攻坚总结表彰大会上庄严宣告："经过全党全国各族人民共同努力，在迎来中国共产党成立一百周年的重要时刻，我国脱贫攻坚战取得了全面胜利，现行标准下9899万农村贫困人口全部脱贫，832个贫困县全部摘帽，12.8个贫困村全部出列，区域性整体贫困得到解决，完成了消除绝对贫困的艰巨任务，创造了又一个彪炳史册的人间奇迹！"

铜梁虽然不是深度贫困地区，但这些年高度重视脱贫攻坚工作，全区干部群众上下同心、尽锐出战，发扬钉钉子精神，敢于啃硬骨头，全力打赢了脱贫攻坚战。

2009年，铜梁县被列为全国20个"农村低保与扶贫开发两项制度有效衔接"试点对象，历经3个五年计划，从"十一五"的35个贫困村到"十二五"的17个贫困村再到"十三五"的5个贫困村，全区累计投入资金1.8亿余元，落实扶贫项目510余个，始终保持攻坚态势，不留退路、不存侥幸、不遗余力，统筹抓好"战贫""战疫""战灾"，压茬推进"定点攻坚战""百日大会战""收官大决战"，接续推进脱贫攻坚与乡村振兴有效衔接，脱贫攻坚取得决定性成就，全区5个市级贫困村全部脱贫摘帽，累计实现5776户17826名贫困人口脱贫，贫困发生率由2015年初的2.3%下降至0，贫困人口人均纯收入由2014年的5724元（全市平均4697元）增加到2020年的13791元（全市平均12303元）。在铜梁脱贫攻坚之路上留下了坚实足迹。

蒲吕街道康济村集体经济。（区融媒体中心 供图）

西来会客厅。(区融媒体中心 供图)

重点举措和成效

(一)提高站位、尽锐出战,全面掀起决战决胜总攻态势。全区始终坚持把脱贫攻坚作为重大政治任务,不停顿、不大意、不放松,迅速形成决战决胜强大声势和浓厚氛围,以战时状态、战斗姿态坚决如期高质量打赢脱贫攻坚战。始终坚持把习近平总书记在发展乡村振兴示范片过程中的打造乡村振兴会客厅发展为新的乡村综合发展项目。

把关于扶贫工作的重要论述作为做好脱贫攻坚工作的"定盘星""压舱石",区委、区政府和区扶贫开发领导小组定期召开专题会议,专题学习贯彻习近平总书记关于扶贫工作重要论述。区委主要领导亲自研究、亲自部署、亲自推动脱贫攻坚工作,带头定点攻坚坪漆村。区委、区政府主要领导靠前指挥调度,成立以区委书记、区长为"双总指挥长"的脱贫攻坚指挥部,10名区级领导任(常务)副总指挥长,下设1个综合办和14个分指挥部,抽调31名精干力量集中办公、合力攻坚。指挥部实行"日总结、周调度、半月报告、月专报"和常态化督查通报,统筹解决住房、饮水等难题;28个镇街全覆盖成立指挥部,联系区领导任第一指挥长,镇村干部将主要精力投入脱贫攻坚工作,构建起上下一体、各方联动、责任落地、工作见底的格局。坚持三级书记遍访贫困对象,区委、区政府主要领导多轮次遍访5个市级脱贫村,带动镇、村党组织书记每年至少遍访一次辖区内贫困户,形成田间地头见干部、白天晚上有干部的大决战局面。

(二)坚持标准、严守底线,全面实现"两不愁三保障"。全区通过组建工作组,逐村逐户全覆盖走访贫困户,实行区、镇、村三级会审,确保全部高质量实现"两不愁三保障"。全覆盖实现"两不愁"。坚持"造血式"扶贫和"输血式"救助相结合，为建卡贫困人口统一购买精准脱贫保，贫困户收入年均增长20%以上。开展社会救助兜底保障"清零行动"，对"四类人员"、边缘易致贫户、丧失劳动能力户等重点对象进行全覆盖走访，逐户研判"过筛"，将2719名建卡贫困人口纳入城乡最低生活保障，173人纳入特困供养，1319人纳入残疾人"两项补贴"，实现应保尽保、应兜尽兜。全覆盖实现义务教育保障。全区建立了控辍保学工作机制，动态跟踪监测建卡贫困家庭学生就读情况，对无法到校就读的残疾儿童"一人一案、送教上门"，全区建卡贫困家庭义务教育适龄儿童无一辍学失学。落实各类教育资助金2100余万元，资助学生16800余人次，对区外就读学生逐一对接落实教育扶贫政策，实现贫困学生应助尽助。累计投入4.1亿元，为79所义务教育薄弱学校新建和改造校舍、附属设施、添购教学设备等，进一步改善办学条件。考核招聘188名农村小学全科教师，每年培训各级各类农村教师2千余人次，全面夯实了农村教育基础。全覆盖实现基本医疗保障。全区全面落实"先诊疗后付费""一站式"结算等制度，大病集中救治、慢病签约服务、重病兜底保障均达100%，贫困户家庭医生签约、医保参保实现全覆盖。每年至少投入1000万元资金，设立健康扶贫基金，累计救助贫困患者4.14万人次；建卡贫困户住院自付比例9.73%，重特大疾病、慢性病门诊自付比例12.09%，全区无因病新致贫、返贫。建成标准化村卫生室263个，配齐乡村医生577名。强化医疗机构建设及人才培养，建成标准化村卫生室263个，配齐乡村医生577名，培养全科医生253名，全区所有贫困人口有地方看病、有医生看病、看得起病。全覆盖实现住房安全保障。对"四类人员"住房安全开展全面排查、动态监测，实施危房改造9055户（C级5177户、D级3878户）、旧房整治提升7050户，全区建卡贫困户实现住房保障、鉴定、标识标牌、"一户一档"全覆盖。制定一般农户危房改造政策，自筹资金1.2亿余元，对危房分类，进行改造、拆除、封堵、复垦，处置一般农户危房33718户，确保危房不住人、住人无危房。全覆盖实现饮水安全保障。常态化摸排农村人口水量、水质、用水方便程度、供水保证率等信息，建立、更新饮水安全台账，对发现问题逐户逐项销号。全区投入3.92亿元，实施城乡供水一体化场镇管网安装改造、农村饮水安全提升工程等，改善了40余万农村人口饮水条件，5个市级脱贫村集中供水率达98.8%，建卡贫困户集中供水率达87.52%，全区贫困人口100%实现饮水安全保障。

▶ 城乡供水一体化。（区委办 供图）

（三）立足长效、动态清零，高质量完成各类问题整改。全区坚持把问题整改作为践行"两个维护"的试金石，全力以赴推进责任落地、整改见底。"五项机制"抓整改。区委成立落实中央脱贫攻坚专项巡视"回头看"反馈意见整改暨国家成效考核反馈问题整改、市级脱贫攻坚成效考核反馈问题整改等领导小组，常态化研判问题整改工作，实行"一事一档"，制定各类反馈问题整改方案20余个。建立联动配合、清单管理、定期报告、常态督导、成效回访"五项机制"，形成任务、问题、制度"三张清单"，逐项对账销号、明码结账，中央脱贫攻坚专项巡视、国家和市级成效考核以及各类督查、审计等发现的582个问题全面整改完成。“三级会审”抓巩固。建立区、镇、村三级联合会审制度，对所有问题整改成效逐一“过堂”。每年至少开展2次问题整改“回头看”，逐项核查整改质量和效果，对核查发现的销号程序不完善、佐证资料不充分、整改效果不理想等问题，全部一对一交办、督促重新整改，确保各类问题改彻底、改到位。“举一反三”抓长效。把“当下改”与“长久立”结合起来，由表及里、由点及面推动问题整改，举一反三深入排查一般户住房和饮水、产业发展与贫困户利益联结等方面问题，建立贫困户利益联结机制、扶贫资金监督监管机制等，从源头上补短板、堵漏洞，推动实现由“解决一个问题”向“解决一类问题”深化，共性问题、相近问题和关联问题全部动态清零。

（四）健全机制、提升质量，全面夯实精准扶贫基础。全区始终坚持以高严的标准、细实的作风抓好动态管理、数据质量，确保脱贫攻坚过程、成效经得起历史和人民的检验。**防止返贫机制持续健全。**落实防贫返贫监测和帮扶、提前干预机制，采取上门排查、农户申请、镇村报告、部门大数据筛查比对、区扶贫办综合研判等方式，开展“月比对”、实时预警监测，“一对一”精准落实帮扶措施，全区所有脱贫不稳定户、边缘易致贫户全部实现风险消除，无返贫或新致贫。**建卡数据质量持续提升。**严格按照“四进七不进”标准和“八步”流程，精准识别、精准退出，全区无错评、漏评，实现应纳尽纳、应退尽退。落实帮扶责任人“月上门”“四必见”制度，实施“321”扶贫精细化系统管理，全面采集、及时更新贫困户基础信息。开展逐镇街逐村逐户逐人PPT研判会，常态化开展区、镇两级大排查，进一步提升数据精准度。建立健全数据审核专班、专员制度，常态化开展数据清洗，实现“账账相符”“账实相符”。全区精准扶贫数据质

▶ 河水村会客厅原乡慢食。（郭洪 摄）

量工作多次获得全市先进。精准扶贫档案持续完善。建立"单位自查、指挥部逐一审核、专业公司统一归档"工作机制，制定精准扶贫档案资料目录、模板，开展精准扶贫档案全覆盖督导培训。全面完成精准扶贫文书会计、音像、电子和实物等收集整理约13万件，形成数字化电子档案38G，扶贫档案利用1100余件/卷，有效助推解决脱贫攻坚工作存在的问题50余个，实现精准扶贫档案资料整理规范、管理安全、利用高效。铜梁区精准扶贫档案工作得到市调研指导组高度认可。

（五）一体推动、狠抓"三基"，打通脱贫攻坚与乡村振兴关节。全区通过整合政策、资金、项目等，将5个市级脱贫村100%纳入脱贫攻坚与乡村振兴有机衔接试点村，一村一规划，一村一专班，夯实"三基"，推动乡村持续发展。持续壮大基本产业。立足规模化、品牌化、融合化，量身定制各村产业发展规划，设立1000万元扶贫产业发展基金，在全市率先建立"专家+指导员+建卡贫困户"技术指导服务制度，"手把手"指导有劳力的贫困户发展"一户一产"，走深走实"六要路径"，发展新型农村集体经济，培育经果、油茶等特色产业3.5万余亩，发展精品民宿、农家乐、原乡慢食等产业项目，全区集体经济收入超过3400万元，全面消除"空壳村"，贫困户利益联结实现全覆盖，2020年人均分红500元以上。累计发放扶贫小额信贷5736.73万元、获贷率达69.45%，位居全市前列。持续提升基础设施。累计投入近40亿元，全面推进农村路、水、电、信等基础设施建设。建成"四好农村路"、入户便民路4600余千米，农村公路高质量组组通实现100%，5个市级脱贫村通达率、通畅率均达100%。改造农村用电设施5.2万余户，实现行政村光纤通达率100%、村民聚居地4G信号全覆盖。全面推行人居环境整治"积分制"，发动群众实施"一化两改三不见"，呈现"过去挣工

乡村振兴示范片。（区委宣传部 供图）

分、现在挣积分”的火热场景，乡村正一天天变成人们喜欢的样子。持续建强基层组织。坚持抓党建促脱贫，狠抓农村带头人和年轻人“两支队伍”，全面推行村党组织书记、村委会主任“一肩挑”，回引农村本土人才669名，选优配强驻村工作队员22名、“第一书记”5名，打造一支不走的持续战斗工作队。整顿农村软弱涣散基层党组织98个，筑牢基层战斗堡垒。5个市级脱贫村被确定为乡村振兴示范村，目前正不断提升质量、巩固成果；串点连线、成片扩面建成120平方千米西郊示范片，串起30余个产业基地，推动“绿道”向“绿网”延伸，打造“绿道经济”。

（六）强化保障、宣传发动，凝聚脱贫攻坚磅礴力量。坚持把全面从严要求贯穿全过程，确保脱贫工作务实、过程扎实、结果真实。关心关爱扶贫干部。为5个市级脱贫村配齐27名驻村工作队员，每季度召开驻村工作队座谈会，为驻村工作队员全覆盖购买人身意外保险、落实生活补助。分类分级开展扶贫干部综合培训41场，实现每年对区、镇、村扶贫干部培训全覆盖。制定出台为基层减负九条措施、专项整治“重痕迹轻实效”六条规定，为扶贫干部减负减压。对有潜力的优秀扶贫干部持续跟踪培养，注重培养使用奋战在脱贫攻坚一线有成绩、受欢迎的干部，提拔重用扶贫干部62名。抓实宣传教育引导。认真总结提炼工作成果，《人民日报》《重庆日报》等央媒、市媒累计报道铜梁区脱贫攻坚工作3200余次，《重庆扶贫专报》《重庆扶贫》2021年刊发铜梁区脱贫攻坚与乡村振兴有效衔接、产业扶贫及利益联结、农村人居环境整治等重要稿件36篇。扎实开展“10·17扶贫日”宣传等系列活动，通过脱贫攻坚成果巡展、常态化走访慰问贫困户等，引导全社会积极参与、支持脱贫攻坚。深化“志智双扶”，持续开展“脱贫攻坚先进典型”评选、先进典型事迹巡回报告等活

▶ 少云镇“身边的脱贫故事”微访谈。（区融媒体中心 供图）

动，开展“身边的脱贫故事”微访谈、“榜样面对面”宣讲等活动700余场，引导广大贫困群众感党恩、听党话、跟党走。深入开展专项整治。持续深化扶贫领域腐败和作风问题专项整治，建立扶贫领域问题线索台账、查处台账，对2018年以来扶贫领域问题线索按30%的比例进行抽查，累计查处扶贫领域腐败和作风问题180件、处理243人次，开展扶贫领域警示教育405场，覆盖党员干部26157人次，实现查处一案、警示一片。针对5个市级脱贫村、重点行业部门等开展脱贫攻坚专项巡察及巡察“回头看”，发现突出问题69个，移交问题线索5件，并督促完成整改。在全区333个村（社区）全覆盖推行农村财务一体化监管平台、便民查询平台，实现小微权力运行可查询、可追溯、能监督，平台运行以来交办疑似问题信息546条，移送问题线索5条。从严从实督查考核。建立督查通报、交办整改、约谈督办、追责问责等制度，对镇街、部门常态化开展督查暗访，发现问题及时研判反馈、督促整改销号，对整改不力、整改质量不高的严肃追责问责，坚决杜绝“虚假式”“算账式”“指标式”“游走式”脱贫。充分发挥考核“指挥棒”作用，将脱贫攻坚在镇街、部门年度考核中的权重分别提升至20分、10分，以考核促进脱贫攻坚工作落地见效。

太平镇坪漆村扶贫车间。(区融媒体中心 供图)

经验做法和亮点

（一）铜梁区建实扶贫车间，打造致富梦工厂。创新建立“企业+村集体+贫困户”共建扶贫车间模式，安排扶贫专项资金300万元，精选发展前景好、技术含量低、劳动力密集型加工企业，与村集体合作建设扶贫车间，按吸纳贫困人口数量给予固定资产补贴和稳定就业补贴，有效破解企业用工难瓶颈。村集体盘活闲置厂房、功能用房等，出租给企业作为生产车间，收益作为农村集体经济收入；探索实行本土人才兼任扶贫车间管理人员，收入按比例与村集体分红，有效增加农村集体经济收入。扶贫车间优先吸纳“四类人员”特别是建卡贫困人口就业，群众在家门口即可实现稳定增收与照顾家庭两不误，全区11家扶贫车间共吸纳160名群众务工，其中建卡贫困人口70人，占务工总人数的44%，有效确保有意愿的贫困劳动力全覆盖就业。

（二）铜梁区转危为机，回引“群雁”返乡就业成就脱贫致富梦。针对疫情影响贫困劳动力外出务工受阻问题，持续深化“把老乡留在老家”专项行动，全覆盖开展贫困人口就业需求调查，建立动态台账，“一对一”推荐就业岗位，组织300余名贫困群众与区内企业双向互选，向高新区成功输送贫困劳动力101人。针对贫困劳动力特点持续优化招聘方式，在市级脱贫村开展“送岗进村”活动，举办脱贫攻坚专场招聘会5场，回引2045名贫困人口就近就业。建成扶贫车间11个，吸纳70名建卡贫困人口就业。开发护林员、保洁员等扶贫公益性岗位500余个，通过开发临时性防疫公益性岗位解决144名贫困人口过渡就业。2020年全区返岗务工贫困人口达5632人，实现有意愿的贫困劳动力就业全覆盖。发放跨区域务工交通补贴2983人、一次性求职创业补贴300余人，实现符合条件的贫困劳动人口应享尽享。

（三）铜梁区做强电商经济，助力扶贫产品结硕果。全覆盖构建服务体系，构建区、镇街、村（社区）三级电商专员服务体系，278个村、涉农社区全面建成“爱在龙乡”线上线下店铺，疫情期间对贫困户滞销的农产品实行统一采收、统一运输、统一销售，助推6969吨农产品销售变现。重特色打造扶贫品牌，以“龙乡好礼”“原乡小艾”等知名公用品牌带动扶贫品牌升级，市级脱贫村推出“觅桃”“桃谷人家”“铜梁葛粉”等优势扶贫品牌，将贫困户农业生产与电商市场连接，有效提升了扶贫产品附加值。多渠道畅通扶贫产品销路，开设京东铜梁特产馆和淘宝、拼多多等知名电商平台网店，做亮易田电商扶贫铜梁馆，以贫困户农特产品销售为重点，推动

坪漆村第一书记直播带货助力消费扶贫。(区融媒体中心 供图)

7000余个单品出村进城；开展产展销对接、“万企帮万村”行动等，建成黄桷门电商直播基地，举办各类消费扶贫直播活动，通过直播带货、“亲帮亲、邻帮邻”、扶贫专柜等拓展销售渠道，线上线下销售扶贫产品1.1亿元，实现全区无滞销农产品。

（四）铜梁区深化“六要”路径发展集体经济带动贫困户增收。围绕盘活资源、优化产业结构、引导社会参与等，因地制宜确立向闲置土地、闲置产业、流转土地、农村电商、一二三产业融合、大户带散户要集体经济的“六要”路径，发展新型农村集体经济，发展特色产业5万余亩，集体经济收入超过3400万元，全面消除“空壳村”。建立“新型经营主体+村集体+农户（贫困户）”利益联结模式，引导农户以土地、资产（资金）、技术、劳动力等入股，推行财政补助资金股权化改革、“三变”改革等，实现村集体经济全覆盖联结4423户贫困户，且收益高于一般农户的5%—10%。在全市率先建立“专家+指导员+贫困户”的技术指导服务制度，选派14名专家，268名产业扶贫技术指导员，对所有在家、有劳动力的贫困户常态化开展指导，保障扶贫产业健康发展。

苦干实干致富路，乡村旧貌换新颜。“脱贫摘帽不是终点，而是新生活、新奋斗的起点”，巩固拓展脱贫攻坚成果同乡村振兴有效衔接，让我们在新起点上接续奋斗！

2022 铜梁年鉴

大事记

大事记

1月

6日 铜梁区人民政府、浪潮集团有限公司战略合作签约仪式在区大数据应用发展管理局举行。战略合作达成后，浪潮集团将在云计算、大数据、智慧城市等多个领域通过产业落户、投融资、新型基础设施及生态带动等多种方式，成为铜梁智慧城市服务商，持续助力铜梁区智慧城市建设升级、产业升级、营商环境升级。

6日 唱好“双城记” 建好经济圈——2020川渝最美特色小镇(重庆)寻找与展示活动获奖名单公布，安居古城入选。

14日 农业农村部办公厅印发《关于推介第四批全国农村创业创新优秀带头人典型案例的通知》，全国共128人入选，铜梁果之王园艺有限公司执行董事陈贵虎在列。

17日 蒲吕街道一建筑工地挖出一对宋代合葬墓。重庆市文化遗产研究院对该墓地展开了考古发掘工作。古墓发掘面积约100平方米，共有两座相邻的宋代墓葬，分别编号为1号墓和2号墓，其中1号墓保存基本完整，2号墓顶部无存，它们均由排水沟、墓道、封门、壁龛、后龛、棺床及藻井顶等组成。墓室通长4.1米、宽2.75米、高1.5—2.2米，墓中雕刻有浮雕纹饰，包括花卉、瑞兽、妇人启门图等。

18日 铜梁首个智慧养老试点示范服务中心在巴川街道飞凤街揭牌投用。

20日 出席重庆市五届人大四次会议的铜梁代表团在驻地召开第一次全体会议。传达各代表团第一召集人会议、市“两会”中共党员负责人会议等会议精神，酝酿大会主席团成员和秘书长名单草案、大会议案草案。

26日 铜梁至龙头寺班线公交化试运行。每天班次不低于72班。

26日 铜梁区人民医院被评为重庆市第三批“美丽医院”建设示范单位。

27日 重庆第二师范学院与铜梁区签署合作协议，标志着重庆第二师范学院铜梁校区建设项目正式落地。项目规划用地80公顷，实行两次供地、两期建设，其中一期40公顷土地拟建23万平方米校舍及配套附属设施，预计于2023年8月建成投入使用，2023年9月开始入驻首批学生。

是月 安居镇上榜重庆市第一批历史地名保护名录。

是月 铜梁中学教师李学平漆艺作品《残碑系列》入选中国——东盟艺术学院漆艺创新创作成果展。

2月

1日 省道S302铜梁城区至侣俸快速通道正式通车。该条快速通道全长8.4千米，双向两车道，路面宽8米，从铜梁城区到侣俸镇车程缩短到10分钟。

1—3日 政协铜梁区第十届委员会第五次会议召开。会议审议批准严永超代表政协重庆市铜梁区第十届委员会常务委员会所做的工作报告，审议批准李治伦代表政协重庆市铜梁区第十届委员会常务委员会所做的提案工作情况的报告。

2—4日 铜梁区第十七届人民代表大会第五次会议召开，姜国杰做政府工作报告。会议表决通过《关于区人民政府工作报告的决议》《关于区国民经济和社会发展第十四个五年规划和二〇三五年远景目标纲要的决议》《关于区2020年国民经济和社会发展计划执行情况及2021年计划的决议》等。

3日 国家发改委批复《关于国家城乡融合发展试验区改革实施方案》，原则上同意包括四川成都西部片区、重庆西部片区等在内的11个试验区方案。其中，重庆西部片区试验范围包括铜梁、荣昌、潼南等9个区，面积约15323平方千米。

8日 铜梁区果之王园艺研究院被市科技局认定为重庆市新型研发机构(初创型)。

20日 农业农村部官网公布2020年全国村庄清洁行动先进县名单，铜梁区上榜。

25日 全国脱贫攻坚总结表彰大会在北京举行，水口镇树荫村党支部书记赵安福获评全国脱贫攻坚先进个人。

25日 铜梁区民政局婚姻登记处获2020年度全国三八红旗集体称号。

3月

2日 铜梁区举行2021年一季度重大项目集中开工活动。此次集中开工包括万洋众创城投资集团有限公司智能制造产业园生产项目、“西部美谷”美妆产业园、深圳市铭利达精密技术股份有限公司镁铝合金精密结构件生产项目、广州市车舟汽车零配件有限公司汽车零配件生产项目等15个项目，涉及装备制造、电子信息、健康美妆等重点产业，计划总投资163亿元，预计达产后可实现产值286亿元。

4日 全区党史学习教育动员会召开。强调要扎实开展党史学习教育，教育引导党员干部学党史、悟思想、办实事、开新局，更加坚定自觉为党的事业努力奋斗，以优异成绩庆祝建党100周年。

21日 2021重庆铜梁原乡风情马拉松举行。该比赛设置全程马拉松、半程马拉松、亲子马拉松、迷你马拉松四个组别。共有10000名马拉松爱好者参赛。选手赵浩和李春霞分获全程马拉松男子组和女子组冠军。

22日 全区333个村(社区)党组织换届选举全部结束，党组织书记年龄、学历实现“一降一升”，平均年龄下降3.69岁，大专以上学历占比提升14.41个百分点。

22日 国家档案局副局长王绍忠带队到铜梁调研档案工作，实地察看铜梁档案工作，了解档案馆库房的基础设施建设、信息化建设以及贫困户档案归档等情况。

24—30日 2021年阿勒泰地区乡村振兴战略专题培训班在铜梁开班。培训将乡村振兴、基层组织建设、农业农村发展和党性教育融合起来设置课程,共计33名学员完成培训任务并结业。

26日 区委人才办、西南大学地理科学学院和致公党重庆市委会海外联谊会举行共建"成渝地区双城经济圈乡村振兴培训中心"合作备忘录签约仪式,着力打造一个立足重庆、辐射西部、面向全国的乡村振兴教育培训基地,将进一步加强乡村振兴理论研究、实践指导和干部人才培养。

31日 重庆市五届人大常委会第二十五次会议通过了一批人事任免事项,批准任命冉劲为重庆市铜梁区人民检察院检察长。

是月 铜梁万达商圈建成爱立信5G网络SA示范区。该示范区移动5G覆盖率99.13%,下载速率814Mbps,为全国100个"5G标杆区域"之一。

是月 民盟铜梁总支盟员、区人民医院呼吸与危重症医学科医生韩安强获第四届"宋庆龄最美基层呼吸医生"称号。

4月

9日 铜梁区提报的《"小积分"开启乡村环境"美颜"新模式——重庆市铜梁区农村人居环境整治积分制度》入选为全国在乡村治理中推广运用积分制典型案例。

14日 民盟"守护天使工程"数字医疗5G(重庆)捐助仪式在铜梁举行。民盟中央社会服务部部长刘圣宇向区人民医院捐助"守护天使工程5G远程扫描助手",民盟市委会秘书长杨虹、西门子医疗中国区副总裁浦峥嵘分别向区人民医院、区中医院捐助"24期远程培训控制课堂"及学分卡。

15日 区人民医院获批设立博士后科研工作站。

19日 城轨快线璧铜线PPP项目云雾山隧道控制性工程在庆隆镇冬笋村举行动工仪式,标志着城轨快线璧铜线全线动工。

20日 由中央网信办、市委网信办指导,区委网信办牵头策划制作的《人民记忆:百年百城》之《重庆铜梁奔小康》短视频在央视网、腾讯视频、今日头条等平台上线,浏览量近6万次。

22—26日 2021年中华龙狮大赛(重庆铜梁站)开赛。该比赛设有舞龙、南狮、北狮三个项目,共有20支国内队伍参赛。铜梁区舞龙队在舞龙障碍、竞速、自选套路三个项目中均获得第一名,并获得舞龙全能金奖。

26日 巴蜀文化旅游走廊建设专项工作组联席会第三次会议在铜梁召开,正式成立巴蜀文化旅游推广联盟,并签订《成渝地区龙文化旅游推广合作协议》。

27日 重庆铜梁原乡文化旅游周启动,围绕"悠游原乡,品味铜梁"主题,设置"悠游原乡、嗨玩原乡、品味原乡"三大主题场景,策划原乡音乐会、西郊花语悠游谷体验游、吃火锅看火龙等系列活动,充分体现原乡风情,展现龙舞文化,呈现融合业态。

27日 铜梁区2021年第二季度重点招商引资项目集中签约活动举行。共签约重点项目25个,计划总投资超过200亿元,涵盖健康美妆、装备制造、现代农业、高等教育等领域。

27日 重庆天齐锂业有限责任公司技术部获评2021年全国工人先锋号。

28日 2021年举行重庆首次集中供地拍卖会，铜梁区有9宗地块参与集中出让，均顺利成交，成交总额23.95亿元。其中，4宗地块吸引碧桂园、金科、新鸥鹏等16家企业参拍，溢价6.8亿元，溢价率52.48%。淮远新区组团G28—01/02地块经71轮竞价，以每亩(0.07公顷)402万元成交，创铜梁地价新高。

5月

6日 “永远跟党走·强国伴我行”党史知识竞赛铜梁区决赛举行。决赛设置星火挑战、砥砺前行等6个环节，共计15名选手参赛。最终，产生一等奖1个、二等奖1个、三等奖3个，并遴选3名优秀选手代表铜梁参加全市片区赛。

10日 铜梁区新美鱼博洋铝业有限公司、威斯特电梯有限公司入围工信部中小企业局公布的“建议支持的国家级专精特新‘小巨人’企业公示名单(第一批第一年)”。

20—23日 第三届中国西部国际投资贸易洽谈会在重庆国际博览中心举行。铜梁展厅以“高质量发展先行区、国际大都市后花园”为主题，展出以天然美妆、导轨电车、智能家居、原乡小艾等为代表的20余家企业100余种产品。在21日下午举行的重大项目签约仪式上，铜梁区签约西部美谷·智慧美妆和智能制造产业园、襄阳奥利斯智能装备科技有限公司全自动智能装配制造基地两个项目，计划总投资88亿元。

24日 国务院印发《关于公布第五批国家级非物质文化遗产代表性项目名录的通知》，“铜梁龙灯彩扎”项目入选。至此，铜梁区共有国家级非遗项目2项。

6月

1日 中组部“推进西部大开发”专题培训班到铜梁区开展乡村振兴现场教学。来自13个省(自治区、直辖市)的49名处级干部先后参观铜梁乡村振兴展览馆、玉皇村乡村振兴车间等地，详细了解铜梁在乡村振兴方面的生动实践。

11日 区委召开十五届十一次全会，审议通过《中共重庆市铜梁区委关于深入推动科技创新支撑引领高质量发展的决定》和全会决议。提出深入实施创新强区战略，加快建设成渝双城经济圈创新生态示范区，以科技创新“加强版”打造铜梁高质量发展“升级版”。

17日 铜梁区举行庆祝中国共产党成立100周年“光荣在党50年”纪念章颁发仪式，16位老党员代表接受此纪念章。

22—23日 重庆市中职学校党史知识竞赛总决赛在铜梁区职教中心举行。全市共有22支教师队和23支学生队参加总决赛。重庆铁路运输高级技工学校等8支队伍获得教师组一等奖，重庆机电职业技术大学等8支队伍获得学生组一等奖。

25日至7月4日 铜梁区史志研究中心在区人民公园开展了为期10天的“奋斗百年路 启航新征程”铜梁党史图片展。展览以时间为轴，分“峥嵘岁月”“光辉起点”“勇立潮头”“时代新章”，简绘铜梁百年画卷。

28日 铜梁区举行庆祝中国共产党成立100周年“永远跟党走”群众会演。整个表演设有“雄关漫道真如铁”“人间正道是沧桑”“长风破浪会有时”三个篇章，采取歌舞、合唱、朗诵、情景表演等形式，将中国共产党成立100周年来的光辉历程和丰功伟绩与文艺表演有机结合，营造庆祝建党百年的浓厚氛围。

30日 铜梁区委对全区100名共产党员授予“铜梁区优秀共产党员”称号，对全区100名党务工作者授予“铜梁区优秀党务工作者”称号，对全区60个基层党组织授予“铜梁区先进基层党组织”称号。

30日 铜梁区工商业联合会（总商会）第十二次会员代表大会召开。王宗立当选新一届铜梁区工商联主席、总商会会长。

是月 区河长办被水利部评为“全面推行河长制湖长制工作先进集体”。

是月 重庆市铜梁区乡村振兴局挂牌仪式举行。这意味着铜梁正式拉开巩固拓展脱贫攻坚成果同乡村振兴有效衔接的帷幕，举全区之力全域推进乡村振兴。

7月

8日 全区镇领导班子换届工作会议召开。会议通报全区2020年度选人用人“一报告两评议”情况，并对全区镇领导班子换届工作进行业务培训。

13日 铜梁区第十六次农村青年科技致富代表会在平滩镇召开。全区102名农村青年科技致富代表参观了平滩镇立灯村水稻基地和万桥村蔬菜基地。农村青年科技致富代表接受了授牌颁奖。

13日 铜梁区长安离合、新美鱼铝业、会通科技等9家企业的9个新产品入选2020年度重庆市重大新产品名单。

18日 金龙体育馆新冠疫苗方舱临时接种点建成投用。接种点场地改造总面积约4000平方米，分为预检区、接种区、办公冷链区等7个区域，设立20个预检台和14个接种台，重点针对城区18周岁以上市民进行接种，单日最大接种量可达7000剂次。

19日 重庆冰雪运动“七进”活动首次来到铜梁。活动通过陆地冰壶、冰球、电竞滑雪、桌上冰球、模拟滑雪等体验项目，让广大群众体验冰雪运动的乐趣。

19日 铜梁区澳彩新材料股份有限公司、南雁实业集团龙剑机械制造有限公司入选工信部第三批专精新“小巨人”企业名单。

20日 阿勒泰地区2021年度第2期乡村振兴战略培训班在铜梁举办。培训为期8天，采取现场教学、专题讲座等形式，学习铜梁大力实施乡村振兴的实践经验，来自哈巴河县、吉木乃县的68名乡村振兴有关部门、乡镇领导干部参训。

23日 铜梁区举行华夏银行重庆铜梁支行项目签约仪式。

23—25日 “铜梁·巫山2021消费帮扶购物节暨双城经济圈建设铜梁·遂宁·安岳2021特色商品购物节”在铜梁区协信·星光天地中庭举行，实现销售额600余万元。

28日 全市党史部门学习贯彻习近平总书记“七一”重要讲话精神暨半年工作总结会在铜梁召开。来自全市38个区县、《红岩春秋》杂志社党史负责人和市委党史研究室领导参会，会议主要内容为学习贯彻习近平总书记在庆祝中国共产党成立100周年大会上的重要讲话精神暨半年工作总结。对下半年工作进行再动员、再部署。

是日 广州市黄埔区人力社保局局长周锦高带队到铜梁考察。先后到航天云网重庆工业互联网赋能中心、西部美谷、区社会治理创新中心、西郊绿道等地，详细了解铜梁高新区各企业建设和经营情况、社会治理以及乡村振兴工作开展情况等。

30日 爱玛西南制造基地项目签约仪式举行，标志着该项目正式落户铜梁。项目计划总投资20亿元，年生产各类电动摩托车约300万辆，达产后可实现年产值100亿元，并可带动配套企业形成200亿元的产业集群。

是月 “铜梁·原乡青年人才驿站”正式对外开放。驿站位于龙城天街核心区域，共28个房间，为来铜求职、创业的青年人才提供15天内免费住宿，营造拴心留人良好环境。

是月 全区政法队伍教育整顿总结大会召开。会议通报了全区政法队伍教育整顿工作情况，表扬优秀政法干警并颁发荣誉证书。

8月

10日 土桥镇入选第一批全国乡村旅游重点镇（乡）。

12日 全市首部全固态X波段双偏振天气雷达在铜梁气象公园完成安装调试，投入业务试运行。该雷达将完全覆盖重庆主城及西部区域，融入重庆超大城市垂直气象观测体系，成为重庆范围内雷达监测站网的补充，弥补其他雷达低空探测中存在的盲区。

16日 铜梁区参与拍摄的纪录片《破晓——重庆解放密档》入选2020年度国产纪录片及创作人才扶持项目，被评为优秀理论文献片，全国仅5部入选。

17日 铜梁区区镇两级人大换届选举工作会召开。会议对区镇两级人大换届选举工作进行部署安排和业务培训。确定11月30日为区镇人大代表选举日。

18日 重庆银行铜梁支行获评“第20届全国青年文明号”。

23日 2021年国际智能产业博览会在重庆开幕，铜梁展厅以“数字龙乡，智造高地”为主题，全方位、多角度展示铜梁在智能产业、智慧城市等方面取得的丰硕成果。

28日 铜梁区召开干部大会宣布市委决定，谭庆任铜梁区委委员、常委、书记。

9月

2日 中电建重庆建设发展有限公司以1.63亿元竞得铜梁区蒲吕街道新联村建筑石料用灰岩矿采矿权。该项目是矿业权交易下放至各区县后铜梁区首宗矿业权出让项目。

2日 铜梁区2021年退伍士兵返乡报到欢迎会在区退役军人事务局举行，迎接首批20余名光荣退伍的士兵归来。

3日 铜梁美瓷实木套装陶瓷刀荣获2021中国特色旅游商品金奖。

10日 铜梁区疫情防控领导小组核酸检测

组举行核酸检测实战演练，检验全区核酸检测能力，应对可能发生的疫情。该演练采用实战演练的方式，模拟场景为区内某医院在开展“愿检尽检”时发现新冠肺炎病毒阳性人员及后续相关处理。

14日 铜梁区人武部党委第一书记任职大会召开。重庆警备区少将副司令员南小冈宣读重庆警备区党委关于铜梁区委书记谭庆担任铜梁区人武部党委委员、第一书记的决定，并颁发任职书。

14日 铜梁区精准医学区域中心签约仪式在区人民医院举行，重庆华大医学检验所有限公司与区人民医院现场签约和授牌。

16日 铜梁区举行2021年秋季新兵欢送仪式。16至18日，铜梁区2021年秋季入伍的百余名新兵将分批次，陆续前往西藏、宁夏、湖南、海南、辽宁等地军营。

19—21日 铜梁区农民丰收节农特产品展示交易会暨首届秋季食品展示交易会在龙城天街举行。共有140家企业参展，销售额达2000万元。活动中，铜梁区商家与巫山县签订1.5亿元的扶贫产品购销合同，评选出“铜梁区十佳凤爪”。

23日 以“感悟党的百年光辉历程 凝聚同心筑梦磅礴力量”为主题的铜梁区第十一个民族团结进步宣传周活动在龙城天街广场举行。通过民族团结成就展板展示、发放宣传资料等形式，向现场群众宣传民族理论、民族政策等知识。

23日 “庆丰收·感党恩”2021年中国农民丰收节启动仪式在土桥镇荷和原乡龙舞广场举行，并向铜梁区2021年十大新农人、铜梁区2021年新乡贤、铜梁区2021年最美村居、铜梁区2021年最美院落颁奖。

26日 成渝中线高铁建设启动活动在重庆举行。该高铁正线全长292千米，设计时速350千米，由重庆北站向西引出，经重庆科学城、铜梁区、大足区进入四川省境内，建设总工期5年，总投资693亿元。

28日 “青春建功‘经济圈’乡村振兴勇担当”2021川渝青年乡村振兴创新创业大赛决赛在铜梁区举行。该比赛自2021年5月31日接受报名以来，共收到来自成渝地区的600余个青年创新创业项目报名参赛。经过选拔，川渝两地共决出21个项目入围决赛。最终评选出一等奖2名、二等奖4名、三等奖6名。

29日 中国共产党重庆市铜梁区第十五届委员会第十三次全体会议召开，决定中国共产党重庆市铜梁区第十六次代表大会于2021年12月召开。

30日，2021年铜梁区烈士公祭活动在邱少云烈士纪念碑前举行，全区600余名各界代表参加。

10月

12日 重庆市李勇名校长工作室启动仪式在铜梁一中举行。这是全区首个市级名校长工作室。

14日 重庆市政协副主席、致公党重庆市委会主委、市侨联主席张玲一行来到铜梁，开展“主席接待委员日”活动。

14日 “用生命托起师魂的好老师”——“时代楷模”王红旭先进事迹巡回报告会走进铜梁。

报告会从不同角度讲述王红旭以德立身、爱生如子的感人事迹。

14日 中国气象局副局长余勇带队到铜梁调研指导气象工作。强调要进一步增强大局意识、责任意识，主动担当作为，为人民群众提供优质气象保障服务。

15日 重庆医药高等专科学校铜梁校区项目签约活动在铜梁举行。重庆医药高等专科学校铜梁校区计划总投资约25亿元，项目规划用地约73.33公顷。分两期建设，其中一期约40公顷，预计2024年6月建成投用。

16日 中国冰雪大篷车百场巡回——重庆铜梁站开幕式暨授牌仪式在铜梁区协信星光天地举行，重庆市巴川中学和宝莲·协信星光天地冰世界获优秀组织奖。

18日 重庆市铜梁区第十七届人民代表大会第七次会议举行。万隆当选区人民政府区长，汪桥生当选区监察委员会主任。

19日起 铜梁区全面启动新冠疫苗加强免疫接种工作。在全区32个接种点，对已全程接种2剂次灭活疫苗满6个月的18岁及以上人群开始进行"加强针"免费接种服务，进一步加固免疫屏障。

21日 铜梁区第二届创业创新大赛复赛在铜梁区大学生就业创业服务中心举行。龙乡艾草全产业链、智能护理仪项目、船用供气系统等6个项目晋级决赛。

21日 铜梁区青年企业家商会第二届换届大会暨第二届一次会员大会召开。周启航担任第二届青年企业家商会会长。

24日 民政部部长李纪恒率调研组到铜梁调研农村养老服务工作。实地走访巴川街道玉皇村养老服务站、侣俸镇养老服务中心和侣俸镇敬老院，对铜梁积极探索农村互助养老模式及农村养老服务体系建设取得的成绩给予充分肯定。

27日 重庆英才大会——2021年潼南遂宁铜梁人才一体化协同发展联合招聘活动在西南大学举行。铜梁区共组织28家事业单位、携88个工作岗位参会，主要引进硕士研究生及以上学历或具有高级职称的应届高校毕业生和社会人才。

29日 农业农村部公布第二批全国乡村治理示范村镇名单，铜梁区南城街道黄桷门村获评"全国乡村治理示范村"。

是日 铜梁区入选第三批社会信用体系建设示范区名单。

29—31日 铜梁区消费帮扶周活动在中国西部消费扶贫中心举行。该活动利用线上线下、直播带货等方式，向广大市民推介铜梁40多种优质农特产品。

是月 位于铜梁高新区的重庆红岩方大汽车悬架有限公司新厂区正式投产。该厂区能实现年生产汽车钢板弹簧6.5万吨，拓展高新区汽车零配件产业链。

是月 中组部组织二局副局长刘文率队到铜梁考察调研，对铜梁推行"一肩挑"有关做法和基层党组织建设成效给予充分肯定。

是月 河北省廊坊市固安县人大常委会主任刘兴元带队到铜梁考察城市建设、乡村振兴等方面工作。

11月

2日 市政府副市长郑向东带队到铜梁调研乡村振兴工作。实地调研铜梁巩固拓展脱贫攻坚成果与乡村振兴有效衔接、现代农业产业发展、农旅融合发展和乡村治理等情况。

2日 中共重庆市铜梁区物业行业协会支部委员会授牌仪式举行。标志着铜梁区党建引领物业管理有效融入基层治理工作迈出关键一步。

3日 铜梁区(铜梁龙灯龙舞)被文化和旅游部命名为2021—2023年度“中国民间文化艺术之乡”。

3日 铜梁区入选第一批全市法治政府建设示范区县。

5日 第八届全国道德模范座谈会和颁奖仪式在北京举行。铜梁区少云镇关溅小学教师刘明静荣获第八届全国道德模范提名奖。

9日 铜梁蔬莱科技小院被中国农村专业技术协会评为全国“十佳科技小院”。

25日 纪念铜梁区关工委成立30周年大会在区委会议中心举行。与会人员观看专题片《三十载春华秋实 新征程扬帆起航——30年区关心下一代工作纪实》,区关工委主任黄定伦做工作报告。会议对全区关心下一代工作先进集体、先进个人进行表彰。

25日 成渝地区双城经济圈乡村振兴国家级专家服务基地示范点挂牌暨乡村振兴科技人才座谈会在铜梁区成王果业农业科技专家大院举行。这是成渝地区双城经济圈首个乡村振兴国家级专家服务基地示范点。

26日 “公益福彩·名师工作坊”公益资助项目签约仪式在区职教中心举行。市福彩中心分别与铜梁职业教育中心、大足职业教育中心等5所职业学校签订资助协议,将为每所学校投入10万元福彩公益金,用于添置教学实训设施设备、耗材及工具,组织开展教学实训实践活动。

26—27日 区委书记谭庆带队赴巫山县考察对口协同发展工作,指出要坚持优势互补、资源共享、互惠互利、协同联动,进一步加强联系对接,整合资源要素,在产业协同、人才交流、扩大开放、文旅发展等方面深化合作,推进两地协同发展走深走实,为全市“一区两群”协调发展做出新的更大贡献。

28日 铜梁区彭祥华家庭获评2021年度全国“最美家庭”。

30日 铜梁区举行区镇两级人大代表换届选举投票。全区共设立122个区人大代表选区、523个镇人大代表选区,60余万选民参加投票,通过差额选举,产生新一届区人大代表305人、镇人大代表1394人。

是日 铜梁区被文化和旅游部确定为全国文化和旅游市场信用经济发展试点地区。

是月 铜梁区华信英翡智能科技研究院有限公司获批准设立中国科协“海外智力为国服务行动计划”重庆工作基地2021海智工作站。这是铜梁区首个获批设立的“海智工作站”。

12月

2日 铜梁区举行2021年第四季度招商引资项目集中签约活动。苏州李氏控股集团昆山电子羽医疗科技显示模组精密零部件生产基地及企业在铜上市项目、中新铜梁冷链物流项目（叶水福）等21个项目落户铜梁，计划总投资188亿元，涵盖高端制造业、现代农业、现代服务业等领域。

3日 重庆精鸿益科技股份有限公司等4家企业入选市级设计驱动型企业库。

3日 铜梁区试运行石鱼至庆隆、蒲吕至庆隆两条新增公交线路，分别为608路和205路。608路由石鱼镇至庆隆镇，全程6千米，设置公交站点9个；205路由蒲吕街道至庆隆镇，全程约6千米，设置公交站点8个。两条线路分别配置纯电动公交车2辆，分别每日双向发班不低于48班次。截至目前，全区已开行城区至蒲吕、旧县、太平、安居、石鱼、少云、土桥、庆隆8个镇街公交，覆盖53个行政村，受惠群众超40万人。

6日 巫山县学习贯彻党的十九届六中全会精神暨乡村振兴能力提升专题培训班开班。来自巫山县委组织部的30余名学员在铜梁区委党校参加培训。

6日 铜梁区扫黑除恶专项斗争总结表扬大会、第二次扫黑除恶常态化工作推进会暨区委平安办2021年第四次主任会议举行。会上，为受到通报表扬的先进集体和先进个人代表颁奖。

截至12月7日 各镇党代会有序召开，分别选举产生新一届镇党委、纪委领导班子，共选举产生出席区第十六次党代会代表113名。

9日 学习贯彻党的十九届六中全会精神市委宣讲团报告会暨区委理论学习中心组2021年第20次（扩大）学习会召开。市委宣讲团成员、西南政法大学党委书记樊伟从党的十九届六中全会的基本情况、党的十九届六中全会的主要精神、党的十九届六中全会精神的贯彻落实三个方面做精彩辅导，并对学习全会精神的关键点做深度解读。

9日 “川渝携手 创汇铜梁”铜梁区第二届创业创新大赛落幕。铜梁区“龙乡艾草全产业链”项目获得决赛一等奖。

16日 鹿客智能安防产业园开园活动举行。该产业园是云丁公司于2021年启动的全产业链项目，建成投产后将达到年产1500万台智能安防设备的能力，打造成为全球出货量最大的智能门锁基地、配套最齐全的智能安防产业园。

17日 科技部办公厅发布《关于公布第八批国家农业科技园区验收结果的通知》，铜梁国家农业科技园区验收结果为通过。

17日 中国共产党重庆市铜梁区第十五届委员会第十四次全体会议召开。全会听取和讨论谭庆受区委常委会委托做的区委十五届十一次全会以来工作报告和抓党建工作报告，审议通过了《中共重庆市铜梁区委关于深入学习宣传贯彻党的十九届六中全会精神的决定》和全会决议。区委副书记、区长万隆就《中共重庆市铜梁区委关于深入学习宣传贯彻党的十九届六中全会精神的决定（讨论稿）》向全会做说明。

20日 铜梁巴岳山玄天湖入选“重庆最美生态打卡地”。

22日 位于铜梁区太平镇太平村的太平水厂一期工程动工建设。水厂占地面积6公顷，设计日供水量10万吨，建成投用后将保障铜梁北部片区太平、安居等8个镇的自来水供给。

22日　铜梁区火锅商会成立大会举行。全区火锅商会共有105个会员单位,重庆市叙知香餐饮文化有限公司董事长沈其龙当选铜梁区火锅商会第一届会长。

22日　区融媒体中心获评全国先进县级融媒体中心和基层广播电视机构,全市仅一家单位入选。

23日　铜梁龙舞队在第十三届全国舞龙舞狮锦标赛上获自选套路和传统套路2个项目金牌。

27—29日　中国共产党重庆市铜梁区第十六次代表大会在区委会议中心召开。谭庆做题为《坚定落实“两个确立”坚决做到“两个维护”建设重庆西向发展桥头堡争当成渝中部崛起排头兵 奋力谱写铜梁高质量发展高品质生活新篇章》的报告。大会通过《关于中共重庆市铜梁区第十五届委员会报告的决议》《关于中共重庆市铜梁区第十五届纪律检查委员会工作报告的决议》。到会代表以无记名投票方式,选举产生第十六届区委委员41名、候补委员8名和第十六届区纪委委员21名。

27日　区工商联入选2020—2021年度全国“五好”县级工商联。

28日　铜梁区高坑水电站被水利部评为2021年度绿色小水电示范电站。

29日　铜梁区首个市内远程异地评标项目“蒲吕西部片区8号路道路工程项目”顺利完成开评标。

30日,铜梁区气象局获评2021年度“全国气象工作先进单位”。

是月　全市首个水库智能巡逻执法综合无人系统在小北海水库成功投入使用。

2022

铜梁年鉴

区情概览

地理环境

【地理】 地理位置。铜梁地处渝西腹地，位于长江上游地区、重庆大都市区重庆西部。公元703年建县，距今1300余年，境域面积1340平方千米，辖5个街道、23个镇，总人口85万。铜梁区西南靠大足区，东北连合川区，南接永川区，西北邻潼南区，东南毗邻璧山区，是“成渝双城经济圈”的渝西桥头堡和“渝新欧大通道”的重要节点之一。

地形地貌。铜梁地处渝西丘陵与渝东平行岭谷交接地带，地貌多姿，地势西南高、东北低，地形以丘陵为主，东南部有毓青山和巴岳山东西对峙，境内最高海拔886米，最低海拔185米，森林覆盖率46.7%。区内主要有涪江、琼江（又名大安溪）、小安溪、平滩河、久远河和淮远河六条主要河流，简称“一江两溪三河”，以及大小支流245条，总属长江水系，嘉陵江流域。

地质构造。铜梁区地质构造属新华夏系四川沉降带，介于盆中旋转构造带与盆东弧形构造带之间的过渡带，华蓥山隐伏断裂带纵向穿越区境中部，将区境地质构造分为两部分，东部为川东平行褶皱带，西部为川中台向斜褶皱带。全区出露地层除白垩系、第三系外，从三叠系下统飞仙关组到第四系新、老冲积物均有分布，以侏罗系砂页岩分布广泛，占全区境域面积的87.1%，三叠系地层占12%，其余为零星分布的第四系。

（吴桐 供稿）

【气候】 铜梁属亚热带湿润季风气候，气候资源丰富，立体气候明显。气候总体特征表现为春早夏热，秋雨冬暖，雨热同季，日照少、风速小、多云雾，主要灾害性天气有暴雨、雷电、冰雹、大雾、霜冻、结冰等，气候风险总体偏低。铜梁气候温和、四季分明、雨量充沛、空气湿润、温差大、舒适度高、空气清新、气候宜人，是生活休闲、旅游、疗养之胜地。年平均气温为18.4℃，年平均最高气温为22.1℃，年平均最低气温为15.7℃，年极端最高气温为44.1℃（2006年9月1日），年极端最低气温为—2.5℃（1975年12月15日）。年平均降水量为1082.4毫米，最大年降水量为1482.2毫米（1968年），最小年降水量为680.8毫米（2006年），最大日降水量为233.4毫米（2009年8月3日）。年平均日照时数为1091.4小时。年平均相对湿度为80.4%。年平均风速为1.0米/秒。

2021年铜梁区暴雨场次偏多，强度较常年偏强，与2020年相近。与2020年相比，高温日数偏少、强度偏强。气象灾害总体较常年和2020年偏重。全年出现5场区域性暴雨天气过程；35℃以上高温日数为23天，较2020年偏少3天，较常年平均偏多10天；连阴雨强度偏强，集中出现在秋冬季；强降温偏强，主要出现在春秋季；出现一次低温天气过程，无霜冻天气过程。

（罗先猛 供稿）

【水文】 铜梁水系由涪江、琼江、小安溪、平滩河、久远河、淮远河、巴川河、白羊河、侣俸河、穆家河10条主要河流及众多小支流溪沟组成。区内多年平均降水量13.85亿立方米，夏季洪旱交替，每年7～9月上旬有数次大到暴雨降雨过程，部分河段出现超警洪水，导致局部地区洪涝灾害；旱季发生在初夏至初秋之间，会给农作物生长造成一定影响，但大旱之年很少出现。

2021年，发生超警戒水位洪水4次，超保证水位1次。淮远河土桥段超警戒水位2次、超保证水位1次，小安溪虎峰段超警戒水位1次，涪江安居段超警戒水位1次。

（杨鹏博 供稿）

【土地资源】 2021年变更调查数据显示，全区地域面积1340.48平方千米，其中耕地面积50563.81公顷，种植园地面积4582.69公顷，林地面积43408.40公顷，湿地面积80.93公顷，草地面积94.74公顷。

【矿产资源】 全区主要有煤、页岩气、锶、石灰岩（水泥用灰岩、建筑石料用灰岩）、砂岩、页岩、石膏和地热8种。矿产资源分布区域明显，相对集中，主要分布在沥鼻峡背斜和西山背斜；大型矿床少，大多数为小型矿床和矿（化）点。锶、石膏主要分布于西山背斜的土桥镇—围龙镇一带，属超大型矿床。煤炭资源集中分布在区东部和南部，石灰岩则呈条带状分布于沥鼻峡背斜和西山背斜轴部一带。另外，有铁、铜和盐矿，品位较低；涪江河段还有沙金等。

（吴桐 供稿）

【水资源】 全区多年平均拥有过境水资源180亿立方米，区境多年平均水资源总量6.06亿立方米；2021年水资源总量6.85亿立方米，地下水资源总量1.45亿立方米；全年实际年用水量1.58亿立方米。人均水资源量是994立方米，约为全国人均水资源量的1/3。

（杨鹏博 供稿）

【林业资源】 铜梁森林面积达60335.98公顷，森林资源丰富，据统计有林木资源60个科、104个属、168种。主要树种有松、柏、杉、桉、楠竹、慈竹等。国家级保护的濒危品种有桫椤，名贵树种有红豆杉、楠木、香樟、罗汉松等；古老地质年代的树种有银杏、水杉。果木有核桃、板栗、红枣、柑、橙、桃、李、杏等，所产干果、水果丰富，品质优良。

（李军 供稿）

【动物资源】 境内除野生动物外，还有传统养殖动物和引入人工养殖动物。共分布有165种脊椎动物，989种无脊椎动物。

传统人工养殖动物有猪、牛、羊、兔、犬、猫、鸡、鸭、鹅，鸽、鲫鱼、鲤鱼、草鱼、鲢鱼等，乌龟、鳖（团鱼）、虾等水产类以及青蛙、蜜蜂、丝蚕等。

改革开放以来引入人工养殖动物大约有克夏猪、长白猪（丹、英、法、美系）、杜洛克猪和太湖猪等良种猪，西门塔尔等肉牛和荷兰黑白花奶牛，南江黄羊、波尔山羊、努比亚山羊、大足黑山羊等，贵州马，中国白兔、日本大耳白兔、加利福尼亚兔、新西兰白兔、伊普吕、伊高乐等良种兔，东北梅花鹿，中华田园犬（土狗）、重庆猎犬、北京犬、藏獒、美国猫等国内外犬猫类，罗曼粉、海兰灰蛋鸡，广西瑶鸡、温氏青脚麻鸡、三黄鸡和火鸡、鸵鸟等禽类，日本鹌鹑，白玉王鸽、意大利蜂等，乌鱼、湘鲫、云鲫、鲤鲫、麻鲫、罗非鱼等鱼类，还有牛蛙、美蛙等，共80余种。

辖区内野生保护动物有一级保护动物林麝一种，二级保护动物有大小灵猫、猴面鹰、雀鹰等14种；一般野生动物有拱猪、野兔、黄鼠狼，野鸡（雉鸡）、画眉、野鸭、白眉鸭、斑鸠、乌鸦、喜鹊、鹞子、白鹭、董鸡、秧鸡、阳雀、大杜鹃（布谷鸟)、麻雀、翠鸟等,以及乌梢蛇等蛇类和乌龟、鳖(团鱼)、鲫鱼、鲤鱼、鲶鱼、黄腊丁、乌鱼等鱼类,还有鳝鱼、泥鳅、螃蟹,青蛙等。

(冯明伦　供稿)

【旅游资源】　铜梁生态环境优越,旅游资源丰富。境内有毓青山、巴岳山、六赢山三山环抱,涪江、琼江穿境而过,玄天湖、小北海点缀其间;有安居国家湿地公园、毓青山国家森林公园;还有重庆四大名温泉之一的西温泉,古西温泉是民国时期重庆四大名泉之一。经多年建设与完善,铜梁形成对外颇具吸引力的安居古城景区、奇彩梦园、荷和原乡、巴岳山玄天湖景区、三色园乡下时光景区、金梅印象景区、铜梁龙景区等十大景区。此外还有颇富特色的二坪老虎口瀑布、岚峰大溶洞——康龙洞,以及保护比较完好的古寨——水口天星寨等自然景观与人文景观。

铜梁文化底蕴厚重,人文资源丰富。有由中科院命名,距今2万多年前、早于北京山顶洞人的“铜梁文化”及其古遗址。“铜梁龙舞”“铜梁龙灯彩扎”入选国家级和省市级非物质文化遗产,“铜梁龙”被誉为“中华第一龙”而誉满中华。安居古城历史悠久,古迹众多,享誉巴渝。抗战时期黄埔军校移驻铜梁,培育6500多名黄埔军校学员奔赴抗日前线。铜梁名人文化灿烂,自唐代以来,共有进士90余名,四大翰林出自古城安居;抗战时期更有驾机远征日本东京的空军少校雷天眷、爱国音乐家刘雪庵,新中国成立后,抗美援朝的国际主义英雄邱少云等,历代名人故居与活动遗迹犹在。

(邓腊梅　供稿)

历史文化

【建置沿革】 铜梁在夏、商属梁州之域，周代为巴子国属地，战国末时期一度为铜梁侯领地。秦、汉推行郡县制，铜梁为巴郡垫江县（今合川）地，隋、唐为合州石镜县（今合川）辖地。

唐初改郡为州，推行州县制；太宗时又改为道、州、县三级制。铜梁县建置于唐武周长安三年（703年），治所在奴仑山列宿坝（今潼南区塘坝镇廖家坝），隶属剑南道合州。

唐玄宗开元三年（715年），铜梁县治移涪江南岸武金坑（据考证，即今合川区太和镇富金坝）；十六年（728年）又向东南移于东流溪坝（今潼南区小渡镇戴场坝）。其后，铜梁地域变化较大，在历史上曾有铜梁、巴川、安居三县建置，古赤水县、大足县都曾一度并入铜梁。

唐玄宗开元二十三年（735年），合州刺史孙希庄奏准，割石镜县南境、铜梁县东境新置巴川县，初治楼滩（今旧县街道），辖7乡11镇，隶合州。

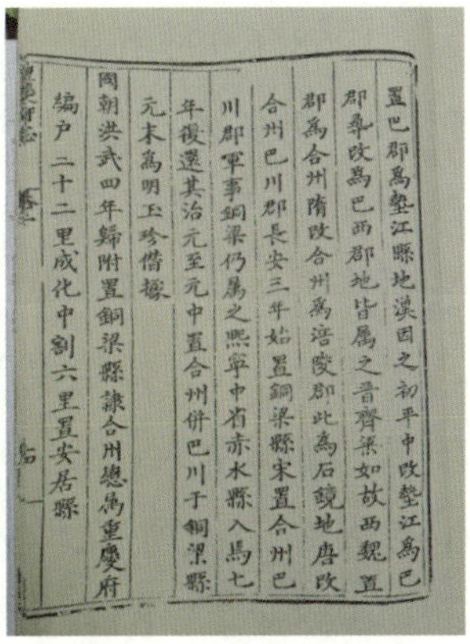

置巴郡爲墊江縣地漢因之初平中改墊江爲巴
郡尋改爲巴西郡地皆屬之晉齊梁如故西魏置
郡爲合州隋改合州爲涪陵郡此爲石鏡地唐改
合州巴川郡長安三年始置銅梁縣宋置合州巴
川郡軍事銅梁仍屬之熙寧中省赤水縣入焉七
年復還其治元至元中置合州併巴川于銅梁縣
元末爲明玉珍僭據
國朝洪武四年歸附置銅梁縣隸合州總屬重慶府
編戶二十二里成化中割六里置安居縣

▶ 明《万历·重庆府志》卷二第十四页载：长安三年始置铜梁县。（区史志研究中心 供图）

宋代改道为路，推行路、州（同级有府、军、监）、县三级制。北宋开宝二年（969年），潼川府路合州所属铜梁县辖6乡12镇，巴川县辖7乡11镇。北宋熙宁四年（1071年）赤水县省入铜梁县，七年（1074年）复置；元世祖至元二十年（1287年）又废，赤水县并入石照县（今合川）。

元世祖至元十七年（1280年），废巴川县入铜梁县，铜梁疆域即往东南转移，除包括原巴川县全境和今安居、白羊外，原铜梁管辖的今合川、潼南、大足部分地区，分别划给了石照（今合川）、大足和遂宁县（县治在今潼南大佛乡下县坝），遂宁县就近获得原铜梁所属戴场坝一带，包括今塘坝、小渡、寿桥、五桂等镇。同年，铜梁治所自戴场坝迁至巴川镇。

元代推行省、路、府（州）、县四级制。元世祖至元二十年（1283年），撤昌州，省昌元（今荣昌）、永川2县入大足；至元二十二年（1285年），撤大足县入重庆府路合州属下的铜梁县。

元顺帝至正二十三年（1363年），红巾军明玉珍在重庆称帝，建国号大夏，从铜梁将原昌州并入的地域收回，复置大足县（隶合州）、昌宁县，铜梁保留原有辖地。元末，原隶属巴川县之雍溪、曲水二镇划归大足县。

明代改省为布政使司（仍通称省），降路为府，推行省、府（或州、厅）县三、四级混合制；县辖乡，乡以下设里、甲。宪宗成化十六年（1480

年)9月,析铜梁县新兴、安乐、安正、万安四里,加上遂宁县太平里等三里置安居县,以安居溪为名,治所安居镇,隶属重庆府。

明代,重庆府合州铜梁县在安居建县后辖四乡二十六里:琼池乡有积庆、中正、永清三里,习贤乡有巴川、巴岳、西平、侣俸、西安、六赢、东坪七里,永清乡有太平、明月、楼滩、得胜、长安、黎市、明星、仓山八里,桂林乡有塔子、高庄、柳溪、高平、同古、贵山、长春、羊燕八里。

清代实行省、府(州)县三级制;里甲循明代制,并对原属各甲做了调整,缩编为八里二十九场。清康熙元年(1662年),因多年战乱,人口锐减,撤铜梁、安居两县并入合州(州下无县)。

康熙六十年(1721年),以原安居(铜梁原划出地)、铜梁二县地复置铜梁县,属重庆府。铜梁境域先后设有35场,但安居系水陆要冲仍以县级(无县令,保留县级部分权限)达重庆府。

乾隆四十一年(1776年),安居更名为乡,辖1城(安居城)8场(白羊、水口、凉水、斑竹、平滩、双河、关溅、高楼;后析有维新、中和,在光绪元年建场),隶属重庆府,仍保留训导、巡检、汛部厅外委把总设置,战、守兵共10员。

嘉庆七年(1802年),设道辖府,铜梁县隶川东道重庆府。光绪二十九年(1903年),安居裁撤外委把总及兵丁,延续近200年的残存县级政权至此终结,完全隶属于铜梁。

宣统三年(1911年)秋,铜梁成立保路同志分会;同年11月25日,铜梁县军政府成立,改县公署为知事公署,隶属重庆府。

民国二年(1913年),撤销省、府、州、厅建制,以道辖县,铜梁县隶属川东道(原重庆府)。民国八年(1919年),铜梁分设1城:县城;2镇:安居、板桥(含板桥、尹家、新场);22乡:三教、万寿、永兴、转龙、复兴(复兴、黄荆沟)、大庙、虎峰、福太(福果、太平)、土玉(土桥、玉龙)、石同(石鱼、同兴)、庆天(庆隆、天锡)、蒲吕、旧全(旧县、全德)、四美(人和、二郎、水口、新兴)、白羊、凉水、侣俸、斑竹、平滩、双河、关中(关溅、中和)、维高(维新、高楼)。

民国十七年(1928年),撤销道级建制,铜梁县直属四川省辖。民国二十四年(1935年),四川行政统一,实行行政督察区制,其下推行县、区、乡三级制。铜梁隶属四川省第三督察区(治所永川);铜梁县分设3个区(中城、大庙、安居)44个乡镇(含5镇:中城镇、安居、虎峰、平滩、西泉)。

1949年12月2日,铜梁解放,22日成立铜梁县人民政府,隶属川东行署璧山专员公署。

1952年12月17—20日,铜梁县召开人大会议,决定将44个乡调整为65个乡,接着又调整为98个乡。

1953年4月13日,铜梁县所辖的第六区(板桥区)所属板桥镇、柳溪乡、三教乡、云龙乡、玉峰乡、寿永乡6个乡镇划归永川县。同年8月17日,铜梁转龙乡的蓝家村划归大足县,大足县雍溪乡部分村划入铜梁县;8月24日,铜梁县的十塘乡划归合川县。同月,全县设为11个区、105个乡级行政单位。

1955年12月,全县合小乡为大乡,将105个乡级建制调整为56个建制乡镇,乡镇人民政府改称乡镇人民委员会。

1958年9月下旬,全县实现人民公社化,原56个建制乡镇改为“政社合一”的56个人民公社,村改为管理区,其下为生产队。同年,全县又调整组合为37个人民公社。

1961年12月,全县又调整为1镇(城关镇)10区,辖62个人民公社,实行公社、生产大队、生产队的“三级所有,队为基础”管理体制。

1983年2月8日,中央批准重庆成为全国首批经济计划单列市。4月,永川地区并入重庆市，铜梁属重庆市管辖。同年12月，恢复县、区、乡建制，全县有1镇（巴川）10区65个乡（含安居、虎峰两个乡级镇）。

1994年1月5日，全县行政区划实行“撤区并乡建镇”改革。全县调整为33个乡镇，均升格为县辖区级建制。

1997年3月14日，全国人大决定设立重庆直辖市，铜梁仍为重庆直辖市辖县。

2014年5月2日，国务院批复重庆市撤销铜梁县，设立铜梁区。7月15日，重庆市铜梁区正式挂牌。

2006年10月，撤巴川镇设巴川街道；由原巴川镇部分城区和土桥镇部分村社设南城街道；撤全德镇设东城街道。2014年9月，撤蒲吕镇设蒲吕街道；2015年4月，撤旧县镇设旧县街道。

2021年，全区有5个街道、23个镇，辖266个村、67个社区，4050个村民小组与552个城镇居民小组。

【历史名人（续）】高启愚　字敏甫，铜梁县六赢里（今铜梁区侣俸镇）人。明嘉靖四十年（1561年）辛酉科四川乡试举人，嘉靖四十四年（1565年）乙丑科范应期榜三甲172名，赐同进士出身。授翰林院编修，累官国子祭酒、翰林院侍读学士、礼部右侍郎。万历初，天子幼弱，江陵张居正以师傅任首辅，专持国政，执法严竣，颇见嫉于人。启愚以接近江陵，故亦不免为人侧目。启愚主南京就试，曾以“舜亦以命禹”为题。居正既没。万历十二年（1584年）4月，御史丁此吕遂以此劾启愚，谓为居正劝进。神宗手书以示阁臣。宰相申时行曰：“此吕以暧昧陷人大罪，恐谗言至，非清明之朝所宜有。”尚书杨巍因请除此吕于外，给事中王世性和御史李植、江东之又劾巍：时行蔽塞言路。上为罪，启愚罢归。宰相余有丁、许国皆以言路诬枉陷人求去；国尤不胜愤，专疏论之。政府与言路相水火不解矣。启愚竟罢，卒于乡里。启愚善诗文，工书翰。隆庆六年（1572年）主编铜梁县第一部县志，张佳胤称其有良史才。嘉靖四十五年（1566年）撰铜梁县长春里《玉峰山天台寺碑记》《铜梁县重修公宇记》。墓在铜梁县城内。祀乡贤。

佘自强　字健吾，号翼望，铜梁县旧县镇（今铜梁区旧县街道）佘家坝人。明万历十九年（1591年）辛卯科四川乡试举人，万历二十年（1592年）壬辰科翁正春榜三甲190名，赐同进士出身。累官都察院左佥都御史、巡抚陕西，以廉翰称，军民怀德，边境帖然，卒于官。奉旨灵柩驰驿铜梁，谕祭三坛。墓在旧县场后。著《治谱》一书，仕者奉为律令。祀乡贤。

罗启潮　男，铜梁县土桥乡（今铜梁区土桥镇）桃溪村人，生于1941年8月15日，大学文化。先后在土桥小学、璧山县中学和重庆交通学院读书。大学毕业后分配到西安交通勘察局工作。他响应党中央、国务院保卫西藏、建设西藏的号召，满腔热血，立志为建设西藏做贡献，自愿到条件最艰苦的西藏工作，任西藏自治区交通工程指挥部技术员。1963年10月15日在修建当曲卡河路桥工程中，西藏自治区卡河路桥工程责任人毛泽仁不幸落入河水中。当时气温零下10度，冰下水流湍急，毛泽仁危在旦夕。在这千钧一发的时刻，罗启潮纵身跳入河中，奋力将毛泽仁从汹涌的河水中救到岸边，自己却因耗尽体力坠入急流中牺牲，时年23岁。西藏自治区和全国新闻媒体报导他的英雄事迹，誉称他为第二个罗盛教。1964年西藏自治区筹委会追认罗启潮为烈士，其遗体葬于西藏拉萨烈士陵园，并塑铜像以祭之。

雷筱龙　男，汉族，清光绪二十三年（1897年）出生，铜梁县北郭乡（今铜梁区巴川街道）人。1923年毕业于日本东京明治大学政治经济系。

返铜后，先后在铜梁中学、成都高等女子实业学校和商业专科学校任校长、教员。1925年下半年到彭县二十八军第七混成旅第一团任政治指导员、代理旅政治部主任和彭县县长。11月加入中国共产党，曾参与旷继勋部队起义。起义失败后，邓锡侯、黄隐调旷继勋回成都，他受党组织派遣，代旷去简阳面会邓、黄呈述部队不回成都的理由，被邓、黄羁留于成都达两年之久，失掉了与党组织的联系。1931年回到铜梁，当时土桥武装暴动失败，铜梁党组织受到破坏处于隐蔽时期，因此他未接上组织关系。在此期间，他曾出面保释参与土桥暴动的雷汝维出狱。之后，又在铜梁积极兴办地方实业和教育事业。1932年以后，他先后合资开办岷峡织布厂、崇兴垦殖公司、豫丰字号、立信字号；集资接办勤业面粉厂、西泉纸厂，分别担任这些厂号的经理或董事长，同时还担任县商会会长、养正校董事长、银行经理、县参议员等职。他又是铜梁哥老会“同仁公社”一步登天的掌旗大爷、“铜汉总联社”的总舵把子，成为了铜梁红极一时的头面人物。

1938年春，铜梁地下党组织恢复活动，经中共重庆市委宣传委员罗青审查，恢复了他的党组织关系。这时，他把养正校完全交给地下党主办，成为党组织县委机关所在地，掩护了大批共产党员和进步人士。一次，养正壁报揭露了反动当局的黑暗，引起特务怀疑，欲加搜捕，他全力担保，使进步人士相安无事。1941年皖南事变后，铜梁地下党的领导人撤离，他再次失掉组织关系而脱党。但他与党内同志仍有一定联系，并继续做一些有益于党的工作。1948年国民党立法委员顾鹤皋回铜梁宴客，地下党员乘机把《挺进报》夹在席上擦筷子的纸中散发，惊动了国民党特务，他从中斡旋，巧妙地转移了敌人的视线，保护了一大批地下党员。同年，经地下党县委书记游文俊批准，吸收他为特别党员。铜梁县人民政府成立后，雷筱龙曾任县贸易公司、百货公司经理。1952年在镇压反革命中蒙冤被处决。1984年经县人民法院复审，撤销原判，宣告无罪，报经重庆市委批准，恢复他从1938年起的党龄。

雷天眷　男，汉族，1908年出生，铜梁县土桥乡（今铜梁区土桥镇）人。省立第一中学校毕业后考入航空学校第二期。1938年驾机远征日本东京，散发抗日传单，备受当局嘉许，国际瞩目。后来又参加空战十余次，以功擢升空军少校。1943年任空军第八队参谋，驻防兰州。是年冬，奉派飞赴日占区山东散发传单，抚慰民众。归途油尽，天黑，气候骤变，抵达兰州时机触山头坠毁，牺牲时年仅35岁。

【国家级荣誉】　自改革开放以来，铜梁先后获得不少国家级荣誉称号。主要有：中国民间艺术（龙灯）之乡，全国文化先进县、国家级卫生城市、国家级外派劳务基地、全国蔬菜生产重点县、全国“双拥”模范县、全国节水型社会建设示范区、中国人居环境范例奖、国家级首批园林县城、最具幸福感城市等荣誉称号；铜梁龙舞被列入国家级首批非物质文化遗产保护项目，铜梁舞龙队先后代表四川省和重庆直辖市数十次在国际国内大赛中夺冠摘金，获“中国舞龙队”冠名权。2014年，铜梁“撤县升区”以来，获得中国十大最美乡愁旅游目的地、全国首批改善民生典范县（区）称号。2015年，铜梁继续被命名为全国双拥模范城、全国产粮大区、产油大区、蔬菜产业重点区；2017年，建成国家休闲农业与乡村旅游示范区，获“中国最具魅力文化旅游名区”“全国十佳生态文明城市”称号；2019年，获“国家农产品质量安全县（区）”称号。2021年，铜梁区获评全国乡村振兴先锋十大榜样、全国村庄清洁行动先进区。

【中国龙舞之乡】 铜梁是国家文化和旅游部命名的中国民间艺术(龙灯)之乡,"铜梁龙舞"为著名的重庆市十大文化符号之一,是国家文化部首批公布的非物质文化遗产,被誉为"中华第一龙"。铜梁龙舞先后4次晋京参加国庆盛典,3次荣获文化部群星奖,享誉五洲四海。作为对外文化交流的亮丽名片,铜梁龙舞数十次参加国内国际大赛,荣获金奖,并多次随国家领导人出访,开展对外文化交流。重庆铜梁舞龙队屡摘国内外舞龙大赛桂冠,被国家体委授予"中国舞龙队"冠名权。

(王万明 供稿)

区划人口

【行政区划】 铜梁区由巴川、东城、南城、蒲吕、旧县等5个街道、23个镇组成，包括266个村与67个社区，4050个村民小组与552个居民小组。

（石春月 供稿）

【人口】 年末常住人口68.94万人。其中，城镇常住人口43.33万人，农村常住人口25.61万人。城镇化率62.85%，比上年提高1.16个百分点。

年末户籍人口总户数32.49万户，总人口84.55万人，比上年减少0.35万人。其中，城镇人口40.33万人，乡村人口44.22万人。按人口年龄结构分，0—17岁14.73万人，18—34岁16.08万人，35—59岁34.47万人，60岁及以上19.27万人。全区人口男女性别比为104.6∶100（其中出生婴儿为110.3∶100）。全区人口出生率5.9‰，死亡率8.3‰，人口自然增长率-2.4‰。

（聂倩 供稿）

【民族】 铜梁区属于有散杂居少数民族的地区。全区有苗、彝、回、满、壮、藏、侗、傣、蒙古、土家、布依等41个少数民族，人口5270余人。分布在全区28个镇、街道；少数民族群众居住、工作、学习较为集中的地方为东城和巴川、南城街道；常住外来经商疆籍少数民族群众38人，主要分布在巴川、南城、东城街道和安居镇。有少数民族界政协委员6名。

【宗教】 铜梁区是重庆市宗教工作重点区县之一。有佛教、道教、天主教、基督教四大宗教；有开放宗教活动场所43处（其中：佛教30处，天主教2处，基督教8处，道教3处）；有备案宗教神职人员50人；有佛教协会、天主教爱国会、基督教三自爱国运动委员会、道教协会四个爱国宗教团体；有信教群众4.2万余人；有宗教界政协委员8名。

（冉万伟 供稿）

经济社会发展

【经济体制改革】 大力推进科技创新体制改革。国家农业科技园区顺利通过科技部验收。深入实施科技企业成长工程，建立高新技术企业培育库，新培育科技型企业253家，总量达到793家；新培育国家高新技术企业35家，有效期内高新技术企业达到130家。实施智能化改造项目63个，完成技改项目备案123个，建成市级数字化车间18个、市级智能工厂2家，实施“博士直通车”等科研项目116项。新引进国家级、市级创新平台3个，建成市级以上研发平台14个，累计建成各级研发平台107个。用好用活知识价值信用贷款风险补偿基金，95家企业获得贷款1.73亿元。全社会研发投入经费支出占地区比重达到2.2%，科技创新指数提升至63.7%，顺利通过国家知识产权试点城市验收。

深化营商环境综合改革。设立19个“无差别”综合窗口，实现552项事项“一窗综办”。深化商事制度改革，开办企业时限压缩至2小时以内。推行政务服务智能“秒办”，公共场所卫生许可等125件事项实现上线运行。扎实推进社会信用体系改革，成功创建全国信用体系建设示范区。“四零”审批获评全市优化营商环境十佳示范案例。推动川渝公共服务共建共享，梳理“跨省通办”事项210项，办结业务8973件。

开展投融资体制改革。建立“项目池、资金池、资源要素池”平衡调度机制，独立工矿区转型升级产城融合PPP项目落地实施。规模达100亿元的重庆制造业转型升级基金落户铜梁。全面完成区属国有企业公司制改革。推进企业上市，OTC挂牌企业和新三板挂牌企业分别达16家、4家。

深化内陆开放型经济体制机制改革。参与重庆市中西部国际交往中心建设，落实“外资企业行政管家服务”制度，实现出口农产品生产基地备案。引进新加坡叶水福集团冷链物流等外资项目。进一步深化川渝合作交流，联动区（市）县22个，签订各类合作协议37个。成功跻身川南渝西融合发展平台，川南渝西融合发展试验区建设总体方案已上报国家审批。积极融入巴蜀文化旅游走廊建设，与成都、自贡等11个地区成立龙文化旅游联盟。强化创新资源对接，依托环成渝高校创新生态圈，推动涪江流域科创走廊建设。

深入推进农村改革。按“先行示范类”“重点帮扶类”“积极推进类”分类实施乡村建设行动，全面补齐农村基础设施短板。农村“三变”改革持续深化，试点村占比达20%。新型农村集体经济不断壮大，新发展集体经济项目72个，全年村社集体经济经营收入达6500余万元。创新建成乡村振兴车间49个，提供就业岗位1500余个。持续深化农村人居环境整治，创新设立“积分银行”，以“五沿”“六改”为重点，实施村容村貌整治提升五年行动，获评全国乡村振兴先锋十大榜样、全国村庄清洁行动先进区。

加快民生领域改革步伐。持续实施医务人员"区管镇用"，2021年派出医务人员30人，挂职副院长27名开展对口帮扶工作，帮扶基层医疗机构开展新项目、应用新技术30项。启动医共体内用药衔接试点，实现10种慢病患者用药"六统一"。设立医共体"技术协作资金池"，2021年，提取资金235.18万元。深入推进"双减"落地落实，开设龙舞、篮球、足球等特色课程社团活动和兴趣班80余个，全区80所中小学全覆盖实施课后服务，教师参与率达98.05%，学生参与率达98.63%，家长支持率达98%。持续抓好农民工返乡就业服务，针对性开展"131"服务，即提供至少1次职业指导、3个适合的岗位信息、推荐至少1个合适的培训项目，成功回引7726人返乡就业创业。

（王刚　供稿）

【经济发展】　2021年铜梁区实现全年地区生产总值704.5亿元，同比增长8.3%。

工业质量效益持续提升。实现工业增加值272.7亿元，同比增长9.5%。365家规模以上工业企业实现总产值680.8亿元，增长12.2%。电子信息、装备制造、健康美妆产业三大主导产业实现产值566亿元，增长15.2%。围绕主导产业精准招商，协议引资额达386.7亿元。实施智能化改造项目63个，建成市级数字化车间18个、市级智能工厂2家。

现代农业发展势头良好。粮食、蔬菜、水果、生态渔业、生猪等主要农产品稳中有增，实现农业增加值63.9亿元，同比增长10.6%。新增市级以上认定或评选的农业品牌15个，新增绿色食品73个。新认定区级龙头企业10家，区级及以上龙头企业总数达179家。

现代服务业稳步发展。实现服务业增加值257.8亿元，同比增长9%。龙城天街商圈业态不断丰富，成功引进福宴天下、天诺酒店等知名品牌入驻，商圈总营业额达9亿元。金融服务实体经济有力有效，银行业金融机构存贷款余额分别为600.1亿元、530.8亿元，存贷比88.5%。年内成功举办中华龙狮大赛、原乡风情马拉松等主题赛事活动，全年接待游客1500万人次，实现旅游综合收入85亿元。

【社会发展】　城市品质明显提升。科创新城规划编制工作有序推进，重庆第二师范学院、重庆科技学院、重庆医药高等专科学校正式签约。淮远新区建设加快，5条道路建成通车，书香路综合管廊主体结构全面完成。城市更新扎实推进，改造老旧小区16个，启动民主路片区棚户区改造。城市功能更加完善，新建、改造城镇雨污管网70千米，新增公共停车位1417个，新增城市绿地60万平方米。

乡村建设扎实推进。建成乡村振兴车间，提供就业岗位1500余个。完成农村危房改造171户，排查整治农村房屋安全隐患16万户，完成农村改厕3600户，建成农村公厕15座。新型农村集体经济不断壮大，2021年村社集体经济经营收入达8808.7万元。全面启动国家城乡融合发展试验区建设。

人民生活水平持续改善。城镇和农村常住居民可支配收入分别增长8.3%、10.3%。城镇新增就业1.4万人。"双减"政策全面落地，妥善处理重庆巴川中学"公参民"问题，金砂小学、职教中心三期工程建成投用。不断完善公共卫生体系，区中医院整体迁建等项目加快推进。安全有序推进新冠疫苗接种。全面优化养老服务体系，建成敬老院2所、社区养老服务中心10个。

（曾孝文　供稿）

【发展定位和前景】　2022年至2026年的五年，是铜梁在全面建成小康社会的基础上，迈向基本实现社会主义现代化建设目标的第一个五年,也是铜梁进一步夯基础、壮筋骨、兴产业、求突破的重要五年。坚持以习近平新时代中国特色社会主义思想为指引,深入贯彻习近平总书记视察重庆重要讲话和系列重要指示批示精神,坚定落实“两个确立”,坚决做到“两个维护”,立足新发展阶段、贯彻新发展理念、构建新发展格局,抢抓成渝地区双城经济圈建设和重庆主城都市区发展的重大机遇,坚定不移大抓工业、大抓产业、大抓实体经济、大抓开放发展,持续强化城镇提升和乡村振兴、污染防控和生态文明建设、民生保障和民生改善、风险防控和社会治理,奋力打造产业高地、文旅胜地、宜居美地和民生福地,加快建设重庆西向发展桥头堡,努力争当成渝中部崛起排头兵,以实干实绩谱写铜梁高质量发展高品质生活新篇章。

全区至2026年,经济社会发展的主要预期目标是:地区生产总值年均增长7.5%左右、突破1000亿元,人均地区生产总值超过13万元;工业总产值超过1400亿元,工业增加值年均增长10%以上;固定资产投资年均增长8%左右;社会消费品零售总额年均增长12%;一般公共预算收入年均增长10%;力争外贸进出口总额突破100亿元、实际利用外资达到10亿美元;常住人口城镇化率达到70%;城镇新增就业4万人以上;全体居民人均可支配收入年均增长9%,城乡居民收入比缩小到2以内,推动共同富裕迈出坚实步伐。

(王刚 供稿)

【名特产品】 部级名特优农副产品。铜梁樱桃、铜梁莲藕、铜梁艾草、铜梁水南茶。

特色产业:铜梁艾草,属菊科蒿属,端午节采摘,全草入药,有温经、去湿、散寒、止血、消炎、平喘、止咳、安胎、抗过敏等作用。铜梁自古产艾草,少云镇为“铜梁艾草”的优质产区,辖区多丘陵,气候资源丰富,立体气候明显,具有春早夏热、秋雨冬暖、雨热同季、风速小、多云雾的特征,多为保墒能力好的红壤土。镇内种植艾草历史悠久,乡民采用独特的种植方式,将其种植在日照好的山间田野,有效生长时间比其他产区更长,更能聚集有效的成分,有独特的薄荷味。现辖区内“铜梁艾草”规模化种植面积达3千亩,种植户1100户,产业综合收入突破3千万元,不仅是少云镇农业创收的支柱产业,也是铜梁区的重要农产业。

当代新增名特产品。养殖业特产有:旧县街道的铜梁鹌鹑,维新、永嘉镇的梅花鹿,维新、白羊镇的黑山羊,双山、土桥镇的观赏鱼,少云镇的乌鳢,庆隆、虎峰镇的甲鱼,土桥镇的良种鸭,永嘉镇的蓝孔雀等。

食品加工类有:铜龙牌挂面、白羊咸菜。

(王万明 供稿)

精神文明建设

【概况】 2021年,铜梁区精神文明建设工作以习近平新时代中国特色社会主义思想为指导,以培育和践行社会主义核心价值观为主线,以党史学习教育和创建全国文明城区为抓手,深入拓展新时代文明实践中心建设,大力弘扬“奉献、友爱、互助、进步”的志愿服务精神,为全区经济社会发展提供强有力的道德支撑。

【文明创建】 营造创建氛围。召开创建全国文明城区工作推进会、培训会,抽调11名专(兼)职人员集中办公,印发《关于2021年创建全国文明城区实地考察点位标准化建设的通知》等文件,统筹推进各项创建工作。开展实地调研督导和常态化督查检查,全年开展模拟实地测评3次,累计下发交办单、督查通报65期。开展《创建全国文明城区调查问卷应知应会》网络有奖答题和问卷调查活动19场、收集问卷25余万份,发放宣传折页25余万份、发送创文抖信50万条。

创建成效显著。推行城区、镇街、村(社区)三级联创,69个市级文明单位、村镇、校园、家庭顺利通过复查验收,继续保持荣誉称号,获评市级文明单位、村镇、校园、家庭14个。彭祥华家庭获评全国最美家庭。积极发挥文明单位示范引领作用,广泛开展文明单位与新时代文明实践站(点)结对共建活动300余场。

【道德建设】 全区创新宣传教育、注重主题实践,加强道德典型礼遇帮扶,邀请先进典型代表作为嘉宾出席庆祝中国共产党成立100周年“永

▶ 图为创建全国文明城区宣传活动现场。(区委宣传部供图)

远跟党走”群众文艺会演等重大节庆活动,协调相关部门解决道德模范困难问题,慰问道德典型44名。大力推进诚信制度化建设,持续开展诚信缺失突出问题专项治理,不断深化诚信宣传教育、加强诚信文化建设。同时大力开展先进典型学习宣传工作,大力培养、选树先进道德典型,举办“好人在身边”微访谈活动29场,刊发先进典型新闻报道100余次。通过严格评选,全年评选出“铜梁好人”25名,获评“重庆好人”3名。其中匡安亮获评“中国好人”;刘明静获评重庆市道德模范,荣获第八届全国道德模范提名奖,受到习近平总书记接见。

【新时代文明实践中心】 制定印发《2021年铜梁区建设新时代文明实践中心重点工作安排》《铜梁区新时代文明实践积分管理办法(试行)》,成立区级“六讲”文明实践队伍,吸纳党员干部志愿者600余人。建设区级新时代文明实

"山水之城 美丽之地"志愿服务活动。(区委宣传部 供图)

践中心,全覆盖实地指导28个新时代文明实践所、333个站标准化建设,推动铜梁区新时代文明实践云平台建设。各新时代文明实践分中心、所、站,累计开展理论宣讲、农技培训、科普宣传、文化下乡、关爱帮扶等文明实践志愿服务活动4000余场次。杜锦权获评重庆市新时代文明实践"六讲"大赛决赛"讲典型"类一等奖。

【志愿服务活动】 广泛开展送理论、送健康、送温暖、送欢乐、送平安、送新风等志愿服务活动,扎实开展学雷锋日、国际志愿者日等活动,组织承办"我为琼江种棵树"志愿服务活动暨"学雷锋志愿服务林"启动仪式。全区850余个志愿服务组织、13.93万余名志愿者围绕党史学习教育、全国文明城区创建等重点工作,结合"山水之城 美丽之地""文明新生活"垃圾分类等主题,开展志愿服务活动5000余场次。七彩童年公益课堂志愿服务项目获评重庆市学雷锋志愿服务最佳志愿服务项目,蒲吕街道龙桥社区获评重庆市学雷锋志愿服务最美志愿服务社区;"天使壹陪伴·阳光壹守护"志愿服务项目荣获第三届重庆市志愿服务项目大赛银奖、"我为乡村种棵树"志愿服务项目荣获铜奖;陈应娇获评2021年重庆市五星级志愿者。

【《重庆市文明行为促进条例》贯彻施行】 制定印发《铜梁区〈重庆市文明行为促进条例〉宣传工作方案》《铜梁区〈重庆市文明行为促进条例〉贯彻实施工作方案》,组织开展"单位履责晒一晒"工作、线下集中宣传活动和网络有奖答题活动,开展院坝会、社区集中宣讲等群众性学习活动400余场,印发宣传海报6000份、单行本10000余份,形成经验做法33篇、典型案例和调研报告6个。

【未成年人思想道德建设】 组织开展"庆祝建党100周年,深化'小萝卜头进校园'活动",积极开展"童心向党""九童圆梦"等主题教育实践活动,罗月嘉、赵子博获重庆市"小萝卜头"红色讲解员选拔大赛小学组二等奖、中学组三等奖,区委宣传部获"祖国在我声中·童声里的红色回响"活动优秀组织单位称号。评选区"新时代好少年"10名、获评"新时代重庆好少年"3名,其中欧峻宏作为重庆市典型上报中央文明办等主办单位参评全国"新时代好少年"。新建乡村"复兴少年宫"2所,组织15所乡村学校少年宫开展述职考评。持续深化"红樱桃 四季有爱"活动,协助承办全市第八届红樱桃"冬日针爱——水墨丹青绘针爱"书画公益巡展活动闭幕仪式,承办"寻根乡愁·果香耕读节"主题展示活动。铜梁中学校、铜梁区第一实验小学、铜梁区第二实验小学获评重庆市文明校园。

【文明新风涵养行动】 大力开展移风易俗"十抵制十提倡"宣传,组织宣讲队伍深入村社宣讲,利用村民自治组织治理农村社会不良风气。持续深化"说得文明"主题活动,在全区推广使用普通话;持续深化"吃得文明"主题活动,印发具体举措,实地调研3次,推动厉行节约、拒绝浪费;持续深化"行得文明"主题活动,常态化开展"礼让斑马线·文明我点赞"和"雷锋的士"创建活动,组织开展中高考期间爱心助考志愿服务活动。同时持续深化"游得文明"主题活动,5人获评"文明在行动·满意在重庆"岗位服务明星;组织开展迎接春节、庆祝建党100周年安全稳定、中秋国庆等专项暗访工作和“文明在行动·满意在铜梁”文明旅游志愿服务行动；深入开展“我们的节日”主题活动，结合春节、元宵等传统佳节，满足人民群众过好传统节日的新需求新期待；积极开展网络文明传播活动，持续利用微博微信、铜梁App等阵地宣传先进典型、身边好人事迹等精神文明建设各项工作。

（李茂功 供稿）

2022

铜梁年鉴

政治

中共重庆市铜梁区委员会

综述

【概况】 2021年，区委始终坚持把党的政治建设作为党的根本性建设，不断提高政治判断力、政治领悟力、政治执行力，坚持稳中求进工作总基调，全面、客观、冷静地辩证看待经济形势，精准有效抓好经济运行调度，努力稳住经济基本面，培育新的增长点。全年实现地区生产总值704.5亿元、同比增长8.3%，全年实现固定资产投资同比增长10.8%，其中工业投资增长17.1%。一般公共预算收入增长15.4%，主要经济指标呈现良好势头，全区政治生态风清气正，干部担当作为，人民群众获得感、幸福感、安全感持续提升。

【铜梁区第十六次党代会】 于2021年12月27日至29日召开。大会听取和讨论了区委书记谭庆代表中国共产党重庆市铜梁区第十五届委员会题为《坚定落实“两个确立”坚决做到“两个维护”建设重庆西向发展桥头堡，争当成渝中部崛起排头兵，奋力谱写铜梁高质量发展高品质生活新篇章》的报告。大会选举产生了中国共产党重庆市铜梁区第十六届区委委员、候补委员和第十六届区纪委委员。大会通过了中国共产党重庆市铜梁区第十六届代表大会关于第十五届区委员会工作报告的决议，关于第十五届区纪委工作报告的决议。

【区委全体会议】 区委十五届十二次全会。于2021年6月11日召开。全会听取和讨论了区委书记唐小平代表区委常委会题为“深入实施创新强区，加快建设成渝地区双城经济圈，创新生态示范区”的讲话。区委副书记、区长姜国杰做说明。全会审议通过《中共重庆市铜梁区委关于深入推动科技创新支撑引领高质量发展的决定》和全会决议。

区委十五届十三次全会。于2021年9月29日召开。全会的主要任务是：审议通过《中国共产党重庆市铜梁区第十五届委员会第十三次全体会议关于召开中国共产党重庆市铜梁区第十六次代表大会的决议》。全会听取和讨论了区委书记谭庆受区委常委会委托所做的报告。全会决定，中国共产党重庆市铜梁区第十六次代表大会于2021年12月召开。

区委十五届十四次全会。于2021年12月17日召开。全会听取和讨论了区委书记谭庆受区委常委会委托所做的“深入贯彻党的十九届六中全会精神 开启铜梁社会主义现代化建设新征程”的报告。审议通过了《中共重庆市铜梁区委关于深入学习宣传贯彻党的十九届六中全会精神的决定》和全会决议。会议还酝酿了中国共产党重庆市铜梁区第十六届委员会委员、候补委员和第十六届纪律检查委员会委员候选人预备人选名单。

区委十六届一次全委会。于2021年12月29日下午召开。会议选举产生新一届区委常务委员和书记、副书记，通过中共重庆市铜梁区第十六届纪律检查委员会第一次全体会议选举结果。

【区委常委会议】 2021年铜梁区委坚持以习近平新时代中国特色社会主义思想为指导，全面贯彻习近平总书记对重庆提出的营造良好政治生态，坚持"两点"定位、"两地""两高"目标，发挥"三个作用"和推动成渝地区双城经济圈建设等重要指示要求，增强"四个意识"、坚定"四个自信"、做到"两个维护"，牢记"国之大者"，认真落实党中央决策部署和市委工作要求，全年共召开常委会51次。

【思想政治建设】 坚决做到"两个维护"。召开区委常委会会议、区委深改委会议等，扎实推动党中央各项决策部署在铜梁落地落实。着力提高党员干部特别是领导干部政治能力，把干部政德教育纳入区委党校主体班培训内容，把"两个维护"落实到经济发展、疫情防控、防汛救灾等各项具体工作中。严格执行请示报告制度，全年向市委报送请示12件、报告22件。党的十九届六中全会后，召开全区党员领导干部会议、区委常委会（扩大）会议、区委理论学习中心组专题学习会等，认真学习党的百年奋斗重大成就和历史经验，深入领会"两个确立"重要意义和实践要求，更好地将"两个确立"政治成果转化为"两个维护"的政治自觉。

深学笃用习近平新时代中国特色社会主义思想。坚持区委常委会会议、理论学习中心组学习会第一议题必学习近平新时代中国特色社会主义思想长效机制，召开区委常委会会议40次、理论学习中心组学习会20次，带动全区各级党委（党组）深入开展学习。系统组织专题培训，发挥区委党校主阵地作用，用好干部网络学院、"学习强国"等平台，分级分类开展党的十九届五中、六中全会精神学习培训，举办主体班、专题班等各类培训班89期，提高广大党员干部运用科学理论解决问题、推动工作的能力。切实抓好贯彻落实，以习近平总书记重要讲话精神为指引，部署谋划"十四五"发展、推动科技创新、推动制造业高质量发展、加强基层治理等重点工作，不断把学习成果转化为生动实践、工作实效。

抓好巡视整改落实。区委坚决扛起主体责任，成立由区委主要领导任组长的巡视整改工作领导小组，37个牵头单位组建工作专班，推动整改责任层层落实。严格对照中央巡视反馈意见，举一反三深入自查4个方面27个问题，制定整改措施134项，逐项明确责任领导、牵头单位和整改时限。建立跟踪督办工作机制，加强日常调度、现场督导和专项督查，有力推动整改措施落地见效。全年整改任务基本完成，整改工作取得阶段性成效。中央巡视期间交办的26件问题线索已全部办结。开展市委巡视整改工作"回头看"，持续深化和巩固整改成果，市委巡视整改调研组对铜梁区整改工作给予充分肯定。

巩固发展良好政治生态。把政治生态建设作为基础性、经常性工作，推动实现正气充盈、政治清明。严明政治纪律和政治规矩，教育引导各级党员干部坚决防止"七个有之"、做到"五个必须"。全面彻底干净肃清孙政才恶劣影响和薄熙来、王立军流毒，深刻汲取邓恢林案件教训，切实从政治上认清危害、肃清流毒。深入开展政法队伍教育整顿，选树优秀政法干警、最美铜警先锋等先进典型43名，整治顽瘴痼疾1335个，处理处分政法干警74人，全力打造过硬政法铁军。发展积极健康的党内政治文化，将政治纪律摆在首要位置，强化政治纪律监督，结合党史学习教育深入推进"袍哥"文化、码头文化、江湖习气整治工作，培厚良好政治生态土壤。

【推动经济发展】 加快推动经济恢复增长。牢牢把握扩大内需这个战略基点，挖掘投资潜能、拓展消费空间，扎实做好“六稳”“六保”工作。狠抓项目建设，全面落实重点项目清单管理、定期调度和“四同步、四到场”机制，组织重大项目集中开工，推动形成更多实物投资量。全年实现固定资产投资同比增长10.8%；其中工业投资同比增长17.1%，房地产投资同比增长43.6%。狠抓招商引资，加大重点产业领域牵动性项目引进力度，围绕10个重点产业，落实“链长制”工作机制，持续招大引强、补链成群。截至年末，引进爱玛电动车、克诺尔等重点项目85个，协议引资601亿元、其中10亿元以上项目15个。狠抓消费升级，繁荣商圈消费，持续提升龙城天街品质、丰富商贸业态。全年龙城天街商圈客流量突破2000万人次，主要商业综合体营业额超过9亿元。持续扩大文旅消费，提质打造安居古城、西郊花语悠游谷等景区，全面唱响“周末到铜梁”。全年接待各类游客突破1500万人次、同比增长44.5%，全区实现社会消费品零售总额276.52亿元、同比增长25.7%。

培育壮大实体经济。坚持以深化供给侧结构性改革为主线，把发展壮大实体经济作为重中之重。加快实施“工业振兴”行动，推动建设国家级高新区，打造广州铜梁高新技术产业合作区、西部美谷、小米公社等产业平台，持续壮大电子信息、装备制造、健康美妆等主导产业。全年实现工业增加值272.72亿元，同比增长9.5%；加快发展现代金融、商务商贸、文化旅游等服务业，成功引进华夏银行、广发银行、招商银行等来铜设立支行，全区商贸服务市场主体达3.96万家、限额以上商贸企业487家。全年服务业增加值同比增长9.2%。加快推进农业结构调整，重点发展优质粮油、精品蔬菜、特色水果、生态养殖等现代高效农业，积极发展乡村旅游、农村电商，促进农业“接二连三”。全年实现农业增加值65.4亿元、同比增长10.7%，农村常住居民人均可支配收入23303元、同比增长10.3%。

推动科技创新发展。坚持把科技创新摆在全局核心位置，扎实推进以大数据智能化为引领的科技创新发展。突出抓好协同创新。加入重庆高新区协同创新战略联盟、成渝地区双城经济圈科技创新创业联盟，积极对接浙江大学、四川大学、西南大学等高等院校，合作共建美妆产业研究院、新材料研发基地等科技平台，建成市级以上研发平台45个、科技服务机构8个，推动科研成果在铜梁转化运用。突出企业自主创新。实施高新技术企业培育计划，规上工业企业研发经费投入11.5亿元、增长51.3%，累计培育高新技术企业87家。持续壮大“专精特新”中小企业，市级专精特新企业达19家、国家级小巨人5家。推进工业互联网创新发展，引导企业开展智能化改造，完成技改项目备案119个、总投资37.2亿元，已实施改造项目63个、总投资7.8亿元。突出引培创新人才。全年引进高层次和急需紧缺人才277名，培育“重庆英才计划”“鸿雁计划”等市级人才计划专家和团队7个，新建市级以上人才发展平台22个。

【双城经济圈建设】 一是深化专题部署。印发《铜梁区推动成渝地区双城经济圈建设2021年度工作计划》，制定铜梁区加快融入主城都市区建设2021年度工作计划，分解落实成渝地区双城经济圈建设承接任务106项，实行“一张清单”管理，确保任务承接不漏项、不缺项。围绕基础设施建设、科技创新发展、产业协同发展、公共服务共建共享等领域，谋划全区2021年推进成渝双城经济圈建设重点任务42项，每月跟踪调度，扎实推动各项任务落地见效。二是全力融入主城。在基础设施、产业体系、城市建设、公共服务等方面精准发力，联合大足区共同开展

"大铜新区"建设总体方案和规划编制。加快区域性快联通道建设，城轨快线璧铜线、渝遂复线高速等项目全线动工，合璧津高速即将完工，积极开展铜梁至永川金龙至重庆新机场高速公路、铜梁至科学城快速通道前期工作，提质改造319国道等干线公路。加快主城公交一体化建设，开行铜梁至大坪、铜梁至红旗河沟定制公交"原乡快巴"，开行铜梁至龙头寺班线客车，满足群众多元化出行需求。三是积极融合周边。撑起渝西门户、守住战略支点，在唱好"双城记"中打好主动仗、下好先手棋。推动周边区(市)县协同发展，川南渝西融合发展试验区建设总体方案通过两省市政府审查，正按程序上报国家审定；主动对接成都、自贡、大足、江津等10区市共同签署龙文化旅游推广协议，全年累计签订各类合作协议37个。推动基础设施互联互通，成功争取成渝中线高铁在铜设站并实现开工建设，铜安高速建设加快推进，牵头开展团结村至铜梁至成都货运铁路规划论证研究，配合市级部门开展市郊铁路西二环线、渝遂扩能二期工程可编制和川渝物流新通道(G319线改造)、涪江航道改造升级论证研究。

【改革开放】 深化改革攻坚。召开区委深改委会议5次，研究审议改革文件方案9个。对中央、市委部署的90项改革任务和34项铜梁特色改革任务实行项目化、清单化管理，做到月汇总、季评估、年盘点，确保工作不落空。截至年末，124项改革任务已完成阶段性工作的有99项，16项正按序时进度稳步推进，9项正开展前期调查摸底工作。全面推进重要领域和关键环节改革，全区财政体制、国资国企、招商引资、乡村振兴等方面，体制机制改革取得新突破，教育、医疗、社保等民生领域改革蹄疾步稳，碳排放、河长制、林长制等生态文明领域改革积极探索新机制、新模式，改革系统性、整体性、协同性不断增强。全面加强改革工作宣传推广，乡村振兴"四基"建设经验做法入选市级重大改革项目；"党建扎桩、结网治理"入选全市党建制度改革十大创新案例；社会信用体系建设示范区、全国乡村治理示范村镇等改革试验示范任务纷至沓来。全区改革经验做法获国家部委肯定和中央主流媒体刊发推广23条次，居全市前列。

抓好开放发展。牢固树立"大开放大发展"理念，坚持以开放促创新、促发展、促增长。聚焦开放经济，推动贸易便利化建设，搭建小微企业出口信用统保平台，支持区内企业开拓国际市场，外贸企业增加至75家，全年实现外贸进出口额12.53亿元；优化外商投资环境，出台《重庆市铜梁区利用外资奖励办法》，积极探索房地产、金融等领域利用外资，完善落实"外商投资企业行政服务管家"制度，全年实际利用外资达到6461万美元。聚焦开放合作，推进服务业扩大开放试点工作，组团参加进博会、广交会、京交会、智博会、西洽会等开放型展会，鼓励区内企业规范有序"走出去"；抓好对外投资项目服务监管，加强对外投资企业规范引导和风险防范；深化与重庆自由贸易试验区等开放平台对接，争创中国(重庆)自由贸易区联动创新区。

优化营商环境。对标世界银行和中国营商环境评价指标体系，加快打造市场化法治化国际化营商环境。持续深化行政审批改革。承诺制信任审批改革在全市推广，获评全国社会信用体系建设示范区。探索实施智能化审批，125项审批事项实现"即办即结"。加强"渝快办"推广运用，梳理跨省通办事项148项，全年办件量45万余件，办结率超过99%。持续推动企业降本增效。建成全市首个"企业开办无费区"，建立营商环境"观察员"制度，常态化开展第三方监督。企业开办"四零"改革入选全市优化营商环境十佳示范案例。持续助企纾困解难，建好用好“政银企”铁三角、高新区企业家顾问委员会、高新区产业联盟等平台机制，常态化专班推进企业解“七难”，全年帮助企业招工1.2万人、融资168.9亿元，推动110家企业建成“供应链合作伙伴关系”。

【城乡融合】 推进乡村振兴。聚焦“五个振兴”，全域推进、全面发力基础设施、基本产业、基层组织、基层治理。坚持打造乡村振兴试点示范，持续提质乡村振兴西郊示范片，扩面打造乡村振兴淮远、安居示范片和7个重点村，推动形成“3+7”示范格局。坚持推进乡村建设行动，科学编制村庄规划，持续完善农村基础设施建设，新建“四好农村路”、硬化泥结石路330千米，26个镇街实现城乡供水一体化，农村薄弱电网改造实现全覆盖。坚持发展新型农村集体经济，成立重庆龙裕城乡建设开发有限公司，组建城乡融合发展基金，推动农业规模化、品牌化、融合化发展。全年实现集体经济经营性收入6500万元、同比增长87.5%；其中，50万元以上的村22个、10万元以上的村169个。坚持严格保护耕地，坚决维护粮食安全，有效遏制耕地“非农化”、防止耕地“非粮化”，粮食播种面积稳定在55000公顷。土桥镇成功创建国家级农业产业强镇，11个镇街被认定为市级“一村一品”示范村镇。坚持抓好带头人、年轻人“两支队伍”，建好会客厅、讲习所、理事会，持续推进基层党组织标准化规范化建设。全覆盖开展基本功培训，持续完善给待遇、给政策、给出路“三给”政策包，新回引大学毕业生、退役军人等本土人才181名、累计达850名。坚持推进乡村善治，全区文明村、文明镇占比分别达62.4%、68.5%；推行“积分制”全域整治农村人居环境，开展“五风浸润”工程，常态化评选“新乡贤、好乡亲”“星级文明户”等，激发群众参与乡村振兴内生动力。

推进城市提升。致力创造宜居宜业宜游的良好环境，建设山水田园城市，打造高质量发展高品质生活新范例。全面优化城市空间布局，聚焦“双百”城市目标，编制重庆主城都市区国土空间规划铜梁分区规划，并同步编制综合交通体系规划、公共服务设施规划、市政基础设施规划等专项规划，优化城市生态生产生活空间布局。全面加快城市新区建设，铺开科创新城、淮远新区“两大作业面”，综合管廊一期、人才公园一期建成投用，铜梁中学新校区、龙文化演艺中心、融媒体中心等重点项目有序推进，重庆科技学院、重庆第二师范学院、重庆医药高等专科学校等高校成功签约。全面推进城市有机更新，新增城市绿地22.7万平方米。建成5G基站1484个，城区实现5G网络全覆盖。新建、改造雨污管网70千米，三期污水处理厂建成投用。全面加强城市精细管理，推动城市细管、智管、众管，常态化开展马路办公，持续完善城区公厕、道路照明等配套设施，新增城区停车位1197个，查处乱停放车辆7.1万余台次，整治拆除违法建筑8500平方米。全面提升城市精神文明，把人的素质提升作为城市提升的根本，做精做优“少云志愿者”服务品牌，带动群众常态化开展“三小”认领、“五小”管护，国家卫生区通过复审，成功跻身全国文明城区提名城区。

【生态文明】 筑牢长江上游重要生态屏障。坚决贯彻“共抓大保护、不搞大开发”方针，统筹推进山水林田湖草系统治理。全区主要河流水质稳定达标，涪江达到地表水二类标准，琼江、小安溪达到地表水三类标准。优化生态空间布局，实施“三线一单”生态环境分区管控，不断提升自然保护地问题巡查监管水平。实施长江流域“十年禁渔”，全面推行“林长”“河长”+“检察长”协作机制，推动建设小安溪、淮远河、巴川河“百里生态廊道”，确保河畅、水清、岸绿、景美。

打好污染防治攻坚战。持续推进“蓝天保

卫战”，多措并举控制工地、道路扬尘，空气质量六项指标全部达标。强化工业污水、生活污水、养殖废水治理，城乡集中式饮用水源地达标率均为100%。精准防治土壤污染，持续开展“清废行动”，污染地块安全利用率达95%，土壤、地下水环境质量总体稳定。持续推进宁静行动，加强交通、社会生活、建筑施工噪声管控，城区声环境质量进一步提升。全面销号第一轮中央环保督察相关问题，第二轮中央生态环保督察认领问题整改已完成87%。

加快绿色低碳发展。坚持生态优先、绿色发展，编制完成2019年、2020年温室气体排放清单。建立排污许可证核发(换发)同碳排放信息披露同步办理、同步生效、同步管理机制，实现二氧化碳和污染物“一证融合”。严控过剩产能和“两高一资”项目，全覆盖推进园区企业、畜禽养殖场循环化改造。开展绿色机关、绿色学校、绿色社区等创建，倡导绿色出行、绿色消费，绿色健康生活。

【保障和改善民生】 巩固拓展脱贫攻坚成果同乡村振兴有效衔接。召开脱贫攻坚总结表彰大会，大力弘扬脱贫攻坚精神。出台《关于实现巩固拓展脱贫攻坚成果同乡村振兴有效衔接的实施方案》，事项化、清单化、项目化推动工作落地见效。健全充实区委农村工作暨实施乡村振兴战略领导小组，建立区领导定点联系5个乡村振兴重点帮扶镇和7个重点帮扶村工作机制。开展“两不愁三保障”回头看，实现问题动态清零。严格落实“四个不摘”要求，健全防止返贫监测和帮扶机制，识别易致贫返贫户221户539人，全部“一对一”落实帮扶措施。推进产业帮扶，支持7个重点帮扶村和脱贫户、边缘易致贫户、严重困难户发展特色产业，建成投用乡村振兴车间49个。推进对口帮扶巫山工作，开展2021消费帮扶购物节和农民丰收节农产品展示交易会。完成国家、市级考核反馈整改任务和扶贫资金审计反馈问题整改。

解决群众急难愁盼问题。开展“把老乡留在老家”专项行动，建成大学生就业创业公共服务中心，城镇新增就业1.4万人。全区基本养老、医疗保险参保率稳定在97%以上，建成投用农村互助养老点348个，全市农村养老服务体系建设现场会在铜召开。推动“双减”政策全面落地，解决巴川中学“公参民”问题，整治校外培训机构，推行课后延时服务。推进区域医共体“三通”建设，探索建立农村居民健康医疗大数据平台，建成标准化行政村卫生室264个，基层门诊急诊人次同比增长18%。启动镇村体育设施全覆盖工程，建成村(社区)健身点333个，开展流动文化服务进村活动1253场次，惠及群众28.5万人次。

办好重点民生实事。坚持问题导向、需求导向，尽力而为、量力而行，在承接推进11件市级民生实事基础上，确定25件区级重点民生实事和“我为群众办实事”实践活动“十件实事”。全区普惠性幼儿园覆盖率达87.5%，33项政务服务“秒办”事项上线运行，改造延伸农村供水管网330千米，完成15个老旧小区改造，70余栋老旧住宅实现电梯出行，167户农村四类重点对象住进新房，2020年洪灾后应急重建工程全面竣工。完成11件市级民生实事。

【强思想文化宣传】 坚持正确舆论导向。紧扣庆祝建党100周年主线，隆重开展庆祝建党100周年系列宣传活动。组织全区干部群众收看庆祝中国共产党成立100周年大会直播，开展庆祝建党100周年理论学习、专题展览、文艺演出、“两优一先”评选表彰等活动。统筹区属媒体及时转载推送重要庆祝文章和重点理论、评论文章，举办全民艺术节，组织基层宣讲、山歌传唱、影片展播、舞台剧展演巡演等系列活动。

开设专题专栏30余个，累计播发新闻消息1万余条。建立对外宣传工作联席会议机制，市级以上主流媒体刊发铜梁新闻稿件4200余条次，中央媒体刊发重要稿件84条次；其中，央视《新闻联播》《人民日报》《经济日报》等央级主流媒体头版、头条点赞铜梁12次。深化拓展新时代文明实践中心建设，累计开展文明实践志愿服务活动5000余场次。选树先进典型，刘明静荣获“第八届全国道德模范提名奖”，“中国好人”“全国最美家庭”等榜上有名，评选“铜梁好人”25名、区“新时代好少年”10名、各级“新乡贤、好乡亲”1199名以及各行业“最美人物”100名。

落实意识形态工作责任。区委常委会坚持定期听取意识形态工作汇报，扎实抓好中央巡视意识形态专项检查反馈意见整改，修订《党委（党组）意识形态工作责任制实施细则》，制定《意识形态情报信息收集报送机制》，落实“三张清单”制度，完善“1+10+N”制度体系。围绕重大敏感时间节点，开展意识形态风险常态化排查，妥善处置涉铜敏感网络舆情700余件，推动市级风险点全部清零、区级风险点有效化解。弘扬优秀传统文化，年内成功举办第三届中华龙灯艺术节、中华龙狮大赛、原乡文化旅游周、端午龙舟会等系列重大活动。《焰火龙》入选第十五届中国民间文艺山花奖·优秀民间艺术表演作品拟获奖名单，铜梁龙灯彩扎入选第五批国家级非遗名录，铜梁舞龙队荣获第十四届全运会群众龙舞展演项目第一名，铜梁区获评2021—2023年度“中国民间文化艺术之乡”，土桥镇被国家文旅部评为“全国乡村旅游重点镇”，安居古城、西郊花语悠游谷入选“主城都市区十大精品旅游线路”，土桥镇庆林村、河水村被评选为“重庆市乡村旅游重点村”。

【维护和谐稳定】 抓好常态化疫情防控。市内出现本土确诊病例后，第一时间做好应急处置，迅速开展流调溯源，精准锁定密接者、次密接者等人员，科学精准确定管控范围，严格落实健康管理措施，从紧从严做好社区排查，确保万无一失。紧盯防控薄弱环节，围绕运行机制、疫情处置、监测发现、场所管理、人员管控、院感防控等方面，不断健全制度、补齐漏洞，引导群众做好个人防护，织密织牢常态化疫情防控网络。有序推进新冠肺炎疫苗接种工作，全年累计接种新冠疫苗139万剂次，完成全程接种54.6万人。

完成大庆安保任务。精心组织开展“喜迎建党百年、忠诚履职保平安”专项工作，坚决防范打击敌对势力渗透破坏、暴恐分裂、邪教和非法宗教活动，做到政治安全、社会安定、人民安宁。扎实开展矛盾纠纷、信访稳定、安全生产隐患大排查、大调处、大整治专项行动，健全区领导包案化解、定期接访、带案下访等制度机制，实现到市进京非访“零目标”。加强社会治安防控体系建设，开展“全民反诈”专项行动，可防性案件下降30.8%，群众获得感、幸福感、安全感持续提升。

打造共建共治共享的社会治理格局。召开全区加强和创新基层治理工作推进会，持续推进“党建扎桩、治理结网”，不断提高基层治理社会化、法治化、智能化、专业化水平。深化政府债务绿色可控机制，化解隐性债务221.3亿元，综合债务率位于全市较低水平。健全企业债务风险防范机制，房地产市场保持平稳。狠抓安全生产，加强道路交通、建筑施工、非煤矿山、消防、危险化学品等重点领域和重点行业隐患排查和专项整治，全区安全生产事故起数、死亡人数同比下降35.7%、47.1%。扎实有效抓好防汛抗旱工作，牢牢把握防灾减灾救灾主动权。常态化推进扫黑除恶专项斗争，与反腐“拍蝇”、加强基层组织建设结合起来，始终保持对黑恶势力违法犯罪的高压态势。

【推进民主法治建设】 全面推进依法治区。召开区委全面依法治区工作会议，印发铜梁区《〈法治中国建设规划（2020—2025年）〉实施方案》，对“十四五”时期全区法治建设工作做出安排部署。规范重大行政决策程序，编制行政权力清单和公共服务事项清单，深化行政执法“三项制度”，强化政务诚信建设。2021年区政府行政诉讼案件出庭应诉率、胜诉率均达100%，成功获评全市第一批法治政府建设示范区。健全完善执法司法制约监督体系，落实司法体制综合配套改革措施。全面实施“一街镇一法官”“一庭两所”工作机制，司法质量、效率和公信力不断增强。加快法治社会建设，全面实施“八五”普法规划，加强宪法、民法典等法律法规宣传，加大法律援助力度，扎实推动“大调解”体系建设，不断提高公共法律服务水平。

推动新时代人大工作创新发展。持续加强党对人大工作的全面领导，全面落实新时代加强和改进人大工作的重点任务。支持区人大及其常委会依法履行监督、决定、任免等职能，听取审议“一府一委两院”专项工作报告22项，任免国家机关工作人员40人次，备案审查规范性文件6件。健全完善人大代表联系群众“双亮双接双办”机制，扎实推进人大代表工作室、民情联络站建设，更好发挥人大代表作用。高度重视人大代表建议议案办理工作，坚持区领导牵头督办重点建议等机制，区十七届人大五次会议提出的议案和建议均得到较好办理落实。

支持政协更好发挥作用。坚持团结和民主两大主题，推动协商民主广泛、多层、制度化发展。支持政协充分发挥社会主义协商民主的重要渠道和专门协商机构作用，围绕全区党政工作要事、民生改善实事、社会治理难事，开展重点协商、通报、视察、调研40余次，形成了一批高质量的协商议政成果。支持政协发挥联系和服务群众优势，将会龙河污染问题整治、农村人居环境整治等任务交给政协督办，取得良好成效。健全完善多层次联系委员制度，提高政协委员履职能力，高质量完成312件委员提案办理工作，委员满意率达100%。

统筹抓好统战群团等工作。组织各民主党派围绕双城经济圈建设、工业发展、乡村振兴等全区重点工作和群众关注热点建言献策。开展统一战线大走访大谈心活动，开展“守法诚信经营、坚定发展信心”主题教育，促进非公有制经济健康发展和非公有制经济人士健康成长。圆满完成农工党铜梁工委、区工商联等换届，顺利实现新老交替和政治交接。做好来铜少数民族服务管理工作，加强宗教领域风险隐患排查整治，促进民族和睦、宗教和顺。扎实做好港澳台统战工作和侨务工作，承办第十三届“重庆·台湾周”等活动，成功创建重庆市对台交流基地区（县）。落实党外优秀年轻干部发现培养计划，全年提拔交流党外区管领导干部13名。加强工会、共青团、妇联等群团工作，不断提高人民团体组织群众、引导群众、服务群众和维护群众合法权益的能力。坚持党管武装根本原则，推进军民融合深度发展，着力完善国防动员体系。

【全面从严治党】 开展党史学习教育。紧扣“学党史、悟思想、办实事、开新局”，重点在学、讲、看、做四个环节下功夫，全区广大党员干部学史明理、学史增信、学史崇德、学史力行的氛围更加浓厚。坚持深学笃信“用功学”。区委理论学习中心组组织专题读书班7场，总书记“七一”重要讲话发表后，开展专题学习3场，带动全区各级党委（党组）开展理论学习中心组学习1000余场、专题读书班856场。注重分级分类“用情讲”。在全区广泛开展党史学习教育和学习贯彻总书记“七一”重要讲话精神宣讲活动，坚持领导干部带头讲，组建专门队伍讲，广泛开展微宣讲，发动先进典型讲，唱响主旋律、凝聚正能量、提振精气神。传承红色基因"用心看"。积极组织看红色文化资源、看红色文艺作品、看改革发展实践，传承红色基因，弘扬红岩精神，教育引导党员干部坚定理想信仰、养成浩然正气。聚焦群众期盼"用力做"。广泛开展"三亮三比"专项行动，扎实开展"我为群众办实事"实践活动，全面完成"十个全覆盖"重点任务、62项重点民生项目。党史学习教育获得中央指导组充分肯定，先后6次在中央、全市党史学习教育相关会议上做交流发言。

全面贯彻新时代党的组织路线。稳妥有序推进区镇换届工作，严格落实好干部标准，大力选用优秀年轻干部，严密组织"五方面人员"专项选拔，切实加强换届风气监督，着力配出"加强版"镇街领导班子，提拔重用区管领导干部174人次，调整交流区管领导干部139人次，无一起跑官要官、违规用人等情况的反映、举报，新一届镇领导班子各项指标均达到市委要求。高标准完成村（社区）"两委"换届工作，实现换届选举一次性成功率100%，组织提名人选当选率100%，村（社区）党组织书记、村（居）民委员会主任"一肩挑"比例100%的"三个100%"目标。抓实基层党组织建设，全面推进乡村组织振兴试验示范区建设，创建示范村80个、规范村152个，整顿软弱涣散村（社区）党组织12个，非公企业和社会组织党组织覆盖率分别达87.4%、82.3%。抓好干部队伍建设，加强干部理论教育、党性教育，扎实开展专业化能力培训，细致做好公务员交流调配、职级晋升、表彰奖励等工作，表彰区级"两优一先"对象260个，晋升职级公务员292人次，选人用人满意度连续4年位居全市前列，铜梁被确定为中组部公务员平时考核工作直接联系点。

推进党风廉政建设和反腐败斗争。查处形式主义、官僚主义问题32个，批评教育帮助和处理44人。持续保持惩治腐败高压态势，紧盯重点领域和关键环节，坚决查处工程建设、国有企业、执法司法等方面的腐败问题，共处置问题线索212件，立案74件，处分55人。严格落实《中共中央关于加强对"一把手"和领导班子监督的意见》，细化工作措施清单49项。常态化开展"以案四说""以案四改"，推动"个案四说"向"类案四说"延伸，全区共开展警示教育284场次，受教育对象12215人次。组织实施三轮巡察，累计发现问题897个，移交问题线索24件，实现区委巡察全覆盖目标。

（李俊松 供稿）

组织工作

【概况】 全区共有党组织1397个。其中：党委89个，党总支34个，党支部1274个；按领域划分：区委直属党组织32个，村（社区）基层党组织458个，非公经济组织党组织255个，社会组织党组织73个，机关党组织236个，国有经济、集体经济党组织54个，中小学党组织141个，卫生系统党组织105个，退休党组织、流动党组织等其他党组织43个。全区共有党员34324人。其中，农牧渔民党员14849人（占党员总数的43.26%），公有制经济单位党员7262人（占党员总数的21.16%），非公和社会党组织党员4238人（占党员总数的12.35%），离退休党员5783人（占党员总数的16.85%），个体工商户、自由职业人员等其他党员2192人（占党员总数的6.38%）。在年龄结构上：35岁及以下的党员6029人（占党员总数的17.56%），61岁以上党员13967人（占党员总数的40.69%）。学历上：本科及以上的党员7879人（占党员总数的22.95%）。

【基层组织建设】 高标准完成村（社区）"两委"换届。实现换届选举一次性成功率、组织提名

2021年6月17日，铜梁区举行庆祝中国共产党成立100周年“光荣在党50年”纪念章颁发仪式。(区委宣传部 供图)

人选当选率、书记主任“一肩挑”比例“三个100%”目标，党组织书记平均年龄下降3.69岁，大专以上学历占比提高14.41个百分点。扎实开展村(社区)党组织书记履职培训，分类制定培训主题、培训课程，举办集体经济、农村电商等各类专题培训9期。《光明日报》报道“党建扎桩、治理结网”工程经验做法，《重庆新闻联播》《重庆日报》多次报道铜梁区村(社区)“两委”换届工作。持续推进乡村组织振兴试验示范区建设。全面推进中组部基层党建直接联系点、乡村组织振兴试验示范区建设，建好用好乡村振兴“讲习所”“会客厅”“理事会”，大力实施农村基层党建“整乡推进、整县提升”示范创建行动，培育创建示范村80个、规范村152个，整顿软弱涣散基层党组织19个。乡村振兴工作在相关部门选派驻村队员24名，从青年群体中回引本土人才181人，面向优秀村(社区)干部和本土人才公开招聘事业单位工作人员6人，在6个镇推行新型农村集体经济经营管理人员奖励机制试点，村均集体经济收入达20万元以上。全面深化“党建扎桩、治理结网”工程。压实各级党组织书记抓基层治理责任，建强131个社区网格党支部、395个楼栋党小组，厘清职责清单和职责边界，让党组织在基层深深“扎桩”。探索党建引领老旧小区治理，优化提升14个物业小区、24个老旧小区。《“小积分”开启乡村环境“美颜”新模式——重庆市铜梁区农村人居环境整治积分制度》入选为全国在乡村治理中推广运用积分制典型案例。

【干部队伍建设】 2021年分类招录各类公务员33名，其中公开招录30名，从村社区干部中招录2名，从公安院校定向招录1名。从区外选调96名，接收安置转业军官及随调家属13名。全年组织公开遴选(选聘)1次，遴选(选聘)符合区级部门工作需要的干部4名。开展区内选调3批次，为区级部门补充急需、紧缺专业或岗位的干部共18名。全年晋升职级公务员292人次，抽调129名优秀年轻干部参与疫情防控、乡村振兴、招商引资等急难险重工作，选派8名优秀年轻干部到区外交流学习，统筹安排28名选调生到村任职。

【领导班子建设】 扎实开展区镇换届工作，压实换届风气监督“5+2”责任主体职责，建好用好40人的区派换届风气监督员队伍。组成8个回访调研组，深入开展班子回访调研，分领域分类别开展专项研判34项。严格落实好新时代干部标准，选用优秀年轻干部，严密组织“五方面人员”专项选拔，提拔重用“铜梁区新时代担当作为奖”先进个人20人，从事业、国有企业单位调任干部到机关任职26人，提拔重用“80后”区管领导干部88人次，从村支部书记提拔担任镇街领导班子副职2人，着力配出“加强版”镇街领导班子。同时配合市委换届考察组完成市管领导干部换届工作，统筹抓好区党代会、人代会、区政协会“三会”筹备，规范有序、严密细致做好代表、委员产生，确保会议准备充分、过程流畅、结果圆满。

【干部教育培训】 举办主体班5期，培训干部199人；举办专题班21期，培训干部3740人次；举办3天以下的短班、小班63期，培训干部13074人次。举办党的十九届五中全会精神专题培训班3期，培训干部700余人次。常态化开展事业单位新进人员岗前培训、专业技术人员公需科目培训等，培训事业单位干部9458人次。年内先后接待新疆、四川等市外培训班次9期，培训干部407人次；接待市委党校、巴南、北碚、永川、潼南、大足等区外市内培训班次23期，培训干部1281人次。落实铜遂合作协议，先后与遂宁、武胜、船山等地开展互训，共组织班次6期，培训干部555人次。

【机关企业非公党建】 全覆盖培训机关党组织书记181名，积极推进52所中小学校党组织书记校长“一肩挑”，优化撤建32个基层党组织，新发展100名优秀年轻干部入党，26个党组织按期换届。选派非公党组织党建指导员280名，创建非公示范党组织5个，新建非公企业、社会组织党支部14个，党组织覆盖率分别达87.36%、82.35%。全覆盖培训非公党组织书记271人，到非公企业和社会组织实地调研32次，选派非公党组织党建指导员280名。新建非公企业、社会组织党支部15个，新成立联合党支部4个。

【人才队伍建设】 全区机关企事业单位新引进人才943名，其中高层次人才277名；3名人才、1个人才团队入选2021年重庆英才计划，3名人才入选重庆市“鸿雁计划”。新增各类市级及以上人才发展平台22个，全区人才投入（含创新创业扶持）累计达到3.02亿元。全面完成第二批高层次创新创业人才、首批教育卫生领域优秀人才申报认定，共认定优秀人才296人，兑现政策资金910.94万元。加强人才政治引领，推荐28名专家人才担任“两代表一委员”。全面推广使用重庆英才“渝快办”网上服务平台，提供健康体检、子女入学、职称评聘、配偶推荐就业等服务470余人次。现有人才公寓509套，新开工建设英才小镇人才公寓790套。年内建成铜梁区人才公园、原乡青年人才驿站。

【党史学习教育】 抓好学习宣讲。区委理论学习中心组开展专题学习、专题读书班20场，带动全区开展理论学习中心组1000余场、专题读书班856场，举办专题培训班3期。区级党员领导到所在支部讲党课，带动全区讲党课2700余场。组建区委宣讲团、镇街宣讲小分队、巡回宣讲团、“百姓名嘴”宣讲队，深入农村、社区、学校、企业宣讲4700余场，组织共产党员先进事迹报告会200余场。开展实践活动。制定落实“十件实事”任务、62项重点民生项目，创新开展“三亮三比”专项行动，建立“三式”调研、“四单”管理、“三色”督办等工作机制，推动“我为群众办实事”实践活动务实见效，得到央视《新闻联播》《人民日报》《经济日报》等关注报道，东城派出所被公安部评为全国公安机关“我为群众办实事”成绩突出集体。开展建党100周年庆祝活动。认真开展全国、全市和全区“两优一先”推荐评选工作，区级表彰260人，深化先进事迹报道，营造致敬先进、学习先进浓厚氛围。审核颁发“光荣在党50年”纪念章4808枚，切实把党中央的关心厚爱送到老党员的心坎上。“七一”走访慰问党内功勋荣誉表彰的党员、生活困难党员、老党员、老干部和烈士遗属、因公殉职党员干部家属等2560人。

（李升泉 供稿）

宣传工作

【理论武装】 健全全区各级党委（党组）理论学习中心组第一议题必学习近平新时代中国特色社会主义思想制度，区委中心组坚持以政治学习为根本，开展多种形式学习19次，其中党史学习教育专题读书班7次，示范引领各级党委（党组）中心组学习1400余场次。开展党委（党组）理论学习中心组学习巡听旁听工作，推动落实理论学习中心组“八有”工作要求，进一步提升党委（党组）理论学习中心组制度化规范化水平。坚持每季度向全区党员干部推荐学习书目制度，累计向全区党员干部赠阅党史学习教育指定学习材料3万余册。坚持打造“龙娃话理论”新媒体理论宣讲品牌，全年刊发43期。反映“第一书记”先进事迹的《陈鹏：让青春在扶贫中闪光》在中宣部《时事报告》2021年第1期上发表。组建区委宣讲团、“六进”宣讲队、“名嘴”宣讲团、镇街宣讲小分队，广泛吸纳道德模范、“五老”人员等各类先进典型、“少云”志愿者等加入宣讲队伍，深入农村院坝、工厂车间、学校教室等社会各个层面开展对象化、分众化、互动化宣讲4000余场，受众30万余人。举办“学习新思想 共赞100年 奋进新征程”微宣讲活动，注重变“普通话”为“重庆话”，打通理论走进群众的

▶8月19日，学习贯彻习近平总书记“七一”重要讲话精神市委宣讲报告会在铜梁区举行。（区委宣传部 供图）

最后一公里，不断夯实广大党员干部群众对习近平新时代中国特色社会主义思想的政治认同、思想认同、情感认同。铜梁区获评2021年基层宣讲先进集体，安居中学教师肖刚获评2021年度全市基层理论宣讲先进个人。大力宣传推广“学习强国”学习平台，在学习平台发布铜梁工作动态16期。“学习强国”上稿量、覆盖率和活跃度均位居全市前列。策划开展“永远跟党走·强国伴我行”党史知识竞赛等一批参与性强、关注度高的线下活动，成为党员干部群众指尖上的学习“加油站”，工作“助推器”。修订铜梁区《党委（党组）意识形态工作责任制实施细则》，制定《意识形态情报信息收集报送机制》等一批规范性文件，完善运行“三张清单”，建立完善“1+10+N”制度体系。制定《中央巡视意识形态专项检查反馈意见铜梁区专项整改落实方案》，召开专项整改工作会，推动整改常态长效。以建党100周年和党的十九届六中全会等为重中之重，常态化排查意识形态风险，严把论坛讲座报告会入口关、审核关和过程关，建立完善《风险隐患防范化解台账及责任清单》，市级风险点全部清零，区级风险点有效化解。召开全区高校意识形态工作会，开展意识形态工作督查，全面清除各类有害信息，坚决守住意识形态工作底线。

【舆论引导】 对内宣传。开设专题专栏30余个，摄制宣传片、专题片、VCR、微电影、公益广

告等100余部(个),播发新闻消息1万余条。《铜梁报》获全市零差错优秀区县报称号,7月1日6—7版入选庆祝中国共产党成立100周年“重庆市区县报”十佳版面,铜梁App获最具突破创新客户端,第十届重庆市区县报好新闻奖一等奖、第一届重庆市区县新媒体(网络)好新闻奖一等奖等都榜上有名,《傻老头》作为重庆唯一作品被选送中宣部参加微电影评比。

对外宣传。建立对外宣传工作联系会议机制,策划开展主题外宣16次,市级以上主流媒体刊发铜梁新闻稿件4200余条次。中央主流媒体刊发重要稿件91条次,央视《新闻联播》及《人民日报》《经济日报》《农民日报》头版(头条)12次点赞铜梁,新华社牛年“城市家书”活动对铜梁火龙和城市形象进行重点推介,总阅读量逾2.18亿次。央视《新闻联播》《东方时空》等栏目7次报道铜梁区灯光火龙秀庆祝建党100周年,央视《新闻联播》《走进乡村看小康》《朝闻天下》和新华社《瞭望》周刊点赞铜梁乡村振兴工作。“学习强国”学习平台上稿510余条,被推荐上全国平台30余篇。积极参加央视《乡村演说家》等城市形象推广和对外交流活动10余次,得到中央电视台、新华社等多家媒体宣传推介。推出网络文化作品17个,实现1000W+作品1件、100W+作品8件,不断提升铜梁的知名度、美誉度和影响力。

新闻发布。严格贯彻落实《重庆市行政机关新闻发布工作办法》,完善2021全区发言人名单并在铜梁网进行公布。召开新闻发布会12场,对政法队伍教育整顿,原乡风情马拉松,原乡文化旅游周等重要工作、重大活动进行发布。组织开展“发言人来了——我为群众办实事”市级、区级新闻发布活动6场,深入社区、企业通过对话的方式与基层群众面对面地沟通交流、解读政策、现场解决问题。

【思想政治工作】 持续推广“五风”浸润工程,规范化建设新时代文明实践所(站)、梦想课堂、开英工作室等阵地,开展梦想课堂活动500余场、“家风润万家”活动200余场。制作发放社会主义核心价值观春联、年画和灯笼等宣传品3.7万份。统筹文化科技卫生“三下乡”活动,组建10个分团,积极面向农村送理论、送文明、送服务、送人才。开展2021年铜梁区“新乡贤、好乡亲”系列活动,评选出村(社区)级“好乡亲”926名、镇街级“好乡亲”253名、区级“新乡贤”20名,并先后组织“新乡贤”代表参加农民丰收节、乡村村晚等活动。开展“最美人物”学习宣传活动,评选出“最美产业工人”“最美铜警先锋”等各行业先进典型近百名。推荐铜梁区妇女儿童医院医务部主任高鸿英获评第六批重庆市岗位学雷锋标兵。举办“时代楷模”毛相林、王红旭先进事迹巡回报告会。开展思想政治工作专业职务任职资格评审工作,评定政工师2名、助理政工师1名。《以培养“三感”厚植家国情怀》荣获重庆市政研会2020年度优秀研究成果三等奖。

【爱国主义教育】 制定印发《铜梁区贯彻落实〈新时代爱国主义教育实施纲要〉工作安排》,统筹推进爱国主义教育工作。联合区关工委组织召开铜梁区新时代青少年爱国主义教育工作经验交流座谈会;积极打造“爱国活动周”,举办向革命英烈敬献花篮仪式、纪念中国人民志愿军抗美援朝出国作战70周年英模事迹展、“吃重庆小面、庆祖国华诞”“我和国旗合个影”“加油!中国跑”等精彩纷呈的活动,指导各镇街、部门、村(社区)、学校层层举行集中升国旗仪式350余场;组织开展国防教育进企业、红色研学之旅、纪念中国人民抗日战争暨世界反法西斯战争胜利75周年群众性主题教育活动及抗美援朝出国作战70周年纪念活动,协助解放军新闻传播中心拍摄纪念抗美援朝入朝作战70周年大型纪录

▶ 7月1日，举行“向革命英烈敬献花篮”仪式。（区委宣传部 供图）

片《为了和平》。

【优秀精神产品】 开展2021年文艺创作项目资助，共资助作品17件，创作中篇小说《传灯人》，诗歌《树荫村脱贫报告》《“初心”赞歌》，音乐《周末去铜梁》，曲艺《红旗飘飘》，书法作品《不朽之丰碑》等。

【建党百年庆祝活动】 举办“永远跟党走”群众文艺会演、“颂歌献给党”群众歌咏大会、“青春铜梁 时代强音”学习贯彻十九届六中全会精神主题音乐会、“学党史 颂党恩 跟党走”读书展演、“学党史 强信念 跟党走”青春歌会、“永远跟党走·强国伴我行”党史知识竞赛、“百年变迁 幸福原乡”大型书法摄影美术展、“奋斗百年路 启航新征程”诵读展演、乡村村晚等大型活动；举行“唱支山歌给党听”重庆市铜梁区庆祝中国共产党成立100周年大家唱群众歌咏活动4场，“永远跟党走”舞蹈快闪、音乐快闪各2场，“讲好党史故事 传承红色基因”名嘴说党史活动100场；举办“百年辉煌”征文活动，收集作品150余件，评选优秀作品46件，并在南城街道马滩村进行现场展演；举办“翰墨书初心 丹青颂党恩”活动，“童言学党史”红色游园活动，“学四史 守初心 颂党恩”线上知识挑战赛等活动共1500余场次，营造隆重热烈喜庆的氛围。

统一战线

【概况】 全区有民盟铜梁区总支、民建铜梁区总支、民进铜梁区总支和农工党铜梁工委4个民主党派组织4个，共有民主党派成员312名。有无党派人士和党外知识分子代表人士126名。党外知识分子联谊会有会员94名。工商联（总商会）会员3645人，镇街商会28个，行业商会13个。有华侨24人（其中回国华侨3人），侨眷

43人，铜梁籍华人9人，侨领3人。常住台胞41人（其中台商台干19人），台属73人。

党外代表人士。2021年末全区有党外领导干部52名，党外市管领导干部6名（区人大常委会副主任1名、区政府副区长1名，政协副主席4名），区管领导干部46名（其中区管正职4名）。29个政府工作部门中，有14个部门配备党外干部14名，占比48.27%。区人大办、区政协办、区法院、区检察院、区残联各1名，政协专委会1名。全区28个镇街中，有14个镇街还配备了15名党外干部。

【政治站位与思想引领】 引导统一战线人士加强理论学习，坚定政治站位。2021年累计组织开展统一战线各界人士学习党的十九大精神和十九届历次全会精神5次，集中参学人员达300余人次。通过专题学习会、党外人士培训班、研讨会等形式，引导全区统战人士坚持用习近平新时代中国特色社会主义思想凝聚共识，自觉弘扬爱国奋斗精神，模范践行社会主义核心价值观，增强“四个意识”、坚定“四个自信”，不断巩固共同思想政治基础。组织召开无党派代表人士“忆初心、共奋进”座谈会，支持各民主党派和无党派人士深入开展“不忘合作初心，继续携手前进”主题教育活动，积极引导各领域统战人士增强对新时代爱国奋斗精神、党和国家奋斗目标的思想认同、情感认同、价值认同，坚定“两个维护”。

开展党史学习教育，抓好各界人士政治引导。多种形式抓好各界人士政治引导。扎实开展政治引领主题教育活动。深入开展“不忘初心、与党同心”系列教育活动，支持各民主党派、无党派人士扎实开展“不忘合作初心，继续携手前进”主题教育活动，以“不忘创业初心，接力改革伟业”为主题深化非公有制经济人士理想信念教育，不断巩固新时代统一战线团结奋斗的思想政治基础。通过宣传、研讨等方式，在广大民族宗教界人士中深入学习宣传全国民族工作会议精神、全国宗教工作会议精神和党的十九届六中全会精神。深入开展“国旗、宪法和法律法规、社会主义核心价值观、中华优秀传统文化”进宗教活动场所活动。认真贯彻全国工商联《关于组织开展以党史为重点的“四史”宣传教育深化民营经济人士理想信念教育的通知》精神，开展建党100周年的系列活动；组织非公经济人士代表到北碚中共中央西南局历史陈列馆、西部科学院旧址陈列馆、卢作孚纪念馆参观学习。在新的社会阶层人士中深入开展坚持和发展中国特色社会主义主题教育活动，引导统一战线成员坚持跟党走的政治信念，巩固中国特色社会主义共同思想政治基础。采取联谊交友、思想交流等方式，准确把握党外人士思想动态，有针对性地加强思想政治工作，把党外各方面人士紧紧团结在党的周围，最大限度地凝聚正能量。

（邓常君 供稿）

【政治协商与多党合作】 扎实推进政党协商和议政建言。按照《关于加强政党协商的实施办法》，制定政党协商计划。全年区委共组织开展政党协商座谈会5次，收集意见建议34条，完善反馈办理机制，推动意见转化。开展“优化营商环境，服务民营经济发展”“铜梁区职业教育工作发展情况”“机构改革后我区森林防火现状及对策”“‘土地托管’模式问题研究”等课题调研19个，形成调研报告14篇，为推动全区经济社会发展提供重要参考。

支持各民主党派、无党派人士开展考察调研、参政议政、实施民主监督和加强自身建设。积极协调区财政为民主党派、无党派落实专项工作经费，为其开展工作提供资金保障。注重民主党派成员发展质量，严把考察审查关。加强党派成员的个性化培养，推荐100余名民主党派和无党派成员参加市委统战部和民主党派市委组织的各类培训班。实施民主党派结对帮扶贫困村行动，从产业、医疗、就业、技术、资金等方面帮助群众脱贫致富，支持各民主党派广泛开展关爱留守儿童、“心系群众、关爱健康”等社会服务活动。2021年，民盟总支荣获全市社会服务先进组织称号，民进总支荣获全市新闻宣传工作先进单位和思想政治工作先进单位称号，农工党工委荣获全市宣传思想、社情民意、组织工作、理论研究优秀单位称号，多名党派成员获党派中央、市委会先进表彰。铜梁民盟成功举办“守护天使工程”数字医疗5G（重庆）捐助仪式，民盟中央副主席龙庄伟来铜出席并高度赞扬。

提升多党合作效能，支持党派加强自身建设。完成农工党铜梁工委换届工作。鼓励各民主党派、工商联和无党派人士积极参政议政、建言献策，党外人士建言被中央《零讯》采用1篇，市委统战部采用8篇。帮助民主党派结合自身优势和特点，建设白羊、华兴实验学校、岚峰小学、铜梁巴川中学等履职实践基地4个，把实践基地建设成为党派开展“不忘合作初心，继续携手前进”专题活动的思想教育基地、中青年骨干人才培养的实践锻炼基地、开展调查研究和助推发展成果展示基地、贯彻落实统一战线方针政策的示范基地，有效凝聚力量、激发统战活力。

【无党派人士工作】　加大教育培训力度。在重庆大学举办铜梁区党外代表人士专题培训班1期，组织党外代表人士参加市委统战部或民主党派市委举办的各类调训、培训。在区委党校开展的党的十九大精神专题培训班、处（科）级干部培训班等主体培训班上开设了统战理论政策知识课程，在铜梁中学、铜梁巴川中学和金龙小学等中小学校开展统战知识教学工作试点，利用《铜梁日报》、铜梁App等宣传平台加强统一战线理论政策知识宣传。将统一战线教育培训纳入全区总体计划进行安排，所需经费全额纳入财政预算。

加强政治和实职安排。一是抓好政治安排。本届区人大代表实有305名，其中党外人大代表109名，占36.2%，35名人大常委会成员中，党外常委11名，占31.4%。本届区政协委员实有286名，党外委员174名，占总数的60.8%；49名政协常委中，党外常委33名，占67.3%。二是做好实职安排。全区年末有党外领导干部52名，其中，党外市管领导干部6名（区人大常委会副主任1名、区政府副区长1名、区政协副主席4名），区管领导干部46名（其中区管正职5名）。29个政府工作部门中，14个区政府工作部门配备党外干部14名；全区28个镇街中，有13个镇街共配备14名党外干部。通过政治安排和实职安排，进一步为党外人士施展才华、实现抱负、服务社会提供政治平台和空间，为铜梁经济社会发展凝聚智慧和力量。

开展党外人才队伍强基行动。注重从国家机关、国有企事业单位、人民团体、非公有制经济人士以及新的社会阶层人士、归国留学人员等领域发现党外代表人士。配合区委组织部建立了40名党外后备干部名单，每年选派1名部门党外副职领导干部参加市委统战部组织的挂职实践锻炼。在镇街、部门班子成员、中层干部和新进公务员中发现培养党外年轻人才，建立统一的党外年轻优秀干部库。其中：区三大班子后备人选4名，“80后”“90后”党外年轻优秀干部各5名。配合民主党派按照正职1:2、副职1:1的比例，建立领导班子后备干部队伍名单。建立无党派、工商联、民族、宗教、侨台代表人士后备队伍名单，实行动态管理。经过物色、调整，已在库的党外代表人士有670名。

（唐琪 供稿）

【经济统战工作】 经济服务。提出提案议案80件，社情民意100余条。组织参与全区统一战线“学党史、讲《条例》、增合力、促发展”大走访大谈心活动，走访民营企业120余家，收集问题80余条，促进了问题有效解决。推动企业融入成渝地区双城经济圈建设，与四川省遂宁市工商联签订《加快融入成渝地区双城经济圈建设、推动经济高质量发展的合作协议》。聘请重庆巴岳律师事务所为基层商会、会员企业提供法律法规解读、合同拟定、纠纷调解等法律服务。组织开展“在外铜梁籍民企铜梁行”活动，引导在外发展的铜梁籍企业家、各地知名民营企业来铜投资兴业，全年捕捉项目信息120条。

社会建设。引导民营企业投身“万企兴万村”，组织女企业家商会到石鱼镇盐田村开展“助力乡村振兴 共创美好未来”调研活动；组织商会会员与市农科院、区科技局、区农业农村委和高楼、小林、少云、大庙等镇农业干部，考察调研高粱种植和产业发展，助力农村集体经济发展。扎实推进“我为群众办实事”活动，组织民营经济人士到旧县、庆隆等镇街购买受新冠肺炎疫情影响而滞销的辣椒、南瓜、梨、鸡鸭等农产品；组织巴岳建司、涪柴动力等民营企业及汽摩商会、女企业家商会、批发零售商会、食品商会等捐赠物品、现金100万余元，支持河南抗洪救灾。

（张英 供稿）

【民族宗教工作】 坚持思想政治引领，夯实民宗工作基础。在广大民族宗教界人士中宣传全国民族工作会议精神、全国宗教工作会议精神和党的十九届六中全会精神。开展“国旗、宪法和法律法规、社会主义核心价值观、中华优秀传统文化”进宗教活动场所活动，向宗教活动场所发放200面国旗、70余套书籍、50余张宣传海报，指导宗教活动场所设立读书角。引导宗教团体分别到北京党史博物馆、八一南昌起义纪念馆、聂荣臻纪念馆、邱少云故居等市内外革命教育基地开展党史学习教育和“爱党爱国爱社会主义”教育活动，增强“感党恩、听党话、跟党走”的自觉性。做好民族宗教政策培训调训工作，将民族宗教政策纳入区委统战部“统战干部培训班”和“党外代表人士培训班”教学内容。开展民族宗教领域2个调研课题研究，全面贯彻党的民族宗教政策。指导区道教协会顺利完成换届，做好民族宗教领域信访稳定和网络舆情工作，共解决相关矛盾纠纷18件次，办理网络舆情4件次，确保民族宗教领域不偏向、不出事。

帮助少数民族群众铺好脱贫致富路。结合全区脱贫攻坚行动，多渠道筹集整合资金40多万元，其中市级少数民族发展项目资金30万元，实施平滩镇惠风村等公路建设项目，进一步改善散居少数民族生产生活条件。做好来铜经商少数民族管理服务工作，引导其自觉遵守铜梁城市管理相关规定和创卫工作要求，依法经营、合法经营；建立来铜少数民族流动摊贩信息台账，对来铜少数民族流动摊贩经商的人员、位置、暂住地进行建档管理；发挥少数民族维权服务点的作用，帮助少数民族群众解决实际困难，协调务工经商人员哈亲云子女就近入学等问题。

开展第十一个民族团结进步宣传周活动。在城市核心区集中开展第十一个民族团结进步宣传周少数民族歌舞节目会演，对部分少数民族学生进行现场慰问，发放宣传资料5000余份。同时各镇街通过发放传单、广场宣传、专栏宣传、开展座谈会和专题讲座等多种形式，加强党的民族政策、民族知识、民族理论等的宣传。

加强在铜高校新疆籍大学师生教育引导工作。多次到高校检查民族政策和安全措施落实情况，加强思想政治引领，指导高校按要求配齐指导教师和维语专职辅导员，尊重民族习惯，增设学生清真食品窗口，组成由辅导员、二级学院、保卫处、内派教师、学生处建立起保障少数民族学生“学习、管理、生活、服务”的整套工作方案，为新疆籍大学新生提供良好的学习生活环境；多次到传媒学院、艺术工程学院和对外商贸学院开展新疆籍少数民族高校师生核酸检测工作，要求新疆籍少数民族高校师生切实提高政治站位，统筹推进疫情防控。

【依法依规管理宗教】 加强开放宗教场所规范管理。一是制定《宗教团体财务管理制度》和进一步修改完善《宗教活动场所管理制度》，制作成制度牌并上墙，实行民主管理；要求每个开放宗教活动场所必须聘请有会计证的会计做账，定期上报区委统战部（区民族宗教委）财务报表，加强财务监管力度。二是开展全区宗教基础信息调研工作，进一步摸清全区宗教工作的基本情况；配合由区人大开展《重庆市宗教事务条例》执法检查工作和区政协对武庙、巴岳寺等开放宗教活动场所进行视察调研。三是加强对开放宗教活动场所意识形态管控力度，举办大型宗教活动或接待外来宗教人士讲经授课必须上报区委统战部（区民族宗教委）同意后方可实施，并严禁教职人员到高校传教和接纳学生参加宗教活动。

帮助宗教场所和教职人员解决实际困难。切实解决区宗教教职人员的基本生活问题，全年共发放宗教教职人员生活补助20万元。妥善解决宗教教职人员的社保问题，年底前已发放宗教教职人员社保和医保补助以及未参保人员慰问金21.3万元。全年争取到市级排危资金40万元和区级排危资金68万元，对永嘉天主堂、武庙、城隍庙、燃灯寺等进行排危修缮。

推动宗教领域网格化管理。创新工作措施，将宗教场所、宗教活动纳入社会治理网格管理，全区333个村（社区）共明确网格员1209人，对所在区域宗教事务按照开放场所、高校、农村、社区等有侧重地进行动态监测管理。对4个爱国宗教团体和43个开放宗教活动场所等重点网格，分别委派一名机关党员干部担任指导员。对宗教团体和教职人员开展抵御渗透法规培训，团结引导广大宗教群众自觉抵御渗透，引导支持宗教界参与教育转化和警示教育工作，构建起主体在区、延伸到镇街、落实到村（社区）、规范到点的工作网络。

建立长效机制持续整治非法宗教活动。制定《铜梁区进一步核查整治非法小庙实施方案》，对召开核查整治非法宗教小庙工作会议进行专题安排布置，采取“四个一批、一个全面”的方式进行整治，即“拆并转”一批、回归文保一批、拟合法化一批、关停隔离一批、对以前已经“拆并转”的全面核查清理。同时建立持续整治的长效机制。

（冉万伟　供稿）

【港澳台工作】 开展形式多样的活动，增强同胞心灵契合力度。一是采取微宣讲、座谈会、走访等形式，向区内台胞台属宣讲习近平总书记系列重要讲话精神、党的十九届六中全会精神、惠台政策。二是利用中秋、端午、重阳、春节、元宵等传统节日开展丰富多彩的民俗活动，密切同胞情谊。三是热心公益事业，帮扶贫困学生，积极引导台胞台属融入铜梁经济社会发展。年内春节、儿童节期间自筹资金15000元，和台商台胞台属一起，慰问贫困户和留守儿童30人，进一步密切了与台商台胞的感情。四是做好服务台胞台属工作。处理涉及台胞切身利益的问题5个，积极帮助台胞解决就读重庆巴中、中考加分、处理交通事故、办理银行卡等事宜。

做好服务在铜台胞台商台企工作。一是开展“学党史、讲《条例》、增合力、促发展大走访大谈心”活动，全区台企走访全覆盖，全面了解台企生产经营情况和台商台干思想动态，帮助解决实际问题。协调区财政资金1千万元，解决“博悦·悦城”房地产项目土地滞纳金遗留问题。二是做好在铜台胞新冠疫苗接种服务工作，引导台胞自愿有序接种。三是针对企业生产经营中的难题，邀请区内相关专业人士，为台企把脉问诊，量身建言献策，共收集整理反映问题5个，现场提出有效解决措施3条，宣传解释问题2个。

做好对台文化交流工作。一是充分发挥互联网作用，加强利用微信群网上交流。二是整合区内对台文化交流资源。深入挖掘渝台深厚资源优势，汇总铜梁天后宫、城隍庙、武庙等7个印证与台胞同根同源、同文同种的文化景点，整理出宗教文化、抗战文化、妈祖文化、龙文化等6条对台交流路线，创造性建立5个区级对台交流基地。三是2021年春节期间，在安居古镇开展“两岸同心、龙耀中华”之线上拜年活动，与台湾同胞线上互致祝福。中秋节，铜梁安居古城与台湾彰化鹿港古镇举行“渝台古镇中秋画团圆”活动，两地以视频连线方式庆祝中华民族传统佳节中秋节，现场开展诗词弹唱、皮雕技艺等互动。四是开展区内台胞台属联谊活动。在春节、中秋、端午等传统佳节，定期开展座谈、走访、参观活动，每季度举行市台商协会铜梁联谊组会议。

缔结友好，促进对台服务工作。铜梁、邛崃两地组织台商台胞开展走访交流活动，在文化、经济等领域开展广泛合作。7月，区台联与泉州市台联结为友好，学习借鉴泉州市台联好的工作经验和方式方法，推动铜梁区对台服务再上新台阶。

（邓常君 供稿）

【侨务工作】 宣传党的侨务方针政策。发动归侨侨眷、海外侨胞、涉侨工作者安装使用“侨宝”App，了解侨界最新工作动态和相关信息。宣传“三侨生”“归侨回国定居”等3个涉侨事项可在网上办理，方便侨胞侨眷办证办事。组织侨界群众开展和参与中国共产党成立100周年系列庆祝活动。

加强海外联谊工作。做好海外铜梁籍华侨、海外留学生的疫情防控工作，及时发布防疫信息，邮寄防护用品。加强“侨胞之家”阵地建设，在端午、元旦等传统节日组织侨眷开展活动。加强与铜梁籍海外华人华侨的联系，组织参加第二十一届世界华人学生作文大赛。

开展侨界助力脱贫攻坚。帮扶困难归侨侨眷。逐一走访，收集情况，在信息、销路、资金、技术等方面提供支持，开展困难归侨侨眷慰问工作。组织侨界人士到侣俸、南城等镇街慰问“五保”老人、留守儿童等。

引领侨资侨智融入成渝地区双城经济圈建设。整合区内力量，广泛收集信息，为华人华侨回国发展牵线搭桥。定期开展学习调研活动，融入成渝地区双城经济圈建设，落实与广安市侨联资源共享、交流合作。

（邓常君 供稿）

【党外知识分子联谊会工作】 全区有会员96名，2021年6月25日换届选举产生了新一届知联会领导班子，其中会长1名，副会长（含常务副会长）6名，秘书长1名，理事21名。会长班子成员中，女性3名，男性5名。大专以上学历8名，其中大专学历1名，大学学历5名，研究生学历2名。

建立统筹协调机制。建立统战部统筹协调，科委、教委、卫建委、文化委、高新区等部门各负其责的党外知识分子教育、培养工作机制。在全区开展党外知识分子情况摸底调查，新收集党外知识分子人才库50余人，发展知联会会员14人，积极推荐和组织党外知识分子参加市、区调训和轮训30余人次。提拔1名无党派干部任职，推荐6名党外知识分子到广州市黄埔区民营经济和事业服务局挂职锻炼和区招商小组挂职锻炼。安排20余名党外知识分子担任市区两级人大代表、政协委员，为党外知识分子参政议政搭建平台。

畅通联络联谊渠道。建立《铜梁区部分党员区领导干部联系党外代表人士制度》和《铜梁区部分党员区领导干部联系新的社会阶层人士制度》，将党外知识分子纳入党员区领导干部联系对象。畅通建言献策渠道，组织党外知识分子围绕区委十五届五次全会、《政府工作报告》、"棚户区改造工作"等参与专题协商会议4次。

开展社会服务活动。组织会员深入镇街围绕乡村振兴、农村电商发展等开展调查研究，形成调研报告5篇。引导发挥专业优势支持新专联配合区财政单位举办会计人员培训班、工程项目管理和村级财务管理培训班。组织律师会员参与区司法局组织的基层开展法律咨询活动和参与区领导信访接待等工作，发放宣传资料6000余份。推荐4名会员担任重庆市采购评审专家，参与项目投资评审等工作，服务地方经济建设。引导新专联和知联会会员，参与脱贫攻坚工作。为铜梁巴川中学赠送价值5000元的学生用具和生活用品，走访慰问侣俸镇建卡贫困户，赠送价值8000元的生活用品和药品。组织知联会中的医疗专家送诊上门。区"两会"期间，引导无党派人士中的人大代表、政协委员议政建言，提出建议60余条。

加强知联会建设。加强对知联会工作指导，建立完善会员发展、管理、学习、调研等制度，加强与知联会工作开展充分沟通协商，增强工作协同性。积极协调区财政局，为区知联会解决工作经费20万元，为其视察调研、民主监督和社会服务工作提供经费保障。

（唐琪 供稿）

机构编制

【机构职能调整】 将在重庆市铜梁区农业与农村委员会挂牌的重庆市铜梁区扶贫开发办公室更名为重庆市铜梁区乡村振兴局，主要负责巩固拓展脱贫攻坚成果、统筹推进实施乡村振兴战略有关具体工作。整合危险化学品、烟花爆竹、矿山、工贸等行业领域安全生产监管，以及地质灾害、水旱灾害、森林火灾等有关应急抢险和灾害救助、防震减灾等方面的行政处罚、行政强制职能，将重庆市铜梁区应急管理行政执法支队更名为重庆市铜梁区应急管理综合行政执法支队，机构规格为副处级。全面清理规范开发区管理机构，更名规范设置开发区（园区）管理机构和其他派出机构5个。明确淮远新区管理委员会主要职责，精简设置内设机构。将区级各部门承担的行政复议事项划转至重庆市铜梁区司法局统一办理，将重庆市铜梁区司法局行政复议应诉科分设为行政复议科和行政应诉科。在重庆市铜梁区文化旅游委加挂重庆市铜梁区文物局牌子，在重庆市铜梁区文化旅游委公共服务科加挂文物保护管理科牌子，进一步强化文物保护管理职责。在重庆市铜梁区救助管理站加挂重庆市铜梁区未成年人救助保护中心牌子，进一步强化未成年人救助保护相关工作职责。设立重庆市铜梁区淮远新区开发建设服务中心，为淮远新区的建设管理提供服务保障。将重庆市铜梁区城市管理综合行政执法支队履行的“铜梁城区建设用地范围内的城市违法建筑执法职责”调整为“承担本行政区规划城镇建设用地范围内未进入规范审批程序的城市违法建设执法职责”。

【领导职数调整】 在区委办增核区委保密委员会专职副主任1名。在区委巡察组设正处级巡察专员6名、副处级巡察专员6名。在区教委核定总督学1名、副总督学1名。增加区科技局、交通局、统计局领导职数各1名。增加区司法局科级领导职数1名。将高新区(工业园区)党工委、管委会领导职数调整为设党工委书记1名(由管委会主任兼任)、副书记1名,管委会主任1名(由区级领导兼任)、副主任3名(其中1名主持日常工作,正处级);将淮远新区党工委、管委会,龙城天街商圈党工委、管委会,农业科技园区党工委、管委会,安居古城景区党工委、管委会领导职数调整为设党工委书记1名(兼职),管委会主任1名、副主任1名。

【人员编制调整】 核减区公安局森林公安政法专项编制1名,增加区林业局行政编制1名。调减旧县小学等15所小学编制30名、调增巴川小学等5所小学编制30名,调减安居镇中心幼儿园等4所幼儿园编制8名,调增第三实验幼儿园等5所幼儿园编制8名。

【事业单位登记和党政群机关统一社会信用代码管理】 全区513个事业单位法人年度报告应公示尽公示,“双随机一公开”抽查全覆盖、常态化,全区抽查153个、实地核查16个事业单位法人公示信息,办理事业单位法人登记事项88项,办理党政群机关统一社会信用代码登记事项34项。

(罗夏 供稿)

巡察工作

【深化政治巡察】 2021年先后开展第十三轮常规巡察、第十四轮常规巡察、第十五轮村(社区)巡察“回头看”,完成对31个区管党组织、53个村(社区)党组织常规巡察,对3个镇20个村(社区)党组织巡察“回头看”,累计发现问题897个,移交问题线索21件。如期实现届期内对105个区管党组织、333个村(社区)党组织的巡察全覆盖目标。区委巡察工作领导小组严格审核把关年度计划、巡察方案,听取审议巡察报告38个,向区委常委会汇报工作5次,常态化抓实理论学习、干部监督管理、业务指导督导等工作。

【联动巡察与成果运用】 选派4名巡察干部参加市委巡视,8名纪检监察、巡察等方面干部赴潼南开展涉粮问题专项巡察;完成“建立健全巡察监督与其他监督贯通融合”“深化对村社区政治巡察,促进基层党组织建设和基层治理”两个专题调研。严格执行“双反馈”“双通报”“双公开”、整改成效综合评估等机制,形成“意见反馈、督促落实、整改评估”工作闭环。领导小组成员、区级分管领导坚持全覆盖参加巡察反馈会议,区纪委监委、区委组织部、区委巡察办严格落实“三方联动”督查整改机制,督促日常整改,2021年,对25个单位开展整改成效综合评估,发现并解决问题18个,推动改彻底改到位。对巡察发现的普遍性、倾向性问题,移交主管部门23件次,提出工作建议21条,推动实施专项治理13项,出台制度16项。根据巡察通报情况,取消村(社区)“两委”候选人资格56人,调整村(社区)干部38人。

(唐冰楠 供稿)

网信工作

【网络宣传引导】 做好习近平新时代中国特色社会主义思想网上宣传,组织开设专题专栏17个,在中央、市级媒体发布稿件4200条次,中央媒体刊发铜梁重要新闻91条次。主动承办

"第二届'追寻先烈足迹'""当好'桥头堡'构建增长极"等系列网络主题活动。积极策划制作新媒体作品，累计创作浏览量100万+优秀新媒体作品18件，其中抖音视频《警察蜀黍提醒：结婚、经商一定要查的三个网站！》浏览量1000万+。建成600余人的网评队伍和海外网评工作队伍，强化评论互动区管控，适时适度开展舆论引导，完成舆论引导任务148次，累计跟帖评论6124条、转发6503条。积极培育属地网络名人，扎实推进互联网协会党建工作，筹备组建互联网行业工会，全面加强对网络社会组织的监管和互联网行业自律，引导互联网企业积极参与网络综合治理。

【网络舆情管控】 进一步健全应急值守、风险研判、信息共享、部门联动等舆情工作机制，充分发挥舆情月分析联席会议机制作用，严格落实24小时值班和网络舆情交办制度，坚持依法办理、舆论引导、社会面管控"三同步"原则，成功应对处置系列突发敏感舆情，全年未发生重大网络舆情事件。利用态势感知、监测预警、舆情处置等系统，全面加强对微博、微信、论坛、贴吧、抖音等平台及其评论互动区的监测巡查，及时发现处置各类有害信息。在重要敏感节点、重大活动期间，启动互联网应急响应10次，在"金山毒霸"新闻推送侮辱邱少云事件中主动发声，坚决维护英雄形象。编写《铜梁舆情》263期、《舆情监测动态》356期、《月度分析》12期、《舆情专报》12期，为领导决策提供全方位参考。

【网络安全防护】 对全区重点网站实施在线监测，实现网络安全事故"零通报"。加强属地网媒管理，落实网站安全主体责任，建立部门间联动执法工作机制，积极开展网络信息内容生态治理，持续开展专项整治行动30个。组织开展关键信息基础设施检查和互联网新技术新应用安全评估，全力做好全区网络安全重点风险问题整改和建党100周年等重要节点期间的网络安全保障工作。开展网信法治宣传教育，举办网络安全宣传周活动，开展网络安全知识培训和网络安全应急演练，全年未发生重大网络安全事件。

【信息化协调发展】 推进"智能中枢"建设项目前期工作，打造智慧城市典型应用。大力实施智能社会治理。推进智能化应用，建成投用重庆工业互联网赋能中心，推动企业"上云、用数、赋智"，引导企业建立数字化车间、智能工厂，实施"上云上平台"。有序推进数字乡村工作，建立区块链发展管理、IPv6规模应用和部署统筹协调机制，高标准完成铜梁区网络安全和信息化"十四五"规划。

（邹佳欣 供稿）

督查工作

【提高政治站位】 坚定政治方向，强化督查工作政治属性，加大督查督办力度，常态化开展"回头看"，确保总书记殷殷嘱托在铜梁落地生根。紧盯决策部署落实，坚持中央、市委和区委决策部署到哪里，督查推动就跟进到哪里。围绕统筹抓好疫情防控和经济社会发展，聚焦贯彻落实贯彻党的十九届四中、五中全会精神和市委全会精神以及区委全会精神，狠抓全面融入成渝地区双城经济圈建设、三大攻坚战、八项行动计划等重点工作任务督查，项目化、清单化、具体化推动贯彻落实，确保中央、市委和区委决策部署落地见效。强化巡视整改督查，把中央生态环境保护督察反馈问题、中央脱贫攻坚专项巡视反馈意见、市委巡视反馈意见等整改落实作为检验对党忠诚的重要标尺，健全管理台账，加强跟踪督办，定期调度核实，适时抽查复核，对督查发现的问题督促有关单位完善措施、限期整改，并举一反三，加大自查自纠力度，以“钉钉子”精神推动整改任务清仓见底。扎实抓好基层减负工作，建立以“四大办”主任联席会为平台的整治形式主义为基层减负工作专项机制，定期检点、定期研判、定期调度，常态化预警提醒，加大监督检查力度，推动减负工作走深走实，切实把基层干部从繁文缛节、文山会海、迎来送往中解脱出来，让其有更多时间和精力抓落实。

【突出重点】 重点工作、重点项目督查督办。围绕区委重要会议、重要活动，扎实开展乡村振兴、城市提升等重点项目督查，建立健全督查台账，定期分析研判，适时调整督查重点，严格按照区委工作要求和明确的时间节点，全程跟踪督查督办，完成一件、销号一件。清单化重点任务督查督办。持续推行督查任务清单化管理，围绕交办事项、重要会议议定事项，明确各重点任务牵头管理部门，落实工作要求，坚持定期汇总盘点、定期调度核实，动态管理清单任务，强化过程管理，严格打表推进，推动部门、镇街把任务清单转化为“作业单”，年底晒出“成绩单”，完成年度目标任务。常委会会议议定事项、领导批示交办事项督查督办。认真督办区委常委会会议议定事项、区委专题会议议定事项、区委领导批示交办事项，及时分解立项并发出工作清单，明确牵头领导、牵头单位、责任单位和办理时限，建立工作台账，实行日报、半月报、月报、季度报等报告机制，重点采用实地暗访、书面督查发现问题再督办等不打扰基层正常工作、不增加基层负担的方式，分阶段、有重点，全方位、多角度开展跟踪督促。

【跟踪问效】 强化统筹规范。严格落实统筹协调、年度计划、审批报备制度，严控督查检查考核频次，全年全区性督查检查考核19项，按照减负要求，做到了“只减不增”。建立常态化沟通联系、定期汇总研判机制，区委督查办、区政府督查办、区委执行力建设办公室、区重点项目管理办公室和“六张清单”牵头单位协作配合，及时互通情况、定期汇总梳理、集中分析研判，适时联合督查，合力推动工作落实，切实避免了重复督查、多头督查、扎堆督查。

强化督考结合 坚持重点考、考重点，围绕考核重点为77个部门、28个镇街量身定制“一户一表”考核内容，明晰权责，不搞“一刀切”“一锅煮”，突出日常管理、过程考核，加强常态化了解，运用红黄绿“三色”管理强化过程督考，实行考核结果与年终绩效考核、干部选用“双挂钩”，筑牢责任体系，确保既约束上级也约束下级。

强化过程管控 建立重大项目投资、重点项目前期工作等联席会议制度，区级领导坚持定期研判调度；建立重点项目“日研判、周调度、月盘点、年总结”机制，督促区级部门合力协调推进。建立重点项目和重点工作微信群，各部门、各镇街适时在群里亮进度、报问题，区领导当场做点评、提要求，跟进听取反映、跟进抓好落实、跟进指导纠偏，区委督查办、区政府督查办及督查责任部门“四不两直”循环核查落实情况，确保问题及时解决、工作正常推进。

强化结果运用 充分发挥考核“指挥棒”的作用，抓好日常督查结果的运用，加强重点项目常态化“回头看”，坚持既督任务、督进度、督成效，又查认识、查责任、查作风，对进度较慢、问题久拖不决的，及时制发督查提示单、提示函，充分运用督查通报、“三色”督办催办等负向激励手段。年内共发出督办单、催办单18份，有效激发全区干部积极担当作为，推动中央、市委决策部署和区委重要工作落地见效。

（罗吉中 供稿）

老干部工作

【概况】 2021年底：有健在离休干部12人，区

（县）级退休干部47人，纳入区委老干局备案管理处级退休干部254人，健在建国初期参加革命工作退休干部44人，健在离休干部遗孀40人。区老年大学现有学员720余人，开设有书法、绘画、摄影等14个专业，26个专业班，主学和兼学累计1569人次。学校有以艺体专业为主体的艺术团，下设舞蹈队、声乐队、拳剑队、民乐队。

【政治思想建设】　年内组织召开老干部党史学习教育专题学习会，开展党史学习“三结合”教育活动，举行离退休老同志党史学习教育宣讲会，组织老同志进行“对党说句心里话”的微视频录制等活动，进一步增强离退休党员的党性意识、身份意识、责任意识，提升离退休干部群体的向心力。

【齐抓共管老干部生活】　担当尽责，不断提高老干部工作质量水平，切实把中央、市委和区委对老干部的关怀和温暖落到实处，全年区委领导分别多次看望慰问周举之、张国芬、赵正隆等老干部。在元旦、春节、重阳等均按时足额把书报费、慰问金发到了全区离退休干部的账上。年内组织离退休老同志在老干部活动中心两次集中接种新冠肺炎疫苗，开展关爱老同志眼健康的公益讲座。

【老干部调研考察文艺活动】　年内组织全区市管退休干部参观考察铜梁区城市规划展览馆、市域快线璧铜线、玉皇村，城市提升、乡村振兴、工业振兴等重点项目，开展送医疗送科技送法律服务活动，举行区离退休干部庆祝中国共产党建党100周年文艺会演和书画摄影展等活动。

（李燕　供稿）

党校工作

【概况】　2021年党校工作纳入区委、区政府整体工作部署，制定了《贯彻落实〈加强党员教育管理工作重点措施〉的工作清单》《2021年全区党员教育培训重点工作》和《2021年区级党员教育培训班次计划》。投入390万元对党校办学设施进行排危提质改造。领导干部上讲台形成常态，全年先后有6位领导来党校讲课、与学员座谈。

【干部培训】　全年举办各类培训班42期，累计培训学员7200余人次，其中：举办主体班次6期培训243人次，包括处干班2期、科干班2期、公务员初任培训2期；举办专题班次5期培训971人次，包括十九届五中全会（3期）、政法系统（1期）、应急管理（1期）；举办其他班次31期培训6098人次，包括党员发展对象培训3期、村（社区）主任培训1期、村“两委”成员培训1期、基层党组织书记（6期）；重庆学习论坛7期以及其他各类专业能力素质提升班13期。协助部门办理各类专业培训班，如法院、政法委、商务委、信访办等30余期，培训3900余人次。

【科研资政】　坚持课题研究集体攻关，由班子成员带队成立重大课题小组，对全年科研工作订出调研计划、提出总体设想和常规性安排，强调团队作用，发挥集体智慧，增加资政成果。年内党校教师获得全市党校系统第五协作片区2021年“新发展阶段、新发展理念、新发展格局”理论研讨会一等奖1名、三等奖2名；获重庆市委统战部理论政策研究创新奖；获四川省自贡市法学会“川南渝西优化营商环境法治论坛”理论研讨会优秀奖2名；立项重庆市委党校、四川省委党校专项课题2项，结项重点课题2项、一般课题2项；结项重庆市委党校年度教学改革项目1项；结项重庆市社会主义学院一般课题3项；结项铜梁区社会科学规划重点项目1项、一般课题5项，立项重点课题4项、一般课题1项，立项铜梁区社会科学普及活动项目1项；公开发表理论文章核心期刊1篇、普通期刊7篇；8篇资政文章获得区四大班子领导肯定性批示。

【开放办学】 2021年区委党校与川渝毗邻地区的8所区(市、县)委党校共同签订合作框架协议,成立川渝毗邻地区党校校际联盟,在科研课题共研、资政报告共鉴、优秀师资互派、培训班次共办、教学基地共享、办学经验共学等加强合作交流。年内承办外接班次33期培训1633人次,包括阿勒泰地区乡村振兴专题培训班(3期)、遂宁市委党校村支部书记培训班、武胜县新提任科级领导干部培训班武胜县中青年干部培训班暨全县优秀选调生能力素质提升培训班以及北碚区水土街道机关干部、大足区2021年村党组织书记(主任)培训班等。同时,积极"走出去"学习,拓宽培训"广度",坚持短期异地办班和现场教学相结合,组织主体班学员前往成都、遂宁、武胜、涪陵等地开展现场教学。

【教学特色】 聚焦理论教育,提升干部学习能力。坚持理论教育主课地位。设置理论教育专题,开设"习近平新时代中国特色社会主义思想研究"等20余个专题,确保党的理论教育和党性教育课程的比重不低于总课时的70%。坚持理论师资主力地位。组织全校教师分专题分领域开展理论攻关、教学研究、集体备课,年内推出"学深悟透践行伟大建党精神""中国共产党的百年逐梦之路与经验启示"等10余门新课。坚持理论研讨主要环节。组织主体班学员围绕学习习近平总书记视察重庆重要讲话精神、习近平总书记在中央党校中青年干部培训班开班仪式上的重要讲话精神开展学习研讨,通过理论解读、分组讨论、课程融入等方式,切实学深悟透、把握精髓。同时,组织学员自主研读《习近平谈治国理政》第三卷,结合读书活动、专题研讨等教学活动,通过边学边讲边练,激发学员学习主动性,提升学习能力。

聚焦党性教育,提升干部政治能力。树牢干部政治观。成立主体班临时党支部,扎实开展组织生活会、主题党日等活动;举办马克思主义经典著作读书分享交流会,在学经典讲经典中引导干部树立正确的政治观。把牢干部信念关。将党史学习教育作为贯穿干部教育全年的重点任务,把"四史"教育作为党性教育基础课和干部学习必修课;将党章党规作为必学必考内容;组织学员到邓小平故居、武胜红色文化园、红岩联线等地开展党性教育现场教学,通过传统教育进一步锤炼干部的政治品格。

聚焦实践锻炼,提升干部调查研究能力。把课堂搬到基层一线。以基层生动实践为课堂,组织主体班学员到脱贫攻坚、招商引资、大通道建设等基层一线实地调研,深入社区、乡村、园区、企业、项目现场观摩,实地考察调研,广泛收集重点热点难点问题,提出对策建议,帮助基层、企业和群众解决实际困难。把干部放到基层一线。把急难险重、"吃劲"任务作为培养历练干部的"试金石"。在培训班次中以小组为单位开展实岗锻炼,让学员到乡村振兴、招商引资、重点项目、巡视巡察、信访维稳等重点岗位锻炼,着力解决年轻干部能力不够、本领不足、经验不丰的问题。

聚焦专业训练,提升干部落实能力。聚焦市委重大决策部署和区委工作要求,以"四炼(练)"专题培训为载体,将成渝双城经济圈、科学决策能力等纳入培训课程,不断提升干部队伍"围绕中心、服务大局"的能力。突出问题导向。把解决问题和提升领导干部抓落实能力作为专业训练的出发点和落脚点,围绕中心工作,结合训前问卷调查,梳理干部在服务铜梁经济社会发展中急需提升的能力清单,在培训教育中有的放矢,开设专题讲座,着力补齐行业系统干部能力短板,提升其解决全区重点难点问题的能力。

(薛元霜 供稿)

关心下一代工作

【概况】 2021年铜梁区关工委荣获中国《中国火炬》杂志社“全国关心下一代宣传工作标兵单位”，重庆市关心下一代工作委员会、重庆市精神文明建设委员会办公室、重庆市人社局“全市关心下一代工作先进集体”称号。重庆电视台、铜梁电视台、《铜梁报》等新闻媒体对铜梁区关工委和名誉主任周举之的先进事迹做了宣传报道。

【思想道德教育】 组织“五老”到学校、进社区、入企业持续开展“传承红色基因，争做时代新人”活动，宣讲党的十九届五中、六中全会精神，讲四史，激发青少年爱党爱国情怀。全年开展青少年爱国主义教育活动94场次，受教育人次达98080。“七一”前夕，组织20多位区县级退休老同志与巴川小学2000多名师生同台演出。组织关工委文艺宣传团先后到西河、高楼等5个镇和虎峰、金砂等4所学校开展文艺下乡进校活动，歌颂党的丰功伟绩。各镇街、企事业单位关工委组织“五老”配合学校党团组织开展“学党史 强信念 跟党走”党史学习教育。区城市管理局关工委与机关党总支、妇联在全局青年干部中开展“永远跟党走 奋进新征程”庆祝建党100周年征文演讲比赛，激发青年爱党爱国爱家乡爱本职工作的热情。

【青少年教育实践】 年内组织开展征文演讲比赛活动，参与青少年492人。评选出征文一等奖78名、二等奖152名、三等奖157名；演讲一等奖22名、二等奖41名、三等奖42名。铜梁中学等42个单位被评为读书活动先进集体，顾晓勇等35名指导教师和关工委干部被评为读书活动先进个人。推选54篇征文、16名演讲选手参加全市比赛。编印“中华魂”(民族复兴的旗帜)优秀征文、演讲作品文集1500本。区法院关工委与团委在青年民警中开展“巴岳青云· 你讲我说”梦想与青春时光分享会，增强青年民警的使命感和责任感。区关工委与区教委、区文明办、区妇联、区邮政局在全区中小学生中开展第16届“给爸妈的一封信”的书信活动，7万多名中小学生参加，促进家庭教育工作和中华优秀传统文化的传承。区关工委家教指导团与区妇联共同举办“学党史 传家风 育新人”第五个家庭教育日主题活动，邀请获得全国、市、区最美家庭称号的退休教师陈泽高家庭、公安民警李曾家庭、疫情援鄂的贺丹家庭分享家庭、家教、家风的好故事。组织全区10名家庭教育工作者参加市里组织的家校社共育培训学习。开展龙舞、川剧等非遗文化进校园活动，让青少年感受中华优秀传统文化魅力。

【青少年普法教育】 依托区青少年综合实践教育基地，以禁毒宣传馆、模拟法庭、法治文化展示区等为载体，对区内外近10万名青少年进行普法宣传教育。各学校聘配法治副校长，组织开展“青少年法治课堂全覆盖”“开学第一堂法治课”“普法开学季‘莎姐’百校行”“反对校园欺凌 远离校园暴力”等主题法治宣传活动513场次。组织关工委领导、干部参加市法治培训，组织老少书画比赛和“学法小公民”网上法律知识答题活动。配合区委宣传部、市场监管局开展校园周边文化环境集中整治行动，检查经营门店146家，收缴各类非法出版物102(册)张。联合区委政法委召开第四届“关爱明天 普法先行”青少年普法教育暨2020年度青少年“零犯罪”创建活动总结会。对实现青少年“零犯罪”目标的水口、小林、维新、围龙4个镇，265个村(社区)，84所学校予以通报表扬。

【为青少年办好事实事】 一是区关工委用扶贫助困基金先后对99名特困青少年发放救助金15.81万元。为全区12所小学寄宿制学校4351名留守儿童资助工作经费19.5万元。二是协调相关部门，动员社会爱心人士，扶贫助困。年内区关工委、区教委为安溪小学、平滩飞龙小学491名少年儿童赠送文具、书籍等价值3万余元的爱心礼物。区总工会关工委配合党政组织到高楼小学、青符小学等发放爱心助学礼包800份。区团委、青年商会等开展“冬日阳光温暖你我”新春关爱行动，为安溪、新桥等52所农村学校905名学生送去9万余元的爱心礼物。区公安局到特殊学校开展慰问活动，为孩子们送去篮球、羽毛球、益智玩具等爱心礼物。区妇联兼职副主席、重庆竺兰商贸有限公司董事长为永清小学125名少年儿童捐赠校服及羽绒服3次。安居镇关工委动员“五老”募集资金2150元资助波仑小学贫困生10名。平滩镇关工委与退教协自愿筹资5000元资助贫困学生15名。三是关爱青少年身心健康成长。全年区关工委近视防控中心向广大青少年宣传近视防控知识154场次，开展“我是眼科小医生”活动，为2066名青少年做眼病检查。区关工委与区慈善会等开展全区0—14岁先天性心脏病儿童筛查活动，效果较好。四是持续开展正科级以上干部结对帮扶贫困青少年活动。2021年，全区2186名正科级以上干部资助2191名贫困青少年，资助现金及物资（折价）约106.13万元。区关工委争取的中国下一代教育基金会“少年硅谷”“一平米厨房”公益项目顺利实施。中国关工委办公室主任陈江旗等一行到铜梁区调研关工委，对该公益项目实施情况给予充分肯定。

【助力乡村振兴】 各镇街关工委对农村青年创业就业情况做到情况清、底数明，积极联系有关部门，给予信息、技术、项目、政策等方面的支持和帮助。区关工委农业科技辅导团宣传农业科普知识，加强技术指导和培训，培养农村青年科技致富带头人为农村青年提供技术支持，开展宣传培训16场，发放宣传资料2.5万份。7月，区关工委会同区委老干局、团区委、农委等在平滩镇召开铜梁区第16次农村青年科技致富带头人代表会，对102名农村青年科技致富先进代表予以表扬奖励。

【铜梁区关工委成立30周年庆祝活动】 与融媒体中心录制《三十载春华秋实 新征程扬帆起航——铜梁区关工委成立30周年工作巡礼》专题片。集中宣传区关工委成立30周年来，在党的领导下特别是党的十八大以来取得的工作成绩。召开纪念区关工委成立30周年大会，全面总结回顾区关工委30年来特别是党的十八大以来所取得的成就，部署全区今后关心下一代工作。会议还对巴川街道、区委办等98个全区关心下一代工作先进集体，阳家昆、魏金榜等95名全区关心下一代工作先进个人给予通报表扬。

【“五老”队伍建设】 在2021年春节、重阳节等节日，召开老同志座谈会进行节日慰问。定期和不定期地对生病住院的五老同志看望慰问。

（程晓娅 供稿）

史志

【史志编研】 年内编纂完成党史书籍《图说铜梁党史》《口述铜梁党史》，其中《图说铜梁党史》全书9章6万余字，图片300多幅，以时为序对铜梁地方党史进行了全新的梳理；《口述铜梁党史》共收录文章50余篇，约23万字，以口述回忆的方式展现铜梁近百年发展。编纂并公开出版《铜梁年鉴（2021）》，全书约50万字，主要记述2020年铜梁在政治、经济、文化等方面的基本情况和发展进程。完成特色志书《铜梁龙灯志》的初稿整理工作。开展旧志整理工作，年内完成清光绪《铜梁县志》的修复、影印工作，启动市级项目历代优秀方志《铜梁新修县志》（民国）的点校工作。开展“脱贫攻坚口述史”专题征编，从扶贫办、第一书记、脱贫村、脱贫户四个角度以第一人称进行采访编纂，形成4篇口述专题史料。

【史志资料整理】　开展“互联网+地方志”行动，推动史志成果的转化、利用、发展。对中心所藏志书、年鉴、党史、期刊等资料和史志书籍进行整理，形成档案1231卷，同时进行数字化处理，建成数据库，做到数字存史、网上宣传、网上教化、利用。

【史志宣传】　向全区各单位赠阅《铜梁年鉴(2020)》《中国共产党重庆历史大事记铜梁区卷(1922—2006)》共计400册，与市内外方志机构交流县志、年鉴等各类地情书籍约200册；在人民公园举办铜梁党史图片展，展现在党的领导下，铜梁百年奋斗历程及成就；在铜梁网《铜梁史志》栏目上推送铜梁地情信息12期；在《铜梁报》上开设《奋斗百年路 启航新征程》铜梁党史专栏，以连载的方式回顾铜梁基层党组织建立和发展的光辉历程；在结对帮扶的二坪镇中山村建立“铜梁史志阵地”，图文并茂地展示铜梁丰富的地情和铜梁地方党史。

【开展红色教育】　前往区级各部门、镇街讲述铜梁地方党史，宣传革命先烈事迹。参加“寻访红色印记：青山埋忠骨 红色基因永流传”宣传活动，研究整理和介绍1931年中共铜梁县行动委员会组织的土桥工农武装暴动的情况，并于6月下旬赴内江参加川渝两省市联合举办的“纪念百年党史 感恩伟大时代”主题论坛研讨会，以《铜梁土桥武装暴动的前前后后》一文收录于主题论坛论文集。前往虎峰镇西泉烈士陵园介绍1950年在铜梁与剿匪战斗中光荣牺牲的人民解放军团政委曹弋笑、征粮队员卓利彬的故事。在西泉烈士陵园给区政协、虎峰镇的党员干部们上党课，讲述铜梁土匪暴动中铜梁烈士战斗事迹。

【地情服务】　为全区党史学习教育宣传活动审校史实，积极挖掘铜梁党史人物先进典型事例，宣传党史。为《杨虞裳烈士》纪录片的拍摄提供线索、审校史实；为区委宣传部、民政局、融媒体中心等单位提供党史地情资料5万余字；为区农委，相关镇街、企业提供地理标识商标相关查询和编辑指导10余次；为纪委、融媒体、文联等单位审查地情和党史类资料约20万字。为《潼南区政协志》《武胜县革命老区发展史》进行评审。

（张玉洁　供稿）

重庆市铜梁区人民代表大会

【概况】 2021年全年召开人民代表大会3次，常委会4次，主任会13次，依法开展工作监督、法律监督，依法人事任免等，持续巩固风清气正的政治生态。年初实有重庆市铜梁区第十七届人民代表大会代表271名，截至2021年底换届选举时实有代表265名，区第十七届人大常委会组成人员34名。其中，5名代表调出区外，代表资格终止，1名代表辞去代表职务。2021年11月30日，依法选举产生重庆市铜梁区第十八届人民代表大会代表305名，依法选举产生镇人大代表1394名。

【区人民代表大会会议】 重庆市铜梁区第十七届人民代表大会第五次会议。2021年2月2日至4日在城区举行。大会应到代表269人，实到代表239人。会议听取和审议区人民政府工作报告；审查和批准区国民经济和社会发展第十四个五年规划纲要及2035年远景目标；审查和批准重庆市铜梁区2020年国民经济和社会发展计划执行情况及2021年国民经济和社会发展计划草案的报告，批准区2021年国民经济和社会发展计划；审查和批准区2020年预算执行情况和2021年预算草案的报告，批准区2021年区级预算；听取和审议区人大常委会工作报告、区人民法院工作报告、区人民检察院工作报告，并表决通过相关决议决定。3月10日，重庆市铜梁区第十七届人民代表大会第六次会议在城区举行。大会应到代表268人，实到代表245人。会议表决通过了大会选举办法，选举龙其贤为区十七届人大常委会副主任、冉劲为区人民检察院检察长。10月18日，重庆市铜梁区第十七届人民代表大会第七次会议在城区举行。大会应到代表265人，实到代表246人。会议表决通过大会选举办法，选举万隆为区人民政府区长、汪桥生为区监察委员会主任。

【区人大常委会会议】 区第十七届人大常委会第三十六次会议。1月13日审议并表决通过区人大常委会主任会议关于补选李永利为市五届人大代表的议案、重庆市铜梁区第十七届人大常委会第三十六次会议补选重庆市第五届人民代表大会代表办法，并选举李永利为重庆市第五届人民代表大会代表。

区第十七届人大常委会第三十七次会议。1月18日审议并表决通过重庆市铜梁区人民代表大会常务委员会工作报告（草案）、区第十七届人民代表大会第五次会议主席团成员和秘书长等名单（草案）和区第十七届人大常委会代表资格审查委员会关于个别代表的代表资格的报告。

区第十七届人大常委会第三十八次会议。3月4日审议并表决通过区人大常委会主任会议关于提请审议接受曾廷全辞职和冉劲任职有关事项、召开区第十七届人民代表大会第六次会议的决定（草案）、区第十七届人民代表大会第六次会议主席团成员和秘书长等名单（草案）

和区第十七届人大常委会代表资格审查委员会关于个别代表的代表资格的报告。

区第十七届人大常委会第三十九次会议。3月31日听取和审议区政府关于法治政府建设工作情况、2020年度环境状况和环境保护目标完成情况、2019年度区级预算执行和其他财政收支审计查出问题整改情况等报告，区人大监察和法制委关于2020年度规范性文件备案审查工作情况的报告，区人大常委会执法检查组关于检查《中华人民共和国动物防疫法》实施情况的报告，区人大常委会各街道工作委员会2020年工作情况的报告；表决通过区人大常委会关于接受邓代红辞去区第十七届人大常委会委员职务的决定和关于接受邓代红辞去区第十七届人大代表职务的决定；审议并表决通过区人大常委会代表资格审查委员会关于个别代表的代表资格的报告。

区第十七届人大常委会第四十次会议。5月24日听取和审议区政府关于农业面源污染防治工作的报告、关于退役军人事务服务管理工作的报告，区检察院关于民事行政检察工作的报告，并开展满意度测评；听取审议区人大常委会执法检查组关于检查《重庆市宗教事务条例》实施情况的报告；表决通过《重庆市铜梁区宪法宣誓具体规定》。

区第十七届人大常委会第四十一次会议。8月2日听取和审议区政府关于全区2021年1—6月国民经济和社会发展计划执行情况、2021年1—6月预算执行情况、2021年新增政府债务资金安排及区级预算调整方案(草案)的报告，表决通过关于批准2021年新增政府债务资金安排及区级预算调整方案的决议；听取和审议区政府关于交通提速、促进科技成果转化、“七五”普法工作情况等报告，并开展满意度测评；听取审议区政府关于区十七届人大五次会议议案办理情况的报告；听取和审议区人大常委会执法检查组关于检查《中华人民共和国未成年人保护法》《重庆市未成年人保护条例》实施情况的报告；听取区人大常委会关于区十八届人民代表大会换届选举、设立重庆市铜梁区选举委员会、区十八届人民代表大会代表名额分配、全区镇人民代表大会换届选举、重新确定全区各镇人民代表大会代表名额、设立全区各镇选举委员会等决定(草案)的议案，并表决通过相关决定。

区第十七届人大常委会第四十二次会议。9月28日听取和审议区政府关于2020年区级决算(草案)的报告、关于2020年区级预算执行和其他财政收支审计情况的报告，区法院关于执行工作情况的报告，区人大常委会主任会议关于提请审议姜国杰等三位辞职议案，书面审议区政府关于2020年度国有资产管理情况的综合报告；表决通过区人大常委会关于批准2020年区级决算的决议和区人大常委会主任会议、区法院、区检察院有关人事任免职的议案，并对区政府关于2020年度国有自然资源(资产)管理情况的报告、区法院关于执行工作情况的报告开展满意度测评。

区第十七届人大常委会第四十三次会议。10月15日审议并表决通过区人大常委会关于召开区第十七届人民代表大会第七次会议的决定、区第十七届人民代表大会第七次会议主席团成员和秘书长等名单(草案)和区第十七届人大常委会代表资格审查委员会关于个别代表的代表资格的报告。

区第十七届人大常委会第四十四次会议。11月25日，区委副书记、区人大常委会党组书记朱华伦，区人大常委会党组成员高显权列席会议。会议传达学习中央人大工作会议精神，审议并表决通过区人大常委会关于开展第八个五年法治宣传教育的决议(草案);听取和审议区政府关于办理区十七届人大五次会议议案情况的报告、关于办理区十七届人大五次会议以来代表建议批评和意见情况的报告,区监委关于坚决惩治涉黑涉恶腐败和“保护伞”工作开展情况的报告,部分区人大常委会任命人员履职情况的报告,并进行满意度测评;表决通过区人大常委会主任会议、区政府、区检察院关于人员辞职和任免职的议案,听取部分市人大代表履职情况的报告。

区第十七届人大常委会第四十五次会议。12月16日,区十七届人大常委会第四十五次会议听取审议区政府关于2021年区级预算调整方案的议案,表决通过2022年区级预算调整方案的决定,审议并表决通过关于召开重庆市铜梁区第十八届人民代表大会第一次会议的决定、区第十八届人民代表大会第一次会议主席团成员和秘书长等名单(草案)、区十七届人大常委会代表资格审查委员会关于区十八届人民代表大会代表资格的报告、区人大常委会主任会议关于提请审议张晓霞等同志任免职事项。

【区人大常委会主任会议】 区第十七届人大常委会第五十次主任会议。1月6日研究提出关于区第十七届人民代表大会第五次会议主席团成员和秘书长等名单(草案)的议案,听取关于《重庆市铜梁区人民代表大会常务委员会工作报告(草案)》起草情况的汇报,确定召开区第十七届人大常委会第三十六次会议有关事项。

区第十七届人大常委会第五十一次主任会议。1月11日研究提出关于补选李永利同志为市五届人大代表的议案,确定召开区第十七届人大常委会第三十六次会议、第三十七次会议有关事项。

区第十七届人大常委会第五十二次主任会议。3月3日研究提出关于提请审议接受曾廷全同志辞职和冉劲同志任职的议案、关于提请审议《重庆市铜梁区人民代表大会常务委员会关于召开重庆市铜梁区第十七届人民代表大会第六次会议的决定(草案)》的议案、关于提请审议区第十七届人民代表大会第六次会议主席团成员和秘书长等名单(草案)》的议案;研究同意《重庆市铜梁区第十七届人民代表大会第六次会议选举办法(草案)》,确定召开区第十七届人大常委会第三十八次会议有关事项。

区第十七届人大常委会第五十三次主任会议。3月30日研究2021年新建规范化人大代表工作室有关事项,研究提出区人大常委会主任会议关于提请审议接受邓代红辞职的议案,确定召开区十七届人大常委会第三十九次会议有关事项。

区第十七届人大常委会第五十四次主任会议。5月18日研究通过《川渝六区市县人大协同推进三江水质保护工作联席会第三次会议方案》、区人大常委会会议延期听取审议有关议题事项,研究提出关于提请审议《重庆市铜梁区宪法宣誓具体规定(修订草案)》的议案,确定区十七届人大常委会第四十次会议时间和议程(草案),并学习贯彻《重庆市人大常委会关于增强人大监督实效的意见》。

区第十七届人大常委会第五十五次主任会议。6月10日研究重新确定区人大代表名额和镇人大代表名额事宜,审定《重庆市铜梁区人大常委会关于重新确定区人大代表名额的报告(送审稿)》《重庆市铜梁区人大常委会关于重新确定镇人大代表名额的报告(送审稿)》。

区第十七届人大常委会第五十六次主任会议。7月30日听取区政府关于提请审议2021年新增政府债务资金安排及区级预算调整方案(草案)的议案和区十七届人大五次会议代表建议、批评和意见办理情况报告的议案的汇报;研究提出关于提请审议关于区第十八届人民代表大会换届选举、设立区选举委员会、区第十八届人民代表大会代表名额分配、全区镇人民代表大会换届选举、重新确定全区各镇人大代表名额、设立全区各镇选举委员会等决定(草案)的议案;听取人代工委关于2021年度全区各镇人大代表票决民生实事项目情况的汇报;审定区人大常委会《关于增强人大监督实效的意见》《规范性文件备案审查工作办法》《规范性文件备案审查基准》《专题询问农业面源污染防治工作情况会议方案》,确定区第十七届人大常委会第四十一次会议有关事项。

区第十七届人大常委会第五十七次主任会议。9月27日研究提出关于提请审议姜国杰等三位同志辞职的议案和关于提请审议汪桥生任职的议案,研究区法院、区检察院有关人事任免职事项,研究同意调整区人大常委会审议议题事项,确定区第十七届人大常委会第四十二次会议有关事项。

区第十七届人大常委会第五十八次主任会议。9月28日上午听取区检察院关于辛飞入党时年龄问题调查情况的汇报,决定提请区人大常委会暂缓任命辛飞同志有关职务。

区第十七届人大常委会第五十九次主任会议。9月28日下午研究提出关于提请审议万隆为重庆市铜梁区人民政府代理区长的议案和关于提请审议汪桥生为重庆市铜梁区监察委员会代理主任的议案。

区第十七届人大常委会第六十次主任会议。10月14日研究同意《重庆市铜梁区人民代表大会常务委员会关于召开重庆市铜梁区第十七届人民代表大会第七次会议的决定(草案)》《重庆市铜梁区第十七届人民代表大会第七次会议主席团成员和秘书长等名单(草案)》《重庆市铜梁区第十七届人民代表大会第七次会议选举办法(草案)》,确定召开区第十七届人大常委会第四十三次会议有关事项。

区第十七届人大常委会第六十一次主任会议。11月24日听取和审议区政府关于开展第八个五年法治宣传教育决议(草案)有关情况的汇报、关于《区人大常委会关于铜梁区农业面源污染防治工作情况报告的评议意见》研究处理情况的报告、关于梅玉军辞职事项的汇报、关于杨逃红等同志任免职事项的汇报;听取区检察院关于韩敏等同志职务任免事项的汇报;研究提出区人大常委会主任会议关于接受彭宏等同志辞职事项的议案、关于郑跃润等同志任免职事项的议案;听取关于接受区、镇选举委员会组成人员辞职有关事项的汇报、关于调整部分镇选举委员会组成人员有关事项的汇报;研究审定《区人大常委会任命的有关人员2021年向区人大常委会报告履职情况建议方案》,研究同意调整《重庆市铜梁区政府关于2021年新增政府债券资金安排及区级预算调整方案(草案)报告》议题审议时间,确定区第十七届人大常委会第四十四次会议有关事项。

区第十七届人大常委会第六十二次主任会议。12月15日研究同意区政府关于2021年区级预算调整方案(草案),研究同意《重庆市铜梁区第十八届人民代表大会第一次会议主席团成员和秘书长等名单(草案)》《重庆市铜梁区第十八届人民代表大会专门委员会组成人员人选通过办法(草案)》《重庆市铜梁区第十八届人民代表大会第一次会议选举办法(草案)》和关于设立重庆市铜梁区第十八届人民代表大会专门委员会等有关事项,研究提出《关于提请审议召开重庆市铜梁区第十八届人民代表大会第一次会议的议案》《关于提请审议张晓霞等同志任免职的议案》,确定区十七届人大常委会第四十五次会议有关事项。

【人大代表工作】 强化代表履职保障，指导区人大代表各联系组加强代表学习培训，提高全体代表政治理论素养和履职能力水平。邀请代表列席区人大常委会会议25人次，参与常委会执法检查、专题调研视察等活动76人次，有效拓宽代表知情知政渠道。加强市人大代表联络服务和履职保障，协调推动23件市人大代表意见建议办理落实，闭会期间组织学习培训、视察调研5次。完善代表工作机制，继续推进代表工作室标准化建设，累计建成人大代表工作室113个、民情联络站249个。持续深化“两联一述”，全面推行代表联系群众“双亮双接双办”机制，全体区人大代表做出为民服务承诺事项798项，走访接待选民1.8万余人次，收集群众意见建议887条。开展主任接待日活动，向有关部门交办代表建议45条，推动解决一批群众急难愁盼问题。

【人事任免】 2021年，区人大开展人事任免54人次，其中决定任命4人次，任命27人次，决定免去2人次，免去19人次，接受辞职10人次。

【工作监督】 听取审议区人大监察和法制委关于2020年度规范性文件备案审查工作情况的报告；听取审议区政府关于法治政府建设工作情况、全区2020年度环境状况和环境保护目标完成情况等20个报告；听取审议区监委关于坚决惩治涉黑涉恶腐败和“保护伞”工作开展情况的报告；听取审议区法院关于执行工作情况的报告；听取审议区检察院关于民事行政检察工作情况的报告；听取审议区人大常委会任命干部述职报告5人次，开展有关专项工作报告和述职报告满意度测评16次，做出有关工作决议决定26项，发出区人大常委会审议意见18件。开展全区农业面源污染防治工作评议和专题询问。全年受理群众来信来访202件。

▶6月3日，川渝六区市县人大协同推进三江水质保护工作联席会第三次会议在铜召开。（郭洪 摄）

【法律监督】 开展《中华人民共和国动物防疫法》《重庆市宗教事务条例》《中华人民共和国未成年人保护法》《重庆市未成年人保护条例》4项法律法规的执法检查，推动相关法律法规在铜梁的贯彻实施。坚持主动审查和被动审查相结合，对区政府7件规范性文件进行备案审查，对区政府废止的16件规范性文件进行备案，维护法治统一，保证宪法法律正确实施。

【人大代表议案及办理】 区第十七届人民代表大会第五次会议决定对《关于加快推动科创新城规划建设的议案》和《关于打造中华龙文化旅游名城的议案》立案督办。8月2日，区第十七届人大常委会第四十一次会议听取审议区政府关于加快推进科创新城规划建设议案办理情况和打造中华龙文化旅游名城议案办理推进情况的报告；11月25日，区第十七届人大常委会第四十四次会议听取审议区政府关于加快推进科创新城规划建设议案办理情况和打造中华龙文化旅游名城议案办理推进情况的报告，并进行满意度测评，两个报告均获得满意票29票，为全票满意。

加强对“一府两院”办理代表建议的监督，常委会听取审议区十七届人大五次会议以来代表意见建议办理工作情况报告并进行满意度测评，强化了承办单位的责任意识。区十七届人大五次会议以来提出的352件建议全部办理完毕，代表建议办理满意率和基本满意率达99.43%。

【视察调研】 根据区人大常委会年初工作要点，全年开展消防工作、小安溪流域生态治理、巩固拓展脱贫攻坚成果同乡村振兴有效衔接工作、促进中医药传承创新发展工作情况等13项专题调研，开展25件重点民生实事推进情况等专题视察，让改革发展成果更多更公平地惠及广大人民群众。

（李川　供稿）

重庆市铜梁区人民政府

综述

【区政府全体会议】 2021年1月13日，区长姜国杰主持召开区第十七届人民政府第五次全体会议，审议并原则通过了《重庆市铜梁区人民政府工作报告（审议稿）》《重庆市铜梁区国民经济和社会发展第十四个五年规划和二〇三五年远景目标纲要（审议稿）》并强调，2021年是实施“十四五”规划开局之年，是开启全面建设社会主义现代化国家新征程的第一年。全区政府系统要深入贯彻习近平总书记对重庆提出的重要指示要求，全面落实党中央、国务院决策部署和市委、市政府工作要求，在区委领导下，准确把握新发展阶段，深入践行新发展理念，积极构建新发展格局，确保“十四五”发展开好局，确保成渝地区双城经济圈建设迈新步，以优异成绩庆祝中国共产党成立100周年。当前重点抓好以下工作：一是切实加强经济运行调度。二是毫不松懈抓好疫情防控。三是用心用情帮扶困难群众。四是坚决守住安全稳定底线。五是持之以恒正风肃纪。六是精心筹备开好“两会”。

2021年2月4日，区长姜国杰主持召开重庆市铜梁区第十七届人民政府第六次全体会议，审议并原则通过《2021年区政府工作报告确定目标任务责任分解方案（送审稿）》，并强调，2021年是实施“十四五”规划开局之年，是开启全面建设社会主义现代化国家新征程的第一年，做好经济社会发展各项工作意义深远、责任重大。2021年区政府工作报告以习近平新时代中国特色社会主义思想为指导，紧紧围绕把习近平总书记殷殷嘱托全面落实在铜梁大地上这条主线，面向“十四五”、聚焦2021年，在战略上布局、在关键处落子，明确了任务书和路线图，是区政府向全区人民做出的庄严承诺，分解形成的327项目标任务就是“作战图”、都是“必答题”，必须对题做答、逐项答对、如期交卷。区政府系统要深入贯彻习近平总书记对重庆提出的重要指示要求，全面落实党中央、国务院决策部署和市委、市政府工作要求，在区委坚强领导下，主动担当作为，逐项认领对接，把责任落实到岗位、把任务落实到人头，全力以赴推动2021年区政府工作报告各项目标任务落地落实，确保“十四五”开好局、起好步。一要提高政治站位抓落地落实。二要紧扣高质量发展抓落地落实。三要以强烈责任担当抓落地落实。四要以有力督查问效抓落地落实。同时强调，春节将至，要毫不放松抓好常态化疫情防控，认真开展拉网式安全隐患大排查大整治，切实维护社会和谐稳定，严格落实值班值守制度。要认真组织开展特殊困难群体走访慰问，抓好春节期间市场保供。要严格落实中央八项规定精神，持续深化党风廉政建设，带头落实“过紧日子”要求。要抓实抓细经济运行调度，强化重点项目调度，围绕储备项目抓前期、签约项目抓落地、开工项目抓进度、续建项目抓投产，奋力开局“十四五”，以优异成绩庆祝建党100周年。

【区政府常务会议】　2021年，区政府召开42次常务会议，审议并原则通过行政规章、政策性文件及有关决议事项共计767条。主要涉及8个方面：一是经济发展方面，审议通过《重庆市铜梁区国民经济和社会发展第十四个五年规划和二O三五年远景目标纲要（送审稿）》《重庆市铜梁区2020年国民经济和社会发展计划执行情况及2021年计划草案的报告（送审稿）》《重庆市铜梁区2020年预算执行情况及2021年预算草案的报告（送审稿）》《重庆市铜梁区关于2020年决算（草案）的报告（送审稿）》《重庆市铜梁区2021年发展重点任务清单（送审稿）》《铜梁区接续推进“三大攻坚战”和“八项行动计划”2021年度工作方案（送审稿）》《关于建设中华龙文化旅游名城的实施意见（送审稿）》《重庆市铜梁区激励金融机构支持地方经济发展评估办法（送审稿）》《重庆市铜梁区培育发展“巴渝新消费”工作实施方案（送审稿）》《重庆市药品监督管理局铜梁区人民政府共建重庆市铜梁区化妆品产业发展服务中心合作备忘录（送审稿）》《2021年区级预算调整方案（草案）》《2022年财政预算方案（草案）》《2022年重庆市铜梁区人民政府工作报告（送审稿）》《关于重庆市铜梁区2021年国民经济和社会发展计划执行情况及2022年计划草案的报告（送审稿）》《关于重庆市铜梁区2021年预算执行情况及2022年预算草案的报告（送审稿）》等。二是改革开放创新方面，审议通过《重庆市铜梁区国家城乡融合发展试验区实施方案（送审稿）》《关于持续营造一流营商环境的实施方案（送审稿）》《完善财政体制优化镇街财政管理支持产业发展方案（送审稿）》《铜梁区重点国有企业发展布局优化方案（送审稿）》《重庆市铜梁区深化国企改革行动方案（2021—2022年）（送审稿）》《铜梁区优化招商引资体制机制方案（送审稿）》《铜梁区管委会职能及运行机制优化方案（送审稿）》《重庆市铜梁区重点国有企业外部董事选聘和管理办法（送审稿）》《铜梁区独立工矿区转型升级产城融合PPP项目第一期采矿权土地租用及建构筑物搬迁补偿方案（送审稿）》《铜梁区深化新时代教育评价改革具体举措（送审稿）》《重庆市铜梁区推动成渝地区双城经济圈建设2021年度工作计划（送审稿）》《重庆市铜梁区人民政府四川省简阳市人民政府友好城市战略合作协议（送审稿）》《铜梁区强化知识产权保护实施方案（送审稿）》《铜梁区促进农业科技创新实施方案（送审稿）》以及合作设立重庆制造业转型升级基金有关事宜等。三是城乡融合和区域协调发展方面，审议通过《关于实现巩固拓展脱贫攻坚同乡村振兴战略有效衔接的实施方案（送审稿）》《关于全面推进乡村振兴加快农业农村现代化的实施意见（送审稿）》《重庆市铜梁区分层分类全面推进乡村振兴实施方案（试行）（送审稿）》《重庆市铜梁区农业产业发展总体规划（2021—2025年）（送审稿）》《重庆市铜梁区防止耕地“非粮化”稳定粮食生产实施方案（送审稿）》《铜梁区深入推进“三社”融合发展政策措施（送审稿）》《重庆市铜梁区农业保险高质量发展工作方案（送审稿）》《铜梁区2020—2022年“互联网+”农产品出村进城工程实施方案（送审稿）》《铜梁区加快发展莲藕产业的实施方案（送审稿）》《重庆市铜梁区莲藕产业发展扶持政策（送审稿）》《重庆市铜梁区山地特色高效畜牧业兔鸡产业发展方案（送审稿）》《铜梁区特色高效畜牧业兔鸡发展扶持政策（送审稿）》《重庆市铜梁区人民政府　巫山县人民政府2021年度对口协同发展工作协议（送审稿）》《重庆市铜梁区人民政府重庆市巫山县人民政府重庆市北碚区人民政府“十四五”对口协同发展实施方案

(2021—2025年)(送审稿)》以及援助西藏自治区昌都市芒康县有关事宜等。四是城市规划建设管理及交通方面，审议通过《重庆市铜梁区“十四五”棚户区改造专项规划(送审稿)》《重庆市铜梁区城镇老旧小区改造规划(2021—2025年)(送审稿)》《重庆市铜梁区安居镇历史文化名镇保护规划(2020年修编)》《重庆市铜梁区第四批重庆市历史建筑保护规划(送审稿)》《关于加快推动科创新城规划建设的工作方案(送审稿)》《重庆市铜梁区矿产资源总体规划(2021—2025年)(送审稿)》《重庆市铜梁区集体土地征收补偿安置实施办法(审议稿)》《关于进一步规范铜梁区城市建设配套费征收标准的通知(送审稿)》《重庆市铜梁区综合交通运输“十四五”发展规划(送审稿)》《开行铜梁城区至土桥镇公交实施方案(送审稿)》《开行蒲吕街道至庆隆镇、石鱼镇至庆隆镇公交实施方案(送审稿)》以及沪渝蓉高铁铜梁站房建筑概念设计方案、明确新建沪渝蓉高铁重庆至成都段(成渝中线高铁)土地综合开发用地四至范围、川气东送二线天然气管道支线(大英—安岳—铜梁)工程区内路由走向等。五是生态文明和环境保护方面，审议通过《重庆市铜梁区生态环境保护“十四五”规划和二〇三五年远景目标(送审稿)》《重庆市铜梁区水安全保障“十四五”规划(2021—2025年)(送审稿)》《重庆市铜梁区生态环境保护责任清单(送审稿)》《重庆市铜梁区2021年环保重点任务清单(送审稿)》《重庆市铜梁区全面推行林长制工作实施方案(送审稿)》《重庆市铜梁区涪江段“两岸青山·千里林带”建设总体规划(2021—2025年)(送审稿)》《重庆市铜梁区涪江段“两岸青山·千里林带”规划建设实施方案(2021—2025年)(送审稿)》《重庆市铜梁区人民政府关于禁止在林区野外用火的通告(送审稿)》《小安溪河流域造纸企业污染治理工作方案(送审稿)》《铜梁区非居民用水超定额累进加价制度(送审稿)》等。六是社会事业和民生保障方面，审议通过《重庆市铜梁区2021年民生重点任务清单(送审稿)》《关于在三所重点高中举办初中教育的工作方案(送审稿)》《关于全面开展铜梁区中小学生校内课后服务工作实施方案(试行)(送审稿)》《重庆市铜梁区2021年义务教育招生工作实施方案(送审稿)》《重庆市铜梁区普惠性民办幼儿园管理办法(送审稿)》《重庆市铜梁区创建全国健康促进区实施方案(送审稿)》《铜梁区城企联动普惠养老专项行动战略合作协议(送审稿)》《城企合作普惠托育专项行动合作协议(送审稿)》《2021年重庆市铜梁区双拥工作要点(送审稿)》以及公布铜梁区第四批区级非物质文化遗产代表性名录等。七是社会治理和安全生产方面，审议通过《重庆市铜梁区突发公共事件总体应急预案(暂行)(送审稿)》等7个应急预案、《重庆市铜梁区高层建筑消防安全综合治理工作方案(送审稿)》《区政府领导干部安全生产职责清单(送审稿)》《2021年度全区安全生产与自然灾害防治工作清单(送审稿)》等。八是政府自身建设方面，审议通过《2021年全区法治政府建设工作要点(送审稿)》《重庆市铜梁区人民政府2021年度重大行政决策事项目录(送审稿)》《关于开展法治宣传教育的第八个五年规划(2021—2025年)(送审稿)》《关于废止部分区政府规范性文件的决定(送审稿)》等。

【政府调研与政务信息】 年内共完成矿产资源等融资资产开发利用、加强镇街政务服务能力建设、城区车辆秩序规范管理、加快人才集聚政策措施、大学园区建设综合效益测算、加快推进数字化发展等课题，撰写6篇调研文章，为区领导决策提供借鉴和依据。牢记“服务决策、展示形象”这一信息工作根本目的，为市政府和区政府领导科学决策服务。全年共上报市政府办公厅信息得分619分，在全市各区县排名前列，其中5篇获陆克华、熊雪、屈谦等市领导批示7次。全年共编辑本级《政务简报》71期，《专报信息》7期，为区领导科学决策提供信息服务。

（王刚 供稿）

人事工作

【专业技术人员管理】 职称申报评审。全年受理、审核职称初定、职称确认、职称评审申报资料共计895人。经审核公示后，确定（认）专业技术职务任职资格421人；通过市高级评审委员会评审155人（其中教育系统54人、卫生系统59人、其他事业单位10人，非公企业32人）；通过中级职称238人（其中教育系统133人、其他事业单位19人、非公企业86人）。全年申报上一级职称评审人员中有18人享受抗疫一线专业技术人员职称评审优惠政策。落实专技人才优惠政策。落实疫情防控一线医护人员岗位聘任优惠政策，共计30人在2021年度岗位聘任和职称评审工作中享受优惠政策；使用特设岗位解决援藏专业技术人员高等级岗位聘任共计3人。畅通特殊人才职称评审“绿色通道”，通过特殊人才评审9人，其中7人为参与新冠肺炎疫情防控获省部级以上表彰奖励人员，1人为援藏的专业技术人才。中级职称评审委员会换届工作。组建铜梁区新一届工程技术系列和中小学教师系列中级职称评审委员会及专家库。工程技术系列入库专家39名，中小学教师系列入库专家90名。选派第九批援藏专技干部轮换交流人员，全区共推荐6名专技干部参加选派，实际参加选派入藏2人。职称历史信息数据采集入库。共采集上报历史职称信息数据6万余条，时间跨度长达30年。首次实现全区专业技术人员职称信息互联网查询。科技人才发展平台建设。协助铜梁区人民医院、重庆重变电器有限责任公司申报设立博士后工作站，获得市人力社保局审批通过，促进镇街与专家服务团建立长效合作机制，培养农业技术人才，规划农业远景项目，助力乡村振兴。

【事业单位人事管理】 一是强化事业单位激励措施。根据国家和市级相关文件精神，制订铜梁区以下事业单位管理岗位建立职员等级晋升制度操作办法。完成9871名事业单位人员（机关工勤人员）年度考核备案确认工作，给予1511名年度考核优秀人员嘉奖。二是指导全区384个事业单位完成新岗位设置，全部通过市委组织部、市人力社保局审核批复。对2417名事业单位人员岗位竞聘上岗登记备案，完成上年度新聘用事业单位人员转正定级509人。三是推进事业单位机关工勤人员信息系统线上运行工作。完成全区443个事业单位年报数据统计上报工作。四是参与教育领域突出问题整改工作，配合区教委平稳推进重庆巴川中学公办教师人员分流工作，涉及分流264人。妥善安置第一批分流人员64人到校，完成岗位调整、职称评审等后续工作。

【晋级调薪】 一是切实执行基本待遇政策。完成全区1110名机关工作人员正常增加级别档次工资的审批工作，人均月增资82元，补发月调资差额共计9.1万元；完成全区9533名事业单位工作人员正常增加薪级工资审批，人均增资84元。二是及时落实各项福利政策。调整乡镇补贴标准3453人，人均月增资175元。办理公务交通补贴变动审批732人。审核公安值班补助6408人次。落实纪检津贴119人共计2.6万元。三是干部待遇关系确定。完成新录用公务员和事业人员工资、工龄核定，出具新招录人员工资介绍信320件。审批并出具单位间人员调动工资介绍信400件。四是配合区委组织部开展2021年度公务员工资年报的业务指导、政策解释、数据采集和汇总上报工作。五是目标绩效调整。及时完成相关待遇调整，发放机关在职人员目标绩效奖9780.93万元，离（退）休人员健康休养费1.78亿元。六是推进事业绩效改革。结合实际大力推进事业单位绩效工资改革。2021年核定事业单位绩效工资总量8.15亿元，其中：基础绩效总量3.13亿元，超额绩效总量5.02亿元。突显绩效工资“奖勤罚懒”的激励作用，促进各单位人、财、物的精细化管理，使自身资源的分配更加合理、利用更加高效。七是做好各项待遇金额的审核，对单位报送材料中不正确的数据，坚决责其按政策纠正，严守工资福利政策红线。全年共纠正在职人员各项错报、重复报金额120余万元，避免错误发放退休人员社保基金13余万元。八是处理违法违纪人员工资待遇。对触犯国家相关法律法规，或受党纪、政纪处分的机关事业单位工作人员，结合其处分结果、年度个人考核结果等信息，严格按政策做好其工资和各项福利待遇的调整、控制工作。九是严格各类退休材料审批。全年办理机关、事业单位退休手续148件，其中到龄职工退休审批手续105件，提前退休审批手续43件。十是落实困难遗属补助政策。1月，对全区符合政策的385名困难遗属执行新的困难补助标准，月人均补助金额865元。全年共计发放困难遗属补助资金399.6万元。

（刘森　供稿）

【大中专毕业生就业】　开展专项招聘活动，充分利用网络平台积极发布用工信息，为毕业生提供就业岗位。做实高校毕业生实名登记，建立高校毕业生基本信息库和用人单位岗位需求信息库，实现精准推送就业信息；针对困难毕业生开展上门服务和“一对一”援助。全年举办高校毕业生就业专场招聘会10场，进场求职人数5392人次，达成意向协议1281人。新增87家企业备案为青年就业见习基地，组织517人参加就业见习，其中：发放见习补贴186人，发放金额152.33万元。组织高校毕业生报到累计336人，其中：博士1人，硕士20人，本科225人，专科90人。

（张燕　供稿）

【人才工程】　2021年聚焦“四个示范区”建设中心工作，建好用好“人才三宝”，优化落实人才政策，提升人才服务水平。一是完成“返乡人才、下乡人才”的乡村人才振兴考核目标。全年共吸引返乡人才821人：其中，农村劳务经纪人333人，公益性岗位102人，电商人才315人，家庭农场经营者16人，农村合作社带头人55人；全年共计选派入乡人才476人：其中，“三支一扶”新招募10人、事业单位公开招聘191人、本土人才275人。二是完成科教兴市和人才强市行动计划专项考核目标。完成重庆英才大会签约67名人才、5个项目目标任务。全年实际引进紧缺优秀人才350名。三是成渝地区双城经济圈人才协同发展效果显现。与遂宁市人力社保局签订《共同推动成渝地区双城经济圈建设人力资源和社会保障合作协议》，联合遂宁、潼南组织人社部门，在西南大学北碚校区举行潼·遂·铜人才协同发展联合招聘会，广泛开展宣传推介，共组织50余家事业单位和重点企业参会，提供工作岗位1232个（铜梁区提供88个），吸引西南大学2000余名应届大学生参会，达成就业意向200余人。

（蒋婷　供稿）

退役军人事务

【概况】　2021年全面落实“五有”要求，退役军人三级服务保障体系实现从“有”向“优”转变，成功创建38个全国示范型退役军人服务中心（站）、建设2个标杆型退役军人服务站和1个红色精品“退役军人之家”，精准落实优待抚恤政策，提升军转安置质效，全覆盖宣传《退役军人保障法》。

【退役军人安置】　全区年内共接收安置退役军人266人（其中：转业军官12人，随调家属1人，退役士兵251人，军休士官2人）。发放一次性自主就业经济补助金1039万元。12名转业军官全部安置到机关和参公事业单位，对1名随调家属进行对等安置；对23名符合由政府安排工作条件的退役士兵，按照阳光安置原则，18名退役士兵安置到事业单位，5名退役士兵安置到央企、国企，事业单位安置比例达78%，较上年提高34%。年内组织133名退役士兵开展“退役第一课”适应性培训。在龙城天街召开2021年金秋退役军人专场招聘会，组织300余名退役军人军属参加，到场招聘企业50家岗位500多个，现场达成就业意向90余人。为15名退役军人提供创业担保贷款285万元，落实专属税收优惠120万元。全区339名退役军人通过换届选举成为“兵支书”“兵委员”，扎根基层服务乡村振兴。

【落实待遇　开展帮扶】　落实军休干部两项待遇，全年发放军休干部离退休费及遗属费459万元。全年累计救助患重特大疾病优抚对象608人次102万余元，为1462名医疗、生活、住房困难退役军人发放救助金267万元。落实75名烈属“一对一”帮扶机制。建立区退役军人关爱基金，开展三次专项帮扶援助关爱行动，共救助50名退役军人，发放困难帮扶金17.4万元。全年共发放各类优抚补助8554.4万元。

【烈士褒扬纪念】　精心组织“守护·2021清明祭英烈”、烈士纪念日向人民英雄敬献花篮仪式和纪念中国人民抗日战争胜利76周年爱国主义教育等活动。组建遂宁、铜梁、潼南“学百年党史·颂英雄史歌”爱国主义教育英烈事迹巡回宣讲队，开展英烈精神“六进”活动20余场，举办邱少云烈士事迹报告会、红色故事会45场。开通《追思祭奠》网上祭扫专栏，引导社会各界“足不出户”瞻仰英烈和参加线上祭扫，网上献花留言累计达10万余人次。积极发挥邱少云烈士纪念馆爱国主义教育基地作用，全年纪念馆累计接待游客60万人次，接待团队3000余个，开展讲解3500余场，邱少云故居接待参观群众近10万人。完成《重庆市烈士英名录（铜梁分卷）》编撰及1078名铜梁籍烈士英名墙建设，解决34名烈士遗属异地祭扫费用11万余元。

【双拥工作】　大力推进全国双拥模范城创建工作。全面落实军人优先优待政策，在公共收费停车场所设立军车免费停放标志，与中国银行、农村商业银行等机构达成协议，为退役军人和其他优抚对象提供优先、优质、优惠的金融服务。在车站、医院、市民服务中心等公共机构服务窗口设置“军人依法优先，优抚对象优先”标识标牌，在区内主要高速路口、主干道两旁及万达广场等人员流量大的场所开展双拥宣传，持续营造创建双拥模范城浓厚氛围。打造国防教育和双拥主题公园，增强全民国防意识。改造武警铜梁中队营区电路，为32170部队积极协调集训新兵野外拉练随行保障等。驻铜部队主动参与“7·16”抗洪抢险，转移被困群众600余名，挽回经济损失100余万元；组织民兵130余人赴铜梁西河镇扑灭100余亩森林火灾，守护铜梁绿水青山；完成对区内各中、小学生军训任务，军训人数约5万人。

（余海林　供稿）

对口支援

【支援重庆巫山】　项目帮扶。2021年铜梁区对口协同巫山县资金408万元，安排用于巩固脱贫攻坚成果、乡村振兴的对口帮扶资金占86.5%。重点针对大昌镇光明村乡村振兴配套建设进行帮扶。同时将就业培训和资助贫困学生也纳入帮扶项目范围，固定资产投资项目单个项目投资均大于100万元。

文旅协作。加大宣传推介巫山旅游力度，通过铜梁旅游官方微信推送等形式，共同宣传第四届长江三峡（巫山）李花节；"以见山见水之旅"为主题，对两地的巴岳山、神女峰、玄天湖、小三峡、小小三峡等景点进行宣传推介。鼓励铜梁区内旅行社组织铜梁人到巫山旅游，享受签约旅行社的组团奖励。

产销对接。积极宣传巫山农产品，鼓励引导辖区农产品加工企业在巫山县采购农产品加工原材料，富足食品、蜀运来2家企业积极与巫山县对接采购花椒、红薯粉事宜。全区全年购销巫山县农特产品150余万元。

科技协作。围绕巫山县"1+3+2"现代山地特色高效农业科技问题，深入实施科技特派员制度，深化与市内外高校、科研院所产学研合作。依托铜梁果之王园艺研究院等科研机构，组织两地创新主体开展交流，通过优势资源互补，推动产业协同发展。

转移就业。两地加大劳务协作力度，每月定期开展岗位信息共享。开展网络直播带岗、对口协同发展专场等活动，铜梁区多家企业为求职者提供2200余个就业岗位，涉及电子、机械、家政等行业。职业指导师在线指导介绍企业概况、用人需求、工资待遇等求职者最关心的问题。

【支援西藏芒康】 **配备高素质援藏干部**。区第九批援藏工作组共由12名队员组成，其中：党政干部1人，教师1人，医生4人，专技干部4人，援藏干部覆盖行政、教育、医疗、项目建设等各个领域。

争取援藏资金。实施如美镇竹卡小康示范村、芒康县数字化预防接种门诊等援藏项目28个，完成投资2亿余元，吸纳农牧民转移就业170余人，带动增收100多万元。铜梁区3年期间向芒康县捐赠计划外援藏资金1500万元。

开展干部培训。先后组织芒康县各级干部235人次到重庆市学习培训、跟岗进修，其中，铜梁区承接118人次；协调26名内地专家学者进藏授课34场次，指导培训本地干部人才220人次；援藏干部在藏举办各类培训班36场次，培训本地干部人才4000余人次。

医疗卫生和教育帮扶。顺利实现铜梁区人民医院与芒康县人民医院远程会诊，开展第一次幽门螺旋杆菌检查、第一例巴氏法修补腹股沟疝、第一例蓝光照射治疗新生儿病理性黄疸，第一例超声引导下关节穿刺技术，填补了疾病防控技术空白。筹建B超室、心电图室，使如美镇中心卫生院第一次有了辅助检查科室。签订"师带徒"协议，培养医疗专业技术人员、教师骨干。开展义诊活动33次，覆盖群众6380余人；组织对5500余名农牧民群众开展先天性心脏病筛查，筛查出44名先天性心脏病患者，部分符合手术指征的患者送往重庆接受免费治疗；对7400余名妇女开展"两癌"筛查；开展"援芒路上·温暖有渝"等系列捐赠活动。争取组团式教育援藏专项资金1000万元用于县中学、盐井中学"数字校园"建设，深入开展"渝教援藏行·送课进校园"等活动。

开展商务合作。加强两地电子商务合作，通过电商直播带货，助力销售芒康特色产品，将芒康"达美拥"葡萄酒等特色产品引入重庆市场。芒康县葡萄酒、核桃油、糌粑等高原农特产品顺利进入铜梁区2021年农民丰收节农特产品展示交易会。引入芒康农特产品进商超，有效带动贫困群众脱贫致富。

（王刚　供稿）

对外开放

【对外贸易】　2021年度，区商务委积极落实中央及市里各项便利化举措，落实出口信保、贷款贴息等稳外资稳外贸若干政策，开展跨境电商、外汇政策、出口信保等专题培训，组织企业参与广交会、京交会等各类线上线下开放型展会22家次。争取服务贸易、进口设备贴息等上级专项资金204万元；兑现市区两级外贸促进资金652万元。

2021年度，全区有进出口实绩企业65家，全区进出口额12.53亿元，其中出口11.88亿元，进口0.65亿元。出口额在1亿元以上的企业达到3家，5000万元—1亿元的企业2家，1000万元—5000万元以上的企业13家。出口产品结构：出口印刷材料2.55亿元，占比21.5%；出口机械类产品5.96亿元，占比50.2%；出口智能锁、节能灯具、皮鞋等消费品2.04亿元，占比17.2%，出口相框、磁性材料、铝材、调料等其他类1.33亿元，占比11.1%。进口产品主要为笔电配套、汽车零部件等原材料。

【利用外资】　2021年度，区商务委持续优化外商投资营商环境，认真落实外资企业“行政服务管家”工作制度，开展外资企业“三送一访”专题活动，加强硕镭汽车零部件投资、克诺尔轨道交通等外资项目的跟踪服务，落实利用外资奖励办法，兑现2020年度利用外资奖励资金68.49万元。全年引进合同外资3个，全年实际利用外资达到6461万美元，其中，外商企业再投资1971.87万美元，企业境外借款17.13万美元，外资企业未分配利润及外资分公司固定资产投入4472万美元。

【对外经济合作】　积极加强对外经济合作。全区对外投资企业2家，一是重庆紫苑房地产开发有限公司在韩国设立的“紫苑株式会社”，该企业在韩国济州岛投资房地产项目，二是重庆凌达磁材科技有限公司在德国设立商贸公司“凌达有限责任公司”，主要经营磁性材料贸易。

（覃涛　供稿）

【外事】　中西部国际交往中心建设。丰富开放经济业态，开放型经济不断壮大，外资外经工作持续推进，积极开展招商引资，成功引进韩国SMD株式会社化妆品基地项目、日本贝亲母婴和化妆品运营项目等外资企业项目3个，协议引资6.3亿元。大力推动精品农业走出国门，铜梁龙韵果香、铜梁御丰蔬菜、铜梁泰香农业和澳洲茶树精油四家企业成功办理农产品出口许可，有力打通新加坡等东盟市场。优化开放投资环境，建立外资企业行政管理服务制度，配强配优服务专员，从“保姆式”服务到“顾问式”服务，积极营造国际化法治化便利化营商环境。

多领域对外交流合作。推动铜梁龙文化沿“一带一路”走出去，围绕“龙舞搭台、经贸唱戏”搭建和拓展交流合作平台，“铜梁龙舞”成功纳入《中新（重庆）互联互通促进周活动方案》，“铜梁龙舞”成为重庆、铜梁在新加坡的一张响亮名片。教育资源合作共享，依托铜梁优质基础资源，持续推动铜梁中学DSD德语项目。

提升外事工作服务水平。走访慰问在铜外籍人士40余人次，协助企业办理高管专家等外籍人士来铜开展商务活动8批9人次（实际来铜7人次），进一步加强在铜外籍人士管理服务，大力推动预防性领事保护宣传。

（王刚　供稿）

招商引资

【概况】　2021年内资签约金额601亿元，其中，工业合同引资380亿元、占比63%，内资到位金额153亿元，其中工业到位资金109亿元、占比71%。年内引进爱玛科技、李先生、思特等10亿元以上重大项目16个，新开工项目70个，近三年项目开工率46.4%，投资转化率24.3%。

【专业招商】 坚持招商引资与招才引智并举，把专门招商和专业招商结合起来，推动大招商向招大商转变、分段招商向一体化招商转变，建立项目引进、落地、建设、服务、政策兑现一体化招商格局。创新股权投资、产业基金等资本招商模式，签约引进制造业转型升级基金、鹏龙股权投资基金、中科金元基金、渝深科创基金。其中，重庆制造业转型基金项目已完成项目注册和银行开户，首期实缴到位131071.43万元。学习借鉴先进地区成功经验，结合全区发展实际，修订了工业、现代农业、现代服务业招商扶持政策，完善了招商宣传片、推介PPT、招商画册等宣传推介资料。坚持精准研判招商项目、及时调度招商工作，构建全链条精准招商服务体系。按照“懂专业、精技术、强策划、善沟通”要求，高标准建设专业招商干部队伍，将党史学习教育和业务培训相结合，通过开展税务法规、产业基金、民法典在招商工作中的运用等专题学习，持续修内功、练内力，深入推进招商干部政治素质和专业能力提升。

【平台招商】 市委市政府领导重视和支持铜梁招商工作，多次助力项目洽谈并见证签约。市招商局积极指导铜梁参与市区联动招商工作，加速爱玛科技、克诺尔等重点项目落地建设。区委区政府主要领导高位推动重大项目引进落地，上级领导支持力度前所未有。扎实开展“招商季”活动，深化与广州开发区、成渝周边地区、各级开放平台、市内外大院大所的对接合作，赴浙江、广州、上海等地举办招商推介会20余场，搭建起一批招商平台。积极利用高新区企业家顾问委员会、在渝在铜企业等资源，开展以商招商。

【集群招商】 一是电子信息产业。完善了过渡厂房、产业基金、承接政策等要素资源，首家小米生态链企业——云丁科技2021年产值已突破10亿元，并积极转移生产订单至铜梁代工，新引进天合兴、捷凌电子等一批小米生态链企业，配套企业杰尔精密、英力电子、百钰顺、精鸿益等智能终端和笔电项目建成投产，形成集群发展态势。二是装备制造产业成功引进爱玛科技，实现了整车龙头企业项目零的突破，达产后可年生产各类电动摩托车约300万辆，实现年产值100亿元，并可带动配套企业形成200亿元的新能源短途智慧出行产业集群（截至2021年底，爱玛科技总部结算项目已在铜开票20余亿元，实现税收3236万元）。不断提档升级和完善汽车零部件产业链，汽车零部件企业达120余家。依托中车集团落户铜梁，引进克诺尔、东方迅达等配套企业，深入推进轨道交通装备维保基地建设，初步形成集群效应。三是健康美妆产业“西部美谷”产业集群初见成效，已签约入驻项目19个，“西部美谷”展示中心（日化产品检测中心）即将建成投用，万洋、思特、绿野等3个项目已开工建设；康容、旭妆等5个项目正在开展前期工作。四是围绕全市新能源汽车产业链专项招商行动，加快引进金汇能等硅碳、石墨负极材料制造企业，加快推动三新产业园、天齐锂业等项目投产见效，做大做强新型玻璃和锂电产业，实施差异发展，塑造特色优势。

【优化服务】 及时组建重大项目工作专班，深度参与项目对接洽谈、签约落地、建设投产全过程，发现和解决项目引进落地过程中的问题，推动爱玛科技项目实现当年签约、当年建设、当年投产，刷新铜梁区招商引资和项目落地的最快速度。加强项目履约监管，形成透明、高效的履约兑现氛围，促进重大招商项目落地转化，近年来引进的新民康、金骏工谷、鹿享家、天齐锂业、会通等企业发展态势良好，在全区工业企业中纳税靠前。2021年，配合财政部门兑现27家企业建设类扶持资金18078.79万元，兑现14家企业运营类扶持资金2436.24万元，企业满意度100%。

（张亭 供稿）

政务服务

【概况】 2021年办理各类业务50万余件，区市民服务和营商环境促进中心党支部被市委授予“重庆市先进基层党组织”称号，被国家机关事务管理局、国家发展改革委、财政部评为全国“节约型机关”。被重庆市政府办公厅评为2021年度“全市政务服务工作突出单位”。

【增强服务效能】 一是提升政务服务网上办理能力。大幅精简申请材料，压缩办理时限，积极推进政务服务网上办理，梳理发布“零材料”事项共计130项，督促各部门按照事项清单严格落实，引导群众进行网上申报，实现全程无纸化办理。全区依申请类政务服务事项1411项办理时限平均压缩84%以上，平均跑动0.17次，“一次不跑”事项1166项，占82.6%，“只跑一次”事项295项，占17.4%，事项即办率达58%。二是加强三级政务服务体系建设。狠抓“三集中三到位”，区级41家单位整合入驻，全区1411项依申请类政务服务事项进驻政务服务大厅1395项，进驻率达98.9%，推进更多政务服务事项实现网上办，网上可办事项1367项，网上可办率96.9%。三是推进行政审批流程再造。将各政务服务部门的审批职能按照方便企业、方便群众的原则进行再梳理、再优化，改串联为并联，改前置为同步，精简审批材料，压缩审批时限，全区政务服务事项的承诺办结时限已在法定办结时限的基础上压缩三分之二以上，提高办事效率。

【推进重点改革工作】 一是强力推行“一窗综办”。设置“无差别”受理综合窗口19个，整合28家单位进驻，实现任何一个窗口通办552项事项，全年“无差别”受理窗口共办理业务18565件。二是推出“一件事一次办”套餐56项。将以往群众办事要跑多个窗口、提交多套材料变为一套材料、一次受理、一次办结，全年累计办理15771件。三是推行智能“秒办”改革。通过大数据应用技术支撑，推进全市自然人、法人、证照信息数据互认共享，运用人工智能、大数据等技术手段实现智能申报、智能比对、智能审核；积极推出智能办理“一件事”，推进免证办、智能化办理，逐步实现“机器换人”。全年已定制上线145项智能“秒办”事项，97项事项已在运行。四是持续推进“四零”改革。实现企业开办“零材料、零见面、零费用、零跑路”，2021年全区新设立企业2556户，较2020年同比增长45%。在此基础上，中心持续拓展“四零”服务，梳理发布“零材料”事项130项，1166项事项实现“零见面”全程网办，1395项事项实现“零费用”办理，落实免费邮寄服务实现“零跑路”，中心所有政务服务事项均可免费邮寄。五是推行承诺制信任审批。将营商环境重点领域的15家单位53项事项纳入承诺制信任审批，全年通过承诺制信任审批办理业务5234件，失信0件，铜梁区被评为全国社会信用体系建设示范区。六是落实跨省通办。梳理跨省通办事项210项，2021年，全区与四川、广东、上海、江苏、陕西等地开展跨省通办事项29项，累计办件9922件。

【推动政务服务创新】 一是推行部门领导窗口办公制度。督促涉及营商环境的17家重点单位主要负责人、分管负责人每月轮流到窗口办公一次。二是推行营商环境“观察员”制度。从全区重点企业负责人、法律工作者、人大代表、政协委员中选聘50名营商环境观察员，常态化开展第三方监督，及时发现、交办和解决营商环境方面的突出问题。三是开展“暖心政务”志愿服务。全年为企业、群众提供上门服务70余次，延时服务110余次，帮办代办工程建设项目审批、企业开办等重点难点业务3200余次。市民服务中心各窗口全年收到企业、群众送来的锦旗、感谢信50余次。

（胡瀚霖　供稿）

经济研究

【经济研究】　区政府经济研究中心围绕国民经济和社会发展、改革开放中的全局性、战略性、综合性、长期性问题，结合国内国际经济形势、地区经济社会发展状况开展研究，对《区域全面经济伙伴关系协定》（RCEP）对县域经济影响、中小企业纾困帮扶、“双百”城市建设、大学园区建设等重点课题进行调研分析，提出政策建议。牵头起草政府工作报告、经济形势分析会等各类大型会议材料，完成重要文稿310余篇，撰写调研文章10余篇。收集、分析、整理和报送经济社会发展的重要信息、动态30余次，编印《铜梁区经济社会发展情况》4期，编印《领导参阅》10期，为区政府提供决策参考。

（王刚　供稿）

应急管理

【应急指挥】　平台标准化建设。下发镇街指挥平台标准化建设方案，规范对镇街指挥平台的人员配置、规章制度、标识标志、硬件设备并投入使用。推进指挥中心，加强日常管理、维护和使用，保障各类视频会议、灾害事故连线调度。指导镇街进一步规范指挥调度工作流程、标准文书、资料文档等配套措施资料。规范分级分类响应流程，完善研判报告、调度响应、通知通报、联动响应、全程跟踪反馈的制度。按照分级负责、属地为主、分类应对、协调联动的原则，优化完善灾害事故分级分类响应工作制度，加强各级救援力量、行业部门的统一调度、联动响应，健全沟通协作机制，畅通协调联动渠道。做好汛期预警响应，加强与气象、水利、规划自然资源、城乡建委等部门的沟通衔接，强降雨天气过程坚持做到雨前预警、雨中抽查、雨后巡查。全年累计发布预警信息39条，受众27万余人。及时调度“1·27”四丰机械爆炸事故、“3·26”兴峰机械亡人事故、维新“5·21”小车坠塘等突发事件、安居“10·4”洪峰过境等突发事件，完成信息收集上报、事故灾害现场视频连线等工作。

推进信息化建设。对应急指挥系统基础数据库、视频数据库进行日常维护及适时更新。在危化、非煤矿山企业推动安全隐患排查治理系统建设，实现安全巡查、隐患排查、隐患治理、安全监督线上线下同步开展。配合区林业局对全区重点林区进行实地踏勘，确定18个点位用于安装森林防火智能感知云台系统，将重点林区森林防火智能报警覆盖范围进一步扩大。动用无人机参与森林防火宣传等工作。正式上线运行“12350”安全生产举报投诉热线，通过集中宣传活动、发放宣传手册、张贴宣传海报、在媒体上宣传等方式大力开展12350举报投诉热线的宣传工作。全年累计接听举报投诉电话300余个，转办31个。

【应急预案和演练】　组织修订《重庆市铜梁区突发公共事件总体应急预案（暂行）》《重庆市铜梁区森林火灾应急预案》等7个预案。牵头和指导铜梁区“战汛—2021”综合演练、“4·23”水上应急救援演练、“重庆红旗金龙弹簧有限公司淬火油泄漏暨环境污染事故演练”等各级各类演练，参与演练2150余人次，进一步提高应对事故灾害救援现场处置能力。

【应急救援】　救援协调。修订《重庆市铜梁区生产安全事故和自然灾害应急救援联动机制》和《重庆市铜梁区生产安全事故和自然灾害应急处置现场管理办法》，进一步理顺指挥关系，明确职能职责，规范现场处置流程。制定《武警重庆总队铜梁中队自然灾害抢险救援用兵工作机制》，加强武警重庆总队铜梁中队和区应急局在自然灾害抢险救援领域的合作。先后与四川省遂宁市、潼南区签订合作协议，完善两地应急管理合作，推动建设区域应急响应联动机制。

救援保障。按照装备物资前置一线的要求，为全区266个村级综合应急救援站统一配发了救援绳、救援担架等常用装备物资，为全区14个涉林村级综合应急救援站补充配备了灭火水枪、手拉锯等森林灭火工具，为区综合应急救援队配发消防水泵、油锯等专业抢险救援装备，邀请专业技术人员对装备使用开展培训指导，切实提升基层抢险救援基础保障能力。

救援队伍。持续推进镇街综合应急救援队和社区综合应急救援站标准化建设，开展日常检查督导，督促镇街建实、训实、用好两级队伍，全区28个镇街、65个社区均已建成综合应急救援队伍。制定《2021年区专职综合应急救援队准军事化管理工作方案》，稳步推进区专职综合应急救援队“四个秩序”规范化建设。联合区林业局成立区国有林场森林消防专业队，分级推进全区331个村（社区）综合应急救援站标准化建设。

2021年应急救援中心共出动520余人次，调遣各类装备物资1500余台次，组织协调参与“1·27高新区四丰矿山机械有限公司爆炸事故”“5·19平滩水泥罐车事故”“5·21维新私家车落水事故”等35起事故灾害现场救援处置工作，并做好“原乡风情马拉松”“安居龙舟会活动”“庆祝建党100周年”等10余场大型活动现场应急值守工作，共计出动100余人次。直属队伍参与现场救援处置110余起，共计出动850余人次，出动各类装备物资760余台次，参与社会救助220余起，共计出动1350余人次，出动各类装备物资1600余台次。

【应急宣传教育】　狠抓宣传和教育，将应急管理方针政策、预警预报、科普知识传到企业、到社区、到个人，宣传教育直达基层；组织150余人通过安全生产行政执法人员资格考试，组织28个镇街和重点行业部门开展新修订“安全生产法”专题培训，组织一般生产经营单位主要负责人和安全管理人员培训12次，980余人参加，对非煤矿山和危化负管人员171人次进行考核考试，对特种作业人员2600余人次进行考试。开展“最美应急人”宣传活动，评选“最美应急人”10名。全年区应急管理局获得“重庆市应急管理先进集体”荣誉称号。区应急管理局应急指挥中心获得团市委“2021年度重庆市青年文明号”荣誉称号。

【防灾减灾】　按照第一次全国灾害信息风险普查要求，查阅相关档案资料，搜集普查信息数据1532条，统计各镇街应急物资储备点的地理位置及存储情况，客观认识全区自然灾害综合风险水平。年内落实经费和专业队伍，全面推进工程防御治理。完成高楼镇涪江路塌岸治理和安居镇2处小型地质灾害群测群防点的工程治理。

【救灾和物资保障】　2021年全区出现1次风雹、12次洪涝灾害过程。受灾人口和直接经济损失与上年同期相比，分别下降78.7%和97.7%，累计27个镇街、195个行政村受灾，受灾人口4149人，转移安置49人；倒塌房屋17户36间，严重损坏房屋33户68间，一般损坏房屋129户241间；农作物受灾面积245.3公顷，成灾面积134.47公顷，绝收面积55.47公顷；直接经济损失1145.21万元，其中农业损失388.58万元，房屋及居民家庭财产损失260.38万元，工矿商贸损失10.45万元，基础设施损失480.85万元，公共服务设施损失2万元，其他损失2.95万元。争取中央、市级自然灾害救灾资金197万元，储存救灾物资16个品种6.4万余件，发放救灾物资254件，因灾倒塌和严重损坏房屋恢复重建29户68间，下拨倒损房屋恢复重建资金45.9万元，冬春救助人口3744人，下拨冬春救助资金76.768万元。因自然灾害（地震除外）毁损的居民房屋（包括因火灾、爆炸造成的农村房屋）获得巨灾保险理赔房屋127件，理赔金额60.01万元。

【防汛抗旱】 年内对全区的防汛抗旱工作进行了安排部署。4月19日召开全区防汛抗旱工作会议，要求全区各镇街及指挥部成员单位立足防大汛、抗大旱、救大灾，严格落实责任，突出抓好监测预报、隐患排查、风险管控等各项措施落实，确保人民群众生命财产安全和社会稳定。汛期组织并参加了9次常态（趋势分析）会商、10余次非常态（临灾）会商，下发汛期值守、防汛抗旱、应对或做好暴雨天气灾害防范工作等通知9次。

【森林防灭火】 年内对全区森林防火工作进行安排部署，并督促各责任单位落实防火责任。开展“森林防火宣传月”和“5·12防灾减灾宣传日”活动，通过手机短信向全区各镇街机关干部、村社干部、护林人员发送火险等级预报和森林防火宣传信息。在法定节日督促各镇街组织机关干部、村社干部与护林人员深入林区开展森林火灾隐患拉网式踏查，及时排查和消除火灾隐患。组织28个镇街民兵骨干和综合应急救援队员共计190余人开展森林火灾扑救理论知识培训和森林火灾扑救实战演练2次。

信访

【领导干部接访】 每个工作日有1名区级领导到区信访办公开接待来访群众，全区各部门领导班子成员每月至少1个工作日、镇街主要领导每周至少1个工作日到各级信访接待场所公开接待信访群众。2021年全区各级领导干部累计接访下访群众3833次，接待群众5702人次，接待处理矛盾纠纷和信访问题3968件，已化解3965件，化解率达99.9%。2021年区信访办被重庆市委、市政府表彰为“全市信访工作先进集体”。

【矛盾排查化解】 坚持区、镇（街道）、村（社区）三级矛盾纠纷排查机制，坚持每月集中分析调度，全力推动矛盾纠纷排查化解。全年全区累计排查出各类矛盾纠纷1268件次，累计化解1245件次，化解率为98.2%。

【消防】 铜梁区消防救援支队于2019年12月31日挂牌成立，辖白龙、玉泉、安居3个消防救援站。2021年全区发生火灾463起，未发生较大以上火灾事故，消防救援队伍共接处警1106起，出动车辆1843辆次，出动警力13703人次，营救和疏散被困人员111人。年内先后开展7个消防安全隐患专项整治行动。在安居古城天后宫、湖广会馆等重点场所及区域安装独立式感烟探测器、简易喷淋系统、电气火灾监控装置，联合重庆市对外经贸学院（铜梁校区）挂牌成立“消防志愿服务基地”，打造专业消防志愿队伍。提请区政府出台《铜梁区火灾事故应急预案》，优化应急联动体系。组建建筑火灾扑救编队，参加区域性水域救援技术培训，组建高空山地救援专业队伍，提升队伍专业化水平。建成智能接处警系统，提高接处警效率。配齐公网集群、双模图传、建模无人机等关键装备。将全区6个政府专职消防队、2个企业专职队纳入统一调度指挥体系，建成了“统一指挥、逐级调度、同步出动”的联勤联动作战模式。

（王秋宽 供稿）

机关事务管理

【公务接待】 年内加强对公务接待各个环节的管理，坚持从细节上下功夫提升服务水平，把服务全区经济社会发展大局作为接待工作的出发点和落脚点，以清单化、流程化管理为抓手，对接待指南、工作流程、工作规则进行细化和规范，加强服务中的事前、事中、事后全流程协调联动，落实落细“细致、精致、极致”服务理念。不断提升“爱龙乡 展风采”服务品牌，在招商引资、重要客商来铜接待工作中有机串联铜梁区发展优势，及时推送反映铜梁区的好报道、好歌曲、短视频，全面展示铜梁经济发展新成果。

【创建节约型机关】 牵头推进示范创建，指导创建国家级、市级、区级示范机关，广泛宣传，植入绿色理念，以“宣传+体验”“解惑+答疑”“线上+线下”形式积极开展全国低碳日、中国水周等主题宣传活动；组织各公共机构开展宣传教育140余次；推进“光盘行动 我带头”常态化行动，下发《铜梁区机关事业单位食堂餐饮节约管理规程》，从制度建设、食品采购、餐厨垃圾回收、监督评价等8个方面实施全流程管理。推进垃圾分类，组建区级公共机构垃圾分类少云志愿者队伍，建立196个公共机构垃圾分类指导员队伍，设置97个垃圾分类示范岗，着力打造15个公共机构垃圾分类示范点；将制止餐饮浪费行为和垃圾分类工作纳入镇街和区级部门年度考核内容，深入64个公共机构开展专项督查和成效评估。2021年铜梁二中被国管局、国家发展改革委、水利部评为“公共机构水效领跑者”；区府办等29个党政机关获得由国管局、中直管理局、国家发展改革委、财政部命名的“节约型机关”；区高新区管委会等16个单位被市机关事务局、市水利局评为“2021年重庆市公共机构节水型单位”。

【公务车管理】 打造公务用车管理示范标杆，创建公务用车专项领域全国示范点，通过公务用车标准化、信息化“两化融合”，全年累计出车25000余台次。加强运行管理，对跨部门公车服务平台的车辆继续实行统一调度、统一维保、统一加油、统一停放“四统一”管理，实现公务用车全生命周期管理；严格公车日常管理，在法定节假日前后，对全区公务用车使用情况进行实地检查，有效遏制违规使用公车情况，会同区财政局、区国资中心、区发改委等单位加强定点保险、定点租赁的管理；承办全市公务用车管理交流渝西片区会，推进新能源电动汽车分时租赁，在高楼、维新等7个镇街打造新能源汽车分时租赁保障示范点建设，累计投入新能源纯电动汽车9辆，有效缓解偏远乡镇公务出行难的问题。

【公房管理】 按照统筹协调、合理置换和集约节约使用的原则，严格审批程序，调剂办公用房，审批排危维修项目；逐步推进办公用房权属登记，制定出台《铜梁区党政机关办公用房权属统一登记工作方案》，核实全区89个党政机关办公用房使用情况，厘清各办公楼的产权性质；按照“先易后难、有序推进”的原则，分批推进办公用房权属登记，截至年底权属到机关事务局房屋8处，合计面积3385.72平方米，调剂、维修办公用房6家单位10189.4平方米。全年全区无办公用房超标情况。

【会议保障】 会场服务做到会前、会中、会后全流程清单式闭环管控，以细致、精致、极致服务铜梁全区经济发展大局。对区委会议中心实行标准化、精细化管理，根据九龙坡、沙坪坝、璧山等标准化试点区县标准指南，不断优化和完善标准体系布局，确立会务服务标准化框架；梳理区委会议中心工作流程，按照零差错要求，细化工作分工，狠抓茶水服务、会场礼仪等细节服务，规范会务人员服装，统一茶水服务动作，严控会场设施设备，科学规范布置会场，提升会议舒适性。全年保障各类会议活动581场次，圆满完成区十六次党代会等重大会议保障任务，呈现一套整齐、规范、有序的服务标准。

【机关食堂管理】 根据食堂规范管理要求，建立食品质量管理体系、汇编食堂管理规范手册；常态化抓严抓实制止餐饮浪费工作，下发《铜梁区机关事业单位食堂餐饮节约管理规程》，从制度建设、食品采购、餐厨垃圾回收、监督评价等8个方面实施全流程管理，开展“光盘行动 我带头”活动，通过“物防”“技防”“人防”等多种方式宣传到位，打造健康节俭食堂；以“安全、新鲜、节约、美味”为原则，不断推陈出新，改善膳食花色品种，挖掘铜梁特色餐饮文化和资源；细化服务规范，用餐满意率达95%以上。

【办公区物业服务】 常态化做好安全保卫、卫生保洁、绿化美化、维修维护等物业服务；完成区委人大办公区维修，统一办公楼统一标识和指导图引等；加强保安队伍日常管理，进一步完善保安管理制度，协助有关部门妥善处理涉访人员的劝阻和疏导，为机关运行提供更加优质、更加规范、更加高效的服务保障，确保区级机关安全稳定；建立防疫测温系统，提标区机关安全监控中心，对区委集中办公区的高清摄像头数据实时监控，对进出区委的车辆有效监控，坚持每日夜间巡查和流动巡查，及时排除安全隐患。

（张春雪 供稿）

中国人民政治协商会议重庆市铜梁区委员会

【概况】 2017年1月7日至11日，区政协十届一次会议选举产生政协重庆市铜梁区第十届委员会主席1名、副主席7名、秘书长1名、常务委员36名，共有政协委员269名。2021年，区政协十届五次会议补选秘书长1名，区政协十届六次会议补选副主席1名，辞去委员职务18名（其中，副主席1名、常务委员1名），撤销委员职务2名、增补委员25名，共有政协委员274名、常务委员35名。

2021年共召开全委会2次、常委会10次、主席会议11次。全年举办党组中心组专题学习会13次、专题读书班15期。组织“学党史颂党恩跟党走”庆祝建党100周年读书会演活动。组织政协常委、界别组长赴延安举办党史学习教育专题培训班，开展“七一”重要讲话、党的十九届六中全会精神等各类学习会、理论研讨会40余场次。结合“我为群众办实事”实践活动积极开展各类视察、调研、民主监督履职活动，全年共形成咨政报告6期，提出意见建议30余条，为区委、政府决策提供有益参考；委员提交提案363件、立案312件；收到委员反映社情民意信息242篇，在区内印发12期，向全国政协、市政协报送40篇，被采用14篇。

【区政协全委会议】 2021年1月31日至2月3日，中国人民政治协商会议重庆市铜梁区第十届委员会第五次会议在铜梁城区举行。会议听取并讨论了区委书记唐小平所做的讲话，审议批准了严永超代表政协重庆市铜梁区第十届委员会常务委员会所做的工作报告和李治伦代表政协重庆市铜梁区第十届委员会常务委员会所做的提案工作情况的报告。列席区十七届人大五次会议，听取并协商讨论了区政府工作报告，协商讨论了区“十四五”规划和2035年远景目标纲要以及计划报告、财政报告、区法院工作报告、区检察院工作报告。大会还选举朱华友为政协重庆市铜梁区第十届委员会秘书长。大会期间共收到委员提交提案359件。

2021年3月10日，中国人民政治协商会议重庆市铜梁区第十届委员会第六次会议在铜梁城区举行。大会审议通过了政协重庆市铜梁区第十届委员会第六次会议议程，通过选举办法，通过总监票人、监票人、总计票人名单，宣布计票人名单，曾祎当选为中国人民政治协商会议重庆市铜梁区第十届委员会副主席。

【区政协常委会议】 区政协十届二十三次常委会议。2021年1月5日召开，会议听取了政协重庆市铜梁区第十届委员会第五次会议筹备情况。会议审议通过《关于召开政协重庆市铜梁区第十届委员会第五次会议的决定（草案）》。并原则同意《政协重庆市铜梁区第十届委员会第五次会议议程（草案）》。审议通过并原则同意《政协重庆市铜梁区第十届委员会第五次会议日程（草案）》。审议通过并原则同意《政协重庆市铜梁区第十届委员会第五次会议邀请和列席人员名单（草案）》。审议通过《政协重庆市铜梁区第十届委员会常务委员会工作报告》。审议通过《政协重庆市铜梁区第十届委员会常务委员会关于十届四次会议以来提案工作情况的报告(草案)》。区政协主席严永超代表主席会汇报区政协2020年第四季度工作,就抓好近期及2021年各项工作做出安排布置。

区政协十届二十四次常委会议。2021年2月2日召开,会议听取大会副秘书长朱华友关于政协重庆市铜梁区第十届委员会第五次会议有关情况汇报。会议讨论选举办法(草案),会议讨论总监票人、监票人、总计票人建议名单(草案);会议讨论十届区政协秘书长候选人建议名单(草案),提交各联组酝酿。会议审议政协重庆市铜梁区第十届委员会第五次会议关于政协重庆市铜梁区第十届委员会常务委员会工作报告的决议(草案)、关于十届四次会议以来提案工作情况的报告的决议(草案)。重庆市铜梁区第十届委员会第五次会议决议(草案)。

区政协十届二十五次常委会议。2021年2月3日召开,会议听取关于政协重庆市铜梁区第十届委员会第五次会议有关情况汇报。通报各联组讨论酝酿选举办法(草案)和总监票人、监票人、总计票人建议名单(草案),十届区政协秘书长候选人建议名单(草案)以及政协重庆市铜梁区第十届委员会第五次会议关于政协重庆市铜梁区第十届委员会常务委员会工作报告的决议(草案)、关于十届四次会议以来提案工作情况的报告的决议(草案)、政协重庆市铜梁区第十届委员会第五次会议决议(草案)情况。会议审议通过选举办法(草案)、总监票人、监票人、总计票人名单(草案),决定计票人;审议通过十届区政协秘书长候选人名单(草案)、政协重庆市铜梁区第十届委员会第五次会议关于政协重庆市铜梁区第十届委员会常务委员会工作报告的决议(草案)、关于十届四次会议以来提案工作情况的报告的决议(草案)、政协重庆市铜梁区第十届委员会第五次会议决议(草案)。

区政协十届二十六次常委会议。2021年3月4日召开,会议审议通过并原则同意《关于召开政协重庆市铜梁区第十届委员会第六次会议的决定(草案)》。会议听取并原则同意《政协重庆市铜梁区第十届委员会第六次会议议程(草案)》。会议听取并原则同意《政协重庆市铜梁区第十届委员会第六次会议日程(草案)》情况说明,原则同意《政协重庆市铜梁区第十届委员会第六次会议日程(草案)》。会议听取并原则同意《政协重庆市铜梁区第十届委员会第六次会议邀请人员名单(草案)》。会议同意增补曾祎(女)为十届区政协委员。区政协主席严永超代表主席会就区政协2021年重点工作做出安排布置。

区政协十届二十七次常委会议。2021年3月10日召开,会议讨论通过选举办法(草案)、总监票人、监票人、总计票人建议名单(草案)和十届区政协副主席候选人建议名单(草案),提交各联组酝酿。

区政协十届二十八次常委会议。2021年3月10日召开,会议听取了各联组讨论酝酿选举办法(草案)和总监票人、监票人、总计票人建议名单(草案),十届区政协副主席候选人建议名单(草案)情况。审议通过了选举办法(草案)、审议总监票人、监票人、总计票人名单(草案),决定计票人、十届区政协副主席候选人名单(草案)。

区政协召开十届二十九次常委会议。2021年4月26日召开,会议听取全区“十三五”规划执行情况和“十四五”规划纲要编制情况的通报。会议听取区政协常委会延安党史学习教育专题培训班学员代表交流发言。区政协主席严永超代表主席会汇报区政协2021年第一季度工作,就抓好第二季度工作做出安排布置。

区政协召开十届三十次常委会议。2021年8月5日召开,会议听取全区上半年国民经济和社会发展情况、全区上半年财政预算执行情况通报。会议听取全区营商环境情况的情况通报。会议听取全区第七次人口普查情况通报。会议听取区政府上半年所做的重点工作及下半年重点工作安排。区政协主席严永超代表主席会汇报区政协2021年第二季度工作,就第三季度工作做出安排布置。

区政协十届三十一次常委会议。2021年10月19日召开,会议听取区委书记谭庆所做的讲话。会议听取区委办副主任、区改革促进中心主任彭小影所做的区党群和法检系统关于区政协十届五次会议提案办理情况的通报,区府办主任徐波所做的区政府系统关于区政协十届五次会议提案办理情况的通报。会议听取区发改委主任周伟峰所做的铜梁全面建成小康社会的情况通报。区政协主席严永超代表主席会通报区政协2021年第三季度工作开展情况,就抓好第四季度工作做出安排布置。

区政协开展十届三十二次常委会议。2021年12月23日召开,会议听取并同意《关于召开政协重庆市铜梁区第十一届委员会第一次会议的决定(草案)》《政协重庆市铜梁区第十一届委员会第一次会议议程(草案)》《政协重庆市铜梁区第十一届委员会第一次会议日程(草案)》《政协重庆市铜梁区第十一届委员会第一次会议邀请和列席人员范围(送审稿)》《政协重庆市铜梁区第十届委员会常务委员会工作报告(草案)》《政协重庆市铜梁区第十届委员会常务委员会关于十届五次会议以来提案工作情况的报告(草案)》。会议听取有关人事任免等工作。会议听取并同意《铜梁区政协第十一届委员人选建议名单》。会议听取了区政协党组书记何建伟讲话。区政协主席严永超代表主席会汇报区政协2021年第四季度工作。

【政治协商】 区政协十届五次会议期间委员参与协商讨论政府工作提出意见建议七方面42条,协商法检两院工作提出意见建议19条,全部得到办理或答复。围绕全区历史文化资源开发及保护、美丽乡村建设等工作,开展主席会、专委会协商16次。按照市政协关于"渝事好商量"协商平台建设的工作要求,积极融入铜梁"党建扎桩、治理结网"工程建设,创新探索打造"家门口商量"平台。在城市社区,建立1个社区平台+X个小微协商平台,全年针对物业管理、乡村普法、城区噪声污染等问题开展"渝事好商量·家门口协商"活动,及时解决群众烦心事、揪心事、堵心事。2021年该项协商工作被《人民政协报》报道3次,《重庆日报》报道3次,《重庆政协报》报道4次。

【民主监督】 聚焦全区工作重点和社会关注热点,寓民主监督于履行职能全过程。围绕全区"十三五"完成情况及"十四五"规划情况、全区重点民生实事完成情况等14项工作,召开专题常委会、主席会、专委会会议听取情况通报。聚焦铜安高速巴岳山隧道、城轨快线璧铜线云雾山隧道、渝遂复线高速小安溪高架桥等全区重点工作开展监督性视察活动,围绕大通道、大平台、大项目建设,依托市政协五届四次、五次会议平台提交提案47件。组成走访小组,走访高新区企业60余家,收集意见建议报告区委、区政府;全面落实"河长制",2021年2月,会龙河水质首次出现二类;全面落实巩固国卫、全国文明城区创建"片长制""街长制"责任,真正把民主监督的触角延伸到经济社会发展的各个领域,推动民主监督工作提质增效。

【参政议政】 全年围绕龙城天街商圈培育以及广铜一带一路高新产业合作区、西部美谷建设等13项工作，开展重点视察；围绕乡村社会治理、长江流域十年休渔期工作开展等4项工作，开展重点调研。全年区政协共形成咨政报告6期，提出意见建议30余条，为区委、政府决策提供了有益参考；委员提交提案363件、立案312件；收到委员反映社情民意信息242篇，在区内印发12期，向全国政协、市政协报送40篇，被采用14篇。

【提案工作】 区政协十届五次全会以来，广大政协委员、政协各参加单位、各专门委员会，深入调研，积极建言，共提交提案363件。经审查，立案312件，未立案51件，立案率85.95%。截至8月30日，提案全部办结，所提问题及建议已解决或采纳的162件，正在组织实施或纳入计划的128件，因条件限制进行解释说明的22件，委员满意率达100%。

【文史工作】 积极发挥存史资政、团结育人功能，按照市政协统一部署，参与编撰《行千里致广大·重庆人文丛书》，负责《主城都市区——中华龙乡》章节，报送涉及铜梁文化、铜梁龙舞、安居古城、铜梁优秀人物方面内容的文稿4篇。牵头编撰展示铜梁经济社会高质量发展成绩的文史书籍《原乡铜梁》，收录涉及铜梁龙文化、乡村振兴、城市提升、工业振兴、文旅融合5方面内容共78篇文稿。

（文博 供稿）

中国共产党重庆市铜梁区纪律检查委员会
铜梁区监察委员会

【党风廉政建设】 强化政治监督，坚决做到“两个维护”。在学思践悟中坚定正确方向。坚持区纪委常委会会议第一议题必学习近平新时代中国特色社会主义思想，把学习贯彻党的十九届六中全会精神作为重大政治任务，将“学党史、悟思想、明逻辑、识规律、固初心、思履职、严任务、抓落实”贯通起来，切实提高捍卫“两个确立”、践行“两个维护”的政治自觉。坚持边学习、边调研、边工作、边总结，聚焦激励干部担当作为、优化营商环境等开展专题调研，把学习成果转化为工作成效。在严管严治中严明政治纪律。持续用力压实“两个责任”，3名区管党委（党组）书记在区纪委全会现场述责述廉，接受提问和评议；全覆盖列席监督区管领导班子民主生活会；精准问责1个党组织和21名党员领导干部。对145名区管正职和277名区管副职开展集体廉政谈话，纪检监察组织负责人全覆盖讲廉政党课，突出政治纪律和政治规矩教育，以讲促思、以讲促廉、以讲促干。坚决落实中央巡视反馈意见整改，强化对巡视整改情况的监督检查，优先处置中央巡视组交办问题线索26件。在服务保障中强化政治监督。严格落实《健全贯彻习近平总书记重要指示批示精神和党中央重大决策部署督查问责机制的指导意见》和《新时代纪检监察机关强化政治监督的意见》，推进政治监督具体化常态化。围绕实施“十四五”规划、成渝地区双城经济圈建设、乡村振兴等加强监督检查，助力“三新一高”破障开局。聚焦疫情防控精准监督，出台“四严禁”纪律要求，坚持挺纪在前、防控于前、监督向前，发现并督促整改问题355个；聚焦换届风气跟进监督，推出换届纪律“廉洁套餐”，班子成员带队到镇街督导调研，动态排查风险隐患，推动换届选举平稳有序廉洁开展。

以民生监督为切口，标本兼治“小微腐败”。深化专项监督惠民生。制定专项监督促进巩固拓展脱贫攻坚成果同乡村振兴有效衔接任务清单，明确5个方面32项重点任务，围绕责任落实、政策落实、工作落实等开展监督检查，严肃查处乡村振兴领域违规违纪问题12件，批评教育帮助和处理15人。开展村级集体“三资”提级监督试点，制定区纪委监委领导包村、联系监督检查室驻点、问题线索直办等10条措施，规范基层权力运行。整治突出问题护民利。持续纠治教育医疗、生态环保、养老社保、就业创业、食品药品安全等领域腐败和作风问题，查处群众身边腐败和作风问题35件，批评教育帮助和处理44人。开展教育系统营养午餐、套取已死亡农村人员养老金问题专项整治，督促清退补缴资金125.6万元，推动建立健全制度机制4个。常

2021年7月纪检监察干部就25件民生实事项目进行监督检查。(区纪委 供图)

态化惩治涉黑涉恶腐败和"保护伞",区监委向区人大常委会专项报告工作情况,"9·7"专案组和1名纪检监察干部分别获二等功。化解信访积案解民忧。高度重视信访举报办理,从政治、经济、社会、道德、法律、心理等层面系统性分析研判,找准问题症结,解决群众合理诉求。对疑难复杂信访积案,压实属地属事主体责任,实行一件一方案、一案一专班、一周一调度,加强对信访人的思想疏导和法治教育,推动信访突出问题化解。

以抓常抓长为路径,巩固拓展作风建设成果。整治形式主义官僚主义。严肃查处贯彻党中央决策做选择、搞变通、打折扣,抓落实流于形式、抓工作敷衍塞责等问题,深入整治"躺平""内卷""佛系"等干部作风突出问题,旗帜鲜明地向不良风气宣战,查处形式主义、官僚主义问题32件44人。创新设置4个基层减负观测点,督促落实《铜梁区持续整治形式主义"八个坚持"》,严防文件会议多、"督检考"事项多、材料表格多等问题,为基层干部松绑赋能。狠刹享乐主义奢靡之风。聚焦监督节约粮食、制止餐饮浪费等重要任务,聚焦节假日、换届等重要节点,紧盯违规吃喝、收送礼品礼金等易发多发老问题,紧盯"虚假公函""一函多餐"等隐形变异新表现,开展明察暗访16批次,查处享乐主义、奢靡之风问题11件14人。在中秋国庆期间,梳理信访、审计、巡察、监督检查、审查调查等发现的作风问题形成负面清单,8名班子成员带队到问题集中、反映较多的单位现场反馈、当面交办、传导压力,持续释放强烈信号。治树并举促常态长效。持续加力推动主体责任落实,督促各级"一把手"发挥好"头雁作用",既严格自律、又严管所辖。发挥32个营商环境监测点作用,续聘50名营商环境观察员,督促17个重点部门领导干部窗口办公,组织营商环境"大走访",推动解决问题92个。培训解读《落实中央八项规定精神30问(第四辑)》,运用党风政风监督大数据平台筛查发票信息12.5万余条,督促行业主责部门从制度机制上加以规范。坚持治树并举,深入开展党史学习教育、理想信念教育、纪法教育,引导党员干部培养新风正气。

【案件查处】 一是保持高压态势不手软。开展问题线索大起底、大会考,对178件问题线索办理情况逐件会诊、逐一过筛,对62件未办结的问题线索探明病灶、对症下药。全年共处置问题线索236件,立案74件77人,办结68件,处分62人,留置9人,运用"四种形态"批评教育帮助和处理355人次。加强政法系统教育整顿监督执纪执法,处置问题线索58件,立案审查调查10件10人,重点办理了区公安局法制科原科长王某某、围龙派出所一级警长夏某某等严重违纪违法案件。二是提升治理效能不懈怠。坚持惩治震慑、制度约束、提高觉悟一体发力,统筹推进"以案四说""以案四改",细化协作配合机制,创新实施成效评估,督促11个单位对22个案件开展"以案四改",排查整改问题76个,建立健全制度31个;坚持一案一剖析,分层级分领域开展"以案四说"警示教育299场次、受众达1.2万余人次。升级改版"廉洁龙乡"公众号警示教育平台,及时发布违纪违法党员干部忏悔录、警示片等，单篇最高点击量超1.8万次；加强廉政文化建设，开展家庭立德助廉、廉洁文化作品征集活动，上报作品86部，获奖5部，受到市纪委监委点名表扬。三是严守安全底线不放松。从政治和全局的高度认识安全问题，分兵把口，层层压实安全责任。委主要领导每日掌握“走读式”谈话情况，每周审阅驻点安全周报，每半月对留置对象安全进行风险评估，不定期开展监督检查。高度关注、充分了解留置对象的思想、身体等状况。全年开展“走读式”谈话351人次，留置中心收置对象14人。

【巡视巡察整改】 一是持续发挥巡察震慑力。年内完成对31个区管党组织、53个村（社区）党组织常规巡察，对20个村（社区）党组织巡察“回头看”，累计发现突出问题897个，移交问题线索24件，如期实现巡察全覆盖目标。二是切实增强整改推动力。坚持领导小组成员参加每轮巡察反馈会，建立向区级分管领导通报巡察发现问题和区级分管领导参加反馈会议机制，压实整改责任。对25个单位开展整改成效综合评估，发现并推动解决问题18个，约谈整改不力的党组织负责人4人。坚持以巡促改、以巡促建、以巡促治，向区级主管部门移交巡察发现的普遍性、倾向性问题23件次，推动实施专项治理13项、出台制度16项。三是全面提升队伍战斗力。加强人员配备，反复调研、积极争取设立6个固定巡察组，巡察专职干部编制由13个增加至23个，配备正、副处级巡察专员12名，联络员6名，确保每个巡察组有3名固定干部，为巡察工作长远发展打好基础。整合监督力量，抽调纪检监察、组织人事、财政、卫生等方面干部83人次参与巡察。通过每周集中学习、巡前专题培训、开展警示教育、参加巡视“以干代训”等方式，不断提升巡察干部的监督能力和专业化水平。

【队伍建设】 以改革创新为动力，推动提升治理效能。一是深化协作配合。充分发挥反腐败协调小组作用，召开区委反腐败协调小组会议3次，相互移送问题线索88件。成立反腐败追逃追赃和跨境腐败治理工作领导小组，开展国有企业境外腐败治理工作，全面摸清国有企业境外投资经营、党建监管、违纪违法问题线索等情况。对全区12080名党员干部和监察对象开展“一人多证”专项清理。稳步推进行贿人信息库建设试点，做到应录尽录、严格查询。二是深化机制建设。以《深化地方派驻机构改革有关问题答问口径》为指导，强化职责定位、规范履职内容、完善制度机制，推动派驻监督全覆盖高质量。厘清联系监督检查室与派驻（派出）机构、镇（街道）纪委（纪工委）的关系，健全完善“室组”联动监督、“室组地”联合办案制度机制。三是深化考核激励。围绕镇（街道）纪委（纪工委）、派驻（派出）机构共性职责，制定20条监督工作任务清单，作为共性考核指标，推动纪检监察组织照单履责。制定出台《铜梁区纪检监察组织监督工作差异化考核评价方案》，设置特色监督考核指标，鼓励纪检监察组织结合被监督单位职能职责及重点工作，自行申报1—2项本年度监督重点工作任务列入考核指标，不搞简单的“一刀切”，督促和激励基层纪检监察组织主动履责。

2021年12月29日召开中共铜梁区第十六届纪律检查委员会第一次全体会议。（区纪委 供图）

以自身建设为基石，打造高素质专业化队伍。一是坚持赋能激活并重。在“赋能”上加力，全面优化班子成员分工和各部室职能职责，科学规划监督检查室联系指导派驻（派出）机构，实现重塑再造、升级赋能。在“激活”上发力，分类厘清纪检监察系统68个区管副职岗位的职责和要求，精准界定职能职责，为岗位“铸模”；采取“一次谈话、一次推荐、一次测评、一份报告”的“四个一”方式，识别印证干部表现，给干部“画像”；将人选与岗位比对匹配，精准选人用人，确保人岗相适、人岗互促。此次换届，提拔重用纪检监察干部22人，调整交流16人，镇（街道）纪委（纪工委）书记平均年龄下降3岁，全日制本科以上学历占46%。二是坚持挖潜提质同步。在“挖潜”上下功夫，针对新进干部、年轻干部、专才干部三大培养主体，实施“强基”计划，编撰《百问百答》工作指南，注重培养基础业务能力；实施“墩苗”计划，注重培养年轻干部；实施“博雅”计划，注重培养特长突出、能力拔尖的专业化人才。在“提质”上下功夫，分层分类开展个性化、菜单式专题培训12期1432人次，开展“千字文”、比学赶帮超、技能比武等活动，干部一线岗位跟班锻炼和基层挂职锻炼108人次，全面提升履职能力和水平。三是坚持严管厚爱结合。完善内部监督体系，动态排查风险点53个，制定防控措施59项，建立健全内控制度30余个。发挥特约监察员作用，10名特约监察员常态化开展监督。收到并处置纪检监察干部信访反映6件，提醒谈话1人。关心关爱纪检监察干部，开展家访80余人次、谈心谈话150余人次，向干部家属寄送慰问信150余封，增强干部凝聚力和向心力。

（冉久红 供稿）

民主党派 工商联

民盟重庆市铜梁区总支部委员会

【概况】 中国民主同盟铜梁区总支部委员会(简称民盟铜梁总支部)是中国民主同盟重庆市委员会的地方组织,共有会员73人,下设5个支部。2021年民盟铜梁总支部被民盟中央评为宣传思想建设先进集体,1人被评为民盟中央宣传思想工作先进个人,1人获评民盟中央组织建设先进个人,1人获评民盟中央脱贫攻坚先进个人。2021年民盟铜梁总支部被盟市委表彰为社会服务先进集体。3人被盟市委表彰为优秀盟员,1人被表彰为优秀盟务工作者。民盟铜梁总支部微纪录片《80年·盟员故事——舞着祥龙上北京》获评民盟80周年微视频优秀作品。

【参政议政】 2021年,认真履行民主监督职能,积极开展司法、城管、城镇建设等监督工作,全年特约监督人员6人,开展监督12次。广大盟员深入社区、学校和田间地头,广泛调研,在生态文明建设、乡村振兴等工作方面积极献言献策。全年共撰写政协提案50篇、人大议案10篇,反映社情民意70篇。支部盟员参加区委、区人大、区政府、区政协专题协商会5次。总支部年内开展4次"盟言盟语"大讲坛,在弘扬龙文化、建言新高考等方面形成了一批优秀成果。

【社会服务】 年内开展"爱在民盟"公益行新春走访活动,走访土桥敬老院、岚槽小学,并送去节日礼品;开展"连警心·送光明"活动,免费为公安民警进行眼健康体检;举办民盟"守护天使工程"数字医疗5G(重庆)捐助仪式;在铜梁中学开展"守护花季 相伴成长"讲座;慰问贫困儿童家庭,送去粮油等;开展"学党史、见行动,群众眼健康我护航"义诊等活动。

(唐琪 供稿)

民建重庆市铜梁区总支部委员会

【概况】 2021年12月,民建重庆市铜梁区总支部委员(以下简称民建铜梁总支部)会共有会员79人,会员中经济界会员占56%以上。总支下设4个支部。2021年新吸纳3人入会。推荐6人担任区第十八届人大代表、27人担任区第十一届政协委员。完成1处"会员之家"标准化建设,切实发挥经济界人士荟萃的组织架构优势,保持会中央授予的全国优秀基层支部的荣誉,推举1人参选并成功获评"2021年度杰出渝商"。

【参政议政】 参加区委、区政协组织的重大问题决策协商3次。会员提出乡村振兴、法治建设等方面的参政议政建议被上级采用9条、提案和社情民意信息32条。6名会员被推选担任区第十八届人民代表大会代表,27名会员担任区第十一届政协委员。1人撰写的3篇社情民意信息被市政协采用后转报全国政协,1人撰写的1篇建议被市总工会采纳,1人被区政协主要领导在政协年度工作报告中点名表扬。

【服务社会与时俱进】 一是拓展社会服务新渠

道。与市委会直属工委联合组织“乡村振兴·我为大山种棵树”公益植树活动，与民建遂宁市射洪总支联合开展“点亮乡村·温暖冬日”乡村振兴遂宁射洪专场活动。发起“支持紧急驰援南北灾区抗洪防汛”的爱心募捐，筹集爱心款22500元。二是打造社会服务自品牌。组织实施“乡村振兴，民建助力”“感受集体经济发展，献计乡村振兴实施”等围绕新型农村集体经济组织发展中农产品推介销售为主的系列活动、“民建挚爱光、照亮乡村路”路灯捐助安装活动和冬日送温暖等活动。

（唐琪　供稿）

民进重庆市铜梁区总支部委员会

【概况】 2021年民进铜梁总支有会员76人。总支荣获区政协反映社情民意信息工作先进单位二等奖，民进市委会2021年度新闻宣传工作先进单位，1人荣获优秀个人一等奖。年内切实发挥民主党派监督职能，选派人大代表、政协委员中的民进会员担任特约监察员，对区委、区政府决策部署落实、法检工作、行业部门廉洁情况等进行监督。精心组织和引导会员参加全区经济社会发展情况协商会、“十四五”规划编制协商会以及政协专题协商会等各类协商议政活动。

【参政议政】 主委为会员做社情民意信息基础知识的专题培训，并撰写《关于积极稳妥推进旅游民宿业健康发展的建议》提交市委会，各支部形成调研报告4篇。全年共收到会员提交的人大代表建议5件、政协提案25篇、社情民意信息42篇。其中2篇被区政协评为优秀提案，社情民意信息22篇信息报送市委会、区政协及区委统战部，其中2篇得到民进中央的采用，5篇得到区政协采用。

【服务社会】 推进全民阅读。一是结合党史学习教育，持续开展“悦读·悦享”诵读活动，同时增设“阅读天使”颁奖环节，对10名品学兼优的孩子进行奖励。二是持续创办《铜梁文学》，与区作协合作，全年出版《铜梁文学》杂志4期，设民进专栏，全年登载民进会员作品20余篇，活动照片近40张。三是持续开展“春联万家”活动，春节前组织书法家会员到庆隆镇免费为群众书写春联。

开展送教助学。多次举办家校共育讲堂，帮助教师提升教育水平，帮助家长转变教育观念。在儿童节和教师节等节日，组织会员到学校慰问走访，送慰问金和学习用品，捐赠100余册课外读物。民进经济支部倡导并成立“涓滴细流·情暖园丁”困难教师爱心基金，首期筹集基金3万余元，在2021年教师节，看望慰问虎峰镇2名患病的优秀教师。

（唐琪　供稿）

农工党重庆市铜梁区工作委员会

【概况】 2021年6月29日，经中国农工民主党重庆市委员会批准换届产生了农工党铜梁区第三届工作委员会，下设5个支部。截至2021年底，农工党铜梁区工委有党员83人。

【履职工作】 一是专题调研。承担市委会委托课题并保质保量完成调研任务，组织课题组赴市商务委和潼南、荣昌等地实地调研，完成课题调研1篇提交农工市委。二是理论研究。向市政协和农工市委报送理论研究成果2篇。三是“两会”履职。向市、区人大、政协提交议案、提案、建议41件。工委1篇集体提案《整合资源机制　共建美丽乡村发展》和4件个人提案被区政协评为优秀提案。1人撰写的《关于净化网络环境的建议》被区人大列为重点建议，并进行现场督办。四是社情民意调研。向区政协、区委统战部、农工党重庆市委会报送社情民意信息20余篇，1篇被市政协采用，1篇获区委常委、组织部部长张波肯定性批示，多篇被区政协采用上报市政协。五是参政建言。积极支持和鼓励党员参加市区各种研讨会、政府工作意见征求会等。

【社会服务】 一是助力乡村教育，定点帮扶岚峰小学，开展慰问活动和义务献课活动，协助新建图书室、心理咨询室，完善“留守儿童之家”设施设备。二是助力乡村振兴，参与农村人居环境整治，帮助群众解决6项实际问题，共建“农工林”，为平滩镇30户残疾人送价值1万元的养蜂架和蜂桶。三是助力文化提升，组织下乡献春联。以“庹氏书画馆”“杨俊画室”“李中华书法室”等为载体，打造传统文化展示窗口。四是助力敬老爱老事业，购买巫山扶贫产品赠予岚峰敬老院、二坪敬老院。五是抗击新冠肺炎疫情。工委20余名医卫党员积极投身发热门诊、流行病学调查、核酸检测、公卫消杀等疫情防控一线工作。

（唐琪 供稿）

重庆市铜梁区工商联

【概况】 2021年底区工商联共有会员3686个，其中个人会员1249，企业会员2396个，团体会员41个。团体会员中镇街商会28个，实现镇街全覆盖；年内新增行业商会1个，行业商会达13个。2021年6月30日区工商联第十二届会员代表大会在区会议中心召开。会议听取审议十一届工商联常委会工作报告，选举第十二届工商联执委会。执委173名，常委89名，领导班子39名。

2021年采取会议、活动等多种方式组织学习党的十九大和十九届历次全会精神，开展中心组学习12次、党组学习32次、支部学习12次。研究党建工作12次，召开党建专题会4次，专题研究意识形态工作2次，召开党风廉政建设反腐败专题会议4次。年内开展建党100周年的系列活动，组织非公经济人士代表到北碚中共中央西南局历史陈列馆、西部科学院旧址陈列馆、卢作孚纪念馆参观学习。食品行业商会党支部、昆明市重庆铜梁商会流动党支部、女企业家商会党支部等通过参观烈士纪念馆、重温入党誓词等开展党史学习教育。年内1名预备党员转为中共正式党员，吸收1名预备党员。

【经济服务】 提出提案议案80件，社情民意100余条。组织参与铜梁统一战线“学党史、讲〈条例〉、增合力、促发展”大走访大谈心活动，走访民营企业120余家，收集问题80余条，促进问题有效解决。推动企业融入成渝地区双城经济圈建设，与四川省遂宁市工商联签订《加快融入成渝地区双城经济圈建设、推动经济高质量发展的合作协议》。聘请重庆巴岳律师事务所为基层商会、会员企业提供法律法规解读、合同拟定、纠纷调解等法律服务。组织开展“在外铜梁籍民企铜梁行”活动，引导在外发展的铜梁籍企业家、各地知名民营企业来铜投资兴业，全年捕捉项目信息120条。

【商会建设】 2021年是全市统战系统“服务高质量发展商会建设年”。铜梁重点落实“三抓三促”（抓商会党建促引领、抓商会建设促发展、抓诚信自律促规范）工作举措。商会党建进一步深化，新建汽摩商会党支部等，截至年底建立行业商会党支部5个，镇街商会党支部3个，商会党建“两个覆盖”有力提升。商会建设进一步拓展，新增6个乡镇（街道）商会，实现全区乡镇（街道）商会覆盖率100%；新建火锅商会，商会组织在行业产业的覆盖面不断扩大；商会组织运行进一步规范，全面开展诚信守法建设，树立“诚信铜商、法治民企”品牌。区工商联被全国工商联确认为2020—2021年度全国“五好”县级工商联。

【助力社会发展】 引导民营企业投身“万企兴

万村”，组织女企业家商会到石鱼镇盐田村开展“助力乡村振兴 共创美好未来”调研活动；组织商会会员与市农科院、区科技局、区农业农村委和高楼、小林、少云、大庙等镇农业干部，考察调研高粱种植和产业发展，助力农村集体经济发展。扎实推进“我为群众办实事”活动，组织民营经济人士到旧县、庆隆等镇街购买受新冠肺炎疫情影响滞销的辣椒、南瓜、梨、鸡鸭等农副产品；组织巴岳建司、涪柴动力等民营企业及汽摩商会、女企业家商会、批发零售商会、食品商会等捐赠物品、现金100万余元，支持河南抗洪救灾。

（张永尚 供稿）

群众团体

铜梁区总工会

【思想引领】 全年开展专题读书班8场，中心组学习12场，专题党课6场，专题宣讲3场，办理民生实事13件，确定调研课题3个。围绕庆祝中国共产党成立100周年，深入开展以劳动创造幸福为主题的宣传教育，制作《看龙乡》宣传画册2期，华龙网、中工网、上游新闻等市级媒体刊播30余条，市总工会官方网站推送50余条。

【组织建设】 贯彻落实《关于加强非公有制经济组织和社会组织党建带工建工作的通知》，有针对性地推进50人以上非公企业、25人以上社会组织建会专项行动。全区50人以上非公企业建会154家，社会组织建会30家。推动全区企业经营者有政治安排的59家非公企业建立工会组织；推动符合条件的、已建党组织但未建工会的20家非公企业建立了工会，全区193家已建党组织非公企业实现建会全覆盖；积极培育农民工入会试点单位3个。全区发展货车司机、快递员、网约送餐员、保安员等八大群体和灵活就业群体会员10367人，覆盖166个企业。

【弘扬劳模精神】 推荐获评重庆市第六届劳动模范和先进工作者7名。推荐获评全国工人先锋号1个、重庆五一劳动奖状1个、重庆五一劳动奖章2名、重庆市工人先锋号3个，联合铜梁区委宣传部评选出2021年铜梁区“最美产业工人”10名。支持和鼓励劳模充分发挥示范带动作用，累计创建市级劳模和工匠人才创新示范工作室1个、区级劳模和工匠人才创新示范工作室9个，广泛分布在能源电力、蚕桑养殖、医疗卫生等行业，涌现出一大批研究成果，助推经济社会实现高质量发展。筹集资金2万余元，慰问劳模代表28名；组织全区各级劳模155人参加健康体检；组织4名省部级劳模参加疗休养活动。

【劳动和技能竞赛】 制定《关于印发〈劳动和技能竞赛补助资金管理使用办法(试行)〉的通知》兑现基层工会劳动和技能竞赛补助资金2.15万元。组织职工参加市级劳动和技能竞赛3场，引领全区各级工会蓬勃开展网上劳动和技能竞赛43场，获评“劳动之星”“技能之星”“服务之星”等荣誉称号60人、“五小活动”展示奖项目1个。引导企业持续开展技术革新、合理化建议等群众性经济技术创新活动，营造劳动光荣的社会风尚和精益求精的敬业风气，激励广大职工群众建功立业。

【职工权益维护】 成立铜梁区工会劳动争议纠纷人民调解委员会，统筹开展“美好生活·民法典相伴”“女职工维权关爱”等系列活动，开展集中宣传活动7场，发放宣传资料1.5万余份，提供咨询服务500余人次，联合区人力社保局开展企业女职工产假等权益专项执法行动3次。联合区应急局、区公安局等部门开展百日行动保百年大庆安全工作、2021年安全生产月咨询日活动。

【民主管理】 有序推动7家已建会规模以上非公企业单独建立职代会制度。新培育重庆市铜梁区养老服务协会为行业(区域)性民主管理和集体协商建制工作示范点,覆盖养老服务企业41家;深入开展“公开解难题、民主促发展”主题活动,开展企业民主管理微视频竞赛活动,向市总工会选送5个优秀作品。新培育和谐劳动关系企业10家,选树“AAA”示范点企业3家,全区和谐劳动关系企业38家。迎接全国第十一次企业民主管理工作第八互检组来铜实地调研检查,得到检查组充分肯定。

【服务帮扶】 举办第七期母婴护理专业知识免费培训,培训下岗失业女职工、女农民工50余名。全年职工互助保障入会单位216家,入会总金额307.1555万元;全区共理赔930次,理赔金额205万元;筹集12.8万元,慰问互助会困难会员46名;开展公益健康知识讲座,惠及基层工会干部、职工160余名;组织400余名会员参加健康公益体检。开展“眼轻松·关爱职工送健康”公益体检活动,为铜梁高新区100余名非公企业职工免费进行眼部健康检查。开展“健康相伴·幸福同行”“两癌”体检筛查活动,覆盖非公企业女工会工作者和新就业形态劳动者220名。制定《区总工会2021年元旦春节送温暖活动方案》,慰问困难企业3家,劳模、困难职工(农民工)等群体445名;到高楼小学、青符小学等地发放爱心助学礼包800份;夏送清凉慰问环卫工人、交巡警等一线职工1800余名。

【职工之家建设】 3家企业工会成功创建为合格职工之家。指导并推动重庆市巴川中学校和铜梁区税务局第一税务所成功创建为市级模范职工之家(小家)。助力“红色物业”试点工作,指导建立铜梁区物业行业工会联合会,推行党群+物业治理模式,进一步完善新时代城市基层建设,完善基层治理工作。

【职工文体活动】 深化“中国梦·劳动美”系列主题活动,广泛开展文艺展演、体育运动、送文化下基层、流动电影放映等职工喜闻乐见、积极向上的文体活动。组织1600余名职工群众现场观看2021年中华龙狮大赛(重庆铜梁站);动员2000名职工群众参加2021重庆铜梁原乡风情马拉松赛;动员全区100余家基层工会积极参加“悠游原乡、品味原乡、嗨玩原乡”原乡文化旅游周系列活动;举办铜梁区第七届职工气排球联赛,106支队伍1000余名职工参赛。

(唐圣景 供稿)

共青团铜梁区委

【概况】 全区共有基层团组织1351个,团员25244人,团干部2190人。年内铜梁共青团工作获区委主要领导批示8条次,获共青团中央、《中国青年报》《重庆日报》重庆电视台等市级以上媒体报道200余条次。全区青年和团组织获“全国优秀少先队辅导员”“全国青年文明号”“重庆市优秀共青团干部”等全国、市级荣誉23个。团区委被评为重庆市2021年大中专学生志愿者暑期文化科技卫生“三下乡”社会实践活动优秀单位。

【思想政治建设】 抓好党史学习教育。精心组织庆祝建党100周年主题示范活动,举办铜梁区青少年庆祝中国共产党成立100周年青春歌会,举办“建党百年创辉煌 青春十八展宏图”川渝地区“学党史、强信念、跟党走”主题团日示范活动暨铜梁区第七届十八岁成人礼等活动。组建青年讲师团,采取线上线下相结合的方式开展习近平总书记“七一”重要讲话精神、党的十九届六中全会精神、党史学习教育等宣讲,线上拍摄发布“铜梁团团的党史微课堂”小视频20期,累计浏览达28.8万人次;线下开展“学习新思想 共赞100年 奋进新征程”微宣讲49场,走进青少年之家、学校、村社区，覆盖青少年1.76万人次。

深化思想政治教育。加强活动引领，发动全区各级团队组织开展“童心向党 快乐成长”六一主题集会、“青春心向党 启航新征程”离队入团仪式等主题活动200余场次，引导青少年厚植爱国情怀。突出实践引领，开展大学生暑期三下乡实践活动，积极对接重庆工商大学等高校，引导高校学生走进基层一线服务“三农”，在实践中受教育、长才干、做贡献。强化榜样引领，积极推报评选先进典型，全区青年和团组织获“向上向善好青年”“优秀共青团干部”等市级以上荣誉23个，其中，铜梁龙都小学少先队大队辅导员宗念被评为“全国优秀少先队辅导员”，重庆银行铜梁支行被评为“全国青年文明号”集体。

强化网上舆论引导。“铜梁共青团”微信公众号新增关注数3.6万人，累计关注数5.3万人；发布文章224篇，浏览量达23.5万人次。开通“青春铜梁”微信视频号，发布内容29条，累计浏览量26.1万人次。微信公众号开设《一起学党史栏目》专题，设置话题“学党史、强信念、跟党走”，发布基层团员青年、少先队员学党史情况17期。生产网络文化产品，拍摄制作《创全国文明城 做铜梁文明人》《请党放心 强国有我》等短视频11个，设计制作二十四节气、团情快讯等主题海报23期，在网络媒体平台广泛传播。

【围绕中心服务大局】 **青春建功乡村振兴**。成立铜梁区本土人才创新创业联盟，吸纳优秀本土人才100名，助力打造“不走的乡村振兴工作队”。联合区委组织部举办基层干部新媒体工作技能提升培训班、乡村旅游民宿经营管理培训班，覆盖村（社区）干部、本土人才等近1000名，帮助农村青年人才技能水平。承办2021年度“学习百年党史 助力乡村振兴”重庆青创农村电子商务培训班，来自重庆市各区县及西藏昌都市的42名涉农创业青年参加。

青春建功生态保护。“我为琼江种棵树”项目落地铜梁，在琼江两岸打造“学雷锋志愿服务林”，计划五年内筹资1000万余元，栽种树苗100万株。开展铜梁区亲子植树品牌示范活动，组织青年家庭200余户栽种果树苗约3000株。

青春建功双城战略。与资阳共青团签订战略合作框架协议，搭建铜资共建平台。举办2021川渝青年乡村振兴创新创业大赛，吸引来自成渝地区的600余个项目参赛，铜梁推送的“龙乡艾草产业链项目”荣获创业组一等奖。开展铜简学习交流活动，组织区青商会会员20余名，赴简阳交流企业经营管理经验，促进企业共同发展。与四川自贡、简阳联合举办2021年“创青春”川南—渝西青年创新创业大赛、第二届“缘起东进红动雄州”双创交友联谊活动，促进两地交流合作。

青春建功创新创业。深入实施“青锋计划”，组织开展创业面对面等活动5场，为创业青年提供导师指导、资源对接、培训提升等帮扶内容。重庆市青年创新创业促进会十八分会（铜梁）顺利换届，吸纳优秀青年企业家和创业青年46名加入，搭建“共享经验、共享信息、共享资源”的崭新创业平台。组建铜梁区青创导师团，聘请相关党政机关、金融专家、青年企业家等21名导师，为创业青年提供帮扶指导。打造铜梁区原乡青年人才驿站，为来铜创业青年提供短期住宿。

青春践行志愿精神。发挥区青年志愿者协会作用，建立专业志愿服务队伍6支，擦亮“蓝精灵”“河小青”“洁小青”“站小青”品牌，深入抢险救灾、社区服务、扶危助困等领域一线，广泛开展“志愿青春·禁毒有我”“青春志愿行·温暖龙乡人”等志愿服务活动1000余场次，服务群众

3.9万余人次。为中华龙狮大赛、"永远跟党走"群众文艺会演等市、区级重要活动提供优质志愿服务。

【服务青年】 促进青年中长期发展。召开区青年工作联席会议第三次全体会议，制定《2021年铜梁区贯彻落实〈重庆市中长期青年发展规划（2018—2025年）〉重点工作》，为青年全面发展筑牢坚实基础、创造有利条件。积极争取有利于青年发展的举措融入党政政策，建成区级青少年红色教育基地、青少年校外教育基地、青少年文化公园等公益性、普惠性青少年活动阵地8个，开展红色研学、非遗传承等主题公益活动8场次，覆盖青少年1000余人次。加强全区36个"青少年之家"建设，建立西部计划志愿者与青少年之家一对一结对共建机制，打造"一家一品"服务项目，引入专业社工队伍开展心理疏导、科学体验、文体活动等服务，累计服务青少年5万余人次；开展"青春自护·暑期安全""青春导航·助力成长"等主题教育活动20余场，服务青少年2000余人。搭建"线上+线下"单身青年交流平台，成功开展"大美铜梁·青春有你""西郊雅致·玫瑰之约"等交友联谊活动4场，赢得广泛赞誉好评。开展"冬日阳光·温暖你我""希望工程·圆梦行动""爱心大礼包"等项目，募集善款117.13万元，资助贫困学生11276人次。

加强青年组织和新兴青年群体服务。发挥青联组织优势，召开区青联三届一次全会，选举产生新一届委员会主席、副主席、常务委员会委员。健全委员直接联系青年制度，组织青联委员走进企业、学校、社区，开展活动30余场次；成立"青联委员服务团"，结对服务南城街道西来村、土桥镇河水村。实施"青联希望小屋"项目，为新桥小学、长石小学等5所乡村小学分别捐赠1万元建设资金，惠及乡村学生1000余名。联系青年社会组织，通过仟骏义工、绿盾义工、读书会、自驾俱乐部、徒步健身俱乐部等，服务车友、商友、书友、驴友、跑友及各类新兴领域青年千余人。实施新兴青年群体"筑梦计划"，开展街舞联盟献礼建党100周年、清凉一夏慰问快递小哥等活动6场。

维护青少年合法权益。强化法治宣传教育，紧抓重要时间节点，开展"青年普法志愿者法治文化基层行""我的一节法治课"等法治宣传教育活动70余场次，发放《未成年人保护法》等宣传资料5万余份。加强12355青少年服务台建设，承办重庆市12355"青春导航·助力成长"青少年成长大课堂活动，常态化开展早期性教育、心理健康、情绪管理等活动130余场次，服务青少年3000余人次。开展"模拟法庭""莎姐进校园"等法治活动，提高未成年人权益保护和犯罪预防的专业化水平。"合适成年人"参与履职12人次，切实维护未成年人在诉讼中的合法权益。

【共青团自身建设】 全年从团员青年中推优入党265人。年内大力推动团干部进"两委"，全面完成全区333个村（社区）团组织换届工作，产生新一届团组织班子1059人，新任团支部书记兼任"两委"班子成员数317人，平均年龄29.9岁。加强非公、社会领域团建，开展非公团建"百日攻坚"行动，全面摸排全区非公领域团员数、青年数及建团情况，新增非公领域团组织162个，增速排名全市第一；新增社会领域团组织141个，社会领域团组织密度同比增长18.6%。深化团组织规范化建设，依托"智慧团建"，规范录入团员28470人、录入团干部2182人，新发展团员3831人，"学社衔接"率达到100%，团（总）支部"对标定级"完成率达到100%。

（陈捷 供稿）

铜梁区妇联

【概况】 全区28个镇街、266个村、67个社区全部建立妇联，村（社区）妇联主席全部进入“两委”班子。

2021年，区妇联上报的农村人居环境整治积分制典型案例《小积分开启乡村环境美颜新模式》被中央农村工作领导小组办公室、农业农村部、国家乡村振兴局、全国妇联四个部门作为在乡村治理中的第二批典型案例进行推广运用。全区妇女工作在新华社、《中国妇女报》等中央级媒体及市级主流媒体上稿236条次。区妇联上榜全国第一批节约型机关建成单位名单。“党建引领扎硬桩 妇联参与结密网”为全国妇联调研《妇联组织在市域社会治理中的作用课题研究》提供有效素材，困境儿童典型案例上《家庭教育第一课》专题节目。

全年强化思想理论武装。通过专题辅导深入学、网络课堂随时学等灵活多样的学习方式，扎实开展党史学习教育，开展“巾帼讲党史故事”1000余场、“党史知识竞赛”28场、“初心讲堂”13场。开展“巾帼心向党 奋斗新征程”群众性主题宣传活动，开展“百千万巾帼大宣讲”“思想政治引领第一课”等2140场，用好巾帼龙韵公众号和“铜梁区妇联宣传矩阵”等新媒体平台和阵地，讲好党的创新理论、中国故事、党史故事和百姓故事，最大限度实现全区妇女群众的学习教育全覆盖。注重典型培育，举办纪念“三八”国际劳动妇女节111周年系列活动，通报表扬三八红旗集体等系列先进集体和个人252个。

【基层阵地建设】 围绕保持和增强“三性”，继续推动在女性集中的地方灵活多样建妇女组织，下发《关于在机关事业单位改建妇联的指导意见的通知》，全年机关事业单位妇委会改建妇联31个，在民进铜梁总支部和农工党铜梁区工委2个民主党派建立妇联，增强妇女工作力量。组织召开2021年全区妇女儿童发展纲要（规划）监测统计暨评估工作会。采用网上公开招标的形式，确立新一轮妇女儿童规划编制机构，编制铜梁区妇女发展规划（2021—2030年）和铜梁区儿童发展规划（2021—2030年）。狠抓村（社区）妇联换届，将巾帼致富带头人、女性中共党员、女性平安员等吸纳为妇联干部及执委，配齐配强村（社区）妇联领导班子，超额完成5个目标任务。全区333个村（社区）妇联主席全部由专职干部担任，换届后全区有妇联执委4995名，妇女小组长4595名，增强基层妇联组织活力。推荐黄桷门村妇联申报全国妇联系统先进集体。抓阵地优服务。实施市区两级规范化“妇女之家”“儿童之家”建设项目，建设市级规范化妇女之家7个、儿童之家8个，区级规范化妇女之家10个、灵活建立妇女微家3个，夯实妇联组织和妇女工作基层阵地。深入推进“培训赋能”行动，开展基层社会治理业务培训、新一届基层妇联干部培训以及区级执委会3次，提高妇联干部和执委学习落实政策和善作巧做妇女群众工作的能力，引导广大妇联干部“上马就干、实干作为”。开展“区县开放日”体验活动，为全区妇联系统干部提供学习、交流、体验、展示的机会。强化对国有企业及非公经济组织工会女职工委员会工作的指导，提升妇联组织凝聚力。积极参加2021年重庆市妇联系统社会化项目发布会暨妇女儿童公益项目大赛，发布项目3个；加强对女性社会组织的引领联系服务，引导女性社会组织积极参加扶贫助困活动，捐赠救助金2.5万元、夏装冬装700余套用于慰问困难儿童和困难妇女，承接重庆市区妇联主题活动5场。

【妇女权益维护】 抓深源头维权。贯彻落实男女平等基本国策，推进教育培训纳入党校培训内容。畅通维权服务通道，与区委政法委等多个部门通力合作，充实打造“幸福家庭加油站”，以女性平安员、人民调解员、婚调员为基点，建立多部门协作机制，构建起婚姻家庭纠纷排查化解网络。配合法院、公安等部门构建“一站式人身安全保护令申请”工作机制，切实推动人保令制度落地落实，全年发出人保令2件。与法院、检察院、公安局等部门形成共同保护未成年人人身权益的机制，下发《关于落实预防性侵未成年人、保护未成年人人身权益“五项机制”具体举措》《重庆市铜梁区办理性侵未成年人犯罪案件“一站式”询问、救助工作细则》。

抓实常态化维权。制定妇联系统开展法治宣传教育的第八个五年规划实施方案，深入开展“平安铜梁建设 建设法治中国 巾帼在行动”维权宣传活动，举办反诈骗、婚姻关系等专题讲座34场；开展“千万妇女大学法”网络知识有奖竞赛、“关爱儿童 反对拐卖”“6·26国际禁毒日”宣传活动，制作法律宣传讲座视频3期，提高法治意识。用好“三个专线”为妇女群众提供维权投诉、法律咨询、心理疏导等服务，打造“法援惠民生”品牌，全年为100余名女性提供家庭纠纷调解、心理疏导及法律咨询服务，为77名困难妇女提供无偿法律援助服务，挽回经济损失234.33万元；发放家暴告诫书52份，接待群众信访63件，向区委政法委上报矛盾纠纷案件2个。荣获区委防范“民转刑”有功集体奖励，形成妇女儿童维权案例工作经验交流材料供全市各区县妇联参考。

【巾帼建功　助力活动】 深化“巾帼建新功”系列行动，深入开展四大龙乡巾帼行动，团结动员广大妇女立足岗位奋勇争先，为高质量发展建功立业。

助力乡村振兴。开展高素质女农民培训活动、农村妇女卫生习惯培训、实用技术培训12场；开设“巾帼培训网络学”网上微课10期，线上线下培训妇女5000余人次。鼓励支持妇女发展特色优势产业，巾帼龙韵刊登“龙乡网姐邀你购”5期，助力手工包、草莓、樱桃等巾帼特产销售；开展“铜你相约 有你最美”主题游暨女性摄影展活动，助力巾帼乡村旅游；开展农村留守妇女互助组“双学双比”采茶技能竞赛、“助力集体经济发展——巾帼致富带头人培训”、服务行业女性素质提升培训班等，提高女性参与农村产业发展的能力；成功创建巾帼现代农业示范基地5个，开展茶树、葡萄等种植管护培训，带动110余名妇女就业；开展广场舞组织者及领舞骨干培训，普及推广有利于群众身心健康文化活动。积极参与人居环境整治，开展农村妇女卫生习惯养成展演拉练，助推农村人居环境整治质量提升。

助力“双城经济圈”建设。深入落实资铜、都铜妇联《巾帼助力成渝地区双城经济圈建设战略合作协议》，巾帼龙韵开设《铜资联动》专栏，推荐资阳巾帼特产5期。开展“雏鹰展翅筑梦青春”铜梁、遂宁、安岳2021年高校毕业生联合专场招聘会，为普通高校女大学生提供就业信息、就业援助、就业服务。推荐1个项目参与川渝妇女儿童公益项目大赛；“原乡藕寓”、重庆真艾农业有限公司2名女性负责人荣获“川渝乡村女能人”称号，并推荐重庆真艾农业有限公司参加川渝乡村女能人成果展；组织新陆有机农场等5家企业积极参与川南渝西融合发展巾帼科创项目对接会活动，其中原乡小艾产业链项目参与云对接。协办以“川渝携手 创汇铜梁”为主题的铜梁区第二届创业创新大赛，区妇联推荐的项目——龙乡艾草全产业链成功晋级决赛并取得第1名的优异成绩。协调促成成都、遂宁、潼南、铜梁四地女商会达成战略合作并签订合作协议，引领社会组织联动发展。

助力科技创新。积极参与科技创新巾帼助

力主题活动，开展科技创新巾帼文明岗、巾帼建功标兵创评工作，1人被评为“重庆市科技创新巾帼建功标兵”，2个集体被评为“重庆市科技创新巾帼文明岗”。进一步培树选拔科创类巾帼先进典型，利用“巾帼龙韵”公众号对市级科技创新巾帼文明岗、巾帼建功标兵和巾帼科技典型优秀事迹进行展播，示范引领其他岗组和个人创先争优。发挥优秀女性社会组织的示范引领作用，深入新申新材料股份有限公司、真艾农业有限公司等巾帼产业进行实地走访、开展座谈调研，鼓励她们加强创业创新的示范引领，为女性创业者、为科技创新赋能，引培创新人才。

助推创业创新。举办创新驱动发展宣传培训2期，开展“龙乡巾帼双创大讲堂”——优秀巾帼创业致富人成功事迹交流分享会暨就业政策宣讲活动和“助力集体经济发展”——服务行业女性素质提升培训班，提升妇女创业创新的能力素质。举办“春风行动暨老乡回老家”“促进妇女就业”网络招聘会、线上女性专场招聘会2期。成立铜梁区“巾帼创业创新导师团”，命名10名巾帼创业创新导师为创业创新妇女提供创业思路、项目策划等服务，搭建智力支持平台切实帮助女性创业创新。开展“寻找最美巾帼家政人”活动，3人被市妇联授予“最美巾帼家政人”称号；开展“创业创新龙乡巾帼行动”——手工作品展活动，引领妇女发展家庭手工旅游产品。深化巾帼文明岗创建、巾帼建功标兵创评，新命名区级巾帼文明岗14个，创评全国巾帼文明岗1个，市级巾帼文明岗5个、巾帼建功标兵2个；开展“巾帼文明岗”网上行活动，对先进典型进行线上展播，“‘战疫’绽芳华 警花别样红”案例展示作品成功入围“百千万职业女性风采宣传展示故事”征集活动。

助推绿色生态发展。发挥家庭在绿色生态建设中的重要作用，依托“巾帼龙韵”微信公众号、家风家教创新实践基地、妇女之家等线上线下平台，发布家庭绿色环保专题公益广告、微视频等，展示绿色家庭创建标准，组织家庭积极参与线上互动答题，引导广大家庭争做绿色生活的践行者、宣传者、推动者。实施绿色家庭创建项目，开展“美家美户垃圾分类”“绿色家庭我创建”等主题活动5场，服务420余人次；开展“最美阳台”“最美庭院”创评活动，评选十大“最美阳台”“最美庭院”，其中获评市级“最美阳台”“最美庭院”5个。开展“绿色家庭”创评活动，组织评选区级“绿色家庭”100个，创评市级“绿色家庭”2个。实施“美丽家园家家共享”行动，组织巾帼少云志愿者参与义务植树，种植麻柳、柠檬等25.31万株；开展“垃圾分类，美家美妇”主题宣传活动，“村庄清洁行动”“巾帼护河美河·共建美丽家园”等巾帼少云志愿服务活动1000余场。

【妇女扶贫助困】 开展低收入“两癌”妇女救助工作，对符合条件的20名低收入“两癌”患病妇女进行救助，发放救助金18.5万元。积极争取“母亲水窖”项目落户铜梁，争取到资金46万元为双山镇建新村260户720人解决安全饮水问题。开展“母亲邮包”募捐活动，筹集资金（含配捐）16.5万元，名列全市第一；利用“妈妈关爱月”等重要时间节点发放母亲邮包622个，价值18.66万元。常态化开展传统节日慰问活动，全覆盖走访慰问全区困境儿童3次，慰问困难（留守）儿童、困难妇女、老人等1000余名，发放慰问物资20万余元。联系爱心人士为永清小学125名学生每人捐赠三套新衣服。全面落实“1+1+N”困境儿童关爱帮扶，做实“六个一”日常关爱帮扶，常态化开展冬令营、夏令营团辅活动。开展“少云故里学党史 少年儿童心向党”“守护童年 安全伴成长”“把爱带回家”寒假儿童关爱服务“四送”等活动，加强爱国主义教育和安全教育。

（粟治广 供稿）

铜梁区科协

【概况】 全区基层科协组织有49个，其中，镇（街）科协28个，区级学会、协会11个，企业（园区）科协10个，含年内新成立2家企业科协。年内精选15篇优秀科技论文制作论文集，在中国科协创新战略研究院、重庆市科协、四川省科协共同举办的第六届科协改革研讨会上，铜梁区2篇论文被评为第六届科协改革研讨会优秀论文，区科协被评为优秀组织单位。

【服务基层】 一是组织开展科技工作者日活动。集中走访慰问科技工作者代表40余名，详细了解他们的实际困难并协调解决。召开2021年铜梁区"全国科技工作者日"座谈会，区高新区科协等20余个学（协）会和企业科协负责人、科技工作者代表参加会议；同时组织发动区级学会、协会、镇（街）科协组织以深入一线、召开座谈会等多种方式走访慰问行业内、辖区内会员及科技工作者代表200余人次。二是组织推荐科技人才参选市级表彰评比。向市级及以上部门积极推荐优秀科技工作者，支持科技工作者申报上级项目、奖项和荣誉称号等，推荐重庆市铜梁区子奇药材有限公司等企业的3名科技工作者参加全市"最美科技工作者"评选；推荐玉泉小学、重庆巴川中学2名教师参加第十三届重庆市青少年科技创新市长奖评选；安居镇中心卫生院院长冷先治与平滩镇产业培育中心负责人熊友忠的优秀事迹入选《重庆市基层科协"三长"典型人物案例汇编》。推荐科协系统优秀人才作为政协铜梁区第十一届委员会委员人选，其中科协机关2名同志。

【科技交流】 一是加强对外交流。区委每日要情采用信息近30条；区电视台、《铜梁报》等主流媒体宣传科协工作10余次；市科协、市科技报采用各类信息62条。加强同遂宁科协交流合作，促进创新资源共享，努力推动一体化、协同化、科学化发展。与四川遂宁市联合开展青少年科技创新优秀作品展，并精心选送8幅优秀作品参展，反响良好。开展科普志愿服务交流活动，遂宁市科协组织区县科协负责人来铜考察科普志愿服务工作情况；遂宁市船山区科协组织科技辅导员80余人实地考察铜梁玉泉小学、重庆巴川中学，促进两地青少年科技创新教育友好交流、协同发展。二是支持学（协）会工作。协同区医学会邀请重医附一院、四川大学华西医院专家教授来铜交流、培训，全区医疗机构护理工作分管领导、护理部主任、护士长及骨干护士共计200余人参加培训，促进成渝两地护理交流，提升危重症护理管理水平。

【助力产学研融合发展】 搭建高新技术企业服务平台。加强和高新区沟通联系，积极协调支持重庆创祥电源有限公司、重庆精鸿益科技股份有限公司等基层科协组织发挥作用，开展与川大、重大、西南大学等院校产学研合作。指导重庆华信英翡智能科技研究院申报重庆市海智工作站项目并成功建站；助力重庆精鸿益科技有限公司开展技术创新和智能化改造，企业先后投入1.35亿元，采用5G网络为数据传输纽带，构建成互联互通的物联网络，实现了原有厂房、设备的自动化改造，通过持续性智能化改造升级，重庆精鸿益科技有限公司零部件精度提升明显，产品质量获得多家下游企业认可。

助力乡村振兴。一是发挥铜梁蔬菜科技小院作用。累计开展2次铜梁蔬菜生产现状调研，获得有效问卷180份；采集样品235份，测定指标85种；开展技术培训3场，培训学员158人次；组织四川、重庆地区15名肥料经销商观摩田间蔬菜专用肥设计试验；成功承办中国农技协科技小院联盟观摩活动，全国16省市150余名代表参加。科技小院荣获中国农技协"全国十佳科技小院”称号。二是推进镇(村)会合作。对接重庆微生物学会联系太平镇、重庆花卉盆景协会联系巴川街道玉皇村开展合作,协调解决项目实施过程中的具体问题,推动特色产业提质增效。三是助力产业发展。组织科技工作者指导安溪镇开展油茶幼树行间套种土豆、辣椒、萝卜,年增收近150万元;指导大庙镇发展现代蚕业,规范栽植机收桑、建立工厂化养蚕车间,桑葚酒、桑叶面、桑叶茶等产品陆续投入市场,集体经济得到发展。开展水稻播种、生猪等畜禽养殖、渔业技术等培训,受训群众近2000人次。

【完善科普机制】 一是推进常态科普和应急科普协同发展,建立健全应急科普协调联动机制。区科协、区委宣传部、区科技局、区卫生健康委、区应急局联合印发《关于进一步加强突发事件应急科普宣教工作实施方案的通知》,在突发事件状态下,各部门统筹协调,开展应急科普。二是推进“三长制”改革走深走实,在平滩镇试点开展“三长”带“三会”工作,引导卫生、教育、农业等各领域服务资源下沉,促进基层一线科技工作者的专业特性和优势作用进一步发挥。三是全面落实川渝科协全面战略合作,密切与遂宁市科学技术协会合作,促进创新资源共享。

【科普阵地建设】 推进科普阵地标准化、规范化、普及化建设,为区青少年综合实践基地科普馆补助项目资金20万元,为区实验一小建设校园科普馆补助项目资金10万元,为平滩镇金竹村、华兴镇三塘村、太平镇坪漆村、维新镇杨柳村建设4个乡村科普活动室,共补助项目资金20万元。全年已建成校园科普场馆4个,乡村科普室6个,社区科普体验馆4个,安装科普文化重庆云终端38台,设置科普宣传栏50个,创办社区科普大学10所,开设“科普铜梁”微信公众号,每周推送2期权威科普知识。

【科普宣传】 一是联合区科技局等多家单位,结合科技活动周、防灾减灾日、世界环境日等主题科普宣传活动,深入少云、石鱼、平滩、太平等多个镇(街)开展科普宣传和科普讲座志愿服务活动16场次,发放各类科普宣传资料2万余册,参与活动的科普志愿者达300余人次,受众群众达5万余人。全国科普日期间,开展以碳达峰碳中和、校园科普、垃圾分类科普等为内容的多形式、广覆盖的11项系列科普联合行动35场次,发放各类宣传资料3万余份。二是成功举办以“弘扬科学精神 提高科学素质”为主题的铜梁区第四届公民科学素质大赛暨第四届重庆市公民素质大赛选拔赛,全区各镇(街)科协、区级学(协)会8支队伍32名选手参加,在全区营造出崇尚科学、尊重科学的浓厚氛围。三是依托社区科普大学等阵地,积极开展反邪教宣传活动10场,提高群众识邪、辨邪、防邪能力。结合国际志愿者日、全国科普日等时间节点,开展宣传活动3次,扩大辖区反邪教宣传覆盖面,提高居民对反邪教知识的知晓率和自我防范意识。

(安春光 供稿)

铜梁区侨联

【概况】 铜梁区归侨侨眷联合会是全区归侨侨眷组成的人民团体,是区政协的组成单位。截至年底,全区有华侨24人(其中回国华侨3人),侨眷43人,铜梁籍华人9人,侨领3人。全区侨界政协委员6人。2021年铜梁侨联为中国侨联“亲情中华·走进铜梁”慰问演出在安居古城成功举办。参加重庆市中国侨联第二届“侨商杯”法律知识竞赛,获组织奖;积极组稿参加第五届世界华侨华人摄影展、“渝侨颂党恩”庆祝建党100周年侨界美术展等活动,铜梁选送作品《渝侨颂党恩》庆祝建党100周年侨界美术展获二等奖。

【侨务宣传】 一是组织区内侨界群众开展庆祝

建党100周年活动。组织侨界群众参加区内庆祝建党100周年歌咏比赛、读书活动、文艺演出等群众性庆祝活动近10次。二是广泛发动归侨侨眷、海外侨胞、涉侨工作者安装使用“侨宝”App，了解侨界最新工作动态和相关信息。三是广泛宣传“三侨生”“归侨回国定居”等3个涉侨事项可在网上办理，方便侨胞侨眷办证办事。

【联络联谊】 一是做好海外铜梁籍华侨、海外留学生的疫情防控工作，及时发布防疫信息，邮寄防护用品，使之深切感受到祖国的温暖。二是加强“侨胞之家”阵地建设，组织侨眷在端午、元旦等传统节日开展活动，密切联系侨界群众。三是探索开展网上侨联工作，通过电子邮件、微信等形式，加强与铜梁籍海外华人华侨的联系，增进对祖国和家乡的了解。四是组织区内高中生参加第二十一届华人作文大赛。

【服务民生】 一是帮扶困难归侨侨眷。逐一走访，收集情况，出主意、想办法，在信息、销路、资金、技术等方面提供支持，千方百计为其脱贫。开展归侨侨眷慰问工作，在春节期间慰问困难归侨侨眷。二是积极组织参与消费扶贫，干部职工除积极自费购买区扶贫产品外，还努力带货，通过朋友圈、抖音定期推送区内消费扶贫信息。多次组织侨界人士到侣俸、南城、小林、二坪等镇街慰问“五保”老人、残疾人、贫困党员、贫困农户、留守儿童。

【为侨服务】 一是引领侨资侨智，服务“一带一路”建设。整合区内力量，提供信息，为华人华侨回国发展牵线搭桥。二是认真做好为侨界委员服务的工作，积极支持履职尽责。定期组织侨界人士开展学习调研活动，走访侨属企业，参观红色基地。三是落实与广安市侨联签订的战略合作协议，加强在资源共享、交流合作等方面的沟通和交流。

（邓常君 供稿）

铜梁区文联

【概况】 铜梁区文联团体会员单位有17个文艺协会，其中14个设有党支部；创建市级文艺创作基地两个，即安居古城（湖广会馆）文艺创作基地和奇彩梦园文艺创作基地；建立铜梁中学、铜梁二中、重庆巴川中学等6个文联工作站。年内在全区第三次文代会确定“实施五提工程，推进文艺繁荣”的工作目标和实施路径。开设“铜梁文艺”微信公众号，通过选题策划定期推出文艺新作、艺术名家、专题活动。对安居古城研究会和盆景艺术协会予以整合，组建民间文艺家协会，吸纳龙舞、收藏、剪纸、雕刻等十余个民间艺术分类进入协会。

【文艺活动】 年内开展“知名艺术家看龙乡”创作采风。邀请音乐家小柯、星星诗刊主编龚学敏等来铜采风，《在邱少云纪念馆（外一首）》《英雄之城》等4人次诗歌和散文作品在《光明日报》《解放军报》等媒体刊发。

开展100场“名嘴说党史”故事宣讲会，打造“歌声中的初心和使命音乐党课”，实施线上读党史活动并通过融媒体平台、学习强国App进行展播，评书《包子的味道》获重庆市新时代文明实践“六讲”大赛一等奖。

开展庆祝建党100周年系列活动。一是开展“奋进新龙乡”和“学党史悟初心”重走长征路主题创作采风活动。二是承办全区性“唱支山歌给党听”群众歌咏大会和“永远跟党走”群众文艺会演，主办“百年辉煌”征文大赛及优秀作品诵读、“百年变迁 幸福原乡”书画摄影展、“百人绘百年”百米长卷现场绘画、“同心向党 舞动原乡”渝西舞蹈展演等大型文艺活动。

举办“龙正腾飞”沙坪坝区·铜梁区优秀书法作品交流展。两地80余名书画家94件作品先后在两地图书馆展出，促进艺术互动。

在“铜梁文艺”公众号开展“全区国家级协会会员巡礼”展播活动，全面推送铜梁文艺名家。

开展铜中杯2021年度系列铜梁文学奖评选。对2021年度在《巴岳风》《铜梁文学》刊发的本土原创文学作品进行评选，其中余一兵《高出地平线就是珍贵的人间》、王登平《江山多娇》、刘凤《我的父亲是农民》和刘敏《礅子李》分获新诗奖、古体诗词奖、散文奖和小说奖。

（唐道伏 供稿）

铜梁区残联

【概况】 截至2021年底，全区持证残疾人有20607人，28个镇街全部建立残联，333个村（社区）建立残协。年内全面完成全区20441名持证残疾人基本服务状况和需求情况调查工作。探索打造巴川街道正街社区残疾人之家，制定残疾人自我管理实施方案；配备28个镇街残疾人专（兼）职委员，举办28个镇街残联理事长、残疾人专职委员培训班；村（社区）残疾人专职委员明确由村干部兼任，并按照每月100元的标准兑现待遇。2021年第三代残疾人证（智能化）换发完成99.6%；残疾人证“跨省通办”工作顺利推行，成功办理8件，积极实施残疾人证“川渝通办”，年内为四川省群众在区内办理残疾人证2例。推进违规持有残疾人证专项清理工作，共清理149人，其中134人继续持证，15人注销，对30余名行动特别困难的申请人员实施上门办证服务。

【爱心帮扶】 争取民主党派支持残疾人工作，农工民主党铜梁区工委为养蜜蜂残疾人免费赠送蜂架110个。由铜梁区肢残人协会组织的“爱心车队”残疾人志愿服务队伍，在高考期间组织志愿者80余人，46辆“爱心车”为残疾人考生服务。每季度召开各专门协会联席会，及时落实专门协会工作经费，全国助残日、端午节、中秋节、肢残人日、盲人节日等开展文体、观光、交流会、慰问等活动，团结残疾人及其亲属开展正能量活动。支持市残疾人福利基金会实施拓展助残公益项目，开展“奋斗百年路·助残新征程”公益募捐，全年募集现金25万元、物资78万元。

【残疾人康复】 严格落实残疾儿童康复救助制度。成功转介221人次188名残疾儿童至定点康复机构康复，共投入救助金342.29万元，对0—6岁持证残疾儿童100%提供康复服务。51名残疾儿童享受儿童诊断补贴，发放补贴15120元。加强康复救助定点机构日常安全管理工作巡查和常态化疫情防控检查工作，到机构检查9次，联合民政、卫生、应急局等部门对康复救助定点机构检查2次，对发现的问题整改完毕。整改完成22名持证残疾儿童未接受康复救助的问题。2021年精准康复需求率30.6%，康复服务率及辅具适配率均为100%。动态更新年度内有康复需求残疾人基本康复服务率97%，辅具适配率82%。为445名符合条件的残疾人适配轮椅、拐杖等辅具，为323名两便失禁的重度残疾人发放纸尿裤69000片、护理垫5900片、尿片700片，为90名听力残疾人适配助听器，为15名肢体残疾人安装假肢。持续满足残疾人对辅具的个性化需求，对44名残疾人享受的辅具适配进行补贴。开展康复人才培养工作，参加培训人数达350余人次。选派定点机构15人次专业技术人员参加市级康复培训。

【残疾人脱贫成果巩固】 加强农村低收入残疾人常态化帮扶，对特殊困难残疾人家庭制定个性化帮扶措施。全区有易返贫致贫残疾人家庭81户（其中脱贫不稳定家庭53户，易致贫边缘户28户），92人均逐一入户走访；落实需求帮扶23户，帮扶资金3万余元。全面落实走访了解到困难的残疾人需求600余件。全年扶持发展残疾人养殖业57户、农村种植养殖大户2户、残疾人就业帮扶基地1个、残疾人个体创业33户，总帮扶资金40余万元。开展残疾人养蜂培训，新发展残疾人养蜂54户。持续配合做好残疾人“两项补贴”补贴工作。全年发放“两项补贴”1137.441万元，惠及13369名残疾人。为570余名贫困重度残疾人提供居家托养服务，发放托养补贴60万元。配合医保局做好残疾人医保参保资助工作，每月及时提供办证残疾人名单给医保局，为10581名一、二级重度持证残疾人代缴(一档)城乡居民医疗保险。

【残疾人就业】 组织112家用人企业参加雇主培训，提高用人单位安置残疾人就业的主动性和积极性。审核用人单位235家，按比例安置残疾人就业535人。举办残疾人就业专场招聘会，解决残疾人就业30余人。开展农村残疾人实用技术培训150人，组织残疾人职业技能培训155人，组织盲人按摩培训30人次，稳定盲人就业41人。全面摸清辖区内残疾人毕业生就业创业动向及需求，10名应届高校毕业残疾生全部就业。结合持证残疾人基本状况和需求情况调查，入户调查就业年龄段残疾人10146人。全年新增就业423人，新增培训287人。配合教育部门，做好适龄残疾儿童少年义务教育安置和控辍保学工作，残疾儿童少年入学率达100%。开展残疾人家庭子女入学资助及残疾人大学生入学及生活资助，全年资助残疾人家庭子女入学44人，资助残疾人大学生的入学及生活补助25人，资助资金共计11万元。

【残疾人文体活动】 全年督促每个示范点开展活动不少于4次并完善活动记录。选送残疾人“永远跟党走”优秀文化作品参赛，残疾人郭洪参赛作品《绿水青山就是金山银山》获摄影类一等奖。选送的3幅残疾人绘画作品《相聚冬奥》《超越自我》《圆梦冰雪》入展全国残疾青少年冬奥、冬残奥主题绘画作品，推荐残疾人艺术人才3人。积极组织50户重度残疾人家庭参加基层残疾人“五个一”文化活动。在高楼镇涪江村组织开展残疾人文化和健身周活动，60余名残疾人及亲友参加。组团参加重庆市第六届残疾人运动会，收获8金3银6铜。全年残疾人文体活动参与率达45%。

【残疾人维稳维权】 持续开展“德法相伴”专项普法活动，教育引导广大残疾人学法遵法守法用法。年内共举办“德法相伴”普法教育专项培训6期，“莎姐大普法”1次，参训人员达520余人。用好用活“12385”残疾人维权服务热线，线上回应线下处理残疾群众诉求和问题，通过信访代理，帮助残疾人表达诉求、解决问题313个，群众诉求回应率100%。进一步健全完善法律救助体系，聘请法律顾问为全区残疾人开展法律援助，保障法律救助工作站有效运转，全年开展免费法律援助9起，维权个案8起，涉及金额80余万元。为残疾人办理代步车路桥套餐减免37例、停车免费92例、C5驾照培训补助4例，完成194户困难重度残疾人家庭无障碍改造，开展残疾人临时困难救助37人，救助资金6.4万元。

（李燕 供稿）

2022

铜梁年鉴

法治

政法委及综治

【概况】 2021年,政法委紧扣“五个不让”和“七个坚决防止”目标,持续开展战疫情、防风险、保安全、护稳定、助发展各项工作,推动政法工作不断取得新成效、实现新作为。群众安全感继续保持在99%以上,政法队伍满意度、司法公信力分别达97.77分、97.81分,均居主城都市区第二、全市前五,确保全区政治安全、社会安定、人民安宁。

【重大风险防范】 区委书记两次组织召开区委常委会议专题研究贯彻落实中央、市委政法工作会议精神的具体措施,召开区委政法工作会议,印发《贯彻落实关于常态化开展扫黑除恶专项斗争巩固专项斗争成果的意见重点举措》等系列文件,进一步将中央、市委要求细化实化具体化,推动建设更高水平平安铜梁。

建党百年大庆安保。组织开展“喜迎建党百年、忠诚履职保平安”专项工作,落实组织领导、风险排查、重点管控、应急准备、督查督办“五到位”,圆满完成重要节点安保维稳工作,实现“八个零发生”,确保全区社会政治大局持续稳定。

精准防控疫情。坚持“外防输入、内防反弹”,精准建立重点地区来铜人员台账,高效完成社区排查、措施制定、督办协调、明察暗访等工作,形成工作闭环。累计排查国(境)外返铜人员589人、国内重点地区(含中高风险地区及所在城市)返铜人员12617人、确诊患者密接者44人、密接者的密接者836名,累计集中隔离4496人,居家隔离38069人,未发生聚集性传染事件、脱管失控事件。

严密防范保安全稳定。一是坚守政治安全。组织协调推动政法机关扎实推进“三大工程”和“10+5”专项行动,有力有效防范化解政治安全风险。国家安全情报工作连续三年排名全市区县第一。二是维护社会安定。完善涉法涉诉信访案件办理通报、评查、督办、领导干部接访下访机制,化解涉法涉诉信访案件45件,办结率95.74%。履行维稳统筹职能,常态化开展平安稳定风险研判,跟踪督办重点涉稳事项30件次,联动处置重点涉稳事项27件次,准排查化解影响社会稳定的矛盾1245件、可能引发“民转刑”的矛盾28件。全区信访总量件次、人次同比下降17.8%、34.1%,保持无人到市进京“非访”的良好态势。三是确保百姓安宁。圆满完成扫黑除恶专项斗争,连续三年获评全市扫黑除恶专项斗争优秀区县。常态化推进扫黑除恶专项斗争,强化重点地区整治、治安防控、重点管控和信息网络、工程建设、交通运输、自然资源四大行业领域专项治理。立9+4类案件168件起,抓获九类犯罪嫌疑人138人。电信网络诈骗立案数、损失金额数双下降,推进“雪亮工程”二期建设,不断提升群众“见警率”“安全感”,可防性案件同比下降30.8%,连续12年保持命案全破,出台服务管理办法,分级分类管理“两失人员”、严重精神障碍患者等重点人群，实现个人极端和民转刑案事件、恶性刑事案件等“六个零发生”，社会治安秩序持续向好。

强化法治保障重点任务。有力有效推进11项改革重点任务、23项法治协调任务。围绕“六稳”“六保”“双城经济圈”等重点任务，出台系列服务措施。扎实开展涉法涉诉信访案件清查、重点案件评查，整改问题案件1078件，为规范性文件、重大合同等提出法律意见建议204条。加强法学会工作，将“百名法学家百场报告会”、青年普法志愿者法治文化基层行等法治宣讲活动开展情况纳入平安建设考核，举办调查研究能力提升专题培训讲座，进一步发挥法学法律人才“智囊团”和“思想库”的作用。

【社会综合治理创新】　深入实施“党建扎桩、治理结网”工程，召开全区加强和创新基层治理工作现场会，深入推进市域社会治理现代化试点，研究制定《铜梁区社会治理“十四五”规划》，建立健全目标管理、动态评估、投入保障、激励督促、责任落实等工作机制，不断增强党的建设引领性作用，推动党组织建设向网格、小区、院落和新兴领域延伸，3.6万名党员履职尽责，在大战大考中得到充分检验。社会治理工作被《人民日报》等国家级媒体报道11次，市委副书记吴存荣带队专题调研并予以肯定。铜梁区获评“2021基层社会治理创新区”称号。1名平安员登上“中国好人榜”。

（毛希望　供稿）

法治政府建设

【法治政府职责履行】 加强党对法治政府建设的全面领导，深入学习贯彻习近平法治思想，自觉将法治政府建设置于全面依法治区工作全局，一体推进全区各级行政机关法治建设。全年共开展8次法治专题学习。强化法治政府建设督察考核，开展法治政府建设全面自查评估、党政主要负责人履行推进法治建设第一责任人职责督察。把法治政府建设纳入区管领导班子和领导干部年度目标考核和年终述职范围，优化考核指标体系、强化考核引领推动。

【行政决策法治化水平提升】 强化政府决策法定程序刚性约束，制定区政府重大行政决策事项目录，严格执行公众参与、专家论证、风险评估、合法性审查、集体讨论决定等重大行政决策制定程序。全年合法性审核重大决策、重大合同132件，办理重大项目风险评估备案40个。落实法律顾问全覆盖，区委、区政府均聘请专业法律顾问团，各镇街、部门实现政府法律顾问、公职律师制度全覆盖。

【规范性文件管理】 严格开展规范性文件审查和清理工作，编制区级行政规范性文件目录。全年共办理行政规范性文件合法性审核24件，提出合法性审核意见200条，开展疫情防控、优化营商环境等重点领域的行政规范性文件专项清理9次，废止文件14件。

【法治化营商环境优化】 出台《铜梁区打造卓越营商环境工作方案》，全面推行“四零”审批改革，成为全市首个“企业开办无费区”。实施工程建设领域“四合一、四联合”改革，落实承诺制信任审批、推出65项“一件事一次办”事项等改革措施，健全“观察员”“好差评”制度。提升政务服务水平，抓实“三集中三到位”，全力建设区镇村三级政务服务体系，推进政务服务一站式办理。全区进驻政务服务大厅的政务服务事项1230项，进驻率85.8%，1390项政务服务事项网上可办，网上可办率97%。

【规范公正文明执法】 完成权责清单和公共服务事项清单编制，发布4696项行政权力和公共服务事项，取消不具备行使层级的行政权力396项、公共服务事项30项，清理并公示镇街综合行政执法权责清单102项。在全市创新实施涉企处罚报备制度，防止和纠正执法过错，维护企业合法权益。全年办理涉企处罚报备审查案件26件，提出建议21条。强化行政执法监督，推行行政执法“三项制度”，推行服务型执法、柔性执法等执法新模式，执法水平明显提升，区公安局被评为全国执法示范单位。开展行政执法案件评查，集中评查行政处罚案卷78件，提出意见建议50余条。

【基层社会治理】 推动建成全市首个社会治理创新中心，全覆盖建立三级社会治理指挥中心。成为全市基层探索创新的改革品牌，入选全国市域社会治理现代化试点区、全国乡村治理体系建设试点区。创新发展“枫桥经验”，扎实推进“三调”对接，在法院、信访办、具备条件的律师事务所等设立律师调解室，打造“开英工作室”“小戴工作室”等个人品牌调解室。全年全区人民调解组织共调处矛盾纠纷5239件，调解成功率99.8%。升级打造三级公共法律服务实体平台，扩大法律援助范围，维护弱势群体合法权益；全年共办结法律援助案件379件，为受援人挽回经济损失660.81万元。

【行政复议与应诉】 探索行政复议和行政执法监督工作协作融合机制，督促行政机关依法行政、规范执法行为。全年共办理行政复议案件15件，制发行政复议意见书2份；共办理行政诉讼案件77件。

【行政权力制约和监督】 自觉接受人大监督、政协监督、司法监督、监察监督和社会监督，强化行政和审计监督，完善和健全政务信息公开和政府信用公开机制，确保行政权力在阳光下运行。全年对全区一级预算单位上一年度预算执行情况实行全覆盖审计，区政府对327件代表议案和280件政协提案进行现场交办，复函率100%，满意率分别为99.15%和98.27%。

（王刚 供稿）

公 安

【概况】 2021年铜梁区公安局内设机构29个，派出所28个，警务室75个，年末有531名民警和697名辅警。全区公安机关紧扣建党100周年大庆安保维稳主线，战疫情、防风险、保安全、护稳定、促发展，业务工作和队伍建设齐抓并进，群众安全感、满意度和执法公信力不断提升。全局有29个次级单位立功受奖，个人304人次获记功、嘉奖，3人分别获评全国“平安之星”、重庆市“三八红旗手”、重庆市“最美渝警楷模”称号。

【打击刑事犯罪】 创建“六必”“三快”“3+3”等工作机制及“小捕快工作室”，建成投用智慧侦查中心，组建攻坚专班，严打黄赌毒、黑拐枪、盗抢骗、食药环森等各类违法犯罪，整治突出治安问题，破获各类刑事案件1901起，抓获各类嫌疑人1083人，连续12年保持命案全破，八类案件破案率100%，成功侦破“5·11”开设赌场案等大要案件，全市首例一次性摧毁跨境网络赌博平台30个；破获“3·10特大流动开设赌场案”，获公安部治安局表扬。

▶ 11月24日，铜梁区公安局将破案追回价值150余万元的涉案财物集中返还给受害群众，群众送锦旗致谢。（区公安局 供图）

【打击经济犯罪】 立案侦办涉经济（假冒伪劣）类案件24起，未新立涉众型经济犯罪案件。开展打击整治涉成品油违法犯罪专项行动，清查单位、场所、部位等312余个，排查运油车1026辆，成功捣毁非法经营成品销售、仓储窝点2个，对2名犯罪嫌疑人采取强制措施，依法扣押涉案加油筒4个、加油枪1把，涉案金额20余万元。开展“昆仑2021”专项行动，破获涉假案件4起，抓获犯罪嫌疑人10人，涉案金额共计300余万元。全年为群众挽回经济损失300余万元。

【禁毒工作】 制发《铜梁区吸毒人员排查管控工作实施方案》，落实管控措施，全年吸毒人员肇事肇祸“零发生”；健全完善镇街《禁种铲毒工作制度》，铲除疑似罂粟苗1392株，实现原植物种植“零产量”；强化宣传防范，源头治理，深入开展“无毒社区”“无毒村”“无毒单位”“无毒家庭”等创建活动，大宗毒品经铜梁区“零中转”，易制毒化学品“零流失”。全年破获毒品案件80起，缴获各类毒品23千克，查获吸毒人员264人，强制隔离戒毒129人。

【治安整治】 办理各类治安案件3596起，同比上升9.7%。突出治安专项整治，侦办地下流动赌场案件7起，打掉团伙1个，抓获违法犯罪嫌疑人40人；开展今冬明春集中打击整治黄赌违法犯罪专项行动，查破黄赌刑事案件5起，采取强制措施18人，打掉涉赌团伙2个、窝点3个；办理黄赌行政案件27起，行政处罚76人；停业整顿娱乐场所13家、取缔19家。深化重点地区整治，4个社会治安重点整治地区发案同比下降36.41%；破案同比上升29.41%，全部成功摘牌。

【道路交通管理】　排查整改各类道路交通安全隐患271处，完成全区50.7千米农村道路“生命工程”护栏整治。加强重点车辆、驾驶人隐患排查清理，依靠城区交巡警、骁骑队员和新建的25个交通安全执法站，依托交通科技设备，严查超员超载、违法载人、酒驾醉驾等交通违法行为，强化交通秩序维护。年内共查处各类交通违法行为151409起，其中超速4545起、客车超员11起、闯红灯8809起，查处饮酒驾驶390起、醉酒驾驶162起。全区发生道路交通事故6起，死亡6人。

【出入境管理】　共受理各类出入境证件842人次、外国人签证申请48人次。查处“三非”人员3名，核查非法出入境人员203人，侦办妨害国（边）境管理刑事案件30件，采取刑事强制措施45人，办理行政案件8件，行政处罚9人，维护出境入境正常秩序。加强双报备工作，全区新增法定不批准出境人员1449名，收缴出入境证件162本，作废出入境证件64本；新增登记备案国家工作人员252名，变更28人，撤销36人。累计核查非法出境高危人员562人次。

【全民反诈专项工作】　全面推进电信网络诈骗防范打击力度，全区电信网络诈骗立案数、损失金额数同比分别下降19.96%、14.78%，创新的反诈工法获市全民反诈指挥部采用并下发全市学习。一是创新宣传举措。在用好传统宣传载体和“两微一抖”的同时，创新推出“反诈奶茶”“反诈快递”“反诈网约车”等举措，推广下载安装“国家反诈中心”App，关注“国家反诈中心”政务号5.7万人次，2个镇街实现电信网络诈骗零发

▶2月3日，区公安局“反诈先锋队”在南城街道鱼溅村为群众宣讲防范电信网络诈骗知识。（区公安局 供图）

案。二是强化联动反制。制定《全民反诈精准预警劝阻联动工作机制、流程图》，依托“反诈狙击手”预警系统，区反诈中心、派出所、社区网格三级联动，向潜在被骗人员发短信15万余条、打电话4.9万余次，成功劝阻群众拟转款361起，阻止损失金额170余万元。三是突出案件打击。打击处理电信网络诈骗犯罪嫌疑人114人，同比上升95.6%。抓获回流人员38人，采取强制措施152人；打掉黑灰产团伙18个、捣毁窝点15个；打掉一个为电信网络诈骗犯罪集团洗钱的特大犯罪团伙，抓获犯罪嫌疑人25人，查扣现金1200万余元，冻结涉案资金22亿元。

【扫黑除恶专项斗争】　保持凌厉攻势，坚持“群众举报线索不断、扫黑除恶工作不停”，纵深推进扫黑除恶专项斗争，核查办结各类线索12条；抓获涉恶犯罪嫌疑人143人，移送起诉93人，破案40起。配合组织部门排查整顿软弱涣散村党组织，建立并落实村（社区）干部及人选区级联审机制，审查5000余人次；对内发出监管建议2条，破获农村地区涉恶类个案犯罪案件4起，移送起诉26人。区公安局获评全市扫黑除恶先进单位，刑侦支队获评扫黑除恶先进集体。

【执法规范化建设】　制发《案件主办民警责任制实施办法》《重大疑难案件集体审议制度》《办理涉伤害案件工作规定（试行）》等制度，执法办

案中心建成投用，完善受立案监督工作机制，明确各单位专兼职案管员30名，加强受立案网上巡查、实地督检，巡查各类案件11910件，下发巡查建议1055个，发出执法监督整改建议62份，对执法办案活动“全要素、全流程、全闭环”监管。年内未发生执法安全事故、行政败诉和国家赔偿案件，执法质量考评连续五年获评全市优秀等次。

【公安政务服务】 持续推进“放管服”改革，打造多元一体公安政务服务体系，多项业务实现“川渝通办”和川渝黔“一站式”办理。聚焦“交巡警柔性执法、出入境满意百分百、窗口形象提升”，全区累计注册“警快办”23万余人，在15个中心派出所设置综合服务窗口，群众可办理户政、车驾管、出入境等130余项公安业务；建成警邮代办点14家，为农村居民免费邮寄居民身份证26470张。为企业员工异地办理居民身份证7397张、办理居住证316本，川渝黔通办办件量1797人次；办理企业引进人才落户65人，居住登记106991人，居住证370本，凭暂住登记凭证办理车辆注册登记856辆。

【装备建设】 投入2481.76万元购置警车、特警装备、电子物证实验室检验鉴定设备等，进行设施设备维护，加强公安信息化、智能化建设等；投入560余万元改进派出所民警辅警生活环境，提升综合窗口服务水平，完成执法办案场所升级改造等，扎实推进公安基础设施建设。

（高云全 供稿）

检 察

【概况】 铜梁区人民检察院内设8个部门，共有在编干警63人。区检察院全面协调充分履行刑事、民事、行政、公益诉讼“四大检察”职能，全年受理各类案件1199件，办结1122件。检察队伍群众满意度98.12%，司法公信力98.15%。2021年度，区检察院获中共中央组织部、全国扫黑专项斗争小组嘉奖1人，获评2021年度全国检察宣传先进个人1人，检察五部获评全国维护妇女儿童权益先进集体。区检察院还获评市级集体荣誉2项、市级个人荣誉2项。

【刑事检察】 全年审查逮捕案件197件269人，批准逮捕168件214人；审查起诉案件503件597人，提起公诉403件476人。重拳打击故意杀人、抢劫、强奸、伤害等严重暴力犯罪18件19人，起诉涉枪案件1件1人，寻衅滋事案件8件11人。起诉“盗抢骗”多发性侵财犯罪案件95件112人。参与社会综合治理，办理“黄赌毒”犯罪案件84件131人。依法严惩袭警违法犯罪，起诉涉警类妨害公务案件3件3人，袭警罪4件4人。常态化推进扫黑除恶工作，坚持打防并举、标本兼治，推动长效常治。贯彻宽严相济刑事政策，适用认罪认罚从宽制度办理案件490件，适用率91.2%，提出确定刑量刑建议467条，占比98.1%。

【惩治经济犯罪】 推进知识产权检察职能集中统一履行试点，审查监督知识产权行政处罚案件17件，提供涉知识产权法律咨询18次件。成功办理川渝两地检察、公安挂牌督办的“1·01”销售假冒茅台、五粮液注册商标白酒案。推进反诈、断卡专项行动，办理涉电信网络诈骗案件2件2人，起诉“断卡”案件40件73人。开展反洗钱工作，办理涉及洗钱犯罪案件3件35人，批捕蒋某某等12人利用网上虚拟币平台和信用卡套现方式实施的特大跨境洗钱犯罪案件。联合区监委、区法院、区公安局、人民银行合川支行出台《关于加强惩治洗钱犯罪工作的合作协议》，加强反洗钱协作，形成工作合力。扎实开展涉企案件“挂案”“积案”清理专项工作，监督撤案6件，监督公安机关推进侦查2件，为民营企业健康发展保驾护航。

【监所检察】 强化监管场所监督，办理刑事执行监督案件27件，办理重大案件侦查终结前讯问合法性核查15件。加强刑罚执行监督，办理监外执行监督案件16件，办理收监执行提请或裁定审查案件3件，办理暂予监外执行审查案件2件，办理财产刑执行违法违规案件23件。强化司法工作人员相关职务犯罪案件办理，向上级检察机关移送司法工作人员职务犯罪案件线索，经分院立案侦查4人。全面排查违规“减假暂”案件256件256人次，重点排查105件105人次并建立问题台账，发现瑕疵案件69件。清理出符合收押条件应收押未收押犯罪嫌疑人、被告人2人，判处实刑未执行刑罚罪犯17人，与区法院、公安机关、区司法局等部门协同合作依法处理。

【控告申诉检察】 受理控告、申诉、咨询147件，来信30件，来访113件，通过网络信访4件。均按归口管理原则和首办责任制的规定及时进行分流处理，无积压、无错转，受理信访件均在7日内进行程序性回复，3个月内进行办理结果或进展答复。审结刑事申诉案件4件，终止审查1件，进行公开听证，促使申诉人息诉息访。办理司法救助案件5件，发放司法救助金13.5万余元。推深做实“检察长接待日”制度，院领导参加接访48次，接待来访群众60余人，检察长批办案件9件，全部办结。高标准严要求按时办结最高人民检察院交办涉法涉诉重复信访案件12件，办结政法队伍教育整顿中央第十三督导组及市委政法委交办信访案件7件。

【民事行政检察】 办理民事行政检察案件69件，其中支持农民工讨薪起诉案件20件，为20名农民工成功讨薪18.38万元。强化生效裁判监督，加大对当事人多次申诉、易产生虚假诉讼、易违反自愿合法原则调解等民事案件的监督力度，办理不服民事生效裁判、调解监督案件10件。受理民事审判程序违法案件25件，提出检察建议12件，法院采纳10件。受理民事执行活动违法情形监督案件23件，提出检察建议9件，法院采纳8件。以“案结事了政和”为目标，常态化推进行政争议实质性化解，办理各类行政检察案件6件，向行政机关提出社会治理性检察建议5份。

【公益诉讼检察】 办理公益诉讼案件44件，发出诉前检察建议30份，提起刑事附带民事公益诉讼2件。拓展公益保护范围，办理公共安全、特殊群体权益保护等领域公益诉讼案件5件，发出社会治理类检察建议2件，被采纳2件。开展司法救助2件，发放司法救助金5万元。落实“河长+检察长”协作机制，探索建立“林长+检察长”协作机制，联合开展巡山巡河38次，发现公益诉讼案件线索17件，立案查办17件，推动青云水库、小安溪河等流域的水环境污染整治。设立长江生态检察官办公室，起诉破坏环境资源犯罪1件，支持协助行政机关开展磋商、提起民事公益诉讼等5件。

【诉讼监督】 强化执法司法制约监督，前移监督窗口，设立派驻区公安机关执法办案中心检察室，严控“两退三延”，防止司法程序空转。向侦查机关发出纠正违法通知书20份，监督立案4件，监督撤案27件。开展法律监督专项检查，清理出处理情况不明确人员82名、挂案积案55件。加强人权司法保护，对不符合捕诉条件的，依法不批捕55人、不起诉121人。强化监管场所监督，参与跨区域交叉巡回检察。开展羁押必要性审查专项活动，开展羁押必要性审查228人，决定或建议变更强制措施25人，因被审查人认罪认罚不羁押合计15人。

（张峻豪 供稿）

法院

【概况】 2021年，铜梁法院由14个部门（含监察室）组成，其中人民法庭3个。全院有在编干警132人，其中员额法官49人，占37.1%；审判辅助人员59人，占44.7%；司法行政人员24人，占18.2%。全年受理各类案件16571件，结案14108件，结收比85.14%，法官人均结案288件。审执质效在全市基层法院中排名第9位。通过双城经济圈司法协作，跨域立案31件次，办理文书送达、调查询问、查封冻结扣押等委托事项160余件次。

【刑事审判】 审结刑事案件417件，判处罪犯463人。健全常态化扫黑除恶工作机制，1名干警获评全市扫黑除恶专项斗争工作先进个人。推进反腐败斗争，审结罗天琼受贿案等职务犯罪案件。保持对毒品犯罪高压态势，依法惩处跨境赌博、电信诈骗等领域犯罪，深入开展“全民反诈”专项行动，加强未成年人刑事司法保护。1个案例入选重庆法院网络空间治理典型案例。

【民商事审判】 审结民商事案件7723件。准确贯彻民法典，践行社会主义核心价值观，力求裁判结果实现“三个效果”的统一，2个案例入选重庆法院司法弘扬社会主义核心价值观典型案例。审结婚姻家庭案件992件，巩固家事审判改革成果，精心筹建家事审判区，依法维护妇女权益，加大反家暴力度，1个案例入选重庆法院反家暴典型案例。加强未成年人司法保护“四个一建设”，选派法治副校长10名，1个案例入选重庆法院未成年人司法保护典型案例。审结劳动争议类案件254件，坚持保护劳动者权益与保障企业生存发展并重，制发《企业劳动用工法律风险提示（第二辑）》1400余册，1个案例入选市高法院劳动争议十大典型案例。

【行政审判】 审结行政诉讼案件82件、行政非诉案件99件。1个案例入选市高法院行政诉讼十大案例。保护行政相对人合法权益，判决行政机关败诉11件。加大行政争议实质化解力度，出台《行政争议实质化解办法（试行）》，行政争议调撤率达60.61%。助力法治政府建设，行政机关负责人出庭应诉率93.10%，位居全市基层法院前列。推动行政与司法积极互动，发出司法建议2条，连续第6年发布行政审判白皮书，持续开展“行政审判走进行政机关”活动。

【审判监督】 开实每月全体法官会，促进法官对审判事务的自主管理、民主决策，提升审判管理精细化、规范化水平，该机制被选为全市法院审判管理典型案例。规范“三会”运行，召开审委会会议17次、各类别专业法官会议31次、全庭法官会议54次，邀请检察长列席审委会，主动接受检察机关法律监督。紧盯重点案件，狠抓案件质量，落实院领导办案制度和院庭长审判监督管理职责，累计对160件典型案件进行台账式动态管理，院庭长依规开展个案监督，严把案件质量关。错误类改发案件10件，改发率0.28%。

【执行工作】 执结执行案件5968件，执行到位4.88亿元。对标对表开展执行队伍专项整治，打造执行铁军。强力推进执行兑现，充分运用执行措施和强制措施，发布失信被执行人名单2616人次、限制高消费2711人次、拘留52人次、罚款16人次、移送涉嫌拒执犯罪7人次。针对失信被执行人购买机票问题发出司法建议，得到民航总局回应。印发《重庆市铜梁区切实解决执行难部门协作联动工作机制（试行）》。借力区社会治理创新中心的大数据资源和信息集成优势提升执行工作智能化水平，“铜梁区社会治理创新中心助推执行联动机制建设”入选全市“综合治理执行难大格局”典型机制案例。实行“法院+保险公司”机制，联手人保财险铜梁支公司建立执行悬赏保险制度。

【强基导向】 一是建设“人民法院老马工作室”。在院机关和3个派出法庭设立“人民法院老马工作室”，实行“老马带小马”，特邀调解员同比增长96.2%，调解案件3098件，调解成功率59.94%，调解案件数量及调解成功率均显著提升。二是常态化运行“代表委员联络站”。在院机关设立“代表委员联络站”，在3个派出法庭设立“代表委员联络点”，邀请代表委员近距离了解和监督法院工作，并开展接待群众、参与调解、见证执行等工作。三是强化“一庭两所”矛盾纠纷联调机制。3个派出法庭积极对接辖区派出所、司法所，召开“一庭两所”联席会议11次，联动调处矛盾纠纷200余件次，司法确认“两所”人民调解协议55件，共同开展“送法进校园”法治宣讲7次。四是加强“车载便民法庭”建设和使用。开展巡回审判42次，积极争取首批购买专用“车载便民法庭”。五是发挥“云上共享法庭”功能，运用“云上共享法庭”远程开庭300余场次。

【服务营商环境】 服务供给侧结构性改革，加强破产审判，审结铜梁院保护民营企业实质合并重整第一案，入选重庆法院民营企业司法保护典型案例。切实防范金融风险，审结金融借款、信用卡纠纷等金融案件398件，涉案金额1.23亿元。依法平等保护民营经济，审结涉民营企业买卖合同、建设工程合同、融资、股权等民商事案件937件，涉案金额10.58亿元，执结涉企案件1545件，涉案金额2.56亿元。召开建设工程行业等民营企业家代表座谈会10余次，出台14条中小企业法律风险提示及应对建议。

（张华越 供稿）

司法行政

【依法治区】 2021年全方位宣传习近平法治思想，投放标语海报2588条，制作宣传专栏333期，开展集中宣传活动88场次。科学编制《重庆市铜梁区贯彻〈重庆市《法治中国建设规划（2020—2025年）》实施方案〉的具体措施》《重庆市铜梁区贯彻〈重庆市法治社会建设实施方案（2021—2025年）〉的具体措施》。落实党政主要负责人履行推进法治建设第一责任人述法和测评工作，实现法治建设考核各部门、各镇街全覆盖。成功获评全市第一批法治政府建设示范区。

编制《2021年区政府重大行政决策目录》并对外公开，实现重大决策事项合法性审查率100%。调整公开全区43个部门、28个街镇4843项行政权力事项、438项公共服务事项。全面推行行政执法“三项制度”，抽取评查各行政执法机关案卷69卷，组织137名基层行政执法分管领导及一线执法人员开展行政执法专题培训。完成行政复议体制改革，实现复、诉分离；扎实推进复调对接，复议案件调解终止率46.4%，直接纠错率7.1%。

【普法与依法治理】 编制“八五”普法规划开展宪法、民法典、全民反诈、长江保护法、优化营商环境等主题法治宣传活动432场次。实施自治、德治、法治“三治结合”建设行动，在每个村（社区）培育“法律明白人”。全区70%以上的村（社区）达到市级“三治结合”建设标准，2个村（社区）被命名为全国民主法治示范村（社区）、58个村（社区）被命名为全市民主法治示范村（社区）。

12月3日，铜梁区开展“宪法宣传周”主题宣传活动。（区司法局 供图）

全面开展第四个“宪法宣传周”活动，设立宪法进农村、进社区、进校园、进机关、进企业、进军营、进网络七大主题，累计开展街头宣传35场，普法讲座116场；在全区各村（社区）、各机关单位投放宪法宣传海报2000份；在电视台、微信公众号、LED屏、出租车顶灯等投放普法公益广告5万余条次；手机推送普法短信10万条；“铜梁App”、“铜梁发布”微信公众号、“大美铜梁”抖音号等区级主流媒体推送普法内容11条、各部门新媒体推送100余条；运用“法治+文艺”的形式打造“具有铜梁特色的金钱板流动普法站”。

【律师事务】 2021年全区有律师事务所9家，基层法律服务所2家。执业律师63名，公职律师51名，实习律师12名；基层法律服务工作者13名。

年内全区9个律师事务所代理民事案件1905件、刑事辩护174件，办理非诉讼法律事务54件。

【司法鉴定】 2021年，全区有重庆市铜梁司法鉴定所1家，有司法鉴定人7名，相关辅助人员3名。全年共办理司法鉴定案件439件，业务收入31.2万元。

【公证工作】 重庆市铜梁公证处有公证员3名，公证辅助人员8名。2021年共办理各类公证事项4476件，业务收入达230余万元，其中民事类公证事项4628件，经济类公证事项1件，涉港澳台及涉外公证事项121件，接待群众来电来访12000余人次，为困难群众及弱势群体减免公证费近10万元。全年无错证、假证公证业务发生，未发生一件因公证质量问题引起的投诉。

【法律援助】 铜梁区法律援助中心有工作人员5名，其中公职律师2名。年内完成标准化公共法律服务中心建设和8个公共法律服务工作站规范化建设，实体平台规范化建设三年行动任务全部达标。全区三级实体平台累计接待企业和群众法律咨询3500余人次，指引群众申请并获得法律援助100余人次。开展"法援惠民生 关爱农民工""法援惠民生 关爱妇女"宣传46场，开展"我为群众办实事 法律援助基层行"宣传33场，发放宣传资料24000余份。法律援助上门服务5次，服务受众群体111人次，为群众提供法律文书模板30余份；抽查50件法律援助案件，评估合格率100%，回访受援人248人次，受援人满意率达98%。办理法律援助案件503件，避免或挽回经济损失550.99万元，其中，办理刑事法律援助案件82件。安排律师参与认罪认罚案件493件。

【法律服务】 加强涉企法律服务供给，为经济高质量发展提供坚实法治保障。累计为企业经营管理人员赠送《中华人民共和国宪法》《企业法律风险防控手册》等法律书籍1000余本，为企业职工赠送《劳动者维权手册》5万余册。办理涉企保全证据、贷款合同赋强公证等公证事项32件。律师为224家企事业单位提供法律顾问服务，共代理涉民营企业案件357件，协助企业解决各类法律问题230件，审查企业章程管理制度合同文本201份，建立风险防范机制3条，实现优质法律服务资源向企业有效流动。

【人民调解】 健全调解组织。建立和完善266个村人民调解委员会，67个社区人民调解委员会，28个镇和街道人民调解委员会，确保每个村（社区）、镇（街道）都有人民调解委员会，调委会覆盖率为100%。持续加强基层村（社区）、镇（街道）调委会规范化建设，打造出区级规范化调委会342个。在矛盾纠纷易发多发的医疗、道路交通、物业管理等重点领域，成立相应行政调解组织8个和行业性专业性调解组织17个。

优化队伍结构。组织开展村（社区）人民调解组织换届工作，配齐建强调解队伍。全区有人民调解员1848人，其中专职调解员107人，确保行业性专业性调解组织有专职调解员3人，镇（街道）调解组织有专职调解员2人。按照分级负责、分类组织的原则，采取集中授课、专题讲座、现场观摩、陪审旁听等多种形式开展培训64次，全区调解员培训率达到100%。

排查化解纠纷。全年共开展排查1636次，调解各类民间纠纷和社会矛盾7104件，调解成功7087件，调解成功率99.7%，调解房地产领域重大疑难纠纷案件30余件，参与处置纠纷"民转刑"预防案件27件，无一起因为纠纷化解不力引起"民转刑"案件，有力维护了社会和谐稳定。

【社区矫正】 对全区2018年以来办理的983件社区矫正案件开展集中统一评查，结合实际完善监督检查机制和各项工作制度。累计接收社区矫正对象192人，累计解除199人，在册210人；累计训诫14人次，警告3人次，撤销缓刑6人，撤销假释1人，暂予监外执行收监执行1人，未出现脱漏管问题。

【安置帮教】　依托中央综治委刑释解教人员信息管理系统，核实全区服刑人员基本信息，核实率达95%以上，预释放人员回执率达100%。监狱刑满释放和解除矫正纳入安置帮教人员共611人；全区在册安置帮教对象2072人。

【司法所管理】　全面实行司法所公开机制，将职能职责、人员岗位、联系方式等公示公开，实行常态化群众监督。组织开展司法所工作人员培训2次，将35名政法专项编制工作人员和22名聘用人员充实到司法所。健全完善司法所会议制度、学习制度、请示报告制度、请销假制度、档案制度等五项制度，规范建立工作台账和工作档案。全年，司法所参与调解纠纷517件，为基层政府提供法律意见建议85件，参与制定规范性文件27件，解答法律咨询3996件。

（宋建　供稿）

仲 裁

【劳动人事争议仲裁】 概况。全区23个镇、5个街道和4个园区建立的劳动(人事)争议调解委员会(调解中心),共配备调解员112名。专兼职调解员、仲裁员全区有140名,86%的人员具有大专以上学历,大学本科以上学历达87%,法律专业人员占到总数的65%。2021年共处理各类劳动人事争议713件(包含互联网+调解平台等),其中:受理立案案件375件,不予立案64件。受理立案案件较上年下降12.6%,涉案金额4000余万元;处理结案370件,结案率为98.7%;以调解方式结案253件,占结案总数的68.4%。

仲裁工作。全年,铜梁区劳动人事仲裁院组织共指导全区各镇街调解组织调处案件42件。为1200余人次免费提供法律事务、咨询服务,为280名农民工免费开展"绿色通道"服务。

2021年从案件受理立案入手,引导法律援助,提倡律师参与,正确指引当事人尤其是困难一方充分维权。仲裁庭审时,积极推行旁听制度,定期由仲裁委领导、仲裁院负责人参与旁听案件审理,促使庭审各方公平、公正。实行案件评审制度,由仲裁院负责人不定期对案件进行抽审,发现问题主动纠正。区仲裁委领导全年参与旁听仲裁案件12件,占案数总数的3.2%;评审案件70件,案件评审率达到18.6%。截至年底,全区28个镇街社保所、3家国有企业和6家非公企业建立基层调解组织,大中型企业调解组织覆盖率为28.6%。全年有60余件案件在基层和企业进行调解。

(苟君可 供稿)

【经济仲裁】 年内扎实开展仲裁法律制度宣传推行工作,引导各单位树立仲裁法律意识,把推行仲裁法律制度作为指导经济和法治工作的一项重要内容,积极促成市场主体约定仲裁条款,鼓励律师在处理纠纷时引导公民、法人及其他组织选择和运用仲裁这一法律武器,积极促成市场主体约定仲裁条款。开展仲裁法律宣传,利用法治宣传日在人口集中区域开展仲裁法律宣传,提高仲裁法律制度的知晓度和认同度。

(王刚 供稿)

2022
铜梁年鉴

军事

铜梁区人民武装

【概况】 铜梁区人武部为副师级单位，配属民兵训练基地、民兵武器仓库两个事业单位。2021年被重庆警备区表彰为“先进旅团级单位党委”“全面建设先进人武部”。

【党管武装】 坚持抓好党管武装制度落实，区委常委议军会上传达市委议军会会议和警备区党委全会精神，分析全区国防和后备力量建设情况，研究解决驻铜部队官兵实际困难6个。筹划“军事日”活动，组织全体区级领导、区国动委成员单位主要领导、各镇街党（工）委书记共计100余人，通过参观陆军综合训练第十二基地营区，邀请军队教员进行轻武器常识、操作要领辅导授课，开展轻武器实弹射击比武、与战士一起就餐等活动，感受军事氛围、强化国防意识。

【国防教育】 利用兵员征集、学生军训、思政课堂、烈士纪念日、庆祝建党百年纪念活动等时机，深入推进国防教育“进校园、进社区、进企业、进村庄”，把国防教育纳入地方党委（党组）中心组学习和干部培训课程，组织基干民兵对辖区3所高校、6所高级中学2万余名学生开展国防教育和军事技能训练，提升青少年学生国防素养，增强国防观念和国家安全意识。联合区退役军人事务局，依托望山公园有机嵌入国防元素，建成一个主题鲜明、特色突出、设施完备的国防教育主题公园和双拥共建公园，宣传我党我军光辉历程、强军思想、革命先烈优良传统。

【备战能力】 牢固立起聚焦备战打仗的鲜明导向，把战斗精神培育贯穿渗透到军事斗争国防动员准备的各领域、全过程。始终坚持强部队先强机关思路，严格按照计划方案和《军事训练大纲》，组织干部、文职人员认真落实年度训练任务，周密制订月计划、周计划等各类方案计划，确保军事训练四落实。结合岗位扎实组织职工完成军事理论、队列、基本技能、业务技能训练。抓实专武干部和民兵队伍训练，全年高质量完成专武干部集训、民兵“小专业大集中”训练、轮训备勤、专业民兵在岗训练。按照民兵检查考评实施细则，组织应急分队和专业分队进行战斗力能力评估考核，达到锻炼指挥员和队伍的作用；组织2021年度铜梁区应急力量军地联训联考、精武民兵比武竞赛，通过联训联考提升应急力量执行应急任务能力，通过精武民兵比武竞赛评比先进，立起备战打战鲜明导向。

【擦亮“少云民兵”名片】 坚持以“少云精神”为引领，广泛开展党史学习教育，结合民兵使命任务，人武部主要领导进行专题党史学习教育辅导，带领全体人员到邱少云烈士纪念馆重温民兵誓词，民兵队伍思想建设不断夯实。按照“建为用、用为战”的思路，组织开展入队选拔，在全区遴选应急连队员，少云民兵应急连共产党员达到50%，退役军人达到70%，进一步夯实队伍基础。坚持战斗力这个根本的唯一的标准，深化军事斗争动员准备，落实每月集中两天的教育训练，由主官带头组织开展任务行动训练和考核，在常抓常用中锻炼“少云民兵”。推荐少云民兵应急连连长周良参加警备区“听党指挥、奋斗强军”事迹报告会，并在全市进行轮回演讲，不断擦亮“少云民兵”品牌，不断增强光荣感、使命感。8月西河镇突发森林大火，少云民兵快速集结应急民兵60人，由主官带队迅速赶赴火灾现场扑灭山火。

【兵员质量】　主官带领工作组到重庆艺术工程职业学院、重庆传媒职业学院进行国防教育、宣讲征兵政策、发放征兵宣传资料和现场释疑解惑，指导镇街走村入户开展征兵宣传。会同区委宣传部、融媒体中心、移动公司等单位，开设宣传专栏、播放宣传短片、悬挂宣传标语、发送宣传短信，大力营造“一人参军、全家光荣”的良好氛围，兵役登记率率先达到100%。2021年全区共印制发放宣传手册6万余份，发布征兵短信2万余条，网上解答征兵咨询60余次。严把体检、政治考核、役前训练、审批定兵等环节，主官全程蹲点督查，确保征兵程序正规、质量合格。征兵期间，区人武部机关成立3个工作组，部领导亲自带队分片包干对全区28个镇街征兵工作开展情况进行检查，现场指出问题、下发问题通报、约谈思想不重视、工作推进不力的镇街主要领导和专武部长，确保征兵质量，高标准完成全年新兵征集任务，大学生新兵占比98%。

【打牢基层规范化建设】　围绕备战打仗中心工作抓建基础，持续巩固深化部机关和基层武装部“四个秩序”规范化建设成果，确保基础设施完备、装备器材配套、台账资料齐全，全面锻造“三个过硬”基层。及时修订完善战备方案预案，印发镇街训练登统计2000册，投入专项资金完善部机关“三室两库”改造、功能库室建设、强军文化氛围设置，投入10余万元按“一队多用、一专多能”的要求配齐警棍盾牌、头盔、防毒面具等应急器材。推动民兵—公安战训基地纳入“十四五”规划期间投入。依托9个乡村振兴会客厅，推进普通民兵连部建设试点，推动规范化建设成果向基层一线延伸。

（谢佳岑　供稿）

人民防空

【概况】 2021年，全区人民防空工作坚持“长期准备、重点建设、平战结合”的指导方针，通过建立统一高效的组织指挥体系、布局合理的防护工程体系、灵敏可靠的通信警报体系、精干过硬的专业队伍体系、保障得力的人口疏散体系，提高人民防空的整体抗毁能力、快速反应能力、应急救援能力和自我发展能力，时刻做好应对现代战争及重大灾害事故准备，有效保护国家和人民生命财产安全。

年内结合“5·12”国家防灾减灾日、“6·5”重庆大轰炸纪念日、“9·18”国防教育日、“10·31”新中国人民防空创立日重要时间节点，深入学校、广场、社区等场所开展宣传活动6次，向社会各界发放宣传资料2万余份；通过《铜梁报》《铜梁手机报》进行媒体宣传2次；向相关专业刊物投稿3次，宣传栏更新2次。年内完成国防动员潜力调查及统计，更新经济目标、城市人口、疏散基地、人防工程、专业队伍（含志愿者队伍）等数据，并适时录入人民防空战备资源数据信息系统。投入资金约10万元，购买鞋帽、服装、帐篷等，进一步充实战备物资库。

【应急管理】 加强警报系统日常维护管理，维修、保养固定警报器22台。新增警报器2台，配装警报综合电源7台，配装率100%。圆满完成“6·5”防空警报试鸣放活动，协助处置新冠肺炎疫情、洪峰过境等突发事件。

【工程项目】 “结建”审批进入审批大厅进行集中办理，全年办理质监手续并监管“结建”工程4个，面积12691平方米；提前介入“结建”工程1个，面积1999平方米；竣工验收“结建”工程1个，面积614.25平方米。全年收取人防易地建设费332余万元。

【战备组训】 将701人及以上人防专业队伍重新组训为10类13种。组织工程抢险抢修、专业骨干培训1次，制定各专业队训练计划并按时保质完成。组织跨区域应急指挥通信保障训练1次，参加其他区县跨区域应急指挥通信保障训练3次，圆满完成全市人防应急演练。

（李旭波 供稿）

2022

铜梁年鉴

经济

经济监督管理

发展计划管理

【概况】 2021年铜梁区立足新发展阶段、贯彻新发展理念、构建新发展格局，全力推进稳增长、促改革、调结构、惠民生、防风险、保稳定工作，经济发展保持良好态势，实现全年地区生产总值704.5亿元，增长8.3%。高技术产业和数字经济因受原材料上涨压缩利润空间影响，发展未达到预期；进出口总值因受国际贸易摩擦和疫情双重冲击，导致下降；民营经济因民营企业规模普遍偏小，抗风险能力较弱，导致发展未达到预期；税收收入因兑现助企纾困减税政策，有一定下滑。

2021年国民经济和社会发展主要指标预期目标完成情况

序号	指标名称	2021年预期	2021年完成预计
1	地区生产总值增速（%）	7.5	8.3
2	农业增加值增速（%）	4.7	10.6
3	规上工业增加值增速（%）	8.5	10.4
4	战略性新兴产业增加值增速（%）	15	17
5	高技术产业增加值占工业比重（%）	30	27.8
6	数字经济增加值增速（%）	30	16.5
7	城乡收入比	2:1	1.97:1
8	科技进步贡献率（%）	58	58
9	规上工业企业利润增速（%）	5	5.6
10	新登记市场主体增速（%）	12	17
11	服务业增加值增速（%）	7	9.0
12	文化产业增加值增速（%）	12	12
13	固定资产投资增速（%）	8	10.8
14	其中：民间投资增速（%）	6.5	20
	社会消费品零售总额增速（%）	9	25.7
15	进出口总值增速（%）	5	−26.9
16	服务贸易增速（%）	5	5

续表

序号	指标名称	2021年预期	2021年完成预计
17	实际利用外资(万美元)	6000	6461
18	全社会研发经费支出占地区生产总值比重(%)	2.1	2.2
19	万人发明专利拥有量(件)	6.5	6.7
20	非公经济增加值占地区生产总值比重(%)	80	80
	其中:民营经济占比(%)	75	74
21	一般公共预算收入增速(%)	9.5	15.4
	其中:税收增速(%)	8	-11.6
22	全体居民人均可支配收入增速(%)	8	8.8
	其中:农村居民人均可支配收入增速(%)	8.5	10.3
23	空气质量优良天数(天)*	>320	324
24	森林覆盖率(%)*	48	48
25	能源消耗总量增速(%)*▽	/	/
26	单位地区生产总值能耗下降(%)*	完成市级下达目标	完成
27	单位地区生产总值二氧化碳排放下降(%)*	完成市级下达目标	完成
28	主要污染物重点工程减排量(吨)*▽	/	/
	其中:化学需氧量重点工程减排量(吨)	511.35	完成
	挥发性有机物重点工程减排量(吨)	18.2	完成
	氨氮重点工程减排量(吨)	14.09	完成
	氮氧化物重点工程减排量(吨)	91.4	完成
29	亿元地区生产总值安全事故死亡率*	<0.025	0.021
30	常住人口城镇化率(%)	61.7	63
31	新增城镇就业(万人)	0.8	1.4
32	城镇调查失业率(%)	<5.5	5
33	居民消费价格指数(%)	2	2

注:1. 加"*"为约束性指标,其他为预期性指标。

2. 加"▽"为依据国家对省市考核指标进行调整变化的指标。因国家层面不再将能源消费总量增速作为硬性约束指标,突出能耗强度优先、能耗总量弹性管理,暂不执行第27项"能源消耗总量增速"指标。根据国家"十四五"主要污染物总量减排工作安排,第30项"主要污染物总量减少"指标相应调整为"主要污染物重点工程减排量"。

【发展管理】 工业质量效益持续提升。工业增加值增长9.5%，365家规模以上工业企业实现总产值680.8亿元，增长12.2%。三大主导产业支撑有力，电子信息、装备制造、健康美妆产业产值分别增长19.1%、13.8%、20%，实现产值566亿元，增长15.2%。实物量指标加快增长，工业用电量、用气量分别增长19.6%、36.2%。产业集群构建加快，围绕主导产业精准招商，协议引资额达386.7亿元，总投资20亿元的爱玛科技西南制造基地一期建成投产，达产后可实现年产值100亿元。产业转型升级加速推进，实施智能化改造项目63个，完成技改项目备案123个，建成市级数字化车间18个、市级智能工厂2家，新增市级企业技术中心5家，战略性新兴产业、高新技术产业、数字经济规上工业企业产值分别增长22%、12.6%、18.9%。

农业发展势头良好。农业增加值增长10.6%。粮食生产总体稳定，完成高标准农田建设和宜机化改造3333.33公顷，粮食播种面积55266.67公顷，产量35.5万吨。优势特色产业持续发展壮大，蔬菜播种面积24066.67公顷，产量77.3万吨；水果种植面积7666.67公顷，产量10.93万吨；生态渔业稳步发展，水产品总产量达3.9万吨；增长3.9%，生猪出栏47万头，增长32.2%，恢复正常年份水平。农业品牌培育加快，新增市级以上认定或评选的农业品牌15个，总数达58个，新增绿色食品73个，总数达267个。农业主体培育加强，新认定区级龙头企业10家，区级及以上龙头企业总数达179家，土桥镇成功创建国家级农业产业强镇。农业产业链价值链加快延伸，新引进“蜀运来”“臻厨香”等农业加工项目6个，培育壮大“龙乡好礼”“东珠易田购”等本土电商品牌，农产品电商销售额达4.6亿元。

服务业稳步发展。服务业增加值增长9%。龙城天街商圈业态不断丰富，成功引进福宴天下、天诺酒店等知名品牌入驻，商圈总营业额达9亿元。金融服务实体经济有力有效，银行业金融机构存贷款余额分别为600.1亿元、530.8亿元，存贷比88.5%，贷款增速连续27个月保持10%以上增长，首创“用能贷”金融产品被市金融监管局在全市推广运用。文旅品牌发展加快，获评2021—2023年度“中国民间文化艺术之乡”，土桥镇和六赢村获评全国乡村旅游重点镇、村。

有效投资不断扩大。开展“抓项目稳投资”专项行动，聚焦投产项目抓达产、竣工项目抓投产、在建项目抓进度、签约项目抓开工，实施重点项目202个，完成投资342.9亿元，会通新材料、红岩方大等37个项目全面完工（投产），水环境综合治理PPP项目正式启动。新型基础设施建设加快推进，新建成5G基站344个，总数达1484个，新铺设光纤1500千米，累计达4万余千米。提速补短板投资，少云、太平等小城镇建设有序推进。全年完成固定资产投资392亿元，增长10.8%，其中工业投资完成150.2亿元，增长17.1%，房地产开发投资完成71.8亿元，增长43.6%。民间投资活跃度上升，全年以来增速持续高于全社会投资，占比达60%左右。

消费活力加快释放。集中开展汽摩购销展、川渝特色商品展等大型系列消费促进活动，拓展消费新场景，提升假日消费、旅游消费、夜间经济，有力刺激消费回暖向好。消费内容不断丰富，房地产市场健康发展，拉动五金、电料类批发额及家具、建筑装潢材料类零售额大幅增长。“周末到铜梁”传唱市内外，文旅、餐饮、住宿消费持续升温，全区社会消费品零售总额完成276.5亿元，增长25.7%。批发业销售额完成163.8亿元，增长51%；零售业销售额完成182亿元，增长29.3%；住宿业营业额完成2.9亿元，增长33.1%；餐饮业营业额完成51.3亿元，增长29.8%。

经济开放程度增强。优化外资外贸服务，落实“外资企业行政管家服务”制度。参与重庆市中西部国际交往中心建设，实现出口农产品生产基地备案。稳步推进对外招商引资，成功引进新加坡叶水福集团冷链物流、韩国SMD株式会社化妆品基地外资项目，引资金额6000万美元。引导企业开拓国际市场，联合重庆海关“一对一”帮扶铜梁龙韵果香、铜梁泰香农业等特色农产品龙头企业“走出去”。全年外贸进出口总额完成12.5亿元。

（曾孝文 供稿）

【重点项目建设】 2021年全区实施重点项目202个，总投资1134.18亿元，年度计划投资390.59亿元。1—12月，完成投资362.98亿元，占年度计划投资的92.93%。全年新建项目123个，开工82个，黄桷门音乐小镇、老虎滩景区开发等41个项目因客观原因无法实现开工。161个开工项目年度计划投资329.74亿元，完成投资345.1亿元，占年度计划投资的104.66%。淮远新区基础设施建设项目、北城小学迁建工程、城区雨污管网改造项目、会通改性塑料、红岩方大、昕晖·璟樾等59个项目全面完工（投产）。

从建设性质来看：新建项目123个，总投资793.47亿元，年度计划投资268.48亿元；1—12月，完成投资242.48亿元，完成年度计划投资的90.32%。续建项目79个，总投资340.71亿元，年度计划投资122.11亿元；1—12月，完成投资120.5亿元，完成年度计划投资的98.67%。从投资类别来看：政府主导类项目102个，总投资263.79亿元，年度计划投资103.4亿元；1—12月，完成投资90.34亿元，完成年度计划投资87.37%。市场主导类项目100个，总投资870.39亿元，年度计划投资287.19亿元；1—12月，完成投资272.64亿元，完成年度计划投资94.93%。

【重点项目推进】 一是强化组织保障。区委、区政府先后成立重大投资项目工作领导小组、重大项目前期工作协调小组、重点建设项目指挥部，全程跟踪、全速推进重点项目建设，形成步步咬合、高效运转的项目推进格局。二是严格项目管理。实施重点项目清单管理、过程管控、打表推进，保证项目建设有序推进；实行项目建设、监理、施工、勘察设计“四同步、四到场”，安排专业人员现场驻点，有问题及时解决，保证项目进度、质量和安全“三提升”；推行重点项目模块化管理，实行“红黄绿”亮灯考核，对“红灯”项目专题研究调度，不断消融项目堵点，强力推进项目建设。三是健全日常制度。(1)坚持重点项目精准调度，实行项目业主单位、项目行业主管部门、区政府三级协调机制，合力解决项目推进难点卡点问题。(2)建立问题收集交办机制。定期收集汇总重点项目推进中存在的问题，建立问题台账，第一时间反馈交办相关责任单位，并做好跟踪落实。(3)建立重点项目推进“三色”管理机制。区重点办定期收集整理重点项目推进情况，对按计划推进正常的项目标注为“绿色”，对推进中存在问题的项目标注为“黄色”，对建设进度严重滞后、未能按期开工建设的项目标注为“红色”，并将“三色”管理情况作为年底考核重要依据。四是严格项目考核。充分发挥区委执行力办、区委办督查室、区政府办督查室的督导作用，对全区重点项目的前期工作、开工建设、竣工投产等工作开展常态化督查考核。实行“限时制”“销号式”管理。无论什么问题、哪个环节上的问题，只要涉及项目建设，都全程跟踪督查、一追到底，确保项目顺利推进。

（王益 供稿）

国有资产管理

【国企改革进展】 制定铜梁区国企改革行动方案，现36项改革任务完成29项，完成率80.56%。落实党建入章，全面推行党组织研究决定和前置研究讨论企业重大事项两张清单；应建尽建企业董事会19户，10户符合条件企业实现外部董事占多数；完成47户企业及分支机构的清算注销及整合移交；经营性国有资产实现集中统一监管；深入推进国企“三项制度”改革，中层干部竞聘上岗38人次，末位调整不胜任退出管理人员5人。推行经理层成员任期制和契约化管理。制定《铜梁区优化重点国有企业发展布局工作方案》，对各重点国企职能定位、服务区域、考核、人事和薪酬等做出明确规定，金庙公司独立为区属重点国企；组建重庆龙裕私募股权投资基金。

【国资监管能力提升】 建立《重庆市铜梁区重点国有企业外部董事选聘和管理办法》《关于推进区属重点国有企业信息公开的指导意见》等监管制度。设立内部审计部，完善企业内部监督体系。国企网络监管平台上线运行，对企业运行情况实现在线动态监管。

【国有资本运行成效】 完成国有房屋等资产确权办证22962.61平方米，盘活闲置资产13449.62平方米，国有资产交易收益2880.11万元。完成玄天湖文旅公司“2A”评级，启动金龙城建公司“2A+”评级工作。完成土地解押2353.04亩，保障高新区招商引资企业用地和重点项目用地需求。

【服务国有企业发展】 承担区级重点项目23个，完成投资12.66亿元；代建区级重点项目21个，完成投资16.04亿元。金砂小学迁建、人才公园、书香文化街区等一批重点项目建成投用，中医院整体迁建、白龙小学建设、铜梁二中扩建工程等重点项目有序推进。重点国有企业围绕主责主业和发展定位，逐步形成了金融担保、商业贸易、文化旅游、汽车租赁、房地产开发、精品苗木和绿化、酒店管理、市政工程、人力资源管理、农副食品加工销售等多元化经营格局，全年重点国有企业实现经营性收入7066.08万元，同比增长21.8%。强化融资管控，防范化解债务风险，全年累计融资到位资金95.39亿元，年均综合融资成本控制在6.35%。区属国有企业国有资产总额达到855.34亿元，资产负债率51.27%，处于预警线以内。

【规范国有资产管理】 开展29个行政事业单位国有资产交易专项督导检查1次，处置资产76批次。同时，追收“三金”债权资金54.58万元。

（阳兴国 供稿）

公共资源综合交易管理

【概况】 2021年重庆市铜梁区公共资源综合交易中心坚持重点突破，公共资源交易监管体制初步构建“全市交易一张网”，交易项目“应进必进”。全年交易中心严格执行公共资源交易目录，全区累计成交项目374宗，成交金额84.84亿元，增收节支12.11亿元，真正做到目录清单内“所有交易进平台、平台之外无交易”。全面推行经评审的最低投标价法。运用该法实施项目65个，占同期公开招标项目总数的70%，单个项目投标企业从原均几十家下降到六七家左右，有效遏制了围标串标、买标卖标等违法违规行为。年内稳步推进全流程电子招投标，打造阳光规范的交易平台。已实施全流程电子招投标项目76个，占全年公开招标项目的81%，交易金额7.55亿元，其中，工程建设公开招标项目电子招投标推广率达到100%，实现让数据多跑路，企业少跑路。同时与四川资阳签订公共资源交易一体化战略合作协议，积极探索开展远程异地评标。全面推广网上中介服务超市，逐步形成健康有序的中介服务市场。在全市率先推广使用“重庆市网上中介服务超市”，累计入驻采购人230家，成交服务项目6021个，居全市区县第二位，有效解决中介机构交易信息不透明、行业垄断较强等突出问题。

【优化营商环境】　一是推动重点项目加速落地。通过“提前介入、延时服务、预约服务、容缺受理”等特色服务，推动广铜“一带一路”高新技术产业合作区、铜梁区独立工矿区转型升级产城融合PPP项目等重点项目加速落地，为政府投资项目顺利推进提供了坚强的交易保障。二是提升服务效能。优化交易流程14项，公开招标项目办理时间由30天压缩至25天，限额以下抽选项目由5个工作日压缩至3个工作日，投标保证金退付由5个工作日压缩至2个工作日。全年累计服务市场主体10万余人次，按要求收退投标保证金2078笔、90.1亿元。三是在强化减负增效上持续用力。自2018年免收建设工程和国有产权交易项目交易服务费以来，每年为投标企业节约投标成本500余万元；累计收取银行保函573份，直接为企业减轻资金压力3.77亿元。

【净化交易市场】　一是各级担当作为，加强交易现场管理。以“五色马甲”专岗专责、按规着装的形式，区分招投标参与各方主体，有效防止交易过程中的违法违规行为。二是建立交易数据统计分析制度。从经济运行、竞争状态、异常情况、信用建设等维度深入分析交易行为，印发交易数据分析专报24期，为区委区政府科学决策和有关部门监管执法提供了有力支撑。三是配合查处违法违规行为。协助监管部门建立公共资源交易信用管理制度，加大违法违规失信行为查处打击力度。在区交易中心网站上对失信招投标各方主体公示2批次，涉及5家投标企业及1名直接责任人，共处罚金22.52万元，持续净化交易市场。

（来星宇　供稿）

土地资源管理

【建设用地管理】　2021年取得26个项目用地面积535.27公顷，有力保障了铜梁区工业、城市发展、乡村振兴以及同心桥水库、合璧津高速、铜安高速、渝遂高速扩能等重大项目用地需求。

【土地储备】　完成全区22宗113.4公顷国有建设用地的收回工作和2宗0.9公顷国有建设用地的收购工作，保障了全区9宗83.53公顷国有建设用地的出让。完成涉及自然保护地专项清理的6宗3.07公顷土地收回工作，完成市长经责审计和自然资源资产审计发现问题中涉及违规占用国家湿地公园的4宗25.4公顷土地收回整改工作，完成淮远新区33.33公顷拟出让土地上建构筑物清理工作。

【土地供应】　2021年供应各类建设用地58宗，供应面积约472.47公顷，实现土地价款708032.66万元（其中：经营性用地成交24宗，面积161.73公顷，成交价684598.93万元；出让工业用地25宗，面积101公顷，成交价款17409万元；划拨国有土地9宗，面积209.73公顷，划拨权益价款6024.73万元）。

【供后监管】　及时对已供土地的开工、竣工、开发建设进度等情况进行巡查并建立监管信息档案；加大闲置土地处置力度，通过约谈企业、实地走访、市场调研等多种方式了解土地闲置的真实原因和企业面临的实际困难，多渠道探索闲置土地盘活途径，2021年收回闲置土地5宗约32.97公顷，督促企业开发建设4宗约4.84公顷，完成闲置土地处置共计9宗约37.8公顷。

地质矿产管理

【概况】 完成第四轮矿产资源规划编制，并经专家评审上报市级入库。科学设置矿产资源型城市产城融合“PPP项目”资源配置矿区，做好西南水泥厂址搬迁和矿区选址。根据2021年采矿权出让计划，对矿产资源型城市产城融合“PPP项目”第一期建筑石料用灰岩、铜梁区蒲吕街道新联村、青山村石灰石矿（水泥配料用灰岩）采矿权进行公开出让。扎实做好建筑砂石保供稳价，支撑各类重要设施和重点项目建设。持续开展自然资源领域整治工作专项行动，对涉及的15个镇街进行拉网式排查，累计查处矿山违法案件4件，完成整改4件，处罚款12.57万元，有效遏制无证采矿违法行为。

重庆页岩气公司在铜梁区矿权面积约814平方千米，主要工作区域跨越18个镇级行政区划。年末区内页岩气共布置13个平台57口钻井，年产天然气约1.6亿方。

审计

【概况】 2021年，铜梁区审计局共完成审计项目27个，其中审计26个，专项审计调查1个。查出主要问题金额3698319万元，其中违规金额11747万元、管理不规范金额3686572万元；审计发现非金额计量问题263个；出具审计报告和专项审计调查报告29篇。审计处理处罚金额11747万元，其中应上缴财政6790万元、应归还原渠道资金4956万元；移送纪检监察机关和有关部门处理事项3件，移送处理金额227万元。审计促进整改落实有关问题金额383138万元；审计促进拨付资金到位118303万元；审计后挽回（避免）损失4979万元；核减投资额4969万元。审计提出建议65条，被采纳65条；促进被审计单位建立健全规章制度3项；提交审计信息279篇，被批示、采用68篇次，向社会公告审计结果2篇。

年内实施的铜梁区部门（单位）2019年度预算执行和其他财政财务收支审计项目被评为重庆市（区审计局类）优秀审计项目二等奖；实施的2020年度合川区财政预算执行和决算草案编制情况审计、2021年度重大政策措施落实情况跟踪审计、铜梁区交通局建设管理审计调查3个审计项目被评为重庆市审计局行业审计优秀项目。

【政策落实跟踪审计】 对长江流域禁渔禁捕、稳外贸、“三社”融合发展等政策落实情况开展跟踪审计，延伸审计单位34个，查出违规金额1108万元。对农业园区建设发展、乡村振兴重大项目、川渝共建重大项目开展跟踪审计，延伸审计单位17个，查出违规金额1872.08万元，有效促进重大政策措施落实、重大投资项目落地。

【财政审计】 聚焦预算绩效管理、优化财政支出结构、预算管理制度改革推进等，推动过“紧日子”要求和减税降费等政策措施落实落地。依托大数据分析平台对全区73个一级预算单位全覆盖审计，促进规范预算管理和资金使用，提高预算绩效管理水平。

【重点民生资金审计】 围绕民生实事，开展社会保险基金审计，揭示基金筹集使用管理和相关政策制度执行中的突出问题和风险隐患，督促上缴及归还财政资金299.16万元，促进社会保险基金高效运行，推动重大改革措施贯彻实施。

【公共投资审计】 大力推进投资审计转型，对铜梁职业教育中心三期建设项目开展跟踪审计，对琼江安居提水二期等7个建设项目开展竣工决算、结算审计，对区交通局开展建设管理审计调查，着力推动投资建设行为规范，提高投资效益。

【资源环境审计】 对区生态环境局主要领导干

部开展自然资源资产离任（任中）审计，促进领导干部切实履行自然资源资产管理和生态环境保护责任。

【国有企业审计】 对全区国有企业资产管理情况开展专项审计调查，同步实施区国资中心主要领导经济责任审计，推动深化国资国企改革。

【经济责任审计】 坚持任中审计与离任审计相结合，加大对重点地区和单位、关键岗位领导干部的审计监督力度，完成了11名党政主要领导干部经济责任审计工作。

【涉外审计】 开展亚洲基础设施投资银行新冠肺炎疫情防控紧急贷款项目审计，促进项目管理水平提高和绩效目标实现。

【审计整改】 建立健全整改工作推进机制，制定审计整改跟踪督查工作规范，将审计查出问题整改情况纳入动态管理，强化审计整改常态化运行，促进被审计单位举一反三、规范管理。

（刘琳 供稿）

统计

【统计调查】 印发《关于加强2021年度统计调查研究工作的通知》，确定2021年度为“统计调查研究年”。全年撰写调研报告6篇，参与国家统计局“汽车和家电下乡”专项调研，调研报告《汽车家电下乡仍需政策加力增效》获国家领导人正面批示。

【统计服务】 一是编印《铜梁区“十三五”时期经济社会发展成果报告》，充分展现全区“十三五”期间经济社会发展取得的巨大成就；二是做好进度监测预警分析，全年撰写《统计分析》29篇，呈阅件6篇，撰写统计信息286条。及时在铜梁政府信息网上发布《2020年重庆市铜梁区国民经济和社会发展统计公报》，编印出版《铜梁统计年鉴》，更好地为社会公众提供统计服务。

【统计法治宣传】 印发《铜梁区2021年统计法治建设工作要点》《重庆市铜梁区统计法治宣传教育计划（2021—2025年）》，对2021年度和“八五”期间统计法治工作进行全面部署；印发《关于贯彻落实国家统计局和重庆市统计局加强统计领域信用建设工作部署的实施意见》，提高依法诚信统计水平；常态化推动“统计法进党校”活动，狠抓“关键少数”；采取专题培训、专业培训开展统计法律法规宣讲13场，营造良好的统计氛围。

【统计规范化建设】 一是持续推进镇街统计人员变动备案制度。定期对各镇街统计人员进行全面备案登记，实时帮助统计人员发生变化的镇街做好工作交接。二是全面推进电子台账试点工作。出台《重庆市铜梁区企业电子统计台账试点工作方案》。从组织保障、工作框架、工作范围及内容、工作进度安排等方面对试点工作提出总体要求。2021年底有9家企业建立电子统计台账，为全面推进企业电子统计台账工作打下坚实的基础。

【数据质量审核】 修订完善《重庆市铜梁区统计数据全程质量管理体系（2021）》，加强单位名录库动态管理，强化联网直报企业全流程监管，督促企业规范上报统计数据。做好“规上”企业新增、变更、退出审核、审批、核查和管理工作。2021年共实地走访拟升规（限）企业30家，拟入库项目152个；下发定期报表书面查询书17份，非书面查询1739次。

【普查成果开发】 大力抓好人口普查后期资料开发应用工作，发布《重庆市铜梁区第七次全国人口普查公报》，编撰《重庆市铜梁区第七次全国人口普查文件汇编》，组织力量开展人口普查课题研究，力争最大限度地发挥人口普查资料的经济社会价值，更好地满足区委区政府科学决策需求。

（聂倩 供稿）

住房公积金管理

【概况】 2021年全区建立住房公积金制度单位875个，参建总人数为41800人；新增缴存单位165个，新增缴存人数5150人，完成计划的343.33%，同比增长47.56%；归集住房公积金6.40亿元，完成计划的125.98%，同比增长11.17%。缴存总额为46.58亿元，缴存余额18.26亿元。全年提取住房公积金约24380人次4.60亿元，当年提取率71.88%，较上年同期增加11.19%，其中住房消费性提取占88.69%，支持职工提取住房公积金用于支付城镇老旧小区加装电梯费用，发放个人住房公积金贷款1366笔5.58亿元，完成全年计划的223.20%，同比增加11.60%。个贷回收2.42亿元，个贷余额22.10亿元，个贷率为121.03%，逾期率为0。实现增值收益2847.68万元，同比增长9.47%，增值收益率为1.66%。

（唐家利 供稿）

市场监督管理

【概况】 2021年印发《党史学习教育“五进”暨“我为群众办实事”服务企业“五送”工作方案》，开展“三亮三比”专项行动，成立12支“党员先锋服务队”，开展党史学习教育“五进”活动和服务企业“五送”活动，收集意见建议30余条，办理民生实事50余件。系列特色做法被人民网、新华网、《重庆日报》、市市场监管局简报及区委简报等报道70余条次。

【疫情防控】 牵头做好疫情防控市场监管组工作，完善疫情应急处置机制。按照疫情防控“外防输入、内防反弹”和“人”“物”同防要求，依托“渝溯源”平台，抓好进口冷链食品生产经营监管防控，实时动态清单管理，确保入铜进口冷链食品生产经营者严格落实“落地报告、查验、消杀、核酸检测”和“三证一码”“三专”“四不”要求。建立“5个清单”冷库备案清单246家、进口冷链食品生产经营者清单20家、进口冷链食品信息清单264条、首站企业清单1家、其他冷链食品从业人员清单459个人，严把“5个关口”（入铜核查关、预防性消毒关、常态化监测关、加强免疫接种关、台账记录关）。督促进口冷链食品生产经营者完善内部管理7个台账，冷链食品从业人员“应接尽接”686人已完成疫苗加强接种。抽查进口非冷链集装箱使用企业消毒证明和记录。共督促三方公司消毒冻库61009个次、冰箱冰柜87918个次、冷链食品（含进口）183005件、配送车（含三轮车）50589辆、农贸市场2268个次；药店登记报送购买“一退两抗”药品61617人，发挥“前哨”作用。抓实疫情期间“米袋子”“菜篮子”“肉盘子”“药盒子”等商品“保价稳供”。

【食品药品安全】 坚持“党政同责”，压实属地责任，区委、区政府召开食品安全工作专题会议2次，区食药安委全体会议2次。严格落实“四个最严”要求，以国家食品安全示范城市创建为抓手，开展涉粮领域、校园及周边食品安全、食品生产加工小作坊、中药饮片质量、化妆品线上净网线下清源等专项整治，立案查处食品案126件、“两品一械”案119件。完成食品安全抽检4409批次，食品安全快速检测3664组。注销白酒小作坊18家，取缔无照无证白酒小作坊3家；对3538家餐饮单位进行风险等级评定。检查“特药”使用单位73家次，约谈7家，现场责令整改25家；上报药品不良反应病例446例，医疗器械不良事件166例，药物滥用监测任务102例，化妆品不良反应74例。年内辖区食品药品安全“零事故”。

【特种设备安全】 依托全区特种设备安全委员会办公室，持续抓好安全生产三年整治行动。组织开展特种设备安全培训和演练13次。完善电梯应急处置呼叫系统，全区3315台直梯全部接入全市96333应急处置平台，接入率100%。

完成全市“电梯检验检测和按需维保”示范试点工作，确定“龙城御景”“龙迈时尚鑫街”“宝利星城”“金豪嘉苑”4个小区的73台电梯参与试点。公用管道检测率100%。开展燃煤锅炉、油气输送管道及危化品领域、大型游乐设施等大排查大整治，发现安全隐患338条，已整改325条，整治率96.1%；下达监察指令书43份；立案查处14件。稳妥处置电梯关人应急事件2起。联合取缔“黑气瓶”窝点2个，扣押“黑气瓶”97个。

【工业产品质量安全】 聚焦铜梁通机、塑料管材等行业，邀请专家指导、联合检查方式，对6家生产许可、22家3C认证企业全覆盖检查。开展儿童和学生校服、文具、玩具用品，以及拼装改装车、低速电动车、危险化学品等专项整治，抓严车用成品油、车用尿素、电线线缆、消防产品等质量监督抽查。2021年完成工业产品质量抽检376批次，较2020年同期增长16.4%，合格率94.2%，立案查处13件，不合格产品后处置全部到位，形成监管闭环。结合质量强区建设，聘请重庆市计量质量检测研究院、CQC重庆中心的技术和体系认证专家，为全区通机、塑料管材企业进行质量帮扶“问诊”；举办中小企业质量管理专题培训3期，培训中小微企业200家，引导150家中小企业通过质量管理体系认证，80家企业规范建立出厂自检实验室。积极推动质量评选工作，重变电器、威斯特电梯2家企业获市长质量奖提名奖，1家企业获“重庆产品标准奖”。

【注册许可】 对标世界银行营商环境评估标准，全面落实“先照后证”“多证合一”、放宽住所（经营场所）登记等商事登记制度改革举措，牵头“四零”改革，建成全市首个“企业开办无费区”。实现开办企业时间最短2小时内、最长1天以内。“我要开超市”“我要开餐馆”等21项高频事项采用“前台一次受理、后台联合审批、窗口统一出件”，实现“一件事一次办”。实行电子化注册登记导办服务，个体经济主体设立、注销即办即结。企业设立登记全程无纸化率达到88.01%。全区新设立各类市场主体较2020年同期分别增长26.91%和48.53%，创历年同期新高。

【企业监督管理】 年内深入推进“双随机、一公开”监管工作，召开全区联席会议2次，制定成员单位参与的抽查计划16个，参与联合抽查成员单位覆盖率100%，检查93个抽查对象，发现违法线索立案查处1个。全区企业年报率达94.1%。依法开展市场主体退市工作，吊销长期停业未经营企业、农民专业合作社244户，强制注销个体工商户2748户。依法将未年报、未公示即时信息、公示企业信息弄虚作假、失联的1378户企业列入经营异常名录。建立查处无证无照经营工作联席会议制，持续开展查处无证无照经营清理整治行动，依法抄送相关部门无证经营线索6件，立案查处无证经营6件，罚没款1.066万元。被国家市场监管总局列为区县局探索推进市场主体强制退出试点任务单位之一。

【价格监督管理】 年内组织召开公平竞争审查工作区级部门联席会议全体会议1次，统筹规范性文件和其他政策措施审查、会审、清理等工作。强化反不正当竞争执法，在保健食品销售、房地产开发、餐饮服务、海产品销售等领域，发现不正当竞争违法线索五条，立案查处案件五件，案件罚没金额16万余元。强化民生领域价格监管，对口罩、消毒品等防疫用品以及超市、农贸市场的粮油肉蛋奶菜等生活必需品进行价格监管，开展治理涉企收费减轻企业负担专项行动、中小学校及校外培训机构收费清理整治专项行动、医疗服务价格行为监管等，清理防范查处乱收费行为，发现违法线索10条，立案查处10件，罚没金额458.7万余元。

【电子商务监管】 深化电商主体规范管理，通过电子商务监管系统、网络交易监测信息分发系统等网络交易监管平台，完成市局下发的电子商务认领排查任务150户；接收上级分派，认领建档建库62户；巡查网站店316户次；处理监测发现的涉嫌违法信息2户次。发现并纠正不符合法律规定的行为500余处。牵头开展“网剑行动”，加强线上线下一体化监管，查办各类涉网案件14件，罚款金额6.8万元。

【信用监管】 归集部门有效企业信用信息5264条。共享企业行政许可、行政处罚信息共3474条。出具《重庆市企业信用报告》165份，查询企业信用情况1760次，广泛应用于政府及各部门在政府采购、上市融资、评优评强、任职资格等领域。修复企业信用信息2条。累计完成6件法定代表人任职资格信、3件企业行政处罚信用信息修复，纠正76条社会信用代码重错码信息。

【消费者权益保护】 充分运用线上线下载体广泛开展“3·15”消费者权益日宣传活动，成立全市首个“消费维权志愿者服务站”，深入社区、广场、公园开展流动宣讲。对10户“优秀消费维权服务站”进行表彰。选择维权能力强、工作效果佳的6户“12315消费维权服务站”入驻全国12315平台，积极引导ODR企业源头解决消费纠纷，截至目前，共有ODR企业14户。开展“放心消费”创建，举办3·15宣传咨询、整合12315“五线合一”（12365、12331、12358、12330）、持续推进12315“五进”工程，营造安全、放心、舒心的消费环境。出台《遂铜消费维权异地协作运行机制》，助力成渝双城经济圈建设。全年受理群众投诉举报2918件，挽回经济损失120余万元。妥善处置群访集访6起450余人。

【计量管理】 开展“5·20世界计量日”和“计量守健康惠民生”宣传活动，现场宣传4场次，发放宣传资料20000余份，免费为群众检定计量器具34台件，免费检测血压100多人次。完成“双随机一公开”监督检查任务5家企业25批次的定量包装，能（水）效标识“双随机”监督检查对象18个、国家法定计量单位使用情况“双随机”检查16家，受检产品115批次，合格率100%。持续开展眼镜制配场所计量、集贸市场计量、加油（气）机计量、民用“三表”计量、高速公路执法计重衡器和出租车计价器等专项监督检查，规范计量市场秩序。

【标准化和认证认可监管】 完成安居古城国家级标准化试点项目建设，指导重庆华夏文旅公司建立与国际惯例接轨、与国家标准和行业标准相衔接的三大标准体系，建立标准103个，其中企业标准58个，行业标准7个，国家标准38个，高分通过国家标准委组织的验收。开展对标达标专项行动，选取7家企业参与对标达标行动，编制对标方案11个，发布对标达标自我声明11个，西南水泥、新美鱼博洋等6家企业达标。指导79家企业进行网上自我企业标准690项，涵盖1178个品种。有序开展企业标准声明公开监督抽查、“认证检测乱象”专项整治等，查处违法检测机构6家、未经3c认证案件6件。

【综合执法】 重点开展涉企收费治理、商品房销售监管专项治理、校外培训机构专项治理、无证无照经营专项整治行动、“长江禁捕打非断链”专项行动、“网剑行动”以及民生领域案件查办“铁拳”行动等，依法查处乱收费行业、严厉打击虚假广告和虚假宣传、食品安全违法行为等，全年行政处罚案件数575件、罚没款574.82万元。其中一个案例成为重庆市市场监管局铁拳行动典型案例，一个案例成为四川省市场监管局和重庆市市场监管局联合发布的第一批虚假违法广告典型案例之一。

【基层市场监管所建设】 按照市场监管总局办公厅和中共重庆市市场监督管理局党组要求，巴川街道市场监管所、南城街道市场监管所、旧县街道市场监管所、侣俸镇市场监管所、虎峰镇市场监管所被列为市场监管所标准化规范化建设试点单位。重点围绕市场监管所组织设置、运行机制、综合管理、业务工作、形象标识、基础保障6个方面进行规范，切实加强市场监管所建设，提升市场监管所履职能力。

【国家知识产权试点城市项目】 2021年5月24日，国家知识产权局相关专家对铜梁区开展国家知识产权试点城市建设的相关工作进行验收。经专家评审得分85.83分，顺利通过知识产权试点城市验收，同时具备了创建国家知识产权示范城市条件。

（周国华 供稿）

物价管理

【价格监测调控】 2021年完善了重要民生商品价格调控机制实施方案，完成了民生重要商品日常价格监测预警。全年向市发展改革委上报粮油肉禽蛋菜副食水产品日报252次，周报200次，月报33次，上报率100%，为政府价格干预决策提供依据。

【收费管理】 一是加强行政事业性收费管理。会同区财政局对全区行政事业性收费项目和标准进行清理整改并公示铜梁区2020年行政事业性收费目录清单。二是牵头清理铜梁区清理规范城镇供水供电供气行业收费，代政府起草《关于印发铜梁区清理规范城镇供水供电供气行业收费促进行业高质量发展工作任务分工的通知》。三是加强各类收费备案管理。办理培训收费备案（含幼儿园收费）72件、停车场收费备案22件。

【价格改革】 一是根据《铜梁区2021年农业水价综合改革工作方案》，牵头并完成2021年度农业水价综合改革任务。规范并制定镇街居民自来水安装收费标准。二是规范民办学校收费行为，科学合理地制定重庆市巴川小班实验中学校学费标准。三是为满足和方便群众出行的实际，制定铜梁城区至虎峰、铜梁城区至土桥、石鱼至庆隆、蒲吕至庆隆客运公交票价。经与璧山区发展改革委商议，并报经区政府同意，制定出铜梁至璧山城际公交票价。四是按照上游供气企业调整重庆天然气门站价格的实施方案，根据居民和非居民用天然气上下游价格联动机制，淡季和旺季分别调整了区内天然气销售价格。五是为规范区内公办幼儿园收费行为，制定了铜梁区公办幼儿园保育教育费收费标准及增设延时保育费项目。

【农产品成本调查】 根据国家安排的调查任务，按照工作进度安排，完成了2021年种植意向、存售粮调查、农资购买调查、中籼稻预测、玉米预测、油菜籽直报等专项调查工作，并撰写了文字分析材料。

【价格认定】 全年共受理案件222件，标的166.25万元。受理案件做到100%无投诉、无复议。

2021年全区重要民生商品零售价格

品 名	规格等级	全年平均价(元)
1.大米(当地主销，散装)	500克	2.71
2.面粉(当地主销，散装)	500克	2.01
3.食用油(菜籽油、花生油、大豆油、调和油平均)	5升	92.90

续表

品 名	规格等级	全年平均价(元)
4.猪肉(去骨后腿肉、后腿精瘦肉、三线肉、纤排骨平均)	500克	19.92
5.牛肉(腱子肉、牛腩平均)	500克	47.33
6.鲜羊肉	500克	35.44
7.鸡肉(白条鸡)	500克	12.30
8.鸡蛋(鸡场饲养)	500克	5.81
9.牛奶(250ml)	盒	3.00
10.国产奶粉(三段配方,听装900克)	听	317.32
11.水产品(花鲢、草鱼、鲫鱼平均)	500克	12.06
12.蔬菜(20种蔬菜平均)	500克	3.89

重要商品(服务)调整后价格

序号	事项	价格(收费)标准	备注
1	镇街居民自来水安装收费标准	1350元/户	
2	农业用水价格	粮油作物0.2元/立方米;经济作物0.25元/立方米;养殖业0.30元/立方米	
3	铜梁至璧山公交票价	12元/人·次	
4	天然气价格	居民2.16元/立方米;工业2.51元/立方米;商业2.97元/立方米	
5	公办幼儿园保育教育费及延时保育服务费	1.市级示范幼儿园750元/生·月 2.一级幼儿园600元/生·月 3.二级幼儿园500元/生·月 4.三级幼儿园400元/生·月 5.未定级或未达等级幼儿园200元/生·月 6.延时保育服务费10元/生·次	
6	重庆市巴川小班实验中学校学费	22000元/生·期	
7	铜梁至界牌公交票价	全程票价3元/人·次	
8	铜梁至虎峰公交票价	全程票价6元/人·次	
9	石鱼至庆隆公交票价	全程票价2元/人·次	
10	蒲吕至庆隆公交票价	全程票价2元/人·次	

(汪林 供稿)

就业管理

【就业再就业】　全年累计促进城镇新增就业13351人，城镇登记失业人员就业3049人，城镇就业困难人员就业2320人，职业培训合格12775人。全区退捕渔民转产安置345人（其中：退出劳动力市场105人，实现就业240人），转产就业率达到100%；纳入养老保险345人，参保率达到100%。联合林业、交通、水利等8个部门开发扶贫公益性岗位安置400余名贫困人员就业；11个就业帮扶车间运行稳定，吸纳脱贫人口就业48人。组织开展各类招聘会69场，702家企业提供岗位27938个，介绍成功3810人，“重庆就业网”发布招聘信息3208条。全年发放失业保险金18114人次，2601.15万元。

（唐艺萌　供稿）

【农民工返乡创业】　大力开展“把老乡留在老家”专项行动，对辖区内有就业意愿的返乡农民工进行求职登记，建立就业服务台账，有针对地开展返乡就业服务，利用28个镇（街）赶场日，到镇街开展小型招聘活动，让广大农民工在家门口就能找到合适的工作。同时，通过开展创业培训、活动，提供创业担保贷款等措施，不断提升农民工创业质量。累计回引13705名在外务工人员返乡就业创业。发放创业担保贷款341户6169万元。

（朱绍华　供稿）

【大学毕业生就业】　充分利用网络平台积极发布用工信息，为毕业生提供就业岗位。做实高校毕业生实名登记，建立高校毕业生基本信息库和用人单位岗位需求信息库，实现精准推送就业信息；针对困难毕业生开展上门服务和“一对一”援助。全年举办高校毕业生就业专场招聘会10场，进场求职人数5392人次，达成意向协议1281人。新增87家企业备案为青年就业见习基地，组织517人参加就业见习，其中：发放见习补贴186人，发放金额152.33万元。组织高校毕业生报到累计336人，其中：博士1人，硕士20人，本科225人，专科90人。

（张燕　供稿）

【人力资源市场】　市场基本情况。2021年组织召开各类招聘会69场，702家企业提供岗位27938个，重庆就业网发布招聘信息3208条，公共职业介绍服务机构成功介绍3810人，协助市“6+2”重点电子智能终端制造企业招工5453人。

供求结构分析。人力资源市场全年登记求职人数4754人次，提供岗位27938个，总体上，全区岗位供大于求，机械制造业和服务业岗位占有较大的比重。用人单位在现场招聘会中，专业技术人才比较受企业的青睐，企业对此部分人员也提供了相应的福利待遇；而企业一线工人和服务业人员还有短缺。

（苏造华　供稿）

劳动管理

【劳动保障执法监察】　落实监管源头防控。一是对辖区工程项目和企业工资支付情况实行动态监管，建立动态监管台账，以月为周期进行更新，准确掌握辖区工程项目“一金三制”落实情况和企业按月支付工资情况。二是对辖区工程项目和企业进行定期巡查检查，指导企业规范化用工。三是对监管巡查中发现的问题及时向负有监管责任的行业主管部门或镇街制发督办意见书，限时整改，跟踪问效。

畅通举报投诉渠道。为保护劳动者的合法权益不受侵害，区人力社保行政执法支队不断优化举报投诉渠道，提升来访群众接待满意度。一是深化落实劳动维权日常接待登记制度和24

小时值班制度，安排专人负责来访来电群众接待登记及处理，确保群众的诉求及时得到回复。二是加强信息化平台管理，及时处置网络及线上投诉，安排专人对“掌上12333”“全国根治欠薪线索反映平台”、信访转办、劳动者来电来访反映等线索进行分类管理，建立台账，并及时进行核处。

严格劳动保障监察执法。截至2021年底，处理咨询、劳动纠纷、监察案件、信访及网上欠薪线索共计1008件，其中现场调解375件，涉及1436余人、1448.27余万元。电话调解304件，涉及469人、291.98万元。立案查处26件，涉及42人、56.8万元。对违反劳动保障法律法规的用人单位，责令改正8起，行政处理1起，行政处罚6起，罚款金额36150.7元，督促企业参保登记1起，清退童工6人，办理拒不支付劳动报酬案件移送公安1起。向社会公布重大劳动保障违法案件4起，向市局推送重大劳动保障违法案件2起，有效地打击了恶意欠薪行为，切实维护了劳动者的合法权益。

加大日常巡查力度，深入开展联合检查。2021年共开展各项专项检查和整治行动共计8次，其中开展规范市场招聘行为维护劳动者平等就业权利专项行动1次。开展2020年度企业劳动保障守法诚信等级评价书面审查1次。开展超时加班问题集中排查化解工作专项检查1次。开展女职工产假等权益专项执法行动1次。开展在建工程项目，落实《保障农民工工资支付条例》情况专项检查1次。开展根治欠薪夏季专项行动1次。开展根治欠薪冬季专项行动1次。开展清理整顿人力资源市场秩序专项行动1次。坚持开展“《条例》进企业进工地”集中宣传活动，发放宣传资料1600余份，接群众咨询、面对面答疑3000余次。通过主管部门日常巡查，多部门联合执法检查等方式，主动巡查用人单位111家，涉及3394人，书面审查用人单位529家。

在建工程项目实现“两金三制”全覆盖。联合各建设领域主管部门全力落实在建工程项目“两金三制”全覆盖。2021年，办理农民工工资保证金减免42起、涉及金额4337.75余万元。审查建筑项目竣工验收农民工工资拖欠公告139起。截至2021年底，全区在建项目均已落实“一金三制”，通过专用账户银行代发农民工工资4.73余亿元，涉及5.98余万人次。

（杨宇杰　供稿）

【劳动合同制实施】　一是劳动关系基础状况较好、工作积极性高，并在各自经营领域内有影响力和代表性的26家企业纳入2021年和谐企业培育。组织区内50余家企业参加劳动关系和谐同行三年提升培训会，并为企业定制“一对一”指导计划，建立和谐劳动关系企业QQ群，引导企业在创建过程的同时，规范管理制度，完善用工行为，全面履行劳动合同签订。通过培育，重庆和平制药有限公司、重庆天齐锂业有限责任公司获得2021年重庆市和谐劳动关系“AAA”级企业称号，6家获得2021年铜梁区和谐劳动关系“AA”级企业称号，12家获得2021年铜梁区和谐劳动关系“A”级企业称号。

二是建立区级劳动关系协调员数据库，在

▶ 区人力社保局组织召开劳动关系协调员技能培训。（区人力社保局 供图）

重庆长安离合器制造有限公司成立劳动人事争议基层调解组织，为企业与劳动者之间搭建了沟通桥梁。2021年全区组织规模企业的60多名人力资源岗位等企业相关人员参加劳动关系协调员培训，49人取得劳动关系协调员资格证书。截至年末全区在库劳动关系协调员77人，比2020年同期增加75%。

三是配合区总工会，帮助指导用人单位和劳动者依法订立和履行劳动合同。2021年度，共指导35家用人单位签订集体合同并纳入备案，其中工资集体专项合同35份，女职工权益保护专项合同28份，涉及职工6011人。

（叶桂华 供稿）

【职业技能培训】 2021年人社局认定了重庆市铜梁职业教育中心、传媒学院、鸿瑞职业培训学校等17家定点培训机构。为确保培训质量和效果，培训已全面接入软狐监控平台和市局监控平台，远程实时监控，学员上下课打卡，全程录像可追溯，安排专人以学员的身份进入班级群进行跟学监督。并将培训学员的个人信息全部纳入实名制系统管理，做到了培训和实名制系统同步。全年职业培训合格7903人次，其中就业技能培训完成3926人次，家服培训完成754人次，CYB创业培训完成742人次，企业在岗技能

公共营养师培训。（区人力社保局 供图）

铜梁区第五届职业技能赛康养专业组同获奖者合影。（区人力社保局 供图）

提升培训完成596人次，通用职业素质培训完成1691人次，以工代训完成194人次。

（杨军 供稿）

【职业技能鉴定和职业技能竞赛】 一是全年开展企业职工培训3659人，高级工以上培训363人。深入推动实施高危领域安全技能培训工作，会同区应急局，制订了高危领域企业职工培训计划，全年培训企业职工1040人次。二是举办全区第五届职业技能竞赛，收集部门、培训机构申报的11个竞赛项目，66名选手通过竞赛获奖。三是组织参加中国·重庆第七届职业技能竞赛，铜梁代表团斩获2枚银牌，1枚铜牌，3个优胜奖，取得了较好成绩。四是组织代表队赴潼南参加渝遂毗邻区县职业技能交流赛，收获一等奖、二等奖、三等奖各1个，促进川渝两地交流学习。五是推荐的铜梁非物质文化遗产优秀技能人才黄廷炎，被市人力社保局评为“巴渝特级技师”。

（周敏 供稿）

烟草专卖管理

【行政许可】 2021年区烟草专卖局严格执行《重庆市铜梁区烟草制品零售点合理布局规定》，全年共受理新办件504户，准予许可301户，

不予许可1户，延续2693户，变更511户，歇业96户，停业121户，中小学周边50米以内取缔或搬迁82户，实现清零。

【打假打私】 2021年深入开展全区烟草市场秩序整治。与区公安局、区市场监督管理局、高速公路执法大队等单位和部门共开展联合执法60次，检查零售户达7368户次。其中，检查卷烟销售大户766户次，娱乐服务场所122户次，名烟名酒店215户次；检查货运车辆98辆，私家车辆72辆，在重点打击无证运输烟草专卖品、非法经营烟草专卖品等违法行为中全年查获涉烟违法案件92起，查获涉案卷烟5682.3条，其中假烟675.9条，涉案总金额111.86万元。联合公安部门破获1起涉假网络案件，涉案金额53.78万元，刑拘2人，逮捕2人，判刑2人。破获非法经营网络案件1起，涉案金额21.92万元，刑拘2人，逮捕2人，判刑2人。2起涉烟网络案件均达到重庆市烟草专卖局一级网络案件标准并于年底通过验收，系铜梁区烟草专卖局首次一年内破获2起市局一级网络案件。

【专项行动】 2021年7月8日至10月20日，区烟草专卖局根据市烟草专卖局统一安排部署，开展市场净化“雷霆”专项行动，行动期间共查获涉烟违法案件27起，查获涉案卷烟1560条，其中假烟156条；涉案卷烟总案值31.82万元，其中假烟案值5.9万元。

（黄晶　供稿）

工程项目招投标监督管理

【公共资源交易监管体制改革】 按照《重庆市人民政府办公厅印发关于深化公共资源交易监督管理改革的意见（试行）的通知》及系列配套文件要求，区发展改革委按照区委、区政府工作部署，会同区委组织部、区委编办等相关部门完成了职能划转、机构设置及编制审定等相关工作。区发展改革委增加内设机构行政执法科及招投标事务中心，会同招投标监管科开展公共资源交易监管工作。年内相关工作人员全部配备到位，有序推进日常监管工作。

【全面推进电子招投标】 为进一步打造良好营商环境，减轻招标人、代理机构、投标企业负担，在全区工程建设项目招投标活动中全面推行电子招投标。2021年度已有89个项目通过电子招投标方式挂网招标，电子招投标率达到90%，完成年初制定目标；同时，向市公共资源交易监管局提请同意开展远程异地评标试点工作，并于2021年12月29日完成远程异地评标试点工作。持续推进未达到招标范围的中介服务全面使用重庆市网上中介超市。全年已发布需求4600余项，占全市需求量的8.71%。

【查处违法违规行为】 年内查处串通投标、弄虚作假投标、无故弃标等违法案件3起，查处违法企业4家次，累计罚款40万元，并将处罚信息在信用中国、公共资源交易中心网站上公示。

【信用信息管理】 由发改委牵头，结合信用体系建设，严格执行《重庆市工程建设项目信用管理暂行办法》，对存在违法违规情况的公共资源交易市场主体，一律进行信用记分；按情节轻重，纳入全市统一的工程建设领域招标投标信用管理平台中被列入失信惩戒名单（黑名单）或重点关注名单，实行市场联合惩戒。全年对8家企业进行信用记分，其中纳入“黑名单”的企业1家，纳入重点关注名单的企业3家，其他分值企业4家；已对13名评标专家进行了信用记分。

（姚挺　供稿）

安全生产监督管理

【综合协调】 进一步明确区安委会及其10个专项安全办公室职责，不断构建“横向到边、纵向到底”的安全生产责任网。二是强化临灾研判。

利用“1+7+N”会商研判模式，加强多部门会商研判，全年组织开展自然灾害和生产安全、汛前水雨旱情、临灾（临时）会商等19次。加强与气象、水利、林业、规划和自然资源等部门的联动响应和信息共享，密切监测各类自然灾害风险，及时准确发布灾害预警信息，调度安排相关工作。采取“督导检查+暗访”的方式，联合区委办督查室、区政府办督查室对各镇街应急办和区安委会、区减灾委重点成员单位，对安全生产和自然灾害工作安排部署情况、领导干部安全生产责任落实情况、三年行动专项整治开展情况等进行督导检查。全年累计组织5次督导检查、13次暗访。

【“三年行动”集中攻坚】 落实“从根本上消除隐患、从根本上解决问题”指示要求，聚焦重大风险、重大隐患和突出违法行为“两重大一突出”，执法意识明显增强、执法力度明显加大、事故追责明显加强。2021年全区累计开展检查1.5万家次，排查发现安全隐患或违法行为9293条，整改9176条，整改率98.74%，实施罚款1240余万元，责令停产停业6家，暂扣或吊销许可证167个；接处安全生产举报35次，兑现奖金9.64万元。启动14起安全生产事故调查，对10家企业进行了行政处罚，处罚个人7人，罚款203.32万元，移送司法机关处理6人。

【安全生产“百日行动”】 4月下旬起，全面启动大排查、大整治、大执法“百日行动”，扎实推进“十条措施”的贯彻实施。印发4份指导性文件，筹备5次安全工作推进会，制定区委区政府领导检查调研方案7次，聘请专家4人次，向各级汇报工作推进情况7次。按照“问题成册、措施到点、责任到人、成效到位”的原则，建立全区风险隐患清单，每条风险隐患明确责任区领导牵头落实整改。实行安全隐患排查“日报告”制度，每日研判梳理、分级归类、动态管理，并向区政府报告，有效确保了“七一”期间安全稳定。

【重点行业监管】 危化品、非煤矿山企业安全生产专项整治。督促全区危化、矿山企业开展自评工作，同时聘请专家对4家危险化学品生产企业、6家非煤矿山生产企业开展“一体化”执法检查，均评定为三级标准化企业，进一步夯实“一体化”检查机制在监督检查中的重要作用。“百日行动”其间，督促企业制作公示责任牌68块，宣传横幅和LED宣传标语204条。聘请专家对企业开展技术服务，累计邀请专家参与执法检查和专项整治25人次，排查企业15家次，查出隐患120条，责令企业及时整改。

开展“两单两卡”试点。在危化、非煤矿山企业中，各选择了1家企业开展落实一线岗位从业人员安全生产责任试点工作，2家企业迅速启动“两单两卡”工作，已初见成效。并于12月中旬和下旬，分别召开了现场观摩会，安排布置了相关工作。

行政许可。2021年共办理行政许可38件，其中：危险化学品经营许可（加油站）31家次，危险化学品经营许可（票据式）5家次，危险化学品经营许可（普通经营）1家次，烟花爆竹经营（批发）许可1家次。按照“统一受理、协同审批、统一出件”工作模式，全区共办理“烟花爆竹一件事一次办”79件。

打非治违。配合公安等六部门在重点镇街开展危险化学品烟花爆竹打非巡回宣传13场次，发放宣传资料3万余份，张贴打非通告3000张。2021年，共收到举报信息41条，查实29起，查处烟花爆竹非法行为57起，收缴非法烟花爆竹8300余件，治安拘留8人，全年计划检查危化、非煤矿山、烟花爆竹企业65家次，实际检查152家次，共查出各类安全隐患424条，执法处罚28家次，其中警告16家次，罚款12家次20.8万元。有效打击非法行为。

【工贸行业监管】 专项治理人员培训。部署铜梁铝加工(深井铸造)、粉尘涉爆两类重点企业重大安全隐患销号管理工作;组织高新区、各镇街工贸行业监管人员参加教育培训会,强化铝加工(深井铸造)企业7项、粉尘涉爆企业6项重大安全隐患的核查重点。对标对表市局的标准化评审与执法检查"一体化"细则,督促企业加强安全风险防控和隐患排查,积极推进企业安全标准化上档升级,全年接收标准化评审申请37家,其中终止评审1家,通过36家。

部署"两单两卡"。组织区经信委等重点单位参加"两单两卡"培训会议,明晰工作重点;确定试点企业,加强对试点企业"两单两卡"建设的督促和指导,确保按期完成试点建设工作;印发《铜梁区工贸行业推行"两单两卡"强化企业一线岗位从业人员安全生产责任工作方案》,强化工作任务和时间节点部署。

专项执法检查。常态化开展粉尘涉爆、铝加工、有限空间作业专项执法检查49家次,发现隐患241条,行政处罚3家,罚款7.75万元。以"专家服务+信息化支撑"为手段,着眼执法检查"质"和"量"双头并重,提升全区工贸安全治理能力,共聘请安全专家146人次,检查企业198家,排查隐患874条,责令限期整改178家,移送公安1家,立案调查9家,行政罚款19.5万元。

(陈智 供稿)

工 业

综述

【概况】 2021年，全区366家规模工业企业实现产值693.8亿元，同比增长12.3%；工业增加值达到272.72亿元，规上工业增加值同比增长10.4%；新增规上工业企业28家。工业投资150.03亿元，同比增长17.1%，技改占比27.4%。战新、高新、数字经济企业产值分别同比增长18.1%、16.9%、18.9%。

年内全区工业用气量13544万立方米（不含CNG813万方），增长16.6%，其中工业用气量6117万立方米，增长26%；全区用电量24.4亿千瓦时，同比增长17.49%，其中工业用电量14.79亿千瓦时，同比增长20.71%。

【特色产业发展】 2021年铜梁区集中精力打造电子信息、装备制造、健康美妆三大特色产业集群，三大特色主导产业实现累计产值565.95亿元，同比增长15.2%，高于全区规上工业经济增速3.0个百分点，占规上产值比重达到83.1%，拉动全区规上工业经济增长12.3个百分点。

2022年铜梁区主要工业行业生产与效益

序号	主要行业名称	2021年产值（亿）	2021年产值同比增速（%）	2021年营业收入（亿）	2021年营业收入同比增速（%）	2021年利润总额（亿）	2021年利润总额同比增速（%）
1	装备制造	418.47	13.8	405.94	12.6	22.5	9.1
2	电子信息	114.15	19.1	110.91	18.3	6.27	13.9
3	健康美妆	33.33	20.0	32.41	19.9	2.38	26.2

【新兴产业发展】 全区126家“双新”规上工业企业实现产值336.09亿元、增长14.2%。60家战新企业实现产值140.94亿元、增长22.0%，高于规上工业企业产值增速9.8个百分点；105家高新企业实现产值304.06亿元、增长12.6%，高于规上工业企业产值增速0.4个百分点；70家数字经济规模工业企业实现产值215.65亿元、增长18.9%，高于全区规上工业企业产值增速6.7个百分点。

2021年铜梁区重点工业企业增速

序号	企业名称	2021年产值同比增速(%)
1	重庆赛能铝合金有限公司	105.93
2	重庆百钰顺科技有限公司	76.32
3	重庆庆龙精细锶盐化工有限公司	67.82
4	重庆市鹿享家科技有限公司	61.3
5	重庆新民康科技有限公司	57.82
6	重庆嘉骏电子有限公司	49.73
7	重庆旭辉机车配件有限公司	47.5
8	重庆俊泰精密五金有限公司	46.29
9	重庆更新金属表面处理有限公司	46.02
10	重庆友侃电子有限公司	44.06

【骨干企业培育】 实施“领军企业、明星企业”工程，推动大中型企业转型升级，积极发挥龙头企业、高成长企业的示范带动作用，推动小微企业升规培育，引导企业走“专精特新”之路。得益于市区两级“专精特新”激励政策，全区市级“专精特新”中小企业达到30家，实现产值120.44亿元，同比增长15.9%，拉动全区规上工业产值增长2.7%，贡献率22.3%。

【政策扶持】 区级资金。2021年为威斯特电梯争取2020年老旧住宅增设电梯补助资金36万元；开展区级领军企业明星企业项目审核工作，18家企业可获得区级奖补资金1615.87万元；28家企业通过区级“民营十条”项目初步审核，企业可获得奖补资金4101万元；扶持市场主体升规升限专项资金企业税收奖励项目资金34家企业共计470万元。共为企业争取区级资金6222.87万元。全年累计使用应急转贷周转金174次，金额达8.19亿元；累计316家企业使用应急转贷资金642次，金额达30.63亿元。

市级资金。2021年区经济信息委充分发挥解决企业“政策落地难”专班作用，加大政策宣传力度，积极储备、包装工业项目，加强与上级部门沟通，做好项目申报指导，全年共争取重庆市工业和信息化专项资金、重庆市企业研发准备金补助资金、重庆市中小微企业发展专项资金等上级资金3663.13万元。

【创新驱动】 企业技术中心认定。重庆瑞信气体有限公司、重庆宏雷机械制造有限公司、重庆凌达磁材科技有限公司、重庆顺安天力达爆破器材有限公司、重庆精鸿益科技股份有限公司5家企业被新认定为市级企业技术中心，全区市级企业技术中心累计达到28家；重庆飞尔达通风设备股份有限公司、重庆凌达磁材科技有限公司、重庆顺安天力达爆破器材有限公司、重庆百钰顺科技有限公司、重庆南雁实业集团龙剑机械制造有限公司、重庆秦恒建筑材料有限公司6家企业获评重庆市中小企业技术研发中心，区内市级中小企业技术研发中心总量达到13家。

技术改造。重庆南雁实业集团龙剑机械制造有限公司被认定为2021年重庆市技术创新示范企业；重庆精鸿益科技股份有限公司“高精密冲压件和压铸件生产智能工厂”被认定为2021年重庆市智能工厂，重庆会通科技有限公司“高性能改性材料生产数字化车间”等7个车间被认定为2021年重庆市数字化车间。年内全区完成备案技改124个，项目总投资38.50亿元；推动实施智能化改造项目63个，投资共计7.78亿元；重庆长安离合器制造有限公司、重庆君卓机械有限公司等24家企业的57个项目纳入重庆市技术创新指导性项目推荐目录；重庆优博电气设备有限公司等89家企业通过2019年市经济信息委研发准备金网上备案初审，计提研发准备金7.38亿元；重庆长安离合器制造有限公司、重庆展成家具制造有限公司、威孚力达（重庆）汽车零部件有限公司获评市级绿色工厂；全区6个项目纳入了市级2021年智能化赋能工程试点示范项目。重庆新民康科技有限公司等14家企业通过2021年度重庆市企业研发准备金补助资金项目市级审核获得市级补助资金458万元，全区工业企业创新能力进一步增强。

2021年铜梁区新增数字化车间和智能工厂

序号	平台名称	类别	层次	依托单位
1	高精密冲压件和压铸件生产智能工厂	智能工厂	市级	重庆精鸿益科技股份有限公司
2	锶盐制备数字化车间	数字化车间	市级	重庆庆龙精细锶盐化工有限公司
3	高性能改性材料生产数字化车间	数字化车间	市级	重庆会通科技有限公司
4	笔记本外壳制造数字化车间	数字化车间	市级	重庆成田科技有限公司
5	饲料生产车间	数字化车间	市级	重庆铜梁新希望六和农牧科技有限公司
6	电子产品配件生产数字化车间	数字化车间	市级	重庆百钰顺科技有限公司
7	医用卫生材料防护品生产数字化车间	数字化车间	市级	重庆和泰润佳股份有限公司
8	工业雷管生产数字化车间	数字化车间	市级	重庆顺安天力达爆破器材有限公司

2021年铜梁区智能化赋能工程试点示范项目

序号	项目名称	单位名称	方向
1	新民康车间网络数字化升级改造	重庆新民康科技有限公司	企业网络化改造集成创新应用
2	高精密冲压制造车间互联网集成创新项目	重庆精鸿益科技股份有限公司	5G+工业互联网集成创新应用
3	新一代信息技术工业互联网生产线建设	重庆新红旗缸盖制造有限公司	5G+工业互联网集成创新应用
4	英力电子5G+工业互联网数字化车间建设	英力电子科技（重庆）有限公司	5G+工业互联网集成创新应用
5	“5G+工业互联网”在电子雷管制造中的应用示范	重庆顺安天力达爆破器材有限公司	5G+工业互联网集成创新应用
6	铜梁区工业互联网赋能中心项目	重庆工业大数据创新中心有限公司	基础能力建设

【招商引资】 全区坚持精准专业招商，年内引进工业项目62个、总投资357.4亿元。组织区内19家汽车零部件企业参展第十一届中国（重庆）汽车技术展览，主动推介其产品，为企业打开销量。组织参展2021中国国际智能产业博览会，以“数字龙乡·智造高地”为主题，充分展示铜梁在贯彻落实习近平总书记关于高质量发展的重要讲话精神的成果，线上线下累计观展人数达3.5万人次；同时在智博会签约爱玛电动车，为铜梁工业经济的发展注入活力。

【营商环境】 持续推进“解七难”专班工作。“解七难”纳入“我为群众办实事”实践活动“十件实事”任务清单中，持续开展解决企业困难和问题专项工作。全年收集192家企业反映的困难和问题共计214件，解决209件，其余5件在解决中。全面覆盖推进解决企业难题，提高企业满意度，打造卓越营商环境，推动全区经济实现高质量新发展。

抓好企业减税降负。落实社保降基扶持政策，为符合条件的企业办理社保降基手续，拓展困难企业社保缴费政策适用范围，降低企业人工成本和税费负担。年内为困难企业29家、小微企业169家办理社会保险降费，取得显著成效。全面落实市场化电价改革相关政策，全区共289家企业参与市场交易，年度新增48家，年内纳入直供电交易电量约11亿千瓦时，直接交易规模占比全区用户电量49%；大力推进降低部分企业用电成本专项政策落实，全区45家企业获得市级重点企业核准，获得电费退费约1680.65万元，其中重庆庆兰实业有限公司享受195余万元的电费退费。

积极做好人才培育。为促进铜梁大数据和智能产业发展，强化大数据智能化人才培养，上半年联合航天云网邀请专家培训相关部门、企业人员100余人。积极宣传“铜梁英才奖”政策，组织各企业优秀人才和团队积极报名参加评选（民营经济管理人才领域），全面唱响“铜梁爱人才，龙乡欢迎您”，推荐5名企业经营管理人才通过“铜梁英才奖”考察。

【安全稳定】 区经信委年内组织完成167家次的工业企业安全生产检查，查出问题隐患332处，整改315处，整改完成率94.9%。检查家次和隐患数分别是上年度数据的141%和175%。执法处理方面，全年共开展约谈31家次；停电整顿15家次；警告3家次；吊销营业执照1家次；罚款4家次，共计罚金7800元；封存食盐1093千克。在液化石油气打非治违专项行动中，查获非法经营黑窝点一处，暂扣作案车辆两台，手机两部，没收非法流通黑气瓶53支；查获非法运输、经营者二人，没收非法流通黑气瓶83支。依法吊销其液化石油气经营许可证一个。另外查处多家集贸市场非法储存、使用“黑气”，当场扣押非法黑气23支，警告使用单位用户10余家。罚款金额是2020年度的433%，约谈家次是2020年度的1033%，停电整顿是2020年度的500%。2021全年全区经信系统安全生产总体平稳，推动全区经济信息系统安全生产专项整治三年行动的有序发展，实现了企业安全意识、安全投入的有效提升。全年发生一般事故6起，死亡6人。事故起数与2020年持平，死亡人数下降25%。

装备制造业

【概况】 全区规上工业企业中，装备制造类企业共有188家，包括汽摩企业、通用装备类企业、新型材料企业等，实现产值418.47亿元，占全部规上企业产值的61.5%，同比增速13.8%，拉动全区产值增长8.4个百分点。汽摩企业主要生产汽车刹车鼓、内外饰、离合器、缸盖、摩托车弹簧、阀门、轴承套、刹车鼓等；通用装备类企业主要生产发电机、内燃机、农业机械、环境设备、矿山机械设备、水泵、医疗设备等；新型材料产业主要生产环保塑材、干法水泥、塑料管道、保温砌块等。

【重点骨干企业】 重庆新民康科技有限公司。创建于2013年5月，注册资金4000万元，建筑面积7.1万多平方米，拥有员工2000余名，150多名技术研发和工艺设计人员，是具有汽车整车线束和发动机线束、新能源高压线束的设计与生产的工厂。2015年12月投产以来，有8项实用新型专利，2020年达到年产值超10亿元。2017年与日本住友电装、住友电工株式会社三方签订合作协议。中日合资公司以铜梁工厂为基地，打造中国西南地区最大最强的线束制造企业。

重庆普利特新材料有限公司。成立于2011年12月，注册资金2亿元，占地面积8.67公顷，是上海普利特复合材料股份有限公司在西南地区投资的唯一一家全资子公司。主要从事汽车用高性能塑料复合材料的研发、生产、销售和服务，拥有88项授权专利，其中授权发明专利84项，实用新型专利4项；在申请发明专利166项，1个商标许可。2018年，“普利特”牌在西南地区国内市场占有率达9.6%，位居西南地区改性行业第二名，产品和技术处于国内领先、国际先进水平。

重庆新美鱼博洋铝业公司。位于重庆市铜梁区高新技术产业园区金山大道9号，成立于2003年，注册资金为2亿元人民币，占地18.67公顷，拥有年产15万吨铝合金型材和3万吨塑钢型材的生产能力，是西南地区大型铝合金型材和塑钢型材生产基地。在职员工500余名，专兼职研发人员90余名，中高级工程技术管理人员24名。拥有专利54项，发明专利5项，实用新型专利27项，外观设计专利22项。主要产品有八大铝合金系列和塑钢型材系列。

重庆天齐锂业有限责任公司。成立于2017年2月，注册资本17859.84万元，占地面积约2.8公顷，有员工180余人，主要从事电池级金属锂带、锂片、锂粒、锂砂等锂型材产品以及金属锂锭、锂合金及其相关产品的研发、生产和销售，是天齐锂业打造金属锂产品“规模全球第一、技术全球领先、业务全球覆盖”的主要生产基地。具备进行规模化生产的能力，有金属锂产能600吨/年。拥有专利57项，其中发明专利9项，实用新型专利44项，外观设计4项，通过技术创新，已开发出电池级金属锂带、锂片、锂粒、锂砂等锂型材产品以及金属锂锭、锂合金及其相关产品10余个。

电子信息业

【概况】 全区规上工业企业中，电子信息企业42家，实现产值114.15亿元，同比增速19.1%，拉动全区产值增长3.0个百分点，主要生产智能门锁、计算机、键盘塑料机构件和小五金等零部件。重点企业包括：鹿享家科技、英力电子、成田科技、精鸿益、嘉技科技等。

【重点骨干企业】 英力电子科技（重庆）有限公司。隶属于英力集团，位于重庆市铜梁区工业园区龙庆路11号，于2011年注册，2014年1月正式投产，主要从事笔记本电脑塑胶件开模、成型、喷漆、溅镀、组立一站式服务。工厂占地面积6.58公顷，厂房11.3万平方米，能容纳1500余人就业，主要经营笔记本电脑和手机等3C消费类电子产品的机构零部件的研发、设计、制造和产品的表面处理。公司曾荣获高新技术企业、区明星企业、ISO认证企业等荣誉称号。

重庆成田科技有限公司。公司属羽田科技（太仓）有限公司旗下子公司，成立于2017年7月6日，注册资本1000万元人民币。位于铜梁区东城街道龙安大道8号，有在职员工500余人，是一家以笔记本电脑塑料配套件生产业务为主。

电力工业

【概况】 全区共有小型水电站19处，均设置生态流量泄放设施，统一安装生态流量监控设备，实现实时监管。装机总容量为62510千瓦，全年设计发电量32652万度，2021年实际发电量27687万度。

健康美妆产业

【概况】 全区规上工业企业中，健康美妆企业31家，实现产值33.33亿元，同比增速20.0%，拉动全区产值增长0.9个百分点。大健康产业主要涉及生物医药、中医药、健康材料、美妆、粮油、食品等产业，重点骨干企业主要包括赛维药业、和平制药、安碧捷、国裕古窖等。

【重点骨干企业】 重庆和平制药有限公司。为中国企业500强之一的重庆医药股份有限公司旗下的制剂生产企业，注册地址为重庆铜梁工业园区白龙三路9号。其前身是有37年历史的重庆制药厂，拥有全国最大的散剂生产规模，生产的“川渝牌”“同和顺牌”以及“恒乐”牌中西成药在川渝两地久负盛名。和平制药拥有1万多平方米的符合GMP要求的厂房和6条现代化的药品制剂生产线；生产车间有口服固体制剂、口服液体制剂、散剂和中药提取4个；制剂有片剂、胶囊剂、颗粒剂等9个剂型100余个品规。常年生产8个剂型100多个品规的中西药品。主要产品有阿咖酚散、人参茎叶总皂苷胶囊、酚氨咖敏片等。

重庆安碧捷科技股份有限公司。属于国家级高新技术企业、全国中小企业股份转让系统挂牌上市企业。主营业务为医疗器械及相关数字医疗服务产品的研发、生产和销售，重点在医疗超声耗材和“医学影像+互联网”技术服务及其平台建设。是国内最大、技术最先进的医用超声耦合剂供应商和互联网远程医疗影像技术服务提供商，同时是重庆市委、市政府重点扶持的10家龙头医疗器械企业之一。注册资本4200万元，总资产1.4亿元。拥有国家知识产权局专利授权的发明专利3项，实用新型专利16项，外观专利1项，引进和授权使用发明专利2项，软件著作权17项。2013年底，安碧捷作为重点招商引资企业正式落地重庆市铜梁高新区，2015年建成投用，占地近6.67公顷、建筑面积达6万余平米。

重庆赛维药业有限公司。成立于2003年，主要从事化学原料药生产，公司位于重庆市金龙工业园区医药化工园。生产场地占地26公顷，建有GMP标准生产厂房和现代化办公大楼。主要生产和销售抗感染及心血管类原料药，主要产品包括加替沙星、格列美脲、甲磺酸多沙唑嗪等。公司严格按照GMP组织生产，产品有技术领先，质量过硬，价格合理优势。

重庆威尔德浩瑞医药化工有限公司。成立于2000年，系高新技术企业。工厂位于重庆铜梁区旧县街道祝家村，占地1万多平方米，从事化学合成原料药的中间体开发、生产和销售。公司按照ISO进行管理，自主开发并工业化生产的主要产品有：唑嗪类和替尼类中间体，塑料添加剂马来酰亚胺系列，其中2—氯—4—氨基—6，7—二甲氧基喹唑啉年产量为30吨，已通过国外多家知名制药公司的质量审计。公司具有贸易进出口权，产品以出口为主，主要销往欧洲、加拿大、印度、日本、韩国等地。

2021年三大产业产值情况

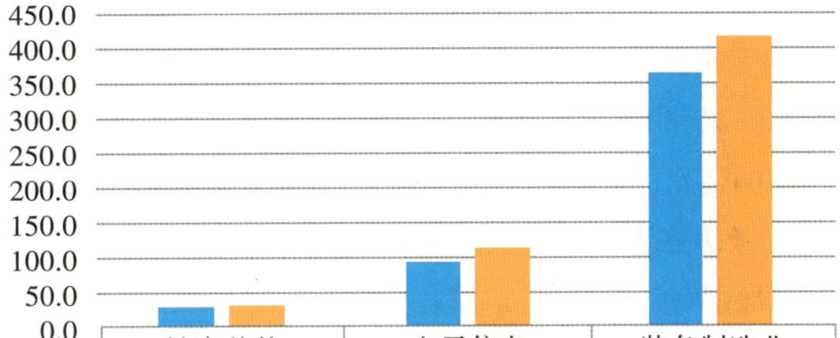

	健康美妆	电子信息	装备制造业
■2020年产值(亿元)	27.8	95.9	367.8
■2021年产值(亿元)	33.3	114.2	418.5

■2020年产值(亿元) ■2021年产值(亿元)

其他工业企业

【概况】 全区规上工业企业中，三大主导产业外企业有104家，实现产值114.79亿元，占全部规上企业产值的16.9%，主要涉及化工、消费品、新能源等行业，包含华丰迪杰特、重庆顺安天力达爆破器材有限公司、珍爱卫生用品、鑫佳宝食品等重点企业。

【重点骨干企业】 重庆华丰迪杰特印刷材料有限公司。成立于2008年7月，注册资金5000万元人民币，属于民营有限责任公司(法人独资)，隶属于重庆华丰印刷材料有限公司。有员工235人，管理人员21人，专业从事高新技术产品研究与试验开发的有43人。专业从事数字印刷用PS版、CTCP版、CTP版的研发、生产及销售的高新技术企业，是全国前三的数字印刷版生产商。先后完成42个研发项目，转化100余项科研成果。

重庆鑫佳宝食品有限公司。创建于2014年，是一家主要以休闲豆制品、肉制品、蛋制品、蔬菜制品、和果冻制品研发、生产、销售为一体的综合性企业，分别在九龙坡区金凤工业园和铜梁工业园建立2个生产基地。

重庆顺安天力达爆破器材有限公司。位于铜梁区庆隆镇龙庙街31号附9号，于2017年1月注册成立，注册资本为2亿元。铜梁厂区占地53.33公顷，建设有办公区、炸药区、雷管区、总库区四部分，于2019年1月建成投用，首条工业炸药和雷管生产线开始生产。主要从事民爆器材研究、制造、贮运、销售与使用、工程爆破服务、金属爆炸焊接复合材料加工等经营业务。主要产品有工业炸药和工业雷管两大系列，具有年产58000吨乳化炸药、15000吨现场混装炸药、1.2亿发工业雷管(含50万发电子雷管)、2000万米导爆管和2万吨爆炸金属复合材料的生产能力。

重庆铜梁高新技术产业开发区

【概况】 2021年高新区管委会围绕打造高新技术产业基地、创新成果转化基地要求，在规划布局、项目建设、招商引资、科技创新、安全稳定、营商环境等方面精准发力，加快建设国家级高新区。截至年底，园区共有入驻企业613家，其中规上企业249家。年内新增高新技术企业32家达到117家，新增科技型企业136家达到409家。全年实现规上工业总产值563.7亿元，增长15.7%，占全区的83%；完成固定资产投资113亿元，其中工业固投104亿元。

【完善规划】 一是做优空间规划。按照"双百"城市框架和"田园都市"建设理念，高质量完善科创新城空间规划，完成大学园区控制性详细规划初稿。强化规划调控作用，加快推进土地报批、控规调整等工作。年内完成63.4公顷工业用地报批，其中49.87公顷取得用地批文。持续完善高新区50平方千米概念性总体规划，进一步明确主导产业、发展空间、功能区块等内容，同步完成高新区10.59平方千米扩区工作，园区总面积达22.19平方千米。二是做细产业规划。结合产业基础，进一步优化产业布局，完善电子信息、装备制造、健康美妆三大主导产业规划编制。与四川部分区县签订成渝轴线区(市)县汽摩产业协同发展合作框架协议，合力打造区域性产业链集群。高质量编制完成《铜梁日化产业园区发展规划(2021—2025)》，为"西部美谷"高质量发展明确方向。

【项目建设】 全年实施重点建设项目120个，其中政府投资项目11个，社会投资项目109个。一是加快推进政府类项目建设。有区级重点项目11个(含2个市级重点项目)，新建项目9个，续建项目2个，完成投资5.06亿元。其中，完成人才公园环境提质工程、蒲吕小城镇建设、日化产品研发检测中心主体工程及装修工程、旧县污水处理厂等项目，人才公寓、西部美谷周边配套设施等项目正有序推进。二是提速建设社会类投资项目。共有重点项目109个，新建项目有59个，续建项目有50个。其中，竣工投产项目有会通、鹿享家等37个，在建项目有铭利达、华雄等35个，加快推动开工建设有江西汇水河等37个项目。全年完成投资约123.1亿元。三是严格项目设计审查。全年共召开专家评审会及专题会20次，累计审查朗基尔、豪桢、铭利达等新报工业项目24个、市政项目5个、变更项目14个，验收遗留问题10个；完成项目外立面审查12个，验收祥和大宇、渝铜燃气等项目15个。四是强化落地保障。加强与企业精准对接，定期通过重点项目推进会、现场调度，协调解决项目施工用水、用电和边坡安全、土地解押等问题。年内召开项目落地保障调度会议8次、重点项目推进会议5次、专题会议5次，交办任务88项，为45家企业提供服务保障，20家企业按时开工建设，7家企业按时竣工投产。

【招商引资】 把招商引资作为推动经济高质量发展的突破口，围绕三大主导产业招大引强。一是抓严招引项目质量。建立招商引资工作会议制度，定期召开招商引资项目协议文本审查、企业入驻等专题会议，常态化听取招商引资工作汇报，及时研究解决在谈项目推进中存在的问题，研究下步发展方向；制定《高新区关于进一步规范区内各产业园项目准入的通知》，严把项目关口、加强合同审查、强化履约监管，确保招商取得实效，政企实现"双赢"。年内组织招商引资项目协议文本审查会6次，共计审查招商引资项目49个，召开企业购买、租赁厂房入驻高新区审核专题会议12次，审核入驻项目54个。二是抓实主导产业引入。突出招商主攻方向，围绕电子信息、装备制造、健康美妆等主导产业，依托广铜"一带一路"高新技术产业合作区、"西部美谷"等平台，开展定向招商，锁定重点集群、重点项目，推进招大引强、优链强链。引进旭妆、华旗线缆、香港友昌、上海国创医药等项目21个，完成协议引资90.91亿元。三是抓好中小企业入驻。分别与万洋集团、华雄集团成立协作招商小组，通过厂房出售等方式引进"小而精、小而优”的企业。为重庆(铜梁)万洋众创城、重庆华雄西部智慧产业园引进金健康科技、伊尔美、新越精密、斯普艾特等优质企业43家，成交厂房面积约28.2万平方米，总投资约21.2亿元，总产值约87.5亿元。

【科技创新】　坚持深入实施创新驱动发展战略，提升企业技术创新能力。一是推进企业智能化改造。建成投用重庆工业互联网赋能中心，推动企业“上云、用数、赋智”，新民康、精鸿益等7个项目申报2021年智能化赋能工程试点示范项目，百钰顺“制造云平台——精密零部件数字化生态系统示范点项目”投入使用。指导美庆、长安离合2家企业申报2021年大数据产业发展专项资金项目，建成市级智能工厂2个、市级数字化车间18个。二是积极招才引智。结合招商引资同步开展招才引智，加大高层次创新创业人才的引育、认定，全年累进引进各类高端人才109名，其中博士、硕士研究生和高级管理人才等“塔尖”人才约40名，2名人才、1个团队入选重庆英才计划。用好用活“龙乡人才政策十条”“人才三宝”，投用高新区人才公寓160套，为各类人才提供良好舒适的安居乐业环境。三是全力搭建创新平台。积极引进高校资源，搭建产学研合作平台，重庆科技学院、重庆第二师范学院、重庆医药高等专科学校三所高校落户铜梁并开工建设。高新区规上工业企业全年研发经费投入约11.5亿元，同比增长42.5%，新增专利授权1320件，同比增长11%，新建成市级企业技术中心5个、市级博士后科研工作站1个。协助引导百钰顺、凌达、会通、重变等园区企业与重庆邮电大学、重庆文理学院、重庆科技学院共建实验室4个，推动与四川大学共建新材料联合研发基地实质运行，助推产学研融合。

【企业服务】　一是深化“放管服”改革。2021年6月，与市药监局挂牌成立“重庆市铜梁区化妆品产业发展服务中心”，为指导入驻企业办理产品注册、备案和生产许可等方面提供全面优质服务。持续优化营商环境监测制度，动态跟踪辖区31个营商环境监测点，从高新区企业中选聘8名营商环境观察员，及时收集意见建议，为企业发展保驾护航。优化服务窗口设置，强化服务专员业务培训，用足用实“企业服务直通车App”，全程提供“保姆式”“顾问式”服务。二是精准施策“解七难”。结合高新区实际，重点针对用工、订单、政策兑现等方面精准施策。针对“用工难”，通过持续开展“把老乡留在老家”专项活动、与四川三河职业学院、重庆科技学院等院校开展校企合作、与铜梁职教中心开展合作办学、运营“龙乡求职通”等方式，全力补齐企业用工缺口，全年累计为企业送工1.4万人；针对“订单难”，通过组织召开建材类、汽摩类产业链座谈会，现场达成意向合作订单3100余万元，积极为企业搭建“订单平台”；针对“政策兑现难”，大力推动惠企政策再提速、精准度再提高，全年兑现优惠政策资金1.49亿元，助力企业有序发展。三是着力解决遗留问题。全年共化解项目验收遗留问题16个，为企业办理房地产权证约24.8万平方米。解决工业项目节能(绿色建筑)设计遗留问题16个。四是对外宣传持续发力。主动对接主流媒体，全年发布高新区相关宣传报道40余篇，参加2021年重庆“互联网+督查”广播热线节目《周五面对面》直播访谈，配合区经信委、区商务委等相关部门参展“西洽会”“智博会”“进口博览会”等展会，全方位提升高新区对外宣传形象。

【环境整治】　有力有序推进环保任务清单相关工作，持续改善提升园区环境质量，牵头落实整改中央环保督察工作中红旗缸盖、华丰迪杰特存在的突出环保问题。华丰迪杰特已符合销号条件，红旗缸盖在继续完善废气处理设施。严格落实河长制工作要求，大力整治雨污管网，完成问题点位整治29项，加强企业监管，督促企业落实环保主体责任，巡查企业300余家次。

（刘良国 供稿）

工业企业选介

【重庆市鹿享家科技有限公司】 位于铜梁区蒲吕街道产业大道50号，占地面积约13.33公顷。主要从事研发、生产、销售家居智能安防产品。公司旗下拥有鹿客（Loock）、云丁两大品牌，分别针对家用市场和公寓市场。其中鹿客（Loock）品牌拥有Touch（指纹锁）、Number（密码锁）、Monitor（门窗传感器）、Bell（门铃）等多款智能家居安防产品；云丁品牌拥有公寓智能门锁、智能电表、智能水表等产品及公寓智能化管理SaaS服务等。

鹿享家安装交付团队覆盖全国40多个城市和地区，合作品牌公寓超过400家，在公寓行业智能门锁领域，市场份额超过60%。未来，企业将在自有研发、自主运营的基础上，进一步完善自主生产、经销商合作发展体系等环节，打通智能家居研、产、营、售上下游一体化格局。2021年实现产值6.25亿元，税收670.84万元。

【重庆庆兰实业有限公司】 重庆庆兰实业有限公司为中国大陆和台商合资企业，公司位于重庆市铜梁区，占地面积333072平方米，厂房面积197007平方米，注册资本2亿元人民币，投资20亿元，年生产1000万套汽车自动变速箱离合器链轮和齿毂，2021年产值32.9亿元，税收2750万元。主要从事各种汽车零部件和飞机零部件的设计、加工和销售，其主要为CTCS、捷豹路虎、长安福特等提供配套，部分产品出口供美国麦格纳公司（Magnus）、美国AAM公司、意大利法雷奥公司（VALEO）等使用，是中国西部地区最大的轿车制动盘和前轮毂的制造商，重庆市重点汽车零部件生产企业。

重庆鹿享家科技有限公司外景。（区经信委 供图）

重庆庆兰实业有限公司车间。（区经信委 供图）

【重庆精鸿益科技股份有限公司】 2017年09月在铜梁成立，为国家高新技术企业，是第一批50名内的重庆市数字化车间，铜梁首家智能工厂。公司占地约5公顷，建筑面积5万平方米，主要生产笔记本散热模组、伺服器部件、电脑外壳等，海康威视、华硕、纬创、仁宝等大型电子企业为公司的主要客户，企业销售收入和利润都稳步增长，2021年产值达到5亿元，税收283万元。精鸿益公司投入资金2亿元，购置5公顷工业用地，成立专门的工作组，并聘请国内知名团队，通过与联通公司合作，采用5G网络为数据传输纽带，将分布在厂区的439台机器、设备连接起来，构建成为一个互联互通的物联网络，打造全新的"5G+智能制造"工厂。2019年5月，数字化冲压车间建成投产，获评铜梁区首家市级数字化车

重庆精鸿益科技股份有限公司数字化车间生产场景。(区经信委 供图)

间。2021年获评市级智能工厂，且在该批次项目中评分排名全市第二。

【重庆威斯特电梯有限公司】 公司始建于1996年，位于铜梁高新技术产业园，营销中心在国家级金融中心重庆市江北嘴中央商务区。公司主要业务为针对国内外市场需求，研发和制造各类垂直电梯、自动扶梯、自动人行道、自动停车库系统等系列产品及配件。具有质量稳定、造型精美优势的产品远销南美、中东和东南亚地区。

是中国西部地区最大的电/扶梯整机制造企业之一。厂区面积4万平方米，总投资逾5亿元。公司拥有16个销售分公司及办事处、56家销售代理机构和与之相匹配的全覆盖售后服务机构。

先后荣获中国“驰名商标”、国家级“守合同重信用企业”“A级纳税企业”“重庆市高新技术企业”“重庆市市长质量管理提名奖”“重庆名牌产品”“重庆市著名商标”等一系列荣誉称号。2021年威斯特电梯产值达到2亿元，实现税收475万元。

【重庆会通科技有限公司】 成立于2017年9月，隶属会通新材料股份有限公司，专业从事高分子改性材料研发、生产和销售。公司主营产品

重庆威斯特电梯有限公司厂区。(区经信委 供图)

重庆会通科技有限公司车间。(区经信委 供图)

包括聚烯烃类、聚苯乙烯类、聚酰胺类、聚酯类四大产品线,产品广泛应用于汽车、家电、电子电器、电工照明、新能源、OA、军工、工业设备及轨道交通等领域,主要覆盖西南、西北片区。公司于2018年正式投产,通过3年快速发展,2021年实现销售收入4.4亿元,净利润2300万元,年纳税额672万元,研发投入达到1739万元,职工人数180人。

公司先后承担铜梁区企业自主创新引导项目1项,获得发明专利1项,引进一支以博士为主的高层次人才团队,柔性引进博士3人,硕士3人,研发人员34人,建立行业领先的高水平实验室,投入544.81万元购置了各类新型实验检测设备。基于在高分子改性材料领域的突出贡献,公司先后荣获重庆新材料研发制造先进企业、重庆新材料重点产品、重庆十佳社会责任贡献奖、两化融合管理体系贯标等荣誉资质。

重点国有企业

【重庆市铜梁区金龙城市建设发展(集团)有限公司】 概况。公司成立于2006年3月,注册资本4.75亿元(其中重庆市铜梁区国有资产经营管理中心出资4亿元,中国农发重点建设基金有限公司出资0.75亿元)。公司领导班子配备董事长1人、总经理1人、监事会主席1人、副总经理5人。内设6个部室,有在职职工50人。公司拥有兴农担保公司、保安公司、瑞程汽车租赁公司等7家全资子公司,实际管理公司1家。

2021年5月,更名为重庆市铜梁区金龙城市建设发展(集团)有限公司,下属5个党支部,有党员50名(含吸收预备党员6名)。截至年底,总资产为283.96亿元,净资产为165.58亿元。

投融资管理。年内实现融资到位资金53.03亿元,为区内重点项目建设和还本付息提供资金要素保障;到期还款率为100%,债务风险绿色可控;向重庆市渝西快线建设运营有限公司、中电建重庆建设发展有限公司两家PPP公司以及重庆制造业转型升级私募股权投资基金合伙企业等投资2.21亿元(含长期股权投资1.47亿元)。

重点项目建设。年内负责代理建设区级重点项目7个,完成项目投资约5亿元。G319西泉至虎峰段改建工程全面完工并投入使用;X013小林至宝顶段改建工程完成总工程量的95%;北城小学迁建工程全面完工并交付使用;稳步推进中医院整体迁建工程、铜梁二中扩建工程、青少年活动中心、关溅小学迁建工程。

国有资产经营。全年实现经营性租金收入1197.7万元;公开出售限价商品住房14宗,面积1357.5平方米,价值555.38万元;配合相关单位完成八县办、卫校等棚改工作,拆除危房3039.79平方米。

转型改革发展。修订完善《党委会议事规则》等16项管理制度;建立健全职工能进能出、管理人员能上能下、工资能增能减的市场化经营机制,经理层实行任期制和契约化管理,中层管理人员实行竞聘制和任期制管理,6名经理层人员全部签订经营业绩责任书,对24个二级班子岗位(含集团公司和子公司)开展竞聘上岗，有力推进“三项制度”改革；完成原乡中央公园、区人民法院等10处76个充电桩的建设和经营管理工作；新建停车位1396个，实现了对中心城区9316个停车位的智能收费管理；以实体运行的5个子公司为股权投资经营主体，全年实现经营性收入3.9亿元，收缴上年度股权投资收益281万元。

(韩文强 供稿)

【重庆绅鹏实业开发有限公司】 2021年，绅鹏公司以推动高新区高质量发展为总抓手，全面深化国有企业改革，抢工期，抓进度，重管理，各项重点工作任务全面完成，各重点项目达到了序时进度目标。

重点项目建设推进有力。全年承接市、区级重点项目11个，计划投资9.29亿元，基本完成西部美谷日化产品研发检测中心及周边基础设施工程主体；人才公寓项目同时推进7栋楼主体结构建设，完成全部工程量的30%；旧县污水处理厂及进场道路工程如期竣工；科创大道、英才大道、科目二三考试中心等推进前期工作，各个项目按序时进度正常推进。

投融资管理蹄疾步稳。通过与金融机构扩大合作、积极争取上级资金等方式，稳妥推进借新还旧、债务置换；稳步推进公司债券发行，全年融资到位20亿元，无新增政府隐形债务。

资产经营保值增值。健全科创中心人才公寓出租资产配套功能，建成公共区域瑜伽健身馆、厨房、餐厅、超市等生活配套项目并正式投运，改善提升白土坝倒班房、姜家岩标准厂房等出租房屋资产品质3万平方米，全面增强出租资产市场竞争实力；通过调整租金标准、加大宣传频次等方式，实现经营性收入同比增长25%；通过制定智能制造产业园运营方案，组建物业管理团队，成立专业导租顾问等举措，引进百顺、优创科技、华磊时代新材料、航天云网等项目入驻，签约面积约3万平方米；完成科创中心人才公寓精装修出租160套；2座污水处理厂和大庙自来水厂全面运营并见效增收。

子公司管理规范高效。全面完成水利水电公司“公司制”改革任务，变更选聘4家子公司部分高管人员，营业范围扩增至资产运营、环境治理、能源销售、金融服务、人力资源、房地产销售等重要领域，更加突出公司发展主责主业优势。通过开展内审、加强监督、员工教育培训等方式，进一步提升各子公司持续经营能力。2021年子公司经营收入较上年同期总体增长15%。

招商引资成效显著。以广铜合作区开发建设为契机，聚焦西部美谷为依托，通过集群招商、补链招商、平台招商等方式，引进思特(重庆)智能科技园、福州绿野化妆品、旭妆化妆品、盛时达有机保健食品、广东康容实业化妆品、中草集中草药护肤品等项目22家美妆及配套企业入驻，总投资180亿元，盘活闲置厂房9.8万平方米，实现招商引资新突破。

安全稳定全面保障。公司60余名干部职工与高新区干部一起拉通分工，分派到11个“包片”小组常态化抓实疫情防控、疫苗接种等工作，公司内部及辖区企业未出现感染病例。同时结合不同时期、不同季节特点，对在建工地、资产运营等重点领域严格执行日检查、周巡查、月互查的检查制度，实现了安全监管无死角。全面做好辖区农民工重点群体矛盾纠纷排查化解，积极化解各类信访问题10余件。全年未发生重大安全事故及信访稳定事件。

(李洪全 供稿)

【重庆玄天湖文化旅游开发有限公司】 **概况。**成立于2014年12月，位于风景优美的巴岳山玄天湖度假区，是由铜梁区国有资产经营管理中心出资组建的国有独资公司，注册资本金5亿元人民币，信用等级AA，全年融资资金到位87885万元。在册职工24人，其中领导5人，公司党委下设党支部2个，党员20人。内设党群综合部、建设管理部等6个部门。下辖6家国有独资子公司，分别是重庆花语悠游谷房地产开发有限公司、重庆玄天湖酒店管理有限公司、重庆玄天湖文化传媒有限公司、重庆玄天湖旅游景区管理有限公司、重庆市铜梁区龙文化传媒有限公司、重庆市铜梁区龙骧旅游发展有限公司；参股重庆龙乡智旅科技有限公司、玄天湖东郁公司2家公司。

项目建设。2021年完成龙舞广场提质、西郊提质、爱莲人家等27个项目，总投资1亿元，助推产旅融合稳步发展。同时为实施巴岳山玄天湖度假区、巴岳山居康养小院、西郊文旅融合、龙文化演艺中心、巴岳农庄、新殡仪馆等6个综合性项目做好前期准备工作。

资产运营。一是推进资产收购。积极推进龙温泉酒店、梦湖酒店和淮远古镇二期项目资产收购工作，龙温泉宾馆收购工作取得突破性进展，与债权银行和破产管理人达成收购初步意向；梦湖酒店收购工作进入破产清算阶段；淮远河二期项目通过经济测算启动运营策划工作。二是加强资产清理，全年清理出商铺资产17个，清理地下停车位46个，清理综合楼房屋资产6层，土地11块，清理巴岳寺外建筑物资产6处，清理收购类无证房屋资产2处，清理并挂牌苗木资产60188株。三是加强实体运营。以新成立的3个子公司为抓手，推进文旅、酒店、景区链条式发展。将赛事活动作为文化传媒公司主业务，精心升级“西郊雅社”民宿和“原乡慢食”餐饮品牌，深入推进景区景点提质上档，不断提升旅游业态。

（邓艳毅 供稿）

【重庆市铜梁区龙廷城市开发建设有限公司】

概况。公司成立于2015年7月，注册资本金人民币3亿元，信用等级AA。配备领导6名，机构人员27名；有6个内设机构。服务铜梁城区，负责市场化开展铜梁城区重大基础设施建设和资产运营，以市场化转型发展为主线，以项目建设、投融资和市场化项目经营为重点，秉持生态优先绿色发展理念，成为铜梁城市综合建设运营商。下属有重庆诚迅城市建设开发有限公司、重庆市铜梁区龙泰建筑工程有限公司、重庆市铜梁区龙都水资源开发有限责任公司、重庆市铜梁区百丰农村土地整治有限公司、重庆市铜梁区建筑设计院、重庆市铜梁区龙烨商业管理有限公司、重庆市铜梁区龙廷文化传媒有限公司等7家子公司，业务范畴涉及土地开发整治、房地产开发、市政（水利）基础设施建设、广告制作发布、资产运营管理等。

项目建设。2021年，公司负责实施23个项目规划建设工作，其中区级重点项目5个，计划投资约3亿元，完成投资约3亿元。龙廷·天悦项目完成车库及裙楼1楼施工。铜梁区西门片区文旅融合发展项目完成方案优化及深化设计工作。原乡中央公园智慧旅游项目新建便民景观亭10个，完成智慧步道、自动售卖机、智能储物柜等全部建设内容，完成直饮水、违停抓拍、停车道闸等设施安装，并正式投用。智慧交通项目完成城区至虎峰镇、土桥镇智慧公交站台建设，累计投用站台50余个。铜梁中心城区南城大道东段等断头路工程中完成3条断头路建设，累计通车里程达2千米。积极参与巩卫、创文工作，按要求完成原乡中央公园、城区农贸市场等5处实地测评点位建设工作。

资产运营。2021年龙廷公司资产增加约10.87亿元，经营性项目实现营收约2989万元，同比增长约38%。一是城区农贸市场运营，开展体育馆农贸市场、仙鱼农贸市场自营。二是资产出租出售，开展市民服务中心、金融大厦、体育馆夜市等房屋资产出租，出售金融大厦部分房产给重庆银行、东城市场监管所。三是商业项目运营，围绕原乡中央公园开展公园停车位、淮远河游船、儿童乐园售卖亭、电玩城等商业项目。四是房地产开发，启动龙廷·天悦房地产开发项目建设。

安全稳定。年内召开专题会4次，对在建工地、经营性项目检查20余次，发现安全隐患80余个，下发整改通知30余份，全部完成整改。持续开展疫情防控，全面加强防控宣传，严格落实原乡中央公园、城区农贸市场、在建项目等人员密集场所各项防控措施，全力做好防疫物资储备，督促干部职工开展疫苗接种及核酸检测，疫苗接种率达100%。全年无农民工欠薪事件及群众到市、进京上访和非正常集访群访事件发生。

（肖礼旭 供稿）

【重庆安居古城华夏文化旅游发展有限公司】

概况。成立于2013年1月，注册资本金10000万元。公司内设6个部门，有职工49名。下属全资子公司5个：重庆市铜梁区琼花文化传媒有限公司、重庆市铜梁区古风韵味酒店管理有限公司、重庆市安居古城迎龙游乐有限公司、重庆两江文化创意发展有限公司、重庆市铜梁区安居自来水有限公司。参股公司2个：重庆中铁安居文化旅游发展有限公司、重庆安居古城运输有限公司。

主营业务为景区规划建设运营、“吃住行游购娱”全产业链服务。服务区域为安居古城景区。

公司资产总额约79亿元；全年投入各类资金约8亿元。年内安居古城景区接待游客量达430万人次，旅游综合收入23.5亿元。7月通过

2021年端午节，安居古城龙舟会中的特技表演。（安居华夏文旅公司 供图）

国家级服务业标准化试点项目验收。

规划建设。2021年,重点围绕安居古城保护和开发,先后启动象山乡旅融合开发项目概念性方案和龙舞演绎、魁星阁等11个项目的前期方案编制、审批工作,以及景区内19处文物保护线和建设控制线划定等项目前期工作。完成了湿地公园道路交通工程、书香文化街区(文庙、县衙)等16个项目建设任务;全力推进铜梁导轨电车车辆组装基地及试验线建设项目。同时全力配合中铁安居公司完成了新游客接待中心及周边商贸配套设施的建设工作。

运营管理。一是制定《2021年业态发展方案》,依托全资子公司,建成投用了黄家坝露营基地、原乡情民宿客栈、翰林书画院、风物集市等业态。二是实施"嘻街"氛围提质,在景区增设渔舟唱晚、黄桷树生命奇迹、铜人塑像等沉浸式体验场景。三是打造了水上游乐项目,运营画舫船1艘、快艇2艘、摩托艇2艘、电瓶船7艘、皮划艇6艘,并正式开通景区水上游线。四是探索多元合作模式,打破自主经营固化思维,与铜梁龙绣、原乡小艾、仁和酒厂、麦缇斯等铜梁本土特色产业建立长期合作关系,实现资源互换、优势互补、合作共赢。五是抓好疫情防控,严格落实景区预约制,进一步细化景区疫情防控方案和应急预案;分别在游客接待中心、城隍庙常态化设置疫情防控卡点,做好预约、实名制登记、体温检测、健康码行程码查验等工作,营造安全有序的景区环境。

景区宣传。通过持续加强景区宣传营销,不断提升景区影响力。一是丰富景区事件营销。开展"颂歌献党·诗画安居"诗书画展、第四届"古韵古城·诗意安居"摄影大赛、"盛世华诞·华装安居"旗袍风情秀、"龙佑安居·举国同庆"群龙巡游等主题活动,于4月举办安居古城"唱、玩"夜活动,5月举办端午龙舟会。二是打造新版安居古城官方网站。完善官方网站旅游攻略、新闻动态、餐饮美食等板块,年内安居古城官方网站发稿33期。三是加强安居古城微信公众号建设。年内微信公众号发稿105篇。四是充分利用安居古城抖音平台。把新增的特色讲解形象融入日常景区美食美景、人文地理、文化故事等解说中去,年内拍摄发布抖音短视频82条。五是拓展宣传渠道。协助央视农业农村频道《振兴路上》、央视新媒体《大地讲堂之乡村演说家》、央视财经频道《正点财经》等栏目在安居古城取景拍摄,持续提升景区知名度。

公司改革。深入实施国企改革三年行动,推动公司高质量发展。一是认真对照区国资中心《关于深入贯彻落实铜梁区深化国企改革行动方案(2021—2022年)相关要求的通知》要求,制定公司改革方案及任务清单、责任清单。二是结合公司实际,制定对标世界一流专项行动实施方案和提升事项清单,董事会向经理层授权清单、子公司授权放权清单等,进一步加强公司管理体系和管理能力建设。三是制定连续三年亏损全资子公司减亏方案,努力推动扭亏转盈。四是加强公司"三项制度"改革,经理层成员签订任期和聘任合同5人,并积极开展二级班子和子公司负责人的"回头看"测评。通过一系列改革举措,进一步激发员工动力、增强公司活力,实现公司发展质量和效益全面提升。

(陈涛 供稿)

【重庆龙裕城乡建设开发有限公司】 概况。公司系2021年1月经铜梁区委、区政府批准成立的区属重点国有企业,注册资金1亿元。下辖重庆叶子花开市政园林工程有限公司、重庆龙之乡农副食品商贸有限公司、重庆炬星印刷有限公司、重庆爱在龙乡农业科技有限公司、重庆市铜梁区洪隆食品有限责任公司、重庆市铜梁区龙聚益食品有限责任公司、重庆市铜梁区宴渡桥渔业有限公司、重庆顺木木材有限公司，共8家全资子公司。公司建设运营铜梁区标准化畜禽集中屠宰园区、铜梁区污泥处理厂、重庆炬星印刷有限公司，并与新加坡叶水福私人集团有限公司合作建设运营中新铜梁冷链物流园区。

公司主要以农业种养殖业、农产品加工仓储运输、农资经营、电商、农业生产设施建设、乡村旅游发展、房地产开发、市政设施建设、印刷等混合多元化模式经营。

项目建设。铜梁区标准化畜禽集中屠宰园区建设。该园区位于铜梁区太平镇坪漆村，占地约26.67公顷，拟投资7亿元。园区建设分四期进行：一期家禽屠宰车间及配套设施占地2.67公顷，建筑面积5000平方米，由重庆龙裕城乡建设开发有限公司投资约4000万元，设计年屠宰家禽1600万只，于2021年12月正式投入运营。二、三、四期将由社会资本投资建设。

做好畜禽白条肉交易市场建设的前期准备。与此配套，大力发展畜禽养殖业，壮大新型农村集体经济。以订单饲养方式，在10个镇街的12个养殖专业合作社开展了标准化养殖，有效带动近3000名群众就业增收。

中新铜梁冷链物流项目落地开工建设。龙裕公司与新加坡叶水福集团共同投资约5亿元，分两期建设5万立方米的冷链冻库，规划占地面积约4.67公顷。2021年4月9日，区政府与新加坡叶水福私人集团有限公司签订中新铜梁冷链物流项目战略合作框架协议。

中央厨房项目。通过屠宰园区业主招商引资中央厨房项目，主要以加工高铁快餐、火锅食材、牛油、进口肉类分割销售等为主，计划投资3亿元。该项目于12月2日，在铜梁区2021年第四季度项目集中签约活动中签订《投资协议书》。

农业种植产业建设。与中国水稻研究所合作，通过联合共建中国水稻研究所专家工作站，选育适宜铜梁种植的优质水稻品种及配套栽培技术在全区推广。与科研院所、央企等合作建设26.67公顷优质粮油种植试验基地试种竹香稻、神9优28、稳糖米等几个品种，共收获稻谷约30万斤。助推全区农产品品牌化发展，积极打造“巴岳农庄”“龙乡水土生”区域公共品牌。

莲藕制种基地和良种繁育体系建设。与武汉水生蔬菜研究所进行合作，选择5—7个适合铜梁种植的优质莲藕品种，在土桥镇、福果镇选址建设33.33公顷莲藕种藕场，促进品种的研发与推广。12月7日整合成立了铜梁区莲藕种植联合社，推广高品质莲藕种植、加工、销售，形成规模化、标准化、品牌化、市场化的铜梁莲藕全产业链发展。

打造特色品牌。一是打造著名品牌大米“铜梁米”。“铜梁米”种植历史悠久，米粒晶莹、透明度高，米饭润滑可口、松软回甜有嚼劲，粒粒盈润饱满，干净无杂质，软糯醇香，营养美味。其品种主要种植分布在铜梁区侣俸镇文曲村，东城街道水星村，蒲吕街道善心村、新联村，少云镇少云村，南城街道翠英村、西来村等地。

二是打造“铜梁菜籽油”品牌。与市农科院合作，在全区推广种植庆油3号油菜种子，实现稻油轮作，提取出色泽金黄诱人，气味芬芳，绿色健康的菜籽油。主要种植分布在区西郊环线、东城街道、小北海、蒲吕街道。

三是打造“铜梁咸菜”品牌。与白羊镇村集体经济组织（重庆市铜梁区食佳蔬菜合作社）合作开展“铜梁咸菜”生产加工项目，建设咸菜加工厂。投资兴建咸菜储藏室及加工设备，将“铜梁咸菜”产量由40吨/年提高到200吨/年，同时通过规范产品包装、拓展销售渠道，提高产品附加值。

四是打造“铜梁蜜薯”品牌。选用优质烘烤型地瓜品种，肉色美观漂亮，蒸烤后色泽晶莹剔透，口味软甜香糯，为铜梁本土特产佳肴。主要种植分布在土桥镇西来村、翠英村。

其他工作。一是于2021年1月建成投产年处理2万吨生活污泥的铜梁区污泥肥料厂，全年处理全区生活污泥约21000吨，生产成品约20000吨。二是成立铜梁区龙裕农机专业合作社开展农机社会化服务，对巴川街道86.67公顷、太平镇100公顷宜机化项目开展改造。三是由区委人才办与西南大学地理科学学院和重庆致公党海外联谊会签订“成渝地区双城经济圈乡村振兴培训中心”合作备忘录，铜梁龙裕公司负责落地实施筹建乡村振兴培训中心，第一期乡村振兴培训班已开班完课。四是有序推进重庆炬星印刷有限公司、重庆市铜梁区凤归来食品厂、重庆市铜梁区晏渡鱼种站等6家全民所有制企业公司制改革工作。

（肖朝芳　供稿）

【重庆金庙实业有限公司】　概况。重庆金庙实业有限公司于2015年8月成立，2016年6月开始独立运行；2018年3月成为绅鹏公司子公司。2021年，获评重庆市人社局授牌“劳动保障守法诚信企业”（2018—2020年度），是区属重点国企中唯一获此殊荣的企业。公司党支部及3名党员职工获评国资系统“两优一先”“奋斗百年路，最美国企人”荣誉。

项目建设。2021年实施区级重点建设项目2个，总投资6.7亿元，年内完成投资1.95亿元，年度目标任务完成。其中企业服务中心土建工程完工；大庙园区基础设施建设项目纳入铜梁区独立工矿区转型升级产城融合PPP项目。

园区企业。年内新引进企业5家，共有正式签约企业22家；项目总用地94公顷，总投资48亿元。年内有奥维特、新永阳铁塑等8家企业正在试生产；LNG项目、丽彩特等10家企业在加紧施工；其余4家企业正在进行前期工作。

项目保障。一是协助企业办理前期手续。完成22家企业拟用地示意图和红线图绘制，协助开工企业10家完成提前介入手续办理，协助19家企业完成方案设计修改通过高新区专题会审查。二是为企业提供要素保障。协助9家企业办理土地挂牌摘牌手续、办理工程规划许可为入驻企业做好用地服务，为22家落户企业解决了建设所需的临时用电、用水问题。

融资工作。完成融资审批2.7亿元，实现资金到位5292万元，同时通过“大庙园区企业服务中心项目”申报政府专项债，获得债券资金1.1亿元，保障重点项目建设资金需求。

加快公司转型升级。一是健全公司组织架构。设立董事会、监事会和经理层，层层落实职权。二是建立金庙公司董事会授权经理层管理制度，全面推行经理层成员任期制和契约化管理。三是加快推进“三项制度”改革。制定《金庙公司管理人员选拔任用办法（试行）》，通过竞聘上岗，选拔出4名中层管理人员。进一步修订完善《公司绩效考核办法》。四是助推公司向市场化运营发展。通过打造企业服务中心、经营大庙水厂项目、启动大庙污水处理厂项目、积极谋划大庙公共汽车站及物流项目运营，进行优质项目开拓与建设，全力推进公司向市场化运营转型。委托重庆绅鹏商业运营管理有限公司运营管理大庙自来水厂，取得经营性收入15.15万元。

（刘叶萍　供稿）

【重庆市铜梁区鹏程物资有限责任公司】　概况。2000年6月29日由原国有独资的铜梁县物资总公司改制而成国有控股企业，是区内专业从事民用爆破器材的销售、储存、运输，以及报废汽车的回收、销售和再生资源的回收与利用的区属国有企业。注册资本金226万元，其中国有股份116万元占51%，自然人股份110万元占49%(系原物资总公司47名职工股份组成)。

公司位于铜梁区巴川镇大北街209号，在蒲吕镇有占地约6000平方米的工业炸药和工业雷管库各一座，工业炸药储存能力达25吨，工业雷管储存能力25万发，爆破器材专用运输车辆3台。2021年销售各类工业炸药880吨，雷管3千万发，实现销售收入1125万元。上缴利税135万元。截至年底，公司资产总额1146万元，其中流动资产945万元，固定资产73万元。

生产经营。按照新发展理念要求，以供给侧结构性改革为主线，进一步解放思想，深化改革，克服疫情和民爆市场萎靡带来的不利影响，着力抓好主营民爆器材的销售，重点确保区内重点工程如合璧津高速铜梁段，铜安乐高速铜梁段，城轨快线壁铜线西泉隧道，西安道源集团股份公司石油、天然气、页岩气深度勘探；渝遂高速扩能一期(云雾山隧道)；中国水电五局非煤矿山PPP项目边坡平场和区内三家非煤矿山民爆器材的需要，保证市内、区内已开工重点项目施工进度，为全区经济建设发展提供有力保障。在保供的同时，公司还进一步提升民爆物品的配送服务质量，全年未发生一起对配送服务不满意的投诉和配送服务过程中吃、拿、卡、要事件的发生。公司武装护送民爆物品工作得到市公安局和市经信委等有关职能部门的充分肯定。

(高平 供稿)

工业名优产品

【概况】 2021年，重庆传动轴股份有限公司、重庆创祥电源有限公司等9家企业的9个产品被评定为重庆市重大新产品。

2021年度铜梁区重大新产品

序号	产品名称	企业名称	行业	发明专利名称或集成电路布图设计名称	发明专利号或集成电路布图设计登记号
1	N200R传动轴总成	重庆传动轴股份有限公司	汽车摩托车		
2	铅酸电池及密封免维护蓄电池	重庆创祥电源有限公司	汽车摩托车		
3	长寿命汽车离合器总成	重庆长安离合器制造有限公司	汽车摩托车		
4	汽车仪表板总成F537、F507S系列	重庆森迈汽车配件有限公司	汽车摩托车		
5	铝型材无铬环保喷涂铝合金型材	重庆新美鱼博洋铝业有限公司	材料		
6	低辐射隔热双层中空玻璃(10BB(G)+12A+10LOW—E(G)等)	重庆兆冠玻璃有限公司	材料	两层玻璃尺寸不同的双层中空玻璃装配装置	ZL201611142696.7
7	新型高阻燃PE泡棉	重庆鑫科高隔热材料有限公司	消费品		

续表

序号	产品名称	企业名称	行业	发明专利名称或集成电路布图设计名称	发明专利号或集成电路布图设计登记号
8	高性能改性塑料颗粒	重庆会通科技有限公司	消费品	一种高填充低密度的聚丙烯复合材料及其制备方法	ZL201611212433.9
9	汽车用低光泽、低散发、耐光老化PC/ABS材料	重庆普利特新材料有限公司	消费品	一种耐光照老化的聚碳酸酯/苯乙烯基树脂组合物及其制备方法	ZL200610148846.5

农业农村

综述

【概况】 2021年，全区耕地面积61866.67公顷，基本农田52133.33公顷，实现农业总产值98.09亿元，增长9.8%；第一产业增加值达65.4亿元，增长10.7%；农村常住居民人均可支配收入达23303元，增长10.3%。累计脱贫村5个、脱贫户4404户、脱贫人口12272人，脱贫户人年均纯收入达15496元，同比增长12.38%。全年完成粮食播种面积55266.67公顷，粮食产量达35.53万吨。全区特经作物种植面积达766.67公顷，实现年产水果7万吨以上。生猪出栏47万头。全面推行生态水产养殖模式，发展生态养殖4000公顷，实现年产水产品3.95万吨。全区规模以上农产品加工企业达57家，实现农产品加工业年产值142.8亿元。全区累计推广水肥一体化技术3866.67公顷，推广绿肥还田技术9400公顷，全区测土配方施肥技术覆盖率达93%以上，农作物秸秆还田率达71.7%，农作物秸秆综合利用率90.9%，主要农作物氮肥利用率达40%，主要农作物专业化统防统治稳定在40%。累计建成高标准农田34146.67公顷。水稻机收率达90%以上，全区农作物耕种收综合机械化率达51.61%。建设专家大院18个，创建"龙韵果乡·星创天地""牧堂纯星创天地"2个国家级星创天地和1个市级"枳壳星创天地"，累计建设农业科技试验示范基地19个、农民田间学校19所。全区有效期内"两品一标"农产品403个，现有重庆名牌农产品21个。全区认定家庭农场1007个，发展农民合作社727个，区级以上农业龙头企业认定147个。农村卫生厕所普及率95.94%，行政村生活垃圾有效治理比例达100%，农村生活污水处理率33%，畜禽粪污综合利用率96.14%。农业招商引资金额达67.81亿元。乡村旅游综合收入32.4亿元。累计完成新型职业农民培训7670人。入围国家"互联网+"农产品出村进城试点区县名单，全区农产品网络零售额达4.6亿元。

"三变"改革。2021年确定在土桥镇、旧县街道、侣俸镇全域推开农村"三变"改革，涉及试点村42个，试点范围扩大到全区行政村的20%。自2018年以来，全区共累计实施农村"三变"改革试点村56个，涉及人口13.9455万人。全年56个"三变"改革试点村集体经济经营收入1768

▶"三变"改革分红现场。(谢成兰 供图)

巴川街道优质粮油种植基地。(谢成兰 供图)

万元,56个试点村股东77252人,2021年实现分红201万元。全区2021年村集体经济经营性收入达到8080.66万元。

种植业

【粮油生产】 全年粮食播种面积55271.36公顷,其中水稻27418.51公顷、玉米8725.96公顷、薯类12944.22公顷、豆类5687.46公顷、高粱470.55公顷、麦类24.66公顷,粮食产量达35.517万吨,比上年略增0.424万吨。油料作物播种面积7476.54公顷,其中花生1084.83公顷、油菜6349.28公顷、芝麻42.43公顷,总产量1.58万吨,其中花生0.21万吨,油菜1.367万吨,芝麻0.0085万吨。

【蔬菜生产】 2021年全区蔬菜播种面积24333.33公顷,同比增加3.53%,产量达77.32万吨,同比增加4.51%。一是采取措施,稳产保供:抓好技术指导,确保蔬菜顺利上市供应,全年发布相关防灾减灾指导措施3次以上,与气象部门合作发布天气信息和生产技术建议全年发布50期以上,实施春淡季速生蔬菜增种666.67公顷,为4—5月提供1.5万吨以上的时令蔬菜,为疫情常态化下蔬菜稳产保供提供支撑,重庆市铜梁区农业农村委印发了《加强冬季蔬菜、果树管护技术措施的通知》,加大了秋冬季蔬菜生产宣传和技术指导,确保在春节等重大节日蔬菜保供能力。二是以乡村振兴为发展契机,充分利用新型农村集体经济和全面盘活撂荒地,新型农业经营主体发展林下间套作蔬菜,在安居镇、旧县镇、福果镇、大庙镇等发展蔬菜266.67公顷,宜机化改造与蔬菜产业发展相结合,在侣俸镇发展蔬菜133.33公顷，在福果镇和围龙镇新增蔬菜基地66.67公顷，并积极以成渝合作推动全区蔬菜产业发展。三是持续提升设施建设，提高基地产能：全区共投入338万元，其中财政补助264万元用于蔬菜基地建设，建成田园综合体宜机化改造蔬菜面积133.33公顷以上，建成蔬菜标准园4个，食用菌标准化恒温出菇室3000平方米。四是积极推行标准化生产，健全完善相关管理制度，在全区范围内包括蔬菜、经作、粮油等生产大户和村集体联合社发放《重庆市铜梁区种植业基地管理制度》标牌588张。

【经果生产】 2021年，果树种植面积7673.33公顷，产量10.93万吨，产值5.27亿元。主要水果种类包括：柑橘、梨、桃、猕猴桃、葡萄、李子、樱桃和枇杷。其中，柑橘类水果的生产面积4466.67公顷，占全区水果生产面积的50%以上，产量5.68万吨；梨种植540公顷，产量0.75万吨；桃种植266.67公顷，产量0.65万吨；猕猴桃种植66.67公顷，产量0.2万吨；葡萄种植533.33公顷，产量1.45万吨；李子种植面积800公顷，产量1.45万吨；樱桃种植533.33公顷，产量0.35万吨；枇杷种植400公顷，产量0.4万吨。全年通过无公害认证的果品基地9个，无公害认证的果园面积166.83公顷，无公害果品产量0.39万吨。

瓜果种植面积333.33公顷，产量0.98万吨，产值0.48亿元。其中，西瓜种植面积253.33公顷，产量0.87万吨，产值0.38亿元；草莓种植面积80公顷，产量0.1万吨，产值0.1亿元。

【茶叶生产】 全区茶叶产区主要分布在境内巴岳山、毓青山山区，两山常年云雾缭绕，空气湿度大，为茶叶生产提供了得天独厚的地理条件，已建有高标准茶叶生产基地一万亩以上。2021年，茶叶生产面积733.33公顷，其中：开采茶园面积700公顷，绿色食品茶园面积600公顷。茶叶产量522吨，茶叶产值0.25亿元，其中名优茶产量342吨，产值0.19亿元。茶叶主要种植在安溪镇、华兴镇、福果镇、虎峰镇、大庙镇、旧县街道等镇街，共有茶叶企业4家，茶叶加工厂4个，茶农合作社2个。

【中药材生产】 全区中药材种植面积1234.67公顷，其中人工种植面积874.67公顷，收获面积966公顷，产量1.32万吨，产值0.43亿元。中药材种植种类包括：金银花、枳壳、栀子、黄精、葛根、杜仲、黄柏、吴茱萸、无花果、佛手、瓜蒌、银杏、艾草、使君子、砂仁、老虎姜、连翘。

（刘静 供稿）

畜牧业

【概况】 2021年，全区年末生猪存栏309137头，同比增长4.0%；其中：能繁母猪存栏26857头，同比增长8.7%；出栏470871头，同比增长32.2%；其中出栏优质商品瘦肉型猪38万头。家禽存栏6005869羽，同比减少7.2%；出栏1808.77万羽，同比增长4.4%；肉兔存栏44.25万只，同比增长10.6%；出栏增长156.45万只，同比增长24.8%；山羊存栏22466只，同比减少5.1%；出栏35935只，同比增长8.7%；牛存栏2512头，同比增长2.3%；全年出栏牛1874头，同比增长28.5%；全年肉类总产量68808吨，同比增长21.5%；其中：猪牛羊禽四肉总产量65541吨，同比增长20.7%；禽蛋产量49621吨，同比增长2.9%；鹌鹑蛋、鸽蛋产量7406吨。蜂蜜产量31吨。主要畜禽规模化率达53%；主要畜禽良种化率达72%；优质畜牧业占80%以上，畜牧业科技贡献率达55%以上。畜牧业总产值39.69亿元，同比增长5.3%；畜牧业产值占农林牧渔业总产值40.45%。

铜梁区2020—2021年畜牧业发展对比

项 目	单位	2020年	2021年	增减(%)
生猪出栏	头	356165	470871	32.2%
家禽出栏	万羽	1732.68	1808.77	4.4%
牛出栏	头	1458	1874	28.5%
山羊出栏	只	33072	35935	8.7%
肉类总产量	吨	56625.6	68808	21.5%
畜牧业总产值	亿元	37.70	39.69	5.3%

【畜禽养殖】 生猪发展。一是严格落实“菜篮子”区长负责制。成立由区长任组长，区委副书记、有关副区长任副组长，相关部门及镇街主要负责人为成员的生猪发展工作领导小组。年内，区长组织召开会议2次，区分管领导组织召开会议3次，专题研究生猪生产工作，区政府召开现场会5次，召开相关部门协调会3次，落实生猪企业用地等问题。二是制定生猪生产扶持政策。出台相应生产扶持政策，将2021年生猪稳产保供目标任务分解落实到各镇街，并纳入区对镇街年度考核。为生猪发展在土地、金融、环保、道路、用电、用水等方面提供政策保障。三是加大资金投入，助推生猪发展。整合生猪调出大县奖励资金、市级农业发展资金、荣昌猪产业集群项目资金等，用于30个新建生猪养殖场建设补助和兑现2020年出栏5000头及以上的4个生猪养殖场奖励性补助资金，兑现落实生猪保险财政补助资金和生猪良种补贴资金，全年共投入各项资金1800余万元。四是建立生猪生产监测预警制度的工作保障机制。扶持生猪规模化养殖，全区生猪规模养殖场189家(其中，年出栏生猪2000头及以上的生猪规模养殖场84家)，坚持每月进行跟踪调度，实现全区生猪养殖规模化率达80%以上。五是积极推广良种猪。全年实现长白、大约克、杜洛克良种公猪精液配种48342窝，商品猪杂交改良面达100%；在商品猪生产上积极推广长荣杂交猪、约荣杂交猪、杜太杂交猪和洋三元猪，商品育肥猪杂交推广面达98%以上。六是开展代养合作，发展生猪生产。积极引导正大、雨吉润、德康等大型生猪养殖企业开展生猪代养合作，带动中小养殖场(户)发展生猪生产。年内，全区16家养殖场(户)与大型养殖企业开展代养合作，其中，2家种猪场常年存栏能繁母猪7000头，14家商品猪场年出栏生猪8万余头。七是推广绿色生态生猪养殖。指导存栏20头生猪当量及以上养殖场(户)937家，全年优质商品猪出栏量占全区生猪出栏量90%以上。八是抓好新建标准化规模化生猪养殖场建设。全区新建标准化规模化猪场30个，其中：年内已建成投产生猪规模养猪场25个，有5个养殖场正在建设中。新建成投产的25个猪场达到设计科学，布局分区合理，设施设备达到智能化现代化猪场标准。实现了全封闭，自动化投料、饮水、温控、除臭和远程监控等功能，粪污实现异位发酵床零排放处理。九是开展生猪保险。年内，全区有17.2万头育肥猪投

保，0.51万头能繁母猪投保，3.24万头生猪投保收益保险，降低了生猪养殖风险。十是抓好非洲猪瘟、口蹄疫等重大动物疫病防控。生猪口蹄疫应免密度达100%；控制了非洲猪瘟、口蹄疫等生猪重大疫病发生。2021年全区生猪生产得到快速发展，生猪年末存栏和全年出栏量同比分别增长4.0%和32.2%。

家禽。一是出台《铜梁区山地特色高效畜牧业兔鸡产业发展方案》《铜梁区特色高效畜牧业兔鸡发展扶持政策》，为做大做强养鸡业提供政策支撑。二是推广优质良种家禽。良种肉鸡品种主要有特牧"勇源祥"、温氏、奇垦系列肉鸡和广西瑶鸡等，蛋鸡主要品种有海兰灰、京粉蛋鸡等。规模养殖场良种家禽推广面达100%。三是扶持发展集约化标准化规模化肉鸡养殖。2021年，区内3家养殖公司带动全区130余家发展肉鸡养殖，其中重庆奇垦肉鸡养殖公司带动全区60余家，年出栏肉鸡250万羽。全区出栏优质商品肉鸡600余万羽，年出栏优质肉鸡1万羽以上养殖场216家。四是积极发展林下"跑山鸡"的生态鸡养殖。全区年出栏500羽以上林下生态鸡养殖户280余家，出栏优质林下生态鸡270余万羽。五是发展规模化肉鸭养殖。以重庆力凯农业发展有限公司为带动，采取"公司+基地+农户"的模式带动30余家发展规模化肉鸭养殖。六是抓好规模化蛋鸡养殖。全区有蛋鸡规模养殖场25家，分布在虎峰、福果、大庙、平滩、安居、土桥、南城、侣俸等镇街，常年蛋鸡存栏100余万羽。七是开展家禽保险。全年开展家禽保险94.99万羽，降低了养殖风险。八是"铜梁黑鸡"地理商标创建。2018年以来，由位于福果镇的重庆特牧农业开发有限公司，经重庆市畜牧总站、铜梁区畜牧业发展中心技术指导，按照"动物遗传学""家禽繁育学"原理，经重庆特牧公司自选、自繁、自养，形成了外貌特征和生物学特性较一致的肉蛋兼用型地方鸡品种，定名"铜梁黑鸡"。2021年，在铜梁区境内发展50余家养殖，年出栏300余万羽。年内已申报"铜梁黑鸡"地理商标。

"铜梁黑鸡"是根据铜梁区属亚热带湿润季风气候，立体气候明显，具有春旱夏热、秋雨冬暖、雨热同季、灾害频繁，以及日照少、风速小、多云雾的特征，经长期自繁、自选、自养，形成了外貌特征和生物学特性比较一致的，适合铜梁地区养殖的特有品种。该鸡饲养有100余年的历史，经长期自繁、自选、自养，形成了外貌特征和生物学特性比较一致的山地鸡品种，属肉蛋兼用型地方鸡种。主要分布在福果镇、虎峰镇、围龙镇、石渔镇、大庙镇、太平镇等10个乡镇。"铜梁黑鸡"喙短冠大，脸部裸皮，眼大灵活，耳朵为黑色，耳叶及肉髯呈鲜红色，且大而显著，前胸突出丰满，背部宽平，脚为铁青色，体型椭圆。公鸡羽毛红黑相间，部分鸡颈羽毛为金黄色，尾羽呈墨绿色；母鸡羽毛为全黑色，羽毛丰满光亮。出壳雏鸡平均体重35克，集中饲养100天成年公鸡平均体重达2750克、母鸡平均体重2000克。成年公鸡屠宰率为75%左右，成年母鸡屠宰率为72%左右。与目前市场上的各种鸡型相比，铜梁黑鸡富含蛋白质，不饱和脂肪酸和微量元素的含量较高，长期食用具有强身健脑、增强身体抵抗力的功效，营养价值极高。铜梁黑鸡肉质鲜香、皮厚肉糯，营养丰富、口感极佳。鸡蛋中富含卵磷酸、维生素等，微量元素的含量比普通鸡蛋高5—10倍，所含营养丰富而全面。

牛。全区养殖有水牛、黄牛、肉牛和奶牛。水牛：品种属本地水牛，分布于各镇街，农户散养，用于出租耕田收取租金和劳务费，随着农业机械化的推广普及，农业耕作制度的变革，存栏有所减少。黄牛：从贵州、云南省引入当地黄牛。以农户散养为主，部分用于耕地外，多作为肉牛出售宰杀。肉牛：品种有西门塔尔、夏洛莱、利木赞肉牛等良种，主要从贵州省毕节市、四川省中江县、三台县、云南省孟连县等地引入。全区年末肉牛存栏50头以上规模养殖场4家，其中：铜梁区永顺肉牛养殖场年末存栏肉牛120头。全年出栏肉牛50头以上养殖场4家，铜梁区永顺肉牛养殖场全年出栏肉牛115头。奶牛：品种为荷兰黑白花奶牛，安溪镇谭洪村吴成福年末存栏奶牛6头，安溪镇金滩村王中龙年末存栏奶牛1头。

山羊。本地以麻山羊、白山羊养殖为主。主要分布在维新、高楼、少云、安居、白羊、水口、二坪、旧县、南城、石鱼、西河、双山等镇街。一是依托“铜梁麻羊”国家级地理商标，抓好“铜梁麻羊”种群资源保护。年内，区财政安排55万元资金支持维新镇建设“铜梁麻羊”养殖示范场。在维新、高楼、少云镇一带建立“铜梁麻羊”种群资源保护区。二是积极推广波尔山羊、大足黑山羊、南江黄羊等地方良种，规模养殖场以养殖良种山羊为主。三是扶持发展山羊规模养殖。常年山羊存栏30只以上规模养殖场有150余家。维新镇沿河村李妙伦常年存栏山羊160只左右，全年出栏山羊200余只。四是推广山羊生态养殖。散养农户普遍采取“放牧+圈养”方式推广山羊生态养殖。

肉兔。一是出台《铜梁区山地特色高效畜牧业兔鸡产业发展方案》和《铜梁区特色高效畜牧业兔鸡发展扶持政策》，为做大做强肉兔产业提供政策支撑。二是积极推广良种。以推广伊拉、伊普吕、伊高乐、加利福尼亚等优良肉兔品种为重点，规模兔场良种肉兔推广面达100%；散养户良种肉兔推广面达75%以上；三是积极扶持规模化肉兔养殖。全区常年肉兔存栏500只以上规模养殖场达110余家，常年存栏种母兔500只以上的规模养殖场25家，其中，常年存栏种母兔1000只以上规模养殖场3家。土桥镇的重庆兔管家科技有限公司年末存栏兔6.5万只，其中种母兔6000余只，太平镇的铜梁区子和杉农业发展有限公司年末存栏兔1.6万余只。其中：种母兔1800余只。全区年出栏肉兔1000只以上260余家，其中：年出栏肉兔5000只以上50余家，年出栏肉兔1万只以上15家。重庆兔管家科技有限公司全年出栏商品肉兔30万余只，铜梁区子和杉农业发展有限公司兔场全年出栏商品肉兔2.5万余只。四是依托重庆兔管家科技有限公司以“公司+专业合作社+家庭农场+农户”等模式带动全区发展肉兔生产。年内新带动土桥、南城等镇街45户发展肉兔养殖，全区年出栏肉兔156万只。

【特色畜牧养殖】 鹌鹑。一是以铜梁区富源鹌鹑养殖专业合作社为带动，采取“合作社+基地+农户”模式，集鹌鹑养殖、饲料供应、鹌鹑蛋销售为一体，带动全区鹌鹑产业发展。二是抓好鹌鹑繁育体系建设。重庆优拓鹌鹑养殖有限公司是专门从事鹌鹑种选（培）育、种鹌鹑饲养繁育、鹌鹑种苗孵化、商品代鹌鹑苗供应基地（是西南地区种鹌鹑养殖规模最大、商品代产蛋鹌鹑种苗供应量最多），常年种鹌鹑存栏13万羽，全年孵化商品代鹌鹑苗780余万羽，向本区及重庆市各区县，四川、广东、广西、湖南、新疆等省自治区提供商品代产蛋鹌鹑苗近400万羽。三是抓好鹌鹑产业综合效益。重庆佰德农业发展有限公司研发生产的“渝跃龙牌”鹌鹑蛋挂面，获得国家知识产权局专利证书，鹌鹑蛋黄营养挂面、鹌鹑全蛋挂面、鹌鹑蛋清挂面、核桃鹌鹑蛋挂面等系列鹌鹑蛋挂面深受市民喜爱，产品经西交网、重庆扶贫馆、拼多多、京东、电商宝、互生平台、永辉超市等线上线下销售，年内，公司产销鹌鹑蛋系列挂面达1000余吨，创产值1500余万元。2021年，受新冠肺炎疫情和市场行情影响，养殖户和养殖量约有下降，全区常年养殖户有250余家，常年鹌鹑养殖量达270余万羽，仍居重庆市区县第一，全年产鹌鹑蛋7400余吨，产品供应量占西南地区三分之一，鹌鹑蛋销往重庆主城和四川、云南、贵州、广西等省区市，且有自主定价话语权。全年实现鹌鹑产值0.79亿元。

蜜蜂。分布在全区各镇街，品种为中华蜜蜂和意大利蜂。常年蜜蜂存栏6300余箱。全年产蜂蜜31吨。一是支持二坪镇积极打造蜜蜂小镇。2021年，区财政投入30万元资金用于支持二坪镇发展蜜蜂，依托二坪镇成立的重庆蝶分香蜜蜂专业合作社，以"专业合作社+蜂农"的模式带动蜂农发展蜜蜂，全镇实现蜜蜂存栏1000余群，推动二坪镇蜜蜂小镇的打造。二是继续支持巴川街道盘龙村做大做强蜜蜂产业。该村将发展蜜蜂产业作为增加村民收入，助力乡村振兴的重要项目，打造铜梁区养蜂第一村，全村有蜂农116户，常年蜜蜂存栏达1120箱，年产蜂蜜6500千克，已形成蜜蜂规模养殖。在该村养蜂大户张启佑的带动下，全村当年新增加蜜蜂存栏65箱。该村2018年成立重庆铜波蜜蜂养殖专业合作社（为铜梁区第一家蜜蜂养殖专业合作社）后，2021年入社社员已发展到136人（包括巴川、太平、二坪、白羊、水口等镇街的蜂农）。

鸽子。有肉鸽和信鸽。肉鸽，分布在全区各镇街，太平、东城等镇街较多，全区有规模肉鸽场10家，常年存栏达13万余羽，其中：常年存栏达3万羽以上1家，常年存栏1万羽以上2家，全区全年出栏肉鸽45万余羽，年产商品鸽蛋6吨，年产鸽肉100余吨。太平镇的重庆圣理鸽企种鸽养殖场常年存栏鸽3.2万羽，其中，产蛋鸽2.8万羽，年出售商品鸽（乳鸽+产蛋鸽）21余万羽，产销鸽蛋23万余枚。铜梁区飞凤肉鸽养殖场常年种鸽1.6万羽，年出售乳鸽和产蛋鸽10万羽，产销鸽蛋11万余枚。信鸽，主要分布在巴川、东城、侣俸、太平等镇街，铜梁区信鸽协会有会员240余人。品种有吴淞系鸽、李鸟等，全区信鸽常年存栏达2.7万余羽。另外，侣俸镇的重庆齐圣翔赛鸽养殖中心每年冬春季存栏信鸽6000余羽，土桥镇的铜梁区龙乡信鸽养殖中心每年冬春季存栏信鸽5000余羽。于每年春季举办信鸽竞赛活动。

梅花鹿。品种为吉林双阳梅花鹿。分布在维新镇和永嘉镇，年末存栏118只，全年产鹿茸45千克，出售梅花鹿25只。维新镇新堰村陈德燕年末存栏梅花鹿75只，其中：公鹿30只，种母鹿30只，全年产鹿茸25千克，全年产仔鹿15只，全年出售种鹿15只。永嘉镇万年村郭峰年末存栏梅花鹿43只，其中：公鹿11只，种母鹿16只，仔鹿16只。全年产鹿茸20千克。当年产仔鹿16只，全年出售种鹿10只。

泰和乌鸡。又称武山鸡。位于蒲吕街道人和村的重庆艾尔农业发展有限公司于2017年从江西省泰和县引进，2021年全年共出栏商品泰和乌鸡3200余羽，全年产销泰和乌鸡蛋15余万枚。11月，因养殖效益低，公司人力重点投入中药材种植而停养。

【畜禽粪污资源化利用】 一是制定出台《铜梁区畜禽养殖污染属地监管制度》和《铜梁区规模养殖场主体责任制度》，压实各镇街属地监管责任和养殖业主的环保主体责任。二是加强督促指导。区畜牧中心组成3个指导工作组，采取明察暗访方式每月不定期对镇街和养殖场（户）畜禽粪污资源化利用工作进行检查指导。对全区新建养殖场技术指导80余次，指导养殖场（户）建立畜禽粪污资源化利用工作台账，全区规模畜禽养殖场配套完善了粪污处理设施设备，对粪污进行有效处理后达到了还田还土综合利用，杜绝了畜禽养殖粪污乱排、直排、污染周边环境现象。三是开展畜禽粪污处理设施运行问题专项整治行动。年内全区共排查出问题31个并全部完成整改。全区规模畜禽养殖场粪污处理设施装备配套率达100%；并得到农业农村部畜牧兽医局领导、专家的表扬和肯定。四是新建养殖场必须配套建设完善粪污资源化利用设施设备。2021年全区新建成投产25个规模养殖场全部配套建设完善粪污资源化利用设施设备，达到粪污资源化利用。五是开展"五沿"整治。印发《铜梁区"五沿"区域养殖环境整治实施方案》，成立畜禽粪污资源化利用指导工作组，指导镇街开展养殖场环境整治，改善村民居住环境，助推美丽乡村建设。

【重大动物疫病防控】 全区全年无重大动物疫情发生。年内与28个镇街签订铜梁区2021年动物防疫目标管理责任书，各镇街与600余家养殖场、2家定点畜禽屠宰场签订动物防疫及畜产品安全责任书，落实镇街责任和养殖、经营业主主体责任。建立区、镇街、村（居）、社"四级"动物防控责任制度，落实"双专（专班、专人）"人员540余人。开展动物防疫大宣传大排查行动和动物重大疫病强制免疫，同时加强养殖、屠宰、病死畜禽无害化处理等场所消毒灭源工作，监管畜禽产地、屠宰检疫和畜禽调运和重大动物疫病监测。

重大动物疫病免疫。一是召开动物防疫工作暨培训会4次，共培训村社干部及养殖、屠宰从业人员1万余人次。二是开展春秋两季集中免疫，对强制免疫病种动物做到"应免尽免"的"七不漏"。共免疫生猪口蹄疫42.07万头次，免疫牛口蹄疫0.39万头次，免疫羊口蹄疫和小反刍兽疫2.96万只次，免疫家禽重组禽流感（H5+H7）939.23万羽，免疫犬只狂犬病5.4万只，各种强制免疫病种应免疫密度达100%。

消毒灭源。对全区畜禽养殖、屠宰、病死畜禽无害化处理场所等开展消毒。全年共开展3次集中消毒，共发放使用消毒药品10余吨，共消毒运输车辆1200余辆，消毒畜禽养殖场1800余场次，牲畜屠宰场9次，畜禽散养户21万户，畜禽圈舍50余万间次，应消毒面达100%。

重大动物疫情排查。组织技术人员对全区开展非洲猪瘟、牲畜口蹄疫、高致病性禽流感、羊小反刍兽疫、狂犬病等重大动物疫情大排查。开展集中排查3次，共排查畜禽养殖场1800余场次，畜禽屠宰场9次，畜禽散养户21万余户次，排查生猪210余万头次，排查牛3.2万头次，排查羊5.6万只次，排查家禽2605万羽次，排查犬15万只次。年内全区无动物重大疫情。

重大动物疫病监测。一是免疫抗体监测。印发《铜梁区2021年动物疫病监测计划》，开展重大动物疫病血清学监测。共完成牲畜口蹄疫、猪瘟、鸡新城疫免疫抗体等监测24877份，监测合格23777份；合格率95.57%；除猪瘟、猪蓝耳病免疫抗体合格率分别为67.00%、51.20%以外，其他动物疫病免疫抗体合格率达93%以上，达到农业农村部规定标准。二是感染抗体监测。非洲猪瘟检测450份，猪口蹄疫检测470份，猪伪狂犬检测200份，感染抗体监测结果全部为阴性。三是开展牛羊结核病、布鲁氏菌病"两病"监测。共检测3049头份，检测结果全部为阴性。四是开展马鼻疽监测。用马鼻疽菌素滴眼变态反应方式监测马鼻疽11头，监（检）测结果为阴性。五是开展病原学检测。禽流感病毒、非洲猪瘟病毒、新城疫病毒、猪O型口蹄疫病毒、猪瘟病毒、猪篮耳病病毒检测结果阳性均为0。六是开展畜禽产品例行（风险）检测。检测动物及动物产品兽药残留、水分共65批次，其中屠宰环节抽检猪肝、猪肉、牛肉39批次，养殖环节抽检鸡蛋、鸡肉、鸭肉26批次，检测结果未发现使用违禁药物和兽药残留超标。

动物流行病学调查及动物疫病风险评估。年内对全区35个动物流行病学调查点按月开展流行病学调查，出具3期动物流行病学调查报告。对全区35个畜禽养殖单元的动物疫病，每半年进行一次动物疫病风险评估，共出具风险评估报告18份。

【畜产品质量安全】 一是镇街与全区376家畜禽规模养殖场（户）、2家生猪定点屠宰企业、2家兽药生产企业、36家兽药经营企业、2家饲料生产企业、131家饲料经营企业签订畜产品质量安全责任书。把全区所有监管对象划分为28个单元实行网格化管理，建立畜产品质量安全风险清单，明确监管责任并落实到人。二是开展“放心农资下乡进村”“食用农产品合格证制度”“食品安全宣传周”“安全生产月”等主题宣传活动，发放食品安全宣传资料4000余份。三是加强投入品生产经营使用环节监管。对兽药生产企业严格实行兽药生产GMP管理，整改兽药经营企业36家。对饲料生产企业严格按“饲料生产质量管理规范”规定监管，对饲料经营企业经营条件实行严格审查备案制。四是全区畜禽规模养殖场（户）推行“三书、三有、四规范”畜禽用药监管模式，形成规模养殖场定期巡查和不定期抽查制度，实现畜禽使用兽药全程监管。五是加强屠宰牲畜肉品品质检验工作。派驻屠宰企业官方兽医切实履行屠宰检疫与屠宰监管“两位一体、一岗双责”的职责，监督屠宰企业开展“瘦肉精”自检工作。全年检测“瘦肉精”1.25万份次。落实了肉品品质检验制度和病害生猪及产品无害化处理制度。全年监督屠宰企业对屠宰的15万头生猪、0.5万头（只）牛羊、200万羽家禽开展肉品品质检验和200头病害生猪及产品无害化处理，实现了屠宰牲畜肉品品质检验和病害猪及产品无害化处理率达100%，防止病害畜产品流入市场。六是开展投入品检测。全年共抽兽药饲料样品14批次，送市检测结果全部合格。

动物检疫及动物卫生监督。全年实施生猪产地检疫28.78万头，牛产地检疫0.29万头，羊产地检疫0.97万只，家禽产地检疫745.43万羽，其他动物产地检疫127.05万只，实现了畜禽产地检疫率100%。全年实施生猪屠宰检疫15.33万头，牛羊屠宰检疫0.52万头（只），家禽421.56万只，实现畜禽屠宰检疫率100%。对动物检疫证章标志保管、发放、使用、回收、处理各环节均全面实行电子化管理和电子出具检疫合格证明。对区外调入畜禽做到严格调运备案审核、严格动物调运监督和调运动物落地监管，杜绝非法调运动物和调入染疫动物行为，阻击非洲猪瘟等重大动物疫情传入。全年监督养殖场业主和屠宰企业无害化处理病害生猪720头，无害化处理率达100%。

开展“专项整治行动” 开展违法违规调运生猪百日专项打击、“瘦肉精”专项整治、农村假冒伪劣食品专项整治、“治违禁、控残药、促提升”三年专项行动等专项整治行动。共出动执法人员120余人次，出动执法车30余辆次。严厉打击各种有违畜产品质量安全行为，提升畜产品质量安全水平。

【落实惠农扶持政策】 2021年，共兑现拨付各项资金2245万元用于扶持畜牧业发展。一是整合生猪调出大县奖励资金、市级农业发展资金、荣昌猪产业集群等资金1000余万元，用于支持新建成投产的25个生猪养殖场建设补助和兑现2020年建成年出栏1万头及以上的4家生猪养殖场奖励性补助。二是区财政安排60万元资金用于生猪品种改良良种补贴。三是区财政安排85万元资金用于支持维新镇建设“铜梁麻羊”养殖示范场和二坪镇建设蜜蜂养殖示范场。四是落实兑付财政补助资金1100余万元用于生猪类和小家禽畜保险。

（冯明伦　供稿）

渔业

【概况】　2021年，全区水产品总量达39500万吨，比去年同期增长3.97%；渔业经济总产值13.2亿元，比2020年同期增长2.8亿元，增长26.92%。水产品质量安全检测合格率99%。

【养殖技术推广】　全区主要推广了稻渔综合种养技术模式、池塘鱼菜共生生态种养技术模式、大水面生态增养殖技术模式，分别在土桥镇高垭村、平滩镇青杠村和水口镇大滩村建成示范基地3个，示范推广面积6666.67公顷。其中，水口镇大滩村示范基地村集体利用闲置大滩水库发展淡水养殖生态鱼26.67公顷，建设星级农家乐——大滩小鱼馆，带动附近群众增收致富。远江水产养殖场和高碑乌鱼养殖股份合作社创建全国水产绿色健康养殖技术推广“五大行动”骨干基地。

【养殖尾水治理】　全区通过采取池塘鱼菜共生、底排污、池塘工程化循环水养殖（养殖槽）、“三池两坝”和其他资源化利用等方式方法初步治理养殖尾水992万吨（市级任务750万吨）。全年安排资金273万元，新建“三池两坝”等工程性尾水治理设施34家，治理池塘面积178公顷。

【特色品种养殖】　全区重点发展加州鲈鱼、乌鱼、小龙虾、澳洲龙虾、对虾、大闸蟹等名特优品种养殖。瞄准市场，抓住契机，引导转产加州鲈鱼养殖面积13.33公顷。乌鱼养殖面积达到233.33公顷，小龙虾养殖面积达到533.33公顷，澳洲龙虾、对虾、大闸蟹养殖面积28.33公顷。

【质量检查与培训】　全年接受农业农村部水产品抽样检测一次12个样品，市级抽样检测两次40个样品，区级抽样快速检测6批次63个样品，共抽115个样品，抽样品种包括草鱼、鲫鱼、乌鱼、牛蛙等。加强监督检查。常态化开展水产养殖投入品安全检查，共检查养殖主体268户（次），未发现使用违禁投入品行为。召开镇街农服中心和养殖大户技术培训会2次，制作展牌11块，发放手册1000余份、宣传资料15000余份，悬挂横幅标语16幅，接受群众咨询8000余人次。

【种质资源】　组织开展镇街、村社干部培训31次，培训人员300余人。委托西南大学具体实施水产养殖种植资源普查，通过入户调查、数据填报、系统录入、审核，完成2041户养殖主体种质资源普查任务。

蚕桑业

【概况】　2021年已建成安居缫丝厂少云向阳村和祈辰云兮生态农业有限公司平滩万桥村两个规模化集约化蚕桑基地共计1000余亩，全养蚕372张，产茧14.5吨，收入65.286万元。全区2021年发种量2747张，产鲜茧108.4吨，农民收入447.61万元，果桑产量350余吨，收入350万元，全区实现蚕业产值797.61万元。

林业

【概况】　2021年全面推行林长制，持续创建国家森林城市，加强森林资源管理、林业有害生物防控、野生动植物保护。全区完成营造林6466.7公顷，未发生重特大森林火灾和人员伤亡事故。

【国土绿化】　2021年全区国土绿化完成营造林6466.6公顷，其中：“两岸青山·千里林带”建设133.3公顷，人工造林333.3公顷，封山育林333.3公顷，退耕还林质量提升1666.7公顷，森林抚育4000公顷。一是大力开展“全民义务植树40周年”宣传活动，在“3·12”植树节前后分别组织区级机关干部集中义务植树活动和镇(街)级机关干部集中义务植树活动，全区参与人数达49.9万人，公民义务植树尽责率超过90%，栽植花卉苗木190万株。二是推进林业重点工程建设，督促建设单位对近年建设的1833.3公顷，新一轮退耕还林整改合格，通过区级验收，兑付补助资金870万元，还完成中央造林补助项目333.3公顷、长防三期133.3公顷、中央森林抚育项目400公顷的区级验收，兑付补助资金。三是推广科技项目和优良品种，承担区科技局技推广项目“树状三角梅配方施肥技术研究”，安排10余名林业专技人员对西郊绿道绿化进行技术指导，助力乡村建设。在南城街道翠英、鱼溅村建设红豆树良种基地1.87公顷，累计达15.87公顷。为镇(街)免费提供桢楠苗20万株、柑橘苗0.5万株。2021年创建市级绿色示范村17个。

【全面推行林长制】　一是建立健全林长制责任体系。5名区委常委、5名区政府副区长担任片区林长，333个村(社区)党组织负责人担任村(社区)林长，落实4742名网格护林员，负责开展巡林护林工作。二是建立工作推进机制。区林长办制定了铜梁区林长制区级工作制度等8项制度，各镇街也结合实际制定了本级林长制工作制度。铜梁区率先在全市建立推行“林长+检察长”协作机制，受到了市总林长办、市林业局、市检察院好评。三是开展巡林护林。2021年全区各级林长累计巡林3836人次，其中：区级林长巡林16人次，镇级林长巡林1356人次，村级林长巡林2464人次。网格护林员巡山护林450492人次。主抓森林火灾预防、抓好松材线虫病防控、林地资源管理、国土绿化工作。对破坏山林资源“四乱”突出问题专项整治，清理排查乱侵占、乱搭建、乱采挖违法行为26起，查处26起，罚没收入44.14万元。向公安部门移交滥伐、盗伐林木刑事案件2件。

【创建国家森林城市】　铜梁区2018年启动创建国家森林城市工作，先后实施森林城区建设、生态廊道建设、森林文化建设、森林服务建设等重点工程。全区累计完成营造林任务22733.3公顷，中心城区新增城市道路立体绿化103.64公顷，完成城市绿道建设108.23千米，完成见缝插绿、裸露地面整治37.07万平方米，新增绿地面积387.91万平方米。城区已建成33个公园、广场。截至年末，铜梁中心城区绿地面积达到1746公顷，城区绿化覆盖率达52.1%，人均公园绿地面积15.7平方米。2021年全区开展宣传活动16次，发放宣传品5万份，微信公众号发布信息75条，简报40期。年内区政府安排资金570万元，进一步加快26个森林城市项目建设。

【森林资源管理】　一是林木林地管理。全年办理林木采伐许可263件，消耗蓄积3297立方米，审核审批林地占用45宗，面积71公顷，征收植被恢复费1726万元。二是天保工程建设。落实森林资源管护15286.67公顷，管护人员315人。维护运用天保护林管理信息平台，对护林人员巡护情况实行考核管理，每周通报上线率。三是森林督查及森林资源“一张图”年度更新。2021年森林核查涉及图斑261个，细斑454个，面积100.03公顷。使用林地项目17个，其中经过审批项目8个、未审批项目9个，违法使用林地面积1.99公顷。经执法调查，八意生猪养殖场、足龙建材厂2件属于正常使用林地；另外7件属于破坏森林资源案件，违法违规面积0.95公顷、蓄积1立方米，已立案查处7件，收缴罚款13.56万元。2021年森林资源管理“一张图”年度更新完成后，辖区面积为134168.46公顷，林地总面积63667.72公顷，占区辖区面积的47.45%。森林面积62616.15公顷，森林覆盖率46.67%。四是自然保护地整治和整合优化。2021年持续开展自然保护地整合优化工作，原“重庆铜梁安居国家湿地公园”整合为“重庆铜梁安居国家湿地自然公园”，原“重庆毓青山国家森林公园”整合为“重庆铜梁毓青山国家森林自然公园”，原“重庆市西温泉山森林公园”整合为“重庆铜梁西温泉山市级森林自然公园”，整合优化后全区自然保护地面积为7113.63公顷。整合优化成果已上报国家审核批准。

【森林火灾预防】 一是加大宣传教育力度。通过印发林业宣传日历、告市民书、区政府禁火通告等宣传资料10万余份，发送森林火灾预警信息18万人次，深入镇街集中宣传11次。二是加强林区隐患排查整改。排查整改林区输电（气）管线沿线、居民点、易燃易爆物品仓库等火灾隐患115个；排查出林火的高危人员1391人，逐一落实监护措施。三是切实管控野外火源。适时启用森林防火检查站74个，高温伏旱期延长守卡时间，推行扫码入林，全年累计扫码10.28万余次、登记入林人员23.5万余人次。四是加强巡查督查。区森防办、区应急局、区森林公安局开展联合督查5次，共查找问题13个，以区森防办名义下发督查通报2个。实行（区应急局、区林业局）处级干部联系重点林区镇街制度，开展森林防火日常督查工作。开展森林防火专项巡查295次，发现并整改问题126个。五是加强基础设施和队伍建设。全年区林业局对位于巴岳山南城街道桐子社区和土桥镇河水村2处森林防火检查站抓拍系统进行智能升级改造；新建石鱼镇安家沟、改建福果镇三多村2个检查点；在巴岳山新建不锈钢森林消防水池1口，105立方米；成立15人的“铜梁区国有林场森林消防专业队”，开展应急演练、防灭火培训各1次。

【林业行政执法】 2021年以野生动物执法巡查为重点，严厉打击野生动物违法行为，积极开展林业普法宣传和林业案件办理，巡查38次，发放宣传资料1000余份，制发巡查记录26份。全年办结林业行政案件22件，实现罚没收入71.8万元。向公安机关移交蒲吕李某某盗伐林木、西河王某某滥伐林木刑事案件各1件。向刘某某追收巴岳山违建别墅行政罚款2万元。

【国营林场（苗圃）】 铜梁区双碾林场系生态公益型林场，管护2213.64公顷国有森林。有巴岳山、西温泉、小安溪和巴岳山火警观察站4个管护站。常年聘请社会化服务专职巡护人员18名，季节性（每年1—10月）管护信息员24人。

林木发展管护。完成200公顷珍稀林木培育项目施肥和补植补造工作，抚育施肥2次，补植桢楠苗木12.7万株。培育出圃2年生桢楠苗32万株，供全区造林用苗。全年加强巡山护林宣传，巡查宣传6000余次、发资料1万份、张贴标语1000幅、安装宣传标牌1000张；对33名天保信息员、防火检查员、松材线虫病监测员进行业务知识培训，组织全场人员开展森林防火应急演练，参加“全市国有林场森林消防队伍技能比武竞赛”，提升森林火灾应对处置能力；做好防火物资储备维护，管护站人员24小时值守，备勤做好防灭火工作，全年国有林无火灾发生。全年防治国有林区柏毛虫、竹蝗、松毛虫、蜀柏毒蛾、绿刺蛾等666.67公顷。以管护站为单位招标采购4个除治公司，对1466.67公顷松林进行松材线虫病疫木除治。

基础设施建设。投入资金30万元对华兴、岚峰2处护林点约1000平方米管护用房屋面、墙体、水电等进行改造维修；投资20万元改造西温泉管护站房屋约700平方米，作为国有森林消防专业队用房；投资68万元硬化巴岳山管护站煤场至杨家垭口处森林防火通道900米、宽4.5米路面，并建3条20米的错车道；投资10万元新建105立方米不锈钢森林消防水池1口。

国营苗圃原县国营苗圃成立于1952年6月，位于虎峰镇久远村，经营国有苗圃土地1.9

公顷。主要职能为全区培育造林绿化用树苗。2005年经县编办批准将苗圃划归国有林场管理，在双碾林场挂牌“铜梁县国营苗圃”。

（李军 供稿）

水利

【农田水利】 年内实施农业水价综合改革。投资986万元，结合镇街产业发展，配套建设农业灌溉设施，新建蓄水池7座，提灌泵房4座，安装各级输水管网63千米，受益灌溉面积达666.67公顷。构建全域农业生产用水计量网络。投入1308万元，完成中小型灌区量水站网工程建设，新建区级信息处理中心1处，搭建28个镇街级信息处理中心，覆盖全区400余处农用电灌站。全区农田灌溉水有效利用系数达0.5256。管护已成设施。落实资金240余万元保障全区已成水库、电灌站、渠道维修养护，实施火烧屋基水库病险整治，完成109座水库、7段堤防工程划界。

【移民帮扶】 抓细移民后扶人口动态管理，按时发放移民直补资金547.54万元。扶助移民培训就业，提供专项补助资金48万元，开发公益性岗位80个。支持大中型水利工程库区及移民安置区农村人饮工程建设，下达移民资金3970万元。加强移民项目储备，申报移民项目6个，均纳入水利部2021—2023年三峡后续资金项目库，储备项目资金6000万元。

【河长制工作】 一是坚持高位部署推动。区委主要领导召开总河长会议5次，专题会3次，巡河调研15次，研究制定方案，专题安排部署。区政府常务会议每季度听取汇报，观看暗访视频。区委、区政府分管领导每月调度。二是工作机制高效运转。不断健全完善调度研判、暗访督查、考核通报等工作机制，强化“河长+检察长”“河长+警长”协作，辅助卫星遥感、无人机、管道机器人等科技手段巡河查河，拉网排查“三排”“三乱”，提升“三率”问题151个，城市生活污水集中处理率达到98%以上，乡镇生活污水处理率达到85%以上，处理达标率达100%。三是以点带面。开展琼江铜梁段、淮远河铜梁段第一批市级示范河流创建，推进小安溪等重点河流污染治理，“日报告”打表销号38项污染治理重点任务。琼江、小安溪市控断面水质稳定达到Ⅲ类。河长制工作做法列入2021年全市工作典型。《悠悠巴河水》短视频获第三届“守护美丽河湖”全国短视频公益大赛三等奖。

【水资源管理】 一是严控用水总量。编制印发《重点河流生态流量保障实施方案》，严格实施小水电生态流量控制，增设生态流量泄放设施和监测设施17处，完善小水电站生态流量区级监管平台建设，推进接入市级平台，高坑电站被水利部评为绿色小水电站示范电站（全市4个）。规范取水许可审批和用水定额管理，健全取水户管理档案，完成120个用水单位名录库建设工作。年初向用水户下达年度用水计划，全区用水总量严格控制在核定的2.35亿立方米以内。全年应收尽收水资源费618万元。二是强化水资源管护。认真开展行业水质监测，完成水资源质量抽样监测190次、农村饮水质量抽样305次，提供第一手水质数据资料。三是实施国家节水行动。创建节水型单位16家、节水型企业1家、节水型小区2家，创建全国公共机构水效领跑1家。

【水土保持管理】 完善水土保持监管信息，梳理1998年以来共计320个项目录入监督管理系统，全年检查生产建设项目83个，审批水土保持方案37个，实施预防保护面积为6466公顷，落实水土保持防止责任面积339公顷，征收水土保持补偿费1338万元。全年完成水土流失治理面积574公顷，辖区内水土保持率约80%，高于全市水土保持率约10个百分点，年均减少土壤流失量1.93万吨。

【城乡供水建设】 城乡饮水提升工程建设。投入400万元改造龙腾大道供水管网0.96千米；投入3500万元新建小北海水厂预处理工程，提升供压稳定性及突发事件应急处置能力。小北海水厂获评全国农村供水规范化水厂（全市入围5座）。投资3300余万元实施永嘉镇供水管网延伸改造、整镇整村推进虎峰和平滩农村饮水巩固提升工程，改善约7.6万农村居民供水。投入700万元完成高楼、维新两座智慧水厂建设，1.8万农村居民饮上“直饮水”，高楼水厂获评全市农村供水“四管”示范工程。

抗旱应急应对。印发《铜梁区小北海水厂涪江取水工作保障方案》，发布铜梁区夏季高温伏旱时段节约用水倡议书，加强日常巡检和维护，建立重点易缺水区域2005人饮水安全台账并落实应急队伍、物资，及时启动小北海水库、双寨水库和蒲吕龙山水厂等备用水源，有效应对夏季城区单日供水量超正常供水能力达33天，城乡高峰供水平稳过渡。

优质供水服务。投入253万元维修养护村级集中供水工程55处、新建镇村人饮管网60千米，有效降低管道漏损率。完成大庙等场镇水厂19个点安防系统视频监控布设；完成永嘉等19个镇街场镇计量水表标定。规范调整镇街自来水价格，19个镇街场镇水价下调，最大下调幅度达46%。指导督促农村场镇“千吨万人”工程供水主体自检水质信息公开。全区超60万户居民得到“同网、同质、同服务”的优质供水服务。城乡供水一体化经验做法被重庆市水利局作为典型案例向水利部推送。

【防洪防汛】 一是全方位汛前准备。全覆盖完成78个山洪灾害点汛前预演、28个镇街水库防汛演练及在建工程汛前应急演练；全覆盖检查全区109座水库、78个山洪灾害重点防治区“三个责任人”落实情况，完成327名水库“三个责任人”线上线下全覆盖集中培训。二是及时消除隐患。排查整改水库安全运行问题153个、河道“四乱”问题14个、水旱灾害防御隐患问题64个；及时发布《铜梁区水利局水旱灾害防御工作预案》《铜梁区河道“五线”水位划定》，推进水旱灾害风险普查、完成城市供水设施承灾体调查。三是汛期强化监测预警预报。安居水位站建成投用，召开常态及应急会商会21次，发布重要水情专报27期、重要水雨情通报9期，发出洪水山洪预警短信21万余条，4次超警戒水位洪水、1次超保证水位洪水均未出现重大险情。

【重点水利工程】 渝西水资源配置工程全面开工，完成同心桥水库项目3座副坝施工，完成主坝坝体、消力池及海漫混凝土浇筑，主坝较合同约定节点工期提前30天封顶；管线部分完成同心桥提水泵站土石方开挖，建设输水管线约3千米。完工小安溪铜梁段系统治理工程，治理河道18.5千米。太平水厂（一期5万吨）项目进场施工，完成投资1000万余元。安居堤防巩固提升工程可研报告获市发展改革委批复，项目初设待市水利局批复。全年争取上级资金26759万元，完成水利管理业固定资产投资56479万元。

【水利行政监督执法】 强化河道管理，编制完成《铜梁区河道岸线保护与利用规划（修编）》，完成流域面积5000公顷以下河流河道调查及名录公布，审查涉河建设项目34个。严格执法处罚，依法强化河道采砂、涉河建设、水土保持、取水许可、安全生产等重点领域执法，全年查处违法案件12起、罚金4.78万余元。依法接受监督，政务公开执法、招投标等信息60余条，办结人大建议、政协提案36件。提质政务服务，生产建设项目水土保持方案审批（报告表）实现承诺制信任审批，办理时限从20个工作日压缩至1个工作日，5个事项实行跨区县通办和“全程网办”，办结行政许可事项56件、公共服务事项53件。

（杨鹏博 供稿）

农业机械化

【概况】 全区农业机械总动力14.2万千瓦，拖拉机86台，水稻插秧机92台，排灌机械9000台（套），机动植保机械2400台，机动脱粒机6557台，谷物烘干机10台。在农业生产中投入微耕机1.76万台、旋耕机57台，机械耕整地面积达到6.8万公顷；水稻机插秧2900公顷；水稻机收2.68万公顷，节约收割成本1亿元以上；油菜机收330公顷。推广旋耕机等耕地机械1866台、水稻插秧机1台、履带式收割机19台、轨道运输机7台、植保无人机16架、其他机械337台，共计2300台。新增动力0.6万千瓦。

【农机推广应用】 一是农机购置及补贴实施。全区农业机械购机补贴资金总额418.021万元，截至年底，全区对9个大类12个小类16个品目的2056台农业机具进行补贴（其中微耕机1944台、新产品无人植保机14台），全年共使用中央补贴资金223.97万元，带动农民和产业生产经营组织投入637.135万元，受益主体2023户，新增功率8546.6千瓦。二是推广机耕田土60700多公顷（侣俸、西河、平滩等镇示范机插秧266.67公顷），全区推广机插867公顷；水稻机收25334公顷。区农机推广配合区农综项目科建设土地整治田块项目，实施面积1070公顷，总投入3千万余元。三是推进粮食生产全程机械化。引导乡村振兴资金在土桥镇高垭村建立全程机械化水平作业的重庆市铜梁区农润水稻种植专业合作社，社员205户，注册资金50万元。该专业合作社修建了600平方米的烘干房和200平方米的机具库房。全年种植水稻27公顷、烘干水稻约150吨，赢利约14万元。四是在果树、油茶生产中推广机械化。如二坪镇的特色经济作物澳洲油茶树基地，区农机推广站以茶树收获机、高效植保机和粉碎机示范为主，推广应用70户。

【农机执法监管】 狠抓变型拖拉机源头治理。制发《关于印发重庆市铜梁区变型拖拉机清零专项行动实施方案的通知》，积极开展清零专项行动，公示注销渝籍变拖321台，年末现存外籍变拖136台，渝籍变拖2台。完成市里下达的外籍变拖削减至210台，渝籍变拖削减至44台以下的年度考核目标。累计协查变型拖拉机325台次，现存外籍变型拖拉机全部协查，核实率达100%。举办机手理论知识和安全常识培训会 2 次。常态化开展农用机械检查发现违规操作、缺少警示标志等安全隐患18起，均责令进行整改。全年印制发放农业机械安全宣传资料3000份，通过开展宣传活动和日常检查加强机手及群众的农机使用安全宣传教育，提高防范意识。秋收时期，分派四个督导检查组下沉镇街开展农机安全督导，累计指出隐患28起，全部督导整改，确保秋收时节安全生产作业。

农业植保

【概况】 2021年，全区所有农作物病虫草鼠害发生面积195320公顷，防治面积118643.33公顷，挽回粮食损失24078.412吨、蔬菜损失92163.227吨、茶叶损失152.4吨。区植保植检站全年发布病虫情报（信息）8期；全区主要粮食作物绿色防控覆盖率达43.6%，统防统治覆盖率达43.68%，农药减量相比2020年降低0.31%。

【植物检疫工作】 产地检疫。申报企业19家，产地检疫面积173.33公顷，主要涉及柑橘、李、桃、梨等409个果树苗木品种；签发产地检疫合格证112份、5953.3万株。

调运检疫。签发植物检疫证书2903份，涉及503个品种，调运种子数量318612.5千克，种苗1723.67万株(支)。依据产地检疫合格证224份,调运植物检疫证书80份。

蝇病虫监测普查。印发柑橘溃疡病、梨树病害、稻水象甲等疫情监测普查方案,并开展相关普查工作。开展植物检疫机构展开调查取证和疫情处置工作,共销毁带疫苗60万余株,涉及种苗企业5家。7月新增红火蚁疫情,核心发生区38公顷(南城办事处翠英村,东城办事处拦马村土桥镇六赢村、大磨村)。预防扩散潜发生区205.53公顷,共计288.53公顷,区政府拨付150万元用于该疫情防治,经过监测防控,未发现梨火疫病疫情。

农业生态

【农业生态建设】 以区人大评议全区农业面源污染防治工作为抓手,推进农业生态建设。一是持续推进化肥农药减量增效,实现年减少使用化肥200吨、农药1.2吨;二是持续开展农业资源废弃物综合利用,实现年增施畜禽粪污5万吨;三是高位推动水产养殖污染综合治理,完成池塘尾水治理工程建设26家,治理池塘面积133.97公顷;四是强化政策支持绿色发展,实现新增绿色食品64个,认证产量4000多吨。五是大力进行农业生态宣传,进村入户开展种植、养殖业绿色生产技术培训,发放技术宣传资料2万余份,同时开展土壤农膜残留农户调查,政策扶持农膜和农药包装物回收工作。

【农业环境监测与保护】 开展全区耕地环境质量监测工作,完成111个耕地安全利用监测点监测和受污染耕地安全利用率监测工作,全区开展72个主导粮食作物监测点监测工作,经市级三方机构认定受污染耕地安全利用率达95.68%,同时全区完成完成15个农田地膜残留监测点监测工作,在受污染耕地安全利用区内的重点镇街及村(社区)开展4066.67公顷水稻增施土壤调理剂和钙镁磷肥示范建设。

【秸秆综合利用】 一是全区秸秆实现以还田为主的综合利用量达90.9%。二是多途径提高秸秆综合利用水平,实现秸秆肥料化、饲料化、原料化、基料化、能源化。在维新镇、高楼镇、二坪镇、华兴镇、土桥镇开展秸秆综合利用项目建设,其中维新镇已建成投产,已碎粉秸秆1000余吨并生产有机肥2000多吨,实现1000万元的产值,带动周边群众增收近20万元;华兴镇利用玉米秸秆、玉米芯等农业废弃物150吨生产食用菌菌包50万袋左右,同时可生产优质菌肥20余吨,实现秸秆资源有效可持续利用。

【人居环境】 始终以把乡村建成人们喜欢的样子为目的,持续开展村庄清洁行动、"五清理一活动"专项行动、"五沿"整治行动等,让村庄环境常态保持干净、整齐、有序。累计打造并获评"美丽宜居村庄"59个、"美丽巴蜀宜居乡村先导村"6个。建成西郊示范片和安居示范片,并不断提质扩面,充分引领全域农村人居环境整治成效向好发展。

农村能源

【沼气安全管理】 一是印发《重庆市铜梁区农业农村委关于加强2021年农村沼气安全管理工作的通知》,督促镇街与业主签订农村沼气安全生产(处置)责任书,并由区农业与农村委员会统一与镇街签订铜梁区2021年度农业行业安全管理责任书,强化责任,落实措施。二是抓重点促落实保安全,分管领导带队12次深入大中型沼气工程项目和50户以上集中供气联户沼气工程项目实地检查了沼气安全生产工作。2021年5月底对全区所有镇街沼气安全生产管理工作进行全覆盖检查,查阅了制度建设、落实情况等档案资料，镇街对发现的问题及时整改完毕；6月底前再次开展镇街沼气工作督察工作，发现沼气工程类问题7个、户用沼气类问题174个，全部由镇街完成了整改。三是强化季节性大排查，年内组织专人对镇街农村沼气安全工作进行突击检查，对发现部分镇街日常检查、巡查不到位，安全责任制缺失，对沼气业主管理不规范等问题反馈镇街。各镇街对全区所有沼气使用情况进行了排查整改并按照正常使用、停用和废弃等方面进行分类管理。

农业综合开发

【农田建设项目】 2021年度，实施2020年高标准农田建设项目，计划总投资6661万元，其中：中央财政资金4995万元、市级财政资金1538万元，区县配套128万元。实施高标准农田建设项目3个。铜梁区2020年度西郊片区高标准农田建设项目建设地点位于巴川街道八一路社区，南城街道西来村，太平镇万寿村、坪漆村；侣俸镇玉林村，建设高标准农田978.93公顷。项目总投资2028万元。

铜梁区2020年度小安溪片区高标准农田建设项目建设地点位于旧县街道箭高村、丁家村；围龙镇卧龙村、龙湾村；华兴镇三塘村、茯苓村、明月村；蒲吕街道人和村、康济村，建设高标准农田1714.4公顷。项目总投资3355万元。

铜梁区2020年度高标准农田建设项目（中央预算内投资项目）建设地点位于旧县街道金钟村、宋坪村；虎峰镇青符村，建设高标准农田

虎峰群力村整治后的高标准农田。（吴刚 供图）

666.67公顷。项目总投资1278万元。

乡村振兴

【概况】 2021年，铜梁区以实施乡村振兴战略为总抓手，聚焦巩固拓展脱贫攻坚成果、示范片打造、乡村建设行动、乡村治理和发展新型集体经济等重点工作，坚持补短板、强弱项、增动能、树标杆，乡村振兴取得阶段性成效。铜梁区被确定为全市乡村振兴先行示范类区县，铜梁区探索乡村振兴“四基”建设改革经验被列入市级2021年重大改革项目在全市进行复制推广，央视《乡村演说家》栏目组来铜15天专题报道宣传铜梁乡村振兴情况、土桥镇获评国家级农业产业强镇、人居环境积分制入选全国第二批在乡村治理中推广应用积分制典型案例、集体经济经验做法得到副市长充分肯定并批示在铜召开集体经济发展现场推进会。

【巩固脱贫攻坚】 制定《关于实现巩固拓展脱贫攻坚成果同乡村振兴有效衔接的实施方案》《“十四五”时期巩固拓展脱贫攻坚成果同乡村振兴有效衔接的实施规划》等重要文件，指导全区巩固拓展脱贫攻坚成果工作有力有序推进。严格落实“四个不摘”要求，保持总体帮扶政策稳定，持续动态清零“两不愁三保障”问题。制定防止返贫动态监测和帮扶工作方案，识别、帮扶脱贫不稳定户、边缘易致贫户、严重困难户221户539人。安排中央、市级、区级财政资金4632万元，用于特色产业、医疗救助、教育资助、基础设施等69个项目。全面促进稳岗就业，建成投产乡村振兴车间（扶贫车间）51个，脱贫人口累计外出务工5698人，是上年底的101%。全年未发生1例返贫致贫事件，脱贫户人年均纯收入达15496元，同比增长12.38%。

【乡村振兴示范建设】 在确定5个重点帮扶镇和7个重点帮扶村的基础上，串点连线、成片扩面，打造400平方千米西郊、安居、淮远3个示范片，蹄疾步稳推进“3+5+7”示范区域建设。有序开展“5+2”试点村建设，争取上级专项债券资金7500万元用于坪漆村、树荫村等7个有机衔接试点村基本产业、基础设施和基层组织建设。协调推进乡村治理试点示范工作，黄桷门村获评2021年国家级乡村治理示范村，土桥镇、西来村、庆林村获评2020年市级乡村治理示范村镇，太平镇等10个镇村被认定为2021年区级乡村治理示范镇村。

【推动乡村建设】 行动全面推动实施。大力实施农村基础设施建设，全区新建农村“四好路”50千米、硬化泥结石路330千米；新增及改善集中供水人口6.5万人，农村集中供水率达到90.5%；实施农村薄弱电网改造项目33个，供电可靠率达到99.896%；新建5G基站344个，新铺设光纤网络1500千米，实现光纤网络村村通；整治风险农房9157户，实施C、D级危房改造171户。持续推进农村人居环境整治，改造农村户厕3600户、公厕15座；建成6个村民聚居点污水处理设施和1.8千米生活污水管网；生活垃圾有效治理率达100%，建成垃圾分类和资源化利用示范村215个；常态化开展村庄清洁行动和人居环境整治拉练评比，深化推广积分制，创建评比美丽庭院300个，建成绿色示范村庄3个；农业农村部畜牧兽医局以表扬信方式对铜梁区畜禽粪污资源化利用工作给予充分肯定。同时，全面提升农村教育、医疗、卫生、文化、体育等公共服务水平，加快推进城乡一体化发展。

【乡村振兴车间】 2021年以来，铜梁区在全市率先探索创建乡村振兴车间，有效实现了群众增收、村集体增益、企业增效、产业增强的目标。通过集体经济组织自建、联合创建、企业自主创建和扶贫车间转化4种车间创建模式，主要生产电子产品、服装制品、旅游产品、弹簧类机械配件、茶叶、包装材料、龙文化文创制品等，吸纳就业1500余人，人均月收入3500元左右，最高可达7000元，经验做法被《人民日报》《重庆日报》《农民日报》、中新网、环球网等媒体广泛报道。

水口镇清泉社区乡村振兴车间。水口镇清泉社区乡村振兴车间是铜梁首个建成投产的车间，清泉社区利用闲置房屋成立起电子产品有限公司，对接重庆市昆凌电子科技有限公司，将该公司的串联电子连接线的业务引入乡村车间里。车间投产后已吸纳了近50名务工群众，月增收2000元到3000元。

虎峰镇久远村乡村振兴车间。因为虎峰镇有3家食品厂需要外购竹签，运输成本高，久远村村集体与车间业主利用闲置厂房共同创办“铜梁久远竹业专业合作社”生产竹签，吸纳周边剩余劳动力40余人，实行“公司+村集体+群众”利益分配模式，年产值1500万元。

太平镇坪漆村乡村振兴车间。太平镇坪漆村作为铜梁龙灯发源地之一，拥有市级龙灯彩扎工艺美术大师周合平和市级“非遗”龙灯彩扎工艺传承人周建，负责人将两人聘为车间技术指导，发展龙灯彩扎及工艺品、灯笼、景观灯饰等系列产品，打造龙灯彩扎品牌。

【乡村治理体系建设】 选优配强村党组织“带头人”，把好标准、培训、考核“三关”，各村100%实现书记、主任、村级集体经济组织“一肩挑”并获中央组织部调研肯定。大力引育“年轻人”队伍，累计回引本土人才850人，325名成长为专职干部，78人走上支部书记、副书记岗位。积极构建以党建引领的自治、法治、德治相结合的乡村治理体系，镇（街道）、村（社区）全覆盖建立社会治理指挥中心，强化乡村网格化服务管理，推行综治服务站、法律顾问、调解队伍、法律明白人队伍“四个一”和镇（街道）领导、干部及法律工作者“三驻村”制度，实施“双十条”村规民约（居民公约）积分制，创新“一商二议三公开”三步工作法，推行“阳光村（居）务”。深入开展乡村文明行动，以社会主义核心价值观为引领，深入实施“五风浸润”工程，推进移风易俗，文明村和文明镇占比达62.4%、69.56%。

太平镇坪漆村乡村振兴车间。（区经信委 供图）

【农业农村改革】 深化农村产权制度改革，扩面推进农村“三变”改革，在旧县街道、侣俸镇和土桥镇整镇开展农村“三变”改革试点，试点村达56个占全区行政村的20%。深入推进“三社”融合发展，培育基层示范社5个，建设星级农村综合服务社8个，2个基层供销社参股入股2个农民专业合作社；与农商行铜梁支行等银行签订《“融合贷”业务合作协议》，落实政府风险补偿资金1000万元，为农民专业合作社、家庭农场等新型农村经营主体提供贷款3427万元。持续发展壮大新型农村集体经济，出台《特色高效畜牧业兔鸡发展扶持政策》《莲藕产业发展扶持政策》等文件，推动特色产业发展；整合各类资金6000余万元推动实施集体经济项目，不断拓宽发展新路径，探索发展新模式，健全农民利益联结，在高楼等6镇（街道）探索建立集体经济管理人员激励机制，全区村集体经济经营性收入达到8080.66万元，较上年均增长132.5%。

（刘进 供稿）

农业耕地保护

【耕地保护】 铜梁地势平坦，用地条件优良，稳定耕地数量大，现状建成区周边基本均为稳定耕地。根据年度变更调查数据，较上一年，2021年全区耕地数量增加了23.25公顷。验收完成农村建设用地复垦4.8公顷，验收通过土地整理任务266.67公顷。开展耕地卫片问题图斑整改工作，梳理整改177个疑似问题图斑，已对涉及的群众进行相关法规政策宣传教育43人次。

【土地复垦】 完成了42个农村建设用地复垦项目的储备补充耕地内外业核查和市级抽查工作，取得了铜梁区大庙镇大狮等(7)个村等11个农村建设用地复垦项目前期审查意见，规模13.27公顷。完成了6个农村建设用地复垦约4.8公顷的竣工验收，并完成了地票交易，获得地票价款1430万元。

【土地整理】 取得了铜梁区二坪镇中山村等14个土地整理项目入库批复，规模3535.17公顷，新增耕地361.03公顷。完成了白羊镇石船村等16个土地整理项目竣工验收，已核发新增耕地核定证书，实施规模2254.14公顷，新增耕地268.38公顷。

【土地执法】 2021年依法查处土地违法行为34件，处罚款185.24万元；查处矿山违法案件1件，处罚款1万元；查处规划违法行为18件，处罚款46.68万元，有效打击了土地矿山和规划违法行为。开展建设工程竣工规划核实66件，核实面积172.34万平方米。深入推进农村乱占耕地建房专项整治行动遏制新增取得实效，2020年7月以来无新增农村乱占耕地建房问题；全面开展“大棚房”问题专项清理整治行动“回头看”，无问题反弹现象；全面开展清理“蓝棚顶”工作，摸排出农村搭建“蓝棚顶”44642处、搭建面积508.81万平方米，拆除农村“蓝棚顶”16417户。

（吴桐 供稿）

农业执法监管

【农产品质量安全监管】 一是开展专项整治及农资打假专项行动。成立工作检查组，深入28个镇街农产品质量安全监管站、农资经营门店、农业生产经营主体基地、畜禽屠宰场、规模养殖场等场所开展重点检查，开展质量安全集中整治以及系列宣传活动。出动监管执法和科技人员450人次，巡查农资经销门店179家，饲料兽药经营主体167家，检查种植养殖基地644家次。先后累计举办现场咨询宣传培训活动84场次，悬挂宣传横幅112条，展销农药、化肥等产品3034千克，农资机械147台件，发放宣传资料35000份，接待咨询群众353人次。销毁假劣农资18千克。全年区级累计开展农资产品监督抽查22个，不合格肥料产品1个。配合农业农村部和市农业农村委开展农药种子监督抽查20个，不合格农药产品2个。二是强力推广试行食用农产品承诺达标合格证制度。区镇两级通过加强宣传，开展业务培训以及到企业检查指导食用农产品合格证开具和使用情况，促进食用农产品合格证的推广应用。全区动态管理蔬菜、水果、畜禽、禽蛋、水产品等主体试行食用农产品合格证制度名录库526家，累计开具合格证14817张，涉及产量59861吨。三是开展绿色食品认证和监管：新增绿色食品73个，认证产量4000多吨，全区累计有效期内绿色食品达267个，产量5万余吨。同步开展续展、年检和证后监管工作，绿色食品续展率达80%以上，全覆盖开展年度应检必检和证后监管。

【农产品检测】 按照《铜梁区2021年农产品质量安全监管工作计划》，依托区农产品质量安全检测中心和28镇街农残快检室为主，部分企业自检室为辅的铜梁区农产品质量检测监管信息平台，强化农残快检和质量监管。同时，加强与社会第三方检测机构合作，全年比选4家以上的检测机构开展农产品质量安全定量检测726个以上，其中监督抽查121个以上。全力保障全区农产品质量安全抽检量达到1批次/千人。全年累计开展快检农（水）产品20099个，合格率99.99%；开展区级农（畜牧、水）产品定量抽送检农产品754个，检测合格率99.85%。其中，监督抽查124个，全部合格。配合完成部市级农（畜牧、水）产品定量抽送检农产品265个，检测合格率98.86%。

【实施追溯管理】 配合市级全面完成国家—市级两平台对接工作，全面推广应用国家—重庆农产品质量安全追溯管理平台，实现农产品质量安全追溯管理全国“一张网”。落实农产品质量安全追溯管理与重大创建认定、农业品牌推选、农产品认定、农业展会等工作“四挂钩”要求。全区80%以上的规模种植养殖业在册在营生产经营主体和全部“三品一标”认证主体进入国家—重庆农产品质量安全追溯管理平台。加强追溯平台推广应用指导和培训，组织镇街监管员和企业追溯管理员开展追溯管理系统应用培训，实地指导企业注册国家—重庆农产品质量安全追溯管理平台，指导培训企业及时录入更新相关信息，以便线上监管。全年累计培训监管员及企业应用员达125人次。实地指导企业录入应用累计达410家，1000余次。进一步促进追溯平台的推广应用和管理。

【三年治理行动】 紧跟市级食用农产品“治违禁控药残 促提升”三年行动，扎实开展治理行动。迅速确定豇豆、菜豆、韭菜和芹菜、大口黑鲈、乌鳢、鳊鱼、鸡蛋、肉鸡、肉牛、肉羊11个品种为治理重点。以镇街为单位摸清11个品种生产基地（生产者）的生产基本信息，建立重点治理对象名录库151家，以及非重点品种名录库740余家。协助部、市级完成豇豆专项抽检34批次，绿色食品豇豆专项抽检2批次。完成区级“四棵菜”专项抽检60个批次，“三条鱼”8批次，鸡蛋32批次、鸡肉12批次、肉牛3批次。联合区检察院开展违规经营农药问题专项清理整治行动，对全区174家农药经营门市进行了全覆盖清理排查，抽查检查54家规模种植主体和28个农贸市场，共核查发现农药经营、使用各类问题164项，对问题较重的24家发出书面限期整改通知书，共立案查处农资案件5起。共查处农产品案件3起，没收违法所得4774.30元，罚款21300.00元。

【农资市场监管】 一是组织3个检查小组在春季开展专项全覆盖执法检查，同时开展日常不定期检查86次，全年检查农资经销商260家，检查规模种植主体750家次，检查种苗生产经营企业50家次，书面要求整改24起。种子执法抽样检验22个，全部合格；农药监督检验抽检32个，不合格2个已立案处罚，化肥监督抽检14个，不合格1个已立案处罚。农产品质量监督抽查50个，不合格1个。所有监督抽查结果向本人及所属镇街和区农产品安全科公开公布。

二是协调妥善处理南城、福果、侣俸、安居等镇种子、肥料农资纠纷11起，为群众挽回经济损失23.23万元。查处品种权侵权、制售假劣农作物种子案件，全年农资执法立案19起，其中9种子案件9起，农药案件9起，化肥案件1起，已结案17起，没收假劣农药201千克，处罚没款人民币76890元。

三是建立农资打假工作协调机制，开展3·15放心农资下乡进村专题活动等3次，参加活动人员2360人，发放宣传资料3万份。建立农资生产经营主体名录库，包括174家农药经销店。

【动物防疫类执法】 一是摸清底数，建立有效执法检查制度。全区有36家兽药经营门市，131家饲料经营门市，饲料生产企业2家，兽药生产企业2家，生猪屠宰场2家，家禽临时屠宰点3个，建设完成家禽屠宰场1家，于2021年12月24日正式运行。动物诊疗机构9家，动物养殖场700余家。分时段分步骤对重点企业门市进行执法检查，出动执法人员300余次，对100余家生产经营主体进行执法检查，口头责令整改20余起，书面责令改正3起。在慧执法上完成执法检查168条。

二是严厉打击动物非法调运和不按规定处理死因不明动物行为。全年共办理相关案件13起，未按规定处置死因不明动物案件3起。未取得动物诊疗许可证从事动物诊疗案件1起，向动物接种禁止免疫的病种案件1起，协调群众纠纷5起。

三是加强协助和配合。全年协助市总队对铜梁辖区的两起案件的办理工作；协助四川省华蓥县办理一起非法调运动物案。配合大足农业综合执法支队打击一起非洲猪瘟假疫苗案件的协办工作。配合创建文明城市工作组做好市场活禽交易和宰杀的取缔工作，共计出动执法人员120余次。协助区公安部门加强对犬只管理工作，涉及信访案件等，已经全部解决。

【渔政监管】 “长江禁渔”宣传。发放“十年禁渔”宣传单、宣传袋11万余份(个)，在村居公开栏，重要河段桥头、码头悬挂告示、横幅520幅，张贴各类通告1000余份，设立宣传牌40块，设立太阳能语音警示牌5块，开展现场宣传活动3次，制作铜梁区“十年禁渔”专题宣传片1条，利用电视、网站进行新闻宣传9次，持续利用出租车顶灯、宾馆和餐饮店电子滚动屏循环播放标语。

护渔行动。共劝离游钓人员300余人，收缴钓具211支，地笼网11副，联合镇街部门处置无主船舶2艘。销毁各类禁用渔具262件，持续开展“十年禁渔”监管检查。召开部门联席会议12次，开展检查巡查91次(其中区部门联合执法行动10次，与合川区农委公安开展交界水域跨区县联合执法2次)，出动执法人员328人次，检查相关重点场所236家次，出动执法艇10船次，立案查处违法行为10起，移交公安案件12起。

筑牢护渔基础。建立全区网格化管理体系，组建25人的专职护渔队并配备执法记录仪、喊话器、服装等装备，建成12个点位的渔政AI视频监控系统，新增无人机、红外夜视仪等渔政执法专用执法设备。利用AI视频监控系统查获非法捕捞案件1件，已根据管辖权将线索移交合川区进行立案查处。

水产养殖检查。配合市级部门开展2次水产品抽样检测，抽查水产养殖场20家。和水产站一起，检查4家水产养殖用兽药销售店，抽查水产养殖场5家，对水产养殖用兽药管理和用药记录、养殖档案等存在的问题提出了整改意见。办理水产品抽检不合格案件1件。

【农产品质量安全执法】 对全区种植养殖企业进行质量安全执法检查，巡查60次，出动执法人员212人次，检查相关企业63家，抽样122份，其中水产3批次、畜禽产品36批次，水果6批次，蔬菜8批次，发现1起未建立生产记录，已经责令改正；对6家企业生产记录不全的情况，口头责令改正。对1起市场监管局移交的大米镉超标线索进行调查取证，未发现铜梁有土壤镉超标线索；对1起市场监管局移交的销售重金属镉超标有毒有害蔬菜进行调查取证，并处罚完毕。

【宅基地执法】 受理有关农村宅基地的信访、举报、投诉和镇街报告的农村宅基地案件和纠纷40件，调查核实40件，发出责令停止违法行为通知书27份，发出协助调查函7份、协助监管函4份，向区规资局移送案件线索9件，信访回复13件。以“非法占用土地建住宅”立案14件，委托有资质的测绘公司进行测绘9件，办结5件，移送区规资局管辖5件，正在按程序办理4件。

【秸秆焚烧检查】 开展秸秆露天禁烧工作巡查128次，发现火点80个，现场处置80个，口头责令改正80次，发出责令改正通知书2份。全年办理行政案件61件，收到罚没款14.42万元。

国家农业科技园区

【概况】 2021年园区按照“核心区—示范区—辐射区”进行空间布局，主要辐射8个镇街、88个行政村，470平方千米。2021年12月通过科技部考核验收，在全国同批次32家创建园区中排名第五位。

【培育创新主体】 打好创新、人才、服务组合拳。年内引进中国工程院院士张福锁、中国农技协理事长柯炳生（原中国农业大学校长）等高层次人才团队13个。组建科技特派员团队5支，选派科技特派员51人。新培养本土科技人才65人。承担科技项目74项，其中省部级以上10项。制定行业标准11项，获得国家专利135项，发明专利74项，培育新品种5个。建成成王果业等科技试验示范基地12个，推广新品种259个、新技术16项。建成培训基地300余个，开展各类培训20余万人次，培训专业技术推广人员900余人、新型职业农民6900余人。

搭建创新平台。累计投入科技研发资金3亿元，建成各级研发平台25个，新型研发机构2个，农业科技专家大院18个，叶菜科技小院1个。与中国农业大学、中国农技协、西南大学等高校院所成立合作研发机构6个。建成国家级星创天地2个、市级星创天地3个、众创空间2个，在孵企业25家、创新创业团队21个，培育科技型企业67家。建成农业科技信息中心、农业专家远程服务系统、信息化电商平台、农产品质量安全监测站“四位一体”的信息化服务体系。建设农气象服务监测站67个。

聚集主导产业。园区初步形成以绿色蔬菜、特色林果、生态渔业为主导产业，以休闲农业为配套，以设施农业、数字农业、“互联网+”农业、品牌农业为依托的现代农业产业发展体系。在规模上，已建成标准化蔬菜基地13333.33公顷，创建国家级蔬菜标准园5个；发展蜜柚等特色林果6666.67公顷；发展乌鱼等生态渔业4000公顷。在品牌上，新认证“三品一标”205个，新培育“御丰”等重庆名牌农产品10个，“铜梁莲藕”“铜梁枳壳”获评国家地理标志。2021年，全区发展蔬菜24333.33公顷、经济林果7666.67公顷、水产品总产量达3.95万吨，园区实现总产值100亿元。

【教育文化板块】 教育科技园区板块规划面积3.26平方千米，现有重庆传媒职业学院、国家法官学院重庆分院、重庆艺术工程职业学院、重庆对外经贸学院和重庆阳光助学中心5所院校。其中重庆传媒职业学院、重庆艺术工程职业学院、重庆对外经贸学院在校学生人数突破2万人。规划区域已全面建成投用。

【物流园区建设】 物流园区专业市场面积达60公顷，规划建设商贸服务设施50万平方米。截至12月底，引进了专业市场项目8个。其中：铜梁汽车北站建成投入运营，杰民商贸中心建成水果蔬菜批发市场，玺龙时代商城建成五金交电市场，光仑商贸园建成铜梁电摩城，龙城大世界一期引进红星美凯龙星艺佳入驻，百汇国际博览城引进家具家电等商户近200家，凯杰丰霖商贸城完成总工程量的80%，署娇商贸城规划方案已通过区规委会审查。

（谢显华　供稿）

农业名优产品

【农业品牌打造】 2021年铜梁区将“两品一标一名牌”和“巴味渝珍”等作为创建农产品品牌，不断加大资金扶持力度，不断优化适度提高农业品牌创建奖补标准，并将品牌建设作为申报各项农业产业发展项目的评比条件之一，进一步提高农业生产经营主体参与创建品牌的积极性。强力推进绿色食品标准化生产，稳定提质现有绿色食品产量和数量，绿色食品续展率达80%以上。全年新增绿色食品73个，全区有效期内“两品一标”农产品达269个。其中，绿色食品267个，农产品地理标志2个；新增市级以上认定和评选的农产品品牌18个。其中，重庆名牌农产品8个、重庆好礼品牌2个，重庆老字号1个、重庆市级非物质文化遗产2个、2021中国旅游商品大赛铜奖1个，授权“巴味渝珍”品牌2个，全国名特优新农产品目录2个。全区市级以上认定和评选的农产品品牌累计达57个。全年共兑现奖补资金126.1万元。

铜梁区2021年重庆名牌农产品评定名单

品牌名称	品牌主体	证书编号	年限	评定文件
葡萄	重庆市铜梁区家泽现代农业科技园有限公司	CQMPN—2020—052	3年	渝绿协发〔2021〕13号
猕猴桃	重庆市铜梁区禾盛园农业开发有限公司	CQMPN—2020—053	3年	渝绿协发〔2021〕13号
葡萄	重庆申大农业开发有限公司	CQMPN—2020—054	3年	渝绿协发〔2021〕13号
西红柿	重庆市铜梁区御丰蔬菜专业合作社	CQMPN—2020—087	3年	渝绿协发〔2021〕13号
龙贡米	重庆市铜梁区储备粮有限公司	CQMPN—2020—115	3年	渝绿协发〔2021〕13号
龙乡米	重庆市铜梁区储备粮有限公司	CQMPN—2020—116	3年	渝绿协发〔2021〕13号
勇源祥肉鸡	重庆特牧农业开发有限公司	CQMPN—2020—155	3年	渝绿协发〔2021〕13号
绿豆芽	重庆绿油坡蔬菜有限公司	CQMPN—2020—200	3年	渝绿协发〔2021〕13号

铜梁区2021年授权“巴味渝珍”产品

品牌名称	品牌主体	评定时间	年限	评定文件
沃柑	重庆江田园林有限公司	2021.11	3年	“巴味渝珍”授权证书
石鱼李子	重庆市铜梁区海礼水果专业合作社	2021.11	3年	“巴味渝珍”授权证书

（胡开伦 供稿）

交通 邮政

交通

【概况】 2021年机构改革后，区交通局机关内设7个科室，下属5个事业单位，管理1个国有企业。辖区重点客运企业5家：重长司铜梁分公司（铜梁汽车北站）、新龙都客运公司（铜梁汽车南站）、祥龙公司、龙华公司、渝通公司。

【公路建设】 铜梁区被命名为“四好农村路”市级示范区，区乡村振兴西郊示范片绿道荣获重庆市2021年度“最美农村路”称号。

境内道路。区境内公路总里程4578.74千米，公路网密度为335千米/百平方千米，万人拥有公路量为62千米。拥有高速公路89.66千米，互通口及枢纽立交11个。渝遂高速公路境内长42.75千米，通往重庆主城和四川成都，设互通口4个。重庆市三环高速公路境内长31.86千米，通往合川、永川，设互通口4个、枢纽立交1个。成渝复线高速公路境内长15.05千米，通往重庆主城和四川成都，设互通口2个。境内有国道G319线52.027千米，通往璧山、潼南。境内有省道256.563千米、区县道102.454千米、乡道365.092千米、村道3695.949千米、专用道16.996千米。镇街通达率、通畅率100%，行政村通达

合璧津新碗场特大桥。（区交通局 供图）

率、通畅率100%,基本实现“村村通硬化公路”目标。

高速公路建设。一是合璧津高速公路铜梁段。高架桥群全线贯通。隧道工程:九峰山1号隧道853米全部完工,九峰山2号隧道2230米全部完工。

二是铜安高速项目。征收集体土地296.47公顷,交地率100%;需拆迁房屋630户,年内完成625户,完成率99%。桥梁工程:蒲吕匝道桥墩柱浇筑54根、双桥大桥桩基浇筑39根、大塘互通桥桩基浇筑28根、石鱼互通墩柱浇筑101根、G319跨线桥完成承台浇筑2个、平滩河大桥完成桩基浇筑24根、拦河坝大桥盖梁浇筑8道。隧道工程:巴岳山隧道进口左洞开挖388米,右洞开挖327米;巴岳山隧道出口左洞开挖436米,右洞开挖219米。

三是渝遂复线高速。征收集体土地92公顷,交地率100%;需拆迁房屋238户,年内完成237户,完成率99%。桥梁工程:小安溪特大桥桩基浇筑425根,承台浇筑59个,墩柱浇筑4根(270米)。隧道工程:云雾山1号隧道正在做进洞开挖准备,云雾山2号隧道左洞开挖127米,右洞开挖197米。

四是渝遂扩能二期项目。完成工可编制,通过行业评审,完成项目工可评估。

区域互联互通。完成国道G319西泉至虎峰路段2千米改造,完成S107全二路、S107璧山至蒲吕、S546永嘉至永川等5条省道24千米改造,协助SPV公司推进PPP交通项目前期工作,推动干线公路提档升级。

聚焦乡村振兴淮远示范片、安居示范片,提质改造农村道路11.6千米。在实现“组组通”硬化路基础上,围绕巩固脱贫攻坚成果与乡村振兴有效衔接,完成泥结石路改造330千米,补齐乡村振兴短板。

美丽龙乡绿道——南城街道奇彩梦园路段。(陈霞 摄)

【公路养护】 一是坚持运用“互联网+”技术破解养护难题,将公路养护基础数据、病害信息采集、审核验收、计量流程等融为一体,并通过车载视频巡查、手机App,养护过程监督、考核计量、巡查检查工作实现可视化、流程化、痕迹化。对国、省、县道37座桥梁进行定期检测;及时完善更新应急物资的储备;积极开展日常性养护。投入资金9.55万元,整治公路安全隐患63起,维修更换波形防护栏、各类标牌、路肩及边沟。

二是常态化开展路政巡查执法和安全隐患大排查大整治。依法对辖区国、省、县、乡道公路路产实施路政巡查和安全监管,处理各类路政案件105件,路政案件查处率、结案率和赔偿率达到100%,公路巡查率100%。加强部门联合执法行动,对车货总重超过49吨、货运车辆超限绕行和非法超限运输车辆进行严厉打击,实行严管重罚。全年共检查货运车辆13万余辆次,超限93辆次,卸载货物838吨,立案查处91件,罚款2.12万元,移交交警处罚82辆次,向区外有关部门抄送超限案件70件。超限超载率控制在0.7%以内。

【公路运输】 全区有一级汽车客运站2个、四级客运站2个。拥有省际县际客运车辆171辆、货运汽车2395辆。区内公交线路31条、城际公交线路2条,公交车辆236辆,出租车245辆;农村客运线路98条，农村客车185辆。镇街通客车率100%，行政村通车率100%。公路旅客周转量26237.8万人千米，公路货运周转量108397.3万吨千米，增速为14.8%。

【运输市场管理】 积极开行主城公交。按照灵活、便捷原则，开行铜梁至大坪、铜梁至红旗河沟个性化定制公交“原乡快巴”14辆，每条班线设站点9个，为群众提供点对点上门服务；开行铜梁至龙头寺班线公交化班线客车24辆，沿途设站点15个，满足群众多元化出行需求，推动公共交通融入主城中心城区。

规划开行城际公交。规划铜梁城区至璧山公交线路，拟于2022年3月开行城际公交，推动毗邻城区的公共交通互联互通。

有序开行城乡公交。按照成熟一条、开通一条原则，开行铜梁城区至土桥镇、石鱼镇至庆隆镇、蒲吕街道至庆隆镇公交线路，优化调整农村客运线路2条，推动城乡公交一体化发展，沿途镇街受惠群众超40万人。

圆满完成运输保障任务。高效、圆满完成“铜梁原乡风情马拉松赛”、高考、中考、党代会、“两会”等运输保障任务，派出运输车辆1800车次，转运人员51790人次。

运输综合能力全面提升。道路运输周转量较上年增长40%，规模以上维修企业营业额较上年增长32%，规模以上汽车租赁企业营业额较上年增长30%。

铜梁区高速公路和一级公路

公路类型	公路名称	里程（千米）	建设标准	投资（亿元）	动工时间（年）	通车时间（年）	备注
高速公路	渝遂高速	42.75	双向四车道	12	2004	2007	
	三环高速铜合段	17.8	双向四车道	9	2012	2014	
	三环高速铜永段	13.6	双向四车道	8.38	2012	2015	
	成渝复线高速	15.05	双向六车道	13.62	2010	2013	
	合璧津高速铜梁段	7.8	双向六车道	3	2018		在建项目
	渝隧复线	13	双向六车道	12	2019		在建项目
	铜安高速	39	双向六车道	20	2020		在建项目
一级公路	G319高雄—成都	20.038	双向四车道	0.85	1996	1998	

【水路运输】 水运概况。铜梁境内水路通航流域共计222千米，其中涪江23千米为五级航道，最大通航能力500吨级船舶，其余为等外级航道。港口货物和旅客吞吐能力分别为22.7万吨、11万人。全区有个体货运船舶164艘1.1万吨位，小型客渡船28艘。水上货运周转量为486万吨千米。

水上安全管理与专项整治行动。加强对“四类重点船舶”、客运码头等的安全管理，严禁超载、冒险航行、不遵守安全操作规程等行为，完成"三无"船舶的整治；督促镇街认真落实渡船安全管理责任，强化渡口、渡船的安全监管；开展水上联合检查，及时消除安全隐患，确保年内汛期10余次洪水顺利过境。全年共开展水上交通安全检查100余次，检查船舶720余艘次、码头40余座次；查处超载船舶2艘，查出安全隐患2起，落实整改2起。

河长制工作。全年开展常态化巡河200余次，修建船舶生活污水、油污水回收装置4处，确保区内船舶污染物100%上岸处置。

水上交通安全。实现零事故目标。辖区全年未发生一起水上交通责任事故，没有发生船舶污染事故。对全区所有公共锚地进行除锈上漆，并对有损坏的锚地进行加固维修。进一步修订完善防汛工作预案，扩充应急救援队伍，对应急救援艇趸进行维护保养并补充应急物资，为及时抢险救灾奠定坚实的人力物力基础。

【铁路建设】 成渝中线高铁项目。工可审批、初步设计评审获通过，积极推进土地上报审批组卷、勘界工作及包干协议签署，做好征地拆迁准备工作。

市郊铁路二环线。完成项目工可编制及线路研究，持续跟踪项目可研编制进展情况。

（李代易 供稿）

【轨道交通建设】 概况。市郊铁路璧山至铜梁线是东西向主城都市圈市域快线，与城市轨道交通1号线尖璧段换乘，与城轨快线27号线（璧山—重庆东站）顺接。该工程是重庆市市级重点工程，由重庆市住房城乡建委牵头实施，采用PPP+TOD模式建设，项目公司为重庆市渝西快线建设运营有限公司。线路全长37.5千米，估算投资86.42亿元，设车站9座，其中高架站3座（铜梁西站、铜梁站和璧山站），其余6座均为地面站；设铜梁、璧山主变电所2座，铜梁停车场1座。璧铜线采用公交化运营，设计时速140千米，铜梁境内段长约16.93千米，设车站4座。起于铜梁区淮远新区设铜梁西站，向东沿迎宾路前进，经

市域快线璧铜线节点工程施工现场。（区住建委 供图）

人民公园设铜梁站，上跨龙腾大道后至黎家沟水库附近设铜梁新城站，至科创新城设蒲吕站，穿云雾山至璧山区。

节点工程——城内高架线路。位于铜梁区迎宾大道，为铜梁站至铜梁新城站中的一段，起于人民公园北侧迎宾东路，由西向东上跨迎宾东路至节点工程终点。全长1.758正线千米，均为高架线路，设铜梁站一座，为高架二层侧式站台车站，项目投资估算约2.58亿元。工程进度：区间部分，剩余简支梁2片、连续梁(28+40+28米)、连续梁(38+68+38米)待施工；车站部分，已完成承台混凝土浇筑8个、墩柱4个。完成总工程量约86%。

控制性工程——云雾山隧道。位于蒲吕站至大路站区间，隧道进口位于铜梁区庆隆镇冬笋村，近垂直穿越云雾山山脉，出口位于璧山区大路镇，全长5.805千米，为双线单洞隧道。计划工期为2021年4月—2023年12月，至2021年底正洞进口累计进尺约435米、出口约378米，平导洞累计进尺约526米，斜井累计进尺约416米。

铜梁新城站至蒲吕站。区段二桥、区段六桥桩基混凝土灌注累计完成17棵；路基段挖方完成14.34万立方米。蒲吕站至云雾山隧道进口：S207省道旁桩基混凝土灌注累计完成36棵。

（李旭波 供稿）

【交通管理】 疫情防控有力有效。选派志愿者组成工作专班，在南、北两汽车站设置疫情监测卡口，对来铜返铜人员严格进行体温检测、健康码查验、核酸采样检测。全年累计排查140.3万余人、核酸检测采样4.03万余人次。组织交通系统3090人全部完成新冠疫苗接种，每季度对交通行业从业人员开展核酸检测，做到应检尽检、应接就接。

安全形势持续向好。安装临塘、临崖生命护栏50.736千米。扎实开展安全生产百日行动、货运车辆专项整治、打非治违、校园周边环境整治、混凝土搅拌站点整治等专项行动，督促整改安全隐患804条，查处违法案件1007件，拆除混凝土搅拌站点30个。

路域环境持续改善。完成铜平路口边坡绿化整治，G319线虎峰天锡路口地质滑坡整治。增设国道G319线标志牌、抗滑薄层等安全设施。完成铜永路、姜水路、旧岚路等病害整治，全面提升道路通行能力。完成渝遂高速铜梁段14座上跨天桥涂装和7座国省道桥梁护栏改造。全面拆除各类广告牌、影响视距的横幅、标语，清理公路摆摊设点。

“放管服”改革深入推进。所有交通行政审批项目全部进驻区行政服务中心，办理时限压缩80.1%。深入推进信用交通建设，对辖区170家运输企业和建设单位进行信用评价，督促2家严重失信企业进行信用修复。在全市信用交通推进会上，铜梁区交通局作为唯一区县代表发言。

执法领域突出问题专项整治有效落实。整改执法领域突出问题9个，建立《执法人员监督管理办法》等13个制度，培训执法人员200余人次。加强执法领域“四基四化”建设，推动执法队伍革命化、正规化、专业化、知识化。

应急处突能力显著提升。建立应急调度中心，配备LED应急指挥显示屏等设施设备。依托云服务平台，收集、分析、监测、统计各行业数据，实现应急处置实时监控、远程指挥。修订完善公路交通、防汛抗旱等4个应急预案，成立4个应急分队，配备专兼职队员52名，开展了公路抢险、水上救援应急演练，处置涪江突发洪水、危岩垮塌、枯树倒塌、交通事故油污路面等突发事件93次。

（李代易 供稿）

邮政

【概况】 中国邮政集团有限公司重庆市铜梁区分公司（以下简称分公司），下辖代理金融网点40个，邮政业务网点3个。分公司从业人员398人。2021年，分公司实现邮政业务总收入1.75亿元，同比增幅11.92%；完成业务量16724.31万元。全年收寄包裹301.6万件，投递包裹376.67万件，投递报刊、信函等约937.5万份。

【经营服务】 全年普服邮件全程时限全面达标，建制村直接通邮质量稳定可控；建制村投递频次达标率100%；邮政服务申诉处理满意率100%。城区党政机关《人民日报》《铜梁报》当日见报率100%。机要通信连续29年质量全红。巡视专用信箱寄递做到万无一失。

深化“政务+邮政”服务。全年建成5个政务服务厅，累计提供代办20项政务服务；14个网点开通警邮服务，43个网点开办云放号业务，5个网点开通交管服务；43个网点开通电费、电话费便民缴费和代开税票服务。全年代开税票3.63万张，开票金额3.82亿元；便民缴费4.28万笔，交易金额648.21万元。

三级物流体系建设完备。围绕区—镇（街）—村三级物流体系建设，建成区级中心库1个，在35个农村网点分别建成邮件分拣处理场地，有序推进快递进村工作。

【服务社会】 强化政企合作，协同区农委、交通局、商务委开展商贸流通体系建设，成为铜梁唯一“西部乡村振兴产品交易网”合伙人；强化服务供给，为313家活跃农民合作社提供2项以上邮政服务。开展乡村振兴邮政行动，强化定点帮扶，与五个乡村振兴有效衔接示范村签订“互联网+”农产品出村进城战略协议，助力乡村振兴消费帮扶205.95万元；建成玉米、水稻“示范田”各8块，畅通“线上+线下”销售渠道，实现助农销售农产品约70万元。坚持开展工业品下乡，全年累计配送工业产品1500余吨。持续开展知识进万家活动，坚持通过送金融知识下乡、防电信诈骗、反假币等宣传活动改善农村金融环境。全年累计开展“线上+线下”宣传活动287场，参与人数约9955人次，有效提高群众金融知识水平及安全防范意识。助力“书香铜梁”建设，持续开展母亲节中小学生书信活动，“书香满铜梁·全民爱阅读”惠民书展活动，在部分邮政营业网点设立绿色书屋，为建设“书香铜梁”营造良好的社会文化氛围；协助开展文艺演出送基层活动及送教下乡等会展活动。

（李玲 供稿）

铜梁分公司邮政助农示范田现场交流会。（李玲 摄）

城乡建设

综述

【城乡一体化统筹发展】 城乡用水。年内投入400万元改造龙腾大道供水管网0.96千米。投入3500万元新建小北海水厂预处理工程,进一步提升供压稳定性及突发事件应急处置能力。小北海水厂获评全国农村供水规范化水厂(全市入围5座)。投入3300余万元实施永嘉镇供水管网延伸改造、整镇整村推进虎峰和平滩农村饮水巩固提升工程,改善农村居民供水约7.6万户。投入700万元完成高楼、维新两座智慧水厂建设,1.8万农村居民饮上"直饮水",高楼水厂获评全市农村供水"四管"示范工程。投入253万元维修养护村级集中供水工程55处、新建镇村人饮管网60千米,有效降低管道漏损率。完成大庙等场镇水厂19个点安防系统视频监控布设;完成永嘉等19个镇街场镇计量水表标定。为全区超60万户居民提供"同网、同质、同服务"的优质供水服务。

城乡用电。重庆铜梁垃圾发电厂110千伏送出工程、重庆铜梁相国寺专用站接入35千伏间隔扩建工程竣工投运,新增110千伏线路6.58千米。城区至全德(盘龙)220千伏线路工程顺利开工,全域35—220千伏网络结构更加完善。

城乡用气。建成产业大道至全蒲路dn400 PE供气管线,建成太平无人站至平滩dn160 PE供气管线,建成石鱼镇盐田村至土桥镇新田村dn110PE供气管线。

重大交通项目。兰渝高铁、市郊铁路西环线前期工作正加快推进;渝遂复线高速、铜安高速全线开工;合璧津高速项目全面推进,九峰山1、2号隧道均已完全贯通。完成S107全二路、S107璧山交界至蒲吕场口段等5条省道24千米建设,有序推进G319西泉至虎峰段续建项目。

公共交通融入主城中心城区。开行铜梁至大坪、铜梁至红旗河沟个性化定制公交"原乡快巴"14辆,每条班线设站点9个;开行铜梁至龙头寺班线公交化班线客车24辆,沿途设站点15个,满足群众多元化出行需求,推动公共交通融入主城中心城区。

【城镇化建设】 产城融合步伐加快。2021年末全区户籍人口总户数32.49万户,总人口84.55万人,其中城镇人口40.07万人。城镇化率62.85%,比上年提高1.16个百分点。

城市品质全面提升。进一步强化城市建筑色彩设计、城市第五立面设计及天际轮廓线管控,不断提升重要片区、重要节点、重点项目规划设计水平。铜梁中学新校区、融媒体中心、美术馆、青少年活动中心等重点项目建设加快推进。乡逢路等5条道路基本建成,综合管廊结构工程全面建成。改造老旧小区16个、棚户区76户。污水处理厂三期建成投用,新建、改造城镇雨污管网70千米。审批老旧小区加装电梯85部,惠及居民2000余户。排查城镇房屋1.24万余幢、建筑面积约2438万平方米，整治城镇危房684栋。推广新能源车辆，全区公共交通清洁能源车共达到458辆。在原乡公园、市民服务中心等城市节点窗口摆放鲜花50余万盆、设置“庆祝建党100周年”主题绿雕9处。对9千米人行护栏、940根非机动车道护栏重新涂装。对城区主要道路约130条共7200套路灯进行清洗，对640套污染、锈蚀特别严重的路灯杆进行翻新做漆。建成区背街小主要干道装灯率达100%，亮灯率达99%以上。创建（巩固）扬尘控制示范工地10个、培育市级文明工地2个。新建西城小学公交站智能无水公厕等5座公厕；改建滨河公厕等5座公厕。维护人（车）行道约2.3万平方米，修复增添破损设施8000余处，完成15处城乡接合部支路口路面硬化工作，完成城区6座桥梁“智慧升级”。井盖提升300个，树圈铺装整治8200个，整治无障碍坡道、盲道占用等问题600处。在淮远新区等5处路段安装LED节能灯416套，改建原乡大道LED节能灯225套。

镇村面貌明显改善。有序推进平滩、大庙、太平等小城镇建设。提质改造农村道路35.6千米，完成泥结石路改造330千米。开通城区至土桥镇、庆隆镇公交线路，优化调整农村客运线路2条，推动城乡公交一体化发展，沿途镇街受惠群众超40万人。完成全区28个镇街333个村（社区）体育设施全覆盖建设工作，形成覆盖城区、镇街、村社三级群众健身场地设施网络。相继建成太平镇坪漆村龙灯彩扎儿童研学基地、原乡驿站、原乡慢食，水口镇树荫村2处生态停车场、3个产业基地游客休憩亭，少云镇原乡驿站、红色教育基地等项目。完成农户改厕3606户，建设公厕15座。投资250余万元实施村庄照明工程，在28个镇街便民服务中心、健身场所、养老互助中心、集体经济企业、美丽庭院五类场所安装公共照明路灯1700盏。农村用水、用电、用气等基础设施建设日臻完善。黄桷门村获评2021年国家级乡村治理示范村，累计获评市级美丽宜居村庄59个。

城乡规划

【总体规划】 完成国土空间规划编制双评价、自然资源保护与利用、生态修复与国土综合整治等10项专题研究，形成生态保护红线、永久基本农田保护红线和城镇开发边界三条控制线试划方案及分区规划阶段性方案。强化内涵提升式发展，围绕铜梁城市山水格局，充分研究论证城市拓展方向、空间结构、功能分区，科学布局各类用地，提高土地利用效率，并积极盘活存量用地、挖潜低效用地，提升空间水平。

【专项规划】 开展综合交通体系规划，科学配置全区综合交通资源，预研预控重要交通通道及设施，统筹对内对外、近远期交通发展，强化“桥头堡”城市枢纽功能，构建互联互通、内畅外联、东融西进、南引北接的综合交通体系。开展市政基础设施规划，统筹城乡水资源、供水、防洪及河道、雨水与防涝、污水、消防、能源、供电、燃气、生活垃圾、电信、5G基站、有线电视、综合管廊等市政基础设施布局，推进市政设施功能整合，注重与城市的功能融合和风貌协调，合理利用地下空间，降低邻避效应，并为市政基础设施新技术应用及未来发展预留空间，建设高效实用、安全可靠的城市市政基础设施体系。开展公共服务设施专项规划，统筹研究全域公共文化、教育医疗、体育、社会福利等公共服务设施层级及布局，结合中心城区开发边界及建设用地空间布局，围绕“街道公共服务圈”“社区生活服务圈”，规划布局文化活动设施、社区服务设施、商业服务设施、养老设施、中小学、体育设施、医疗卫生设施、相关专业市场等，明确服务半径、规模及用地布局，并提出建设标准、近期建设计划及规划保障措施等，营造生活便利、富有活力的宜居环境。

【国土空间规划】 突出问题导向，围绕铜梁区国土空间规划提出的总体目标和阶段目标，从战略定位、底线管控、规模结构、空间布局、支撑体系及实施保障6个方面构建评估框架，运用空间分析、差异对比、趋势研判、社会调查、大数据分析等方法，通过107项指标对铜梁区现阶段城市特征和总体规划实施效果，以及国土生态安全、资源节约集约利用、国土空间开发保护、民生保障、实施时序、政策配套等方面进行监测和评价，并从年度实施计划、规划应对措施、配套政策机制等方面提出针对性策略建议，在国土空间规划编制和管理中予以落实。

【村镇规划】 按照"串点连线、成片扩面"思路，完成约100平方千米淮远示范片总体规划和节点规划设计，实施服务面积约20平方千米的安居古城周边乡村绿道项目，促进两个片区产业布局优化和农村人居环境整治提升。启动23个镇国土空间规划编制，落实区国土空间规划中生态红线、永久基本农田、城镇开发边界管控要求，聚焦场镇基础设施建设补短板三年行动计划，优化场镇公共服务和基础设施布局，补齐场镇短板，提升场镇综合环境品质。加强历史文化保护，完成9处市级历史建筑挂牌保护及第三批市级历史建筑保护规划入库。传承安居古城历史文脉，完成安居历史文化名镇保护规划编制与报批，实现整体保护与合理开发相结合。

（吴桐 供稿）

勘察设计

【地理信息更新】 利用大数据的功能价值和社会效益，建成包括全区1340平方千米、分辨率0.4米的实景三维数据及覆盖面积约5平方千米、分辨率为0.05米的实景三维数据。对中心城区2021年新建的约14千米市政道路地下管线进行系统维护，并对中心城区约14平方千米地形图进行更新测量，进一步提升信息化能力和数据设施建设水平。

【土地房屋测绘】 全面实现建设工程竣工"多测合一"，小型低风险企业实现一次委托、出具一份报告，实现成果共享互认；9月1日起根据要求规划核实（规划放线）测绘费由政府审批部门支付，切实减轻了企业负担；全年完成房屋建面测绘204.3万平方米，土地面积测绘约53.33公顷，完成地形图测绘492.53公顷。建筑工程规划竣工核实测量104万平方米。

（吴桐 供稿）

【勘察设计监管】 监督全区在监项目地质勘察，严格执行业内各项法律法规，规范勘察设计市场行为。完成地质勘察在建项目共计95个，区城乡建委抽查项目13个，抽查率13.68%，合格率99%。

【建筑设计审批】 办理政府投资初步设计批复23件，其中：公建项目18件，总建筑面积55.67万平方米，总投资31.92亿元；市政项目5件，总投资2.04亿元。。

【施工图审查备案】 定期通过"重庆市城乡建委勘察设计管理统计报告系统"填报图纸审查备案情况，施工图审查备案建筑项目79个，其中：房屋建筑项目69件，总建筑面积166万平方米，总投资187.73亿元；市政项目10件，总投资6.67亿元。

【勘察设计执法】 对全区建设工程勘察设计质量进行执法检查，抽查勘察设计项目23个，其中建筑工程18个、市政工程5个，未发现勘察设计质量问题。

城市建设

【城市公建设施】 有序推进科创城规划编制工作。市郊轻轨铁路璧山至铜梁线建设加快，淮远新区建设提速，乡逢路等5条道路基本建成，完成强电线路迁改3条，综合管廊结构工程全面建成。新建西城小学公交站智能无水公厕等5座公厕；改建滨河公厕等5座公厕。维护人（车）行道约2.3万平方米，修复增添破损设施8000余处，完成15处城乡接合部支路口路面硬化工作，完成城区6座桥梁“智慧升级”。井盖提升300个，树圈铺装整治8200个，整治无障碍坡道、盲道占用等问题600处。在淮远新区等5处路段安装LED节能灯416套，改建原乡大道LED节能灯225套。新增城市绿地面积60万平方米，清理街旁边角地、闲置地11.5万平方米，完成白龙大道、迎宾路、巴川河绿道等5个街头绿地提质。建成晏滨路社区体育公园，新增儿童游乐设施220平方米，其他游乐设施10组。2021年，大道公园被评为“重庆最美街头绿地”，见水公园被评为“重庆最美坡坎崖”，龙城天街商圈绿地获得“重庆最美街头绿地”提名，巴川河坡坎崖获得“重庆最美坡坎崖”提名。凤山公园提质改造后通过重庆市历史文化名园评审。

（李旭波 供稿）

【城市重点组团基建】 龙城天街商圈建设。龙廷·天悦项目位于重庆市铜梁区社保大厦以北，金融大厦以南，总建设用地面积6245.8平方米，总建筑面积约31815.01平方米，其中地上建筑约22160.75平方米（住宿约18244.95平方米，商业约3207.56平方米，配套用房约218.26平方米，公共架空约489.98平方米），地下建筑约9654.26平方米。总计容积面积约21855.67平方米，结构高度为81.55米，容积率3.5，建筑密度38.5%，总户数约192户，停车位约237个（均位于地下）。地上26层，地下2层。地上一层与二层为商业及物管用房，其余均为住宅，两层地下为车库及设备用房。该项目完成招标，年底完成土石方开挖、车库基础施工、地下车库结构施工及地上裙楼2层建设。

铜梁高新区基建。全年基础设施项目计划总投资约4.29亿元，完成投资额3.43亿元。新建西部美谷周边等道路工程，长度约3千米。辖区范围内900亩平场工程，新建小型停车场、健身设施等企业生活配套设施。完成小米开闭所建设，新装变压器10余台，安装电缆总长约2千米，新建给水管网约1千米，解决企业水电气问题30余处。新建铜梁高新区（旧县组团）污水处理厂，总投资4000余万元，项目位于旧县街道，污水处理能力5000吨/日。新建人才公园绿化景观工程，总投资约6000万元，依托小安溪打造滨水景观绿带，为人才公寓配套打造生活、生态、休闲景观带。对小安溪、淮远河沿线雨污管网整治约18处，沿井河、跳蹬河管网整治约13处，疏通管网约25千米，新建管网约2千米，管网维修总长约4千米。

淮远新区基建。实施市政道路、管网、相关配套设施、房地产开发等项目27个（新建20个，续建7个），完工项目3个，在建项目11个，启动前期工作项目12个，暂缓实施项目1个。其中：龙腾大道西段至少云大道附属工程取得60米宽专项设计段用地红线图、选址意见书、建设规划许可证等前期手续，完成地勘报告；60米宽专项设计段按程序办理初设批复、土地划拨手续等；该项目纳入2022年政府专项债券资金项目，且区财政局完成项目网上申报和项目情况报送。铜梁中学新校区一期工程前期建设手续已办结，并完成一期平场及四栋学生公寓基础开挖（含3号地下车库支护），累计完成土方开挖约23000立方米，平场土方约20万立方米，场内临时道路浇筑约700米，临建生活区建设约5000平方米；项目公司完成长470米配套雨污管网工程施工。融媒体中心、美术馆、智慧城市服务中心、实验一小淮远校区等建设项目前期工作稳步推进。

安居古城景区基建。完成湿地公园道路交通工程、书香文化街区（文庙、县衙部分）等16个项目建设任务。持续推进铜梁导轨电车车辆组装基地及试验线建设项目进度。完成四级公路修建约2.6千米，导轨电车轨道修建约1.6千米，房屋新建及恢复5236平方米，完成休闲中心及码头约70亩配套基础设施建设，新增花箱约500个。

大庙工业园区基建。日处理量5000立方米污水处理厂、日供水量5000立方米自来水厂正式投用，总投资约7000万元。完成金桂大道两侧绿化约200米，总投资150余万元。铺设电力排管约500米，总投资300余万元。铺设供水管网约1.5千米，总投资150余万元。完成土地整治约200亩，总投资200余万元。

【老旧小区改造】 利用中央资金改造老旧小区11个，总投资1105余万元。其中南城街道2个，东城街道2个，旧县街道1个，巴川街道6个。利用区级资金改造老旧小区4个，总投资150余万元。其中巴川街道2个，东城街道1个，南城街道2个。

【背街小巷整治】 巴川街道老旧小区改造。完成2021年中央财政老旧小区改造项目6个和区级财政老旧小区改造项目8个。完成老旧小区、单体楼等“十乱”整治400余个。六顺花园、阳光水岸等21个老旧小区完成管网、弱电等基础设施改造。紫金花园、锦绣花园B区等老旧小区楼栋完成电梯安装70余部，215个小区安装充电桩3250个。发放宣传资料2.2万余份，出动700余人次清除废旧家具垃圾1000余吨、牛皮癣3.5万余处，规范整治小区乱堆乱放3000余次。投放生活垃圾分类收集点873个，建成阳光雅舍等3个智能分类示范小区。全年处置数字化城管中心案件1261件，办结率100%。

东城街道城区整治。发放垃圾分类告知书10万余份，签订垃圾分类承诺书4万余份，新增分类垃圾桶837个，发放分类垃圾袋500万余个，完善垃圾分类标识牌4000余张，张贴垃圾分类广告1000余幅。每日组织环卫队伍404名、水车13台，全年保洁主次干道、背街小巷道路104条228.9万平方米。集中开展市容秩序集中整治6次，规范占道经营1700余处，拆除违规户外广告241处。规范车辆停放2.8万余次，张贴违停告知单1.9万余张，处罚4400余车次。集中整治城区卫生30余次、老旧小区226个、清理垃圾550余吨，清理城乡接合部、城中村及淮远河、高速路沿线建筑垃圾50余吨，清除牛皮癣近2万余处。拆除违法建筑125处，1.69万余平方米。

南城街道城区整治。完善公厕室内设施5座，实施老旧小区综合改造3个，清理清运垃圾873吨。开展裸土整治11处1259平方米，修复破损路面224.09平方米；完善公厕室内设施5座。办结问题交办单126件次，对辖区违法建筑立案103件，整改机动车、非机动车乱停乱放现象2.5万余起，纠正占道经营、油烟污染等违规行为800余起，清理“牛皮癣”3300余处。向辖区居民发放垃圾分类宣传资料48000余份，逐户签订垃圾分类承诺书6279户。全面完成36个示范小区避雨亭安装建设，完成2个升级改造（厢房）点安装建设，全面配置垃圾分类桶1300余组。

蒲吕街道城区整治。完成场镇雨污管网改造2千米；新增城区停车位106个，查处乱停乱放车辆2000余车次；集中整治夜市游摊700余

城区排水设施日常维护。(区住建委 供图)

人次、骑门摊50余个、“牛皮癣”1200余处、违章广告20处;强化“马路办公”,发现并整改问题80余处。全民动员开展环境卫生整治,逐路逐巷,逐铺逐户开展宣传动员和排查整治,发放宣传资料20000余份,整改公共设施破旧、老旧小区脏乱、卫生死角突出等问题291个。

旧县街道城区整治。发放垃圾分类告知书3000余份,签订垃圾分类承诺书300余份,更换分类垃圾桶180余个,新增分类垃圾桶30套,分类手推车30辆,新增箱体垃圾箱130个,清理生活垃圾100余吨。组织环卫工人45名,每天2次全面保洁。集中开展市容秩序集中整治8次,规范占道经营,拆除各种条幅、一店多招160余处。规范车辆停放1000余次,出具处罚决定书27份,清理牛皮癣800余处。整治卫生问题3075个,排查整治公厕5个,化粪池5个。

【环卫设施建设】 一是通过购买市场化服务的方式,建设城镇厨余垃圾收运处置体系,配置专用收运车11辆、专用收集桶4100余个、收运人员35名,共收运2035家餐厨垃圾产生单位及城镇676个居民小区分类的厨余垃圾。二是完成铜梁区太平垃圾填埋场扩容整治工程,新增库容60万立方米,解决生活垃圾处理能力不足问题。引入社会投资2500余万元,建成投用填埋场填埋气发电厂,通过填埋气收集和利用系统,年均减排二氧化碳约1.3万吨,消除填埋场易发生火灾或爆炸的隐患,解决填埋气无序排放对周边环境的影响。三是完成新增500吨/天渗滤液处理设施投入使用,渗滤液处理站达到900/天渗滤

亮丽的白龙大道。(区城管局 供图)

液处理能力，保障汛期垃圾填埋场渗滤液的处理。四是推进“厕所革命”，投入137万元新改建10座城市公共厕所。投入1058万元新改建10座城乡生活垃圾压缩站，提升生活垃圾中转能力。

【灯饰建设】 功能照明维修改造。排查整治完成640套污染、锈蚀特别严重的路灯杆的翻新做漆工作，完成银杮路、中龙路、龙都路等8处路灯变压器、配电箱、检查井和路灯杆等照明设施占用盲道的改造工程。持续开展城乡接合部照明暗盲区的整治工作，加强入城公路沿线及巴川河、淮远河沿线休闲步道等地方的城市照明维修工作，新装416套LED节能灯；排查整治7处暗盲区，共新(加)装路灯27套。

景观灯饰维修。总投资896万余元以公开招标的方式招有资质的单位对铜梁城区夜景灯饰进行维修管理服务，项目周期为两年。

路灯“四化”维护。提高城区路灯、灯饰“四化”管理水平。一是精细化。实施“一杆一号”，完成1.3万余根灯杆编号，故障维修精确到灯杆号；实行市民专线、监控值班、路灯巡查小组联动管理，做到重大电器线缆故障24小时内修复。二是智能化。全面升级城市照明灯饰远程控制系统，实现手机控制报警、地图定位、实时监测和灯饰大小开远程同步更改等功能，24小时不间断对城区路灯、灯饰进行监管，提高运行监管、故障反馈、精准检修智能化水平。三是安全化。开展全区常态化自查和第三方检测，路灯、灯饰用电设施接地电阻合格率达100%。试点新技术，在金龙大道和迎宾大道安装3台电离节储器，保护电路在浸水状况下安全运行。四是绿色化。城区路灯LED节能路灯应用率已达53%，线上制定路灯运行策略，实现按需照明。每月开展1次照度值检测，对一级道路、二级道路、背街小巷科学划分照度区域，满足不同等级道路照明需求的同时避免照度值过高造成用电浪费。

（陈永彬 供稿）

镇村建设

【小城镇建设】 安居镇实施古城书香文化街文庙(二期)和县衙修复，修缮面积1115.495平方米，完成文庙内古建筑结构维护、广场部分及县衙恢复重建，总投资3595万元。平滩镇沿河道栽植苗木12800余株，人行金刚砂步道铺设2000余米；整治场镇道路500余米，绿化道路约1800米；新建管网8500余米，整治周边房屋100余户，硬化裸露地面4000余平方米，修复墙面2500余平方米，绿化面积6000余平方米，规范店招店牌1000余平方米。

【农村危房改造】 2021年，农村危房改造任务171户(C级57户、D级86户、无房户28户)，竣工168户(C级55户、D级86户、无房户27户)。

【农村房屋安全隐患排查】 录入农村房屋安全信息系统16.39万户，其中用作经营自建房2655户，非经营自建房16.03万余户，非自建房1036户。全区已录入存在风险的农村房屋户数9169户，其中用作经营自建房3户，非经营自建房9110户，非自建房56户。完成初判存在安全隐患的房屋安全等级鉴定工作，录入存在风险的农村房屋户数已整治9157户，其中用作经营自建房3户，非经营自建房9108户，非自建房46户。

【城乡接合部整治】 巴川街道接合部整治。对重点区域开展“拉网式”整治，清理生活垃圾等800余吨、枯枝藤蔓160余吨，整改柴棚圈舍、拆除违章搭建等580余处，绿化道路35.8千米、栽植花草45000余平方米，整理院落3350个；完成西郊北延伸段道路、宜机化道路、铜平路口两边旧房整治287户。完成农户改厕143户，全年共清运垃圾1275余吨。新安装农村路灯480余盏，新增“四好农村路”2.58千米，完成西郊示范片公路建设5.3千米，硬化泥结石路16.35千米，村民小组通畅率达100%。投入800万元完成铜昌路至玉皇村城乡融合环境提升工程，新建2米宽彩色沥青混凝土道路和青石人行道4.29千米，绿化跑道两旁面积近13600平方米。评选“清洁文明户”400余户、“美丽庭院”80户。

东城街道接合部整治。加强主干道沿途常态化整治，重点对铜合路、北环路、姜水路、全二路以及所有村（社区）支干公路沿途两旁的绿化美化，在辖区150千米的公路沿线栽植木春菊180万株、美人蕉20万株、五色梅40万株，新建畜禽圈舍、柴棚等350余个，清运垃圾300余吨。加强青羊村1社、全二路花院村段人居环境整治示范点建设，分批对103户农户实施房屋外立面改造，已完成第一批55户农房风貌改造，95户农户卫生改厕有序推进；完成青羊1社示范点山坪塘维修整治工作，铺设沥青道路1043米；完成全二路院落整治16个，规范柴草堆放68处，种植花苗20余万株、优质果树420株。

南城街道接合部整治。完成裸土整治11处1259平方米，修复破损路面224.09平方米，排查整治西郊农机化农村旧房屋23户，完成改厕282户。拆除乱搭乱建构建筑物42处、棚舍52个，新增柴棚52个624平方米。清理清运农村存量垃圾1200余吨，河道清漂28千米，清理沿线垃圾26吨。全年评选最美庭院439个。

蒲吕街道接合部整治。规范辖区内养殖场23家、关停21家，指导5家养殖户实施尾水治理17.87公顷；加大秸秆资源化利用力度，综合利用率达92%以上；推进化肥农药减量增效，完成化肥减量11.3吨、农药减量31.2千克；强化农业生产废弃物资源处置，回收农膜8.3吨。落实林长河长制度，完成小安溪河、淮远河蒲吕段1700平方米浮岛绿植建设，镇、村两级河长累计巡河638次，上报并整改问题16个，清理垃圾110余吨；完成森林抚育133.33公顷、退耕还林质量提升460亩、松材线虫疫木防治3009.3亩。坚决禁止露天焚烧，建立专人专车“日巡”制度，及时处置问题50余条。修建农村厕所75户，硬化泥结石路12千米，延伸农村人饮管网70.85千米。修建农村生活垃圾清运点49个，设置收集点311处，治理覆盖面达100%。

旧县街道城乡接合部升级改造。投入1000万元改造老旧小区，停车场，优化美化公路，新建健身中心，休闲广场。在铜合路、环城路沿线种植木春菊2万株、美人蕉2万株，绿化带处置1000平方米，更换水篾子88个，维修新建路灯200余处。

（李旭波 供稿）

淮远新区建设

【概况】 新城组团——淮远新区。是铜梁生态休闲旅游核心区，铜梁城区南部的城市形象门户，位于铜梁中心城区西南部，毗邻玄天秀水生态画廊。新区规划范围为北至铜昌路，东至白龙大道，西至佳胤大道，南至玄天湖南岸区域；总规划面积1220公顷，其中，建设用地766公顷，符合现行总规面积566公顷，不符合现行总规面积200公顷；包含区委、巴川中学、居民小区等已建成多年的地块在内已供地约209.93公顷，除基本农田外，没有供地的存量约143.93公顷；规划人口规模10—12万人。

4A级景区——巴岳山玄天湖度假区。位于铜梁区城南，与城区相伴共存，距重庆主城区51千米，距铜梁城区约2千米，辖区面积约50平方千米。规划范围：东面从319国道龙脑壳起经铜永路红星加油站至三多砖厂止，南面从铜永路三多砖厂起经四方碑沿大足边界至铜大路止，西面从铜大路铜梁大足边界起至铜大路与南环路交叉处止，北面从铜大路与南环路交叉处起经南环路沿龙腾大道延伸段至龙脑壳止。度假区分为巴岳山、玄天湖两大板块。巴岳山板块占地25平方千米，有大小山峰35处，天灯石等景点20多个，由东北向西南蜿蜒于铜梁、大足、永川境内，被誉为“巴岳游龙”，是“重庆小十景”之一。玄天湖板块占地25平方千米，其中包含玄天秀水生态画廊、黄桷门、奇彩梦园4A级景区、西部农林大世界、龙温泉等景点。

【项目建设】 2021年，淮远新区共实施市政道路、管网、相关配套设施、房地产开发等项目27个（新建20个，续建7个），完工项目3个，在建项目11个，启动前期工作项目12个，暂缓实施项目1个。

（李赐太 供稿）

城市管理

【市政设施维护管理】 补齐重要设施短板。建成生活垃圾焚烧发电项目。开展太平垃圾填埋场病害治理，实施拦渣坝智慧监测、有害气体自动抽排利用、浓缩液自动处理，不断夯实区生活垃圾填埋场运行安全。启动垃圾分拣综合处理中心建设。

完成重点民生实事。新建西城小学公交站智能无水公厕等5座公厕；改建滨河公厕等5座公厕。在城区新改建水泵厂等5座垃圾压缩站，在建制镇新改建5座垃圾压缩站。更新城乡环卫作业车19辆。采购配发垃圾分类桶24900个、垃圾箱体750个。

强化设施安全管理。维护人（车）行道约2.3万平方米，修复增添破损设施8000余处，完成15处城乡接合部支路口路面硬化工作，完成城区32座桥梁结构定期检测及病害整治，完成城区6座桥梁“智慧升级”，实现了24小时连续监测桥梁健康状况。城区公共停车位完成智能化收费及安全管理；完成井盖提升300个，树圈铺装整治8200个，无障碍坡道、盲道占用等问题整治600处。

实施“灯明景亮”。对130条主要道路约7200套路灯进行清洗，对640套路灯杆进行翻新做漆。在淮远新区等5处路段安装416套LED节能灯，改建原乡大道225套LED节能灯。完成玉泉公园凤德支路等7处暗盲区路灯安装工作。建成区背街小主要干道装灯率达100%，亮灯率达99%以上。

【环境卫生管理】 制定完善《铜梁区城市环境卫生管理作业规范》《铜梁区乡镇环境卫生和农村生活垃圾收运作业管理规范》《铜梁区场镇管理指导意见》。新增更换各类环卫车辆19台，城市主要道路机扫率达到95%以上，城区现有机扫车辆53辆。对区级6条重点河流的清漂保洁，城区53个公共厕所日常管护以及城镇餐厨垃圾收运等工作进行市场化、规范化、专业化管理。全面推进城乡生活垃圾分类，投入2400余万元建成示范街道4个、示范村215个，涉及城乡居民约20万户，设置生活垃圾分类收集投放点15360个，配备专兼职生活垃圾分类巡检员、宣传员、指导员1478名，提升生活垃圾减量化、资源化、无害化处理效果。

【园林绿化管理】 绿地增量。新增城市绿地面积60万平方米。在原乡公园、市民服务中心等城市节点窗口摆放鲜花50万盆、设置“庆祝建党100周年”主题绿雕9处，“增花添彩”庆祝党的百年华诞。

绿化提质。实施街头绿地提质，清理街旁边角地、闲置地11.5万平方米，打造精品绿化节点；完成白龙大道、迎宾路、巴川河绿道等5个街头绿地提质民生实事项目。完成淮远新区基础设施建设项目、大道公园草坪补植工程、铜平路口节点绿化3个“城市园林绿化补缺提质”项目，绿化美化面积约11.2万平方米。因形就势完成

人民公园更新提质景观。(区城管局 供图)

原乡大道、人才公园、三角梅基地等5个坡坎崖绿化美化项目建设,打造立体“挂毯”301万平方米。

公园更新。利用城区边角地建成总面积近8000平方米的晏滨路社区体育公园。打造社区“微公园”3万平方米。完成姜家岩社区公园更新提质和大道公园提质工程,在人民公园新增儿童游乐设施220平方米,游乐设施10组。

增色添彩。在城市重要节点实施提质改造,完成南城街道外绿化提质、西环路城乡接合部7.1千米绿道建设和绿化提升工作,完成西环路高架桥节点人行道和绿化改造、法官学院环境品质提升项目,巴川河沿线裸露地面补植工作,对白龙大道、龙腾大道互通口进行梳理补植,新增开花植物和色叶植物,为市民打造赏心悦目的绿化美化景观。

【城市环境整治】 充分利用城市管理执法勤务宝,对人行道违法停车进行查处,累计查处乱停放车辆10.57万余台次,坚持柔性执法,实行执法与普法相结合,线下学习、线上答题免罚7万余人次。

全面推进“生命通道”集中清障行动,全区116个高层建筑小区全部落实标识化管理,新增停车位1417个,各类专项行动实施行政处罚18582件。

采取“点线面”结合方式整治违法建筑,整治锦天水岸、梦湖山庄等19个小区违法建筑10713.5余平方米,强制拆除15户,罚没2389万余元。

建成城区渣土车辆监控系统,成立渣车治理专班,对全区45个工地开展建筑垃圾联合执法专项整治,查处违法运输倾倒建筑垃圾案件39件。

(区城管局 陈永彬)

2021年重庆市铜梁区城镇市政设施统计

指　　标	
车行道路长度(千米)	216.00
车行道路面积(万平方米)	370.00
人行道长度(千米)	408.00
人行道面积(万平方米)	167.00
桥梁数(座)	45
路灯盏数(盏)	26226
排水管道长度(千米)	
# 污水管道	

2021年重庆市铜梁区城镇园林绿化统计

指　　标	
绿化覆盖面积(公顷)	2353.91
# 建成区	1746.91
园林绿地面积(公顷)	2304.91
# 建成区	1697.91
公园绿地面积(公顷)	641
人均公园绿地面积(平方米)	
动物园、公园个数(个)	22
动物园、公园面积(公顷)	524.82

建筑业管理

【概况】 建筑施工企业。全区共有建筑业企业210家,其中,一级施工总承包6家,一级专业承包2家;二级施工总承包13家,二级专业承包68家;三级施工总承包62家,三级专业承包13家;不分等级专业承包35家;施工劳务不分等级11家。引进总承包企业0家,调出0家。

房地产开发企业。全区共有房地产开发企业70家,其中一级3家,二级67家。全年新办房地产开发资质4家,暂定资质延期8家,核定资质0家,重新新办资质4家,正式资质检验1家。

建筑业生产总值。建筑业注册地总产值316.62亿元,全市排位第14、都市区排位第11;增速15.4%,全市排位第19、都市区排位第8。建筑业增加值110.06亿元,增速2.3%,占全区GDP比重达15.6%,拉动GDP增长0.4个百分点。

房屋竣工与营销。房屋施工面积约395万平方米，同比减少8.1%，其中新开工面积175.67万平方米，同比增加27.8%。新开工住宅面积111.72万平方米，同比增加102%。全年房屋竣工面积219.66万平方米，同比增加40%，其中住宅竣工面积108.63万平方米，同比增加7.7%。全年商品房销售面积104.83万平方米，下降26.31%，其中住宅销售面积77.60万平方米，增长3.1%。商品房销售额68.66亿元，减少4.7%，其中住宅销售额56.52亿元，增长18.1%。

【行政许可标准化建设】 完成业务受理事项3733项，其中工程建设项目审批受理事项1228项（立项用地规划阶段受理232项，工程建设许可阶段受理155项，施工许可阶段受理465项，竣工验收阶段受理234项，并行推进阶段受理142项）；非工程建设项目审批受理事项2505项，办结率100%。全年共收到4300条评价，好评率99%；开展全程代办服务项目420个。

【施工许可】 建筑市场监管。完成项目开工前施工现场踏勘118个，办理施工许可证118件，建筑面积184.58万平方米，合同造价31.48亿元，同比分别增加10.28%、29.91%、13.03%，其中房地产开发项目30件，建筑面积100.56万平方米，合同造价为16.28亿元，同比分别增加275%、74.46%、81.49%。全年共收取城市建设配套费2.19亿元。

房地产开发项目管理。办理项目资本金存入16件，金额29563.35万元，按规定使用项目资本金办理38件，金额12811.64万元。办理房地产开发项目建设方案备案7件。

【建筑行业监管】 建筑质量监管。新报质监项目107个，其中房屋建筑项目87个，建筑面积137.4万平方米，市政工程20个，总投资7.98亿元。未完待结转工程项目285个，其中房屋建筑项目115个，建筑面积240.4万平方米，市政工程170个，总投资16.81亿元。竣工验收项目82个，其中房屋建筑项目73个，建筑面积156.35万平方米，市政工程9个，总投资1.56亿元。

工程安全监管。新报监房屋市政工程项目51个，总造价30.13亿元，其中房屋建筑工程32个，建筑面积108.29万平方米，造价20.12亿元；市政基础设施工程7个，造价9.48亿元；土石方工程12个，造价5379万元。开展“建安”系列行动，共计出动各专项整治、日常检查1866人次，检查建筑工地804个次，排查并督促整改一般安全隐患4363条。下达限期整改通知书260份、局部停工通知书30份、停工通知书27份，行政处罚决定297起。项目经理违法违规行为记分56人次共241分。制作、印发、张贴各类安全宣传手册、横幅、海报1700余份，组织“安管人员”继续教育1次。

违法建设查处。立案办结一般程序行政处罚案件31件，累计处罚金额138.4余万元。针对参建各方人员履职不到位的问题，下发责改通知书88份，责停通知书22份。

【“智慧工地”建设】 加快“智慧工地”试点工作，不断推进建筑施工信息化、智能化、标准化建设，先后续建、新建昕晖·璟尚、金川紫云府等16个“智慧工地”示范工程，完成市住房城乡建委下达“智慧工地”创建目标任务。利用人员实名制登记、危大工程管控、起重机械黑匣子管理、视频在线监控等系统和平台，切实加强建筑工地“智慧”管控，进一步提升在建项目安全生产监管效能。

【建筑节能】 全年建筑能效（绿色建筑）测评与标识通过147栋，建筑面积约75.09万平方米。执行绿色建筑标准项目119个，建筑面积约64.09万平方米。

（李旭波 供稿）

供电

【概况】 2021年，国网重庆电力公司铜梁供电分公司完成固定资产投资1.315亿元，营业收入12.85亿元，同比增长20.80%。安全生产实现“八不发生”，荣获“安全文化示范企业”称号。

【供需服务】 为铜梁区内23个乡镇、5个街道供电，供电面积1343方千米，供电服务人口84万人。2021年，公司完成售电量24.4亿千瓦时，同比增长17.49%。其中：第一产业用电0.32亿千瓦时，同比增长50.89%；第二产业用电13.82亿千瓦时，同比增长20.61%；第三产业5.34亿千瓦时，同比增长18.46%；城乡居民生活用电4.92亿千瓦时，同比增长7.19%。

为构建良好电力营商环境，提升“获得电力”指数，公司深化全国首个水电气“三厅合一”营业厅，合作办理其他能源企业收费、报装、报修等业务2.3万笔，有效打通便民服务“最后100米”。公司将小微企业办电环节压减至2个；由电网投资至企业红线，为客户节约办电成本2700万元；压缩接电时间，高、低压客户的平均接电时间分别缩减至32.06天和2.88天，比对外公开的承诺用时减少53.9%和42.5%。走访工业企业153户，解决用电安全隐患问题25项。

持续深化“三全三防”反窃电工作体系，以大数据分析为支撑，反窃查违累计查处窃电、违约用电65户，追补电量12.33万千瓦时，收取追补电费及违约使用电费60万元。贯彻执行工商业降价降费政策，累计为企业减少电费支出约386万元，会同市场监管局积极开展转供电加价规范清理，帮助106户转供终端用户退费约38万元，落实市场化电价改革，直接交易规模达11.88亿千瓦时，占比公司全量用户售电量49%。

【主要工程建设】 2021年，重庆铜梁垃圾发电厂110千伏送出工程、重庆铜梁相国寺专用站接入35千伏间隔扩建工程竣工投运，新增110千伏线路6.58千米。属地项目重庆铜梁—全德（盘龙）220千伏线路工程顺利开工。

完成116个农配网项目建设，总投资7300万元，进一步提高铜梁地区电气化水平，为乡村振兴提供能源保障。其中，政企合作投资842万元，共治理33处农村电网薄弱环节，覆盖平滩镇、安居镇等7个镇街11个行政村2138户居民，解决低电压台区、重过载台区、老化线路、配电设施安全隐患等突出问题，保障群众利益。

（池之恒 供稿）

供水

【概况】 全年生产经营和重点项目建设有序推进，未发生安全事故。

主要经济指标，保持稳中有升。2021年区龙泽水务有限责任公司实现营业收入12955万元，完成目标任务的108.44%。实现利润总额2915万元，完成目标任务的100.34%。截至年底，公司资产总额为173438万元，负债总额为47514万元，资产负债率为27.40%。

聚焦主责主业，全力保障供水安全稳定。全年生产取水4282.37万立方米，较2020年增长19.51%；自来水供水量4056.99万立方米，较2020年增长20.08%；自来水售水量3290.84万立方米，较2020年增长23.39%，完成全年目标任务的110.94%；自来水产销差率18.88%。2021年全年供水工作总体平稳有序。

【重点工程项目】 2021年，同心桥水库代建项目完成枢纽工程主体工程建设，超计划完成建设任务和投资计划；铜梁区太平水厂工程（一期）按计划开工建设；铜梁琼江安居提水二期工程（远期五万吨）新增部分、铜梁区龙腾大道（金川大道延伸段至白龙广场）供水管网工程以及铜梁区高楼、维新水厂改造工程完成建设任务；配合区水利局，积极争取移民资金，实施铜梁区虎峰镇2021年农村饮水安全巩固提升工程及铜梁区平滩镇移民安置区农村人饮水管网改造，圆满完成区政府交办的重点民生任务。公司全年7个基建类项目均顺利完成。

【优化服务】 一是坚持创新探索，“农村智慧水厂关键技术研究及应用”项目顺利通过重庆市科技局结题验收，探索建设农村“智慧水厂”新样本。二是结合“智慧水务”建设，拓宽服务渠道。将新用水报装管理系统与公司微信公众号进行连通，上线微信、支付宝等水费缴费方式，推出水电气“三厅合一”业务，提升供水服务办事效率。

【城乡供水一体化发展】 一是推行规范化管理。对乡镇供水安装及抢维修业务进行外包，以提高供水管网事故抢修效率，更加合理调配抢险资源，快捷、规范完成各类抢维修工作，最大程度杜绝用水安全事故的发生，提升用户满意度。二是推进智慧水务在场镇的运用。积极建设营销管理系统，对各场镇一户一表进行电子身份标定，采用现代化智能抄表、收费管理系统，提升抄表效率。推行DMA分区计量管理，有效控制管网漏损率和产销差率。以石鱼镇作为探索镇街场镇供水管网DMA分区计量管理试点，通过探索和建立契合场镇供水管网实际的、科学的、网格化、精准化的管网漏损管控体系，实现场镇供水管网精准控漏，石鱼场镇供水有效率提高到90%以上。三是开展争资立项工作。通过农村饮水安全巩固提升工程和移民安置区农村人饮管网改造工程，对虎峰、平滩、石鱼、永嘉、旧县5个乡镇的农村管网及相关设施进行改造，争取上级补助资金约4874万元，由龙源乡镇供水公司作为业主，实施改造。2021年虎峰镇、平滩镇农村饮水管网改造工程进入施工阶段。

（周波 供稿）

供气

【概况】 2021年重庆潜能燃气股份有限公司建成高压长输管线37.7千米，中低压管线4000余千米，阀井900座，调压箱4767个，中压配气站2座，页岩气撬装站2座，无人值守站1座，水容积2000立方米球罐1座（最大储气能力：3.2万立方米），依托于遂宁磨溪气田，公司投资建设潼南至铜梁Φ273高压管线，具备日供气能力100万立方米，发展各种用气户20余万户。公司具备“双气源”供气，确保天然气持续、稳定、安全供应，2021年供气总量逾1.4亿立方米。同时，中贵管线穿铜梁而过，并在铜梁设有太平分输站，给铜梁的天然气供气保障提供了坚强后盾和一流的服务。

【基础设施建设】 一是建成产业大道至全蒲路dn400PE供气管线，该管线输气能力可达到50万方/天，可满足该片区及发展区域的用气需求。二是建成太平无人站至平滩dn160PE供气管线，该管线及原有dn125PE供气管线输气能力可满足侣俸、平滩沿线的用气需求。三是建成石鱼镇盐田村至土桥镇新田村dn110PE供气管线，该管线输气能力可满足玉峡精细化工及沿线村民的用气需求。

【经营业绩】 2021年公司全年截至年底共发展各类天然气用户22120户，其中新增入户13645户。全年供气12481万方，营业收入达34495万元，上缴税费达1710万元。

（熊林 供稿）

铜梁区城镇供水及供气情况对比

指 标	2020年	2021年
城镇供水		
综合生产能力(万立方米/日)	10.00	
年末供水管道长度(千米)	582	
供水总量(万立方米)	2890	
#生产运营用水	303	
公共服务用水	392	
居民家庭用水	1578	
消防及其他用水	76	
用水户数(户)	173726	
#家庭用户	163985	
用水人口(万人)	27.00	
用水普及率(%)	100.00	
城镇供气		
天然气供气总量(万立方米)	10188	12481
#家庭用量	6523	7862
天然气用气户数(户)	212877	226522
#家庭用户	207905	221200

商贸服务

综述

【概况】 全区商业综合体营业面积10000平方米以上的有万达、重百·商社汇、宝莲·协信新光天地、财富中心、潜能商都等，均已相继开业营运。营业面积1000平方米以上的各种超市18个。其中：超联购物中心营运面积超过10000平方米、重百商场龙城国际7000平方米、永辉5000平方米；1000平方米至5000平方米的商场超市有苏宁电器、重百电器等21个。

【商旅融合】 高质量打造"龙文化旅游名城"，科学谋划文旅"十四五"规划、体育"十四五"规划、商贸服务"十四五"规划等发展蓝图，形成定位准确、统一衔接、功能互补的发展新模式，不断推动农文体商旅融合发展。宝莲·协信星光天地开业运营，万达广场经营正常，商圈人流达1100万人次，经营面积达45万平方米，实现销售额8.6亿元。组织23家企业参加104届中国糖酒会，签订购销合同2100余万元，组织开展皇廷汽车展销会和第六届西部汽摩展，拉动消费1825万元。承接全市"老字号"协会年会，促成铜梁区龙裕公司与重庆"老字号"协会达成合作意向。"香即福""鑫佳保"2家企业被评为重庆老字号，截至年底共计6家。组织区内22家企业参加2021中国（成渝）美食工业博览会。举办全市"巴渝工匠杯"保健服务行业技能大赛，铜梁原乡小艾获艾灸二等奖。

（吴桐 供稿）

【市场建设】 各类专业市场。全区各类大中型专业市场共11个，经营面积35.87万平方米。其中：居然之家建材市场，经营市场3万平方米；杰民农副产品批发市场，经营面积4.2万平方米；龙迈家居建材市场，经营面积约3万平方米；建玛特铜梁商场，经营面积4.2万平方米；百汇国际建材市场，经营面积约12万平方米；重长司铜梁汽车北站五金交易市场，经营面积1.8万平方米，百事达汽车交易市场，经营面积0.5万平方米；友谊蔬菜批发市场0.2万平方米；杰明商贸农副产品批发市场经营面积1.1万平方米；仙鱼塘水果批发市场，经营面积0.17万平方米；电动车摩托车交易市场，经营面积0.6万平方米，快递物流市场（城乡共同配送中心），经营面积1万平方米。全区农贸市场共54个，经营面积约18.7万平方米。其中：城区经营的标准化菜市场15个，经营面积约6.2万平方米；镇规范化农贸市场35个，经营面积12.5万平方米，标准化智慧化菜市场1个，经营面积2700平方米。

龙城天街建设。总规划用地面积约46.67公顷，总建筑面积130万平方米，其中商业用房70万平方米、酒店15万平方米、办公写字楼20万平方米，是重庆市除主城以外最大的商圈。商圈内有万达广场、宝莲·协信新光天地、商社汇、财富中心、潜能商都六大商业综合体项目。建成投用沥青公路7条2.9千米，路灯900盏，公厕2座，直饮水设施4处，树池座椅10处，龙形投影1个，生命之树特色灯饰景观1处，完成9栋楼的灯饰工程装饰，广场铺装5万平方米，建立完善智慧停车系统、可视系统。

【物流发展】 全区有规模以上(50辆以上)道路货运企业12家，危化品运输企业4家，入驻的快递企业10家，物流企业在全区布局网点61个，仓库面积达到194.6万平方米，其中物流及快递仓库面积1.44万平方米。2021年，依托重长司货运场，着力打造城乡共同配送中心，着力构建区内商贸物流体系，主要提供快递、第三方物流、仓储服务、大型物件、普通货物运输、货运物流信息交易等综合服务；在镇、村一级大量设立商贸物流网点，着力建设三级物流配送体系。全区46余家货运物流企业已向城乡共同配送中心聚集，区内商贸物流体系逐步得到完善。商贸物流企业信息化水平不断提升，信息化率达到100%。

【市场运行态势】 2021年全区GDP实现704.50亿元，第三产业增加值257.79亿元。其中，批发和零售业增加值39.55亿元，同比增长22.8%；住宿餐饮业增加值13.34亿元，增长17.7%。全区实现社会消费品零售总额276.5亿元，同比增长25.7%；批发销售额163.8亿元，增长51%；零售业销售额182亿元，增长29.3%；住宿营业额2.87亿元，增长33.1%；餐饮业营业额51.27亿元，增长29.8%。年内新发展限额以上商贸单位61家，累计524家。

（张国平 供稿）

龙城天街商圈

【概况】 2021年，龙城天街商圈主要商业综合体总营业额89616万元，同比增长34.4%，总客流量1905.25万人次，同比增长31.9%，其中：铜梁万达广场营业额约47330万元，同比增长15.44%，客流1108.5万人次，同比增长8.6%；重百铜梁商场营业额14252万元，同比增长10.26%，客流量141.15万人次，同比增长7.2%；居然之家铜梁店营业额14800万元，同比增长30.98%，客流量67万人次，同比增长8.1%；宝莲·协信星光天地营业额13234万元，客流量588.6万人次。

【重点工作】 年初宝莲·协信星光天地建成投用，开业头两天客流量21.3万人次，销售额1278万元。以爱情为主题的龙城喜街、以民国火车站为主题的龙城驿站、以店铺美食为主题的龙城西市3条主题街区于年初开街。依托区文化馆·龙城天街分馆打造群众文化艺术中心广场，促进商文旅融合发展。新引进真冰溜冰场、剧本杀、密室逃脱，星巴克等新业态和知名品牌。

【商圈活动】 “第六届中国西部铜梁国际汽摩春销展”“铜梁·巫山2021消费帮扶购物节暨双城经济圈建设铜梁·遂宁·安岳2021特色商品购物节”“铜梁区农民丰收节农特产品展示交易会暨首届秋季食品展示交易会”“婴童博览会”等一系列互动参与的会展活动和优惠促销活动，吸引客流近600万人次，带动消费近3亿元。“迎接北京2022年冬奥会倒计时200天·暨2021重庆市冰雪运动‘七进’活动——进铜梁区政府机关”“龙城天街商圈庆祝中国共产党成立100周年文艺会演”“颂歌献给党”群众歌咏大会、“学党史、强信念、跟党走”青春歌会、“夏日送清凉”等公益活动在商圈举办。

（廖勤勤 供稿）

批发零售业

【概况】 截至2021年底，全区商贸市场主体累计达到42791户，其中企业8214户，个体工商户34577户。批发和零售业29568户，其中企业6566户、个体工商户23002户；住宿和餐饮业10752户，其中企业729户、个体工商户10023户；居民服务、修理及其他服务业2471户，其中企业919户、个体工商户1552户。

铜梁部分大中型零售企业销售额统计(单位:千元)

企业名称	2020年销售额	2021年销售额	同比增速
重庆市铜梁县超联商贸有限公司	218281	259356	18.82%
重庆华乙欢电子商务有限公司	16114	19765	22.66%
重庆市铜梁区卓信电器有限公司	35350	44623	26.23%
重庆市奇镁摩托车销售有限公司	39350	45686	16.10%
重庆金泉商贸有限公司	78016	84571	8.40%
重庆市铜梁区锦辉商贸有限公司	81016	98814	21.97%
重庆市铜梁区宏扬家私有限公司	62424	68553	9.82%
重庆润文商贸有限责任公司	126388	157651	24.74%
重庆市铜梁区新世纪车行	110734	125148	13.02%
重庆市铜梁区昊川汽车销售有限公司	242304	257049	6.09%

(张国平 供稿)

特种商品流通

【成品油】 全区有在营加油站43座,其中中石油公司16座,中石化公司5座,中铁建公司1座,中航油公司1座,中外合资企业1座,民营企业19座。年内全区成品油消费量11.58万吨。其中,汽油消费量6.28万吨,占54.23%;柴油消费量5.3万吨,占45.76%。

【报废汽车】 积极培养大型报废汽车拆解市场主体,报废汽车大型拆解处理中心征收土地1.2万平方米,建成后年处理报废汽车能力达1万辆,处理废旧物资能力达1万吨。

【再生资源】 2021年,通过政府引导和市场竞争,再生资源回收体系与垃圾分类处理系统“两网”融合发展进入建设实施阶段。铜梁区的再生资源回收布点更加合理,形成点面结合、三位一体的再生资源回收网络体系。

(张国平 供稿)

粮油购销

【概况】 2021年政策性和市场化粮食收购有序进行,各部门通力合作,有效应对处置2021年产新粮食超标风险,阻断超标粮食流入口粮市场和政策性收储,保障了种粮农民合法权益。应急体系进一步健全,粮食安全防风险能力稳步提升。粮食流通市场运行有序,监管到位,着力保障铜梁区粮食安全。

粮食收购。2021年,全区收入粮食21.76万吨,其中从生产者购进2.76万吨,从企业购进10.43万吨,储备粮油转入3.66万吨,加工成品收回2.98万吨,其他收入1.93万吨。

粮油销售。2021年,全区粮食支出20.39万吨,其中销售8.98万吨,转作储备粮油3.66万吨,加工原料付出3.18万吨,转化用粮3.07万吨,其他支出1.5万吨。

粮食储备。全区储备各类政策性粮食约13

铜梁区2021年与2020年稻谷收购价格对比表

2020年收购价					
时间	1.1—3.3	3.4—8.9	8.10—8.23	8.24—10.21	10.22—11.22
价格	2.54	2.62	2.62	2.68	2.80—2.84
注:2019年国家最低收购保护价为2.54元/千克(2020年执行2019年最低保护价)					

2021年收购价							
时间	1.1—3.2	3.3—3.22	3.23—4.22	4.23—8.11	8.12—9.26	9.27—11.11	11.12—12.31
价格	2.54	3.10	3.06	2.90	2.82	2.76	2.70
注:2021年国家最低收购保护价为2.56元/千克							

万吨,区级成品粮2500吨,可满足全区常住人口15天市场口粮消费。

粮食安全保障基础完备。进一步健全粮食安全应急保障体系,在全区范围内设立了33个应急保供网点,实现28个镇街全覆盖,确定2个应急加工生产企业,日最大加工能力为230吨,另确定1个应急保障中心和1个应急配送中心,全面提升铜梁区粮食安全保障基础。

粮食流通管理体制完善。铜梁区深入落实粮食流通管理改革,一是粮食收购许可制变更为备案制,全区有7家粮食收购企业进行了备案。二是建立健全粮食收购联合机制,统筹区级各部门力量,联合开展粮食收购安全监管,协同做好相关工作。三是加强粮食流通领域监督检查,开展"亮剑2021"专项执法活动,严厉打击粮食流通领域违法行为,保障粮食流通安全。

▶ 2021年9月,开展区级粮食安全联合检查。(区发改委供图)

【粮库建设】 **粮库**。铜梁区有库区58个,其中国有企业库区为49个;非国有企业库区9个,新增3个。

仓容。全区共有标准仓房仓容295984吨,其中:完好仓容241542吨,需大修仓容52682吨,待报废仓容1760吨。完好仓容中,平房仓仓容为237310吨,占98.25%;立筒仓仓容2900吨,占1.2%;楼房仓750吨,占0.31%;其他仓型582吨,占0.24%。区内有油罐15个,罐容327吨,比上年增加3个油罐，罐容增加42吨，同比增长14.7%。

储粮设施设备。为提高粮食储存质量，保障粮食安全，积极开展绿色储粮技术应用改造。在保持环流熏蒸仓容202295吨，粮情测控仓容202295吨，机械通风仓容202295吨规模基础上，2021年新增7845吨气调储粮仓容，准低温储粮仓容达到167490吨。

绿色储粮技术应用范围扩大。全区共有准低温储粮仓容167490吨，比上年增加12264吨，同比增长8%。加强了氮气储粮建设，减少药物熏蒸对粮食的影响和安全生产隐患。实施控温储粮，减少了化学药剂的熏蒸和药物残留，粮食理化性质的变化受到控制，储粮品质得到提高，市场竞争力和占有率得到增强，出库销售的高品质、高营养粮油满足了广大人民群众对绿色、健康、放心的粮油产品的需求和健康生活需要，提高了社会效益；实施控温储粮，储粮害虫得到有效抑制，减少化学药剂的熏蒸和PH3气体的排放及药物残渣对环境的污染，提高了环境效益。准低温储粮有效延缓粮食陈化，减少化学药剂污染，全区粮食安全水平进一步提高。

（胡大庆 供稿）

国家储备粮管理

【概况】 重庆市铜梁区储备粮有限公司是市属国有重点企业重庆市储备粮管理有限公司的全资子企业，下设有重庆铜梁粮食储备库有限公司、重庆市铜梁军粮供应有限公司2个子公司，巴川、平滩2个分公司以及工业、酒类销售中心2个专业公司，控股重庆铜梁龙文化发展有限公司。有绿色优质粮油种植基地3个，国内一流的大米加工生产基地2个，传统工艺菜籽油生产线2条。

2021年，按国家统一购销价，全年购入粮油15.75万吨。其中，从生产者购进7.12万吨，从企业购进8.63万吨；销售粮油13.71万吨，加工粮油5.18万吨，实现利润185.74万元，比同期646.26万元，减少71.26%，均完成计划目标任务。全年无生产责任事故和不稳定信访事件。

【内外市场发展】 巩固本地市场。依托粮食储备库优质粮源和绿色食品生产基地，以公司高效加工产能为后盾，发挥专业营销团队优势，提升优质服务水平，守住军队、校园粮油需求等传统项业务阵地；拓展“铜梁龙”龙乡米、龙贡米、丝苗米、铜梁龙菜籽油、侣俸小榨香型菜籽油等品牌产品销售业务，抢占本地市场份额。

发展外地市场。加强与重庆啤酒、五粮液股份公司、泸州老窖酒厂、重庆大正饲料公司等用粮企业的沟通联系，双方保持良好合作态势，全年销售重啤特种米1.32万吨，较2020年增加29.4%，销售重庆大正饲料公司、个体户等玉米0.51万吨，实现利润47万元，销量与效益同比增长，向泸州老窖酒厂、五粮液酒厂销售高粱0.74万吨、谷壳1.89万吨等，经营利润可观。

开拓新市场。以企事业单位为突破点，向三峡银行、农商行、商超等客户，销售大米及油脂，开展大客户互惠经营合作，在合川、潼南、大足等周边区县，重庆批发市场及大型商场等开拓新市场，与红蜻蜓、四川德阳等油脂厂商联姻，主攻品牌油脂销售，全面打开经营销售渠道。

终端销售巩固提升。充分发挥专业人才营销才能，加强与大型商户、客户的沟通联系，巩固老客户、开发新客户，巩固终端销售市场，2021年终端团队销售粮食0.09万吨、油脂0.07万吨，实现毛利168.86万元。

网络平台营销。通过国家粮食交易中心网竞买、竞卖政策性粮食5.07万吨，较2020年增加15%，累计采购粮食2.95万吨，销售粮食2.12万吨，特别是小麦挂网销售1.79万吨，实现了利润最大化，保障轮换任务顺利完成；同时发挥互联网平台作用，延展销售经营边界，积极拓展销售渠道，以“铜梁龙”互联网网站平台为基础，积极利用“巴味渝珍”“香满园”等电商合作平台，大力开展网上宣传与销售，进一步推动“铜梁龙”产品上线业务，扩大品牌影响力，年末，实现粮油产品网络销售金额11万元。

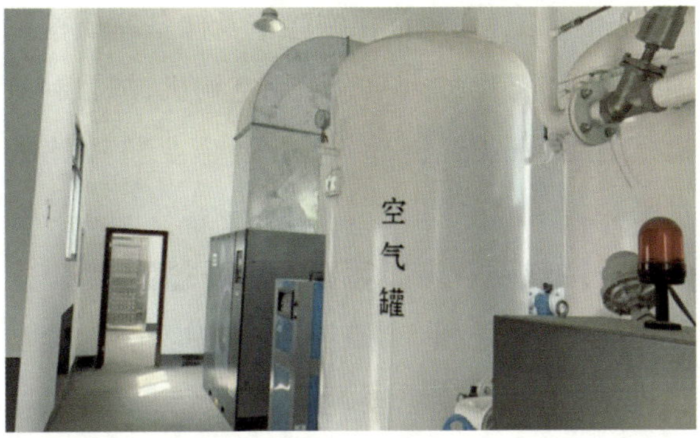

▶ 铜梁储备粮公司制氮机房。（戴刚 摄）

【经营管理】 严格审批程序。认真落实“三重一大”决策制度和民主经营决策制度，重大经营业务按规定报批实施；购销合同实行会签审核，重要购销合同征求法律顾问意见；全年签订执行购销合同116个，无经营、法律纠纷，无呆滞账款发生。

防控经营风险。外购外销遵循“采购先货后款、销售先款后货”经营方式，有效规避经营风险；严格赊销限额和限额审批制，建立营销客户库，实行分类管理，加强与经营客户沟通联系，密切跟踪业务情况；根据客户信用和业务量大小确定赊销限额，做到既巩固经营关系又防控经营风险。

保障经营业务。严格落实市储备粮公司统采办法，对市外政策性粮食采购实行网上交易，规范交易行为；开展经营保险托底工作，购买重啤经营销售商业信用保险和粮油食品安全责任险，增强企业抗风险能力；修订完善《粮食购销合同》《客户信用管理》等制度，保障经营工作合理化、规范化，落实内控管理。

【粮库建设项目】 2021年公司粮库建设项目投入285.17万元，其中财政资金183.59万元，公司自筹资金101.58万元。配置了12台粮仓专用空调机，加强制氮机房建设和各管网建设全面完成；满足企业控温储粮需要，取得显著成效。

【仓储管理】 2021年全区储备各级粮食全部按照国家规范储粮相关管理要求储存，做到数量真实，账实相符，质量良好、储存安全。同时以公司仓储技能人才为支撑，加大储粮新技术、新工艺的推广应用，积极开展机械通风、环流熏蒸等“四合一”和“浅层地能低温”及“空调控温”等储粮技术的应用，确保政策性粮食管理规范，储存安全。

突出主责主业抓收储，加强基础管理。一是坚持内外统筹，全力做好粮食收储工作。针对本地种植面积减少，市场流通粮食不多且存在部分粮食卫生检测不合格的实际，严格落实片区价格联动协调机制，统筹本地、外地两个市场，加强区内种植大户、个体烘干户和粮食经纪人对接的同时，组织专门力量前往粮食主产区进行考察调研，充分利用市储备粮公司粮食采购平台，严控采购、运输、入库各环节质量，多渠道、多形式组织优质粮源，有效确保粮源不断，质量良好。二是落实仓储基础管理，确保仓储工作规范化。严格仓储管理制度和粮情检查，坚持储粮安全查仓制度、清洁卫生制度和粮情分析例会制度，确保制度完善，落实到位；加强规范储粮管理，从库内到库外，从制度到技术，严格按照储备粮管理规范要求，做到卫生达标、记录规范，储粮安全、措施科学合理；开展“十三五”国家重点研发项目——熏蒸杀虫过程效果监视的验证。三是争取政策支持，确保财政资金配套。争取财政资金在铜梁粮食储备库开展

“优质粮食工程”规范化实验室及储备库质检室项目建设，配置12台粮仓专用空调机，加强制氮机房建设和各管网建设，增强企业整体储粮水平。

坚持软硬兼施抓管理，强化质量监督。一是加强储粮新技术、新工艺的推广应用，继续推动机械通风、环流熏蒸、计算机粮情检测技术，积极运用谷物冷却机、浅层地能低温及空调控温储粮技术，控制和保持粮堆及空间温度，实现低温或准低温储粮。采用谷物冷却机补充冷源进行整仓降温，所有储粮仓间进行空调控温，基本实现准低温储粮。二是加强技能人才培养。以技能人才工作室为平台，开展仓储、质检专业技能人才培养，组织并选拔专业人员参加重庆市发展和改革委员会、重庆市储备粮管理有限公司举办的仓储技能培训学习；加强人才技术与仓储工作的有机结合，学以致用，在安居储备库继续开展“浅层地能低温绿色储粮技术实践与应用”，优化经济运行模式，按照实施方案有序开展。三是加强质量监督。一方面开展稻谷产新质量调查，掌握全区本年产新稻谷质量状况，为公司制定粮食入库策略提供数据支撑；另一方面严格收购粮食质量指标控制，特别是食品安全标准指标控制，禁止不合格粮食入库，严把质量关，对超标粮食单收单储，严格按照超标粮食处置办法执行。

【粮食轮换经营管理】 全年完成中储、市储轮换计划，其中轮出中央储备粮稻谷1万余吨（轮入由中央储备粮重庆直属库）；轮出重庆市级储备粮稻谷1万余吨，轮入重庆市级储备粮稻谷1万余吨，轮出重庆市级储备小麦2万余吨，轮入重庆市级储备粮小麦2万余吨，完成年度轮换计划的100%。全年区内纯收购稻谷0.67万吨，占全年计划的149.30%；收超标粮食0.24万吨，为农户解决了卖粮难问题。

【内控管理】 承办以“匠心筑梦、砥砺前行”为主题的第一届“重储粮”杯劳动技能竞赛，获得市储备粮公司优秀组织奖，打造工会“效益之家”“民主之家”“文明之家”“温暖之家”“安康之家”五家建设，荣获重庆市金融财贸轻工纺织工会“模范职工之家”称号。

坚持质量为本抓工业，品牌建设有序推进。提升质量管控力，完善质量检测站升级改造，投入万余元购进先进设施设备，提升检验功能；落实ISO9001质量体系，ISO14001质量环境体系、HACCP食品安全控制体系，以及可追溯机制，确保质量安全。抓好双山绿色食品基地建设，用好优质粮食储备政策，有效增加优质粮食有效供给，提升产品竞争力；聚焦市场需求和消费习惯，实施“五优联动”，改进完善生产工艺流程，优化产品结构和包装设计，着力增品种、提品质、创品牌；“龙贡米”“龙乡米”获得重庆市名牌农产品称号，参加“国际农产品展会”“西洽会”“粮交会”“粮食活动周”和粮食质量安全周等活动，有效提升品牌影响力。

坚持推进改革增活力，治理能力水平不断提升。巩固拓展“三项制度”改革，积极推进对标世界一流管理培育具有核心竞争力企业专项行动，有序开展企业改革三年行动；实行经营层契约化管理，完善党组织、经营层议事规则，厘清权责清单，特别是针对涉粮领域专项整治暴露管理漏洞、工作短板，结合行业管理、上级要求进一步修订完善制度100余个；完成军粮供应站与营销公司重组整合，精简优化管理机构；分流人员7人，无遗留问题和安全稳定事项发生；多层次、多形式开展业务，严格对标对表考核标准，落实基础管理督导检查，持续推进基础管理整改、规范、提升。

【财务管理】 2021年全年实现营业收入39860.18万元，比同期42302.64万元减少2442.46

万元，下降了5.77%，实现利润总额2422.75万元；年末，公司资产总额23566万元，负债总额6582.23万元，净资产16983.77万元，资产负债率27.93%。

【安全生产管理】　2021年，公司坚持“安全第一，预防为主，综合治理”的方针，切实加强企业安全生产和环境保护工作，安全工作总体形势稳定，企业持续健康发展。一是提高安全意识，强化安全责任。围绕企业安全生产工作目标，制订全岗位安全生产责任书，做到横向到边、纵向到底，确保安全职责落实。二是加强安全教育，提高职工素质。多渠道开展安全教育和学习，组织安全培训考试，合格率100%；开展消防安全应急演练、粮食熏蒸应急演练2次。三是筑牢安全根基，确保“三个安全”。常态化开展疫情防控，加强职业病防治，落实企业人员职业卫生安全防护，保障人身安全；抓好储粮进出库、电气机械、防火、防汛、药品药剂等管理，规范加工生产现场监管，督促作业安全；建立房屋动态管理机制，制定隐患排查和管控措施，开展危旧房屋改造、加固、维修等除险处理，确保资产安全。全年无重大安全事故发生，无职工集访现象发生。

（邓娟　供稿）

食品药品业

【概况】　2021年全区共有食品药品相关市场主体11850户，即食品生产环节222户（含食品生产企业87户、食品生产小作坊124户、食品相关产品11户），食品销售环节4852户（含保健食品经营548户、摊贩150户），餐饮服务环节4065户（含学校食堂197户、摊贩163户）。

药品医疗器械生产单位21户（药品生产企业3户、批发企业4户；医疗器械生产企业2户、批发企业12户）；药品零售经营企业450户（含经营冷链药品即非口服和外用生物制剂6户）；医疗机构856户（含民营医院、个体诊所、村卫生室），其中取得特殊药品使用资质的单位52户，疫苗接种单位32户（含3家新冠疫苗临时接种点），分发、配送单位1户（区疾控中心）。

饲料兽药生产单位3户，屠宰企业3户，规模以上种养殖业体989户，农资、兽药、饲料经营单位336户；农（集）贸市场53个（含固定摊位食用农产品经营者905户）。

（周国华　供稿）

烟草经营

【概况】　中国烟草总公司重庆市公司铜梁分公司与重庆市铜梁区烟草专卖局合署办公，属“一套机构，两块牌子”，是铜梁区唯一的烟草专卖批发企业，设有营销一级部门1个，二级区域部门3个，卷烟销售人员22人。2021年，铜梁区卷烟订货有效零售户3274户。其中，城市零售户1369户，集镇零售户1078户，乡村零售户827户。

【卷烟销售市场】　全年实现税利1.33亿元，同比增加7.25%，零售商店毛利率从11%提升至14.55%，较好履行了促进地方财政增收、推动社会经济发展的政治责任和经济责任。年内在销卷烟品规250个，其中重庆地产烟品规26个。地产卷烟销量同比增加8.78%，销售额同比增加12.24%，在助力辖区地方经济发展方面发挥了积极作用。

【服务水平提升】　助推城市文明。铜梁分公司始终贯彻“分烟”理念，在辖区共建成吸烟场所60个，助推城市文明形象提升。

推动销售数字化转型。引导零售客户主动适应新零售发展趋势，倡导客户自愿开展零售商店店铺环境打造和提升现代化信息工具运用，建成现代终端260户，发挥形象展示、卷烟销售、消费体验等功能。引导客户做好卷烟扫码

铜梁分公司为客户经理指导现代终端建设。(铜梁分公司 供图)

销售,建成数据终端采集点317户,便于及时掌握市场销售动态,了解市场真实状态,终端数据实现从无到有的突破。同时,利用BI工具对零售商店数据进行可视化展示,强化后台支撑前台的能力。

开展主题营销活动。以微视频、MG等为载体,通过线上直播、现场培训、钉钉群推送等方式,及时向零售客户传达行业信息、营销政策等内容。结合"我与客户共成长"主题营销活动,扎实开展"我为群众办实事",对困难客户进行一对一帮扶,开展驻店指导,提升其经营能力。通过线上线下差异化服务,持续升温客我关系,进一步提升客户服务水平。在全市区县各单位卷烟零售客户满意度调查中,客户满意度分值95.35,位列全市第一。

(张铃 供稿)

供销商业

【概况】 区供销联社有全资企业1个(重庆市铜梁区农民合作社服务中心)、参股重庆市供销控股企业1个(重庆智慧农业服务集团铜梁有限公司)、合作经济联合会1个;恢复基层供销社28个,其中创建巴川街道、南城街道、平滩镇、侣俸镇、永嘉镇、土桥镇基层供销社示范社11个。2021年末,区供销社系统有区级农资配送中心1个、中心镇农资配送站10个、区级废弃农膜中转站1个,镇街和村级庄稼医院18个、农资经营网点54个、再生资源回收网点277个、桐君阁大药房药店40个、烟花爆竹经营网点202个、累计建设村级综合服务社200个、镇级废弃农膜回收站40个、村级综合服务社"星级示范社"29个,基层供销社参股入股农民专业合作社累计16个。

2021年,供销联社完成营业总收入54439万元,同比增长10.21%;营业利润1895万元,同比增长3.05%,资产总计16264万元,同比增长15.26%。

【基层服务体系建设】 一是恢复重建基层供销社28个,实现镇街全覆盖,2021年培育基层供销社示范社5个,在巴川街道、西河镇通过购买商业用房的方式,落实了基层供销社办公和经营场所。二是在全区建设农村综合服务社200个,其中基层供销社与村集体、村民联合创办星级农村综合服务社29个,开展人居环境积分制礼品兑换、日用品销售、农资供应等业务,助推农村集体经济发展。三是基层供销社参股水果、蔬菜、水稻、养殖等农民专业合作社16个,着力探索农村产业融合发展之路。

【"三社"融合发展】 一是与财政局、区农业农村委联合印发《铜梁区推进"三社"融合发展"融合贷"风险补偿资金管理办法》,落实政府风险补偿资金1000万元和贷款贴息资金100万元,与重庆农村商业银行铜梁支行、中国农业银行铜梁支行、重庆银行铜梁支行、重庆铜梁浦发村镇银行融合发展。截至年底,为洪乡水果种植股份合作社、五谷家禽专业合作社等经营主体发放贷款总额达3427万元,有力解决了农业产业发展资金瓶颈问题和基层供销社、农民专业合作社融资难、贷款贵的问题。二是主动联系建设银行铜梁支行,在各基层网点建立473个"裕农通"金融服务网点并开展网络运营维护,服务农户1万余名,交易量达4.4万笔。

【为农服务】 一是开展农产品上行日用品下行，对接重庆电商集团，搭建铜梁区“村村旺”平台，深化铜遂协作发展，形成“双向流通”的农村现代流通网络格局，通过直播带货等模式助力铜梁莲藕及其制品、铜梁兔及其制品、铜梁米、葛粉、凤爪、陈艾等农特产品销售，助其卖得出卖得好。二是开展土地托管，着眼渝西发展智慧农业，购置农用无人机、旋耕机、收割机等农业机械设备，结合宜机化改造开展土地托管、机耕机播、土壤墒情监测等农业全产业链社会化服务，建立供、耕、种、管、收、销全程为农服务产业链，年内订单青菜头为全区少云、福果、大庙等镇街的30余个村集体经济增收500余万元。三是引领智慧农业发展，组建重庆智慧农业服务集团铜梁公司，开展农资保供、农业机械化、大宗农产品贸易、现代金融服务等农业社会化服务，为全区112个村开展人居环境派送积分制礼品，在侣俸、大庙、少云等11个镇街开展万亩榨菜轮作，同时将为农服务项目辐射至云南、广东省以及潼南、合川、永川、丰都等周边区县，引进市供销企业益帆食品有限公司开展订单辣椒高粱种植，增强供销社的为农服务能力。

【助力人居环境整治】 扎实开展农膜等再生资源回收工作，按照“六有标准”在全区28个镇街布点建设40个回收网点，建设村级代收点277个，建立区—镇街—村三级回收网络体系，实现了全区再生资源无死角回收。全年共回收废弃农膜409.02吨，回收肥料包装物100.18吨，农膜回收率达到91.84%，地膜回收率达到88.19%。区供销联社被市供销合作社推荐为全市5个农村人居环境整治督查激励区县联社之一。

【农资保供】 采取多种措施保证全区农业生产资料供应，确保扎实抓好不误农时。一是充足储备春耕农资。区供销系统在全区建区级农资配送中心1个、镇（街道）农资配送中心10个、农资经营网点54个，实现肥料淡储年均8000余吨，全年供应农资1万余吨，储备充足，有效保证全区供应。同时，为水稻、水果、蔬菜等基地精准施肥，主动减少化肥销售和使用，大力推广有机肥，降低化肥对土壤的污染。二是加强农资供应调剂调运。联社根据上报的农资缺口数及时调剂调运，保证农资产品调得进、供得上、不脱销、不断档，货丰价稳，供需平衡。三是加强农资质量和经营秩序监管。开展农资打假专项整治，严厉打击制售假劣农资等违法行为。加强监管，维护市场秩序，禁止哄抬物价，对借疫情防控之机哄抬物价、串通涨价等不法行为进行严厉打击。

【消费扶贫】 组织召开“消费帮扶新春行动”专题工作会，确保消费扶贫新春行动有序进行。利用召开机关干部会、张贴海报及标语、发布微信等方式宣传消费扶贫活动、宣传脱贫地区特色农产品等，鼓励引导干部、家属以及社会力量共同参与消费扶贫；号召商贸连锁企业开展扶贫产品促销活动，加大脱贫地区特色农产品消费采购力度，在832扶贫平台实现购买5个市级贫困村与本地的扶贫产品达4万余元。

【农民合作社服务中心工作】 铜梁区农民合作社服务中心系供销联社全资企业，通过集中开展各类服务，不断提升农民合作社和各类农业经营主体软实力，帮助解决各类农业企业和农民群众的困难，提升农业社会化服务水平，提高农民组织化程度，促进农业产业发展，助推乡村振兴。协助供销联社创建西郊绿道无人售卖网点，并与铜梁区超联购物商场合作，做好无人售卖网点的物资供给。开展全区人居环境积分制礼品派送工作，扩大农服中心服务范围。四是参股入股28个基层供销社，其中，6个基层供销社示范社参股资金达80万元以上，持股比例均占51%以上。2021年参股入股重庆智慧农业铜梁公司，占股10%。五是截至年底，农服中心代账39个单位，代办税务39个，代管档案39个，代办16个专业合作社、20个综合服务社相关工商事宜。

（梁艳 供稿）

餐饮住宿业

【概况】 2021年全区住宿餐饮企业和个体共10752户（其中企业729户，个体工商户10023户），经营面积约67万平方米，从业人员4万余人。全年住宿业营业额完成2.87亿元，同比增长33.4%；餐饮业营业额完成51.27亿元，同比增长29.8%。

【餐饮业】 主要以临街门面为依托，逐步以龙城天街商圈、淮远古韵一、二期商业街、金龙美食城、白土坝夜市等聚集发展，以中餐、火锅、快餐为主。铜梁特色餐饮店有三活春、赵木二羊肉、四喜鱼府、太平头刀菜、齐庆美蛙鱼头、叙知香美蛙鱼头、香即福鱼火锅、和牛鲜肉、潮鱼、云景大饭店等，其中三活春、赵木二羊肉、香即福被市商务委评为重庆老字号。

【住宿行业】 住宿行业单位有铜梁大酒店、天喜豪生、龙轩、梦湖、维也纳国际酒店等酒店宾馆207家，房间5387个；有逍遥山庄、寂寞山庄等农家乐45家，星级民宿8家。

铜梁区部分住宿餐饮酒店接待能力

	酒店名称	地址（精确到门牌号）	总房间数	联系电话
1	天喜豪生酒店	中兴东路788号	276	85159888
2	龙轩大酒店	白龙大道333号	159	85199999
3	莫林酒店	巴川街道银柿路62号	116	45858825
4	梦湖酒店	南城街道桐悻社区	113	45425888
5	维也纳国际大酒店	迎春东路新城国际B栋	110	85150999
6	铜梁大酒店	东城街道迎宾大道1号	103	45690777
7	智溢酒店	东城街道金龙大道18号	92	453906666
8	希岸deluxe酒店	财富中心2楼	88	85196666
9	维也纳三好酒店	中兴东路613号	84	45660808
10	希漫酒店	东城街道民谐路58号	77	45698699
11	丽枫酒店	中兴东路613号	76	45219668
12	淮远云舍酒店	淮远古韵南街15号	73	81608999
13	龙胤大酒店	塔山东街489号	66	45513333
14	百集酒店	淮远古韵北街32号	65	45687999
15	金之然大酒店	重庆市铜梁区中兴东路633号	65	45368368

续表

	酒店名称	地址(精确到门牌号)	总房间数	联系电话
16	汉庭酒店	东城街道迎春东街271号	62	45688988
17	如家酒店	东城街道太阳城5号楼	77	45696988
18	喆啡酒店	东城街道金龙大道588号	88	45686555

(涂朝春 供稿)

广告业

【概况】 **广告主体培育。**全区广告经营主体1256户,同比下降8.8%,其中主营广告公司190户,其他广告经营主体1066户。

广告产业发展。全区广告从业人员4311人,广告经营额3.7亿元,同比下降15.9%。其中,电视广告408万元,户外广告25408万元、网络广告4970万元、新媒体广告3525万元、其他广告2724万元。

广告监督管理。全年开展房地产广告、校外培训机构广告、医疗美容广告、互联网广告等10余项专项整治,发放广告宣传导向审查提示1000余份,全方位、高频次监测337个重点网站(网址),累计监测广告9531条次,拆除不规范广告83余处,约谈商业营销宣传主体22户,立案查处广告违法案件17件,罚款22万元。

(周国华 供稿)

旅游业

【概述】 2021年铜梁区以全域旅游为引领，大力建设休闲观光农业展示、名优经果、生态渔业、绿色蔬菜和农产品加工等特色产业基地，积极推进奇彩梦园、荷和原乡、玄天湖等现有旅游景区提档升级，不断丰富景区业态，提升景区承载能力，深挖邱少云红色旅游资源，高标准打造少云故里，加快推进红色记忆老茶馆、龙灯彩扎基地、精品民宿的建设，打造全国、全市知名的红色教育基地和研学旅游基地，用好龙灯龙舞、安居古城、少云故里、生态原乡"四张名片"，推动文旅农商体融合发展，着力打造国家大都市后花园和龙文化旅游名城。2021年铜梁区土桥镇获评"全国乡村旅游重点镇"，土桥镇六赢村获评"全国乡村旅游重点村"，南城街道黄桷门村、土桥镇庆林村和河水村获评"重庆市乡村旅游重点村"。

全区创建A级国家旅游景区8个，其中4A级旅游景区3个，3A级旅游景区3个；打造清居别苑、西郊雅社、原乡藕寓等旅游精品民宿59家；通过深挖铜梁龙文化、红色文化等文化内涵，开发文创书签、龙灯系列、原乡小艾等文创产品120余种。先后在黄桷门村、太平镇坪漆村、土桥镇庆林村等地建成龙灯彩扎基地6个，发展壮大龙灯彩扎产业，以龙灯彩扎产业助推农民增收。推出中华龙狮大赛、原乡风情马拉松赛、安居龙舟会等10余个文化旅游品牌活动和"一镇一主题"乡村节会。为满足不同季节、不同人群的旅游需求，推出安居古城历史文化游、湖光山色火龙游、四季采摘亲子游等10余条精品旅游线路。

【城旅融合】 按照全域旅游发展方向，以"原乡风情"为特色，综合人文特技、文化精髓、建筑风格、生态环境、空间结构等方面元素，继续推进城市各功能片区建设，在凸显其区位优势的基础上，不断提高综合承载能力。借助城乡一体化统筹发展和各功能片区建设成果，进一步优化调整旅游产业布局、积极拓展旅游服务功能、健全完善旅游基础设施、创新整合旅游产品新业态，促进城旅、农旅、文旅、商旅、工旅、体旅等深度融合发展，全力打造中华龙文化旅游名城、努力建成高品质生活典范区。铜梁区被文化和旅游部确定为全国文化和旅游市场信用经济发展试点地区，铜梁继续获评"中国民间文化艺术之乡"，"铜梁龙灯彩扎"被列入国家级非遗名录，《焰火龙》荣获"山花奖"。龙文化传媒公司被评为市级文化产业示范基地，美瓷实木手柄陶瓷刀荣获2021中国特色旅游商品大赛金奖，"五龙献瑞"等文创产品参加"重庆好礼"旅游商品（文创产品）大赛，入选重庆外事好礼。"原乡风情·大美铜梁"让八方游客"行千里·致广大"，全年接待游客约1500万人次，同比增长44.5%；实现旅游综合收入85亿元，同比增长87.4%。

（吴桐 供稿）

安居古城风貌。(区文化旅游委 供图)

【重点景区】 **安居古城景区。**安居古城位于铜梁区西北部,因境内有大安溪(琼江)而得名,有安居乐业之意。古城景区位于重庆市铜梁区安居镇,是集古县城文化、巴渝文化、宗教文化、书香文化、移民文化、抗战文化和龙文化于一体的千年古城。内含安居古城核心区3平方千米以及黑龙嘴、琵琶岛、黄家坝等文化旅游功能区块。城内拥有国家级非物质文化遗产1项、区级非物质文化遗产27项、市级文物保护单位10处,区级文物保护单位19处,传统风貌古建筑173处。县衙、文庙、书院、城隍庙演绎县城故事;依山而建的传统民居、曲折通幽的古街小巷和独具韵味的吊脚楼、川江号子、安居旱船描绘巴渝风貌;千年古刹波仑寺、元天宫,韩愈、米芾题刻,内陆妈祖庙书写宗教情怀;千年古城孕育了200举人、23进士、4翰林,世代书香传为佳话;湖广移民、南北客商汇聚安居水码头,江西风格的万寿宫、徽式风格的妈祖庙、湖南风格的濂溪祠,多元文化交融;黄埔军校14期驻训安居培养抗战英杰;大蠕龙、稻草龙、黄荆龙、扁担龙、铁花飞溅的火龙汇聚安居,玩龙灯、抢龙宝、扳龙角、赛龙舟经久不衰,龙文化丰富多彩。先后获得"中国十大最美乡愁旅游目的地(小镇大奖)""最美历史文化名镇""最美文旅小镇""巴蜀文化旅游走廊新地标"等荣誉称号。

玄天湖景区。重庆铜梁玄天湖景区由巴岳山片区和玄天湖片区组成,位于重庆西北部、铜梁南部,拥有丰富的自然资源和独特的人文景观,景区总面积约6平方千米。巴岳山文化遗迹丰富,文化类型多元,包括有龙文化、道教文化、佛教文化、茶文化等,有全市独一无二的合欢鸳鸯树黄桷门,有2000多年历史的川东第一古刹巴岳寺,是道教、佛家一体呈现,三丰洞、天灯石、棋盘石等历史遗迹到处留有道教传说。玄天湖占地5平方千米,3.5千米长的水面宛如一条巨龙盘绕在巴岳山脚下,水面辽阔秀美,湖面港湾连绵、小岛点缀,山水相映,与巴岳山雄伟的山势相呼应,湖光山色交相辉映,自然胜景宛如天成,一条近10千米的彩色塑胶环湖跑道,可进行骑行、马拉松等体育赛事,其优越的自然环境是健康养生、休闲度假的清心之地,吸引众多游客前来散步、骑车,享受闲暇时光。

铜梁区西郊彩林基地。(郭洪 摄)

玄天湖景区。(何鹏程 摄)

奇彩梦园景区。(唐彬 摄)

西郊花语悠游谷。西郊花语悠游谷建有60千米健身绿道，它绕山环湖，鸟语花香，串联起5个镇街24个村（社区），建设面积达120平方千米。绿道沿线布局多个特色产业基地和乡村旅游景区，其中包含荷和原乡、奇彩梦园、玫瑰岛等30余个知名乡村旅游景区景点，以浪漫、休闲为主题的西郊雅社、以荷文化为主题的荷和原乡、融入中华龙文化和书画艺术的黄门小镇等9家特色精品旅游民宿，同时建设有主题和风格迥异的乡村会客厅8个。有西部最大彩叶林基地、全国最大三角梅基地和快旅漫游目的地西郊花语悠游谷。

黄桷门奇彩梦园景区。位于铜梁区南城街道黄桷门村巴岳山脚下，紧邻玄天湖景区。奇彩梦园景区以优美的山水田园、花木彩景等资源为依托，以“彩色农业”为主题，着力打造以休闲度假为主导，集农业观光、乡情体验、商务会议、居住地产于一体的人文化、多元化、高品质的综合型产业园区。园区总占地216.67公顷，分为七大特色板块：充满巴渝特色建筑的黄门风情小镇、四季花海景观区、四季果蔬采摘体验区、现代设施农业示范区（即温室大棚）、特色水产养殖区、森林休闲度假区和儿童游乐区。花海景区由七彩斑斓的各色花卉织就的43.33公顷的色彩缤纷的花海，以四季花海为主题，每季种植主要花卉20余种，让人们享受视觉的饕餮盛宴。

西部桂花博览基地。西部桂花博览基地坐落于历史文化悠久的六赢山下，依铜梁区千年古刹计都寺背山而建，与铜梁区南城街道河东村生态枇杷园、六赢山“万亩枳壳基地”相连。该园是西南片区最大、品种数量最多的生态桂花园，桂花种植面积约为400公顷。金桂、银桂、丹桂等名优桂花树30余万株。共划分为5个园区，分别种植速生金桂、银桂、丹桂、朱砂桂、状元红5个桂花品种。景区主要是以独具特色的桂花为依托，集苗木培育、特色商品生产、城郊休闲旅游、名优特色桂花观赏于一体的生态旅游景区。园区内配套有露营基地、观景长廊、桂花仙子广场等设施。

荷和原乡。位于铜梁区巴岳山脚下土桥镇庆林村，距铜梁城区10千米。园区依托现有山水脉络，秉承“尊重自然、顺应自然、天人合一”的理念，营造出“荷香淡淡，垂柳依依、清波渺渺”的独特景观，集商品莲藕生产、名优特色荷花观赏、都市休闲旅游及“荷”文化展示于一体的旅游景区。景区的荷莲种植面积达66.67公顷，其中观赏荷花33.33公顷，种植有90多个观赏荷花和500多种水草，是西南地区最大的莲荷种植基地。景区内还开设有游船、露营、骑行等10余个游乐项目，成为重庆近郊户外运动的基地，深受旅游者喜爱。景区内配套设施完备，精品旅游民宿、爱莲广场、湖滨休闲区、垂钓区可以满足游客朋友的各种需要。

铜梁龙景区。位于少云镇高碑村，占地146.67公顷，景区内凸出一石形如有冠的龙首骨身，龙口内有一清泉涌出，终年不涸。之后，“九龙潭”与水库天然衔接，构成现在三十里长的水系风光——水清岸黛，烟波浩渺，神似龙的发祥地。景区以“龙文化”作为核心定位，以“世界铜梁龙，铜梁龙世界”为经营理念，大力发展“龙文化”创意产群。园区内有吊桥、湖畔步道、婚纱摄影、国际标准竞钓池等多个旅游设施。

西部农林大世界景区。系重庆市铜梁区家泽现代农业科技园有限公司的农业产业化开发建设项目，地处南城街道马滩村、土桥镇河水村，巴岳山下淮远河旁与奇彩梦园相连。是区委区政府重点打造“巴岳山玄天湖温泉旅游度假区一体化”的乡村旅游观光农业景区。全园种植优质葡萄、草莓、梨子、火龙果、柚子、橙子等近十个品种的精品小水果，一年四季均可采摘，为集生态鱼垂钓、农家餐饮、娱乐休闲、游览观光、养生康体的综合性乡村旅游于一体的农业观光区。

老虎口瀑布。铜梁老虎口瀑布是铜梁的特色景观之一，位于小安溪二坪镇狮子村河段。夏秋之季，小安溪河水猛涨，汹涌澎湃、气势雄浑的瀑布奔腾咆哮，一泻三跌，波翻浪涌，动人心魄。浪涛之声如雷鸣、似虎啸，几千米外犹可耳闻，故名"老虎口"。多跌瀑布的自然奇观得天独厚。

老虎口瀑布河段总长约一千米，共分三段。第一段地势平缓，河面宽逾百米，瀑布高约2米，气势恢宏；第二段地势较陡，瀑布声如雷鸣，蔚为壮观；第三段地势更为陡峭，瀑布高约5米，从宽约10米的虎口倾泻而下，浪花飞溅，水雾腾飞，水势汹涌，惊涛裂岸。

老虎口河段，附近著名景点颇多，诸如神龙滩、水帘洞、虎石潭、崖墓群等皆远近闻名。目前正在开发建设中，配套设施初步形成。

（赵武强　供稿）

【旅游接待】　2021年，全区接待国内外游客共1500万人次，同比增长44.5%；旅游综合收入达85亿元，同比增长87.4%。五一节期间，全区累计接待游客128.3万人次，实现旅游综合收入6.68亿元。其中，安居古城接待游客32万人次，玄天湖接待游客15.7万人次。端午节期间，全区累计接待游客77.3万人次，实现旅游综合收入3.97亿元。其中，安居古城接待游客17.5万人次，玄天湖接待游客5.8万人次。国庆节期间，全区累计接待游客72.2万人次，实现旅游收入4.67亿元。其中，安居古城接待游客17万人次，玄天湖接待游客9.7万人次。各节假日期间，全区旅游市场秩序井然，无旅游投诉和旅游安全事故发生。

【特色旅游产品】　**铜梁龙绣**。此为著名的铜梁龙乡特色旅游纪念品，质地为蜀锦渝锦，采用传统手工精心绣制。画面为铜梁龙，生动灵巧，色彩斑斓，精细美艳，常为国内外文化交流的珍贵纪念品与馈赠品。

文创书签。采用铜梁匾额博物馆的经典匾额图画为背景，用榉木盒为包装盒，以"拾金不昧""耳顺眉齐""贤母天荒""人瑞启祥"四款匾额专用词语体现。

原乡小艾系列。铜梁自古盛产艾草，是"原乡小艾"的主产区，有效生长时间长，散发着独特的薄荷香味，具有除湿散寒、消炎平喘等多种保健功效，是"中国农产品100强标志性品牌"。

金弹子盆景。以重庆小山灌木型金弹子为主材，由盆景艺术大师左世新倾力打造，作品自然、清新、弯张、脱俗、雅致，既注重古典技艺的传承、又注重现代艺术的构成。

天星寨葛粉。萃采铜梁天星寨深丘山区特有的野生葛根为原料，经先进工艺精制而成，是颇具地方特色的天然健康食品，具有解热除烦、生津止渴之保健功效，也是现代人崇尚的馈赠佳品。

铜梁泡凤爪。泡椒凤爪是一道重庆传统名小吃，采用独家配方及特殊工艺，与四川传统泡菜方式相结合，泡制出别具风味的泡椒凤爪。

【景区建设】　**安居古城景区建设**。2021年，先后启动南华宫片区古院落修复、龙舞演绎中心、魁星阁等9个项目的方案设计工作。区级重点项目书香文化街区项目（文庙、县衙部分）完工；安居湿地公园道路交通工程、黄家坝湿地休闲中心等9个项目建设完成，新建的安居古城黄家坝国家湿地公园休闲中心占地约5万平方米，设有帐篷露营区、房车露营区等板块；黄家坝水上休闲游乐项目投入运营。在保护安居古城整体

铜梁老虎口。(康力文 摄)

风貌的基础上，以铜梁龙文化为主体，进一步充实融合古县城文化、书香文化、抗战文化和宗教文化，逐步修缮、还原“九宫十八庙”等文物建筑。开发与游客互动性强的文创项目和活动，深化龙舞龙灯等非遗展示展演与传承交流，打造以龙文化为主题的安居古城演艺节目，让游客体验历史感、民俗味。

玄天湖景区建设。对环湖路两侧的绿植进行补栽和维护工作，提升景区绿化品。对旅游配套基础设施设备进行维护和完善，积极推进市级旅游度假区的创建工作。

荷和原乡景区建设。在景区主干道两侧开展道路绿化的补植及完善工作，提升景区品质及魅力。景区内原乡藕寓民宿二期打造完工，在风格上延续以往清新雅致的“荷”主题，新增9间客房，其中单间4间，标间5间，新增餐饮包间2个，并开放休闲露台。

少云故里建设。进一步完善配套设施，补齐功能短板，加快推进红色记忆老茶馆建设。新建并完工的原乡驿站投入使用，文创产品、乡村土特产、日用品等形成配套，自助式购物，为群众的出行提供便利服务。

奇彩梦园景区建设。进行升级改造，完善配套服务功能，提高景区管理水平，加强智慧旅游建设。

【宣传营销】 广泛利用旅游宣传平台。利用重庆火车北站展位广告灯箱、机场T3航站楼GTC通廊广告灯箱、渝遂高速路广告大牌开展宣传，同时利用重庆电视台新闻联播前15秒广告、入境关怀短信、铜梁旅游微信、网站、上游新闻、周末去哪儿等20余个宣传平台，对乡村文化旅游节会和活动事件进行持续宣传，不断提升铜梁文化和旅游的知名度和影响力。

文旅活动宣传营销。举办“团圆幸福年火龙专场”云上直播活动，现场观看直播人次超过57.6万，众多媒体相继在抖音平台发布，共计836万人同时关注，并完成全民抖动挑战赛。“今日头条”发布相关图文报道46篇，通过黄金资源位推送、互动话题、文章报道等方式，曝光量达到1617.3万次；抖音平台“周末到铜梁”话题，发布视频53条，总播放量超过5225.5万次；西瓜视频平台推送376.9万人；完成打卡巴渝最美景点活动，运用“传统媒体+新媒体”“线上+线下”等方式，开展全方位、立体式宣传；筹备组织2021重庆铜梁原乡文化旅游周活动，精心策划“悠游”原乡、“嗨玩”原乡、“品味”原乡三大主题场景活动，引爆全区旅游市场；承办巴蜀文化旅游走廊建设专项工作组第三次联席会、巴蜀文化旅游推广联盟第一次理事会，通过会议建立文化旅游推广高效合作机制，达成成渝两地合作共赢，进一步促进川渝两地文化旅游交流，铜梁区与重庆5区（县）、四川5市11地签署了成渝地区龙文化旅游推广合作协议；筹备组织2021年“中国旅游日”铜梁分会场活动、西郊花语悠游谷网红直播、铜梁非遗展演走进南岸、过端午到铜梁——2021重庆铜梁端午节系列活动、2021文化旅游惠民消费季等。通过举办节庆节会活动，全区共吸引境内外游客1500余万人次，实现旅游收入85亿元，进一步提升了铜梁乡村旅游知名度。做到周周都精彩，月月有活动。

参与市内外的宣传营销活动。精心筹备2021第七届中国西部旅游产业博览会暨2021重庆国际文化旅游产业博览会，通过全面展示铜梁文旅资源，进一步提高铜梁文旅体的知名度；积极参加2021重庆春季旅游启动仪式——第二十二届垫江牡丹文化节开幕式、2021重庆夏季旅游启动仪式、2021四川花卉（果类）生态旅游节暨汶川甜樱桃采摘节开幕式、2021年“中国旅游日”重庆市分会场活动暨第二届重庆涪陵绣球花节开幕式、区人大组织到眉山、乐至进行文旅项目考察、2021中国国际智能产业博览会、第八届四川国际旅游旅游交易博览会、第十七届中国（深圳）国际文化产业博览交易会、主城都市区十大旅游精品线路发布会暨第六届中国僚人文化节开幕式、上海国际旅游交易会等进一步扩大铜梁文旅影响力和知名度。

加强网络及新媒体宣传。维护微信、微博的日常更新，完成铜梁文旅的外宣相关工作。全年微信上新142条，铜梁文旅官方网站上新158条。借助移动通信公司、电信通信公司平台开通移动手机报和入境关怀短信项目，入境关怀短信2000万余条。在上游新闻、周末去哪儿官微、重庆日报App等新闻媒体发布文旅宣传100余条。并推30余期乡村旅游专题宣传，10余期精品旅游线路专题宣传，开始试运营“周末到铜梁”视频号。

设置旅游标识标牌。一是设计制作完成西郊花语悠游谷导视系统。优化提升西郊花语悠游谷，改善了西郊花语悠游谷环境导视系统的现状。二是对破旧城区旅游标识牌进行了更换更新。

开发文创产品。收集整理旅游商品48种，开发文创产品匾额书签、文创灯具等20余种，在西来村会客厅、河水村会客厅、河东村会客厅等8个乡村会客厅展示销售。

【旅游管理】 全区共有21家旅游机构，其中旅行社2家，旅行社分社2家，17家旅行社门市部，主要业务涉及组织国内、入境旅游，国际国内旅游招徕、咨询、宣传等，导游11人，从业人员50人。星级饭店2家，其中四星级饭店1家：铜梁大酒店；三星级饭店1家：龙都饭店。

制定新的营销奖励政策。组织景区、相关旅行社召开专题会议3次。与市内外旅行社对接铜梁旅游营销奖励政策事宜，并与5家旅行社签订新的合作协议。全年签约旅行社组织的来铜团队一日游、过夜游共8万余人，自驾车900余辆。

▶ 激越火爆的铜梁旅游节火龙舞。（郭洪 摄）

旅行社、导游人员管理。严格落实“日周月”检查制度，强化对旅行社、旅游包车行为的监督管理，严禁租用不具备资质的客车，督促各旅行社、旅行分社及旅行社门市部严格按照经营范围经营，导游、领队严格执行“行前教育、行中引导、行后总结”制度，倡导文明旅游。

旅游饭店管理。对旅游星级饭店的消防安全、疫情防控、垃圾分类等进行实地检查。一是查看星级饭店消防设施、用火用电、安全出口和疏散通道等情况，对检查中发现的消防隐患问题，进行督促，限期整改，确保消防隐患及时整改到位。二是向宾馆负责人了解从业员工健康及疫情防控开展情况，督促指导从业人员接种加强针，查看从业员工自身防护措施、消杀、体温检测设备、入住宾客信息登记本等，对个别消杀不到位、防护用品使用不规范、入住宾客信息登记不详细的问题现场纠正，立行立改。三是指导和监督旅游星级饭店做好一次性用品以及餐饮浪费等源头减量工作。不主动提供一次性用品，减少一次性用品的使用频率；全面开展“光盘行动”，保证厨余垃圾的减少，倡导厉行节约的风尚；各旅游星级饭店的餐厅、前台醒目位置张贴光盘行动标识、相关海报和桌签，积极宣传减量、光盘的餐饮理念，有效避免餐饮浪费。

【旅游节庆活动】 2021年，铜梁区开展“周末到铜梁”全民挑战赛、团圆幸福年火龙专场云上直播活动、2021重庆铜梁原乡文化旅游周活动、2021年“中国旅游日”铜梁分会场活动、铜梁非遗项目展演走进南岸、过端午到铜梁、2021重庆铜梁端午节系列活动和文化旅游惠民消费季。

（邓腊梅 供稿）

房地产业

【房地产开发】 年内实施集体土地征收450公顷，拆迁房屋1047户，支付补偿安置款约6亿元。完成旧县小微企业园、渝遂复线高速、铜安高速、敬老院等项目的征地搬迁工作，市域快线璧铜线、太平水厂、虎峰红宇厂火攻区、二坪500千伏变电站噪声区搬迁等项目正在有序推进。完成2021年市住房城乡建委下达的50户棚户区改造任务。继续完成2018—2020年棚户区改造房屋拆除工作，拆除房屋6249.05平方米。办理涉及征地拆迁领域的信访事项33件，累计启动司法强拆程序24户，在走程序过程中签订拆迁协议2户，移交区规划自然资源局处理14户。解决历史遗留问题还房户9户。全区尚有已实施提前补偿用地1046.67公顷，涉及13个镇街129个村469个组2795户11909人，经测算需调标资金约15.77亿元。

【房地产市场】 1—12月商品住房成交5720套、60.57万平方米，金额约44.92亿元，同比分别增加-2%、2%和21%。销售商业及其他用房10.58万平方米，6.87亿元，车位3207个10.62万平方米，金额约1.65亿元。中心城区成交4790套58.67万平方米，金额约44.36亿元，同比分别增加-17%、-1%和20%。其中，787套10.49万平方米，7.97亿元由非铜梁籍居民购买，套数占16%，面积占18%，金额占18%。商品住房成交均价7416元/平方米，同比增长19%；中心城区成交均价7561元/平方米，同比增长21%。二手住房交易3438套，面积51.22万平方米，同比分别增加0%、49%。

全年办理商品房预售许可85件65.1万平方米（含非住宅），全区有预（销）售楼盘86个。据回备数据库的网签数据统计，2021年尚有2815套32.68万平方米商品住房、69.19万平方米商服用房、91.3万平方米停车用房。

1—12月铜梁区中心城区商品房住宅价格走势

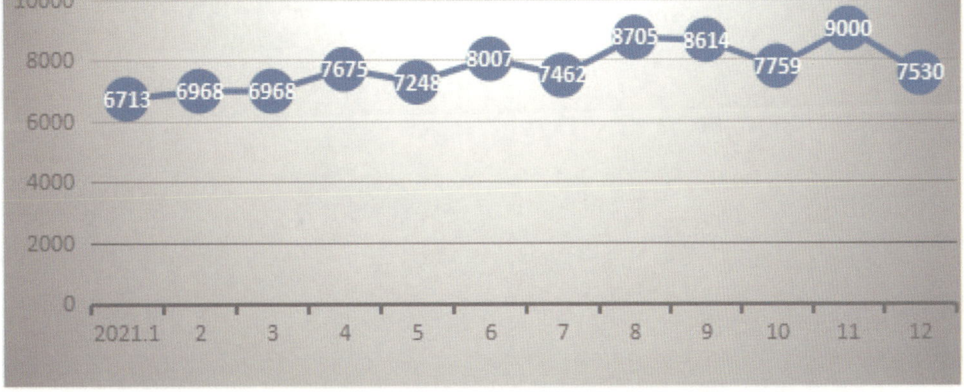

1—12月铜梁区商品房住宅销量及均价情况(万平方米)

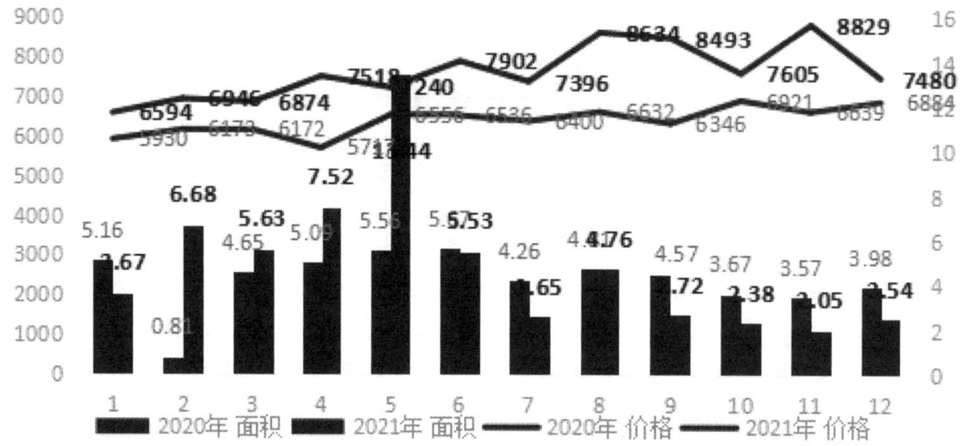

【房地产管理】 坚决制止和查处房地产市场违法违规行为,对全区86个在售楼盘日常巡查160余次,约谈房地产企业负责人12次,责令企业立即整改问题13项。

【物业管理】 物业专项维修资金交存户数10870户,归集金额约6882万元,归集建筑面积约88万平方米;受理支取申请153起,划拨金额1313余万元,涉及房屋建筑面积约509万平方米。完成全区高层建筑可燃雨棚(共738.2米)和突出外墙防护网(共4116个)整改工作。开展行业培训10次,累计培训1900余人次。统筹做好116个物业小区疫情防控工作,处理信访纠纷106起。

(李旭波 供稿)

财政 税务

财政

【概况】 2021年全区一般公共预算收入40.01亿元，增长15.4%。其中，税收收入16.32亿元，下降11.6%；非税收入23.69亿元，增长46.2%。全区一般公共预算支出74.35亿元，下降0.2%。

2021年1—12月铜梁一般公共预算收支完成情况

单位：万元

预算科目	累计完成	比上年±%	预算科目	累计完成	比上年±%
一般公共预算收入	400140	15.4	一般公共预算支出	743543	-0.2
一、税收收入	163234	-11.6	一般公共服务支出	79177	18.7
增值税	45325	11.8	国防支出	4123	736.3
企业所得税	16875	1.5	公共安全支出	38797	19.6
个人所得税	3934	49.8	教育支出	138866	0.5
资源税	2602	-20.2	科学技术支出	9086	6.4
城市维护建设税	10160	2.7	文化旅游体育与传媒支出	12354	-4.1
房产税	9937	35.7	社会保障和就业支出	108172	28.7
印花税	4037	45.7	卫生健康支出	67140	-38.3
城镇土地使用税	21665	12.7	节能环保支出	20992	3.1
土地增值税	7931	-75.6	城乡社区支出	91707	-29
耕地占用税	4543	-48.9	农林水支出	80946	3.7
契税	35969	-11.8	交通运输支出	36152	110.5
环境保护税	218	91.2	资源勘探工业信息等支出	4828	-5.1
其他税收收入	38	-47.2	商业服务业等支出	1754	99.8
			金融支出	984	65.4

续表

预算科目	累计完成	比上年±%	预算科目	累计完成	比上年±%
			援助其他地区支出	1000	同期无数据
			自然资源海洋气象等支出	5139	70.4
二、非税收入	236906	46.2	住房保障支出	13385	4.8
专项收入	73166	229.7	粮油物资储备支出	0	-100
行政事业性收费收入	6874	-51.4	灾害防治及应急管理支出	11120	49.6
罚没收入	7658	61.9	其他支出	0	-100
国有资源(资产)有偿使用收入	144415	29	债务付息支出	17817	1.9
其他收入	4793	-46.9	债务发行费用支出	4	100

【财政预算】 全区预算执行情况。全区一般公共预算收入40.01亿元,增长15.4%。其中,税收收入16.32亿元,下降11.6%;非税收入23.69亿元,增长46.2%。加上上级补助收入22.06亿元、政府债务转贷收入9.3亿元,以及动用预算稳定调节基金、上年结转、调入资金21.25亿元后,收入总量为92.62亿元。全区一般公共预算支出74.35亿元,下降0.2%。加上上解支出3.73亿元、政府债务还本支出6.34亿元,以及调出资金、安排预算稳定调节基金和结转下年8.2亿元,支出总量为92.62亿元。

政府性基金预算:全区政府性基金预算收入74.2亿元,增长17%。其中,国有土地使用权出让收入69.64亿元。加上上级补助收入0.88亿元、政府债务转贷收入12亿元、调入资金0.8亿元,以及上年结转0.39亿元后,收入总量为88.27亿元。全区政府性基金预算支出60.79亿元,下降4.4%。加上上解支出2.95亿元,政府债务还本支出1亿元,以及调出资金和结转下年等23.53亿元后,支出总量为88.27亿元。

国有资本经营预算:全区国有资本经营预算收入0.09亿元,调出到一般公共预算安排支出。

区级预算执行情况。区级一般公共预算收入38.34亿元,增长16.8%。其中,税收收入14.72亿元,非税收入23.62亿元。加上上级补助收入22.06亿元、政府债务转贷收入9.3亿元,以及镇级上解收入、动用预算稳定调节基金、上年结转、调入资金等21.71亿元后,收入总量为91.41亿元。区级一般公共预算支出65.24亿元,下降5.2%。加上补助镇级支出7.9亿元,政府债务还本支出6.34亿元,以及上解上级3.73亿元,安排预算稳定调节基金、结转下年等8.2亿元,支出总量为91.41亿元。

政府性基金预算:区级政府性基金预算收入74.2亿元,增长17%。其中,国有土地使用权出让收入69.64亿元。加上上级补助收入0.88亿元、政府债务转贷收入12亿元,以及调入资金、上年结转等1.19亿元,收入总量为88.27亿元。区级政府性基金预算支出60.34亿元,下降

4.4%。加上上解市级2.95亿元，补助镇级支出0.45亿元，政府债务还本支出1亿元，以及调出资金和结转下年等23.53亿元后，支出总量为88.27亿元。

国有资本经营预算：区级国有资本经营预算收入0.09亿元，调出到一般公共预算安排支出。

政府债务情况。2020年末区政府债务余额103.6亿元。2021年新增政府债务15亿元，发行再融资债券置换到期政府债券6.3亿元，安排预算资金偿还到期政府债券1亿元、到期外债0.04亿元，2021年末政府债务余额117.6亿元。市级核定铜梁区2021年末政府债务限额117.6亿元，政府债务余额控制在限额以内。

2021年新增政府债务15亿元，其中一般债券3亿元，专项债券12亿元，一般债券发行期限为3—10年，专项债券发行期限全部为30年，平均年利率控制在4%以内。

2021年政府债务余额117.6亿元中：分别为一般债券50.6亿元、专项债券65.8亿元、外债1.2亿元。

【财政政策实施】　保障重大战略任务实施。全年筹集区级以上财政资金43亿元，发行新增政府债券15亿元，为实施重大战略、重大任务、重大项目提供资金保证。投入财政资金2.2亿元，重点支持7个重点帮扶村产业发展，支持补齐农村基础设施短板，稳步推进乡村振兴。推动建成高标准农田3360公顷，保障粮食安全，提升农业质量效益。支持城市提升行动计划，落实资金保障市政道路建设、城市更新等项目实施。安排财政资金3.4亿元，支持大气、水、土污染防治，推动城市生活污水治理、生活垃圾分类，主要河流水质稳定达标，完善琼江、小安溪流域上下游横向生态补偿机制，筑牢长江上游生态屏障。

▶ 区财政局党史学习教育动员大会暨第一次集中学习研讨会议。（区财政局 供图）

推动经济高质量发展。整合财政资金1.1亿元用于科技创新，重点支持企业研发投入及国家高新区、国家农业科技园区等创新平台建设。用好信用贷款补偿金，引导更多金融资本流向科技行业。调整优化企业上市、挂牌奖补政策，推动科技型企业上规上市。不折不扣落实减税降费，全年新增减税降费超2亿元，激发市场主体生产经营活力，推进产业转型升级。利用转贷应急周转金、贷款贴息、奖补资金重点支持装备制造、电子信息等主导产业，支持传统企业智能化改造。

防控财政运行风险。坚持财政资金优先保障“三保”支出，年初打足“三保”基数，全年“三保”支出实现40.1亿元，及时足额兑现养老、低保、困难救助等提标政策。加强债务风险管控，强化政府债务限额管理和预算管理，定期向区委报告债务管控情况。严把融资审查关，确保隐性债务零增长。坚持融资资金调度制度，积极稳妥化解存量隐性债务，支持区属重点国企债务展期、重组工作，未发生债务违约风险。

【财政改革】　推进财政管理改革。加快推进预算管理一体化系统改革，规范和统一预算管理工作流程、管理要素和控制规则，以信息化推进财政治理现代化。全面落实党政机关过“紧日子”要求，优化支出结构，严把支出关口，做到无预算不支出、先预算再支出，严控预算追加事项，把每一笔钱都用在刀刃上、紧要处。推动绩效管理提质增效，持续完善绩效管理制度，拓展绩效评价覆盖范围，绩效自评实现一级预算单位和项目支出全覆盖。持续优化区与镇街、管委会财政事权和支出责任，制定财政体制优化镇街财政管理支持产业发展方案。切实履行财政监督职能，继续深化国有资产管理改革、政府采购制度改革、行政事业单位内部控制制度建设，开展行政事业性收费和政府性基金收缴工作等检查，对代理记账中介机构开展“双随机”检查，加大会计行业整治力度，进一步严肃财经纪律，规范会计工作秩序。

【财政监管】 5月开展全区行政事业性收费专项检查，重点检查单位30个，不存在单位违反规定继续收取明令取消、停征、免征的行政事业性收费和政府性基金；检查出单位财务管理、资金使用不规范问题7项，涉及金额7471.47万元。

同时对重庆市柏盈会计代理服务有限公司、重庆易企富企业管理有限公司两家会计代理记账机构进行双随机检查。检查出前者业务运行质量低，建议其正常开展业务。通过以查促改，进一步优化铜梁代理记账机构营商环境。

7月，对全区30个单位开展关于内部控制工作开展情况线下审核和现场检查，包括风险评估、重大事项决策机制、职责分离等11个方面，共检查出内控编报问题三项、内控设计问题三项、内控执行问题四项。通过专项检查，进一步健全单位内部控制体系，促进单位内部控制制度得以改进与加强。

【债务管控】 深入贯彻学习习近平总书记关于防范化解重大风险的重要论述，认真执行《预算法》《预算法实施条例》《中共中央国务院关于防范化解地方政府隐性债务风险的意见》规定，严格落实政府债务绿色可控机制，从夯实财力、管控债务、化解风险三个层面齐发力，推动债务风险管控工作走深走实，切实守住不发生区域性、系统性风险底线。

守住债务风险底线。一是限额管理政府债务。严格按照市级核定的债务限额组织发行新增债券，杜绝超限举债。二是红线管理隐性债务。严格厘清项目界限，公益性项目一律由财政安排资金；优化镇街财政机制，切实提升保障能力，按照“项目区定”原则，未经批准项目一律不得开工建设。三是精准化解存量债务。采取“还、换、转、销”分类施策，多渠道筹集资金超额完成年度存量债务化解任务。

增强抵御风险能力。一是强化财源培植。全面落实减税降费政策，减轻企业负担，激发市场主体活力，涵养稳定长效税源。2021年全区实现一般公共预算收入40.01亿元，增长15.4%。二是争取政策资金。加大向上对接沟通力度，保障全区重大项目建设。三是着力挖潜盘活。不断加大“资产、资源、资金”统筹盘活力度，加大商住用地出让力度。四是优化支出结构。坚持有保有压，年初打足三保“底数”，兜牢“三保”底线，落实政府过“紧日子”要求，严控非必要、非急需支出，把腾退的资金用到刀刃上。

【政府采购】 年度全区完成政府采购计划211笔，实际合同金额3.25亿元，合同预算金额3.5亿元，节约采购资金0.25亿元，节支率为7.11%。

落实政府采购政策巩固脱贫攻坚成果。实施政府采购国家贫困地区农副产品方案，督促区级各预算单位在“扶贫832平台”采购贫困地区农副产品，落实预留份额采购贫困地区农副产品政策，巩固脱贫攻坚成果。

落实采购政策支持中小企业发展。为进一步发挥政府采购政策功能，促进中小企业发展，要求采购限额标准以上200万元以下的货物和服务采购项目，适宜由中小企业提供的，预留该部分采购项目预算总额的30%以上专门面向中小企业采购。

规范政府采购履约保证金及合同管理。为进一步优化营商环境，切实减轻企业负担，明确政府采购项目中需交履约保证金的，供应商应以支票、汇票或保函等非现金形式提交，履约保证金不超过10%；要求采购人原则上在中标通知书发出之日起20日内与供应商签订采购合同。同时要求采购人建立预付款制度，需要支付预付款时，按规定程序向供应商支付不低于30%的预付款，同时供应商提供与预付款同等额度担保函。

开展政府采购备选库、名录库、资格库专项清理。为维护政府采购市场秩序，推动政府采购营商环境进一步优化，开展政府采购备选库、名录库、资格库专项清理工作。

制定政府集中采购目录及采购限额标准。根据《重庆市政府集中采购目录及限额标准》确定全区的集中采购目录及采购限额标准。明确列入政府集中采购目录，且单次采购金额50万元及以上的项目属于集中采购范围。集中采购目录以外，且单次采购金额50万元及以上的货物和服务类项目实行分散采购。

【民生保障】 安排财政资金1.1亿元，支持常态化疫情防控，保障检测设备等防疫物资供应，确保居民疫苗免费接种应接尽接。加大对就业创业的资金保障力度，落实就业优先政策，大力支持“把老乡留在老家”专项行动，帮助企业缓解用工难题和群众务工问题。安排财政教育资金18.2亿元，落实“两个只增不减”要求。兑现各阶段学生资助政策，改善农村办学条件，增加城区学位，促进城乡教育均衡发展，稳妥推进重庆巴中“公参民”治理，推动义务教育“双减”政策落地，支持职业教育发展。落实退休人员基本养老金上调4.5%和城乡居民医保、基本公共卫生服务经费人均财政补贴标准分别增加30元、5元政策。及时足额兑现低保、特困、孤儿等19255户困难群体救助资金，提高重点优抚对象抚恤和补助标准，支持残疾人事业发展。推进养老服务全覆盖，建成348个农村互助养老点，在全市率先实现村级互助养老设施全覆盖。支持改造城市老旧小区16个、棚户区3640平方米、农村危旧房171户，硬化泥结石路330千米。推动文化体育事业发展，保障党史学习教育、建党100周年各项活动开展，支持文化阵地免费开放、群众性文化活动、文旅融合发展等重点任务，加强革命文物保护，做好马拉松赛等重大赛事经费保障。

【支农扶贫】 严格落实“四个不摘”，持续巩固脱贫攻坚成果。年内，全区共安排衔接资金4632万元用于巩固脱贫攻坚成果，其中：中央资金1046万元，市级资金2086万元，区级资金1500万元，中央资金产业占比97%，区级资金投入比上年增长5%。区财政局围绕资金监管和资金绩效积极开展工作。一是创新衔接资金管理机制，开展预算执行、绩效目标“双监控”，项目实施、资金拨付“双监管”，“双管齐下”开展衔接资金项目监督管理工作；二是完善衔接资金使用办法，会同区乡村振兴局、区发展改革委、区民宗委等单位进一步修订完善《重庆市铜梁区财政衔接推进乡村振兴补助资金管理实施细则》，从资金投入方向、使用范围、资金分配、项目管理、资金拨付等多个方面进行明确规定，从制度上保障衔接资金规范运行，强化衔接资金项目监督管理，确保衔接资金运行安全、高效；三是全面提高资金绩效管理，坚持衔接资金预算公开评审制度，将衔接项目资金绩效作为预算安排的重要依据，及时组织衔接资金使用单位开展绩效动态监控和绩效自评。

积极争取各级各类资金，全域推进乡村振兴。根据全区乡村振兴重点工作安排，积极向上争取专项资金和债券资金，按照分层分类、稳步推进的原则，支持全域推进乡村振兴。

强化支农资金保障，稳步推进“三农”工作。按照全市支农资金管理相关要求，强化支农资金监管，确保涉农项目落地落实，在项目建设过程中，会同资金主管部门强化资金监管，及时拨付资金，确保项目有序推进。一是重点突出保障农业优先发展。二是高质量推进国土绿化和生态保护修复。三是强化水利重点项目资金监管。四是保障资金，促进供销、气象事业发展。

【会计事务管理】 会计队伍。截至年底，通过市会计信息管理系统注册登记区内会计人员共3330人。其中：大专及以下学历2368人，本科以上学历962人；高级职称24人，中级职称442人，初级职称1330人。

会计法律法规宣传。制作宣传画及宣传单2万余份向社会广泛宣传会计法律法规，编印制度手册1000余册下发到单位财务负责人及会计人员手中学习。引导单位负责人和社会各界重视、支持会计工作；引导广大会计人员学好用好会计法律知识、自觉树立诚信理念，努力构建学法、用法、守法长效机制，落实单位负责人对本单位会计工作的主体责任，规范会计秩序，提高会计信息质量。

会计人员专业培训。一是加强机关企事业单位会计人员培训。区财政局以推进财政和会计改革为重点。为便于全区预算单位财务会计人员更好掌握熟悉预算管理一体化系统，对其从预算编制、执行到会计核算进行一系列培训，充分利用各种教育资源和现代科技教育手段，打造多层次、多形式、多内容的财会人员教育培训平台，开展专业培训7期，1000余人次。二是借助区农委对村级干部涉农政策培训平台，加强村级财会人员业务培训，参训380余人次。

代理记账机构管理。进一步落实便民措施，将“会计代理记账机构执业资格审批”事项纳入行政许可，采取开放端口方式，实行代理记账许可证书网上审批，同时对代理记账机构行政许可事项实行告知承诺制。积极推行“互联网＋政务”服务，不断优化审批流程，将审批办结时间由20个工作日缩短至1个工作日。按照“双随机一公开”实施细则要求，对代理记账机构开展的代理记账活动进行全过程检查，及时整改存在问题，公示检查结果，不断规范代理记账业务管理，优化营商环境，激发代理记账机构发展活力和社会创造力。

会计基础管理。一是加强会计基础工作建设。扎实抓好会计基础工作规范化管理，规范会计操作行为，提高会计核算质量和会计工作质量，提升全区会计基础工作规范化、制度化和科学化水平。二是规范会计档案管理。全区各行业各单位认真贯彻实施新的《会计档案管理办法》，检查实施效果。三是提高日常服务工作水平。优化会计窗口服务，做好政策宣传解释，改进服务态度。完成会计人员基本信息采集；开展会计专业技术初、中级职称考试，全年会计专业技术初、中级职称考试合格281人；全区会计继续教育参与人员2083人。

会计电算化。全面实现会计人员管理信息化、会计专业技术资格考试无纸化管理制度。全区预算单位会计核算统一信息化网络平台建设，实现共享管理制度。全区所有行政事业单位会计核算工作，都实行电算化记账管理模式。区内各规上企业也基本实行电算化核算管理模式。

监督管理。建立区内行政事业单位财务会计信息大数据库，对全区行政事业单位财务会计信息数据统一管理，通过财政大平台信息系统，统一会计科目设置和核算要求，实现时时监管。同时，针对部门财务核算出现的一些新情况，开展监督检查，促进单位财务会计基础工作规范化。全区企业财务核算管理主要依赖于区税务部门借助税收征管手段进行日常监管。

【注册会计师行业】 区内当地注册成立会计师事务所1家，即重庆龙源会计师事务所有限责任公司。因注册会计师的管理职能在省级，铜梁区未涉及注册会计师管理，亦无注册会计师协会。

重庆龙源会计师事务所。2021年度在重庆市会计师事务所获多项单位和个人优良诚信记录；会计师事务所继续获得2020年重庆市铜梁区税务局A级纳税评级；获得重庆市注册会计师行业宣传优秀单位表彰；会计师事务所党支部被行业党委评选为优秀支部。

（沈美余 供稿）

税务

【概况】 截至2021年底，铜梁辖区内有正常经营纳税人26411户，增值税一般纳税人2645户，小规模纳税人23567户，199户未认定增值税户；小规模纳税人中，实行建账管理的6505户，实行“定期定额”管理的17062户。企业所得税纳税人7826户，个人所得税扣缴义务人7990户。

【税费收入】 2021年，共组织税费收入60.95亿元，同比增长15%，增收7.96亿元。其中税收收入31.34亿元，与上年同比下降0.6%，减收0.2亿元；社保费收入24.37亿元，同比增长27.2%，增收5.22亿元；非税收入1.24亿元，同比增长31.6%，增收0.3亿元；其他收入4亿元，同比增长194.4%，增收2.64亿元。全年出口退税4.27亿元，同比增长52.4%，增收1.47亿元，其中，增值税免抵调库1.43亿元，同比增长170.5%，增收0.9亿元。2021年，铜梁区年纳税超过1亿元的1户，年纳税5000万元—1亿元5户，1000万元—5000万元46户，100万元—1000万元334户。

税收收入中，中央级税收完成12.27亿元，同比增长12.6%，增收1.37亿元；地方级税收完成19.06亿元，同比下降7.6%，减收1.57亿元；区级税收完成16.45亿元，同比下降11.1%，减收2亿元。剔除新增减税因素，全年税收收入同比增长6.42%。

【减税降费】 建立“领导抓总、科所联动，职责明晰、分工明确”的工作机制，完善清单台账、沟通反馈、监督检查制度，通过税企微信群、税企互动平台精准推送政策，开展“面对面”政策专题培训9期，“点对点”宣传缓缴税费政策2744户次。开展两次优惠政策落实情况专项监督检查，倒逼责任落实。2021年新增减税降费2.22亿元，1062户制造业中小微企业享受缓缴税费0.53亿元。优惠政策的及时兑现落实，有效为市场主体纾困解难，有力地促进“六稳”“六保”工作。

【税收征管改革】 2021年推动税收征管改革取得阶段性成效。成立由主要负责人亲自挂帅的《关于进一步深化税收征管改革的意见》落实领导小组，制定落实工作方案，构建“1+1+7”工作机制，建立三大类共104项改革任务管理台账。进一步厘清业务科室、税务所职能职责，探索编写税管员日常工作白名单，明确基础事项和指派事项两大环节5大类78项具体内容。优化征管人力资源配置，征管力量向前台和重点税源倾斜。加强大数据综合运用，推动建立“政府主导、大数据局主责、部门协同”数据共享机制，累计获取数据近10万条，查补税款及滞纳金4518万元。

【税费管理】 货物与劳务税。持续深化增值税改革，严格落实增值税降率、增值税发票管理、小微企业普惠性税收减免、增值税留抵退税、专票电子化改革等举措，抓好免征、即征即退等增值税优惠政策执行情况监管。全年增值税入库13.45亿元，消费税9359.41万元，营业税120.37万元，车辆购置税8350.74万元。出口退税备案企业138户，出口退税共计4.15亿元。申请增值税增量留抵退税43户次，共计退增值税7024.48万元。增值税即征即退纳税人38户，共计退税1875万元。执行和落实各类增值税征前减免政策，全年申报征前减免增值税5.84亿元。增值税发票使用户数共计8766户，其中，核定电子专票308户。

所得税。规范企业所得税核定征收，加强宣传辅导，督促企业建立健全账务核算，引导152户纳税人完成企业所得税核定征收转查账征收，实现核定征收清零。开展2020年度企业所得税汇算清缴工作，汇算清缴入库企业所得税7512.48万元，办理退抵税1865万元。加强自然人基础数据信息维护，完成2万余条自然人身份疑点数据清理。强化个人所得税税收源泉控制，开展对扣缴义务人的培训辅导，加强预扣预缴环节专项附加扣除政策的宣传辅导，规范单位扣缴申报管理。全年个人所得税汇算清缴申报补税377.49万元，累计2.42万人申报退税，退税金额897.72万元。

财产和行为税。土地增值税清算审核完结14个房地产开发项目，清算补税951.77万元，清算退税2442.58万元，并首次成功开展土地增值税清算审核优秀案例展晒活动。《城市维护建设税法》《契税法》顺利实施，2021年9月1日起全面推行自然人购房自行网上申报，清理、规范房地产开发企业代办契税申报行为，累计解决300余户购房人的办证问题，成为铜梁区税务局年内“为民办实事”的具体案例之一。不折不扣落实税收优惠政策，共优惠21.80万户次，优惠金额2.83亿元，其中小规模纳税人普惠性优惠13.17万户次，优惠金额4985.54万元。强化外来建安企业建筑施工扬尘环境保护税征管薄弱环节，征收税款16万元，有效防止税款流失。

社保费和非税收入。加强与医保、社保、扶贫办和卫健委等相关部门沟通，多次召开部门联席协作会议，探索建立部门间关联业务“一站式”联办服务，联合提升管理服务水平，围绕“区税务局自有平台、其他部门平台、媒体公共平台、村社宣传平台”开展社保费政策宣传解读，实现辖区宣传全覆盖，城乡居民“两险”征收成效明显，全区城乡居民基本医疗保险参保人数61.26万人，征收金额1.85亿元。开展“春风借力·助残解忧”专项行动，帮助企业用足用好税费优惠，助力56名残疾人就业。平稳顺利承接水土保持费等6项非税收入划转到税务部门征收，全年累计组织社保费和非税收入29.61亿元。

欠税管理。做好欠税企业风险分类管理，逐户逐笔建立欠税台账，逐月制定欠税清缴计划，加强风险欠税纳税人监控，开展欠税分析，运用欠税约谈、欠税公告、信用等级评定、限票管理、阻止出境、税收保全等措施，提高欠税追缴成效，年内共追缴入库欠税费及社保金额2.58亿元，涉及4829户，其中陈欠1142.55万元，新欠追缴入库2.47亿元。

税收风险管理。探索建立税收风险管理新模式，积极推进监管专业化。落实“信用+风险”监管机制，强化“一户式”风险管理。高标准完成上级推送的风险任务，全年共计完成风险应对任务309户次，查补入库税款675.01万元。通过大数据平台工程项目“一项式”管理查询，发现预缴税款金额存在疑点的47户次，查补入库税款及滞纳金278.60万元。稳定外部数据获取渠道、畅通部门间数据交换联络机制，挖掘利用第三方数据资源，查补税款及滞纳金1244万元。

【纳税服务】 落实税务领域“放管服”改革举

措，在全市纳税人满意度调查中，铜梁区税务局排名全市第4位，比上年提升13位次，纳税人缴费人的满意度和获得感持续增强。积极推进服务高效化，落实进一步提升办税服务厅服务质效5个方面18项具体工作任务，有序推进70项征管基础事项前移，推动征管资源集约化、流程标准化。加强二级12366纳税缴费服务热线建设，在重庆市税务局25项“同办一体”业务基础上再发力，推出35项“同办一体”业务，全年累计办理5243笔。“龙晓税”纳税服务品牌逐步成型，开展宣传培训11次，编发宣传资料27.6万余份，通过“银税互动”帮助纳税人获得贷款526笔3.27亿元，有效缓解企业融资压力。

【税收执法】 积极推进执法规范化。编制权力和责任清单，厘清税务局141项、税务所107项权责内容。落实“行政执法公示”“执法全过程记录”“重大执法决定法制审核”三项制度，打造“阳光执法工作室”，公示纳税人权利与义务，推动透明公正执法。开展建安报验项目税收管理专项执法督察，推进3轮“现金税费征缴风险”排查，依托内控监督平台核实执法疑点584条，及时有效地防范执法风险。

（杨威力 供稿）

2021年铜梁区纳税前100名企业

序号	纳税人识别号	纳税人名称	行　业
1	915002242037020103	中国烟草总公司重庆市公司铜梁分公司	批发和零售业
2	91500224MA60HQD20D	重庆昕晖璟樾房地产开发有限公司	房地产业
3	91500224MA604CA65L	重庆文乾房地产开发有限公司	房地产业
4	91500224676131764B	重庆农村商业银行股份有限公司铜梁支行	金融业
5	91500151MA61CT2P0W	重庆金悦宇房地产开发有限公司	房地产业
6	91500224MA5U6GXBXU	国网重庆市电力公司铜梁供电分公司	电力、热力、燃气及水生产和供应业
7	9150022477849673XP	重庆银行股份有限公司铜梁支行	金融业
8	91500224MA6148RP9D	重庆金裕宸房地产开发有限公司	房地产业
9	91500151MA61QMA63T	爱玛科技(重庆)有限公司	批发和零售业
10	91500151MAABPKRC6U	重庆盛景邦泰房地产开发有限公司	房地产业
11	91500224078810572E	重庆新民康科技有限公司	制造业
12	91500224621917831U	重庆庆兰实业有限公司	制造业
13	91500151MA61D4X94W	北京城建重庆置业有限公司	房地产业
14	91500224084666669Y	威孚力达（重庆）汽车零部件有限公司	制造业
15	91500224MA5UB74U3K	重庆顺安天力达爆破器材有限公司	制造业

续表

序号	纳税人识别号	纳税人名称	行业
16	9150022470938817XM	重庆庆龙精细锶盐化工有限公司	制造业
17	9150022406054910X1	重庆嘉骏电子有限公司	制造业
18	91500224MA5U7GN01R	重庆富典建筑工业化制品有限公司	制造业
19	9150022408466031２P	重庆泽京庆远置业发展有限公司	房地产业
20	9150022409533279５P	重庆市博悦房地产开发有限公司	房地产业
21	915002246992715169	重庆南雁实业集团龙剑机械制造有限公司	制造业
22	915002249037160180	中国农业银行股份有限公司重庆铜梁支行	金融业
23	91500224MA604F1P1C	重庆拓航房地产开发有限公司	房地产业
24	9150022475620101３X	重庆赛维药业有限公司	制造业
25	91500000733950978E	重庆潜能燃气股份有限公司	电力、热力、燃气及水生产和供应业
26	91500224753057212G	重庆铜梁西南水泥有限公司	制造业
27	91500151MA61CT2D2Q	重庆金晨宇房地产开发有限公司	房地产业
28	91500000320464373J	重庆页岩气勘探开发有限责任公司	采矿业
29	91500224MA60HTXP4Q	重庆正梁房地产开发有限公司	房地产业
30	91500224903714514H	中国工商银行股份有限公司重庆铜梁支行	金融业
31	91500224588903445A	重庆新红旗缸盖制造有限公司	制造业
32	91500224MA6036WQ7G	重庆市鹿享家科技有限公司	制造业
33	91500224736550937J	重庆市巴岳建筑安装工程有限公司	建筑业
34	91500224574826450K	重庆曜阳置业有限公司	房地产业
35	91500224565616646P	重庆鸿图建筑劳务有限公司	租赁和商务服务业
36	9150022407231499XM	重庆三峡银行股份有限公司铜梁支行	金融业
37	915002242037031792	重庆市铜梁区龙泽水务有限责任公司	电力、热力、燃气及水生产和供应业
38	915002240605434023	重庆市铜梁区沪华五金电子有限公司	制造业
39	91500224666404271T	重庆天诺房地产开发有限公司	房地产业
40	91500224MA615AQX94	中科创讯科技有限公司	制造业
41	91500224056456904K	重庆华龙盈科实业有限公司	房地产业
42	91500151MAABPKRU32	重庆融沙旭房地产开发有限公司	房地产业

续表

序号	纳税人识别号	纳税人名称	行　业
43	915002247562420424	重庆和平制药有限公司	制造业
44	915002247562207242	重庆尚赏居地产集团有限公司	房地产业
45	91500224MA5U4YEFXG	重庆百钰顺科技有限公司	制造业
46	915002246689348581	重庆佳耀商品混凝土有限公司	制造业
47	91500224203705246R	重庆市茂森建筑工程有限公司	建筑业
48	915002249037473244	中国农业发展银行重庆市铜梁支行	金融业
49	9150022475005725XM	重庆新美鱼博洋铝业有限公司	制造业
50	915002240628536582	重庆力华亘田科技有限责任公司	制造业
51	915002240736889936	重庆优博电气设备有限公司	制造业
52	915002242032293661	茂茂(重庆)汽车驱动系统有限公司	制造业
53	91500000450439184R	重庆传动轴股份有限公司	制造业
54	915002249037146538	中国建设银行股份有限公司重庆铜梁支行	金融业
55	91500224203748633T	重庆铜龙建筑工程有限公司	建筑业
56	915002242031267548	重庆重变电器有限责任公司	制造业
57	12500224450629463B	重庆市铜梁区人民医院	卫生和社会工作
58	91500224MA5UBKLP6A	重庆天齐锂业有限责任公司	制造业
59	915002245540586421	重庆市鹏瑞房地产开发有限公司 龙腾盛世项目部	房地产业
60	91500224774858174D	重庆市金梁实业(集团)有限公司	房地产业
61	9150022470947844XE	重庆宏雷机械制造有限公司	制造业
62	91500224663574312K	重庆春力房地产开发有限公司	房地产业
63	91500224596743461F	重庆市铜梁区祥达建材有限公司	采矿业
64	91500151MAABPXA64J	重庆市铜梁区仁伟房地产开发有限公司	房地产业
65	91500108784245777K	重庆和泰润佳股份有限公司	制造业
66	9150022433166335X	重庆石博士新材料有限公司	制造业
67	91500224593654105E	重庆强鸿商品混凝土有限公司	制造业
68	915002247874703987	重庆奥博铝材制造有限公司	制造业
69	9150022470933768X5	重庆市来新居房地产开发有限公司	房地产业

续表

序号	纳税人识别号	纳税人名称	行　业
70	91500224903733395R	中国银行股份有限公司重庆铜梁支行	金融业
71	91500224057787115N	重庆港腾机械有限公司	制造业
72	91500151MAABXGBK20	重庆爱玛车业科技有限公司	制造业
73	91500224736556570M	重庆铜梁宏福房地产开发有限公司	房地产业
74	91500224083091832Y	新连刚电子科技(重庆)有限公司	制造业
75	91500224590527282C	重庆雷钜电子科技有限公司	制造业
76	91500224660888578H	重庆市浙商企业(集团)有限公司	房地产业
77	91500224580179835B	重庆龙赢市政建设有限公司	居民服务、修理和其他服务业
78	91500224MA5YX9HJ5U	重庆安创材料科技有限公司	制造业
79	91500224592264877T	重庆市贵荣塑胶制品有限公司	制造业
80	91500000203744878R	重庆龙珠电力股份有限公司	电力、热力、燃气及水生产和供应业
81	915002246689227181	重庆龙轩实业有限公司	房地产业
82	91500224320464250L	重庆市铜梁区百事达小额贷款有限公司	金融业
83	91500224068276687W	重庆瑞鑫科五金制品有限公司	制造业
84	915001165721023019	重庆恒勃滤清器有限公司	制造业
85	91500112MA5UA23B2W	重庆华鸿盛昌实业发展有限公司	房地产业
86	91500224572103646W	英力电子科技(重庆)有限公司	制造业
87	91500224MA5YR8P80X	重庆铜梁万达广场商业管理有限公司	租赁和商务服务业
88	91500224057787414L	重庆神驰通用动力有限公司	制造业
89	91500224582827701F	重庆昆凌电子科技有限公司	制造业
90	525001517935344079	重庆市巴川中学校	教育
91	91500224MA5U5YD22H	重庆博斯特新型建材有限公司	采矿业
92	915002247093735844	重庆市青云房地产开发有限公司	房地产业
93	91500224568744088X	重庆市铜梁区隆耀建材厂	采矿业
94	91500224MA60EP8J9Y	明德致远(重庆)门窗有限公司	制造业
95	91500151MAABNGQN89	重庆晖鸥置业有限责任公司	房地产业
96	91500224MA5U7CRE09	重庆市铜梁区鑫弘企业管理有限公司	租赁和商务服务业

续表

序号	纳税人识别号	纳税人名称	行　业
97	91500224784245566E	重庆威斯特电梯有限公司	制造业
98	91500224745320324M	重庆新申世纪新材料科技有限公司	制造业
99	91500224597989973Q	重庆市铜梁区兴农融资担保有限公司	金融业
100	91500224MA5YRR9809	重庆智沐电子科技有限公司	制造业

金融

综述

【概况】 2021年,铜梁区有各类金融机构54家、网点170个,从业人员1470人。其中:银行、证券、保险三类传统金融机构36家(银行12家,保险公司16家、保险代理公司6家,证券公司2家)。地方金融机构18家(小额贷款公司5家;融资担保公司1家;基金8支;基金管理公司3家;典当公司1家)。

【金融运行】 2021年,辖区银行机构存款余额600.11亿元,增加55.47亿元,增长10.18%;贷款余额530.83亿元,增加37.53亿元,增长7.61%;存贷款余额增速9.7%;证券公司代理证券交易额413.28亿元,同比增长4.2%;保险公司保费收入11.21亿元,同比增长8.73%;小贷公司贷款余额9.08亿元,同比增长15.82%;融资担保公司在保余额9.67亿元,同比增长11.79%;辖区金融机构入库税收2亿元,同比增长12.99%,区级分成7986万元,同比增长13.58%。其中银行机构入库税收1.77亿元,区级分成7100万元。

【重点工作】 一是服务实体经济能力增强。坚持四个常态化金融服务机制,年内全区金融机构投放贷款213.43亿元,其中投放实体经济贷款158.67亿元,比上年同期多投放44.7亿元。二是企业改制上市有序推进。进一步优化企业上市扶持政策,最高可补贴3330万元,全年兑现企业奖补资金630万元。完成4家企业在新三板挂牌,16家企业在OTC改制挂牌。三是金融风险总体可控。

【服务实体经济】 融资结构稳步优化。加大对中小微企业、制造业、绿色发展、乡村振兴等重点领域和薄弱环节的支持力度。特别是对中小微企业、制造业的精准支持,重点支持三大主导产业融资需求,因地制宜开发出“用能贷”“莲藕贷”等十余种有针对性的金融产品。

融资成本稳中有降。金融系统全力落实普惠金融政策,继续向实体经济让利,通过创新线上和线下贷款模式,充分运用央行低成本资金,发挥政府资金增信作用,着力降低企业融资成本。风险补偿金贷款累计发放10.15亿元,转贷应急周转资金累计转贷30.63亿元。

融资效率大幅提升。一是金融系统创新开展四个常态化金融服务行动。精准匹配融资信息,逐步打通银企信息堵点。每周向行业主管部门收集企业融资需求、每季度召开一次政银企联席会、每半年开展一次“金融大走访”行动、在首贷续贷中心提供定点服务,通过全方位多维度“一对一”提供精准服务,解决企业融资难题。二是贷款审批流程不断优化。企业信用贷款最快实现当天放款,企业抵押贷款最快实现3个工作日放款。三是减费让利政策落实有效。金融机构通过免收企业开户费用,承担企业贷款抵押物公证、登记、评估等费用,实现企业贷款除利息外无其他任何费用,营商环境进一步优化，切实增强企业获得感。四是不断丰富线上产品。共有"用能贷"等线上产品49个，线上贷款余额达31.46亿元。线上贷款实现秒审秒贷，极大地方便企业融资。

【风险防范】 金融系统坚决扛起防范风险的政治责任，强化底线思维，保持敏锐反应，以更有保障的金融安全助力全区金融高效稳健运行。制定完善金融风险预警和处置机制，优化打非举报奖励办法，充分发挥平安员和社会大众排查举报作用，全年发放举报奖励资金37500元。创新开展的打非排查机制被国务院打非部级联席会专刊向全国推广借鉴，连续四年实现非法集资"零"案件发生。

【支持乡村振兴】 一是金融支持乡村振兴力度加强。年末，涉农贷款余额全年增加17.14亿元，同比多增3.74亿元，增长10.13%。二是绿色信贷增长较快。年末，绿色贷款余额26.85亿元，增长20.73%，高于各项贷款平均增速11.49个百分点。

【助力精准扶贫】 把脱贫人口小额信贷作为巩固拓展脱贫攻坚成果和服务乡村振兴的重要抓手。用好信贷政策，创新工作机制，坚定发展目标，坚守风险底线，形成脱贫群众"贷得到、用得好、还得上"的良好局面。全区累计贷款金额6127.125万元，累计贷款户次3190户（次），贫困户获贷率71.99%。

银行

【概况】 2021年末，铜梁区有法人银行机构和支行12个（家），营业网点129个，从业人员1201人。年末，全区银行资产总额703.68亿元，同比增长9.65%；不良贷款率0.26%，低于全市0.81个百分点。

保险

【保险保障】 铜梁区保险业为全区经济社会发展提供风险保障金，截至年底，全区保险公司赔付支出3.47亿元，同比增长—5.00%，其中，财险公司赔付支出2.42亿元，人身险公司赔付支出1.05亿元。

【保险收入】 2021年，全区保险公司原保费收入11.49亿元，比同期增加0.31亿元，增长2.77%。全区财产险公司保费收入3.94亿元，同比增长-0.28%，其中，车险业务保费收入2.28亿元。占58%。非车险业务保费收入1.65亿元，占42%。全区人身险公司保费收入7.55亿元，同比增长4.43%。全区保险机构承保利润0.30亿元，增长-18.13%，其中，财产保险公司承保利润0.30亿元，增长-18.13%；人身险公司短期承保利润0，增长0%。

【服务社会保障体系】 2021年，辖区内保险机构积极发展健康险，成为全区社会保障体系有益补充。类型更加丰富，保费增速较快，赔付支出不断增长。形式从传统重疾险和医疗险2种形式逐渐发展为重疾险、防癌险、"人人安康"百万医疗险、普通医疗险、政策性大病保险、长期护理保险等多种形式，保障期限更加多样化。全区人身公司健康险保费收入2.46亿元，比上年增长0.39亿元。

证券

【概况】 铜梁区有证券公司2家。其中，东北证券重庆铜梁营业部2021年，营业收入1334.16万元，上缴税金109.79万元。西南证券重庆铜梁营业部2021年，营业收入477.27万元，上缴税金33.39万元。

（黄志瑶 供稿）

2022

铜梁年鉴

生态文明

生态文明

综述

【发展规划与建设】 规范制定发展规划。2021年编制《重庆市铜梁区生态环境保护“十四五”规划和二〇三五年远景目标》,为铜梁未来五年的生态环境保护工作擘画蓝图。

完成综合治理工程。年内完成围龙镇穆家河源头综合治理工程、铜梁区中小河流整治工程(一期)建设,推进旧县园区污水处理厂建设,实施东城污水处理厂提标改造,提升工业污水集中处置能力,全面完成明月寺、望仙桥片区排水管网改造工程,累计改造排水管网约14.79千米,新建城区污水管网5.2千米;完成旧县、虎峰等25个镇街雨污管网改造,累计新建、改造40千米。推动渣场环境信息化建设,持续推进辖区渣场污染治理情况和周边环境信息矢量化、图形化、信息化。

【放管服改革】 2021年持续强化对生态文明的组织领导、统筹谋划与管理,下大力搞好污染防治,深入落实“放管服”改革,推广绿色生产方式,助推经济高质量发展。坚持审批与服务并重,不断优化营商环境,落实专人针对性帮扶企业填报数据、办理手续,严守生态红线,严控“两高”项目审批;坚持减污降碳,协同增效,建立排污许可证核发(换发)同碳排放信息披露同步办理、同步生效、同步管理“三同步”机制,逐步推动碳市场发展。

▶ 区生态环境局开展“人与自然和谐共生”“六五”环境日宣传活动。(区生态环境局 供图)

【生态环保宣传】 走进广场和社区开展“美丽中国 我是行动者”“六五”环境日宣传活动,双月组织环保公众开放周,全年共开展环保公众开放周6次,累计300余人参与环保公众开放活动;加强长江保护法宣传培训,多平台宣传长江保护法,购置《长江保护法》1000册,向各镇街发放长江保护法宣传折页2万册,举办长江保护法专题讲座,不断强化法治建设。

【环境质量持续改善】 2021年全区环境质量持续改善,牢牢构筑起重要生态屏障。空气质量优良天数达到324天,城市集中式水源地(含备用水源)水质达标率100%,淮远河获评“重庆市美丽河湖”,污染地块安全利用率达到100%,新增城市绿地面积60万平方米,全区森林覆盖率达到48%,功能区噪声平均值为53.2分贝,满足国家声环境质量二级标准,全区放射源和射线装置安全受控,西郊示范片市级“绿水青山就是金山银山”实践创新基地创建通过专家现场核查。

【生态环境建设体制机制改革】 深入抓好河长制工作落实，持续开展“三排”“三乱”专项整治和提升“三率”专项行动，主要河流水质持续稳定达标，巴川河、淮远河、涪江铜梁段获评全市最美河流。深化落实林长制，全面推进国土绿化，实施涪江铜梁段“两岸青山·千里林带”建设，“林长+检察长”协作机制经验在全市推广。深入推进国家产业转型升级示范区和国家循环化改造示范园区建设，严格落实能源、水资源、建设用地等总量和强度“双控”机制，推动产业绿色低碳发展。

（王刚 供稿）

生态环境监管

【生态环境执法管理】 优化执法方式提高执法效能。扎实推进生态环境保护综合行政执法改革，利用在线监控、视频监控、无人机、电话等方式开展非现场检查，年内共开展非现场检查295次，减免处罚次数3次。

落实“双随机一公开”制度。以“双随机一公开”监管为基本手段，以重点监管为补充，全年累计出动执法人员554人次，对双随机名录库中的496家企业，抽取检查了277家，发现问题89件，督办整改89件。

完善生态环境领域信用体系建设。督促企业自觉履行环境保护法定义务和社会责任，自2018年开始逐年开展环境信用评价工作，截至年底参评企业共达126家，6家被评为环保诚信企业，117家被评为环保良好企业，1家被评为环保不良企业，2家因关闭搬迁不参评。

规范行政处罚自由裁量权。1—11月共立案56件，发出行政处罚决定书40件，罚款金额132.6152万元，查封扣押2件，向渝北区法院申请强制执行5件，向公安机关移交涉嫌环境犯罪案件3件，完成2件生态环境损害赔偿案件。

【环境质量监测】 大气环境质量监测。落实环保气象战略合作协议，进一步完善与气象部门的会商机制，推进空气质量预测预报能力建设，提升空气质量预测预报能力；做好龙门街空气质量自动监测站运维保障，切实做好城市空气质量自动监测站的电力、通信、安全以及运维人员出入等保障工作。

水环境质量监测预警。持续开展好全区地表水、地下水、城市饮用水、乡镇饮用水和水功能区五大板块的水环境质量监测；做好水质自动监测站运维保障工作，将建成的中和、安居和双河口三个自动监测站的数据与监测中心平台对接，实现数据联网共享。

污染源监测。开展污染源执法监测并及时公开监测结果，对设计处理能力20吨/日以上的镇村生活污水处理设施每半年至少开展一次监测，对VOCs排污单位名录中的企业每年至少开展一次监测；开展区内废水排放企业的入河排污口水质监测。

【环保督察问题整改】 高质高效抓好两轮中央生态环保督察反馈问题整改。第一轮中央环保督察转办的33件群众投诉和反馈的15项整改任务及43个具体问题整改任务全部办结；第二轮中央生态环保督察反馈的13项专项整改子任务和10个举一反三问题，年内完成11个专项整改子任务和10个举一反三问题的整改。

污染防治

【大气污染防治】 狠抓大气污染防治，打赢蓝天保卫战。对12家重点企业开展柴油货车入户抽检。完成机动车排气道路抽检3228辆，完成抽检非道路移动机械50台。完成黄越汽车等10

家企业开展挥发性有机物深度治理和推进8台燃气锅炉开展低氮燃烧改造工作。开展施工工地"红黄绿"分级管控制度，加大施工工地监管力度，督促工地落实控尘"十项强制性规定"，建立对违法违规企业的长效制约机制，扬尘控制情况纳入建筑施工企业诚信综合评价和环境信用评价，并纳入资质等级管理。创建巩固扬尘控制示范工地10个，加强道路冲洗、清扫保洁，创建和巩固扬尘控制示范道路10条。加大禁止露天焚烧巡查，共扑灭火点400余处，推动遗体火化单位开展清洁能源改造工作。抽检餐饮业油烟50家。

【水污染防治】 狠抓水污染防治，打好碧水保卫战。严格落实"河长制"，突出源头防治、生态修复，加强工业污水、生活污水、养殖废水治理，持续开展"三排""三乱""三率"专项整治。完成永嘉响水岩水库等5个水源地治理，立行立改园区（企业）污水管网错接、乱接、漏接等，杜绝污水直排。持续开展农村环境综合整治，完成安居镇杨乐村乡村振兴示范点等污水处理设施建设工作。加强水源地保护，全面完成36个集中式饮用水水源地规范化建设。加强水产养殖尾水治理，完成整治163户，治理池塘809.3亩，治理养殖尾水992万吨。启动铜梁区入河排污口排查、溯源、监测工作，推动入河排污口整治。

【声环境污染防治】 狠抓声环境污染防治，推进宁静行动。严控建筑施工噪声及生活噪声，常态化开展夜间噪音扰民整治工作，中高考期间联合多部门开展90余次噪声专项整治。积极创建安静小区，截至年底全区市级安静小区达到11个。区域环境噪声和交通干线噪声均达国家标准，声环境质量进一步提升。

【土壤污染防治】 常态化开展危险废物规范化管理监督检查工作，推进净土保卫战，持续对辖区14家50吨以上产废企业和3家经营单位进行"一物一码"精细化管理，实现危险废物规范化年度考核持续达到A级。健全小微企业危险废物收集网络，完成区内危险废物收集暂存设施试点建设工作，确保辖区小微企业危险废物得到及时、规范收集处置。完成区内医疗废物无害化处置设施建设工作。常态化开展疫情防控工作，确保辖区医疗机构及设施环境监管与服务100%全覆盖、医疗废物及时有效收集和处理处置100%全落实。加强工业、农业用地污染防治工作，巩固提升受污染耕地安全利用水平，受污染耕地安全利用率达到90%以上。持续开展"清废行动"，年内完成红蝶锶盐渣场、龙璋白泥渣场整治。

（区生态环境局 供稿）

生态保护与修复

【自然生态保护】 加强自然保护地监管，印发《关于进一步强化自然保护地监督管理工作的通知》《关于印发〈重庆市铜梁区"绿盾2021"自然保护地强化监督工作实施方案〉的函》《关于开展自然保护地疑似问题清单点位实地核查工作的函》等文件，对遥感监测点位实地核查及"绿盾2021"自然保护地强化监督工作进行安排部署。全年累计出动执法人员32人次，检查重庆茶山竹海国家森林公园等7个自然保护地16次，未发现环境违法行为；对上级交办、群众举报及媒体曝光的16个自然保护地问题开展现场核查，均不属新增违法违规问题。

【生物多样性保护】 重点加强外流物种排查，做好自然保护地内"加拿大一枝黄花"等外来入侵物种的排查工作。联合社区、学校开展国际生物多样性日活动，普及生物多样性相关知识，增强社会各界对生物多样性保护的紧迫感和责任感。

（贺佳佳 供稿）

【耕地生态保护】 加强污染源排查整治。牵头制定《关于印发〈重庆市铜梁区深入开展耕地周边涉镉等重金属行业企业污染源排查整治工作方案〉的通知》，以粮食镉等重金属超标区域、耕地土壤重金属超标区域、铅锌铜等有色金属采选冶炼集中区域等为重点区域，建立完善涉镉等重金属行业企业污染源排查清单，覆盖企业62家，严格依据大气、水、固体废物、环境管理等法律法规和相关现场排查要求开展现场检查工作，共发现2个问题，及时督促相关责任主体限期开展整治工作，对涉嫌违法行为依法依规处以行政处罚，切实保障全区耕地安全，受污染耕地安全利用率达到95.68%。

加强建设项目环保管理。严格落实“三线一单”硬约束，严把“两高”项目准入口关，严控“两高”项目审批，持续深化“放管服”改革，优化营商环境，年内审批117个项目环评，办理全国排污许可证业务97件，均无涉及自然保护地项目。推动化学需要量、氨氮等主要污染物总量减排工作，实施小安溪流域重庆市铜梁区新兴造纸厂、铜梁区铜鑫纸业有限责任公司等6家造纸厂关停转产，为经济发展腾出更多空间。

（贺佳佳 供稿）

【农业生态保护】 农业生态建设。以区人大评议全区农业面源污染防治工作为抓手，推进农业生态建设。一是持续推进化肥农药减量增效，实现年减少使用化肥200吨、农药1.2吨；二是持续开展农业资源废弃物综合利用，实现年增施畜禽粪污5万吨；三是高位推动水产养殖污染综合治理，完成池塘尾水治理工程建设26家，治理池塘面积2099.6亩；四是强化政策支持绿色发展，实现新增绿色食品64个，认证产量4000多吨。五是大力开展农业生态宣传，进村入户开展种植、养殖业绿色生产技术培训，发放技术宣传资料20000余份，同时开展土壤农膜残留农户调查，政策扶持农膜和农药包装物回收工作，有效提高群众保护土壤环境积极性。

农业环境监测与保护。全区开展耕地环境质量监测工作，完成111个耕地安全利用监测点监测工作，完成受污染耕地安全利用率监测工作，全区开展72个主导粮食作物监测点监测，经市级三方机构认定受污染耕地安全利用率达95.68%，同时全区完成15个农田地膜残留监测点监测，在受污染耕地安全利用区内的重点镇街及村（社区）开展4066.67公顷水稻增施土壤调理剂和钙镁磷肥示范建设。

秸秆综合利用。一是全区秸秆实现以还田为主的综合利用量达90.9%。二是多途径提高秸秆综合利用水平，实现秸秆肥料化、饲料化、原料化、基料化、能源化。在维新镇、高楼镇、二坪镇、华兴镇、土桥镇开展秸秆综合利用项目建设，其中维新镇已建成投产，已碎粉秸秆1000余吨并生产有机肥2000多吨，实现1000万元的产值，带动周边群众增收近20万元；华兴镇利用玉米秸秆、玉米芯等农业废弃物150吨生产食用菌菌包50万袋左右，同时可生产优质菌肥20余吨，实现秸秆资源有效可持续利用。

村镇环境清洁行动。持续开展村镇清洁行动、“五清理一活动”专项行动、“五沿”整治行动等，让村庄环境常态保持干净、整洁、有序。累计打造并获评“美丽宜居村庄”59个、“美丽巴蜀宜居乡村先导村”6个。建成西郊示范片和安居示范片，并不断提质扩面，充分引领着铜梁区全域农村人居环境整治成效向好发展。

（刘进 供稿）

【林业生态保护】 开展林业野生动植物保护宣传。一是通过开展“野生动植物宣传月”“爱鸟周”活动宣传，印发资料、通告5800份，制作安装

水口镇大滩村农村人居环境亮丽。（罗彬航 摄）

固定警示牌9块，携带野生动植物宣传展板18块，深入镇街街头巡展2次。开展科普活动15场次，发放张贴资料2.7万余份，悬挂宣传横幅150余条。二是组织爱鸟护鸟志愿者3名、管护人员426名、林长制网格护林员4800余人，常年对巴岳山、毓青山林区巡查保护野生动植物，监测动物疫源疫病。三是开展野生植物保护调查。邀请重庆市5名植物专家深入安溪镇开展野生植物调查，摸清桫椤、金毛狗、黑桫椤分布情况，并落实保护措施；四是开展野保执法，执法巡查38次，制发巡查记录26份，普法教育100余场次。对城区3个街道动物展演和销售市场全面清查，发现有展演单位2家，即玄天湖天鹅，齐齐山庄鹦鹉、孔雀、赤狐，有销售小鹦鹉商家4家，按政策法规进行整治处理。五是加强古树名木保护。据2017年普查，全区有古树名木319株（其中衰弱、濒危古树4株），按树种划分有黄葛树、楠木、银杏、皂荚、罗汉松等19个树种；按保护级别划分为：一级保护古树7株，其中桫椤4株，黄葛树2株，罗汉松1株，有桫椤最高估测年龄约为1200年；二级保护古树61株，有黄葛树、罗汉松、柏木等；三级保护古树251株，有黄葛树、楠木、银杏等。年内对7株古树名木开展复壮保护。

林业有害生物防治。2021年，林业局防治林业有害生物9863.33公顷，其中：黄脊竹蝗827.33公顷，松毛虫830公顷，松墨天牛4171.33公顷，松材线虫病发生4034.67公顷。一是监测。利用国家林草局中心测报点（铜梁点）、有害生物监测系统，开展调查工作，并将调查信息上报国家，下发镇（街）、林场指导防控工作。铜梁中心测报点荣获国家林草局全国优秀中心测报点荣誉。二是除治。对一般林业有害生物由区林业局提供药械和技术指导，镇（街）和双碾林场组织护林员防治；对重点的松材线虫病除治，由区财政安排资金，各镇（街）、林场为防治主体，通过招标采购专业除治队伍，负责除治工作。全区集中除治清理3764个小班、7600公顷，清理病枯死松树78642株。检查清理农户17938户，发现藏匿松木农户102户，松木3625千克。林间喷药防治松墨天牛2133.33公顷。连续2年无病（枯）死松树，2021年松材线虫病防控成效市级考核评价优秀。三是检疫。2021年全区检疫外调苗木22047株、木材1502立方米，检疫调入苗木502.45万株、木材684.22立方米、木制品363件；产地检疫苗木生产企业54家、检疫各类苗木941.31万株，合格率达100%，未发现检疫性林业有害生物。办理植物检疫证书70份，执法检查95次、检查涉木企业119家，出动执法人员185人次。

（李军　供稿）

【水利生态保护】　强化“河长+检察长”“河长+警长”协作，进行拉网排查“三排”“三乱”、提升“三率”问题。同时开展琼江铜梁段、淮远河铜梁段第一批市级示范河流创建，推进小安溪等重点河流污染治理。琼江、小安溪市控断面水质稳定达到Ⅲ类。年内开展白羊河“三排”“三乱”“三率”专项整治行动，完成白羊镇、水口镇、太平镇、东城街道污水处理厂、白羊镇垃圾压缩站技改和康山农民新村污水管网项目建设，提升了污水收集处理率，实现了白羊河出境口水质达标。全区城市生活污水集中处理率达到98%以上，乡镇生活污水处理率达到85%以上，处理达标率达100%。

（杨鹏博　供稿）

环保工程

【城镇环保工程】　城镇污水处置。全区城镇生活污水处理厂共26座。南城生活污水处理厂，设计日处理污水5万吨，现日实际处理约4.7万吨。一期采用奥贝尔氧化沟处理工艺；二期采用AAO处理工艺，按照国标一级A标准排放，由铜梁排水有限责任公司负责运营和维护，主要收集南城、东城、巴川3个街道生活污水。铜梁排水公司第二污水处理厂，设计日处理污水3万吨，现日实际处理约2.6万吨。采用AAO+化学除磷+二沉池+高效沉淀池+砂滤池+消毒池深度处理等工艺，按照国标一级A标准排放，由铜梁排水有限责任公司负责运营和维护，主要收集金龙大道至高新区以及核心区生活污水。24座镇级生活污水处理厂，设计总处理能力为日处理1.77万吨，现日实际处理约0.9万吨。除安居、高楼、旧县、虎峰按照国标一级A标准排放外，其余为国标一级B标准。由重庆环保投资集团有限公司进行运营维护，主要收集除巴川、东城、南城、蒲吕街道外的各镇街生活污水。

污泥无害化处置。项目位于铜梁区侣俸镇凤飞村6组，占地面积16666.75平方米，总投资3000万元，主要功能为处理城镇生活污水处理厂产生的脱水污泥。经混料、翻抛、好氧发酵等工序处理后，成品达到《城镇污水处理厂污泥处置园林绿化用泥质量》标准，实现污泥无害化处理和资源再生化利用的目的。全年共无害化处置污泥21473.93吨。

雨污管网。年内新增、改造雨污管网约71.7千米，其中完成城区雨水管网项目12个，长度约11.42千米；完成污水管网项目12个，长度约5.49千米；完成合流制管网改造约13.79千米，完成老旧管网改造1千米；完成乡镇雨污管网建设约40千米。全年清掏检查井、水篦子

274次，更换井盖、水篦子1107套，排除市政排水管网冒溢、堵塞等问题58次，疏通、维修雨污管网约10千米。乡镇生活污水集中处理率86%，城市生活污水集中处理率98.7%，污泥无害化处理率100%。

（李旭波 供稿）

【矿山环境恢复治理】 2021年，重庆市规划和自然资源局下达铜梁区关闭和废弃矿山生态修复任务15公顷。全年完成矿山生态修复面积15.36公顷。同时全面启动绿色矿山建设，要求全区所有生产矿山企业全部编制绿色矿山实施方案。年内1家矿山企业通过市级绿色矿山第三方评估，除纳入西南水泥搬迁征地范围内的云祥采矿场外，其余在产露天矿山均达到市级绿色矿山标准。

（吴桐 供稿）

环保执法与环境安全

【信访投诉受理】 全年共办理1160件信访投诉，其中“12369”环保举报热线与市政府“12345”一号通双号并行渠道投诉757件、微信网络79件、铜梁信箱13件、群众来电来访131件、网络舆情32件、群工系统118件，有奖举报2件、其他投诉28件，较2020年信访投诉数据呈上升趋势。做到了接件处理率100%，回复率100%，群众回访满意率达98%。

【环境执法检查】 一是对水、大气、噪声、危废、自然保护地、建设项目等重点领域全面开展专项执法检查，对偷排、漏排废水、涉VOCs企业、非法排放、倾倒、处置危险废物等环境违法行为严厉查处，全年共开展检查1332次，发现问题32个，完成整改27个。二是强化执法应急联动。与大足区、合川区、潼南区、永川区签订《关于建立跨界流域应急联动机制的协定》《联合执法工作机制》，共开展联合执法25次，共同处理边界环境投诉及涪江流域环境纠纷；在高考前15天至中考结束，与文化、市场监管、公安及镇街人民政府对城区在建建筑工地、娱乐场所及学校周边100米范围内的强噪声作业开展了90余次噪声专项整治，检查点位155个，发现环境违法行为3起，立案查处3件。

区生态环境局对重庆蓝泠洋环保科技有限公司进行执法检查。（区环境局 供图）

【风险评估和预案管理】 一是指导辖区内32家风险企业完成了环境风险评估及应急预案的修订备案工作，督促12家新增风险源完成风评及应急预案新编备案工作。二是开展应急演练，强化应急制度。随时做好突发事件应急准备，实行24小时领导带班、专人值班制度。2021年6月，在重庆红旗金龙弹簧有限公司开展的以淬火油泄漏发生环境污染事件的应急演练，进一步优化各部门在协同作战中的联动机制，完善区内环境应急工作程序和指挥体系。三是以案促建提升环境应急能力。对照全市典型突发环境事件案例对标对表开展自查，针对发现的3个问题印发《重庆市铜梁区环境应急能力问题整改方案》，设立环境应急办公室，根据应急监测能力标准建设新增便携式浊度仪、Vocs气体检测仪等部分环境应急监测设备，3个问题按整改方案全部完成整改。四是防范化解生态环境领域重大风险，持续开展环境安全隐患排查整治工作，重点排查涉化涉重企业、危险废物生产储存和处置单位、垃圾处理填埋场等环境风险单位，做好风险管控与风险防治。

（贺佳佳 供稿）

环境质量

【大气环境质量】 2021年大气环境质量总体稳定，空气质量优良天数达到324天，PM2.5日累计平均浓度为38微克/立方米，无重污染天气。

【声环境质量】 全年声环境质量状况持续达标，区域噪声环境平均值达到52.4分贝，同比增加0.4分贝，交通干线噪声平均值达到62.9分贝，功能区噪声平均值为53.2分贝，满足国家声环境质量二级标准。

【水环境质量】 2021年全区水环境质量总体优良，琼江安居莲花桥断面、小安溪段家塘断面水质年均达到地表水Ⅲ类考核要求，玄天湖水库水质达到地表水Ⅲ类标准，平滩河寿桥断面达到考核要求，城市集中式水源地（含备用水源）水质达标率100%，镇街集中式饮用水源水质均达到地表水考核目标要求，围龙镇双碾街道地下水质量考核点位水质级别保持稳定，达到考核要求。

【土壤环境质量】 全区2021年土壤环境质量安全可控，受污染耕地安全利用率达到95.68%，污染地块安全利用率达到100%，畜禽养殖粪污综合利用率达96%，规模养殖场、大型规模养殖场粪污处理设施装备配套均达到100%。

【辐射环境质量】 全区放射源和射线装置安全受控，辐射环境状况整体良好。2021年全区环境质量总体持续向好。

（贺佳佳 供稿）

2022

铜梁年鉴

社会事业

科学技术

综述

【概况】 2021年，全区通过认定的国家高新技术企业58家（其中新申报39家，复审19家）、科技型企业253家。9家企业建成区级技术创新中心。强化科技人才引进培养，设立人才服务专员，累计处理渝快办线上人才服务事项5项，线下服务事项100余项。新培育企业创业领军人才2名、创新创业示范团队1个，入选“重庆英才计划”项目7个，累计引进培育各级各类高层次人才160人，团队12个，建成专家人才库72人、选派科技特派员66人。加强科技金融服务，深化知识价值信用贷款改革，102家企业获得放款，共计1.96亿元。

2021年铜梁区内企业获国家高新技术企业认定名单

序号	企业名称	序号	企业名称
1	重庆市威诺华光电科技有限公司	30	重庆研智保温材料有限公司
2	重庆庆龙精细锶盐化工有限公司	31	重庆肯智科技有限公司
3	重庆裕建玻璃科技有限公司	32	重庆鹏雷汽车配件有限公司
4	重庆威斯特电梯有限公司	33	重庆威铭表面处理有限公司
5	重庆元铂智能科技有限公司	34	重庆科奥风机制造有限公司
6	重庆索泰管道有限公司	35	重庆铜梁渝和实业有限公司
7	重庆澳彩新材料股份有限公司	36	重庆天宥包装制品有限公司
8	重庆神驰通用动力有限公司	37	重庆颢晨机械有限公司
9	重庆南雁实业集团龙剑机械制造有限公司	38	重庆祥龙电气股份有限公司
10	重庆市铜梁区亿鑫钢结构有限公司	39	重庆欣创汽车配件有限公司
11	重庆川康精密机械有限公司	40	重庆策勋科技有限公司

续表

序号	企业名称	序号	企业名称
12	重庆正旺印刷有限公司	41	重庆臣瑞塑胶有限公司
13	重庆益凡环保有限公司	42	重庆庆兰实业有限公司
14	重庆五谷通用设备有限公司	43	重庆乐迪龙鑫科技股份有限公司
15	重庆普利特新材料有限公司	44	重庆果之王园艺有限公司
16	重庆市兴进机械制造有限公司	45	重庆融达管道有限公司
17	重庆浩生科技有限公司	46	重庆宝根电子有限公司
18	重庆市和京碳素材料有限公司	47	重庆市铜梁区渝良铸造有限公司
19	重庆富田科技股份有限公司	48	重庆吉佩星科技有限公司
20	重庆四平泰兴塑胶包装有限公司	49	重庆和平制药有限公司
21	重庆市铜梁区绪源机械有限公司	50	重庆瑞盛模具有限公司
22	重庆奥秘活塞有限公司	51	重庆大舟机械制造有限责任公司
23	重庆致威门业股份有限公司	52	重庆泰美自动化科技有限公司
24	重庆睿优精密铸造股份有限公司	53	重庆精渝田科技有限公司
25	重庆科群塑胶有限公司	54	重庆会通科技有限公司
26	重庆力东机电有限公司	55	重庆市鹿享家科技有限公司
27	重庆市正华钻采设备有限公司	56	重庆华丰迪杰特印刷材料有限公司
28	重庆市美庆科技有限公司	57	重庆梦赛科技有限公司
29	杰尔精密电子(重庆)有限公司	58	重庆新陆活塞制造有限公司

【科技计划项目】 2021年，基础研究与前沿探索项目立项15项，技术预见与制度创新项目5个，技术创新与应用发展项目96个，安排科技经费220万元。年内新增市级科技计划项目1个。

【科技创新能力】 2021年，国家农业科技园区已顺利通过科技部验收答辩。举办“智汇龙乡·铜创未来”创新资源对接活动，引进重庆文理学院微纳米光电与器件省部协同创新中心等3个国家级、市级创新平台，培育区级平台9个，获批市级科技创新平台14个，累计建成各级各类创新平台159个。完成科技成果登记64件，技术合同交易额6000万元。2021年研发投入强度预计达到2.2%。

2021年新建区级科研平台

序号	平台名称	申报单位
1	气体分离与提纯铜梁区技术创新中心	重庆瑞信气体有限公司
2	民用爆炸物品铜梁区技术创新中心	重庆顺安天力达爆破器材有限公司
3	环保耐高温曲轴箱体铜梁区技术创新中心	重庆川普机械有限公司
4	“智慧生活”LED灯铜梁区技术创新中心	重庆市威诺华光电科技有限公司
5	铜梁区新型研发机构	重庆新安碧捷物联科技有限公司
6	铜梁区新型研发机构	重庆威斯特电梯有限公司
7	铜梁区新型研发机构	重庆龙邦农业发展有限公司
8	高端新材料铜梁区产学研联合实验室	重庆会通科技有限公司
9	笔电产品智能制造技术铜梁区产学研联合实验室	重庆百钰顺科技有限公司

【科技创新主体】 2021年，新培育科技型企业253家，同比增长47%，累计达到793家；新增高新技术企业35家，同比增长36.8%，累计达到130家，其中规上企业107家，占比82%。高新技术产业产值占规上工业企业总产值44.7%。兑现两批科技型企业奖励290万元，高新技术企业奖励640万元。

【科技服务民生】 一是科技项目支持社会事业发展。安排47个科技计划项目支持文化、医疗卫生领域的课题研究，着力解决制约民生改善与社会进步的技术瓶颈问题。二是开展科技特派员专项行动，聚焦粮油、果蔬、养殖等主导产业，以3个乡村振兴示范片和7个示范村为重点，选派市级科技特派员38人，区级科技特派28名，共开展科技服务179次，解决技术难题11个。三是实施农业科技专家大院提质增效工程，引育专家15名，实施产学研科研合作项目4个，带动500余名群众就业，培育农业科技型企业59家。深入镇村开展实用科技推广活动6场，技术培训讲座10场，专家实地指导5场，发放各类资料5000余份，服务群众约1万人次，解决各类问题18个，有效提升农业产业竞争力。四是科技普及服务公众生产生活。围绕提高全民科学素质，结合科技活动周、全国科普日等重要节点，举办科技工作者风采摄影展、铜梁区科普讲解大赛、科技服务三下乡、青少年科技创新大赛等活动，为公众生产生活提供科学技术服务。

【科技合作与交流】 持续深化成渝地区双城经济圈创新合作，推动涪江流域两地仪器设备、科技人才等科技创新资源的共享，与遂宁市共建涪江流域大型仪器设备共享平台，创新一体化发展。与遂宁市、潼南区、合川区开展科技特派员互派，组建20人的涪江流域科技特派员精英团队，开展科技特派员跨区服务4次。积极参加并联合举办涪江流域创新创业大赛。深化拓展与中科院、北科大、川大、重大等院校合作，通过共同建设研发中心、成立科研工作站所等方式，推动高校科研成果在企业迅速转化运用。

【科技成果推介】 2021年科技成果登记共64件。围绕龙韵果乡和牧堂纯2个国家星创天地，

1个枳壳市级星创天地，聚集特色创新资源和创业要素，入驻创客、创业服务团队和企业5家，转化农业科技成果3项。通过果之王园艺研究院、现代蚕业综合科学研究院、枳壳星创天地、龙韵果乡星创天地、澳洲茶树种植科普基地等科技服务平台，推广应用樱桃种植、饲料养蚕、洽枳一号、平滩蜜柚、澳洲茶树等新品种、新技术，开展现场技术服务179次，开展实用科技推广活动6场，技术培训讲座10场，专家实地指导5场。

2021年铜梁区科技成果

序号	成果登记号	成果名称	完成单位
1	铜梁科成字2021Y001	一种笔记本外壳壳体	重庆百钰顺科技有限公司
2	铜梁科成字2021Y002	一种激光打标机器人	重庆百钰顺科技有限公司
3	铜梁科成字2021Y003	一种高效抛光打磨设备	重庆百钰顺科技有限公司
4	铜梁科成字2021Y004	笔记本电脑外壳切转轴边设备	重庆百钰顺科技有限公司
5	铜梁科成字2021Y005	一种复杂异形多位置激光打标设备	重庆百钰顺科技有限公司
6	铜梁科成字2021Y006	一种汽油机启动罩打磨装置	重庆港腾机械有限公司
7	铜梁科成字2021Y007	一种汽油机启动罩覆膜装置	重庆港腾机械有限公司
8	铜梁科成字2021Y008	一种汽油机启动罩车床加工用碎屑防飞溅防护装置	重庆港腾机械有限公司
9	铜梁科成字2021Y009	一种汽油机启动罩车床加工用碎屑回收装置	重庆港腾机械有限公司
10	铜梁科成字2021Y010	一种启动拉盘	重庆港腾机械有限公司
11	铜梁科成字2021Y011	一种启动拉盘冲压模具	重庆港腾机械有限公司
12	铜梁科成字2021Y012	一种启动拉盘夹持工装	重庆港腾机械有限公司
13	铜梁科成字2021Y013	一种启动总成	重庆港腾机械有限公司
14	铜梁科成字2021Y014	一种废料转运装置	重庆庆兰实业有限公司
15	铜梁科成字2021Y015	一种加工用排屑机构	重庆庆兰实业有限公司
16	铜梁科成字2021Y016	锁头防护盖体	重庆鹿享家科技有限公司
17	铜梁科成字2021Y017	可调型安全监控装置	重庆鹿享家科技有限公司
18	铜梁科成字2021Y018	抵压定位型智能锁面板结构	重庆鹿享家科技有限公司
19	铜梁科成字2021Y019	具有锁孔防护盖的指纹门锁	重庆鹿享家科技有限公司
20	铜梁科成字2021Y020	具有防撬警示结构的智能门锁	重庆鹿享家科技有限公司
21	铜梁科成字2021Y021	一种制动盘厚度检具	重庆庆兰实业有限公司
22	铜梁科成字2021Y022	一种铸造车间生产线	重庆庆兰实业有限公司

续表

序号	成果登记号	成果名称	完成单位
23	铜梁科成字2021Y023	一种铸造用显示系统	重庆庆兰实业有限公司
24	铜梁科成字2021Y024	一种转向节加工装置	重庆庆兰实业有限公司
25	铜梁科成字2021Y025	一种制动盘用切削结构	重庆庆兰实业有限公司
26	铜梁科成字2021Y026	一种制动盘用上料机构	重庆庆兰实业有限公司
27	铜梁科成字2021Y027	一种制动盘用钻孔检具	重庆庆兰实业有限公司
28	铜梁科成字2021Y028	一种转向节用成型模具	重庆庆兰实业有限公司
29	铜梁科成字2021Y029	一种铸造用毛刺去除设备	重庆庆兰实业有限公司
30	铜梁科成字2021Y030	一种车间用电子设备防护结构	重庆庆兰实业有限公司
31	铜梁科成字2021Y031	汽车发动机轴承盖高度检测装置	重庆庆兰实业有限公司
32	铜梁科成字2021Y032	一种铸造用超声波声速检测装置	重庆庆兰实业有限公司
33	铜梁科成字2021Y033	一种制动盘输送仓道结构及其输送设备	重庆庆兰实业有限公司
34	铜梁科成字2021Y034	一种红外感应3U节能灯	重庆市威诺华光电科技有限公司
35	铜梁科成字2021Y035	一种顶部设有冷端的2U节能灯	重庆市威诺华光电科技有限公司
36	铜梁科成字2021Y036	一种具有驱蚊功能的LED灯泡	重庆市威诺华光电科技有限公司
37	铜梁科成字2021Y037	一种触碰式LED节能灯	重庆市威诺华光电科技有限公司
38	铜梁科成字2021Y038	应急灯控制集成电路	重庆市威诺华光电科技有限公司
39	铜梁科成字2021Y039	一种4U节能灯用的防蚊虫灯	重庆市威诺华光电科技有限公司
40	铜梁科成字2021Y040	一种LED球泡灯及其驱动电源电路拓扑架构	重庆市威诺华光电科技有限公司
41	铜梁科成字2021Y041	一种便于调节角度的室内LED灯	重庆市威诺华光电科技有限公司
42	铜梁科成字2021Y042	一种防水防爆的LED灯	重庆市威诺华光电科技有限公司
43	铜梁科成字2021Y043	一种新的表面贴装EE型贴片电感器件	重庆市威诺华光电科技有限公司
44	铜梁科成字2021Y044	一种玉米型可折叠LED灯板、LED灯泡	重庆市威诺华光电科技有限公司
45	铜梁科成字2021Y045	一种新的光引擎筒灯	重庆市威诺华光电科技有限公司
46	铜梁科成字2021Y046	一种可根据室内环境调节亮度的LED灯	重庆市威诺华光电科技有限公司
47	铜梁科成字2021Y047	一种贴片式LED灯用卧式电容、灯板及LED灯	重庆市威诺华光电科技有限公司
48	铜梁科成字2021Y048	一种透明面板式LED灯	重庆市威诺华光电科技有限公司
49	铜梁科成字2021Y049	一种笔记本塑料外壳生产用烘料装置	重庆富田科技股份有限公司

续表

序号	成果登记号	成果名称	完成单位
50	铜梁科成字2021Y050	一种方便包装的笔记本外壳	重庆富田科技股份有限公司
51	铜梁科成字2021Y051	一种笔记本配套塑料制品生产用输送装置	重庆富田科技股份有限公司
52	铜梁科成字2021Y052	一种笔记本塑料外壳生产用打磨装置	重庆富田科技股份有限公司
53	铜梁科成字2021Y053	一种笔记本塑料外壳加工用冲压切边装置	重庆富田科技股份有限公司
54	铜梁科成字2021Y054	一种便于维护保养的灭火器箱	中国烟草总公司重庆市公司铜梁分公司
55	铜梁科成字2021Y055	一种笔记本配套塑料制品生产用干燥装置	重庆富田科技股份有限公司
56	铜梁科成字2021Y056	一种笔记本外壳加工用磨边装置	重庆富田科技股份有限公司
57	铜梁科成字2021Y057	一种笔记本塑料外壳生产用清洗装置	重庆富田科技股份有限公司
58	铜梁科成字2021Y058	一种笔记本外壳加工用硬度检测装置	重庆富田科技股份有限公司
59	铜梁科成字2021Y059	一种笔记本外壳装配用旋紧装置	重庆富田科技股份有限公司
60	铜梁科成字2021Y060	一种笔记本外壳喷涂用支撑架	重庆富田科技股份有限公司
61	铜梁科成字2021Y061	一种笔记本塑料外壳生产用水冷装置	重庆富田科技股份有限公司
62	铜梁科成字2021Y062	一种笔记本塑料外壳加工用快速喷墨装置	重庆富田科技股份有限公司
63	铜梁科成字2021Y063	一种笔记本外壳加工用快速打孔装置	重庆富田科技股份有限公司
64	铜梁科成字2021Y064	一种笔记本外壳加工用弯曲装置	重庆富田科技股份有限公司

（亢翠　供稿）

知识产权管理

【商标管理】　截至2021年12月，全区新申请注册商标2376件，新增注册商标1378件，有效注册商标9367件，万户市场主体商标拥有量1618件，全区中国驰名商标5件，地理标志证明商标8件。深入实施“地标富农”工程，指导“铜梁水南茶”“铜梁鹌鹑蛋”“高楼中坝沙地萝卜”等制定地理标志证明商标培育方案，开展申报工作。组织全区地理标志证明商标申请人参加开展“换标”专题培训会两次，已经完成7件地标换标工作。

【专利管理】　全年专利授权1842件，其中发明专利授权33件；有效发明专利466件/万人，有效发明专利6.8件/万人。对全区涉及的105件非正常专利申请开展核查处理，撤回率达94%。新增贯标企业5家，截至12月底，全区共有16家知识产权贯标企业。国家级知识产权优势企业13家，市级优势企业34家。按照区人民政府办公室《关于印发重庆市铜梁区知识产权资助奖励办法的通知》要求，资助奖励权利人86名，知识产权事项553件，奖励资金223.69万元。开展企业知识产权质押融资需求信息采集工作，建立知识产权质押融资需求数据库，新增质押融资贷款900万元，累计质押融资贷款2500万元。

（周国华　供稿）

【版权管理】 根据国家版权局发布的14批年度重点作品版权保护预警名单和重庆市版权局发布的系列版权保护预警名单，扎实开展版权预警保护。抓好打击网络侵权盗版"剑网2021"专项行动，坚决打击网络侵权盗版行为。加强市场检查执法，查办侵犯著作权行政处罚案件3件。持续推进软件正版化工作，组织专业力量对全区党政机关、企事业单位使用正版软件情况开展了督促检查，推进教育和卫生健康系统软件正版化工作，全区党政机关操作系统和办公软件正版化率总体上均达到100%，教育系统操作系统和办公软件正版化率分别达到70%和100%，卫生健康系统办公软件正版化率达到100%。开展版权宣传月活动，通过新闻媒体和信息载体开展广泛宣传，并结合世界读书日、"绿书签行动"等开展宣传活动30余场。推荐龙文化传媒有限公司参评全国版权示范单位，组织其参加全市"区县优秀版权企业风采展"。

（宣传部 供稿）

大数据应用发展

【促集约抓整合】 一是推进信息系统迁移上云和内部整合。统筹推进非涉密政务信息系统迁移上云和内部整合，整合减少非涉密政务信息系统20个，整合率达58.8%，迁移上云率达100%。二是严格审核政务信息化项目。累计对全区40个拟建信息化项目开展审核，重点审核项目建设依据、是否符合"云长制"上云和内部整合要求、数据共享等，推进政务信息化项目专业化、规范化、集约化建设。

【构建平台抓共享】 一是建立完善全区政务数据资源需求清单、目录清单和责任清单等"三清单"制度，清理存量目录，强化资源挂载，提高政务数据质量。全年共有数据资源目录1000条，挂接资源715条，挂接率72%。二是开展市区政务数据协同试点。争取市区政务数据协同试点，精心制定协同方案，探索城管执法、民政救助、民政养老等应用场景数据下沉试点。三是强化网络安全管理。对区共享交换平台开展网络安全等级保护测评，加强数据资源网络安全管理。四是强化市区信息系统对接。区"政务服务'免证办'和智能'秒办'系统""新型智慧城市防灾减灾与生态大数据平台"等7个信息系统接入重庆市新型智慧城市运行管理中心集中展示。

【统筹智慧城市建设】 一是积极推进"智能中枢"建设项目前期工作，完成项目可行性研究报告编制。二是打造智慧化典型应用。在全市率先构建智能化可视化扁平化社会治理体系，在全市建成首个防灾减灾救灾大数据平台，在全市率先推出政务服务智能"秒办"改革，在西南地区（地级市）率先打造能源大数据中心，在全市率先建成居民健康大数据共享平台，建成全市首个城管大数据库及城市管理执法智慧勤务综合管理系统。

【推动数字产业发展】 一是高标准编制《铜梁区信息化发展"十四五"专项规划（2021—2025）》，为全区信息化发展提供基本遵循。二是开展智能化创新试点应用。"铜梁区基层智慧治理平台"入围2021年重庆市"住业游乐购"智慧城市应用场景"揭榜挂帅"项目；"基于大数据的汽车离合器生产线智能化融合项目""人工智能在数码电机铁芯生产中的应用"2个大数据产业发展项目，入选2021年全市大数据产业发展项目库，其中"基于大数据的汽车离合器生产线智能化融合项目"入选2021年大数据与数据治理相关产业发展试点示范项目。三是支持企业开展5G融合应用。引导重庆新民康科技有限公司运用5G专网，满足企业无线信号无缝覆盖、AGV智慧小车低时延、企业数据不出厂等需求。

引导重庆精鸿益科技股份有限公司等区内重点企业开展5G与制造业融合应用，逐步实现制造业数字化转型。

【信息基础建设】 一是快速推进5G建设。建立5G建设协调工作机制，年内新建5G基站402个，累计建成5G基站1542个，实现城区5G网络全覆盖，重点镇街热点覆盖。二是推进光纤网络建设。2021年新铺设光纤网络1500千米，累计铺设光纤网络近4万千米，实现光纤网络城区全覆盖。三是持续推进人居环境整治。2021年以来，规范整治城乡通信管线共计340余千米，共出动工程车辆432辆次、维护人员1180人次。

【电信服务业】 中国移动铜梁分公司。是铜梁本地用户规模、网络规模超前的移动通信运营商之一，拥有全区最大的本地移动电话网络。信息基础设施建设。截至年底，铜梁移动建成开通4G基站2024个，5G基站331个，完成铜梁城区及重点区域5G网络全覆盖，其中铜梁万达商圈建成爱立信5G网络SA示范区，移动5G覆盖率99.25%，下载速率825Mbps，该示范区为全国100个“5G标杆区域”之一，5G网络质量已达到全市领先水平。重视农村基站建设，截至年末建设农村4G基站677个，农村覆盖率达到95.23%。提升基础保障。成立以铜梁移动领导小组和工作小组，全面保障和推进铜梁移动客户满意度各项具体工作执行落地及监督提升。规范各环节执行动作，严格管控各项服务触点，重点选取以三到四个长期问题进行专项整改。特色便民服务。以“服务进万家”活动为契机，为用户进行上门服务，现场与用户进行面对面沟通，记录用户实际使用问题并提出解决建议，用实际行动为用户解决网络、电视、宽带等使用问题和困惑。大力推进平安乡村专项工作，截至12月底，与28个镇街签订战略合作协议，整体推进平安乡村智慧社区建设，铜梁移动平安乡村达标61个村，累计拓展移动看家7575户。

中国联通铜梁分公司。全年收入6265万元，同比增幅6.9%。全年发送反诈宣传、疫情防控、燃气安全等公益短信近600万条。积极参与打击电信诈骗及“两卡”防范工作情况，助力政府防范化解重大风险；应用5G+双归属专线接入方式为重庆市重大项目开工仪式提供通信保障，同时提供联通云视频服务；使用专项资金9.9万元助力少云镇数字乡村平台建设，搭建镇、村统一管理、分级使用、功能丰富的数字化、智能化服务平台。网络基础设备升级。全年累计共享建设5G站点582个，新建4G站点59个，新建配套光缆132千米，开通4G共享小区1146个，实现城区、场镇区域5G网络全覆盖，4G网络覆盖率提升2PP。推进“三千兆”建设，完成城区10G GPON改造，实现千兆网络快速接入，进一步完善覆盖全区光纤接入网络，新建OLT设备11台、光缆118千米，新建宽带端口9968个。投入132万元对改造机房基础配套设施，通过新建光缆、设备搬迁等方式对传输网同路由隐患、单链站点、超大环路进行整治，实现重要传输站点100%双路由保护，确保网络运行安全。融入区域数字经济发展。创建中国联通红色文化教育基地，与邱少云烈士纪念馆签订“红色文化教育基地”共建合作协议，积极探索政企合作模式；自主研发矛盾纠纷排查系统，利用多渠道采集人员信息、事件信息，对铜梁辖区内的重点事件、重点人员实行点对点精细化管理，打造基层防治新局面，推动应用模式从事后被动处置向事前主动预防转变；建设铜梁区养老机构消防物联网设备平台，实现实时、动态、互动、融合的消防信息采集、传递和处理，促进与提高养老机构实施社会消防监督与管理水平，增强消防机构灭火救援的指挥、调度、决策和处置能力。

中国电信铜梁分公司。主营业务收入累计

完成进度114.66%，增幅20.75pp；收入结构得到有效改善。全年共投入建设资金1028万元，夯实网络基础，加快能力提升。

网络建设与运行维护。一是光网络总出口带宽提升到320G，出口带宽利用率均值降至14.52%，出口带宽利用率峰值仅达46.65%，有效避免网络拥塞；城区千兆XGPON小区占比达到65.46%；完成城区所有机房全物理路由双上行保护，波分网络、IPRAN成环改造率达到100%，有效提升光网络品质及网络的健壮性。二是完成城区及场镇新建楼盘的FTTH光网络建设、行政村零星FTTH增补等，全年新增末级端口能力4000余个，深度实现电信FTTH能力城区、场镇、行政村全覆盖。截至年底，FTTH城区覆盖率达99.8%，场镇覆盖率达99.8%，村社覆盖率达91.7%（269个行政村FTTH村村通）。三是通过自主网优拆闲补忙，补网建设4G基站102个，优化4G网络覆盖能力，支撑铜梁区移动高速数据业务和物联网等新兴业务发展。四是全年扩容基站31个，有效提升4G网络运营能力。五是全年完成176个5G基站的建设，5G基站规模达到531个，同时完成SA独立组网的全网升级，进一步提升5G网络品质。

推进“互联网+”应用。一是持续推进“互联网+明厨亮灶”，建立可视化餐饮网络信息系统，监管铜梁辖区内所有学校及托幼机构食堂、机关及企事业单位食堂、大中型餐馆、旅游景区及美食街（城）等，助推铜梁区创建国家食品安全示范城市。同时，积极跟重庆市市场监管局阳光餐饮平台对接，做到应接尽接。二是持续推进“互联网+智慧教育”，建成铜梁区智慧教育云平台，大幅提升全区智慧教育的数字化、网络化和智能化处理能力。同时，按照“云—网—端”架构模式，建好铜梁区5G+区域教育一体化管理平台，依托5G网络实现区域内所辖学校运行状态数据的及时传送，利用5G技术能力支撑教育主管部门实现精准高效的智慧管理和智能决策，为新型智慧城市建设、“互联网+教育”赋能。三是ToB带动ToC，持续推进数字乡村圈地。成立农村智慧大屏项目组，利用良好的政企客情关系，政企以乡镇为单位签约智慧大屏；以智慧大屏为切入，组织支局按村组织会销，实现农村市场基础业务稳步增长；重视城市小区智慧社区建设。以人脸门禁为切入，年末已建成4个小区。四是完成铜梁区教委教育视频会议系统。通过信息化手段，将线下集中会议形式转变为线上云会议形式。通过专网到校及一对一设备到校，完成了全区所有公办学校的会议系统部署。同时，通过硬件设备的改善，实现会议期间的无纸化办公，节能降耗。五是积极推进“铜梁区区域医疗健康信息化平台”的建设。推进健康服务模式转变，使机构间的分工协作更加紧密，家庭医生签约服务制度基本全覆盖，分级诊疗基本形成，提升卫生计生服务能力。六是高效自主研发平台。铜梁电信公司自有团队自主研发了2个平台，即铜梁区城乡居民健康大数据共享平台和区教委润文商贸采购云平台。其中，城乡居民健康大数据共享平台以天翼云为基础，与卫生专网打通，实现云网融合，整合全区所有公立医院就诊数据，接入医保、社保、民政、残联等重要数据，实现区、镇街、村社三级联动，该项目是铜梁区政府2021年为民生办实事的10件大事之一。润文商贸采购云平台为铜梁区所有公立学校建设一套食材物资采购系统，加强食品安全、检验溯源等流程监管并部署在天翼云上。七是加快建设铜梁云大数据中心。由重庆电信公司投资近3000万元修建的铜梁云大数据中心，一期29个机柜，具备100台以上服务器的能力。截至2021年底，教委、安监局、规资局、交易中心以及雪亮项目的服务器托管已占用27个机柜。

积极践行责任，彰显社会担当。一是保证通信网络安全畅通。尤其是在重大会议、重大活动、节假日、中高考等重要时间节点前，积极梳理网络应急预案，排查设备及网络安全，关注端口流量，防患于未然。二是开展互联网基础管理专项行动。通过健全机制，加强协作，严把接入关、彻底清理未备案网站、清理接入网站主体信息、管控IP地址备案等，确保本地接入网站备案率100%，备案主体信息准确率(备案主体资质证件准确率)保持在95%以上，打造铜梁区清朗网络空间；加强电信代理渠道管控，从源头遏制卡头卡贩子非法收集、买卖电话卡。定点落实用户实名制入网要求，并在全区范围内电信营业厅开展全民反诈宣传，张贴五部委通告，与铜梁区职教中心联合开展多样化宣传，提升铜梁区老百姓的识骗防骗意识。三是推动乡村治理数字化，生活智慧化。2021年，为广大农村搭建安防平台、提供安防保障，推动社会群防群治；联合政府、派出所等，以宣讲会、入户讲解等方式深入群众，讲解“防网络诈骗知识”“数字乡村建设”等知识，改善农村网络接入质量；进一步加强与各级政府协同，结合政府社会治理政务服务需求，为实现农业农村现代化、乡村治理体系和治理能力现代化提供有力支撑。四是大力支持政府迁改工程。为推进农村信息化，加快推进数字乡村建设，提升农村信息化水平，分公司配合区委、区政府城市建设，在大庙、平滩、虎峰等部分乡镇改造建设工程中，分公司从资金、人力、物力等方面给予大量支持。

（白红梅　供稿）

气象事业

【概况】　2021年，铜梁区气象局连续9年获评“全市气象部门年度目标考核优秀单位”和“全市气象部门创新工作奖”，局党组接受重庆市气象局党组获高度肯定；同时获评“全国气象工作先进单位”“全国气象科普教育优秀单位”“重庆市气象工作先进集体”“铜梁区先进基层党组织”等荣誉，1人被记全国气象部门公务员二等功。

【重点项目建设】　一是编制印发气象事业高质量发展实施方案和气象发展“十四五”规划。年内印发《铜梁区加快推进气象事业高质量发展实施方案》《铜梁区气象发展“十四五”规划》，明确“十四五”时期铜梁区气象发展四大建设目标及六大体系和七大工程建设任务。推动8项气象工作列入铜梁区“十四五”规划，6项重点工程列入铜梁区“十四五”规划重大项目库。二是加快推进铜梁气象科技馆规划建设。积极推动气象科技馆建设项目纳入铜梁区“十四五”规划及2022年重点工程项目库。截至年底，已完成项目地勘、项目用地手续办理、二次可研批复、概算批复等前期手续；完成缺口资金筹集；完成项目建筑工程总承包招投标工作。三是扎实推进气象灾害风险普查工作。申请区财政专项资金79.2万元，印发风险普查实施方案和工作方案，2021年底已完成8种致灾因子数据录入及质量控制，并启动现场调查工作。

【气象服务】　自然灾害防治。年内区气防办单独或联合发文共12次，组织联合会商6次、部门临灾联动会商16次，全覆盖开展预警工作站督查检查2轮，开展部门联合督查检查8次，参加大规模应急演练3次。精准及时发布气象预警信息722条，短信接收830万人次、各类终端16000台次，电话叫应40余次，确保不因气象灾害伤亡1人。全年精准预测7次区域性暴雨天气过程及3次强降温天气过程。

重大活动气象。围绕中高考、原乡文化旅游周、党代会、“两会”等重大活动，精细开展气

2021年8月，重庆首部X波段双偏振气象雷达在铜梁建成投运。（罗先猛 摄）

象保障服务。切实做好应急保障气象服务，针对2021年3月中旬西河镇突发山火，第一时间赶到现场，开展应急气象观测并利用气象无人机对过火面积展开监测。

【规范管理】 强化行政执法和人影工作，守好安全生产和疫情防控底线。全年累计对58家重点单位以及全区中小学校开展行政执法监督检查93次，落实整改21家，行政处罚8家。全年开展人影作业30日次，常态化开展人影培训6次，人影安全检查12次，助力蓝天目标圆满完成。全年召开安全生产会16次，部署安排安全生产工作，层层传导安全生产责任，扎实推进气象领域安全生产专项整治三年行动任务；坚持问题导向，重点针对元旦、春节、清明、五一、国庆等重要节日加强安全生产隐患排查整治工作，切实做好常态化疫情防控，全年无安全事故发生。

【气象科普教育】 创新建成人工增雨飞机作业体验智慧机舱，形成独具特色的气象科普场所，2021年10月14日，中国气象局副局长余勇调研铜梁气象工作时给予高度评价。组织中小学生参加气象行业气象科普知识竞赛活动分获二、三等奖；组织参加全市及全国科普讲解大赛分获“三等奖”和“优秀奖”。组织开展形式多样的气象科普“六进”活动20余次，强化部门合作形成针对青少年气象科普教育的长效机制，形成气象科普教育常态化制度化。

【对接重庆气象“四天”系统】 一是对接“天枢”，提升精密监测能力。完成重庆市首部X波段双偏振雷达建设，9月初通过业务验收投入业务试运行。全面实现观测业务自动化，新建、升级、搬迁区域自动气象站点15个。完成观测质量体系内审，全面提升铜梁气象观测业务质量，健全完善管理体系。开展应急演练和野外应急观测演练8次，提升应急处置能力。二是对接

"知天"，提高气象精细服务能力。结合铜梁实际，启动知天·铜梁智慧气象服务系统建设，集决策、专项、公众、城镇、乡村振兴和生态文明气象服务于一体。大力推动"气象+行业"深度合作，做细行业气象服务。与区应急局就自然灾害防治补短板强弱项工程、预警信息传播体系建设、应急数据共建等开展联动合作；与区文旅委联合推荐安居镇获评"巴蜀气候标志"；与广电铜梁分公司达成战略合作协议，助力乡村振兴战略发展；"直通式"智慧农业气象服务覆盖80%以上新型农业经营主体，全年发布农业气象服务材料130余期，开展为农服务专题调研及农情调查25次。融入成渝双城经济圈气象保障服务，协助承办成渝双城经济圈发展气象合作第二次联席会；区气象局与四川省南充市气象局达成合作协议，双方建立高效的信息共享、合作研发和沟通交流机制，共同推动铜梁和南充气象事业一体化发展。三是对接"御天"，提高气象预警预防能力。升级御天·预警信息发布平台并开展全区培训。推进村级预警工作站建设。区减灾委印发《铜梁区村级预警工作站建设方案》，完成311个村级预警工作站(其中3个示范站)的推广建设工作。拓展预警传播方式，规范流程。加强与广电合作，增加智能音箱、有线电视机顶盒铜梁气象专栏等预警信息发布手段，制定预警信息分级发布规则。四是对接"科技创新人才体系建设"，提高气象科技人才支撑能力。申报区科技局2个项目"暴雨灾害风险预评估""近年来铜梁区极端强天气的特征分析"。开展常态化内部业务技术交流13次，提高业务人员"以人民为中心"的服务思想，规范业务服务流程。组建团队，开展涪江流域水文气象服务专题研究。加强人才选送培养，接受市气象台1名人员顶岗锻炼，选送1名人员到市局参加强对流短期交流培养，外出培训14人次；合理利用3个地方编制，引进及公招2名气象专业的研究生。

地震事业

【概况】 制定《铜区地震灾害风险普查实施方案》，配合市地震局完成区级地震灾害普查任务。组建三级综合应急救援队，即1支区级综合应急救援队及6个分队、28个镇(街道)综合应急救援队、330个村(社区)综合应急救援站，行业部门专业救援队(交通、通信、电力、燃气、环保、卫生等)，2支社会救援队(地震地灾方面的铜龙应急救援队、大型机械救援队)，应急人员24小时常态备勤，保持24小时通信畅通，确保第一时间开展救援。重庆市铜梁区太平站地震烈度速报与预警工程，完成征地手续，开展建设前期的钻孔工作；安装预警终端1个；开展地震灾害风险预评估工作，委托重庆科技学院编制地震灾害风险预评估报告并通过专家组验收。采购生命探测仪、无人机、定位仪等16类抗震救援抢险装备。3月修订并以区政府的名义印发《重庆市铜梁区地震应急预案》，并组织学校及社区开展演练。

全年创建综合减灾示范社区1个和认定2个区级防震减灾科普教育示范学校，充分发挥宣传示范作用。

教育

综述

【概况】 截至2021年末，全区有各级各类学校249所。其中：幼儿园共160所（独立建制独立管理9所）、小学62所、初中16所（其中民办2所：重庆巴川中学、重庆巴川小班实验学校）、普通单办高中2所（其中民办1所：重庆巴川中学国际高级中学）、完全中学3所（铜梁一中、铜梁二中、实验中学）、特校1所、专门学校1所，中等职业学校1所、高等院校3所。全区在编教职工6048人，其中：普通高中1072人、职业中学180人、初中1818人、小学2751人、幼儿园157人、实践基地15人、区教师进修校44人，技装中心11人；在校学生13.8万人，在园幼儿1.911万人、小学生4.20万人、初中学生3.23万人、普通高中学生1.66万人、中职学生0.55万人、高等院校学生2.21万人。

年内开展各类宣讲活动近1000场，为群众办实事210件，涌现优秀共产党员100余人。普惠在园幼儿数比例达87.45%，同比提升5.85%，新增初中学位1800个，新增流动人口入学就读学校4所，促进义务教育从“基本均衡”稳步走向“优质均衡”。重庆第二师范学院、重庆科技学院、重庆医药高等专科学校签约入驻。

全年坚持问题整改与大局稳定“两手抓”，妥善处理重庆巴川中学“公参民”问题，圆满完成第一批64名公办在编教职工返回安置工作，实现“零投诉”“零上访”“零舆情”。实施薄弱学校改造与能力提升等35个项目，职教中心三期工程、金砂小学等重点项目建成投用，15所学校入选“重庆市智慧校园建设示范学校”，全面加快教育治理能力现代化建设。

“‘内生·引鸿’乡村教师工作坊模式建构”入选教育部“国培计划”优秀案例，3项成果被纳入国家级教育创新成果公益博览会成果展、5项成果被推荐为市政府教育教学成果奖，全面优化公办学校食堂食材采购渠道，评估、认定优秀教师180人，发放人才激励经费301万元，新增名师（校长）工作室6个，全链条锻造挺在教育前线的精兵强将。

是年，“双减”政策全面落地，全区80所义务教育学校全覆盖开展课后延时服务，学科类校外培训机构压减率100%，新申报全国青少年足球特色学校10所，承办重庆市中学生篮球、中职学生田径等赛事，师生参加美育、科技等活动获市级奖以上32项，获奖1512人次，铜梁二中申报获重庆市第二批立德树人特色项目及未成年人心理健康工作联盟成员单位，全面加强“校风、教风、学风”三风建设，关溅小学教师刘明静获全国第八届道德模范提名奖。

【高校引进】 铜梁抢抓成渝地区双城经济圈建设和主城都市区发展机遇，推动科创新城建设，助推加快形成“双百”城市。重庆传媒学院、对外经贸学院、艺术工程学院3所高校落户铜梁以来发展势头良好，在校生已超两万人。为有效集聚创新资源、创新人才，进一步推动高质量发展。年内重庆科技学院、重庆第二师范学院、重庆医药高等专科学校纷纷签约落户铜梁，为铜梁科创新城大学园的发展拉开序幕。

【社区教育】 截至年底，已打造区级社区教育示范区10个，建有“社区教育阳光图书室”7个，年内举办1次全区性的社区教育管理干部能力提升培训；完善终身学习课程体系，学院自主开发了5门社区教育课程，其中有3门课程被评选为“重庆市社区教育特色课程”，录制社区教育微课50余节次，在各社区学校、学习中心及中小学应用推广；开展各项送教活动近百场次，涵盖公民道德素养、法律法规及职业技能培训等。

【财务后勤管理】 全区学校占地219.72万平方米（不含高校，中职16.34万平方米，普高42.24万平方米，初中56.11万平方米，小学85.4万平方米，特校0.25万平方米，学前教育19.38万平方米）；校舍建筑面积132.94万平方米（不含高校，中职10.24万平方米，普高31.92万平方米，初中31.25万平方米，小学44.4万平方米，特校0.3万平方米，学前教育14.83万平方米）。全年教育经费总投入217022万元，国家财政性投入183085万元。

2021年铜梁区教育事业情况

单位：所、人

学校类别	学校数	毕业生数	招生数	在校生数	教职工数	
					计	其中专任教师
总计	249	32686	29739	117228	8733	7472
中等职业教育	4	1294	3147	7176	226	223
普通高中	5	5124	5765	16558	1542	1382
普通初中	16	10895	9366	32256	1968	1885
普通小学	62	8100	6914	42005	3019	2913
特殊教育	1	17	12	112	23	23
学前教育	160	7256	4520	19106	1952	1043
专门学校	1	0	15	15	3	3

注：此表数据包含民办教育，数据来源于《2021—2022年学年初铜梁区教育事业统计综合报表》

2021年铜梁区办学条件

单位：万平方米、万册、亿元、台

学校类别	占地面积	校舍面积		运动场地面积	固定资产值		图书	学生数字终端
		计	其中教学辅助用房		计	其中教学仪器设备值		
总 计	219.72	132.94	70.97	62.21	24.54	2.93	205.09	8995
中职教育	16.34	10.24	6.14	2.2	1.42	0.29	1.93	1089
普通高中	42.24	31.92	13.09	10.22	7.54	0.53	40.73	1631
普通初中	56.11	31.25	15.97	18.65	6.46	0.72	49.1	1757
普通小学	85.4	44.4	23.59	24.25	6.96	1.11	93.38	4506
特殊教育	0.25	0.3	0.15	0.05	0.08	0.02	0.28	12
学前教育	19.38	14.83	12.03	6.84	2.08	0.26	19.67	——

注：此表数据包含民办教育，数据来源于《2021—2022年学年初铜梁区教育事业统计综合报表》

2021年铜梁区地方教育经费来源构成

单位：万元

地方教育经费来源	投入额度	占总投入比
总 计	217022	
一、国家财政性教育经费	183085	84.36%
1.一般公共预算安排的教育经费	181244	83.51%
2.政府性基金预算安排的教育经费	1841	0.85%
二、民办学校中举办者投入	570	0.26%
三、捐赠收入	52	0.02%
四、事业收入	33175	15.29%
其中：学费	31965	14.73%
五、其他教育经费	140	0.06%

注：此表数据包含民办教育，数据来源于《2021年全国教育经费统计报表》

2021年铜梁区教育经费与办学水平

单位：万元、元、人、年

类别	数量	类别	数量
教育经费总收入	217022	每万人口在园幼儿数	295
其中：国家财政性教育经费	183085	每万人口在校小学生数	508
社会捐、集资办学经费	622	每万人口在校初中生数	388
事业收入	33175	每万人口在校高中阶段学生数	265
教育经费总支出	218797	学前三年毛入园率	93%
其中：事业性经费支出	217621	小学适龄人口入学率	100%
其中：基本建设投资项目支出	4162	初中适龄人口入学率	100%
一般公共预算教育经费占一般公共预算支出的比例	18.68	高中阶段教育入学率	97.2%
一般公共预算教育经费增长高于财政经常性收入增长	高0.02	小学毕业生升入初中比例	100%
小学生均一般公共预算教育经费	12816	初中毕业生升入高中阶段教育比例	98.1%
初中生均一般公共预算教育经费	19102	教育人口占总人口的比例	16.6%
普通高中生均一般公共预算教育经费	14983	人均受教育年限	9.2
中等职业学校生均一般公共预算教育经费	13224		
小学生均一般公共预算公用经费支出情况	2647		
初中生均一般公共预算公用经费支出情况	4980		
普通高中生均一般公共预算公用经费支出情况	1999		
中等职业学校生均一般公共预算公用经费支出情况	6401		

注：此表数据包含民办教育，教育经费数据来源于《2021年全国教育经费统计报表》

基础教育

【概况】 2021年全区义务教育阶段入学率达100%，巩固率达99.4%，辍学率为0，流动人口随迁子女入学率为100%；全区初中毕业生升入高中阶段学校比例达到98.1%，普职比为5.6∶4.4，初升高普职比实现大致相当；残疾儿童接受义务教育实现全覆盖、零拒绝，三残儿童入学率达到100%。

年内有小学毕业生8101人，招收小学新生6915人；有初中应届毕业生10904人，招收初中新生9374人；有高中毕业生5086人，招收高中新生5770人。按70%的重点中学指标到校录取毕业生3109人。开发"重庆市铜梁区义务教育招生入学服务"平台并投入使用，1.7万余名新生实现"线上报名、线上审核、线上录取、线上公示"，提高招生透明度。铜梁一中初中、铜梁二中初中招生办班，分别采取与铜梁巴中、实验中学多校划片方式，通过电脑随机摇号招生办法顺利完成首届学生招生工作。新增实验一小、龙都小学、巴川小学、金龙小学4所流动人口随迁子女接收学校，进一步满足人民群众对优质教育的需求。公办普通高中全面取消择校费，平稳实施“五个平行志愿”的招生制度改革。全区共接收2464名流动人口随迁子女就读，安排工业园区企业员工子女入学461名，现役军人子女22人、援藏干部子女7人、拆迁户子女140人、公租房业主子女3人、香港同胞子女1人、政府引导高层次人才子女3人。安排15名残疾儿童新生随班就读，10名残疾儿童少年顺利就读特殊教育学校。

年内召开会议宣传解读五项管理等政策，开展“五项管理”落实情况督导检查，形成全体师生、全体家长以及全社会“人人知晓、人人遵循、人人监督”的良好氛围，使全系统上下形成贯彻落实五项管理的普遍共识和行动自觉。在区融媒体上发布《关于落实“双减”致全区中小学生家长的一封信》，开展义务教育阶段各学科作业设计、假期作业设计评选活动，推荐66篇到市教委参评；开展中小学班级教育教学工作案例评选活动，推荐18篇优秀作品到市教委参评；组织开展中小学社会实践教育课程案例评选活动，推荐8篇送市教委参评；开展2021年普通中小学精品课程评选活动，推荐45节课到市教委参评，获市级精品课30节；组织全区高中学校积极申报2021年第二期促进计划项目申报工作，立项2个课程创新基地、1所课程改革示范校、1门精品选修课程、4个优秀学生社团，共争取到市级补助资金138万元。

年内全面开展中小学校课后延时服务，全区78所公办义务教育阶段学校均顺利实施，学生参与人数为72360人，参与率达98.27%，教师参与人数为5152人，参与率达97.69%。

学前教育

【概况】 截至年底全区有幼儿园159所，其中一级幼儿园57所（含1所示范幼儿园），二级幼儿园53所，二级及以上幼儿园占比达69.18%，较2020年上升8.44个百分点。出台《重庆市铜梁区普惠性民办幼儿园管理办法》，有效提升普惠性民办幼儿园办园质量。加强小区配套园治理，2021年9月，龙腾盛世、金悦城、世纪新城、北京城建、四季花城5所城镇小区配套幼儿园正式开园，均为普惠性幼儿园，新增普惠学位1140个。同时，金砂幼儿园正式开园，新增公办学位270个；平滩中心幼儿园正式开园，改善公办学位360个。年内庙坡幼儿园、青少年活动中心幼儿园开工建设。

特殊教育

【概况】 2021年，成立“铜梁区残疾人专家委员会”和“铜梁区特殊教育资源中心”，组建了特殊教育评估鉴定及专业指导组，明确了特殊教育发展总体要求、工作目标、重点任务和工作措施。区特殊教育资源中心与重庆师范大学签订《铜梁区融合教育推进项目合作协议》，完成全区500名随班就读特殊情况学生筛查工作，对全区231名中小学分管副校长、教导主任、资源教师开展了为期2天的融合教育第一期培训学习。区教委投入75万元，在永嘉中学、平滩小学、安居小学、旧县小学、金砂小学、关溅中学新建成6间资源教室。与区残联、区民政局联系并配合，对全区612名持证残疾儿童进行摸底，按照“随班就读、特校就读、送教上门”方式安排所有适龄残疾儿童接受义务教育，实现全覆盖、零拒绝。

素质教育

【概况】 开展思政教育、体育、美育、科技创新等活动15项，覆盖全体中小学生，经过择优选送参赛获市级以上奖32项，获奖1512人次。其中：铜梁逯姐姐全国少先队名师工作室——为青少年系好人生的第一粒扣子先后被《重庆日报》《中国少年先锋报》等媒体报道，铜梁巴中被评为“重庆市绿色学校建设示范校”。组织师生积极参加重庆市第七届“中华诵”等系列活动，获市级二等奖6个、三等奖10个，开展普通话水平智能测试1022人。组织学生参加市“参观科技展览有奖征文暨科技夏令营”优秀论文评选活动、市第五届青少年科学素养大赛竞赛、市第三十六届科技创新大赛等活动，获得市等级奖150人次，其中一等奖28人次、二等奖38人次、三等奖84人次。举办铜梁区第11届中小学生科技节，全区1542名学生参加7个项目的比赛，分别评出个人等级奖1496人次，团体等级奖60个。开幕式上无人机、机器人表演的加入，创意编程和技能机器人首次纳入比赛项目为科技节注入更多科技元素。

中等职业教育

【概况】 2021年，对接铜梁区支柱产业转型发展，学校重点开设交通运输、加工制造、信息技术等专业大类招生，共计招生1561人，较上一年度增加22.14%，生源覆盖重庆市及周边省市。学校设置9大类14个专业，共87个教学班，在校生3886人，其中，加工制造类、交通运输类、信息技术类等衔接区域支柱产业的专业学生占在校生的55.51%。学校1186名毕业生中，到企事业单位直接就业521人，高等教育深造631人，参军20人，自主择业8人，自主创业4人。从升学去向来看，升入重庆文理学院、重庆三峡学院等本科院校15人，升入重庆电子工程职业学院、重庆工业职业技术学院等高职院校616人。学校采取分专业按工种对2018级488名学生进行为期20天的技能鉴定集中培训，参培学生获取中级职业技能等级证书通过率为100%；对高新区企业提供技术服务，开展新员工培训指导、企业管理指导、心理健康疏导等多项就业指导培训，完成培训共计572人次。为重庆市市内外企业等单位输送技术技能人才1186人，直接就业516人，其中市内就业人数占九成以上，基本对口服务于当地企业发展，毕业生初就业收入达3483元/月。被市政府授予“重庆市拥军优属模范单位”称号，被市教委推荐评选教育部社区服务先进集体；1人参加教育部“美好生活劳动创造”主题演讲比赛获全国二等奖；参加重庆市中等职业学校学生气排球比赛获团体一等奖；教师参加重庆市中职学校教师教学能力比赛获得二等奖1个、三等奖1个。

重点学校选介

【铜梁中学】 铜梁中学校历史悠久，底蕴深厚，肇始于北宋元符元年（公元1098年）知县梁民创办的巴川县学；1980年3月，学校定名为“铜梁中学校”，被誉为“千年书院、百年名校”。学校是原四川省首批重点中学、重庆市直辖后首批重点中学，占地17.7公顷。截至2021年底有105个教学班，在校学生5500余人。教职工404人，其中正高级教师4人，特级教师3人，国家、省部级劳模及优秀教师12人，重庆名师1人，重庆市学科名师5人，重庆市骨干教师25人。

年内学校共招录7名部属高校公费师范生，10名高校研究生，面向社会公开招聘2人，接收回公办教师11人。新增正高级教师陈勇、姜正梅2人，重庆市特级教师2人。学校名师工作室和名班主任工作室增至5个。立项市级课题8个、区级课题3个，87人次在市级和区级专业技能竞赛活动中获奖。创建“重庆市高中数学课程创新基地”，市级课程创新基地增至3个，被评为“铜梁区课程建设示范培育学校”。

2021年，高考本科上线1475人，物理类、历史类最高分均位居铜梁区重点高中第一名。特色教育成绩突出，艺体生高考双上线76人。德语DSD项目优势进一步拓展，1人德语单科成绩居全市德语DSD一级学校第一名，4人被德国大学录取。铜梁中学教育集团联盟学校首届4个初中毕业班180人直接升入铜梁中学高中，实现初高中衔接一体化教育。全面贯彻落实“五育并举”的教育发展理念，通过丰富多样的校园活动提升学生综合素养。承办重庆市中学生篮球比赛等市区级体育竞赛活动比赛。男子篮球获得重庆市中学生篮球比赛甲组季军；田径队获得铜梁区中小学生田径运动会团体总分第一名；女子篮球获得铜梁区中学生三人篮球赛第一名。3人荣获重庆市第九届青少年书、画、影大赛一等奖；语言类作品《狂热辅导梦》参加“重庆市第九届中小学艺术展演”活动一等奖；荣获“铜梁区第36届青少年科技创新大赛”团体一等奖。

是年，淮远校区建设完成初步设计，基础工程进展顺利；斥资370万元改造学校田径场，在铜梁区率先购置田径比赛综合计时系统，更换5副篮球架和10副乒乓球台；图书馆新增藏书30万册；新增4个教室的智能黑板、电子班牌等教学设备，实现教育智能化全覆盖，被评为重庆市智慧校园建设示范学校。以“川渝五校联谊会”为纽带，与川渝各校深入开展学术交流。

【铜梁一中】 铜梁一中的前身是1930年创立的铜梁县立女子初级中学，首开单设女中之先河，四易其址，五更校名。学校占地面积12.7公顷，现有88个教学班，学生5221人，在编教职工343人，其中：高级职称127人，中级职称128人，初级职称83人；市级骨干教师18人，区级骨干教师28人，市级骨干校长1人，市级学科名师2人。

2021年，全面落实“五项管理”和“双减”工作，扎实开展“重庆市文明校园”“全国文明城区”创建工作。承办川渝地区“学党史、强信念、跟党走”主题团日示范活动暨铜梁区第七届十八岁成人礼等活动，进一步打造市级德育品牌，组建学生社团31个，“舞动青春”社团被评为重庆市优秀学生社团，机器人社团参加WRC 2021世界机器人大赛夺得重庆市一等奖；橄榄球男女队参加重庆市7人制英式橄榄球锦标赛均获亚军，啦啦操队勇夺全国冠军，足球队获区中小学足球联赛高中组第一名，男女篮球队代表铜梁区参加重庆市第六届运动会分别获得三人制篮球赛男子甲组亚军和女子甲组季军，8名学生取得国家一级运动员水平资格。

年内开展新时代教育评价改革负面清单清理，成立重庆市李勇名校长工作室；20名教师入选区基础教育专家库人选，参加录像赛课等活动获得市级奖23人次、区级一等奖8人次，申报重庆市优质课程资源研发基地等4个示范项目，新申报重庆市精品选修课程“我带老外游龙乡”。

截至年底完成初中部教室改造（一期），第一教学楼、第二教学楼、科技楼厕所改造和校园文化（一期）等工程建设，推进食堂扩建和车行桥工程建设，启动重庆市地理（室外）和语文课程创新基地建设。落实国家助学政策，享受国家资助助学金2531人，计256.07万元。

【铜梁二中】 铜梁二中原名西泉中学，创办于1942年，2001年由西泉镇迁入铜梁城区，2012年创建为“重庆市重点中学”。学校占地8公顷，现有82个教学班，学生4770名。现有教职工328名；市级学科名师1名，市级骨干教师14名；区级骨干校长1名，区级名师2名，区级骨干教师22

名;高级教师115名,中级教师137名。

学校先后获得“全国中小学优秀文化艺术传承学校”“第三批全国中小学舞龙舞狮教育示范学校”“重庆市非物质文化遗产传承教育基地”等荣誉称号。学校舞蹈《筑梦》获得市级一等奖,2019年编创《龙把子》斩获全国群星奖,2021年荣获“全国公共机构水效领跑者”“重庆市智慧校园示范校”“重庆市编程试点学校”等称号。

【铜梁巴中】 铜梁区巴川中学始建于1957年。学校现有126个教学班,在校学生7387名,教职员工517名,本科以上学历377人,市区级骨干教师80人。学校占地16.67公顷,2万平方米的教学楼,400米标准运动场,3000人住宿公寓,5000人就餐食堂,八大功能室,智慧教室、录播教室、心理咨询室、“少年硅谷”创客工作室的投用,校园网络的全覆盖,为全校师生提供健康、快乐、智慧、安全的生活环境和学习环境。

全年深入推进素质教育,大力实施以“树人教育”“英语特色教育”“艺体特色教育”“特色社团教育”为主的特色学校建设,促进学生德智体美劳全面发展。学校先后被评为全国信息技术创新应用示范学校、全国“争当小实验家”科学体验活动示范学校、全国学习科学研究先进集体等。现为铜梁区示范初中、区一级一等学校。

【重庆巴中】 重庆市巴川中学是一所优质民办学校。成立于2006年,占地18.47公顷,现有教学班194个,在校学生9548人,来自全国33个省份,其中区外学生占70%,住校生占83%;现有教职工992人,其中专任教师695人,公办教师198人,民办教师497人,校级领导班子成员14人。

教学水平位居全市前列,高考连续五年100%上重本,先后被授予全国深化实施素质教育典型学校、中国民办教育百强学校、清华大学生源基地学校、香港中文大学(深圳)生源基地学校等称号。

【重庆传媒职业学院】 学校始建于2008年,占地面积32.15公顷。截至2021年,学校总建筑面积41.5735万平方米,下设有现代教育学院等6个学院,有28个招生专业,其中市级双基地建设完成项目1个、培育项目1个,市级骨干专业1个,国控师范类专业1个。全校共有教职工483名,其中,专任教师345名,副高级及以上职称教师57名,研究生以上学历90名,教育部教学指导委员会成员1名,“双师型”教师占65%以上,聘请10余名国内外知名客座教授。

2021年,学校录取新生3970人,毕业1626人,市内就业占已就业人数比例80.15%,近三届毕业生规模逐年扩大,总体就业态势较好,就业率均在90.00%以上。

年内与世界500强企业怡亚通集团公司合作建立了以移动互联网相关技术为核心的“众创学院”,与华三通讯技术公司合作成立“华三网络学院”;与华龙网、大渝网等大型企业建立了长期的校外实训基地,开设具有行业特色的“立方国际可视化”“国际邮轮乘务”“北京通用航空服务”等定向班;与达内教育集团、重庆锦海捷亚船务有限公司以及60余家幼教集团等知名企业进行课程开发、实习实训等方面深度合作,学生在校期间即可参与企业项目制作,实现零距离上岗。学生顶岗实习率达100%,一次性就业率持续保持95%以上。

学校打造多元化学历提升通道,学生在校可通过专升本、专衔本等方式获得本科文凭;学校与加拿大电影学院、美国ASA大学等多家高校及机构合作开展2+1、2+2项目,与日本京都情报大学合作专升硕项目;与日本介护学校达成实习合作协议;与韩国明知大学、南首尔大学合作开展学分互认项目;与马来西亚城市大学合作开展交换生及专升本留学项目,不仅开拓学生的国际视野，还切实满足学生寻求海外发展的需求。

【重庆艺术工程职业学院】 学校是经重庆市人民政府批准、教育部备案，具有独立颁发国家学历文凭资格的全日制民办高职学院。始建于2010年3月，占地面积247169.9平方米，全日制普通高职在校学生9300余人，教职员工570人，拥有市级青年骨干教师、重庆市五一劳动奖章获得者等名师30余人，设置高职专业31个，其中，环境艺术设计专业是市级骨干专业，服装与服饰设计专业为市级双基地建设专业，艺术设计、建筑设计、影视动画等7个个专业是校级重点专业。校内建有61个校内实践教学基地及实训室，92个校外实训实习基地，拥有5个高层次教学、创新团队、技能大师工作室。

学校先后与西南大学、四川美术学院、重庆工商大学、英国牛津城市学院（City of Oxford College）、澳大利亚国立管理与商业学院（Australian National Institute Management and Commerce）等开展校际合作。形成统招、“3+2”、五年一贯制、专升本、专衔本，国际合作的多元办学格局。学校教师先后有21人次获得全国艺术设计、建筑装饰设计金奖和一等奖；学生先后获得省部级及以上赛事奖项80余项。其中，获得全国高职院校大学生技能竞赛一等奖7人次，重庆市高职院校大学生技能竞赛一等奖13人次。

学校牵头成立重庆艺术职业教育集团、重庆建筑艺术工程职业教育集团。与200余家企业在产教融合、校企合作、专业共建、实训基地共建和订单培养等方面开展深度合作。是重庆建筑装饰行业人才培养基地、重庆市建设工程造价管理协会重庆市高等院校工程造价专业校企合作人才培养基地、四川美术学院艺术人才合作教育基地、重庆工商大学和西南大学艺术硕士点联合培养基地。

【重庆对外经贸学院】 学校是2001年经教育部批准设立的全日制普通本科高校，在合川与铜梁建有3个校区，铜梁校区于2011年9月办学，占地面积18.67公顷，在校师生6000余人。学校现有本科专业45个，专科专业4个，已形成以经济学、管理学为主体，其他专业综合发展的学科专业格局。2021年荣获重庆市民办高校“三全育人”综合改革试点高校、重庆市普通本科高校示范性现代产业学院、重庆市教育系统先进党组织等6项称号。

学校注重教学科研和协同创新平台建设。数字经济产教融合实训基地入选国家发改委重大建设项目库，重庆现代数字经济研究院为学校捐资成立的市级科研平台。设有数字经济人才培养试验区、智能教育与智慧学习协同创新中心等12个校级科研机构。“互联网+”时代下的双创型计算机人才培养模式等6个项目获教育部产学合作协同育人项目立项。“基于涉外通关产学合作人才培养模式的创新与实践”获重庆市教学成果三等奖，“‘一带一路’倡议下跨境数字经济产教人才培养模式改革”等5个项目获重庆市教育领域综合改革试点项目立项。

年内学校积极开展校地、校企合作，全面深化“产教城”融合发展。与合川区和铜梁区相关部门签订战略合作协议，服务地方社会经济发展。与腾讯云（北京）有限公司、北京星宏传媒等共建产教融合实践基地和学生带薪实践项目。与阿里巴巴、京东等130余家企业建立校企合作关系并签订共建实习实践基地协议。与泰国、韩国、俄罗斯等国家的院校建立学术交流和友好合作关系，面向“一带一路”沿线国家招收留学生。常年聘请外籍教师在校任课和讲学，开展师生留学游学访学活动。

（龚德富 供稿）

文 化

【概况】 铜梁先后被命名为“中国民间文化艺术(龙灯)之乡”“全国文化先进县”“全国老年气排球之乡”,确定为文化和旅游市场信用经济发展试点地区,获评“2014中国最具文化魅力城区”称号,铜梁龙舞被评定为首批“国家级非物质文化遗产”、“铜梁龙灯彩扎”被国务院列入第五批国家级非物质文化遗产代表性项目名录、“巴渝十大民间艺术”“重庆十大文化符号”;铜梁舞龙队荣获国家舞龙队冠名权;龙灯彩扎工艺被评为“重庆市非物质文化遗产”;土桥镇荣获第一批全国乡村旅游重点镇(乡)。铜梁区体育局、铜梁区龙舞艺术推广中心荣获2017—2020年度全国群众体育先进单位称号。

(邓腊梅 供稿)

社会科学

【概况】 全区有全国人文社会科学普及基地2个,市级人文社会科学普及基地4个,市级人文社科普及专家3人,镇街社科普及工作站26个。2021年度区社科联获“重庆市区县社科联工作先进单位”称号,区图书馆、区健康教育所获“重庆市人文社科普及基地工作先进单位”称号。

【社科规划】 立项2021年度社会科学规划年度项目25个,习近平总书记“七一”重要讲话专项研究课题4个,年度项目结项21个。抓好结项成果转化,优秀成果及时抄送区级相关部门参阅。

【社科普及】 立项2021年社科普及活动项目29个,结项25个,“名嘴说党史故事宣讲会”项目得到中央党史学习教育第八指导组组长葛红林点赞。设计制作发放图文并茂普及读物5种3.3万余份。联合区科协、区科技局开展好科技活动周和全国科普日活动,先后到二坪、维新、西河等镇,利用场镇赶集日向群众发放社科知识宣传资料8000余份,赠送社科类图书4000余册。联合区科协举办“‘弘扬科学精神·提高科学素质’第四届铜梁区公民科学素质大赛”。配合区科技局建立铜梁区科普工作联席会议制度,强化对镇街社科普及工作站工作指导。

【学术工作】 积极参加重庆市社科界第七届学术年活动,择优推荐上报主题论文6篇。联合区诗词学会、实验一小举办“庆祝建党100周年 讴歌伟大新时代——颂歌献给党”主题诗歌创作研讨暨朗诵活动,征集到主题诗歌156篇,评出等级奖12篇,优秀奖10篇,编印专刊1期。联合区心理卫生协会开展“健康之路·从心开始”主题征文研讨活动,收到征文36篇,评出等级奖18篇,并高质量召开心理健康学术沙龙。同时,加强对区级社科类社会组织学术活动指导,不断繁荣发展学术。

【智库建设】 启动第三批社科智库专家入库工作。经区社科联党组会议研究并报区委宣传部同意,与区委宣传部联合命名铜梁区第三批社科智库专家(优秀传统文化方面)14名,铜梁区社科智库专家成员达到55人。

(姚春应 供稿)

文学艺术

【文学】 持续强化主题创作。一是在《巴岳风》《铜梁文学》《铜梁诗词》以及“铜梁文艺”微信公众号持续推出《百年华章》专栏。二是举办“百年辉煌”征文，评出王应兰《树荫村脱贫报告》等43篇获奖作品。三是编创《原乡铜梁》，展示“众手浇开幸福花”新征程图景。

深度互动提升创作能力。一是邀请《星星诗刊》主编龚学敏、《四川文学》副主编杨献平、《红岩》文学杂志编辑部主任吴佳骏、人民文学奖获得者张远伦等分享创作经验，关注审美表达，持续扩大本土作者创作视野。二是针对薄弱的小说创作，邀请原重庆市作协副主席、小说家余德庄作专题讲座。

创作水平持续向好。全年在市级以上公开发行刊物作者超过30余人次。其中苏其善在《中国作家》影视版2021年第3期刊发微电影剧本《父辈的嘱托》，刘凤在《精短小说》2021年5—6合期发表小说《爷爷的处女作》，王登平《沁园春·瞿塘峡》获中华诗词学会举办的第四届“中国·白帝城”国际诗词大赛铜奖，王应兰、李明忠、唐道伏等在《重庆日报》《重庆法制报》《重庆政协报》等报刊持续发表作品。

【艺术】 美术。2021年区美协开展“我画我家”、百人绘百年长卷现场绘画、“到人民中去”美术作品展等系列活动；举办秦盛阳“抗疫英雄谱”画展和杨俊山水画品鉴展两场个展；任有福《长白晴雪》入选中国美协主办的第三届“神圣长白”全国中国画作品展；在第八届重庆市美术作品展中，任有福获二等奖，杨俊、贾高东获优秀奖，刘诗霖、秦廷光入展。廖小东、秦亚军、张涛加入重庆市美术家协会。

书法。在重庆市第十一届书法篆刻作品展中，蒋永健、高东海、杨刚、李云、刘放、何建川6人作品入展；在重庆市第二届群众书法展中，何建川、杨刚获优秀奖，刘光吉、高东海、李正楷作品入展；何建川书法作品入展山东省书协主办的书法作品双年展、山西省文联主办的第二届“卫夫人奖”和中国书法报举办的“中国书法年展”。

音乐。2021年区音乐家协会开展“周末去铜梁”“唱支山歌给党听”“梦想花开”3场音乐快闪活动。闫强、秦启江反映决胜全面小康的歌曲《丰收圆舞曲》获重庆市文艺创作项目资助。

舞蹈。区舞蹈家协会继续开展广场舞组织者及领舞骨干培训，重点承办“同心向党 舞动原乡”渝西片区舞蹈家协会庆祝建党100周年舞蹈展演；选送的《祖国颂》《龙舞原乡》分别荣获最佳表演奖和最佳创作奖。会员参与编排的龙舞《竞技龙》荣获2021“黄飞鸿杯”第十三届全国男北狮王争霸赛暨水上双狮挑战赛竞速舞龙金奖。

摄影。区摄影家协会承办“我爱重庆精彩一日”铜梁分会场启动仪式、第四届安居古城摄影大赛、铜梁2021女性摄影展、2021科技工作者风采展、喜迎建党100周年会员作品展、走进我们的小康生活摄影展等数十场赛展。郭洪《最美西郊绿道(组图)》获重庆市第四届生态文明建设摄影大赛三等奖。1人晋升为市级会员。

影视。电视艺术家协会和朗诵主持协会运用传播媒介开展“打卡铜马悠游原乡”抖音短视频大赛、短视频达人看龙乡等活动；《破晓——重庆解放密档》荣获重庆市电视纪录片一等奖。

戏曲。年内区川剧协会开展系列演出活动，在各个法定节日和每月的两个活动日中，分别在安居古城和区文化馆演艺厅面向广大群众演出传统川剧。区曲艺家协会融入各类宣讲活动，开展了“名嘴说党史”和“说脱贫话振兴”故事会，参加“龙乡名菜”创作采风、“金钱板讲百年党史”等活动，持续活跃在基层一线。杜锦权评书作品《包子的味道》获市委宣传部等部门举办的重庆市新时代文明实践“六讲”大赛中一等奖。

（唐道伏 供稿）

融媒体

【概况】 2021年，区融媒体中心被中央宣传部、文化和旅游部、广电总局评为第九届全国“服务农民、服务基层”县级融媒体中心和基层广播电视机构先进集体；获新华社融媒体产品优秀传播奖；《铜梁报》获全市零差错优秀区县报；《铜梁报》7月1日6—7版入选庆祝中国共产党成立100周年“重庆市区县报”十佳版面；铜梁App客户端获最具突破创新客户端；各类新闻宣传作品获重庆市区县好新闻奖一等奖3个、二等奖1个、三等奖7个。

【铜梁报】 每周二、四、六出报，全年安全出版145期，采编刊发新闻稿件5100余条。对标对表《重庆日报》，发出好声音、传递正能量，持续开设《把习近平总书记的殷殷嘱托全面落实在重庆大地上（铜梁篇）》《奋斗百年路 启航新征程》《牢记初心使命 争取更大光荣》《慎终如始抓好疫情防控》《城市提升进行时》等栏目，全方位、深层次报道铜梁经济社会发展的成效、特色和亮点。

【电视综合频道】 全年制作播出《龙乡新时空》246期、《龙乡新闻周刊》52期、《龙乡视点》24期、《龙乡脊梁》12期、《康养龙乡》24期。

【92.7频率广播电台】 年内播出260期《927早班车》《主播带你听新闻》，播出《农业之声》200期，《主播读党史》280期，《法治在线》200期，防疫警示200余条。

【新兴媒体平台】 铜梁发布微博号，粉丝量近2万，全年发布消息5500余条，总阅读量超1400万。铜梁发布微信号，粉丝量32.7万，全年发布消息1600余条，总阅读量1340万+，转发次数36.2万次。大美铜梁抖音号，粉丝量45.2万，发布原创短视频780余条，总点赞量达941万，总浏览量3600万，其中《英雄不容亵渎 法律不容挑衅》浏览量120万+，点赞量超过10万。铜梁App客户端，注册用户27.9万，全年发布稿件6000余条，最高单条新闻点击量达12万+，总浏览量超过710万。开展录直播活动30余场，总浏览量90万。铜梁网，全年发布稿件12248条，浏览量1463万。

【重要宣传】 对内宣传。紧紧围绕学习宣传贯彻习近平新时代中国特色社会主义思想，聚焦区委、区府中心工作，开设《奋斗百年路 启航新征程》《学党史悟思想办实事开新局》等专题专栏30余个，推出重要新闻报道400余篇。推出“七一”特别节目6期、《学党史 悟思想 办实事 开新局》部门、镇街《一把手》专题访谈50期。摄制宣传片、专题片30余部，制作VCR6个、PPT5个、演出背景视频50余个、创作公益广告6部、微纪录片4部、微电影2部。

对外宣传。精准对接上级媒体平台，打通新闻报道的“绿色通道”，在国家级、市级各主流新闻媒体刊发重点稿件360条次，其中央视播出58条次，《重庆日报》刊发117条，重庆卫视联播播出148条；在市级以上新闻网站、新闻客户端刊发稿件526条次；学习强国平台上稿550余条，其中推荐上全国平台30多篇。

【融合改革】 坚持移动优先，关闭铜梁文旅频道，精办综合广播、铜梁综合电视频道，优化电视节目栏目、报纸版面板块，全力运行新媒体平台。运行“中央厨房”，再造“策采编审发”新闻生产流程，加快形成“一次采集、多种生成、多元传播、全方位覆盖”的融合媒体工作格局。优化体制机制，修改完善《关于进一步规范提升宣传报道工作的通知》《关于印发提升学习强国供稿质量工作方案的通知》《"三审三校"制度》等系列规范性文件，严格执行中心《岗位职责"清单责任"考核办法》，建立好差稿件定期通报制度，全面提升对内对外宣传报道的质量。

【基础设施建设】 年内有序开展融媒体大楼建设，在区内建立应急广播中心平台1个、横向部门平台6个、镇街平台28个，落实广播终端设备技术维护责任，确保1800只农村大喇叭时时响、优质响。

（徐琴琴 供稿）

广电网络

【概况】 重庆有线电视网络股份有限公司(CCN)2021年更名为中国广电重庆网络股份有限公司(CBN)。2021年，继续深化改革组织构架，按照三部五中心运行，新增两个农网经营维护中心。辖区内28个镇街继续保持属地网格化站点营维管理，进一步完善干线抢险施工队和干线维护抢险队职能职责，二级调度实行7—24小时上班制度，确保网络安全运行和高效服务。

【经营创收】 全年营业收入、有线电视缴费用户数、有线电视宽带缴费用户数等全面完成上级各项考核指标，年度实现目标和利润双完成。

产业发展。以国网整合、广电5G一体化建设有序推进为契机，结合铜梁区智能化总体部署和行业趋势，推动城乡融合发展，以公客为基础，重点发展生态市场，着力打造智慧城市、数字乡村等新内容，加快全光网全IP建设，积极推进固移融合、云网融合、网媒融合发展，推动新的产业形成，拓展培育新的产业增长点。

网络建设。持续重点推进规划城区老旧小区网络改造和行政村网络建设工作，全面提高网络高承载和全业务支撑能力。全年完成网络建设投资共计600余万元，新建光缆皮长1500千米，农网用户光纤入户改造3800户。

客户服务。一是兑现服务违规奖惩制度，加强工单管理，对工单流程和服务质量进行严格把控，开展对老弱病残特殊用户上门服务活动，开通营业厅绿色服务通道，用户优先办理业务，无需叫号和排队。二是持续推进好师傅进小区现场办理业务，实行用户费用到期线上预警信息和人工电话同步提醒，工单实施电话二次催修。全年转派96868工单8154件，实行安装必派工单100%和日完工率100%制度。处理及回复疑似违规服务和客户问题工单共90件，有效地促进了服务质量提升。

安全生产。截至年底，累计组织网络安全巡查75次，处理网络安全隐患67起，各类光纤故障抢险163次，无线基站故障抢险14次，处置车辆破坏网络5起，网络整改投资70万元，组织参加各类安全培训6场210人次，到乡镇实地进行技术支撑工作累计63次，办公场、机房、室外一体机柜等夏季、冬季集中安全检查2次。全年前端系统可用率100%。

（曾玲 供稿）

印刷 出版

【概况】 办理行政审批。深化行政审批事项"四减"(减时限、减材料、减跑动、减环节)工作，推行行政审批告知承诺制，为群众办事提供便利。年内累计办理行政审批事项68项，生成电子证照68份。其中，新办印刷经营许可证10个，变更6个，注销14个，对21家印刷企业开展年度核验，现场勘验注册资金1000万元以上的印刷企业3家；新办出版物经营许可证18个，变更21个，注销32个，对52家出版物发行单位开展年度核验；新办电影放映经营许可证1个，变更4个；办理一次性内部资料准印证12个。

协助节目摄制。协助《豆子的礼帽》《使命》两个摄制组开展节目摄制。

疫情防控管理。建立从业人员台账，督促从业人员进行定期核酸检测和全员疫苗接种。开展疫情防控工作检查300余家次，确保各场所将疫情防控措施落到实处。指导影院等重点场所开展常态化疫情防控。

（李茂工　供稿）

电影放映管理

【概况】　惠民电影放映。制定《2021年全区惠民电影放映方案》，持续开展"永远跟党走"——铜梁区庆祝建党100周年优秀影片展映观影活动，完成惠民电影放映6932场次。

开展社会宣传。指导影院开展社会宣传，向其提供建党100周年、全民阅读、文明城区创建、疫情防控等主题海报和音频视频，管好用好宣传阵地。制作发放疫情防控工作事项告知书、宣传海报、折页等宣传资料1000余份，分发疫情防控宣传音视频10余条。

公共图书馆

【概况】　截至2021年底，铜梁图书馆有藏书53万余册，免费开放面积7000余平方米。连年均被评为国家一级公共图书馆、市级免费开放先进单位、市级社会科学教育基地、市级园林式单位、市级清洁卫生单位、巾帼英雄文明窗口、市级学雷锋示范岗；2016年获全国社科普及基地等称号。

图书馆内免费开放窗口有图书外借室、报刊阅览室、铜梁古籍保护中心、铜梁匾额博物馆、视障阅览室、地方文献室等15个。建有24小时自助图书馆、数字图书馆、DLIB业务系统、哥德电子借阅网络系统。全区设有分馆39个，其中乡镇分馆28个、村级分馆6个、社会共建分馆5个。

全年图书馆购书经费90万元，订购报刊1014种，购置图书34813册，新增电子图书6764册。图书流通部年接待读者171202人次，借阅图书212335册次，新办读者证3883个。

【读书服务活动】　主题阅读活动。2021年铜梁图书馆全年紧紧围绕"阅百年历程，传精神力量"主题开展全民阅读推广活动。全年线上线下开展讲座28场，展览35场，阅读推广活动172场，文化到基层、社区、机关、学校已成常态，受益群众数万人次。

馆内活动周周有。通过"铜图论坛""'米粒'双语绘本""龙乡心驿站"等服务平台，做到馆内活动周周有、线上线下不间断。年内主要有开展有"新年第一天"元旦活动、"我们的节日"——欢乐闹元宵、"新春祈祥瑞 传奇龙头抬"民俗体验活动等节庆节气活动。利用"4·23"世界读书日、图书宣传周、"全国科普日"等节点，开展"你阅读 我买单""行走的图书"进社区、进学校等活动，促进全民阅读，推动全社会形成浓厚的书香氛围。

知识进万家服务活动。开展"我们的中国梦"知识进万家活动、"用科技点亮乡村振兴、农民致富路途"科普宣传活动、"爱国主义教育"系列活动等，通过送活动、送展览、送讲座、送图书、送科普资料等助推铜梁美丽乡村建设，提升基层民众科技、人文素质。

巡展巡讲活动。积极组织和实施2021年"红岩少年"活动、重庆市图书馆讲座展览巡讲巡展活动、中国图书馆学会举行少年儿童阅读年系列活动，参与"信仰的力量"——庆祝中国共产党成立100周年川渝"阅读之星"诵读大赛，"蒲公英梦想书屋"、少年儿童爱心接力等市级活动。加强与重庆市区域性公共图书馆联盟联系，做好成渝及区域公共服务合作工作。

特种志愿服务活动。通过开展"常青e路"

老年数字培训、“点亮星空 陪伴同行”自闭症儿童关爱活动走进特校、“关爱残疾人·我们在行动”图书馆书虫文化志愿服务活动,“爱心接力服务”走进边远学校、在馆内提供无障碍服务等活动,为老年读者提供信息化培训,为残疾朋友送去图书和慰问品、为留守儿童捐赠爱心图书和爱心文具等。

文物 博物

【概况】 文物保护单位。铜梁区有不可移动文物点479处,其中市级文物保护单位16处,区级文物保护单位84处,未核定的文物点379处,新增1处为达昌祠。

铜梁博物馆。成立于1995年10月,是重庆市第一家区县级综合类博物馆。占地面积7000平方米,馆藏文物1万余件,其中一级文物110件(组)、二级文物13件、三级文物452件。为国家二级博物馆,实行永久性免费开放。常年开设四个具有铜梁地域特色的文物陈列展室,分别展出被中科院命名的2万多年前的旧石器文化“铜梁文化”、铜梁明代石刻仪仗俑、铜梁龙灯和民俗文物。

匾额博物馆。铜梁匾额博物馆成立于2010年10月,与铜梁博物馆合署办公,在新图书馆开设1500平方米陈列室,陈列精品清代木匾100块,是铜梁区文化建设的一大亮点。

【文博工作】 巴岳寺维修工程:2021年完成区级文物保护单位巴岳寺的抢救性维修工程的80%。安居文庙、县衙修缮工程:2021年完成安居文庙、县衙修缮工程的90%。石俑展厅设备更新:年内完成石俑厅展览设备更新及文物库房的改造,同时完成可移动文物(明代石刻仪仗俑)修复方案的编制和审定。文物展览进基层:年内开展社教活动158场、举办临时展览18次、展览走进校园18次、展览进基层50次,发放资料12800余份。文创产品研发:主要是以铜梁石俑、匾额为元素的书签、文化衫、水杯等文创产品完成研发,共39类52种,收到良好的经济效益和社会效益。接待参观活动:接待观众89.33万人次(其中线上58万人次、线下31.33万人次,含匾额博物馆),其中青少年参观17.45万人次。举办第二届小小讲解员比赛、第一届“路在远方 家在心中”高三毕业学子研学活动等社教活动。学术研究,区博物馆年内刊印《铜梁博物馆走进校园》学习资料、《铜梁匾额字帖》。

2021年新增文物保护单位

序号	类别	地址	名称	保护级别	概况	产权及管理使用单位	保存现状	保护措施建议	保护利用情况
1	古建筑	永嘉镇	达昌祠	未核定	重庆市铜梁区永嘉镇永东村12组26号,永嘉环城路旁。现存历史建筑为正房2间,面积约155平方米,穿斗结构,小青瓦屋面	私有	一般	需日常保养	居住使用

非物质文化遗产

【非遗项目名录体系建设】 国家级非遗项目。2021年,全区共有国家级非遗项目2项:铜梁龙舞、铜梁龙灯彩扎。其中铜梁龙灯彩扎,于5月由国务院公布列入第五批国家级非物质文化遗产代表性项目名录。

市级非遗项目。全区共有市级非遗项目13项,即铜梁龙舞、铜梁火龙、铜梁龙灯会、铜梁龙灯彩扎工艺、铜梁民间礼仪音乐、金钱板、木匾工艺、铜梁坐歌堂、铜梁彩灯舞、何氏制墨技艺、巴渝羊肉传统制作技艺、三活春鸡兔鱼烹调技艺、余家拳。

区级非遗项目名录建设。区级非遗项目共有99项。其中,包括2021年7月铜梁区第四批区级非物质文化遗产代表性项目名录公布的13项,即“营国筑室”传统木结构建筑营造技艺、金钱板传统制作技艺、谭氏土陶传统制作技艺、铜梁桂花酒制作技艺、“零度仔仔”冰粉传统制作技艺、铜梁东郭豆干传统制作技艺、铜梁雷记猪肝面制作技艺、“三活庄”泡椒兔制作技艺、侣俸头刀菜制作技艺、晏渡炝炒鱼制作技艺、九蒸九晒熟地黄炮制技艺、老陈艾养生品传统制作技艺、“三河桥”养生挂面传统制作技艺,13个项目列入新增区级“非遗”名录。

代表性传承人。全区共有非遗项目代表性传承人135人(已去世12人),其中国家级非遗代表性传承人1人,市级非遗代表性传承人17人,区级非遗代表性传承人117人。

【非遗活动】 铜梁区文化旅游委组织舞蹈《铜梁焰火龙》和彩扎作品《飞龙在天》分别参加第十五届中国民间文艺山花奖龙舞类和美术类展演,《焰火龙》参加河南电视台中秋晚会节目录制;同时组织参加“非遗过大年文化进万家”短视频及直播活动,组织传承人参加2021年薪传奖传统工艺大展、中国传统工艺邀请展;组织非遗企业参加了重庆市2021年“文化和自然遗产日”非遗宣传展示活动、2021年“重庆非遗购物节”、央视《乡村演说家》节目非遗展示展演、2021年重庆市铜梁区乡村“村晚”非遗展示,并组织区内非遗企业和传承人开展国家非遗馆藏(展)品征集工作。

(邓腊梅 供稿)

【巴岳名茶品鉴会】 3月21日,铜梁巴岳茶建坊三百周年品鉴会在巴岳茶场举行,区文化旅游委、融媒体中心、巴岳茶场等单位负责人及文化旅游界人士30余人到会参观、品鉴和参加研讨。铜梁巴岳茶在宋代被列为蜀中四大珍品,明代纳为蜀王府上等贡品,清代在巴岳玄天宫建立茶坊。在当代,注册商标为“巴岳玉露”,被列为重庆市老字号、铜梁区非物质文化遗产,为传统名特产、馈赠珍品。

(曾宪斌 供稿)

档案

【档案数字化建设】 持续加快推进国家级数字档案馆创建工作,在往年投入1200多万元配置硬件设备设施、搭建应用软件系统的基础上,完善档案数字化加工车间,完成数据库整体迁移;新投入400余万元,完成馆藏53095卷、21540盒文书纸质档案和电子数据校核清理以及消毒上架工作;完成20987本书籍、19557件会计档案的整理、目录数字化工作。截至年底,馆藏档案数字化达到237340卷,占馆藏档案的98.8%,档案数字化副本达到17.1TB,馆藏档案资源数字化、档案利用网络化等工作走在全市前列。

【信息数据管理】 全年共计接收文书档案73439件、项目档案1073卷、会计档案6068件;接收精准扶贫文书档案164691件、项目档案521

卷、分户档案4480件、照片档案2815张；接收破产企业文书档案14172件、会计档案7536件；接收人事档案18卷、主题教育档案3230件、疫情防控档案2507件。经鉴定面向社会开放馆藏档案3.7万余件。

【档案查询利用】 年内建成铜梁档案信息网，开展网络预约查阅、婚姻档案异地查阅等便民服务。全年接待档案查阅12086人次，出具档案证明30319份、档案85870页。开展了5家立档单位电子档案查询利用平台试点建设。

【档案编研开发】 参与"印记100"——川渝地区档案馆建党百年红色珍档系列宣传活动，区档案馆获得活动组织优秀奖。完成邱少云烈士珍档的全宗建档及档案故事撰写、微视频摄制等工作，此档案入围川渝100件红色珍档名录库。完成《成渝地区双城经济圈城市概览(铜梁区篇)》的编撰工作。

【档案安全管理】 完成新馆局域网、党政外网和因特网的国家二级网络安全等保测评工作；建成馆微型消防站，组织开展消防安全培训和应急演练；完善消防安全系统和视频监控系统建设。

【基础设施建设】 10月，铜梁区档案馆新馆建成投用，建筑面积8550平方米，其中档案库房4000平方米，业务和服务用房2500平方米。同时完成11.4万卷纸质档案、2.1万册图书资料等馆藏实体档案整体搬迁至新馆工作。

（张浩 供稿）

社会文化

【铜梁区文化馆】 铜梁区文化馆是政府设立的公益性文化事业单位，2014年与"重庆市铜梁区非物质文化遗产保护中心""铜梁区龙文化发展研究中心"实行一套班子三块牌子运行模式。

【文艺作品获奖】 2021年获奖的文艺作品有：合唱《在太行山上新编》，书法作品《毛泽东对联》《毛泽东诗词十二首》，摄影作品《乡村校车》《垃圾分类，社区在行动》，美术作品《丝路精灵》《冬雨》《龙舞庆余年》《少年壮志出武陵》，综艺表演《说唱脸谱》，川剧片段《吊打》，四川评书《宋庆龄的人生夙愿》，舞蹈《暖》《龙之舞》，龙舞《焰火龙》等。

【承办重大群文活动】 全年承办6场重大群众文艺活动。2021年中华龙狮大赛(重庆铜梁站)，重庆铜梁2021·原乡文化旅游周，"原乡风情 大美铜梁"——到人民中去"伍+伍"走进铜梁美术作品展，重庆市第八届海棠香国美术作品展，2021重庆市铜梁区乡村村晚。

【本土"村晚"活动】 10月15日，在土桥镇六赢村举办"感恩新时代·迈向新征程"我们的小康生活——2021年重庆市铜梁区乡村"村晚"，现场采取农特产品展销、综合演艺、现场互动等形式，共享丰收喜悦、传播乡村文化、展现乡村幸福生活，展示铜梁本土文化的发掘和创新成果以及精准对接群众精神需求，用文化繁荣助力乡村振兴。

【网络文艺活动】 开展线上线下文艺活动239场。其中，举办"古韵古城 诗意安居"安居古城第四届摄影大赛优秀作品展、"铜你相约 有你最美"最美出游晒一晒女性摄影展等线上线下展览15场；组织实施"颂歌献给党"群众歌咏大会、群众歌咏比赛等庆祝中国共产党成立100周年系列文艺演出54场；开展"种文化"小分队送演出进基层活动，国庆、重阳等节庆日深入全区28个镇街送演出152场；在六楼小剧场开展川剧免费展演18场。

【免费艺术培训】 年内面向社会举办书法、美术、舞蹈、语言、合唱等艺术门类的全民艺术普及免费培训班、广场舞领舞骨干培训班178期，受益人员4123人。

【数字文化馆服务】 依托“重庆群众文化云（铜梁）”和“铜梁区文化馆”微信公众号，优化网络直播、慕课学习、培训报名等9种数字服务类型，为全民艺术普及辅导培训、展览展示等提供免费服务。实现全区28个镇街文化馆分馆全覆盖和区文化馆数字文化体验厅内铜梁龙舞（舞蹈）互动教学、电视直播、美术书法数字体验正常运行。全年平台浏览量达150万人次，服务群众线上报名、预约排练厅室、线上观展、听讲座、活动直播、欣赏艺术作品80万人次，提升公共文化服务的公益性、便利性、均等性。

【组织创作和加工优化一批文化艺术精品】 创作完成一批原创文艺作品，完成歌曲《原乡》《我曾问何日君再来》，舞蹈《原乡晨曲》《荷》《龙之舞》《暖》，诗歌《我的原乡》，龙舞《龙腾虎跃》等，并用于2021重庆铜梁原乡周开幕式、重庆铜梁精品节目展演、2021中华龙狮赛（重庆铜梁站）龙舞专场表演、2021重庆铜梁乡村村晚、第十五届民间文艺山花奖、第十九届全国群星奖重庆选拔赛等活动。

【成立重庆铜梁龙艺术团】 2021年底成立重庆铜梁龙艺术团，共有演职人员51名，主要参与铜梁区大型山水实景剧的演出，以及区内外各大活动演出。

文化艺术交流

【参加全国龙舞表演交流】 创编《铜梁焰火龙》龙舞节目，代表重庆市参加全国第十五届民间文艺山花奖评选，并成功入选为第十五届中国民间文艺山花奖民间艺术表演作品；组织导演原创舞蹈《龙之舞》《暖》，并入围第十九届全国群星奖重庆选拔赛；协调配合央视纪录片《年的味道·铜梁火龙》《传承的力量》以及铜梁龙文化宣传片录制，组织完成3场火龙、1场女子龙、1场幼儿龙演出。

【成渝区域文化馆联盟活动】 与成都市锦江、青羊、金牛区等22个文化馆共同成立“成渝地·巴蜀情”成渝区域文化馆联盟、与遂宁市、简阳市、乐至县、安岳县、安居区、潼南区签约成立川渝泛琼江流域文旅联盟，举办“成渝地·巴蜀情”2021年渝西·遂宁文化馆联盟送文化进基层精品节目展演，与阿坝州、绵阳市等13个文化馆、美术馆共同举办“成渝地·巴蜀情”川渝毗邻地区美术书法摄影作品展，共同打造“川渝泛琼江流域文化旅游宣传季”活动品牌，实现优势互补，资源共享，共同培育区域文化品牌，打造巴蜀文化旅游走廊。同时，渝西文化馆联盟举办“永远跟党走”庆祝中国共产党成立100周年渝西文化馆联盟美术作品联展和渝西文化馆联盟座谈会。

【参加川渝地区文化艺术交流活动】 组织书法、美术、摄影作品各20幅精美作品参加“泛涪江流域美术书法摄影双年展”活动，增进涪江流域地区的文化艺术交流；组织“铜梁焰火龙”参加了“中国梦——文化进万家”2021年渝西·遂宁文化馆联盟送文化进基层精品节目展演。9月“铜梁焰火龙”受邀参加四川省资阳市2021年四川省“万人赏月诵中秋”集中展演，增进两地的文化交流和友谊。

【为党献礼参加市级文化展赛活动】 6月10日组织全区广场舞骨干200余名参加“永远跟党走”——2021“欢跃四季·舞动山城”重庆市广场舞展演（第三片区），展演获得“优美队伍”评选；6月15日组织队伍参加“唱支山歌给党听”重庆市庆祝中国共产党成立100周年大家唱群众歌咏活动片区赛（第三片区），获1个“优胜队伍”奖，2个“优秀队伍”奖；6月25日，在重庆市人民大礼堂，合唱《在太行山上》获得“唱支山歌给党听”重庆市庆祝中国共产党成立100周年大家唱群众歌咏活动市级展演二等奖；6月27日组织参加“永远跟党走”——第二十届重庆市美术书法摄影作品联展》，其中书法《毛泽东对联》和《毛泽东诗词十二首》、美术《沙漠精灵》、摄影《乡村小车》均获三等奖；10月27日，组织参加“和谐社区·幸福生活”第六届重庆市社区艺术节活动，荣获“社区故事会”二等奖，“家庭才艺秀”“文艺团队才艺秀”“手机摄影展”3个三等奖；铜梁区参加的四项市级文化活动，均获“组织工作奖”。

【承办大型文化交流活动】 4月承办“2021年中华龙狮大赛（重庆铜梁站）龙舞专场表演”活动，打响“原乡文化旅游周”品牌，彰显原乡文化自信，扩大铜梁原乡文化旅游品牌影响力；6月组织完成“颂歌献给党”群众歌咏大会南北片区赛。

文化产业

【概况】 全区发展文化旅游企业1081家，其中文化企业948家。有重庆市文化产业示范基地2个、市级乡村文化乐园2个、市级首席技师工作室1个。开发特色文创产品100余种，培育民间龙舞艺术表演团队30余个，培育龙舞龙灯制作厂（场）10余家。文化产业植入乡村振兴，依托铜梁龙文化资源，开发龙灯系列文创产品120余种，建成6个龙灯彩扎基地、1个扶贫车间和1家彩扎厂，实现年产值2000万元。龙文化传媒公司被评为市级文化产业示范基地，铜梁龙灯彩扎车间被评为“彩扎制作扶贫车间示范项目”“重庆市非遗扶贫就业工坊”。创作的《铜梁焰火龙》获评第十五届中国民间文艺山花奖。

【文化产品惠民消费活动】 在春夏和秋冬两个时段，举办铜梁区第六届文化旅游惠民消费季活动，累计开展活动44场，参与文化旅游消费者达30万余人次，参与的文化旅游企业、商户达200余家，涵盖景区、星级饭店、旅行社、健身场所等文化旅游行业，带动文化、体育、旅游等相关领域消费5亿元。

4月27日，原乡文化旅游周活动盛大启幕，并在“五一”期间全面展现，5月1日—5日全区累计接待游客128.3万人次，实现旅游综合收入6.68亿元，同比2020年分别增长423.7%、452%。8月，参加2021“重庆好礼”旅游商品（文创产品）大赛，天星寨·精品野生葛粉获得银奖，美瓷·实木套装陶瓷刀、原乡小艾·艾香获得铜奖。9月，参加2021中国特色旅游商品大赛，美瓷·实木套装陶瓷刀获得金奖。9月，参加2021中国旅游商品大赛（健康主题），原乡小艾·高级紫色礼盒获得铜奖。同时参加第十三届中国西部动漫文化节，获得最佳组织单位。

文化执法

【执法工作】 旅游市场执法。一是重点整治旅游企业。检查旅行社、A级景区、星级饭店等旅游企业是否按相关法律法规和政策严格执行疫情防控、防汛抗旱、安全生产，基础设施是否完善；安全设施设备是否完备，安全管理措施是否到位；旅游企业服务质量是否达标，投诉处理是否及时有效；旅游购物经营管理是否正规有序；环境卫生是否整治，旅游厕所是否达标，食品卫生是否符合国家规定等。二是重点整治旅游从业人员。检查旅游团队带团导游是否具备合法导游证；所持团队行程单是否与实际行程相符；是否存在擅自增加购物和另行付费项目；是否存在强迫或者变相强迫、诱骗游客消费等违法行为。全年累计接受旅游咨询200余人次，办结旅游投诉3件。

娱乐场所监管。一是检查警示标志、证照是否按规定进行悬挂；二是定期检查曲库中是否有违禁歌曲；三是联合公安核查接纳未成年人、从业人员名单、营业日志等情况；四是督促企业落实安全生产主体责任。对检查中发现的问题，要求立即整改，对违法行为，依法查处。

强化网吧监管。开展法律法规宣传，采取常态化和重点检查，日常和周末（节假日）错时检查，并结合“双随机一公开”的方式开展检查：检查警示标志、证照悬挂、上网人员实名登记等，检查上网内容是否健康，联合公安核查未成年人上网情况，并督促企业落实安全生产主体责任。

全区不可移动文物专项检查。对全区市级文物16处，区级文物84处进行全覆盖检查，全年累计检查不可移动文物120处，出动执法人员330人次。

出版物市场监管。召开区内重点出版物经营场所业主座谈会，规范全区出版行业的秩序；对区内的文具批发市场进行全覆盖检查，从源头上遏止非法出版物流入市场；对校园周边文化场所进行全覆盖检查，同时对经营业主开展相应的法律法规宣传，提高经营业主守法意识；对全区的出版物经营市场主体及具有出版物印刷能力的印刷企业进行底数清查，坚决消除风险隐患。全年出动执法人员400余人次，检查校园周边文化场所200余家次，收缴非法出版物1511本（张），办结相关案件4件，罚款共计3200元。

印刷复制业和广电行业专项整治行动。采取明察暗访、多部门联动方式，严查擅自设立或兼营从事出版物印刷活动，印制含有反动、淫秽、迷信等禁止内容出版物，假冒或者盗用他人名义印刷出版物等违法违规行为。执法支队对辖区内的宾馆酒店还开展了违规接收电视节目专项检查工作。出动执法人员200余人次，检查印刷企业100余家次，办结相关案件3件。

版权网络执法检查。为进一步加大著作权保护力度，严厉打击侵权盗版、非法出版、非法营销等不法活动，出版广电执法大队通过线上线下巡查，及时发现、严肃查处侵权行为，营造公平竞争的市场环境，保护知识产权权利人和消费者合法权益。年内大队出动执法人员140人次，检查出版物经营单位70家次，网上巡查300余家次，办结版权案件3件，网络案件1件，罚款共计6500元。

体育执法。6月，执法人员深入城区60个较大的小区以及城区外的居民小区进行全面摸排，要求夏季从事游泳经营活动场所在未办理相关许可前不得从事经营活动，不得进行广告宣传。通过法治宣传，督促14家小区游泳池办理完善高危险性体育项目经营许可证，做到合法经营。全年共检查游泳经营场所110家次，出动执法人员220人次。

开展法治宣传。4月20日，在明月广场开展铜梁区文化旅游体育市场集中法治宣传活动，现场发放宣传资料9000余份。10月22日，在铜梁区巴川中学开展预防未成年人沉迷网络进校园宣传活动，发出各类宣传资料5000余份。围绕“扫黄打非”工作开展进基层宣传活动和“绿书签”宣传活动，共发放“绿书签”500张，抵制盗版出版物纸质袋200个和全民阅读海报100张以及其他各类宣传资料5000余份。通过宣传引导，增强经营业主守法意识。

体育

【概况】 2021年成立了铜梁区体育总会。全区有单项体育协会20个、体育俱乐部14个，兼职从事体育工作的社会人员约200余人。区内有国际级舞龙裁判员7人、国家级舞龙裁判员2人，各类一级裁判员70余人、二级裁判员300余人。年内，铜梁区举办2021年中华龙狮大赛、2021重庆铜梁原乡风情马拉松赛、重庆市铜梁区第十届老年人运动会、重庆市铜梁区第五届全民健身运动会等多项大型体育活动。

全区公共体育场地，总面积达177万平方米、人均2.57平方米，高于全市平均水平。有大型公共体育场馆4个，体育场地3173个，其中铜梁城区建有体育场60个、体育馆1个、游泳馆5个、天然游泳场1个、社会足球场15个，城区5分钟健身圈覆盖率达100%；农村建有群众体育健身工程266个、健身广场28个，行政村农民体育健身工程覆盖率达到100%；全区中小学共有篮球场214块、排球场96块、体育馆6个、400米田径场7块，小运动场53块，各级各类学校体育器材全部按标准配备。同时合理利用山体、水体，着力推动全民健身区运动场全年免费开放。

2021年，铜梁区体育局、铜梁区龙舞艺术推广中心获评全国群众体育先进单位。

【竞技体育】 区体育局、区教委联合在10所学校设置13个区体校重点项目训练基地。其中篮球3个、足球5个、田径1个、摔跤1个、跆拳道1个、橄榄球1个、舞龙1个，篮球和足球项目基本建成梯队。另外，为加强重点项目训练基地督促管理，区体育事业发展中心（区体校）派出专职教练员持续对各训练基地建设和日常训练工作进行督促指导。学校作为竞技体育后备人才培养的摇篮和补充，截至年底，铜梁区在中小学创建全国校园足球特色学校23所、全国校园篮球特色学校11所、全国校园网球学校4所，重庆市校园篮球特色学校3所、重庆市校园田径特色学校1所、重庆市校园花样跳绳特色学校1所，共计43所国家级、市级特色学校。2021年，铜梁区组团参加重庆市第六届运动会，获得奖牌49枚、青少年组团体获总分1010分的好成绩，较第五届重庆市运动会（奖牌14枚，青少年组团体总分483分）实现了跨越式提升。

【群众体育】 2021重庆铜梁原乡风情马拉松赛。3月21日举办，10000名跑友参加，市体育局副局长张欣出席起跑仪式，CCTV5、人民网、新华社等40多家媒体，100余名记者参与报道，有关“铜马”的新闻宣传网上点击量突破2500万次，超过100万人参与互动，百度搜索指数突破680余万条，宣传受众覆盖全国。

2021年中华龙狮大赛。4月22日在铜梁区举行，参赛队达20支（舞龙赛8支、南狮赛6支、北狮赛6支），铜梁区舞龙队获得自选套路、竞速舞龙、障碍舞龙三个项目第一名和舞龙项目全能第一名，展示了龙舞之乡的实力，人民网、新华网、重庆电视台等多家媒体进行报道。

铜梁区全民健身中心。(郭洪 摄)

参加第十四届全运会舞龙比赛。8月28日,铜梁区组队代表重庆市参赛,获得城市街道(社区)组第一名。同时深挖铜梁龙文化与传统舞龙技艺深度融合,推动舞龙进校园、进社区,年均演出百余场次。

铜梁区第四届全民健身运动会。11月举行,设置篮球、足球、气排球、乒乓球、羽毛球等9个比赛大项,包含镇街组、部门行业组、公开组3个组别,参与人数达8000余人。营造了"全民健身,全民参与"的浓厚氛围,进一步焕发广大群众的健身热情,提高健身积极性。

全民健身活动形成新局面。全区各类单项比赛活动经常,活动经费等均有保障。年内还先后举办了企业退休职工广场舞大赛、"三亿冰雪齐参与,助力冬奥进原乡"为主题的冰雪运动"七进"活动、"全民健身·浪漫随行"第12个全民健身日集中展示活动、"原乡风情,激情冰雪"为主题的冰雪大篷车活动、铜梁区第十九届乡镇门球比赛、铜梁区第十届老年人运动会、铜梁区职工气排球比赛、铜梁区足球联赛、铜梁城区三人篮球赛等活动,在全区掀起了全民健身的新高潮。同时,给予自发性群众健身活动经费、技术、场地等方面支持,年均补助协会活动经费130余万元。以增强市民体质、提高群众尤其是青少年的身体素质和健康水平为根本目标,开展国民体质监测活动30次,监测5000余人,推动全民健身运动蓬勃开展,不断提升群众的获得感和幸福感。

【体育设施建设】 年内落实区级资金100余万元,全面完成333个村(社区)乡村体育设施全覆盖,全民健身设施补短板项目虎峰体育公园、青少年校外体育活动中心申报。

体育设施与区内旅游资源整合,将旅游资源植入全民健身,群众在绿树成荫、花草如茵中充分享受高品质生活。截至年底，共建成健身步道181千米，其中，登山步道16千米，步行道150千米，步行骑行综合道15千米。同步推进场地设施使用"免费提质"，全区公共健身场地设施免费开放率达100%。

【体育产业】 区体育局聚焦"成渝双城经济圈"，积极推进体育产业发展，与四川自贡市体育局签订合作协议，合作建设年产500万套龙舞龙具项目，将自贡彩灯工艺与铜梁龙舞道具紧密融合，实现营业额度3000万元。规划以市区联动多方合作方式引进重庆U18(2003年龄段)男子足球队，以升入中超联赛为目标开展训练和竞赛，实现组建立一支专业球队、培养一批高品质教练、打造一批特色学校、完善一批配套设施、引进一批关联产业，将铜梁区打造为全市足球项目示范区。推进本地体育企业提质上档，共完成重庆铜梁龙文化传媒有限公司、重庆从云行风体育发展有限公司两家企业升为规模以上企业。多次开展高危性体育经营项目安全风险隐患排查，全面规范全区23家游泳场所，全年未出现安全事故。

（邓腊梅 供稿）

卫生健康

综述

【概况】 全区有医疗卫生机构858家。其中政府举办的区级综合医院1家、中医医院1家、街道社区卫生服务中心5家、社区卫生服务站2所、镇卫生院22家、妇幼保健院1家、疾控中心1家、卫生健康行政执法支队1家、精神卫生中心1家(二级精神病专科医院)、健康教育所1所;村卫生室554所,民营医院个体诊所及企事业医务室268所。全区医疗机构设置病床3983张。其中区直医院(含民营医院)2490张,镇卫生院(含中心卫生院)、街道社区卫生服务中心1208张,精神卫生中心186张,妇幼保健院99张。实有床位4495张。其中区直医院(含民营医院)2667张,镇卫生院(含中心卫生院)、街道社区卫生服务中心1720张,妇幼保健院99张,门诊部9张。全区各类医疗卫生机构人员数5753人,其中卫生技术人员4747人,其他技术人员193人,管理人员146人,工勤技能人员295人,乡村医生和卫生员372人。全区医疗卫生机构人员中有在编职工2184人。2021年全区医疗卫生机构资产总额253994.65万元,财政对卫生计生系统投入52008.31万元。

【医疗卫生改革】 一是持续抓好优质医疗资源扩容布局。科学编制铜梁区"十四五"卫生健康发展规划,积极推进区人民医院三级综合医院创建,感染性疾病科及重症医学科等业务用房改造和区中医院整体迁建等重点建设项目;二是持续推进各类优质资源下沉服务。继续实施"区管镇用",下派医务人员30人,挂职副院长27人,开展对口帮扶工作。帮扶基层医疗机构开展新项目、新技术18项。持续开展医共体内用药衔接工作,实现10种慢病患者用药"六统一"。设立医共体"技术协作资金池",提取医共体资金235.18万元;三是持续补齐基层医疗机构短板弱项。开展66个基层首诊病种诊疗能力培训,完善分级诊疗制度建设,实现基层医疗机构诊疗比例超过65%。上转下同比增长125.1%,下转上同比下降48.9%。全面开展基层医疗机构等级评审,启动12个区级特色科室建设,落实基层卫生发展"资金池"管理,按规定提取卫生事业发展金844.1万元,支持基层卫生事业发展;四是持续深化"放管服"改革。建立医疗卫生行业综合监管部门协调机制,开展多部门专项联合检查两次,行业许可事项即办件占比达58.21%,全程网办件占比达100%,承诺办结实现压缩比达88.52%,全面达到重庆市政府考核要求。推进区、镇(街道)监督执法体系建设,严格按照"双随机一公开"工作制度,完成医疗卫生、公共卫生场所等年度专项监督检查。

【突发公共卫生事件医疗救治体系建设】 年内印发《重庆市铜梁区突发公共卫生事件专项应急预案》,初步形成由突发公共卫生事件卫生应急专项预案、处置流程、工作规范组成的突发公共卫生事件应急预案体系。在各类突发公共卫生事件处置中，加强与气象、公安等部门的信息沟通，建立多渠道、多形式，及时通报全区各类突发公共卫生事件和传染病的联动机制。初步建立起预防与应急并重，常态与非常态相结合的卫生应急管理机制。成立区级卫生应急队伍并实施标准化建设，规范应急队伍训练工作，促进应急队伍系统正规化、标准化建设。组织区突发传染病防控队和区医疗救援队员参加春节期间新冠肺炎疫情防控应急演练，检验队伍的作战能力。组建背囊化卫生应急快速反应小分队，小分队在市卫生健康委背囊化卫生应急快速反应小分队大比武竞赛中获得优秀团体奖。除新冠肺炎疫情外，处置传染病类突发公共卫生事件5起，其中水痘疫情4起、感染性腹泻疫情1起，病人123人；处置食源性疾病2起，病人8人；处置突发性群伤事件53起，救治伤病员184人，均无死亡。全年完成新冠疫苗接种医疗保障5250次，核酸采样保障2500多次。与此同时，采取“五进”（进企业、进社区、进农村、进学校、进机关）办法，对6824名职工、学生、机关干部、城镇及农村居民进行卫生应急知识培训；对卫生系统非急诊科专业技术人员2901人进行应急技能培训，进一步提升医疗系统应急救援能力。

【院前急救能力加强】 年内印发《重庆市铜梁区卫生健康委员会关于进一步完善院前急救服务工作的通知》，大力加强院前急救工作。一是一季度对207名医务人员急诊急救能力提升培训；二是给救护车配置不达标的6个单位配置救护车6辆；三是加强120调度指挥中心职能，进一步完善全区院前医疗急救服务体系。2021年，120调度指挥服务中心共接来电38350次，受理15025次，派车13580次，救治12349人。平均出车时间为2分19秒，平均到达时间为15分20秒，平均反应时间为18分30秒，院前病历书写完成率为99%。

疾病防控

【疫情管理】 2021年全区无甲类传染病报告；乙类传染病报告10种1149例，发病率为167.56/10万，死亡21例（艾滋病20例，肺结核1例），死亡率为3.06/10万；丙类传染病报告6种1464例，发病率为213.50/10万，无死亡病例报告。乙类传染病中，肠道传染病报告3种25例，报告发病率为3.65/10万；呼吸道传染病报告3种322例，报告发病率为46.96/10万；自然疫源及虫媒传染病报告2种2例，报告发病率为0.29/10万；血源及性传播传染病报告6种800例，报告发病率为116.66/10万；无新生儿破伤风病例报告。全年铜梁区共报告突发公共卫生事件5起，均为未分级事件，累计发病123人，无死亡病例。

【重点传染病防治】 新冠肺炎疫情防控。2021年全区无新冠肺炎病例和无症状感染者报告。邀请市级专家对流调、消杀、采样人员进行新冠防控专题培训700余人次。进一步强化铜梁区流调溯源专业队伍建设，推动成立由公安、工信、公卫等部门组成的“三公（工）融合”流调溯源专班，流调溯源队伍由原来的101人扩大至148人，通过集中合成办公与扁平化指挥，使得流调溯源工作更精准和高效；分别于7月21日和12月24日召开全区传染病、突发公共卫生事件及新冠肺炎防控专题培训，累计参训249人次，进一步提高全区流调人员专业能力；处置“1102重庆新冠肺炎疫情”事件、“1205鑫佳宝”进口冷链食品样本阳性事件等多起新冠肺炎相关疫情及协查工作，全年共完成40名密切接触者和636名密切接触者的密切接触者的规范流行病学调查及追踪管理；高质量完成核酸检测。实行大规模核酸筛查和常态化防控监测，监测样品

15.22万份，其中上呼吸道标本10.39万份，新冠抗体检测677件，食品及其包装物2.9万件，环境样本1.67万件，进口货品1694件；进一步推进新冠疫苗接种。全年累计完成新冠疫苗接种58.61万人，加强免疫接种12.24万人，3到11岁儿童首剂接种59.6万剂。

人禽流感、SARS等突发急性传染病监测。按照国家和重庆市人禽流感、SARS等突发急性传染病监测工作要求，2021年铜梁区疾控中心每月于东门农贸市场、代洪木家禽散养户、林远洪家禽规模养殖场开展外环境禽流感病毒污染状况（病原学）监测（144份），未监测到H7N9病毒阳性；11月于安溪镇开展了职业暴露人群的人禽流感抗体水平监测（50人份），结果均无异常。

乙型病毒性肝炎监测项目。2021年全区共报告乙肝病例146例，报告发病率为20.10/10万，无死亡病例报告。其中共报告急性乙肝病例2例，对每名患者都规范及时地进行了血液样品的采集检测和个案调查，个案调查率及抗—HBc IgM1:1000检测率均为100%。

手足口病监测工作。2021年全区共采集手足口病病例咽拭子44人份，阳性率为95.45%（42/44）。其中阳性结果以CV—A16为主，阳性率为36.36%（16/44）；其次为EV—U，阳性率为59.09%（26/44）。

性病艾滋病防治。以世界“艾滋病日”为契机开展“生命至上 终结艾滋 健康平等”等形式多样的宣传咨询活动，联合社区开展“防艾”知识宣讲，提高全区广大群众对艾滋病防治知识知晓率、关怀和支持艾滋病感染者健康生活、消除社会歧视，为艾滋病防治工作营造一个良好的氛围。2021年全年累计进行159550人次的HIV抗体检测，确认阳性159人，检测阳性率0.1%（159/159550）；截至2021年12月31日累计完成首次流行病学调查180例，流调率达100%；两劳人员检测506人，检测率达100%，确认阳性1人，检测阳性率为0.2%。自愿咨询检测3734人次，阳性18人，检测阳性率为0.48%。

结核病防治。全面实施现代结核病控制策略，加强“三位一体”结核病防治模式，加强规范管理和质量控制。围绕“3·24世界防治结核病日”开展多种形式的线上、线下宣传活动，开展以提高“防痨”队伍的整体素质为目的的业务培训，把结核病防治工作纳入年终目标考核内容。据统计，全年登记肺结核可疑症状者和疑似患者1960人，免费查痰1928人，确诊活动性肺结核患者225例。全年报告肺结核患者和疑似肺结核患者的总体到位率97.91%，痰菌阳性病人的密切接触者筛查率100%，病原学阳性率83.11%，新病原学阳性患者耐药筛查率99.36%，高危人群耐药筛查率100%，普通肺结核患者成功治疗率95.11%，利福平耐药患者纳入治疗率100%。全年发现学生肺结核病患者11例，无学校聚集性疫情发生。在开展中小学新生入学和高二年级学生肺结核筛查中，共发现活动性肺结核患者5例。年内开展肺结核患者健康管理服务工作，肺结核患者管理率为99.51%，规则服药率为98.7%。

【地方病防治】 碘缺乏病防治。推进因地制宜、分类指导和科学补碘的防控策略，完成了2021年铜梁区碘缺乏病监测工作。结果显示：全区碘盐覆盖率为100.00%，合格碘盐覆盖率为94.33%，8—10岁儿童尿碘中位数为287.1μg/L，孕妇尿碘中位数为178.1μg/L。围绕“5·15碘缺乏病日”开展多种形式的线上、线下宣传活动，累计发放宣传资料400余份。

麻风病。开展完成麻风症状监测，上报线索75例。完成治愈患者随访11人次。围绕“世界防治麻风病日”开展多种形式的线上、线下宣传活动并对现存治愈患者进行慰问，累计慰问7人。

布鲁氏菌病。开展职业人群布鲁氏菌病血清学监测工作，累计完成监测对象203人，结果均为阴性。年内开展布病线索现场调查1次。

【寄生虫病防治】 土源性寄生虫病。继续在全区范围内开展15周岁以上重点人群服药驱虫工作，2021年累计完成服药驱虫群众7万余人。

疟疾防治。针对基层28家医疗机构及区中医院、区人民医院开展疟疾防治培训和RDT快检测试剂使用培训，培训人数56人。对回国人员开展宣传教育工作，为到中心进行主动询问的归国人员进行免费的疟原虫RDT快速检测及血片检测，结合"4·26全国疟疾日"开展形式多样的线上线下宣传活动，累计接受群众咨询疟疾防治100余人次。

【慢性病防控】 监测工作。一是肿瘤随访登记。2021年，继续在全区范围内开展肿瘤病例网络直报工作和肿瘤病例生存随访登记工作，完成肿瘤监测平台网报数据新旧系统的转换工作，培训3家区直医疗卫生机构和28家基层医疗卫生机构业务骨干140余人。2021年，全区累计报告肿瘤病例2162例。二是心脑血管事件监测报告。开展业务骨干专项培训1次，2021年全区累计报告急性心脑血管事件3426例。三是慢性阻塞性肺部疾病的监测报告。为规范全区慢性阻塞性肺部疾病的报告，扩大监测范围，提升报告质量，召开专项培训会1次，全区31家医疗机构均实现网络报告。2021年全区累计报告慢性阻塞性肺部疾病例5952例。四是居民死亡监测报告工作。全区2021年居民病伤死亡5557人，死亡率为7.65‰，恶性肿瘤、脑血管疾病、呼吸系统依然分别占死亡数的前3位。

全民健康生活方式行动。一是组织开展第六届铜梁区职业人群健走激励大奖赛。赛期100天，参赛队伍37支，参赛队员573名。参赛队员中，万步率达到100%的队员有256人，个人积分得到1000满分的队员有203人，日均步数达10000步以上的队员有446人。铜梁区在全国600多个健走示范区中排名302名，在全市38个健走区县中排名24名。二是依托东城街道社区卫生服务中心，开展骨质疏松防治干预调查活动，完成为期六个月总计100人的干预调查。三是健康支持性环境调查评估工作，对辖区内已创建的健康支持性环境开展运行状态评估及信息更新工作。截至2021年12月，全区建成市级健康知识科普基地1个、健康主题公园2个、健身步道7条、健康促进学校60所、无烟党政机关累计创建61家、健康小屋48个、健康知识宣传长廊2个、健康食堂4家。

慢性病综合防控示范建设。继续推行政府主导、多部门配合、全社会共同参与的综合防控工作机制，继续巩固市级慢性非传染性疾病示范区建设成果。走近企业、机关事业单位、街头等开展爱耳日、全民营养周、世界卫生日等专题宣传活动。2021年，全区统一编撰制作各类健康知识传播材料共计50种80余万份，开展健康知识科普讲座1713场，健康教育服务群众达46893人次；结合卫生主题日开展开展健康主题宣传活动281场，健康教育服务群众达21058人次，发放宣传材料80余万份，受益群众达20万人次。

【卫生检验】 理化检验及微生物检验样本检测。全年共完成盐碘监测300件共计300项目次，尿碘监测300件共计300项目次；水样696件共计13091项目次；食品风险监测样本55件共计310项目次，送市疾控复核菌株9株（含2株金黄色葡萄球菌、2株产气荚膜梭菌、5株蜡样芽孢杆菌）；作业场所危害因素监测25家共计1644项目次；游泳池水监测13家共计91项目次，公共场所监测16家共计89项目次；一次性卫生用品17件共计102项目次；餐具监测23件共计23项目次；实验室污水样本12件共计18项目次，医院消毒效果监测45家共计105项目次。为指导全区食品卫生、饮食饮水卫生等服务业提供科学依据。

传染病相关检测。全年参与新冠肺炎核酸检测共计152225份样品，其中上呼吸道标本（含密切接触者、次密接、发热病人、中高风险地区来铜返铜人员、冷链从业人员、医务人员、快递及外卖人员、驾驶员、机关事业单位食堂工作人员等重点场所人员）103956份，新冠肺炎抗体检测677件，食品（含进口食品）及其包装物29126件，环境样本16772件，进口货品1694件。针对新冠肺炎病毒样本采集、运输、大规模核酸筛查、常态化防控监测等，开展全区培训3次共计培训约192人次。全年共参与处置突发事件及传染病疫情共15次，其中处置食物中毒3次采集样本29件检测104项目次，养老院札如病毒暴发疫情1次采集样本7份检测21项次，幼儿园诺如病毒疫情1次采集样本20件检测72项目次，精神卫生中心疑似流感疫情1次采集样本10件检测40项目次，人感染高致病性禽流感疫情1起采集样本61件检测127项目次，处置麻疹风疹疫情1次采集样本1件检测2项目次，处置非慢性乙肝疫情6次采集样本6件检测6项目次，水源水污染事件1起采集样本4件检测56项目次；完成HIV初筛、梅毒筛查和丙肝抗体筛查各703人次；配合市疾控完成禽流感监测采集环境样本144份和高危人群血清抗体样本50份；完成布鲁氏菌病监测工作，共检测样本203人份；为有效控制传染病的发生，保护人民健康起到了积极作用。健康体检：开展职业卫生从业人员健康体检共5840人次（包括肝功检测5840项次、血常规146300项次、尿常规64251项次、血糖603项次）。

实验室质量控制。顺利通过重庆市卫生健康委员会组织的职业卫生技术服务机构资质续展评审及重庆市市场监督管理局组织的检验检测机构和食品检验机构资质认定复评审，新扩展项共计177项（含职业危害因素监测项目66项、生活饮用水监测项目25项、放射卫生监测项目62项、食品安全检测项目24项），截至年底，实验室通过主管部门认证参数共计412项；参与国家疾控、重庆市市场监督管理局、重庆市疾控中心、重庆市临检中心等单位组织的能力比对或盲样考核共13次，完成盲样检测51件，涉及项目水质、食品、作业场所、新冠肺炎病、流感、HIV等22个项目，截至2021年12月31日，所有已反馈结果均为满意或优秀。

实验室检测能力提升。2021年使用专项资金307万元采购实验室专用检测设备42件，进一步提升实验室基础设施配置水平，强化检验检测能力。

【免疫接种】 全年共开展免规相关培训5次，培训1297人次，对相关预防接种工作人员进行培训和现场考核。开展全国儿童预防接种宣传日活动，采取多种媒体形式宣传扩大国家预防接种工作政策、疫苗相关疾病预防及预防接种知识。履行疑似预防接种异常反应报告的收集、调查工作。2021年全区疫苗储存、运输、管理、使用均符合要求，未出现违规操作，未发生重大预防接种事故，安全注射率100%。

预防接种报告情况及接种率调查。四苗基础全程接种率100%，五苗基础全程接种率99.66%，七苗基础全程接种率99.32%，八苗基础全程接种率99.05%，儿童建卡率、建证率均为100%。

疫苗、冷链管理及督导。全年结合基本公共卫生开展4次业务督导，各预防接种单位要求，建立内容真实有效的疫苗出入库记录、冷链温度记录等内容，同时开展自查清查，确保冷链设备正常运作和疫苗的正确储存，加强落实疫苗管理和出入库制度。

入托入学查验接种。2021年全区应查幼儿园147所、小学62所，实查幼儿园147所、小学62所，查验覆盖率100%。幼托机构查验率100%，小学查验率100%。

公共卫生服务

【国家基本公共卫生服务项目资金落实情况】 2021年实际到位国家基本公共卫生服务项目资金总额5133.40万元，辖区内常住居民数726200人，按照中央补助资金人口数口径，截至年底，实际到位的人均国家基本公共卫生服务项目经费70.69元，国家基本公共卫生服务项目经费实际拨付的村级总经费732.04万元，乡村总经费3254.87万元，实际拨付到村级金额占乡村两级总经费的比例22.49%，全年实际支出的国家基本公共卫生服务项目资金总额5133.4万元。

【0—6岁儿童健康管理】 辖区内0—6岁儿童数30270人，接受一次及以上随访的0—6岁儿童数27522人，儿童健康管理率90.92%，辖区内接受1次及以上眼保健和视力检查的0—6岁儿童数27522人，眼保健和视力检查覆盖率90.92%。

【2型糖尿病患者健康管理】 年内辖区内2型糖尿病患者应管理人数17800人，已管理人数18214人，在基层医疗卫生机构按照规范要求提供2型糖尿病患者健康管理服务的人数11074人，规范管理率服务率60.80%，随访空腹血糖达标人数12811人，管理人群血糖控制率70.34%，按规范要求进行2型糖尿病患者健康管理的人数(不区分随访方式)11532人。

【高血压患者健康管理】 年内辖区内高血压患者应管理人数51500人，已管理的高血压患者人数54698人，在基层医疗卫生机构按照规范要求提供高血压患者健康管理服务的人数33460人，基层规范管理率61.17%，随访血压达标人数38644人，管理人群血压控制率70.65%，按照规范要求进行高血压患者健康管理的人数34018人。

【城乡居民健康档案管理】 2021年辖区内常住居民数726200人，建档人数658321人，健康档案建档率92.03%，建立电子健康档案人数668321人，电子健康档案建档率92.03%，居民规范化电子健康档案覆盖人数450568人，覆盖率62.04%，档案中有动态记录的档案份数434923份，健康档案使用率65.08%，居民电子健康档案开放的份数668321份。

【传染病及突发公共卫生事件管理】 2021年登记传染病病例数3937人，网络报告的传染病病例数3937人，传染病疫情报告率100.00%，报告传染病病例数3937例，报告及时的病例数3937例，传染病疫情报告及时率100%，报告突发公共卫生事件相关信息数3个，及时报告的突发公共卫生事件相关信息数5个，突发公共卫生事件相关信息报告率100%。

【肺结核患者健康管理服务】 辖区同期内经上级定点医疗机构确诊并通知基层医疗卫生机构管理的肺结核患者人数204人，已管理的肺结核患者数203人，肺结核患者管理率99.51%。同期辖区内已完成治疗的肺结核患者人数159人，按照要求规则服药的肺结核患者人数157人，肺结核患者规则服药率98.74%。

【家庭医生签约服务】 签约服务费总额140024.7元，签约服务人均金额0.58元。已组建家庭医生团队数181个，有家庭医生580人，其中全科医生123人、专科医生127人；辖区内常住居民数726200人，常住人口签约数241317人，签约续约数195581人；辖区内0—6岁儿童数30270

人，0—6岁儿童签约数11377人，续约数8559人；辖区内65岁及以上常住居民数143739人，65岁及以上常住居民签约数88548人，签约续约数82228人；辖区内孕13周之前建册并进行第一次产前检查的产妇人数3268人，孕产妇签约数1729人；年内辖区内在管高血压患者家庭医生签约数48290人，签约续约数42866人；年内辖区内已管理的2型糖尿病患者人数18214人，糖尿病患者签约数16085人，签约续约数13826人；已管理的肺结核患者人数203人，肺结核患者签约数人189人；辖区内登记在册、诊断明确、在家居住的严重精神障碍患者人数4067人，严重精神障碍患者签约数3449人，签约续约数3149人；辖区内残疾人数14622人，残疾人签约数8818人，签约续约数7282人；纳入计划生育家庭特别扶助制度的独生子女伤残或死亡家庭的夫妻人数1885人，纳入计划生育家庭特别扶助制度的独生子女伤残或死亡家庭的夫妻签约数1839人，签约续约数1839人；辖区内脱贫人口数12290人，脱贫人口签约数12077人，签约续约数11953人。

【健康教育】 发放健康教育印刷资料种类2286种，发放健康教育印刷资料数量1311451本，播放健康教育音像资料种类594种，播放健康教育音像资料次数13498次，播放健康教育音像资料的时间23414小时，健康教育宣传栏设置个数606个，健康教育宣传栏内容更新次数36533次，举办健康教育讲座次数1982次，举办健康教育讲座参加人数51616人，举办健康教育咨询活动次数279次。

【老年人健康管理】 辖区内65岁及以上常住人口数143739人，接受健康管理人数86224人，老年人健康管理率59.99%，建立健康档案的65岁及以上老年人数127597人，健康体检人数86224人，城乡社区规范健康管理服务人数86224人，健康管理服务率59.99%。

【严重精神障碍患者管理】 辖区内登记在册的确诊严重精神障碍患者人数4067人，按照规范要求进行管理的严重精神障碍患者人数3768人，规范管理率92.65%；社区在册居家严重精神障碍患者健康管理人数3768人，健康管理率92.65%。

【基层医疗开展防控新冠肺炎工作】 在村居两委成立公共卫生委员会333个，基层医疗卫生机构为新冠肺炎治愈患者开展健康随访人数10人，开展新冠肺炎相关的重点人群管理或监测人数2638人，制定应对重大传染病和突发公共卫生事件应急预案的基层医疗卫生机构数38所，开展应对重大传染病和突发公共卫生应急演练的基层医疗机构38所，开展新冠病毒疫苗接种的基层医疗卫生机构数31个，基层医疗机构接种新冠病毒疫苗针次数1473261针，参加新冠病毒疫苗接种的基层医疗机构医务人员人数1162人。

【预防接种管理】 辖区内应建立预防接种证人数46935人，已建立预防接种证人数46935人，建证率100.00%。辖区内乙肝疫苗接种总针次人数10986针；卡介苗接种总针次数3903针；脊灰疫苗接种总针次数16951针；百白破疫苗接种总针次数18757针；麻疹成分疫苗接种总针次数10133针；流脑疫苗接种总针次数16634针；辖区内乙脑疫苗应接种人数10647针；甲肝疫苗接种总针次数4381针%。

【中医药健康管理服务】 辖区内65岁及以上常住居民数143739人，接受中医药健康管理服务65岁及以上居民人数89560人，老年人中医药健康服务率62.31%；辖区内3岁以下儿童数11731人，0—36个月儿童接受中医药健康服务人数

7800人，中医药健康服务率66.49%。

医疗管理

【概况】 一是加强质量管理，做好基本医疗服务保障工作。年初，区卫健委下发《铜梁区医疗质量控制中心2021年度工作计划》，健全17个区级医疗机构质量管理体系；二是持续推进分诊制度建设。在完成2个医联体建设的基础上，组建2个医共体，实现基层首诊，双向转诊。明确医疗机构功能定位，区域内就诊率90%以上，基层医疗机构功能就诊比例达65%，基本实现了大病不出医；三是加强医护人员管理。做好医师资格证考试报名现场审核工作。2021年组织医师资格考试报名267人，办理中医非类别医师开具中成药资质800余人。组织开展5·12国际护士节、8·19中国医师节系列纪念活动，对全区100名优秀医务工作者，8名“铜梁区名中医”进行表彰；四是强化医务人员业务培训。持续开展岗位大练兵活动。全区医疗机构进行“三基三严”培训2000余人；五是加抗菌药物、麻醉药品和第一类精神药品，做好使用备案工作；六是开展医疗机构危险化学品安全集中排查整治和医院安保风险排查整改工作，与公安、司法等部门协调配合，建立医疗机构警务室，杜绝事故发生，维护正常医疗秩序；七是加强行风建设。印发作风建设相关文件，重点打击严重违法违规和人民群众反映的突出行风问题，坚决纠正医药购销领域和医疗服务中的不正之风；八是实施医疗责任保险制度。全区41家医疗机构全部参加医疗责任保险，解除了医务工作者的后顾之忧，进一步促进医疗质量的提升；九是强化卫生监督执法。2021年1—9月开展专项执法检查5次，随机抽查医疗机构150余家次，开展医学美容 “回头看”专项督查3次，进一步规范医疗机构诊疗行为。

【医疗服务】 年内调整铜梁区护理等17个医疗质量控制中心组成人员名单，区人民医院申请创建三级医院，区中医院持续巩固三甲医院通过复审，区妇幼保健院二甲已通过市级评审。区级公立医院全部达到二级以上医疗机构服务水平。266个行政村卫生室标准化建设实现全覆盖，28个镇街都有1所政府办的卫生院，每个行政村卫生室至少有1名注册乡村医生或执业（助理）医师。乡村医生中执业（助理）医师占33.74%。

【医疗业务】 门诊业务。2021年，铜梁区总诊疗病人4835358人次。其中：综合医院950842人次，中医医院551662人次，中西医结合医院22239人次，妇幼保健院125638人次，专科医院39886人次，社区卫生服务中心（站）281772人次，镇（中心）卫生院719378人次，门诊部24925人次，诊所、卫生所、医务室851975人次，村卫生室1267041人次。政府举办的医疗机构门诊业务收入62429.842万元。其中综合医院32097.8万元，中医医院14959.3万元，妇幼保健院4272.7万元，社区卫生服务中心（站）3901.6万元，镇（中心）卫生院5104.9万元，村卫生室实现业务收入2093.542万元。

住院业务。2021年，铜梁区住院治疗出院病人126908人。其中综合医院（含民营医院）55308人，中医医院29550人，中西医结合医院2760人，妇幼保健院3653人，专科医院3051人，社区卫生服务中心10554人，镇（中心）卫生院22032人，门诊部0人。政府举办的医疗机构住院业务收入77126.7万元。其中综合医院41347.2万元，中医医院26346.3万元，妇幼保健院1747.1万元，社区卫生服务中心2179.9万元，镇（中心）卫生院5506.2万元。平均病床使用率73.90%，其中综合医院（含民营医院）84.84%，中医医院84%，中西医结合医院31.82%，妇幼保健院46.05%，专科医院30.49%，社区卫生服务中心73.65%，镇（中心）卫生院64.9%。全区出院者平均住院9.0天，综合医院8.13天，中医医院8.48天，中西医结合医院5.98天，妇幼保健院4.49天，专科医院2.48天，社区卫生服务中心8.01天，镇（中心）卫生院14.44天。全区平均死亡率0.27%，其中综合医院0.48%，中医医院0.18%，社区卫生服务中心（站）0.08%，卫生院0%。

【医药费用控制情况】 2021年，全系统药品占医药收入的比例为34.07%，同比减少1.97个百分点。每门诊人次费用217.29元，同比增长2.1%，其中：区直医院增长4.24%，基层医疗卫生机构下降0.24%。全区出院者平均医药费用6634.89元，比2020年增加6.96%，其中：区直医院增长5.47%，基层医疗卫生机构下降5.81%。

【健康扶贫】 2021年6月，铜梁区人民医院、中医院、妇幼保健院选派9名医务人员，分别到巫山县人民医院、中医院、妇幼保健院和官阳镇中心卫生院开展为期1年的对口协同工作。同时为巫山县培训医务人员21名。持续做好大病救治工作，区人民医院和区中医院为铜梁区大病救治定点医院。大病专项救治范围有33个病种；加强救治质量和安全管理，严格执行“先诊疗后付费”“一站式结算”，按照“发现一例、救治一例”原则做好大病救治工作。大病集中救治率达100%。先诊疗后付费18887人，兑现扶贫资金425.76万元。持续做好对口援藏工作，持续加大援藏工作力度，选派1名专业技术好、政治思想觉悟高的干部到芒康县藏医院对口援藏6个月。

【特色专科】 区人民医院。市级临床重点专科4个：泌尿外科、肿瘤内科、临床护理、神经内科；市级临床特色专科4个：泌尿外科、呼吸内科、肝胆胸外科、神经内科；市级区域医学临床重点学科2个：呼吸病学、重症医学。

区中医院。国家三级甲等中医医院，其中国家中医药管理局“十五”“十一五”“十二五”中医重点专科1个：骨伤科；国家级中医特色专科2个：心脑血管科、疼痛针灸科；市级中医重点专科3个：心血管病科、脑病科、康复科；市级中医特色专科2个：疼痛科、肛肠科；市级中医重点学科2个：中医骨伤学、中医心病学（新增）。

区妇幼保健院。有市级妇幼保健重点专科2个，即妇女常见病防治专科、计划生育科（新增）。

【供血用血及器官捐献】 2021年1月至12月，共有7628人次参加自愿无偿献血（含血小板），献血总量：全血为2343500ml，机采血小板49个治疗量，全区医疗临床用红细胞9044.5u，临床用血浆7945.5u，冷沉淀1862u，机采血小板80u（从血液中心外调入的41u在内），实现了临床用血100%来自自愿无偿献血。全年开展器官捐献专项宣传3场次，招募器官捐献志愿者5人、遗体捐献志愿者8人。配合市红会对器官捐献志愿者进行捐献实施，对器官捐献者困难家庭开展帮扶救助。

【疾病构成】 主要收集来源于城市医院住院病人主要病种分析，包括区人民医院和区中医医院。

区人民医院2021年全院前十位疾病排名统计

序号	疾病编码	疾病名称	人数	总人数	比例
1	J44.100	慢性阻塞性肺病伴有急性加重	1303	47126	2.76%
2	Z51.102	手术后恶性肿瘤化学治疗	1099	47126	2.33%
3	I63.300	大脑动脉血栓形成引起的脑梗死	979	47126	2.08%
4	G45.004	后循环缺血	912	47126	1.94%
5	J18.000	支气管肺炎	855	47126	1.81%
6	Z51.103	恶性肿瘤维持性化学治疗	750	47126	1.59%
7	J96.900x003	Ⅱ型呼吸衰竭	745	47126	1.58%
8	I25.103	冠状动脉粥样硬化性心脏病	717	47126	1.52%
9	J06.900	急性上呼吸道感染	684	47126	1.45%
10	I84.201	混合痔	634	47126	1.35%

区中医院2021全院前十位疾病排名统计

序号	ICD编码	疾病名称	疾病数	占比%
1	M51.202	腰椎间盘突出	1297	4.39
2	J44.100	慢性阻塞性肺病伴有急性加重	1129	3.82
3	I84.201	混合痔	1026	3.47
4	M47.802	混合型颈椎病	880	2.98
5	G45.004	后循环缺血	880	2.98
6	I25.103	冠状动脉粥样硬化性心脏病	631	2.14
7	Z47.001	取除骨折内固定装置	622	2.1
8	J20.900	急性支气管炎	437	1.48
9	I63.900	脑梗死	374	1.27
10	J98.414	肺部感染	304	1.03

妇幼保健

【孕产妇保健】 2021年全区活产数为3585人，孕产妇保健覆盖率达到98.63%，早孕建册率为94.32%，产后访视率为93.84%，全年无孕产妇死亡，孕产妇系统管理率为92.33%。7岁以下儿童保健覆盖率为90.92%，3岁以下儿童系统管理率为90.70%，新生儿产后访视率为94.59%，5岁以下儿童死亡率为4.18‰，婴儿死亡率为2.79‰，出生缺陷发生率7.59‰。全年免费发放叶酸妇女3684名，育龄妇女叶酸服药率达90%。对3744名孕产妇进行免费艾滋病、梅毒和乙肝筛查，为248名儿童免费接种乙肝免疫球蛋白，免费治疗13名梅毒孕产妇，随访艾滋病产妇及儿童、梅毒孕妇所生儿童共计104人次，全年无艾滋病、梅毒、乙肝母婴传播发生。

【两癌检查】 全区28个镇街卫生院开展妇女“两癌”检查任务，完成宫颈癌筛查13202人，任务完成率为101.55%；完成乳腺癌筛查12213人，任务完成率为101.18%。共查出宫颈癌低级别病变31例，癌前病变47例，确诊宫颈浸润癌2例、微小浸润癌1例，宫颈癌及癌前病变检出率378.73/10万，早诊率96.00%；乳腺浸润导管癌13例，浸润性小叶癌1例，原位导管癌1例，乳腺癌检出率122.82/10万；乳腺癌早期诊断人数11例，早期乳腺癌检出比例73.33%；乳腺癌及癌前病变随访率100%，治疗率100%。阳性妇女均进行了治疗和随访。

【孕前健康检查】 开展免费孕前优生健康检查3050人，目标人群覆盖率为97.26%，早孕随访率、妊娠结局随访率均为100%。开展免费基本避孕手术服务，基本避孕手术服务率达39.9%，服务对象满意度达90%。全年免费药具发放人数为21918人，公立医院和基层医疗机构免费药具发放覆盖率100%。在全区所有接产医院开展了新生儿“苯丙酮尿症”“甲状腺功能低下”“葡萄糖—6磷酸脱氢酶”和“17α羟孕酮”筛查，全区助产机构分娩新生儿3585人，新生儿疾病筛查3541人，筛查率为98.77%，新生儿听力筛查3519人，筛查率98.16%。

卫生法治与监督

【卫生法治建设】 贯彻落实“八五”普法规划，制定《2021年卫生系统法治政府建设及普法依法治理工作方案》。严格依法履职，推进法治工作规范化，聘请专业律师担任法律顾问，对重大决策法律事项开展审核，做好规范性文件的制定和清理，2021年清理规范性文件2份，废止1份，保留1份。2021年办理的218件行政处罚案件无重大疏漏或严重错误发生。积极推进行政审批标准化建设，梳理办事流程，压缩行政许可事项办理时限，压缩比例达88.52%以上，办理卫生健康行政许可事项2643件，办结率为100%。强化法治培训宣传，开展执法体系专题、示范警示、依法执业、院感防控等培训，提升医疗机构法律意识。利用重要节假日时间点宣传，印发卫生健康相关法律法规宣传资料2.6万余份，受教育群众达10万余人。

【“双随机”监督抽检】 国家下达铜梁区8个专业309家“双随机”监督抽查任务，市下达铜梁区生活饮用水17家“双随机”监督抽查任务，完成率、完结率均为100%。共查处案件34件，罚款4.64万元。8个专业“双随机”监督抽查结果均在区政府官方网络完成公示。国家下达医疗卫生铜梁区监督抽检任务44家，全面完成监督抽检任务，查处案件3件，罚款3.1万元，没收违法所得5200元。国家下达放射卫生监督抽检任务8家，全面完成监督抽检任务，查处案件1件，给予警告行政处罚。国家下达传染病防治铜梁区监督抽检任务47家，全面完成督查抽检任务，查处案件8件，罚款3000元。国家下达区妇幼健康监督抽检任务12家，全面完成监督抽检任务。12家妇幼健康机构运行正常，均未发现违法问题。国家下达铜梁区公共场所卫生监督抽检任务166家，全面完成监督抽检任务。查处案件17件，罚款1.14万元。饮用水卫生监督抽检。国家、市卫生健康委下达铜梁区监督抽检任务27家，全面全成监督抽检任务。下达卫生监督意见书27份，查处案件1件，罚款1000元，并对2020年引水卫生监督抽查中收到行政处罚的3个单位的整改情况开展“回头看”。国家下达铜梁区学校卫生监督抽检任务21家，全面完成监督抽检任务。下达卫生监督意见书21份，查处案件2件，均给予警告行政处罚。

【专项监督抽查】 卫生监督“蓝盾”专项行动。一是打击非法医疗美容服务专项整治，开展“你点名，我监督”异地交叉执法，检查沙坪坝区医疗美容单位3家，并将检查中发现的问题线索移交给当地执法部门。检查当地美容机构3家，生活美容机构8家，下达卫生监督意见书3份，查处案件8件，罚款3.3万元，没收非法所得2040元。二是打击非法应用人类辅助生殖技术专项整治。检查辖区内医疗机构12家，未发现较大违规行为。三是抗(抑)菌制剂专项检查。抽查抗(抑)菌制剂经营单位21家，产品44件，查处案件1件，罚款3500元。四是学校、托幼机构、校外培训机构采光照明随机抽查。抽查机构13家，下达卫生监督意见书13份。五是医疗机构依法执业专项监督检查。检查医疗机构41家，查处案件10件，罚款8.1万元，没收非法所得5200元。六是新冠疫苗接种专项检查。检查接种单位(点)36个，对发现的问题均下达卫生监督意见书。七是集中供水单位专项监督检查。检查集中式供水单位74家，下达卫生监督意见书61份。八是学校及托幼机构卫生专项监督检查。对全区254所大中小学校、托幼机构的传染病防控，5所高中考点及考生宿舍和考点周边的7家住宿场所，169家托幼机构卫生进行监督检查，下达卫生监督意见书234份。九是用人单位职业健康监护专项监督检查。检查企业40家，下达卫生监督意见书6份，查处案件6件，均给予警告行政处罚。

公共场所通风卫生专项监督检查。检查公共参场所经营单位290家，其中28家采用集中空调通风系统，其余262家为自然通风或机械通风，下达卫生监督意见书6份。

冬春季重点场所疫情防控专项监督检查。检查医疗机构22家，下达卫生监督意见书21份，并责令立即整改。

冬春季重点公共重点场所疫情防控专项监督检查。检查重点公共场所经营单位205家，下达卫生监督意见书61份，提出整改意见70条，均在整改时限内完成整改。

学校(托幼机构)冬春季疫情防控专项监督检查。检查学校和托幼机构253所，下达卫生监督意见书79份，确保学校疫情防控安全无漏洞。

未办理卫生许可证农饮工程专项监督检查。检查未办理农村饮用水的农饮工程30家，下达卫生监督意见书30份。

不合理医疗检查专项整治。联合区医保局、区市场监管局，对违法违规开展不合理医疗检查行为进行检查，检查医疗机构41家，督促整改问题，并将督查结果纳入医疗机构不良执业行为记分管理或不合理用药记分管理。同合川区开展交叉检查，检查医疗机构6家，发现违规行为6起，均移交当地执法部门。

医疗机构医疗废物专项整治。监督检查各类医疗机构334家，查处案件9件，罚款3000元。

药品零售企业中医坐堂医集中整治。联合

区市市场监管局监督检查辖区药品零售企业12家，未发现违法违规行为。

【日常监督检查】 非法行医监督检查。立案查处非法行医案件4件，罚款15.064万元。

餐饮具监督检查。完成餐饮具集中消毒单位、消毒产生企业监督检查和抽检，抽检样品合格率为100%。

医疗机构放射卫生监督检查。完成医疗机构放射卫生监督检查。查处案件4件，罚款1万元。

饮用水春节前监督检查。完成生活饮用水监督检查，查处案件5件，罚款5000元，确保春节期间饮用水卫生安全。

完成学校饮用水、集中式供水及二次供水单位监督检查。下达卫生监督意见书21份，督促所有水质不合格的学校在规定实现内提交了水质检查合格的报告。

集中式供水单位、二次供水单位监督检查。完成集中供水单位、二次供水单位监督检查，下达卫生监督意见书51份。

校园周边公共场所环境整治。完成春期校园周边公共场所环境整治和“文明在行动、满意在铜梁”庆祝建党100周年安全稳定专项暗访活动，下达卫生监督意见书39份。对校园周边43家公共场所经营单位开展了环境整治，下达卫生监督意见书28份。

【职业安全健康监督管理】 落实职业病防治主体责任。一是强化政府主导，充分发挥领导小组作用，制定工作要点，明确责任目标，推动各项任务落实到位。二是落实用人单位主体责任，组织用人单位主要负责人、职业健康管理人员582人开展线上培训。

切实加强职业病源头管控。一是严格源头防范。摸清新、改、扩建项目底数，开展“三同时”专项监督检查。二是巩固粉尘危害专项治理工作成效。开展粉尘危害专项治理“回头看”，实施分类指导，精准施策。

推进实施职业健康保护行动。一是制定实施方案，明确责任目标，细化职责，推动各项任务落实到位。二是建成健康企业2家，评选职业健康达人1人，三是利用职业病防治法宣传周，推进职业健康知识进企业、进农村、进社区、进家庭。

强化职业健康事中事后监管。按照年度监督检查计划结合“蓝盾行动”开展监督检查，对违反《职业病防治法》的重庆精博佳机电有限公司、重庆鑫科高制冷配件有限公司各罚款5万元。

提升职业病防治技术支撑。区疾控中心单设职业卫生放射卫生科，通过资质延续，检测能力增加67项；放射设备性能和防护检测66项参数通过计量认证。争取专项经费共约3000万元采购置采样、检测设备。全面完成中央转移支付地方职业防治项目。

协调职业病患者救治救助。持续加强工伤保险扩面专项行动，全区购买工伤保险11.8万人。建成蒲吕街道、福果镇尘肺病康复站。制定康复实施方案，统筹安排患者免费康复，累计康复1407人次，积极争取资金20万元，用于尘肺病人救治救助。

加强医疗机构放射卫生监管。组织放射工作人员179人开展放射卫生线上培训。开展放射诊疗机构放射防护专项治理，对全区48家机构开展全覆盖监督检查，二级以上医疗机构职业病危害申报率100%。

医学人才教育科研与合作交流

【概况】 2021年，协商选调紧缺岗位人才6名（含正高级职称1名），考核招聘硕士研究生15

名、基层紧缺专业人才6名，公开招聘卫生事业单位人员93名，定向招聘订单定向免费医学生3名、三支一扶服务期满人员9名。为区疾控中心核增编制至111名、补充工作人员28人。入选重庆市第二批区县医疗卫生学术技术带头人6人、区域医学头雁人才3人、优秀基层卫生专业技术人才5人；联合区人力社保局在全区卫生健康系统遴选铜梁区名中医8名。选派147名医疗骨干到国家、市、区级医疗卫生机构进修学习；开展各项业务培训49期次，培训医务人员6296人次。区人民医院、区中医院创建博士后工作站，区人民医院精准医学中心正式挂牌；区中医院成为“石筱山伤科学术联盟成员单位”，骨伤科二病区主任中医师郭云受聘为联盟常务委员，心病科申报为重庆市中医药重点学科；区妇幼保健院计划生育专科申报2022年度重庆市妇幼保健重点专科建设项目；实施2021年铜梁区特色科室建设项目12个。区人民医院继续实施“英才培养计划”，选拔8名学科带头人、青年骨干进行重点培养，继续培养在读博士3名、培养在职硕士研究生25人，10名专家申报重庆医科大学硕士生导师；区中医院持续推进“千人计划——第三批重庆市中医药师带徒项目”继承带教工作；稳步推进名医传承工作，强化名医工作室项目工作；继续落实国家中医药相关项目培养对象郭云、周渭、周海波、杨波培训任务。2021年，区人民医院心内介入手术上新台阶，双重血浆分子吸附技术得到突破；区中医院ERCP技术（经内镜逆行性胰胆管造影术）、内镜下黏膜剥离术等技术实现零的突破。深化项目合作，推进人才建设。在与遂宁、资阳、简阳三市卫生健康部门签署卫生健康一体化发展的基础上，推动区直医疗机构与三地相关医疗机构进行实地深入交流，在学科建设、人才培养、检验结果互认等方面形成合作，分别与三地相应单位签署合作协议，就远程医疗协作、医学学科共建等方面开展深入合作，明确从事疾病诊断、治疗的43项医学检验、66项放射检查结果互认。对口协同巫山县医疗卫生事业发展，在技术帮带、人员培训、学科建设等多层次与巫山县开展人才交流合作。于2021年6月分别由3家公立医院选派9名医疗骨干对口支援巫山县人民医院、中医院、保健院和官阳镇中心卫生院，为期1年。通过举办专题讲座、开展临床专业技术培训在加强学科建设和人才培养等方面加强协同培训。

爱国卫生

【概况】 开展第33个爱卫月活动。发动群众6万余人次参与治理，整治500余个老旧小区，整治农贸市场18个，治理卫生死角1500余处，清运垃圾2000余吨。整治建筑工地140余个，拆除破损和违规设置户外广告243块，修整城区乔、灌木及草坪10余万平方米；定期开展病媒生物防治。统一组织灭鼠活动，整治全面清除“四害”孳生地5679处。安装毒饵站5000多个，补投放毒饵500多千克；开展卫生创建工作。2021年创建市级卫生镇2个。新创建市级卫生单位1个，市级卫生村2个，区级卫生单位5个，区级健康村34个，无烟家庭2055户；开展巩固国家卫生区工作。2021年铜梁区国家卫生区复审暗访成效明显，得分813.2分，顺利通过复审；开展人居环境整治工作。2021年，铜梁区卫生健康委被评为重庆市农村人居环境整治三年行动成效明显单位；推进无烟党政机关创建。2021年全区新创建无烟单位35家，累计创建无烟单位96家（党政机关89家，事业单位7家），无烟党政机关创建覆盖率达94.6%。

人口与生育

【常住人口】 铜梁区期末总人口为67.46万人，育龄妇女13.28万人，已婚育龄妇女9.8万人。人口出生（含往年补报）3647人，出生率为5.41‰，死亡6019人，死亡率为8.90‰，自然增长-2372人，自然增长率为-3.35‰。出生人口中，政策内生育3588人，符合政策生育率为98.4%；一孩1860人，一孩率为51.0%，二孩1501人，二孩率为41.1%，三孩258人，三孩率为7.1%，多孩28人，多孩率为0.8%；男孩1931人，女孩1716人，出生婴儿性别比为112.5。

【户籍人口】 铜梁区期末总人口为84.35万人，育龄妇女17.12万人，已婚育龄妇女12.53万人。人口出生（含往年补报）4693人，出生率为5.56‰，死亡人口6392人，死亡率为7.5‰，自然增长-1699人，自然增长率为-2.00‰。出生人口中，政策内生育4622人，符合政策生育率为98.5%；一孩2437人，一孩率为51.9%，二孩1907人，二孩率为40.6%，三孩307人，三孩率为6.5%，多孩42人，多孩率为0.8%；出生男孩2431人，出生女孩2262人，出生人口性别比为107.5。（注：以上期末总人口和户籍人口数据统计口径为《重庆市计划生育信息统计工作规范（2017版）》，数据来源于重庆市人口家庭信息系统监测数据）

【奖励扶助】 全面贯彻落实法律法规和上级制定的奖励优惠政策。2021年新增奖励扶助对象1372名、特别扶助对象147名，累计奖励扶助享受对象30974名、特别扶助享受对象1885名。奖扶发放资金37610160元、特扶发放资金17769420元。

（陈静 供稿）

计生协会

【概况】 2021年末全区有28个镇（街道）计生协会、333个村（居）计生协，建有361个会员之家和3703个协会小组，有会员58893人，其中骨干会员4129名，有各级计生协志愿者7422人。

【生育政策宣传】 在元旦春节、全国防灾减灾日、世界家庭医生日等重大节日、纪念日期间开展广泛深入的主题宣传服务活动，通过街头宣传、文艺演出、义诊义检等形式宣传国家生育政策、社会主义核心价值观、健康知识、婚育新风尚。

【计生家庭“暖心行动”】 落实走访慰问、志愿服务、保险保障及联系人制度，推动计生家庭帮扶工作常态化、制度化、规范化。投入保费81.53万元、为2079名计生特殊家庭父母购买住院护理保险，全年累计有1375人次获得赔付135.84万元，赔付率达166.62%；调整重组“3+X”联系人队伍，年底，全区1404户计生特殊家庭有镇街领导、村（居）干部等帮扶“双岗”联系人589名，落实家庭签约医生242名、志愿者895名为特约联系人，新制作及换发联系知情卡630张；全年为71户独生子女死亡家庭、28户独生子女伤残家庭、252户困难计生家庭发放生育关怀金99.5万元。

【家庭健康行动】 开展主题为“舌尖健康 杜绝浪费 美丽庭院”的家庭健康主题推进系列活动。通过普及家庭健康知识、改善健康家居环境、崇尚健康生活方式，有效引导全区广大家庭树立健康生活理念，养成健康生活习惯。举办健康知识培训、讲座6期；为2名先天性心脏病患儿免费实施救助；对全区32位65岁及以上老年人开展健康调查；开展“家庭健康优秀案例征集”活动，共收到健康家庭案例34个，择优推荐到市计生协2个；为520名新生儿开展地中海贫血相关基因检测，为420例新生儿开展食物类特异性抗体水平检测，为350例新生儿开展血常规、血碱性磷酸酶检测；组织发动会员群众参加

“健康家庭点亮幸福”微博话题互动和收看2021中国家庭健康大会。

（吴青 供稿）

重点医院

【区人民医院】 2021年区人民医院紧抓重点，推动医院建设提质增效。以依法执业为前提，以三甲创建为契机，不断建章立制、规范管理、优化服务、提升技术水平，提升服务能力。注重提升服务能力和服务水平。积极推行DRGs管理和付费制度改革，大力推进服务能力提升工程建设，注重提升综合实力。统筹兼顾，推动医院协调发展。致力于医院规范化建设，提升管理水平和效率，加强协作交流和医联体建设以及教学培训工作，做好公共卫生和慢病管理等工作。全年实现总收入76233.89万元，同比下降9.50%；总支出82199.94万元，同比下降0.41%；收支结余5232.24万元，同比下降24.56%。

（区人民医院 供稿）

【区中医院】 2021年进一步健全医疗质量管理组织架构，严格执行18项医疗核心制度。创建国家中医特色重点医院，通过市卫健委中医住院医师规范化培训基地评估，成为重庆中医药学院附属医院。稳步推进重点专科建设。心病科申报成为重庆市中医药重点学科，治未病科申报成为铜梁区特色科室建设单位。整体迁建及外科大楼建设项目土建工程已完成主体结构封顶，加快推进装饰工程，稳步推进其他配套工程。

（区中医院 供稿）

【妇女儿童医院】 一是加强医疗质量管理。建立院科两级质量与安全管理控制体系，加强医疗质量监管，规范医疗技术准入。健全护理组织管理架构、院科两级管理体系，严格护理质量管理。成立院内疫情防控指挥部，加强预检分诊、发热诊室、医疗废物管理，开展全员培训与考核，不断提高医务人员防控能力。二是通过等级医院周期性评审。成立等级医院周期性评审工作领导小组，组建内审员队伍，建立院级、部门、科室三级体系工作机制，全面推进医疗质量管理与创建工作，修订完善制度职责，顺利通过二级甲等妇幼保健院周期性评审。三是落实惠民利民政策。继续落实健康帮扶工作，全年实行“先诊疗后付费”住院病人71人。认真开展对口帮扶，2021年共派出2名医务人员到巫山县开展对口帮扶，参与管理住院患者、举办培训讲座、开展健康教育宣传活动等。此外，继续落实医改便民措施，实施“出生一件事”一站式联办，建立24小时“愿检尽检”核酸采样检测服务点。四是提升专科服务能力。开设“不孕不育”专科技术项目，推进医院不孕不育专科高质量发展。合并中医、产后康复诊疗业务，增强中医康复医疗服务能力。组建区内妇幼保健专科联盟，更好地实现分级诊疗优化和优质医疗资源下沉。此外，2021年计划生育专科申报为重庆市妇幼保健重点专科及铜梁区特色专科，成功申报市级科研项目1个、打造区级“名医工作室”1个、推广卫生适宜技术1项。

（区妇幼保健院 供稿）

社会生活

区划事务

【概况】 地名普查。区民政局开展地名文化保护工作,建立全区地名文化保护名录,甄选安居古镇、林森公馆、邱少云故居等6条地名信息作为全市地名文化保护名录内容;在老旧小区改造中坚持只改环境不改名,最大程度保留老街巷、老建筑传统名字。通过会议讲解、进社区宣传等方式贯彻落实《行政区划管理条例》。

区级边界管理。全年界线、界址点无变化,界限上标志物无明显变化,界线无争议,无刑事案件发生。完成平安边界创建工作,边界平安和谐,未发生边界纠纷和信访。

(石春月 供稿)

铜梁区第七次全国人口普查

【概况】 铜梁区人民政府第七次全国人口普查办公室于2021年6月28日正式发布《重庆市铜梁区第七次全国人口普查公报》,公布2020年11月1日零时铜梁区人口的基本情况:

常住人口:685729人,与2010年第六次全国人口普查的人口600086人相比,增加85643人,增长14.27%

性别构成:常住人口中,男性342400人,占49.93%;女性343329人,占50.07%。性别比(女性为100,男性对女性的比例)为99.73。

城乡常住人口:城镇人口为423008人,占61.69%;乡村人口为262721人,占38.31%。

人民生活

【全体居民收入与消费概况】 全年全体居民人均可支配收入36533元,比上年增长8.8%。其中,工资性收入19866元,增长8.8%;经营净收入7868元,增长7.1%;财产净收入1751元,增长2.1%;转移净收入7048元,增长12.8%。全体居民人均生活消费支出22178元,增长7.8%。其中,食品烟酒支出7364元,增长7.3%;衣着支出1993元,增长8.4%;居住支出3928元,增长5.8%;生活用品及服务支出3619元,增长8.0%;交通通信支出1854元,增长6.3%;教育文化娱乐支出1715元,增长8.2%;医疗保健支出1381元,增长17.8%;其他用品及服务支出324元,增长8.7%。

【城镇居民收入与消费】 全年城镇常住居民人均可支配收入45972元,增长8.3%。其中:工资性收入27393元,增长9.1%;经营净收入8765元,增长6.2%;财产净收入2614元,增长2.1%;转移净收入7200元,增长10.2%。城镇居民人均消费支出27573元,增长7.8%。其中:食品烟酒8807元,衣着2729元,居住4799元,家庭设备用品及服务4887元,交通和通信2420元,文化教育娱乐服务2283元,医疗保健1284元,分别增长7.1%、7.2%、6.2%、8.2%、6.2%、8.6%、20.1%。

城镇居民人均生活消费支出情况

指标名称	2021年	2020年
城镇居民人均生活消费支出(元)	27573	25587
(一)食品烟酒	8807	8221
(二)衣着	2729	2545
(三)居住	4799	4519
(四)生活用品及服务	4887	4517
(五)交通通信	2420	2278
(六)教育文化娱乐	2283	2101
(七)医疗保健	1284	1069
(八)其他用品和服务	365	337

【农村居民收入与消费】 全年农村常住居民人均可支配收入23303元,增长10.3%。其中:工资性收入9315元,增长10.9%;经营净收入6612元,增长8.0%;财产净收入541元,增长5.3%;转移净收入6835元,增长12.2%。农村居民人均消费支出14617元,增长8.0%。其中:食品烟酒5341元,衣着961元,居住2708元,家庭设备用品及服务1842元,交通和通信1061元,文化教育娱乐服务921元,医疗保健1516元,分别增长7.5%、13.5%、4.7%、7.4%、6.5%、6.9%、15.3%。

农村居民人均生活消费支出情况

指标名称	2021年	2020年
农村居民人均生活消费支出(元)	14617	13529
(一)食品烟酒	5341	4966
(二)衣着	961	847
(三)居住	2708	2586
(四)生活用品及服务	1842	1715
(五)交通通信	1061	996
(六)教育文化娱乐	921	861
(七)医疗保健	1516	1315
(八)其他用品和服务	267	243

城乡居民收入比1.97:1。城镇常住居民恩格尔系数31.9%,农村常住居民恩格尔系数36.5%。

(聂倩 供稿)

社会保障

【社会保险】 2021年度社会保险参保情况。城镇企业职工基本养老保险参保14.14万人；城乡居民养老保险参保37.08万人；工伤保险参保11.64万人；机关事业单位养老保险参保1.4万人。

年度社会保险费收入。城镇企业职工基本养老保险费收入122938.45万元；城乡居民基本养老保险费收入6016.53万元；工伤保险费收入3524.73万元；机关事业单位养老保险费收入27341.54万元。

社保工作。持续推进全民参保计划，扩大参保覆盖面。通过精准分类宣传、做好新业态人员群体参保等措施，不断扩大参保覆盖面，推动全民参保计划落实，全区城乡养老保险参保率稳定在95%以上，实现“应保尽保”。

切实保障待遇支付，发挥“稳定器”作用。全年支付城镇企业职工基本养老保险待遇165987.39万元，城乡居民养老保险待遇25255.48万元，工伤保险待遇4498.83万元，机关事业养老保险待遇49403.54万元。继续做好年度退休人员养老金调整补发工作，3月底完成城乡居民基本养老保险基础养老金调整工作，惠及调待人员129363人，补发调整养老金1020万元；6月底完成城镇企业职工养老保险和机关养老保险退休人员基本养老金调整工作，惠及调待人员76432人，共计补发调整养老金4760.6万元。

助力乡村振兴，做好稳固困难群体应保尽保和退补渔民民生保障工作。加强部门沟通协调，通过分类管理、调研摸排、逐一核实、建立台账等措施，实现符合条件的人员应保尽保，普惠政策应享尽享。年内全区困难人员应参保28641人，已参保28630人，参保率99.96%；全区退捕渔民总人数345人，参保率100%。

坚持服务经济发展，积极落实企业减负政策。做好小微、困难企业减负工作，年内全区累计减负2.49亿元，降低了参保单位运营成本，帮助小微、困难企业轻装上阵。

推进社会化管理服务工作，实现老有所养、老有所乐。做好本区国有企业退休人员常态化移交工作，年内新增常态化移交国企退休人员19人。会同区老体协组织开展2021年企业退休职工广场舞大赛。

落实公共服务川渝通办事项，实现川渝“业务通标、数据共享、系统互融”的一体化登记模式。积极推进川渝人社公共服务“跨省通办”“全程网办”“异地代收代办”等16项事项，并通过建立线上“全网通办”线下“异地可办”的公共服务共建共享协同机制，实现川渝两地养老保险关系无障碍转移和养老、工伤待遇资格认证，保证川渝两地业务实时沟通，为川渝人社公共服务事项提供便利。

打破社保卡办理屏障，做好社保卡“一卡通”建设。加强社保卡实体卡制发工作。通过线上线下互连互通，打破参保人员户籍地、参保地限制，全区29个社保卡经办网点均实现全渝通办制卡立等可取。进一步加大与金融机构合作，邮储银行、工商银行、建设银行均派遣工作人员入驻人社大厅，实现新办和补换社保卡加载的银行功能现场激活，进一步提高社保卡金融功能激活和电子社保卡的签发量，全年全区线下共办理新制卡7927张，补换社保卡21919张。

提升人社大厅管理服务水平，增强来访群众办事体验感。通过大厅叫号系统软硬件升级、LED升级改造、权限再次分配等方式，完成软硬件升级改造，打造了一站式服务大厅。设置综合服务窗口20个，增设自助服务电脑、复印机、打印机、饮水机、医药箱等便民设施，针对七十岁以上老人及残疾人增设绿色通道，办理养老保险、工伤保险以及人社相关业务，实现服务对象“全覆盖”、服务时段“全天候”；设置自助服务区引导专员，引导群众通过渝快办、重庆人社App、重庆社保微信公众号等网上平台自助办理社保业务，不断降低群众“临柜率”；统一业务经办流程，严格落实“一窗综办、全渝通办、优先网办”的经办模式，方便服务对象就近办理，实现人社32个事项“同城办”、72个事项网上办，10个关联事项“打包办”、25个高频事项“提速办”、所有事项“简便办”，常规业务平均3至5分钟之内办结。全年人社大厅日均办件500余件，月均现场受理业务及接待群众10000余人，群众评价满意度创新高。

（罗倩　供稿）

【社会福利】　老年服务体系建设。持续抓好敬老院建设。投资7882万元（其中中央资金3552万元），建成投用旧县、侣俸、高楼、庆隆4所敬老院，新增床位619张；积极争取地方专项债券6000万元，启动建设大庙、蒲吕、平滩、白羊等4所敬老院，拟新增床位740张；投入234.5万元，达标改造敬老院6所，床位570张。

落实居家养老全覆盖。全面清理国有闲置资产，选取原区妇幼保健院、街道社区闲置办公用房等多项优质物业用于社区养老服务中心建设。通过新建、扩建、国有资产划拨或租赁、内部改造等方式，投入5500万元，优化提升86个村（社区）便民服务中心，建设镇（街）养老服务中心17所，新增床位538张，全区333个村（社区）实现养老服务站全覆盖。

推广农村互助养老点。按照“1141”农村互助养老模式，整合利用闲置校舍、民房、农家大院等农村闲散资源，按照每个互助养老点2万元的建设补助标准，配置养老设施设备，建成投用农村老年人聚会交流、日间照料、文化娱乐、休闲健身的农村互助养老点348个，惠及28个镇街3万余名老人，彻底打通农村养老“最后一公里”，实现“不离乡土、不离乡邻、不离乡音、不离乡情”的互助式养老。

强化养老机构安全管理。建立健全“日自查、周检查、月督查、季普查”的综合监管体系，实施跨领域跨部门综合执法，形成养老服务综合监管合力。全年开展安全检查1946家次，排查治理安全隐患226个，下达整改指令41份，处罚1.6万元，警示约谈养老机构28家，全区52所养老机构128项基础性指标合格率达到100%。投入50万元推动试点消防物联网建设，实现远程监管消防设施运行状态，及时消除隐患。投入18万元为46家养老服务机构安装电流感应装置，消除大负荷用电隐患。疫情期间，严格落实封闭式管理，牢牢守住“零感染”底线。

留守儿童、困境儿童抚养。精准落实儿童保障政策，强化家庭履行抚养义务和监护职责的意识能力；建立孤儿基本生活保障标准自然增长机制，事实无人抚养儿童基本生活补贴制度。全年发放孤儿生活补助83.4万元、事实无人抚养儿童生活补贴88万元、孤儿和事实无人抚养儿童助学金21.6万元。开展《未成年人保护法》《预防未成年人犯罪法》宣传活动88场，惠及2万余人；为每名困境儿童挑选“爱心妈妈”，签订《困境儿童关爱承诺书》，实施“六个一”关爱活动。扎实做好流浪未成年人救助保护，做好站内照料服务，年内共救助流浪未成年人15次。

残疾人福利保障。推行精神障碍社区试点。在侣俸镇卫生院建立精神障碍社区试点阵地，健全精神障碍患者信息台账，委托第三方机构实施试点工作，为50余名精神障碍患者提供生活技能、情绪疏导、健康护理、社会融入等康复服务。

大力实施福康工程。2021年“福康工程”项目惠及困难对象7人，其中，2名残疾人获批配置假肢、3名残疾人获批轮椅、2名残疾人获批护理床等康复辅助器具。

全面提升贫困重度残疾人照护服务。全区有84名贫困残疾人入住集中供养机构。开发14个贫困残疾人照护岗位，为建档立卡贫困人口和低保对象中142名16周岁以上的一、二级重度残疾人提供社会化照护服务。

【社会救助】 社会救助综合改革。成立区级社会救助工作领导小组，不断完善三级主动发现队伍，区、镇、村三级主动发现队伍达到378支1500人。“一窗受理一网通联”平台有序运行，登记救助事项6576件，录入数据93万余条。孤儿、残疾人两项补贴实现跨镇街、跨区县、跨省市通办，其中残疾人两项补贴通过网上办事数量达到89条。建立低收入人口监测库，完善救助层级，将1202名低保边家庭人口纳入监测、救助范围。

兜底保障。巩固拓展脱贫攻坚兜底保障成果，持续抓好兜底保障工作。已脱贫人口中有25名重残重病人员按“单人保”纳入低保，有50户125人因收入增加但低于低保标准2倍执行渐退期，已脱贫户2516人纳入低保保障；开展社会救助兜底脱贫成果“回头看”，将边缘易致贫户、脱贫不稳定户、严重困难户中的342人纳入低保保障、5人纳入特困供养、3人给予临时救助。

城乡低保。一是提高最低生活保障标准。自2021年9月起，全市城市居民最低生活保障标准提高到每人每月636元，农村居民到每人每月515元。截至年底，全区共有城市低保对象2000户2747人，累计发放低保金1856.3万元；农村低保6805户11478人，累计发放低保金5954.4万元。城乡低保月人均补差分别达到542元、426元，分别达到保障标准的85.2%、82.7%。

二是扎实开展社会救助“四大行动”。“春风行动”走访摸排困难群众2.42万人；“精准行动”核查29479户60069人次，核查出疑点数据2069条，其中在册低保、特困核查20960户次37721人次；“阳光行动”规范救助流程和救助结果公开公示，每月通过“铜梁区社会救助”微信小程序、区政府网站公示救助结果，通过“一网通联”平台向申请救助当事人推送救助进程短信1.2万条；“温暖行动”上门探访困难群众，交心谈心，解决实际困难。

特困人员救助供养。自2021年9月起，特困人员供养标准由原806元/月·人提高到827元/月·人。截至年底，全区共有特困人员6387人，累计发放特困人员供养金6400.99万元；特困人员丧葬费216笔209.16万元；特困人员全护补贴247人83.73万元，特困人员半护补贴954人222.22万元，特困人员全自理补贴4664人286.07万元。

临时救助。在镇(街道)建立临时救助备用金制度，进一步落实“分级救助”“先行救助”，提高救助时效性。全年区、镇街累计救助5121户，支出临时救助资金1281.3万元，次均救助2502.1元:其中区级救助1528户、985.5万元，镇级救助3593户、295.8万元。另有13户获得市级临时救助，救助金额23.5万元。

孤儿养育。全区现有孤儿49名，基本生活保障金标准为1277元/月·人，全年累计发放孤儿基本生活补贴83.4万元；事实无人抚养儿童110名，基本生活保障金标准为1225元/月·人，全年累计发放基本生活补贴88万元。启动“福彩圆梦·孤儿助学”和“福彩圆梦·助学成长”工程，为24名孤儿和事实无人抚养儿童发放助学金21.6万元。

残疾人两项补贴。全区有4708人领取贫困残疾人生活补贴，全年累计发放补贴398.33万元；有8531人领取重度残疾人护理补贴，累计发放补贴739.15万元。残疾人两项补贴累计新增1154人，其中有9人通过“跨省通办”纳入补贴范围，核实调整864名补贴对象动态信息。

流浪乞讨人员救助。扎实开展生活无着的流浪乞讨人员救助管理服务质量大提升专项行动，全年救助生活无着的流浪乞讨人员218人次（站内救助120人次、站外救助98人次），其中精神及智力残疾29人次、六十岁以上老年人22人次、未成年人17人次、危重病人3人次、送医救治5人次、护送返乡52人次。落户安置长期滞留的18名流浪乞讨人员，实现了长期滞留受助人员“清零”目标。将全区精神障碍、智力残疾、肢体残疾、阿尔茨海默病、困境未成年人、孤寡老人、反复外出流浪等283名易流浪走失人员纳入全国流浪乞讨人员救助管理信息系统动态管理。加强滞留人员寻亲服务，推送各类寻亲信息29条，寻亲成功6例。

其他救助。发放精简退职困难老职工34人，生活救济金23.28万元；遗属9人，发放生活补助金29.63万元；拆停企业困难职工3人，发放生活补助金2.88万元；襄渝伤残民兵民工10人，发放困难补助金64.94万元；襄渝矽肺213人，发放困难补助227.37万元。实施“民政惠民济困保”第5轮投保，截至年底，累计参保2.57万人，理赔2554人次，理赔总金额293.5万元，提高了困难群众抵御风险能力。

（石春月 供稿）

【医疗保障】 医疗保险。2021年，全区参保总人数76.26万人，征收保费10.1亿元，基本医保参保率稳定在97%以上，困难人员参保全覆盖；抗击新冠肺炎疫情期间，为确保全区新冠疫苗保障工作顺利开展，区医保局足额及时结算全区接种新冠疫苗费用共计2.8亿元，为疫情防控筑起免疫屏障。住院报销9.85万人次，支付医保待遇7.9亿元，41家定点医疗机构住院费用、89家医药机构门诊就医实现跨省直接结算，异地就医备案无缝链接，“两病”门诊用药保障机制惠及患者8.02万名；生育待遇支付727人次，1762.37万元。年末，全区居民医保住院（二级及以下医疗机构）政策内报销比达67.6%，职工医保政策内报销比达78.7%，参保人员医保认可度、满意度全面提升。

基金监管。出台《铜梁区医疗保障基金监管工作联席会议制度》《铜梁区医疗保障基金社会义务监督员管理办法》等6个制度规定，建立健全较完善的监管制度机制并严格执行到位。强化市、区、部门、镇街之间的纵横联动，组成多部门联合工作组开展专项行动，接受市级片区联组交叉检查，聘请市级专家开展协查，借力监管走深走实。年内开展现场检查（含网审）定点医药机构1295家次，查处违规违约医药机构46家，追回本金并处违约金824.50万元。

医保扶贫。落实医疗保障扶贫三重制度保障全覆盖。对未脱贫贫困人口按照当年居民医保一档个人缴费标准给予全额补助；对已脱贫的原贫困人口按照当年居民医保一档个人缴费标准的70%给予定额补助。在保证贫困人口公平享受医疗保险普惠政策的基础上，落实好基本医保、大病保险“两降两升一取消”倾斜政策。将贫困人口全部纳入重特大疾病医疗救助范围，救助比例为70%。对同时符合医疗救助重点救助对象、低收入救助对象或因病致贫家庭重病患者身份的贫困人口，实施医疗救助普通疾病救助和重特大疾病救助，住院救助比例分别为重点救助对象80%、其他救助对象70%，普通疾病住院救助年封顶线分别为1.5万元、1.2万元，重特大疾病救助年封顶线为10万元、大额费用救助年封顶线为6万元，全区医保扶贫实现动态应保尽保、应助尽助。

药品招采。根据市局各批次集中带量采购计划，加强与区内医药机构的沟通联系，及时掌握获取医药机构需求情况，并逐级上报国家局集中组织谈判。根据国家局谈判下达的具体集采品规、价格和数量，积极组织与需求医院签订集采协议，由需求医院网上对接供应药企，按协议约定进行采购。严格按照市局要求，及时跟踪督促需求医院带量采购药品、耗材，使用进度和结算工作。全年集中带量采购定点医院药品2921.91万元、医用耗材336.5万元。

信息改革。争取区级财政投入32万元进行内部信息网络改造和区镇三级纵向骨干网络建设，组织开展设备系统升级改造，以骨干网络建设破冰信息系统运行难点，建成投入使用专线31条，为各镇街经办点配备专用电脑36套，实现专网专用。31个业务经办点、41家定点医院，935家定点医药机构完成信息系统迁移工作，实现医保专网全覆盖。医保电子凭证全领域使用，梯次发文安排部署。区医保局联合相关部门成立工作组，深入28个镇街分片区拉网式培训，引导带动全区各级各部门召开工作布置会、培训会、推进会120场次，开展现场宣传106场，发放宣传资料8万余份，发送短信提醒70余万条，媒体宣传报道15次。年内，全区935家定点医药机构全部开通医保电子凭证扫码支付功能，参保群众电子凭证激活量达32.3万人，占全区参保人数的42.34%。

公共服务。深入推进医保领域“放管服”改革，持续提升经办服务水平。编制完善10大项28子项政务服务事项清单，确保线上线下标准统一。优化服务事项办事指南，实行一窗受理、多方协办，做到审批环节、时间、材料、次数“4个减少”，减轻群众工作量30%以上。将医保服务事项全部纳入平台办理，线上线下集成融合，并在多个经办环节中取消了异地就医医院等级证明等7项证明材料。大力推进“互联网+医保”服务，企业、居民通过微官网、移动App等互联网手段，即可办结参保缴费、异地就医、信息查询等医保业务，让群众足不出户实现“一网通办”。全年通过“网上办”申办特病6000多人次、异地就医备案8000多人次、信息查询4万余人次。

（苏琦蕴 供稿）

【住房保障】 全年收取公廉租房租金612.89万元，涉及保障家庭2511户。年度计划完成保障对象入住公共租赁住房50户，全年共审核、审批并办理入住保障家庭297户。发放符合廉租住房保障条件尚未实物配租家庭租金补贴59户、金额8.3万余元；取消家庭条件发生变化不再符合租金补贴发放标准1户；清退家庭条件发生变化不再符合公（廉）租房保障94户；发放国家定期优抚对象家庭补助54户，金额14万元。开展本年度公共租赁住房摇号配租工作，完成公共租赁住房摇号配租247套，受益群众已全部入住。接待来访群众650余人次，回复信访来件21件。

（李旭波 供稿）

社会事务

【老龄事业】 创新养老服务机制。不断完善保障模式，推行“五助”服务机制。投入120万开展老年人助医、助餐、助洁、助浴、助乐关爱活动1.5万余次，惠及8万余人次；构建涵盖全区19万余名老年人的“智慧养老地图”大数据平台，为助急服务提供支撑；指导有条件的养老服务中心

农村互助养老点组织老人做手工。(区民政局 供图)

遴选有条件的社区或小区提供特色定制服务,创新上门助养。

助推康养产业发展。通过进一步强化土地支撑、提升财税补贴力度等政策,招商引入品牌养老企业开展连锁型、经营性养老服务,助推康养产业发展。全区52家养老机构与定点医疗机构开展多形式签约合作,为合作养老机构中的老年人提供疾病预防、疾病诊治、康复护理及安宁疗护等一体化的健康服务。

强化老年人权益保障。建立高龄老人、高龄失能老人、空巢、独居、失独等特殊困难老人台账,实行人员精细化分类管理;精准发放福利补贴,高龄津贴发放标准为90—99周岁200元/人·月,100周岁及以上400元/人·月,全年为3605人发放高龄津贴837.16万元;每季度对特殊困难老年人进行一次探访服务,全年电话探访4000余次,实地探访数1100余次。

(石春月 供稿)

【老体协工作】 **概况。**2021年,铜梁区老体协以庆祝中国共产党成立100周年为主题,精心组织安排比赛、交流、展示、培训等系列健身活动;重点组织参加重庆市第四届老运会、全力办好铜梁区第十届老运会,深入推动"健康老体协、活跃在基层"主题活动,抓好老年体育工作"六个身边"工程建设,组织创编了铜梁龙健身操舞。

铜梁区60岁以上老年人19.52万人,占总人口的22.96%。经常参加健身活动的老年人9.8万人,比上年增加3.2%,占老年人总数的51%。全区28个镇街和53个区级部门行业建立老体协分会81个,建立社区、村级工作站332个,共有会员9.12万人。区老体协全年组织比赛、展示活动11次,培训4次,与部门分会共同组织邀请赛32次;组队参加市老体协的比赛活动12次,会议、培训各1次;参加中国老体协组织的线上活动3次,培训1次;基本做到天天有活动,月月有比赛,年年有创新。

庆祝中国共产党成立100周年系列活动。一是抓好文体、科技下乡活动。5—6月,由区老干局、区老体协、区关工委、区科协主办,西河镇、高楼镇、水口镇等党委、政府承办,庆祝建党100周年文体、科技下乡活动在基层镇街、学校隆重举行。西河镇、高楼镇、区老体协夕阳红艺术团、操舞指导站、柔力球指导站、持杖健走指导站、太极拳指导站、区川剧演出队共170多名演职人员,演出了10余个节目。

二是组织开展2021年全国老年人太极拳健身推广展示大联动系列活动。5月19日上午在区人民公园,由淮远太极拳队组织100人,现场进行太极拳"八法五步"展演;由太极拳健身指导站组织50人,现场进行健身气功展演;邀请有关镇街、部门23支太极拳队现场进行太极拳展示活动。

三是深入开展"健康老体协、活跃在基层"主题活动,因地制宜、就地就近为老年人健身搭建平台,组织参与面广、小型多样、趣味性健身活动。全区28个镇街分会、53个部门分会,共计81个基层分会,加上10个直属站团,利用春节、三八妇女节等重要节日,开展登山、羽毛球、气排球、竞技麻将等形式多样的文体健身活动数百次。

四是由区人社局主办，区老体协与区社会保险事务中心共同承办铜梁区2021年企业退休职工广场舞大赛。6月30日，组织了9个歌颂党、歌颂伟大祖国、歌颂新时代的精彩大型文体节目，全区28个镇街、30支代表队、500多位老年朋友踊跃参赛。

五是3次组队共26名运动员先后分赴永川区、石柱县、万州区参加重庆市第四届运动会和重庆市第十届全民健身运动会，共12个比赛项目，展示铜梁老年队伍的健身水平和精神风貌。

六是参加中国老体协和重庆市老体协组织的活动、会议和培训。铜梁区老体协龙之韵健身操参加中国老体协“九九重阳”全国老年人健身线上展示活动获最佳展示奖；七彩太极拳队、飒爽英姿太极拳队参加中国老体协“九九重阳”全国老年人健身线上展示活动获优秀展示奖。5月，选派1人参加中国老体协在山东威海举办的持杖健走裁判员培训班；10月，派出3人参加重庆市老体协在云阳县举办的柔力球竞技教练员、裁判员培训班；7月，组织气排球男、女队参加陕西省白河县“全国气排球之乡”全国气排球邀请赛，铜梁女队获得第一名、男队获得第四名的好成绩。

组队参加重庆市第四届老年运动会。铜梁区代表团由144人组成12个代表队，参加全部12个大项25个小项的比赛。经过各领队、教练员、运动员共同努力，团结拼搏，共获得奖牌25块，其中金牌7块，银牌9块，铜牌9块。奖牌总数在参赛代表团中名列前茅。

承办铜梁区第七届“总工会杯”职工气排球联赛。10月在金龙体育馆、全民健身中心、藕塘湾灯光球场举行。共设4个组别，93支队伍约1000余人参赛。

组织实施铜梁区第十届老年人运动会。区老体协年内协调落实太极拳（剑）、健身操舞、柔力球、门球、钓鱼、健身气功、气排球7个项目的承办单位，并召开承办单位联席会；编印《重庆市铜梁区第十届老年人运动会总秩序册》《铜梁区第十届老年人运动会各单项竞赛规程》；召开铜梁区第十届老年人运动会动员大会，10月14日举行运动会开幕式和精彩的文体节目展演，陆续开展钓鱼、中国象棋、乒乓球等11个项目的比赛。

（刘建华　供稿）

【婚姻家庭】　实施“家庭和谐计划”。开展移风易俗宣传活动3场，开设婚姻家庭辅导讲座2场，发放婚事新办简办倡议书4286份，构建和谐家庭关系开展小组活动2个共8节。矛盾纠纷调解14对，治疗性个案4个。矛盾纠纷调解劝和7对，惠及受益群众500余人次，媒体报道及转载15篇次。

严格依法登记。加快推进婚姻登记“跨省通办”和“全市通办”试点落实落地。2021年共办理结婚登记4119对，离婚登记1504对，补发结婚证2046对，补发离婚证136对，登记合格率、规范率均达到100%。无涉外婚姻登记，无违法婚姻登记，实现婚姻登记“零差错”，维护婚姻当事人的合法权益。

（石春月　供稿）

家庭家教家风建设。向各级妇联干部发放《习近平关于注重家庭家教家风建设论述摘编》600余本，常态化寻找区级“最美家庭”110户，其中获评市级“最美家庭”3户、全国“最美家庭”1户，评选好婆婆、好媳妇等孝善典型50名；开展“学党史 传家风”家风故事分享，线上展播《幸福一家人》系列故事、红色家风故事等，引导广大妇女及家庭自觉传承孝善美德；走访慰问10户困难“最美家庭”、孝善典型，营造德者有得、争

“家和计划”启动仪式。(区妇联 供图)

当典型的良好环境,推动形成孝亲敬老、崇德向善的良好社会风尚。新建市级家风家教创新实践基地2个,常态化开展垃圾分类、吃得文明、家风故事分享等主题活动20余场。深化“书香润万家”家庭阅读活动,承办市妇联阅读指导活动1场,3个家庭获评市级书香家庭,选送的《永远的九岁》获得重庆市第四届家庭诵读大赛一等奖,区妇联荣获全市家庭阅读活动组织奖。深化“清风常伴 廉洁齐家”家庭助廉立德活动,印制宣传品1000份,征集廉政文化作品200余件,并分获市级一二三等奖各一个。联合相关单位开展助廉立德教育,引导党员干部筑牢拒腐防变的家庭防线,以纯正家风涵养清朗党风政风社风。区纪委、区妇联荣获全市“清风常伴·廉洁齐家”家庭助廉立德活动表现突出单位。

贯彻落实家庭教育促进法。深入学习宣传《家庭教育促进法》,印制宣传读本7000本,广泛开展《家庭教育促进法》解读等宣传活动20余场;积极争取到市妇联《家庭教育第一课》特别节目专章使用铜梁区案例,全方位宣传展示铜梁区家校社共育、助力困境儿童健康成长的工作成效。加强家教流动学校讲师团建设,组织召开讲师团工作总结会暨专题培训,评选优秀讲师10名,并邀请市级专家对讲师进行专题培训;组织讲师团骨干集中备课并深入农村开展专题讲座,全区共开展公益讲座、亲子活动等主题活动1000余场次,服务30000余人次,大力传播科学家庭教育理念和知识;组织专家团队编写《铜梁区3—6岁幼儿家庭科学育儿指南》,连续8年编写家庭教育乡土教材14本。在融媒体平台开通《家教讲坛》专栏,开展“共建原乡 劳动有我”亲子农耕实践活动、“学党史 传家风 育新人”等家庭教育日主题活动,承办市妇联百场讲座进万家活动3场,受益家庭近千个。

建立幸福家庭加油站。在全区打造基层社会治理示范点3个,探索建立“幸福家庭加油站”,开展婚姻关系、家庭教育、心理疏导讲座12场;在全区发放《婚姻家庭纠纷典型案例评析》等资料,切实增强基层妇联干部的调解家庭矛盾与社会纠纷的能力。同时联合区农委等部门开展“最美院落”“最美村居”评选活动,为200个区级“最美院落”“最美村居”奖励花草、健身器材、路灯等设施,引导全社会共建美丽家园,共享幸福美好生活。

(粟治广 供稿)

【社区建设】 **开展第十一届村(居)委会换届选举。**完成全区333个村(社区)村(居)民委员会换届选举,有关人选100%实现组织意图,所有村(社区)100%一次性选举完成,所有村(社区)均100%顺利完成书记主任“一肩挑”,圆满完成三个100%目标任务,未出现换届选举违法违规行为。换届后,对全区2459名村(社区)“两委”成员(含监督委员会主任)开展了为期3天的主题培训,提升其履职能力和基层工作水平。

推广应用“四自协同”城乡社区治理机制。新一届村(居)委会换届选举完成,指导333个村(社区)在法律框架下,充分尊重村情民意的基础上,引入“双十条”内容,严格按照五步程序修订完善村规民约(居民公约),推动村(居)民自我约束、自我管理、自我规范,促进乡风文明;引导村(居)民议事会、红白理事会、道德评议会、乡村振兴理事会等社区社会组织在新一届村(居)民委员会班子的领导下发挥作用;规范运用"一商二议三公开"三步工作法,指导村(社区)按规定开展协商议事;继续推进"阳光村务",强化村民"自主监督"。

健全完善村(居)务公开制度。印发《重庆市铜梁区城乡社区治理领导小组办公室关于印发〈重庆市铜梁区2021年村(居)务公开目录〉的通知》,对村(居)务公开内容进行了规范,同时推行"四务"(党务、政务、财务、服务)每月定期"线上+线下"公开,重大事项及时公开,确保公开事项全公开、全透明,公开对象全覆盖。

推进基层社会治理减负增效。根据"四张清单"最新内容,对28个镇街"四张清单"落实情况及"万能章"现象进行督促检查,相关证明事项本着服务群众原则按要求正常出具,用章管理规范,村(社区)运转高效顺畅。

加强基层综合服务能力建设。对28个镇街城乡社区综合服务设施建设情况进行摸底并建立台账,截至目前,全区城乡社区综合服务设施覆盖率达到85.89%。抽取蒲吕街道、南城街道、福果镇、西河镇4个镇街,组织开展乡镇政府能力建设综合评估,总结典型经验报送市民政局。开展街道服务管理创新实验,在全域持续推行"党建扎桩、治理结网"工程,切实解决群众急难愁盼问题。

(石春月　供稿)

社会行政事务管理

【社会组织管理】　**社会组织登记管理。**扎实推进社会组织党建工作,全区建有党组织的社会组织54个。将社会组织党建纳入社会组织年检重要内容,并在社会组织成立登记和日常章程核准工作中加强审查,从源头上确保社会组织管理的正确政治方向和鲜明的价值导向。不断优化社会组织登记服务,一律进驻政务服务中心综合窗口统一受理、统一办结,办结时限由法定60个工作日压缩至10个工作日,压缩比例达80%以上。全区共登记社会组织364家,其中社会团体158家,民办非企业206家。逐步规范社会组织登记档案管理,针对历年登记档案材料难以查询追溯、纸质材料老化破损等问题,通过购买服务的方式,委托专业的档案公司对档案进行专项清理,共计整理档案462卷、7830条、2.8万页,实现了历年社会组织登记档案数字化管理。

社会组织监管。在全区性行业协会商会中开展"我为企业减负担"专项行动,主动减免部分会员企业尤其是受疫情影响生存困难民营中小微企业的会费和其他收费项目,累计减少会费近20万元。平稳推进教育领域"双减"工作,配合区教委注销校外培训机构3家。开展打击非法社会组织专项行动,根据全面排查和群众举报情况,暂未发现非法社会组织线索。开展"僵尸型"社会组织专项整治行动,共排查"僵尸型"社会组织52个,并对排查出的"僵尸型"社会组织进行分类处置。

【收养登记】　严格按照相关政策规定,规范儿童收养登记工作,实施收养评估制度。全年共办理收养登记1件,解除收养登记1件,登记率、规范率均达到100%,全年无违法收养登记。

【殡葬管理】　开展殡葬服务单位安全生产检查104家次,排查安全隐患7个,全部完成整改。开展违规墓地专项整治成果巩固提升行动,推进违建墓地摸排整治工作,立案调查违规案件4件,实施行政处罚1件,完成违规行为整改288例。开展殡葬宣传月活动,出动宣传车30车次、张贴宣传海报200张、发放宣传资料1.5万余份,大力宣传殡葬法规和惠民政策,倡树厚养薄葬、节地生态安葬、文明祭扫的殡葬新风，降低老百姓丧葬负担。拨付殡葬惠民资金162例计17.78万元，办理抚恤金、遗属定补审核62例。

【公墓建设】 2021年，全区共有殡葬服务机构13家，其中经营性公墓3家，农村公益性公墓10家。总墓位有37321个。

经营性公墓有3家。桐梓园公墓，占地1.33公顷，墓位数2900个；重庆福果山生命纪念园，占地46.67公顷，墓位数11971个；计都寺普同塔，占地0.11公顷，墓位数12000个。

农村公益性公墓有10家。巴川街道接龙村公益性公墓，占地2.27公顷，墓位数1000个；巴川街道盘龙村公益性公墓，占地1.2公顷，墓位数657个；东城街道青羊公益性公墓，占地2.4公顷，墓位数310个；南城街道大坡公益性公墓，占地2公顷，墓位数1020个；蒲吕街道康济公益性公墓，占地1.22公顷，墓位数681个；土桥镇高桥村公益性公墓，占地2.67公顷，墓位数427个；安居镇七佛公益性公墓，占地2.13公顷，墓位数1100个；大庙镇东森村公益性公墓，占地2.75公顷，墓位数1654个；围龙镇田家坡公益性公墓，占地0.51公顷，墓位数500个；侣俸镇胜龙公益性公墓，占地4.13公顷，墓位数3011个。

（石春月 供稿）

【慈善事业】 慈善募捐。2021年，通过为企业捐赠搭建平台、实施乡村振兴项目、争取上级慈善机构和爱心单位捐款、支付宝网络募捐等多渠道多方式募集慈善款物，共筹募慈善款物1517万元，发放救助款物1310万元，直接帮扶6768户，惠及9823人次，为助力乡村振兴、巩固拓展脱贫攻坚成果、促进社会和谐和经济社会发展发挥积极的作用。

慈善助学。积极推进支付宝网络募捐工作，上线“为困难学生圆梦”“渝爱助学计划”2个项目，共计筹款142.73万元，资助全区困难中小学生及贫困大学新生1210人。开展为高三优困生赠送“高考营养餐”慈善公益活动，为160名优困生发放“高考营养餐”补助金6.4万元。

慈善助医。通过大病医疗救助、临时医疗救助、爱尔眼科医院救助贫困眼疾、定向助医的方式进行助医，2021年共救助274人次，金额34.12万元。联合上海荷福慈善基金会、（天津）泰达国际心血管病医院共同开展铜梁区2021年“荷福泰心”先天性心脏病患儿免费筛查活动。23名患儿参与筛查，11名患儿参与复查，2名患儿得到免费手术治疗。

慈善助力乡村振兴。开展“慈善情暖万家”活动，筹集了140余万元款物，走访慰问2429户困难家庭；接收重庆中惠芳城电子商务有限公司捐款13.47万元，用于铜梁区乡村振兴助农项目；开展“乡村振兴之点亮乡村”活动，在象山村、太康村、高楼村等5个村安装太阳能路灯452盏，资助项目资金85万元；在白羊镇水碾村实施“咸菜加工”项目，在庆隆镇同康村实施“修理”项目等。

慈善福彩。年内全区可用福利彩票公益金总额为916.38万元，其中：2021年区级留存315万元，2020年未使用完区级留存370.38万元，2021年市级204万元，2021年中央级27万元。用于敬老院升级改造、农村互助养老点建设、孤困儿童助学、社工服务等26个社会福利、社会救助及社会公益项目，全年使用福利彩票公益金553.2804万元。

（石春月 供稿）

【烈士纪念设施维修管理】 全区有烈士纪念馆1座、烈士陵园1处以及零散纪念设施11处，均落实专人管理，政府按时足额拨付管理经费。邱少云烈士纪念馆管理经费由该馆负责纳入年度预算，西泉烈士陵园年补助5万元，陈达三烈士墓年补助1万元，其余10座散葬烈士墓每年补助2000元/座。

年内加强对烈士纪念设施设备的管护，建立区退役军人事务局、区公安局、区检察院等九部门组成的英烈荣誉保护工作协调机制，投入20万元对西泉烈士陵园进行综合维修，同时完成屈纪明、李亚军等5座散葬烈士墓整修。

（余海林　供稿）

灾害事故

【气象灾害】　2月23日开始，铜梁区出现特强降温天气，平均气温由23日19.9℃下降至26日的10℃，72小时降幅达9.9℃。

3月18日开始，铜梁区出现特强降温天气，平均气温由18日20℃下降至21日的8.9℃，过程降幅达11.1℃。

10月3日开始，铜梁区出现特强降温天气，平均气温由4日的31.3℃下降至7日的17.5℃，过程降幅达12.8℃。

11月5日开始，铜梁区出现强降温天气，平均气温由5日的17.0℃下降至8日的8.8℃，过程降幅达8.2℃。

12月24日开始，铜梁区出现强降温天气，平均气温由24日的10.8℃下降至27日的3.8℃，过程降幅达7.0℃。巴岳、燃灯寺2个站最低气温低于0℃。

（罗先猛　供稿）

【洪涝灾害】　2021年辖区内出现6场区域性暴雨天气过程，是常年同期的1.4倍，是上年度同期的1.5倍。铜梁区涪江段经历了“10·5”过境洪水，最高洪水位214.97米，最大涨幅8.47米，超警戒水位0.97米。洪涝灾害造成铜梁27个镇街受灾，受灾人口4149人，转移安置49人；倒塌房屋17户36间，严重损坏房屋33户68间，一般损坏房屋129户241间；农作物受灾面积245.3公顷，成灾面积134.47公顷，绝收面积55.47公顷；直接经济损失1145.21万元，其中农业损失388.58万元，房屋及居民家庭财产损失260.38万元，工矿商贸损失10.45万元，基础设施损失480.85万元，公共服务设施损失2万元，其他损失2.95万元。

（杨正波　供稿）

5月2日20时至3日08时，铜梁区出现大到暴雨天气过程。二坪、虎峰、石鱼等镇街的16个自动站达暴雨，最大降水量为85.4mm（二坪狮子村），城区雨量36.2mm。此次暴雨造成全区9个镇街326人受灾，直接经济损失104.68万元，其中房屋及家庭财产损失56.34万元，农林牧渔业损失21.35万元，工矿商贸业损失10.45万元，基础设施损失15.9万元，其他损失0.65万元。

6月26日20时至27日09时，出现局地大暴雨天气过程。白羊、安居、少云等镇街的6个自动站达大暴雨，最大降水量为166.2mm（安居镇安居水厂），城区雨量25.9mm。6月28日20时至29日07时，受合川西南部及潼南东南部强降雨系统影响，侣俸、安居、少云等镇街的5个自动站达暴雨，最大降水量为75.0mm（安居镇玉顶）。此次灾害造成安居、白羊、高楼等7个镇街30个行政村受灾，受灾人口1197人，直接经济损失约126.18万元，其中房屋及居民家庭财产损失21.6万元，农林牧渔业损失87.58万元，基础设施损失17万元。

6月30日20时至7月1日11时，出现局地暴雨天气过程。庆隆、蒲吕、双山、虎峰、福果、永嘉镇的6个站达暴雨，最大降水量为79.1mm（虎峰镇）。此次灾害造成蒲吕、高楼、石鱼、少云、福果、平滩、庆隆、维新8个镇街受灾，受灾人口501人，直接经济损失约62.74万元，其中房屋及居民家庭财产损失10.15万元，农林牧渔业损失21.59万元，基础设施损失31万元。

7月15日20时至16日20时，出现大到暴雨天气过程。平滩、双山、西河、维新、永嘉、小林等6个镇街达大暴雨，其中最大降水量为134.6mm（双山镇双山），城区雨量70.1mm。此次灾害造成大庙、东城、高楼、侣俸、土桥、围龙、西河、永嘉、双山9个镇街25个行政村受灾，受灾人口335人，直接经济损失约170.97万元，其中房屋及居民家庭财产损失21万元，农林牧渔业损失47.62万元，基础设施损失102.15万元，其他损失0.2万元。

8月25日20时至30日08时，出现大到暴雨天气过程。东城、平滩、太平、旧县、庆隆、福果、白羊、蒲吕、侣俸、安溪、土桥、水口、围龙、虎峰、双山、安居、石鱼、二坪、南城、大庙、西河、华兴、少云、永嘉、维新等镇街的55个站均达100毫米以上，最大降水量为238.3mm（侣俸镇侣俸），城区雨量152.9mm。此次灾害造成旧县、蒲吕、维新等11个镇街17个行政村受灾，受灾人口92人。倒塌房屋9户21间，严重损坏房屋8户19间，一般损坏房屋15户19间。全区直接经济损失约96.58万元，其中房屋及财产损失约58.98万元，基础设施损失约36万元，其他损失1.6万元。

（罗先猛 供稿）

【地质灾害】 全年落实经费669.27万元，对42处地灾点实施整治，消除114户359人的地灾安全隐患；积极开展避险移民搬迁和灾后重建工程治理，避险移民搬迁涉及12处23户59人全部完成，完成灾后重建项目高楼镇涪江路塌岸工程治理。全年无地质灾害事故导致人员伤亡情况发生。

（吴桐 供稿）

【火灾】 消防火灾。2021年，全区共发生火灾463起，消防救援队伍共接处警1106起，未发生较大以上火灾事故。

（王秋宽 供稿）

森林火灾。8月3日，铜梁区西河镇西河村6社代管林地发生森林火灾，过火面积约2.03公顷，受害森林面积0.54公顷，无人员伤亡。

（陈智 供稿）

【道路交通事故】 2021年，全区发生道路交通事故6起，亡6人，与上年同比上升16.7%。

（李代易 供稿）

【生产安全事故】 全区发生生产安全事故15起、死亡15人，死亡人数占亡人控制指标的68.2%，与上年度相比，分别下降6.25%和21.05%，未发生较大以上生产安全事故。上述事故主要集中在道路交通、建设施工、工贸等行业。其中：建设施工事故4起、死亡4人，与上年同比分别下降42.8%和50%。工贸及其他事故4起、死亡4人，事故起数与上年持平，死亡人数同比下降33.3%。农林畜牧渔业发生事故1起、死亡1人。

（陈智 供稿）

2022

铜梁年鉴

镇街道

巴川街道

【概况】 巴川街道位于铜梁城区中心，辖区面积39平方千米，城区面积16平方千米，耕地面积16.82平方千米，辖11个社区5个村。总户数33707户，户籍人口91087人。街道机关年末实际在岗117人(其中行政46人、事业69人、参公2人)；有党政办、党群办等8个内设机构，另设产业培育中心、退役军人服务站等7个事业单位。2021年度获评重庆市铜梁区扫黑除恶专项斗争先进集体。

地区生产总值1004936万元，同比增长6.3%。年内第一产业增加值16927万元，同比增长6.8%。第二产业增加值223292万元，其中工业增加值47606万元，同比增长4.0%，建筑业增加值175686万元，同比增长3.6%。第三产业增加值764717万元，同比增长7.1%。固定资产投资总额226535万元，同比增长16.4%，工业投资总额7097万元，同比增长2.4%。社会消费品零售总额937324万元，同比增长25.4%。全年财政收入4773万元，同比增长22.4%。城镇居民人均可支配收入45683元，增长8.1%；农村居民人均可支配收入24464元，增长9.9%。

【经济发展】 招商引资。坚持“招大引强优链”，引进重庆蜀运来食品有限公司，总投资达4000万元，年生产加工红薯粉条5000吨、方便食品100万盒。帮助禾盛园保鲜库打造西郊片区冷链物流基地，发展深加工农业企业2家，年农

成王果业。(巴川街道 供图)

产品保鲜能力可达6万吨。实现重庆市渝西快线建设运营有限公司注册，注册资金达1亿元。

集体经济。农旅融合发展，新增农业休闲基地5个，年吸引游客10万人次，集体经济增收85万元。深化"企业+村集体+农户"利益联结模式，与科赛农业开发公司组建逍遥山庄发展休闲农业，助推禾盛园农业有限公司建立乡村振兴车间发展农产品加工业，村集体经济年增收46万元。投资160万元整治大雁村20公顷撂荒地栽植青翠李等优质果苗，带动村集体年增收15万元。全年实现新型农村集体经济收入158万元。

现代农业。加快高标准农田建设，整治八一路社区、接龙村宜机化一期农田90.27公顷，投入300万元完成宜机化二期改造86.67公顷。帮助成王果业、科赛农业等企业完成12个产业项目提质，实现禾盛园猕猴桃、富邦沃柑等农产品线上销售收入3200万元。玉皇村科创中心、成王果业专家大院投入使用，依托中国农科院、西南大学等农业专家常态化指导，成功培育龙乡1号红橘、晚秋蜜等新品种12个。

【社会发展】 民生实事。全年新装农村路灯480余盏，修建"四好农村路"2.58千米，完成西郊示范片公路建设5.3千米，硬化泥结石路16.35千米，村民小组通畅率达100%。投入800万元完成铜昌路至玉皇村城乡融合环境提升工程，新建2米宽彩色沥青混凝土道路和青石人行道4.29千米，绿化跑道两旁面积近1.36万平方米。用好用活"人居环境整治积分制"，结合"五沿"区域环境整治工作，清理生活垃圾等800余吨、枯枝藤蔓160余吨，整改柴棚圈舍、拆除违章搭建等580处，绿化道路35.8千米、栽植花草4.5万平方米。

城市提升。完成中央财政老旧小区改造项目6个小区和区建委交办的8个老旧小区改造共改造建筑面积约10万平方米，投入改造资金

宜居村庄玉皇村。（巴川街道 供图）

630万元。完成老旧小区、单体楼等“十乱”整治400余个；完成21个老旧小区管网、弱电设施改造；实施老旧小区楼栋加装电梯70余部，安装充电桩3250个。全力推动国有土地上房屋征收工作，民主路片区房屋征收完成协议签订25户，涉及房屋面积1488平方米，发放补偿款1384万余元。开展集中整治行动50余次，规范主次干道310余次，规劝游动摊贩3.4万余次，拆除违法户外广告80余处2100余平方米，清除废旧家具约1000吨、牛皮癣3.5万余处。

平安建设。持续开展大排查大整治大执法“百日行动”，全年劝导、查处违章车辆500余辆，整治临水临崖路段隐患19处，加装公路护栏512米，查处非法销售储存烟花爆竹3443件。严格落实住房安全责任制，投入100余万元对民主路居民楼修缮加固，完成20处城区危房整治，拆除违章建筑830平米，整治住房隐患256处。消防安全，全年检查生产经营单位253家次，整改隐患112个。全力消除地质灾害隐患，投入40余万完成飞凤街、马家湾等4处地质灾害隐患点整治。推进“阳光信访”，全年成功调解各类矛盾纠纷2204件，调解成功率98.9%。建成投用17个“互联网+”社会治理中心，新增雪亮工程摄像头403个，辖区盗窃案件、涉诈案件、涉诈经济损失分别同比下降38.5%、34.7%、44.9%。

环境保护。严格落实“河长制”，各级河长全年巡河671次，上报问题80个，整改率100%；强化水域治理，定期排查辖区178个排口，完成逍遥山庄3.33公顷水产养殖尾水处理，种植水生植物3000平方米，实施西郭水库、高滩河清漂4次，完成石磙滩河床清淤及两岸环境美化。做好废弃农膜回收，8个回收点全年回收农膜89吨；推进化肥农药减量行动，化肥纯量减少1.07吨、农药减量40余千克；推动有机农业发展，新增生物杀虫灯65盏，对130.67公顷经果林和蔬菜施用有机肥615吨。常态化检查15家重点企业污染防控设施，完成63家企业固定污染源排查和备案登记；城区主次干道实现全天候洒水除尘作业，有效控制扬尘；全年制止处置露天焚烧220余起，整治扬尘污染源11处。

社会保障。巩固拓展脱贫攻坚成果同乡村振兴有效衔接，制定常态化管理机制，全覆盖走访街道5000余户农户，逐一检查“两不愁三保障”及饮水情况。做好就业帮扶，动态监测脱贫户就业，年末外出务工43人，其中市外务工12人、市内区外务工7人、区内务工24人。开展基本公共卫生服务，全年完成家庭医生签约24955名，65周岁以上老年人免费体检9779人，城乡妇女免费“两癌”筛查1765人、孕优检查522例。新增城镇职工养老保险参保2440余人、居民养老保险参保600余人、职工医疗保险参保739人。完成基本医疗、养老保险缴费56351人。加强困难群众救助保障，全年新增低保37人、低保边缘家庭47户、特困供养人员8名，发放低保7064人补助资金338余万元、临时救助534人资金79.94万元。提升残疾人帮扶力度，新办理残疾证53人，实施残疾人精准康复服务73人次，办理居家托养低保残疾人员22人，配送残疾人辅具29人，节日关怀残疾人家庭86户，全年发放残疾人“两项补贴”3985人次28.71万元。

【党的建设】 概况。街道下设党委12个，党支部105个，共有党员2863名。全年新设非公支部1个，新吸收预备党员24名，恢复9名退役军人组织关系，转接党组织关系178人。

党史学习教育。全力推动党史学习教育走深走实，全年开展5次专题研讨学习、12次中心组学习、4次红色主题观影活动，邀请区委宣讲团成员、街道领导讲专题党课32场，以党支部、党小组为单位召开党史专题组织生活会102场，组建宣传小分队开展“五进”宣讲57场。开展

"我为群众办实事"实践活动，组织机关党支部、辖区机关单位党支部与村（社区）党组织结对开展"三个一"活动27次，帮助基层党组织解决问题83个；建立志愿活动台账712条，发动1.4万人次开展志愿活动，服务群众6.4万余人次。

党风廉政建设。开展党风廉政教育课13次，"以案四说"促"以案四改"警示教育活动19次，开展廉洁教育活动18次，运用监督执纪"四种形态"批评、教育、帮助和处理共23人次，不断营造风清气正、干事创业的良好政治生态。

（梁清源 供稿）

领导班子名录

党工委书记 马良媛
党工委副书记 办事处主任 蒋 涛
党工委委员 人大工委主任 赵 兵
党工委副书记 周良群
办事处副主任 冉朝玉
办事处副主任 刘兴明
办事处副主任 胡功友
党工委委员 陈 晞
党工委委员、纪工委书记 童 渝
政法委员、办事处副主任 瞿 洪
党工委委员 陈方毅
党工委委员 人武部长 办事处副主任 李卫华

各村（社区）基本情况

村（社区）	户数	户籍人口	党委（支部）书记	村（社区）主任
接龙村	1040	2698	何代碧	何代碧
玉皇村	1137	3388	柏小林	柏小林
千年村	1368	3299	傅 余	傅 余
大雁村	867	1998	张 毅	张 毅
盘龙村	702	1955	龙虎国	龙虎国
八一路社区	1262	3953	施志荣	施志荣
仙鱼社区	2238	4725	赵 燕	赵 燕
柿花社区	1358	2291	阳明煜	阳明煜
东方社区	4389	12843	杨 渝	杨 渝
东城社区	3513	9887	王安秀	王安秀
和平社区	3298	8981	叶甜甜	叶甜甜
正街社区	2825	8427	郑淮平	郑淮平
龙山社区	1893	5745	周情燕	周情燕
体育街社区	2758	7207	叶作敏	叶作敏
淮远社区	2173	6558	张 宏	张 宏
袁家社区	2886	7132	刘 洋	刘 洋

东城街道

【概况】 东城街道位于铜梁城区东北部，东邻蒲吕街道、二坪镇，南邻南城街道，西接巴川街道，北连白羊镇、水口镇。辖区面积约47平方千米，辖9个社区、7个村，144个村(居民)小组，总户数30868户，户籍人口72757人。辖区内有2所高中，1所初中，4所小学，26所幼儿园。

街道办事处机关实有107人(其中行政47人、事业60人)。设党政办、党群办等11个内设机构，7个事业单位。2021年荣获全市财政系统先进集体。

全年实现地区生产总值1873705万元，同比增长12.1%；第一产业增加值18812万元，同比增长10.2%；第二产业增加值1356746万元，其中工业增加值1110822万元，同比增长12.8%；建筑业增加值245924万元，同比增长0.9%；第三产业增加值498147万元，同比增长16.3%；完成固定资产投资970825万元；同比下降9%；工业投资452249万元，同比增长6.2%。全年实现社会消费品零售总额671403万元，同比增长25.1%。全年完成预算内财政收入16545万元。城镇居民人均可支配收支46574元，同比增速8.8%，农村居民人均可支配收入24611元，同比增长10.5%。

【经济发展】 全年新增个体工商户2279户，企业735家，新增民营企业增速达25.8%。规上企业219家，其中规上工业企业132家(含高新区)，限上商贸企业34家，规上服务业18家，资质建筑企业和房开企业35家。完成市级重点项目渝遂高速公路复线(东城段)征地39.98公顷，签订房屋拆迁协议93户。住房安置381人，拆除房屋92户，拆除面积17803平方米，已兑现征地拆迁安置补偿资金7949.76万元。

集体经济。青羊村专业合作社发展佛手、老虎姜、沃柑、辣椒等经济作物28公顷；成立姜家岩社区劳务输出公司并建设乡村振兴车间及生态停车场；成立飞凤村农业专业合作社养殖生态鱼发展农家乐。

【社会发展】 城市管理。全年受理违法建筑网上投诉案件11起，对121户违法建筑进行现场监管；累计实施拆除可燃雨棚122户，整改突出外墙防护网599个，拆除违法建筑690平方米。坚持日常保洁主次干道、背街小巷道路104条，清理牛皮癣2.2万处；保洁老旧小区226个36万余平方，清理垃圾300余吨。办结智慧城管综合管理平台案件2081件，及时率、满意率100%。建成水岸国际南区等41个城市生活垃圾分类示范小区，水岸国际南区被评为2021年“重庆市垃圾分类时尚小区”“重庆市生活垃圾分类工作成绩突出单位”，同时建成发挥党建引领创新“社区+物业”模式推进生活垃圾分类示范小区宣教中心1处。设置农村生活垃圾收集点555处，升级硬化淮远示范片建设垃圾收集点140处，清理垃圾、杂草、杂物200余吨。投资200余万元，封堵旱厕4处，安装移动公厕2组，取缔辖区内19家活禽宰杀店铺，协助劝导占道经营2700余起、拆除违章搭建59处，完成区级交办件832件，完成率100%。

平安城市建设。一是疫情防控，利用198个小喇叭、14台巡逻车、105个LED屏幕、145个小区业主群等宣传疫情警示消息，张贴疫情提示3000余张，发放宣传单6万余张；对145个物业小区开展测体温和来访登记。建成全员核酸检测点93个，126个信息采集台，全员核酸检测演练4次，印制、发放宣传资料14.2万份，累计张贴海报3000张，悬挂防疫宣传标语420幅，完成疫苗接种26万剂次(其中加强针1.9万剂)。严格排查管控累计居家隔离12613人、集中隔离939人。二是落实安全生产，深入开展道路交通、消防、烟花爆竹、油气管线等安全专项整治，累计检查工业、商贸、危化等企业159家(次)，下达整改通知书18份，整改隐患37条。三是扎实开展矛盾纠纷排查化解，累计走访、接访群众2000余人次，调解矛盾纠纷1300件，化解率达99%；排查和承接上级交办信访积案12件，化解率达100%。

美丽乡村建设。在辖区150千米的公路沿线栽植木春菊180万株、美人蕉20万株、五色梅40万株，新建畜禽圈舍、柴棚等350余个。加强青羊村1社、全二路花院村段人居环境整治示范点建设，分批对103户农户实施房屋外立面改造，完成第一批55户农房风貌改造，95户农户卫生改厕有序推进；完成青羊1社示范点山坪塘维修整治，铺设沥青道路1043米；完成全二路院落整治16个，规范柴草堆放68处，种植花苗

全二路沿途农房风貌改造。(宋玫红 摄)

20余万株、优质果树420株。建设乡村振兴泥结石路10千米。建设美丽庭院15户。流动文化服务进村活动35场次，送文化下乡70次，农村电影公益放映960场次。全年巡河444余人次，发现并整改问题37个，完成交办事项22个；开展市级示范河流创建，淮远河被评为市级最美河流。

社会保障。组织各类招聘会8场，实现城镇新增就业4003人，办理就业创业证2396个，为“6+2”重点电子智能终端企业送工83人，回引农民工返乡就业创业520人。办理“4050”人员就业登记664人，补助申请1034人，补助金额498.56万元，办理失业登记1462人，进行各类业务咨询答疑1960余人次。受理小额贷款申请60人次，贷款金额发放1100万元。发放低保金265.54万余元，临时救助279户605人，补助金额57.48万元，完成适龄妇女“两癌”筛查2970人；完成老年人健康管理体检6388人；办理生育服务证478个，再生育服务证14个，办理婚育服务证明87人，完成育龄妇女孕前优生健康检查186人；慰问计生特扶对象79户111人，补助金额23700元。

【党的建设】 概况。街道党工委有直属党组织38个，包含机关党总支1个(下设党支部3个)，村党支部7个，社区党委9个(下设党支部40个)，非公党支部21个。全年转入党员140人，转出党员54人，死亡党员28人。全年新发展党员21名，按期转正25名，共有党员2072人。

思想建设。组织集中学习30次，开展理论学习中心组学习6次，开展党史学习教育专题读书班5次。上专题党课95场，开展专题宣讲45场，参学革命遗址纪念馆等党史学习教育基地16次，组织优秀共产党员先进事迹报告会5场。庆祝建党100周年活动期间，发动党员群众积极参与设置“永远跟党走”主题心语墙16处；为240名党员颁发“光荣在党50年”纪念章，对100名优秀共产党员、优秀党务工作者，15个先进基层党组织进行表彰。2021年，获评市级先进基层党组织1个，区级先进基层党组织2个，优秀党务工作者4名，优秀党员2名。

组织建设。配合区委组织部完成11名领导干部的专项考察、1名处级干部的选拔任用、7名处级干部的职级晋升。新提任村(社区)书记2名，副书记16名，补充专干12名，新回引本土人才6名。

党风廉政建设。办理信访举报及问题线索18件，上报备案问题线索4件，立案审查1件；警示约谈5人，提醒谈话11人，通报批评2件3人。重点工作监督检查57次，做出工作提醒10次。深入16个村(社区)开展监督检查20余次，做出工作提醒3次。对区委延伸巡察村(社区)党组织反馈的3大项14个问题整改情况的监督检查，提醒谈话23人，集体约谈2次，批评教育16余人，通报批评村(社区)5个；修订完善规章制度4个，警示教育17场次，上党风廉政建设专题党课1场，受教育对象达1123人次。

(宋玫红　供稿)

领导班子名录

党工委书记　袁厚泉

办事处主任　周　高

人大工委主任　张晓霞

党工委副书记　刘　霞

纪工委书记　伍小燕

办事处副主任　张　高　何永平　雷兴伟

武装部长　熊小平

党工委委员　卢应伦　张全伦　李昌兰

各村(社区)基本情况

村(社区)	户数(户)	户籍人口(人)	中共支部(总支、党委)书记	中共支部(总支、党(支)委副书记
塔山社区	4084	12266	熊 燕	王红兰
长坡社区	3321	9401	李代菊	赵晓欢
龙城社区	3598	8877	李 霞	叶 茂
晏渡社区	2744	4612	蒋有菊	赵晓欢
玉泉社区	2096	5122	刘华伟	潘秀琼
双门社区	2335	3957	宗 娅	杨 英
金龙社区	2082	4580	陈代彬	龙 平
姜家岩社区	3476	4028	康笃位	雷 妍
全兴社区	656	1870	陈天伦	吴启友
梁祝村	1239	2865	张才容	刘学福
飞凤村	989	2919	黎永龙	康云龙
花院村	1086	3612	王科全	王科富
安全村	1398	3896	田贵红	杨元菊
水星村	882	2235	张邦中	周兴新
拦马村	495	1455	陈 荣	张婵婵
青羊村	387	1062	罗朝华	周和海

南城街道

【概况】 南城街道地处铜梁区南部，东邻东城街道，南与土桥镇连接，西接太平镇，北连巴川街道，辖区面积66.24平方千米。街道办事处驻铜梁区迎宾路3号，辖7个社区、9个村、257个村（居）民小组，总户数26622户，户籍人口74620人，辖区内有3所中学、1所小学、18所幼儿园；有区中医院南城分院和南城社区卫生服务中心2所医疗服务机构。

街道办事处设有党政办公室、经济发展、应急管理等9个内设机构和社区事务服务中心、城市提升服务中心等7个事业单位。年末在职人数97人（其中行政37人、事业60人）。

2021年实现地区生产总值891879万元，同比增长5.3%；第一产业增加值20342万元，同比增长2.9%；第二产业增加值477647万元，同比增长4.2%；工业增加值371281万元，同比增长4.2%；建筑业增加值106366万元，同比增长3.9%；第三产业增加值393889万元，同比增长6.9%；完成固定资产投资434042万元，同比增长64%；工业投资2531万元，同比下降76.8%。全年实现社会消费品零售总额326294万元，同比增长24.2%。共计完成财政收入3151.29万元，同比增长15.7%。农村居民人均可支配纯收入实现24237元，同比增长10.2%。城镇居民可支配收入实现45825元，增长7.76%。

【经济发展】 工商业发展。辖区共有工业企业121家，其中规模以上工业企业43家，总产值实现86.48亿元，同比增长24.7%。2021年新增限额以上商贸企业1家，共计46家，年内新增规模以上服务业企业2家，共计24家，年内新增限额以上商贸个体户5家，共计49家。

农业发展。全年新发展农业企业1个，培育区级龙头企业1户。累计流转土地943.28公顷，涉及土地租金1096万元，涉及农户6036户。深化农村集体经济发展“六要”途径，年内村级实现集体经济收入156.8万元，其中集体经济收入10万—50万元的村（社区）有3个、5万—10万元的村（社区）有2个、1万—5万元的村（社区）有7个、1万元以下的村（社区）1个。

农旅融合发展。黄桷门村奇彩梦园AAAA景区建设日趋完善，成功举办美食文化节、啤酒嘉年华等活动，全年总游客量突破70万人次；西郊玫瑰岛16亩玫瑰景观完成提档升级，花期日均吸引游客在1600人次以上；新建农田林网和特色经济林改造533.33公顷，实施高标准农田整治40公顷；建成规模化蔬菜种植基地133.33公顷、规模化水果种植基地80公顷，各类水果采摘园年吸引游客突破10万人次。

【社会发展】 城市品质提升。不断完善城市管理常态长效机制，加大主要干道和重点区域治理力度，规范劝导占道经营、“骑门摊”、游摊散贩等市容违章行为25000余件次，处理人行道乱停乱放800余起，整治违规、废弃、破损广告和横幅534块；持续推进老旧城区更新整治，完成3个老旧小区综合改造。大力推进垃圾分类工作，强化宣传指导并开展试点，设置垃圾分类公示栏36块，完成36个示范小区避雨亭安装建设，升级改造完成2个示范点，配置垃圾分类桶1300余组。

基础设施建设。全年新增铜安高速、市域轨道快线璧铜线2个项目，共征地96.27公顷，完成房屋拆迁225户。完成"四好农村路"建设18条、31.8千米，在建道路3条、4.96千米，对辖区内5689栋农村房屋进行安全隐患排查，发现非自建类安全隐患1处，已完成重建改造；整治23户西郊农机化农村旧房屋；新建和改造化粪池300余口，安装路灯70余盏。投入资金390余万元，实施老旧小区综合改造3个，新增小区停车位30个，打通消防车道5条，划设救援场地8处。组织开展中南路、岳阳路等辖区裸土整治11处1259平方米，修复破损路面224.09平方米；完成5所公厕室内设施改善；完善农贸市场公益设施建设，更换铸铁水篦子192张；新增更换3立方垃圾箱33台，新增硬化垃圾箱体位7个，新配置垃圾收运箱7台。

生态环境保护。持续治理大气污染，整治工地扬尘问题10处、挡获并处罚乱倾倒建渣车辆13辆，完成0.64公顷采沙场的复耕复绿；强化重污染天气洒水降尘及道路冲洗，严控露天焚烧和露天烧烤。严格落实"河长制"，各级河长共计巡河1197次，发现并整改相关问题114个。全面禁止肥水养鱼，清理养殖水体682处；对14家畜禽养殖场进行循环化改造。实施农村人居环境整治，通过院坝会、"积分制"、志愿服务活动等形式，发动激励群众积极参与，实施公共区域绿植栽植51.8万株、绿化补植3.2万株、绿植管护40余万平方米，清理各类垃圾873吨，拆除乱搭乱建构建筑物42处，拆除棚舍52个，累计评选最美庭院439个。

社会保障。全年帮助就业困难对象实现就业再就业308人，职业技能培训1950人，协助市重点电子智能企业招工230人，报批创业担保贷款139人，发放创业担保贷款184万元。严格落实低保救助政策，发放低保金346.43万余元、临时救助金79.2万元、特困供养金191.86万元；新建社区养老服务中心1个，新增农村互助养老点7个，惠及辖区老年群体11600余人。

文化惠民行动。在河东村、马滩村新建成两座"学习强国"农家书屋，免费开放街道综合文化服务中心和农家书屋，围绕"4·23"世界读书日等重大节点，开展全民阅读活动9场，受益群众1200余人次；完成流动文化进村36场，累计服务3900人次；播放惠民电影223场，累计服务19200余人次。新增原乡中央公园环湖健身步道、奇彩梦园健身步道等体育场地免费开放面积1.74平方千米。深入推进"五风浸润"工程，组织开展"我们的节日"专题活动5场，评选街道级"新乡贤、好乡亲"10名、村（社区）级"新乡贤、好乡亲"39名，获评铜梁区"新乡贤"称号1人。

【党的建设】 街道党工委下属社区党委7个，党总支2个，党支部61个，其中机关党支部3个、村党支部9个、社区党支部29个、非公党支部17个、流动党支部1个、专业合作社党支部1个、社会组织党支部1个，共有党员1866人。2021年，新发展党员17名，培养入党积极分子53名。回引本土人才6名，并纳入村后备干部队伍培养。

年内南城街道党工委坚持第一议题及时学习习近平总书记关于党史学习教育的论述，党工委理论学习中心组5次专题学习党史。党工委主要领导带头讲党课4次，领导班子成员开展"党史课"38次，累计覆盖党员干部群众1500余人；各基层党组织结合"三会一课"和主题党日等，开展集中学习活动228次。以建党100周年

南城街道学习宣传贯彻习近平总书记"七一"重要讲话精神院坝会。(党博 供图)

为主题,举办主题诵读比赛、"永远跟党走 强国伴我行"党史知识竞赛等党史学习教育系列活动,邀请区委宣讲团成员到街道举行宣讲报告会3场。街道组建16支党史宣讲小分队深入各基层党组织开展党史学习教育专题宣讲89场,覆盖辖区居民群众7200余人。开展"我为群众办实事"实践活动,通过深入基层一线调查研究、座谈会和调查问卷等方式,收集到党员干部和群众的意见建议共36条。形成实践活动重点工作台账,涵盖农村四类重点危房改造查漏补缺、农村饮水安全巩固提升等方面10个项目。建立民生实事一周一报告、一月一公示的工作机制,每月定期对10项重点民生项目推进情况在街道公开栏上进行公示。大力推行"党员先锋岗",鼓励广大党员干部积极为群众"解难题、办实事、做贡献",形成学先进、争先进、赶先进的热潮。特别是村(社区)两委换届后,公开村党组织书记竞职承诺,发挥支部书记"领头雁"效应,带头转变作风,身体力行,以上率下,激发"雁群"活力,提升服务水平和履职能力,推动实践活动见实见效。

领导班子名录

党工委书记　张晓天
党工委副书记　办事处主任　周　江
党工委委员　人大工委主任　范　川
党工委副书记　统战委员　龚川兵
办事处副主任　吴先兰
党工委委员　武装部长　办事处副主任　陈　伟
宣传委员　陈　莉
党工委委员　纪工委书记　周　英
组织委员　李　玲
办事处副主任　陈　熙
办事处副主任　周毅臻
政法委员　办事处副主任　左　鑫

各村(社区)基本情况

村(社区)	户数(户)	户籍人口(人)	党组织书记/村(居)委会主任
南城社区	3327	10937	曹邦华
南门社区	2693	7806	黄成国
桐子社区	1693	4339	蒋赐兵
岳阳社区	1915	4460	秦伟云
两路社区	1791	4682	吴文绿

续表

村(社区)	户数(户)	户籍人口(人)	党组织书记/村(居)委会主任
白龙社区	2532	6252	肖明海
团结社区	3290	8399	秦　翊
河东村	1158	3266	刘敏谷
西来村	798	2416	周英德
鱼溅村	846	3216	刘泽芳
翠英村	1380	3896	陈光云
黄桷门村	1003	2767	雷　迅
梯子村	1447	3578	陈德平
巴岳村	740	2784	余远彬
马滩村	956	3002	赵中涛
聚星村	1053	2820	龚运奎

蒲吕街道

【概况】 蒲吕街道辖区总面积66.6平方千米，林地面积2523公顷，城区建成面积8平方千米。辖10个行政村5个社区、206个村民小组、6个居民小组，年末总户数为15174户，户籍人口39752人。街道办事处机关年末在职在编94人(其中行政34人、参公6人、事业54人)。内设有党政办、经济发展办、产业培育中心等机构16个。

2021年地区生产总值实现616311万元，同比增长11%；完成第一产业增加值24264万元，同比16.3%；工业增加值514157万元，同比增长11.4%；建筑业增加值完成19204万元，同比增长3.4%；第三产业增加值完成58686万元，增8.6%；固定资产投资576866万元，同比增长28.5%，工业投资427078万元，同比增长47%；社会消费品零售总额50820万元，同比增长27.9%；财政收入5763.88万元，税收收入5544.25万元，城镇居民人均可支配收入45622元，同比增长8.6%，农村居民人均可支配收入24735元，增10.2%。

【经济发展】 工业发展。规上工业企业总量65家，发展数字经济规下企业4家，2021年工业投资427078万元，以电子信息、新型材料等为主导产业新格局基本形成。新建蒲吕商会，发展会员117人，帮助8家企业解决土地纠纷、融资贷款、办事办件等问题10件。

农业发展。全年实现集体经济收入357万元，培育农村致富带头人12名，协助重庆市铜梁区人康中药材专业合作社申报并评定为区级示范农民专业合作社。盘活“撂荒地”7公顷，实施高标准农田建设和宜机化改造400.2公顷；扩大保障粮食生产，完成粮食作物2193.4公顷、13999吨，蔬菜种植878.8公顷、27943吨。大力发展现代山地特色产业，间种芍药牡丹33.4公顷；在青山村、善心村发展樱桃、黄花梨、桃子、长叶香橙等137.4余公顷；在新联村、沙心村发展生猪养殖产业，生猪出栏量2万余头，产值达1200万元。

【特色农业】 “康济佛手”。蒲吕“康济佛手”种植历史悠久，主要品种为川佛手。根、茎、叶、花、果均可入药，有理气化痰、止呕消胀、舒肝健脾等功能，对老年人气管炎、哮喘病有明显缓解作用。在康济、人和两村种植133.4公顷，年产鲜果达3千吨，经济效益1.5亿元，建成了康济药乡千亩佛手种植示范基地。

【社会发展】 民生实事。组织各类职业技术培

“康济佛手”。(蒲吕街道 供图)

训800余人次，新增城镇就业1585人，发放小额贷款110万元，回引返乡就业490人，为重点企业送工346人；立足应保尽保，发放救助金额667万元，重点关心留守儿童48名、留守妇女22人、留守老人40人，建立蒲吕街道未成年人保护工作站；服务残疾人594人次，发放各项补贴48.137万元；新增14个养老互助点，5个市级社区养老服务站实现社会化运营。走访慰问退役军人300余人次，补助优抚对象困难家庭34户，发放金额10万元；持续巩固“两不愁三保障”，开展4次全覆盖摸排，对脱贫不稳定户实施动态监测管理，52户108人纳入低保保障、5人纳入特困、18人纳入临时救助。集中开展适龄儿童、中高职学生控辍保学专项排查行动，资助73人，发放金额12.4255万元，为3名残疾学生送教上门；135户脱贫人口实现大病保险、医疗救助、家庭医生签约全覆盖，78名脱贫人口享受特殊疾病、“两病”政策待遇；落实C、D级危房改造12户；延伸、改造农村人饮管网70.85千米，实现集中供水123户；完成消费扶贫采购金额10.5万元、“亲帮亲、邻帮邻”111.7万元。荣获区2021年度慈善工作一等奖；青山村被评为“铜梁区健康细胞建设示范单位”，康济村被评为“重庆市卫生村”。

基础设施建设与城市管理。做好独立工矿区PPP项目入驻保障。完成20.01公顷土地租地和耀庆建材评估补偿工作，有序推进项目水、气、路、讯改迁；配合轻轨璧铜线，渝遂复线、铜安高速公路的征、租地及协建工作，共交地94.01公顷，协同推进西部美谷、第二师范学校、人才公园人才公寓建设。持续完善城区公厕、道路照明、休闲憩园等设施，完成场镇雨污管网改造2千米。对标主城标准推进城市精细管理，投用高标准违停抓拍系统，新增城区停车位106个，查处乱停乱放车辆2000余车次；集中整治夜市游摊700人次、骑门摊50余个、“牛皮癣”1200处、违章广告20处；开展扬尘控制检查60余次，制止露天焚烧30余起；强化“马路办公”，发现并整改问题80余处。带动党员群众常态开展“三小”认领、“五小管护”，城区垃圾分类实现全域覆盖。

美丽乡村建设。突出“五沿”区域治理，用好用活“积分制”，评选村级“清洁文明户”近1000户；修建农村生活垃圾清运点49个，设置收集点311处，治理覆盖面达100%。建设农村卫生厕所75户，硬化泥结石路12千米。完成小安溪河、淮远河蒲吕段1700平方米浮岛绿植建设，累计巡河638次，清理垃圾110余吨。投资450万元建成康济、人和农文旅融合示范点。完成新岚路沿线路灯、景石节点打造和绿化工程，规划建设人和村康龙溪水上乐园、响水岩登山步道项目，打造康龙溪亲水主题“网红打卡地”，接待游客万余人。人和村入选2021年重庆市第三批美丽宜居乡村名单。

文化事业。规范化打造新时代文明实践所和15个村社区新时代文明实践站，持续推进街道葫芦社区“五风浸润”工程示范点建设。打造党史主题公园、党史长廊等文化阵地，增设党史学习主题宣传栏16个。利用图书阅览室、培训教室（展览厅）、多功能厅等功能室，送法律法规下乡，开展“防电信诈骗”主题教育、消防安全知识讲座、垃圾分类培训等活动17次；为辖区内文化骨干举办广场操舞、太极拳等培训活动4次，开展其他读书看报、文体活动、展览展示等活动8次；文艺团队指导村（社区）、文化团体、文化活动等12次。实施文体惠民工程，结合建党100周年送讲座培训、传统节日开展流动文化进村66场，惠民电影演出192场，配套乡村文体设施，安装健身器材18件，丰富群众文化生活。

【党的建设】 概况。街道辖区内建有直属党组织21个，机关党总支1个（党支部3个）、非公党支部5个、社区党委4个(建有8个支部)。村党支部10个,社区党支部1个。截至年底,共有党员1013名,预备党员12名,入党积极分子17名。

学习教育活动。组织中心组党史学习教育理论学习12次,开展党史学习教育理论宣讲32场。班子成员、各党组织书记讲专题党课50场,各党支部依托乡村振兴讲习所,开展集中学习300次。成立16支宣讲小分队赴村(社区)宣讲"七一"讲话精神123场,覆盖群众5000余人次。开展现场研学,组织党员干部群众观看《王良军长》等红色影片100场、覆盖4000余人次,感受革命豪情。

(李瑷芯 供稿)

领导班子名录

(11月换届前)

党工委书记　唐　健
党工委副书记　办事处主任　刘襄渝
党工委委员　人大工委主任　曾建萍
党工委副书记　王　东
党工委委员　纪工委书记　朱文有
党工委委员　办事处副主任　李　兵　童　彬
党工委委员　武装部长　办事处副主任　刘开勇
党工委委员　政法委书记　唐　林
党工委委员　陈清训　李　宣

(11月换届后)

党工委书记　唐　健
党工委副书记　办事处主任　刘襄渝
党工委委员　人大工委主任　游国建
党工委副书记　统战委员　杨　朔
党工委委员　纪工委书记　朱文有
办事处副主任　李　兵　童光利　颜　华
党工委委员　刘　丽
党工委委员　武装部长　办事处副主任　李　宣
党工委委员　陈泓志
党工委委员　邱元君

各村(社区)基本情况

村(社区)	户数	户籍人口	中共支部书记(主任)	村委(社区)副书记
葫芦社区	813	1494	胡小龙	肖廷梅
穆莲社区	1347	2794	范艳宾	杨森科
龙桥社区	1724	3897	杨永兵	吴　杭
大坪社区	1101	2727	赵大斌	秦秀娟
新市社区	130	215	蒋永亮	徐　玲
平安村	880	2385	陈朝勇	陈　信
人和村	1598	4562	陈良福	谢尚泽
沙心村	1623	4384	张开旭	陈小兵
石虎村	1042	3000	杨全忠	王　乾

续表

村(社区)	户数	户籍人口	中共支部书记(主任)	村委(社区)副书记
大塘村	1484	3978	张祖明	何益文
善心村	439	1243	郭能祥	蒲云康
新联村	911	2919	谢尚均	蒲　展
沙坝村	643	1921	任开友	熊　辉
青山村	890	2613	林述容	尹邦华
康济村	549	1620	白　桦	陈海波

旧县街道

【概况】 旧县街道位于铜梁区东北部，辖区面积80平方千米，下辖17个行政村、3个社区，296个村民小组，街道共有户数19051户，户籍人口49863人。重庆三环高速、合璧津高速贯穿辖区，境内有段家塘500吨级码头，距遂渝高速路铜梁东互通口9千米、合川动车站14千米、渝新欧铁路始发站25千米，是成渝经济区的轴心重要节点。2021年年末街道办事处实有85人，其中行政35人，事业46人，参公4名。

全年实现地区生产总值214262万元，同比增长5.8%；第一产业增加值完成41214万元，同比增长8%；第二产业增加值完成108130万元，同比增长2.5%；第三产业增加值64917万元，同比增长8.2%；财政收入完成986.68万元，税收完成911.22万元，固定资产投资投完成94683万元，其中工业固投完成26140万元；农村居民人均可支配收入24179元，同比增长10.5%。

【经济发展】 工业商贸发展。辖区内有个体经营户1365家，企业28家，其中规模以上企业6家。旧县街道以汽车动力和新型材料为主，年内引进长安离合锂电、新申锶盐扩能等高新技术企业，进一步提高服务水平，优化营商环境，全力配合茂茂科技、欣新志泉等企业完成改扩建，积极协助蓉谊商贸龙洞采矿场及时步上正轨；顺利推进占地45.34公顷的西南水泥迁建工程。

农业产业发展。全面推动主导产业做大做强，2021年度柑橘种植达到400公顷，基本形成“铜合柑橘产业带”；有45户鹌鹑养殖户，年内在祝家村新建50万羽规模鹌鹑养殖场1个，为申报国家地理标志“铜梁鹌鹑”投入34万元，免费为农户提供辣椒种苗120万株，种植辣椒40公顷，实现销售收入200余万元。推进农村“三变”改革试点，17个村全部纳入“三变改革”试点村，申报“三变改革”试点项目1个。完成宋坪村、金钟村、箭高村、丁家村高标准农田项目；完成中央农业生产发展资金支持农民合作社（家庭农场）建设项目1个、蔬菜项目1个（白果村蔬菜大棚），完成乡村振兴补助资金项目3个（檬梓村鱼场、九塘村水果基地、永清村蔬菜基地）。

【社会发展】 基础设施建设。有序推进万寿街老旧小区改造项目，完成旧县中学家属院小区综合改造项目、第六特困敬老院建设项目、十一人制足球场建设项目投用。完成区级重点项目S208段施工建设任务并投用，完成乡村振兴补短板泥结石硬化路9千米；完成农村低收入群体等重点对象危房改造7户（C级4户，D级3户），完成总投资8.3万元的四龙村电灌站维修项目和总投资21.8万元金钟村电灌站灾后重建项目；安装漏电保7750户，投运率在96.1%以上，成功创建“安全用电示范街道”；铺装天然气管网主管约50千米，村通气率100%，社通气率67%，全街道天然气总用户达3836户。

环境保护。健全农村垃圾收运处理体系；统筹推进村庄清洁行动春夏战役、“五沿”区域

旧县街道普法宣传活动。(旧县街道 供图)

环境整治，全面清除"牛皮癣"、清理陈年垃圾、整治农户院落、广泛栽花植树，助推人居环境提质增效；严格落实河长制工作职责，街道级河长巡河完成170次，村(社区)级完成河长巡河完成1393次，上报处理问题286个，办结率100%；常态化开展环保和秸秆焚烧检查，严厉打击污水偷排、直排、乱排行为，经小安溪市控"段家塘断面"监测全年稳定Ⅲ类水质。坚持"创文""巩卫"工作与疫情防控两手抓，落实保洁员45名，定期冲洗街面，全天候开展保洁、消杀工作，做到辖区132个箱体、965个垃圾桶内垃圾无停留，城区环境卫生状况明显改善。

民生服务。完成城乡居民养老保险扩面参保任务24456人，基金征收464万元。组织开展职业技能培训195人次，发放14例创业担保贷款250万元，引区外务工人员1080人。创建扶贫车间，吸纳5名脱贫人员，同时管理好23名扶贫公益性岗位，切实解决脱贫人员就近就业。全街道开展临时救助167户，救助金额达15.27万元，新增低保65户108人、特困供养人员31人，累计发放低保金462.23万元、特困供养金528.95万元，做好困难群众基本生活保障。投入资金约2700万元，总建筑面积约6300平方米的旧县檬梓敬老院投入使用，并新建市级养老服务站2个，新建互助养老点17个。

社会治理。开展"党建扎桩、治理结网"，坚持党员干部带头、党员先锋参与，实现需求在网格发现、矛盾在网格化解、环境在网格整治、安全在网格防范、服务在网格开展；对辖区企业、九小场所、道路交通等开展安全监管，完成安全隐患整改38处；实施"领导包片+驻村工作队包村+干部包社"制度，通过召开院坝会、入户走访、电话访问等方式，变群众上访为干部下访，积极解决群众合理诉求，对信访老户精准施策，成功化解2起信访重点事件，完成万鑫花园105户群众办证遗留问题的前期工作，上级交办的重点人员、重点案件全部销号，街道重点信访事项及矛盾纠纷总量大幅下降。

（唐仁能 供稿）

【党的建设】 概况。旧县街道党工委下属基层党组织45个，其中机关党总支1个、机关支部3个，社区党委2个，村（社区）支部24个，非公支部13个，社会组织支部2个，共有党员1456名，年度培养入党积极分子36人，预备党员转正10人。

党史学习教育。 全年组织领导班子开展中心组学习15次、专题读书班5期、讲专题党课17场，其中主要领导讲专题党课2场，办理民生实事21件。

基层组织建设。 持续优化农村带头人队伍，完成党组织换届选举，20个村（社区）均实现党组织书记、村（居）委会主任“一肩挑”，同时在新一届村（社区）党组织书记中开展“六个一”行动，推动其“上马就干”；创建4个“铜梁区农村基层党建示范村”，13个“规范村”，同时永兴村党群服务中心新建项目已竣工入驻；万寿社区、箭高村、宋坪村三个党群服务中心新建项目有序推进。

党风廉政建设。 全年办理群众来信来访6件，核查问题线索3条，执行党纪处分2人，组织处理14人，回访受处分党员干部7人，为全街道发展营造风清气正的政治环境。

领导班子名录

党工委书记　蒋明河
街道办事处主任　汪　龙
党工委委员　人大工委主任　汪柱彬
党工委副书记　胡　军
办事处副主任　张　冬
党工委委员　政法书记　辜明川
党工委委员　办事处副主任　张　高
党工委委员　办事处副主任　童光利
党工委委员　丁贤容
党工委委员　纪工委书记　赵宏峰
党工委委员　刘学丽
党工委委员　武装部长　办事处副主任　李　兵

各村（社区）基本情况

村（社区）	户数（户）	户籍人口（人）	中共支部书记	村（社区）主任
永兴村	1213	3220	何开文	何开文
金钟村	1239	3232	周健娟	周健娟
檬梓村	1321	3542	周在海	周在海
四龙村	1033	2681	邓永亮	邓永亮
长河村	747	2135	胡增林	胡增林
大观村	643	1679	蒋顺强	蒋顺强
石砚村	1465	4209	张　越	张　越
宋坪村	1135	2841	熊　云	熊　云

续表

村(社区)	户数(户)	户籍人口(人)	中共支部书记	村(社区)主任
箭高村	814	1974	王　涵	王　涵
丁家村	1007	2584	唐大伦	唐大伦
双星村	1043	2664	贺开华	贺开华
中峰村	935	3004	童　梅	童　梅
龙洞村	1062	3120	曾令伟	曾令伟
九塘村	868	2325	彭开华	彭开华
白果村	1075	2833	袁国胜	袁国胜
祝家村	890	2388	江贵彬	江贵彬
永清村	990	2628	姚国春	姚国春
万寿社区	519	982	唐仁能	唐仁能
金钟社区	887	1500	王恩怡	王恩怡
人和社区	165	322	周　敏	周　敏

土桥镇

【概况】 土桥镇地处铜梁南面，距城区10千米，辖区面积45.85平方千米，其中耕地面积20.8平方千米，集镇面积0.71（建）平方千米；辖区内有小学3所（土桥小学在职教师28人，在校学生202人；旧市坝小学在职教师34人，在校学生303人；新桥小学在职教师19人，在校学生125人）；铜梁区第八敬老院住有老人37人，床位100张。森林面积21.25平方千米。镇辖10个村和1个社区、156个村（居）民小组。年末居民总户数为8407户，户籍人口22528人。镇政府机关内设党政办、人大办等综合办事机构8个，农业服务中心、社会保障服务所等事业机构7个。年末机关干部在职63名，其中行政28名、事业33名、参公2名。

2021年全年完成财政收入共计1158.64万元，其中税收收入1117.1万元；地区生产总值实现94156万元，同比增长8.6%。第一产业增加值完成25958万元、增长10.2%；工业增加值完成26845万元、增长17.7%；建筑业增加值完成10107万元，增长2.7%；第三产业增加值完成31247万元，增长2.3%；固定资产投资完成71590万元，增长25.4%，其中工业投资10010万元，增长109.1%；社会消费品零售总额完成23688万元、增长31.7%；农村居民人均可支配收入23629元、增长10.9%。

【经济发展】 传统产业。工业企业15家（规上工业企业6家），其中新型建材企业8家，化工企业1家，摩配企业1家，食品企业1家，其他4家。全镇农业企业72家，农民合作社23个，其中国家级示范合作社1个。以荷和原乡为中心，发展小水果采摘体验农业种植基地133.33公顷，带动周边地区发展莲藕产业1000公顷，集中成片发展优质水稻种植120公顷，持续发展壮大以兔管家、旺龙养猪场等龙头企业为主的特色养殖业。全年粮食播种1894.33公顷，蔬菜播种1075.53公顷。2021年被评为国家农业产业强镇。

文旅产业。荷和原乡创建为国家AAA级景区，发展原乡藕寓民宿、原乡慢食农食体验等，做优小酒馆、陶器馆、龙灯彩扎基地等特色小店。通过“村集体+农户”等模式，成立重庆市铜梁区荷和原乡乡村旅游专业合作社，发展“农家乐”“民宿游”等旅游产业。举办“原乡文化旅游节”“荷文化旅游节”“彩色跑嘉年华”“荧光夜跑”，协助举办“原乡风情马拉松赛”等重大旅游文化节会和体育赛事活动30余场（次）。荷和原乡成为全市乡村振兴、市域社会治理、农村人居环境等市级现场会观摩点，土桥镇成为第一批全国乡村旅游重点镇。

集体经济。因村施策，建立“村集体+企业+农户”“村集体+农户”等模式，结合产业扶贫共发展集体经济项目20个，在新房村和高垭村坚持“231”产业发展模式，全面消除撂荒地，建设高标准农田146.67公顷。全年10个行政村均实现集体经济收入5万元以上，其中2个村达30万元，5个村达20万元。

【社会发展】 基础设施建设。一是农村公路建设。建成"四好"农村公路及产业道路4.67千米，完成乡村振兴提质路1.17千米。全镇硬化泥结石路总里程达243千米，实现全镇组组通。二是农田水利建设。建成新房村农田灌溉设施1处，修建主管道约9000米，覆盖面积约666.67公顷。实施人饮项目1个，加装农村总表107处，镇村组三级节点式管网树状布局基本形成。三是农村危旧房排查整治。共排查农村房屋6038户，通过维修加固、封堵、搬离、停用等措施，全面消除安全隐患。四是公共设施建设。改造村社区养老服务站11个，新建市级养老服务中心1个，河水村、六赢村新建学习强国农家书屋2个，新配健身器材30套，新建健身步道1.5千米，完成荷和原乡景区绿化提档升级。

社会治理。一是抓好疫情防控。组织镇村组三级干部、包村包组宣传疫情防控知识、排查重点人员并做好隔离管控以及常态化疫情防控。"点对点"接送等方式开展疫情防控、疫苗接种工作，构筑联防联控、群防群控防控体系。二是加强和改进乡村治理。深入推进"党建扎桩、治理结网"工程，常态化开展安全生产风险隐患大排查、大整治，运用"开英工作室""四步"问诊调解法调处矛盾纠纷。三是做好"五沿"区域环境整治。成立"五沿"区域环境整治工作领导小组，落实"驻村包组干部领导督查、片区保洁管理人员检查、村级管理小组自查"长效管理机制，实行"五沿"区域环境整治常态化管理。深化农村人居环境整治积分制，组织发动群众改水、改厕，实行积分与物质待遇、股份分红、政策福利等挂钩，增强群众积极性。党员干部、志愿者累计参与人数150余人、群众自行参与1000余人，开展乱象整治300余处、清理垃圾450余吨。

社会保障。一是推动稳岗就业。积极开展"把老乡留在老家"活动，协助市重点电子智能企业招工41人，高新区企业用工50人。全年开展就业技能培训323人，新增就业140人，农民工返乡就业创业485人，发放创业贷款210万元，开发公益性岗位47个。二是落实救助政策。兜底帮扶低保163户253人，全年发放低保金129.67万元，大病救助26户，发放20.3万元救助金资助重点优抚对象、特困人员、低保人员，参加惠民济困保险439人。积极组织农村妇女305人参加免费"两癌筛查"。三是培育文明乡风。免费开放农家书屋、村级文化服务中心，充分发挥文化阵地作用。倡导全民阅读，送培训辅导进村2场，送图书阅览进村14场，送法规政策科技宣传进村19次，惠及群众1.45万人。持续组织开展"新乡贤、好乡亲"推选、"清洁文明户"评选和宣传教育活动，有效地转变群众观念。年内选出镇级"新乡贤、好乡亲"10人，获评区级新乡贤1人。

【党的建设】 概况。土桥镇辖区有22个基层党组织，其中村（社区）党组织11个、流动党支部1个、社会组织党支部2个、专业合作社党支部1个、非公党支部6个、机关党支部1个，全年发展入党积极分子5名，发展预备党员13名，转正7名，截至年末全镇实有党员683名。

强化理论武装。扎实开展党史学习教育，中心组学习18场次，专题读书班15场次，领导专题授党课12场次，镇宣传团成员微宣讲23场。

夯实基层组织。投资400余万元新建高桥村、高垭村党群服务中心。召开5次党委会研究部署村（社区）"两委"换届工作，选优配强基层班子，优化村级干部队伍结构。加强"带头人、年轻人"两支队伍建设，调整2名年轻人到村支部书记岗位，回引7名本土人才到村任职。

筑牢思想防线。组建10人舆情监测队伍，建立宗教工作网格，严防非法小庙死灰复燃，切实加强意识形态阵地管控。

党风廉政建设。开展“小微腐败专项治理”等活动，坚决杜绝群众身边的小微腐败问题。加强运转经费保障与管理，督促各村(社区)规范使用组织办公经费、服务群众经费、党员活动经费。

(贺艳如 供稿)

领导班子名录

党委书记　秦　科
党委副书记　镇长　丁真兵
党委委员　人大主席　周　练
党委副书记　统战委员　邹宽田
党委委员　纪委书记　王春花
副镇长　郑　昕
政法委员　副镇长　熊传伦
党委委员　人武部长　副镇长　刘　川
组织委员　人大兼职副主席　刘小龙
宣传委员　黄　萍

各村(社区)基本情况

村(社区)	户数(户)	户籍人口(人)	村(社区)支部书记	村(社区)副书记
桃溪社区	247	440	李祖辉	夏王丽
高桥村	1539	4225	周云峰	李应红
大磨村	1097	3005	胡元刚	雷文英
六赢村	1114	2908	王定文	
黄沙村	381	774	许国黎	张　玲
河水村	792	2093	雷开桂	江春茂
庆林村	1217	3403	夏远辉	
新房村	949	2768	汪兴武	
高垭村	552	1679	龙思勇	
新田村	311	762	黄　燕	周德明
石庄村	208	471	唐青万	张光海

二坪镇

【概况】 二坪镇位于重庆市铜梁区东北部，辖区面积26.35平方千米，大部分为浅丘地形，分别与铜梁区的旧县街道、水口镇、合川区接壤，距铜梁城区7千米。二坪镇自然生态与历史人文兼具，乡村生态风光与民俗风情并存，有中国西部唯一一座桥头牌坊（河滩寺众志桥牌坊），古建筑罗氏祠堂和古寺庙河滩寺；每年4—10月有淮远河和小安溪汇流形成的万马奔腾“老虎口瀑布”，是辖区内最具有代表性的景观之一。二坪镇属于典型农业镇，主要物产有水稻、玉米、红苕、小麦、蔬菜，以及澳洲油茶树、柠檬、枇杷、粉葛、使君子等特产，辖区内有西南地区最大的澳洲茶树示范基地、千亩蔬菜种苗基地。

二坪镇集镇面积0.6平方千米。辖区有6个村，1个社区，108个村民小组，总户数5447户，户籍人口13423人。辖区内有小学、幼儿园共2所，在职教师共28人，在校学生277人，其中幼儿园57人；适龄儿童入学率100%，镇内文化服务站1个；中心卫生院1所，卫生人员17名，床位20张；村级卫生室10个。镇机关内设党政办、人大办等行政机构10个，镇属社保所、农业服务中心等7个事业机构。年末实际在编在岗57人（行政23人、事业32人、参公2人）。

2021年内实现地区生产总值49400万元，同期增长9.8%，第一产业增加值14472万元，同期增长12.4%，工业增加值7810万元，同期增长10.8%，建筑业增加值8446万元，同期增长9%，第三产业增加值18671万元，同期增长7.6%，固定资产投资63498万元，同期增长16.4%，其中工业投资3008万元，同比下降74.9%，社会消费品零售总额10509万元，增速20%，实现财政收入460万元，农民人均可支配收入达到22577元，同比增长10%。

【经济发展】 重点项目。坚持农旅融合发展，依托“老虎口”自然景观生态资源，不断推进美丽乡村建设。2021年乡村振兴示范片深入开展农村风貌改造提升，对小安溪“老虎口瀑布”河段自然景观道路沿线及二全路沿线135户农村旧房开展整治提升，通过整治庭院、墙面、屋顶、门窗等，着力完善村居环境和居住功能，提升农村整体风貌，推动乡村“颜值”提升。年内有近郊数万人前来观光，仅停车场一项村社年收入即达6000多元。

农业发展。一是依托澳洲茶树基地和昊峰蔬菜种苗产业基地，大力引导发展澳洲茶树、粉葛、蜂蜜等绿色特色产业扩规加工，同时延伸发展山地鸡、肉兔、莲藕、优质水稻等产业。全镇成立蜂蜜合作社1个，着力打造“蝶分香”蜂蜜品牌，“蜂蜜小镇”初具规模。5月正式投产正大集团铜梁二坪3000头种猪场项目。二是通过“公司+集体+农户”模式，全面推进发展澳洲茶树、柠檬、粉葛加工等特色产业。二郎村集体经济争取上级补助资金50万元，完善柠檬基地冻库等配套设施，同时林间种丝瓜、应季蔬菜等经济作物,提高集体经济收入。年内全镇6个村共实现集体经济收入152.5万元。

【社会发展】 社会保障。巩固脱贫攻坚成果。坚持守住不发生规模性返贫的底线,对135户建卡贫困户持续开展跟踪监测工作。一是大力鼓励就业。开展就业技能培训120人,通过职业指导、推送招聘信息,全镇脱贫户实现劳动力转移就业180余人。二是坚持创业带动就业,发放创业担保贷款130万,城镇新增就业86人,回引农民工就业创业334人,开发公益性岗位5个。三是坚持民生兜底。年内全镇累计发放各类救助资金81.94万元,发放低保金198.18万元,特困供养金161.11万元。四是坚持分类服务,开展城乡妇女"两癌"筛查、计生奖扶、走访慰问困难家庭等帮扶活动,促进脱贫增收。五是住房保障,筑牢民生防线。完成全镇3324处农村房屋的安全隐患排查,建立健全农村房屋安全隐患台账,对排查出的162处存在安全隐患的房屋开展隐患整治,全年完成重点对象D级危房重建6户,C级危房改造1户,D级维修加固1户,无房户新建住房2户,拆除城镇D级危房419平方米,确保全镇房屋安全。六是坚持文化惠民。加强村社文化活动室、农家书屋的建设管理,开展群众读书活动,丰富农民群众的精神文化生活。结合节庆假日组织举办综合性大型文化活动3次,送展览讲座1次,辅导培训4次,法规政策宣讲进村7次,开展群众舞蹈表演集中训练2次,流动文化进村全年演出14场。

生态环保。一是深化"五沿"整治行动,切实发挥党员示范带头作用,激发村民群众自治活力,全年开展人居环境整治拉练活动12次,在二全路等主要出境公路沿线栽植木春菊、美人蕉等花草29万株,改圈舍柴棚113处。深化"积分制",评选最美庭院30户,兑现鲜花和其他物质奖励45万元。二是全力推进河长制工作。集中开展辖区河库"清四乱",常态化开展河流清漂工作,加大水产养殖场监管力度,在小安溪、保香寺等流域种植水生植物2500余平方米净化水质,全年各级河长巡河432次,发现问题10个,整改10个。三是强化生态环境管理,建立镇、村、社三级巡查网格管理机制,狠抓露天焚烧和秸秆禁烧工作。加强生态环保宣传和突发事件风险防范。

平安建设。一是疫情防控稳步推进,发动300余名志愿者、党员干部、网格员深入开展入户走访宣传,持续做好常态化疫情防控,动员各年龄段人员进行疫苗接种,推进构筑全民免疫屏障。二是坚持社会治安综合治理,坚持领导干部接访制度,主要领导大下访、大接访共101件次,办结来信、来访、网上投诉33件。开展重点人员教育稳控,不断加强吸毒人员、社区矫正人员、等重点对象的教育管理,加强严重精神障碍患者的管控和服务工作,做好定期随访和常态化排查,同时开展普法宣传,扎实开展安全大检查大整治大执法及重点行业专项整治,强化"打非治违",切实消除事故隐患,遏制各类安全生产事故的发生。全年开展"三年行动"专项整治和企业安全生产大排查102次,排查隐患总数128条,下达整改指令15次,整改隐患总数128条,确保全镇未发生安全责任事故。

【党的建设】 概况。全镇共有12个党支部,其中机关支部1个、村社区党支部7个、合作社党支部1个、非公党支部2个、社会组织党支部1个;现有正式党员479人,培育积极分子11人,新吸收党员9人。

思想政治建设。年内开展集中学习22次,组织7支宣讲队到村(社区)开展党史学习教育宣讲63场,专题学习十九届六中全会精神5次,集中宣讲十九届六中全会精神8场次。

基层组织建设。一是开展庆祝建党100周

年活动，为50名老党员颁发“光荣在党50周年”纪念章，评选表彰优秀共产党员50名，优秀党务工作者26名，先进基层党组织2个。二是推进农村基层党建示范创建行动和党支部标准化规范化建设，创建规范村4个、示范村1个；持续开展软弱涣散党组织整顿，严格落实“四个一”工作措施，顺利完成中山村党支部、隘口村党支部软弱涣散基层党组织评估验收。三是顺利完成村（社区）“两委”换届工作，全面实现书记、主任“一肩挑”；年内发展党员9名，回引本土人才3名。四是健全和规范基本制度，7个村（社区）党支部开展主题党日84余场次，全覆盖培训党支部书记、支部委员、党小组长、村（社区）专职干部840人次。

党风廉政建设。开展换届纪律教育45次，“以案四说”警示教育10场次，组织机关干部和村（社区）干部集中观看警示教育片3次，及时通报学习市纪委、区纪委通报的典型案例，达到处理一例、警示一片的效果，切实筑牢拒腐防变思想底线。全年对镇村党员干部进行谈心谈话46人次。开展纪律教育6次。全年项目资金使用开展专项督查5次，对存在的问题进行督促整改，开展辖区、惠农惠民政策资金等重点领域监督检查3次，下发交办单1份、工作提醒1份。

（王文雯 供稿）

领导班子名录

党委书记　柳建华

党委副书记　镇长　孔庆明

党委委员　人大主席　王治国

党委副书记　张西泉

党委委员　纪委书记　向　娟

党委委员　田荣生

党委委员　政法书记　副镇长　王顺利

党委委员　武装部长　副镇长　刘仁建

党委委员　喻　映

副镇长　郑　昕

各村（社区）基本情况

村（社区）	户数	户籍人口	各村（社区）支部书记	村党支部副书记
二郎村	897	2353	刘亚飞	蓝小珍
狮子村	843	2187	罗昌明	杨　利
中山村	626	1530	汪　秀	安　会
隘口村	699	1771	周家兴	王鲜鸽
三房村	1160	2920	高兴才	汪定红
严家村	897	2174	苏继兰	阳明清
兴龙社区	325	488	吴必忠	杨　英

水口镇

【概况】 水口镇地处铜梁区城东北部，距城区15千米，辖区面积26平方千米，辖1个居委会、4个村、64个社。总户数3994户，户籍人口9884人。镇机关在编在岗44人，2021年实现地区生产总值73801万元，增长8.2%，第一产业增加值11284万元，增长12.6%，工业增加值2646万元，增长5.1%，建筑业增加值45161万元，增长7.8%。财政收入完成524.43万元，其中税收完成518.81万元。固定资产投资完成51036万元，同比增长11.2%，工业投资完成1082万元。农村居民人均可支配收入21925元，同比增长9.6%。

【经济发展】 特色产业。加强树荫村"花语果乡"四季经果、大滩水库和余桥水库生态鱼、天寨百香果和汪祠糖桔等266.67公顷，特色种养殖产业管理。盘活撂荒地结合现有产业发展集体经济，新发展百香果、大雅柑、南瓜、莲藕、优质稻等特色产业21.33公顷，在大滩水库和余桥水库37.33公顷水面清水养鱼12万余尾。

集体经济。利用集体经济产业地里的行间空隙，采用招商出租、合作入股等方式，大力发展以百香果、辣椒、南瓜等为主的集体经济21.33公顷。积极探索农旅融合新模式，用大滩水库闲置管理房新建"小鱼馆"农家乐，为集体经济收入拓展新渠道。在集体经济产业地补栽百香果、大雅柑等特色经果树苗1万余株。大力发展南瓜、土豆、辣椒、莲藕等当年见效的"短、平、快"产业，以拓展集体经济增收渠道。全年集体经济经营性收入实现120万元。

乡村振兴。启动全镇乡村振兴"淮远示范片"建设，进一步完善"路、水、电、气、网"等基础设施，新建移动网络5G基站。完成大滩村现场振兴示范点建设，投资1500万元新建大滩水库5千米环湖绿道，栽植美国红枫、银杏、红叶李、桃树等彩色树种3000多株，完成铺装AC—13沥青路面4000余平方、铺设彩线标线5千米、建设观光台2座、购置骑行自行车和摩托车35辆等配套设施。实施树荫村巩固拓展脱贫攻坚成果同乡村振兴有效衔接示范点建设，已完成"白改黑"3千米。以大滩村5千米环湖绿道和天寨、大滩2.5千米沥青路面产业路为主线，配套沿途133.33公顷四季经果、观赏荷花6.67公顷、生态水产43.33公顷、新建休憩亭5座和特色农家美食，串点400年天星古寨，连线"姜水路"5千米"君子·花间道"。

水口镇乡村振兴车间。(苏其善 摄)

重点项目。新建树荫村“花语果乡”登山和采摘便道2500米、小水池4个。投资220万元，新建树荫村3.33公顷稻田养鱼项目和2300平方米高端蔬菜种植大棚。开展2021年到户产业扶持资金申报工作，水口镇44户脱贫户申请到户产业扶持资金12.768万元。

【社会发展】 基础设施。投资130万元的树荫村产业路提质工程完成“白改黑”3千米。投资579万元长1.5千米的大滩天寨产业路建设完工。投资220万元长3千米的天寨14组至万家洞等三条路建设完工。“一事一议”财政专项资金公路建设完成13千米。投资16余万元，安装农村公路护栏1060米，对洪灾致使的多处公路塌方进行排危整治，全面消除安全隐患。实施村庄亮化工程，投资31万余元，完成大滩天寨产业路、水白路、高石路太阳能路灯安装180盏，在公路沿线庭院安装庭院灯70盏。投资60多万元，完成树荫村农业综合开发土地整理第二批项目建设，新建灌溉管网1500多米，生产作业便道1200米。

场镇建设。完成投资70余万元的政府广场提质工程。对场镇街道、农贸市场、车辆停放、座商归店等进行专项整治和常态化管理。实施清泉社区“鲜花小镇”建设，增添花钵、修建花池及种植花卉苗木等。积极配合区住建委，投资160余万元完成雨污管网改造，建成敬老院污水处理站和康山农民新村污水站，完成康乐幼儿园及周边污水管网建设。完成铜梁区水口镇垃圾中转站改建工程。

社会保障。做好“把老乡留在老家”专项行动，回引人员达181人。开展职业技能培训80人。发放创业担保贷款120万元，支持回乡青年及返乡民工创业就业。在清泉社区创建乡村振兴车间，解决65名务工困难群众到车间灵活就业。城镇新增就业137人。向上级部门争取公益岗位4个，安置务工困难群众4人。动员6507人参加养老保险，完成基金征收102万元。参加居民医疗保险8895人，征收医保基金191万元。加快养老设施建设，新建互助养老点4个。继续推进残疾人保护，新办残疾证14人，二代证换三代证79人，办理15名贫困重度残疾人居家托养，发放残疾人辅具9人，落实3名残疾人子女入学补助，为3名大学生申请支付宝助学项目。发放义务兵家庭优待金及立功奖励19人22万元。新增低保24户34人，发放各类救助款396万元，临时救助金116户236人23.8万元。

民生实事。健全乡村公共文化服务体系，广泛开展全民阅读，全年完成图书借阅1000册。开展送流动文化服务进村19场。新安装健身器材30套，实现健身器材全覆盖。利用文化服务中心、新时代文明实践站、LED显示屏等载体，开展群众性文化活动，普及“扫黄打非”知识。积极宣传殡葬改革政策，鼓励遗体火化6例。完成150人次“两癌”筛查。孕优检查完成8人次。新增奖励扶助46人，享受奖励扶助对象803人，享受特扶48人。征兵体检合格3人，批准入伍1人。为53名退役军人发放生活类“解三难”补助资金2.5万元。全覆盖走访全镇退役军人及现役军人家属，发放慰问品380余份。全面保障农村低收入等重点对象住房，完成农村低收入等重点对象危房改造2户。投资420余万元，实施完成淮远示范片农村村容村貌整治提升104户，投资187万余元，实施完成“5+2”示范片农村村容村貌整治46户。

社会治理。调解各类矛盾纠纷28起，无1起民转刑案例发生。完善吸毒人员网格化服务管理，36名涉毒人员尿检率达100%。群工系统受理和办结287件，办结率和满意旅均达100%。开展防邪、防诈骗、禁毒等进行综合宣传和街头法治宣传5场。开展安全专项整治“三年行动”，联合东城派出所开展安全执法检查10次，严格检查建筑施工、道路交通、烟花爆竹等各类场地及车辆300余个（次）。开展防汛抗旱和山洪灾害应急演练和动态监测，严格执行汛期24小时值班和领导带班制度。储备防汛抗旱应急物资救生衣100件、汽船2艘、发电机2台、编织袋36拖。持续推进新冠疫苗接种，完成12周岁以上人群接种3504人、3至11周岁首针228人、加强针380人，做到应接尽接。

环境保护。深入推进“五沿”人居环境整治，召开院坝会60余场次，发动干部群众2万余人次自觉参与“五沿”人居环境整治，清理公路沿线及可视范围内的垃圾100余千米，清理河道及两岸的垃圾20余千米。推进鸡鸭圈养和柴草规范码放，新建鸡圈进行禽类圈养435处，新建柴棚规范堆放柴草587处。持续在辖区主干道、大滩环湖路、大滩天寨产业路等道路两旁培土，栽种“三花一树”18万余株，种植各种果树5000余株。在大滩环湖路、姜水路、水二路、水白路等修建砖石花池100余处、挡墙5千余米。扎实推进积分制管理，抓实“评分、亮分、兑分”三个环节，兑换花草、花钵和清洁用品，表彰28户“积分制”优秀家庭。深入推行河长制管理，常态化清漂80次，清理漂浮物100余吨、河岸垃圾、杂草100余吨。镇级河长巡河97次，村级河长巡河290次，发现整改问题16个。

【党的建设】 **党史学习教育**。召开镇党委专题读书班学习会7次，各基层党支部坚持每周开展党史学习教育1次。邀请区委宣讲团开展党史学习教育宣讲报告会2次，党委书记讲党史专题党课2次，领导班子宣讲习近平总书记“七一”讲话专题党课11场。分期分批组织各基层党支部172余名党员，到邱少云故居、邱少云烈士纪念馆和廉政教育基地参观学习。

基层组织建设。完成村（社区）“两委”换届选举工作，全面落实书记、主任“一肩挑”，所有村党支部书记均担任乡村振兴理事会理事长。各村（社区）专职干部全部配齐，新进专职干部队伍的有7人，继任13人。村（社区）专职干部平均年龄下降11.3岁，大专及以上文化程度占比提高20.8%。深化党组织“扎桩”工程、汪祠村党群服务中心完成改造提质。举行“光荣在党50年”纪念章颁发仪式，对47名老党员颁发纪念章。新发展预备党员4名，按期转正4名。

党风廉政建设。组织学习党内监督条例2次，开展落实中央八项规定精神监督检查3次，查处清退养老保险金2万余元。开展新一届村（居）干部集体廉政谈话5次，全体村（居）专职干部签订廉政责任书。对财政、建管、农业等办公室负责人和廉政风险点较多的村（社区）党支部书记约谈提醒谈话26人次。开展廉政警示教育，集中传达学习案例通报等3次。

（苏其善 供稿）

领导班子名录

党委书记　汪文波
党委副书记　镇长　杨　锟
党委委员　人大主席　陈　琼
党委副书记　刘婧晶
党委委员　政法书记　副镇长　周孝全
党委委员　副镇长　钟世仁
党委委员　纪委书记　程　涛
党委委员　杨清荣　冯廷伟

各村(社区)基本情况

村(社区)	户数	户籍人口(人)	党支部书记	党支部副书记
树荫村	1018	2443	赵安福	罗元书
天寨村	1001	2575	陈小勇	苏友维
大滩村	914	2315	苏元富	周有芹
汪祠村	741	1947	吴久宇	周　凤
清泉社区	320	604	杨德琴	李红专
合计	3994	9884		

安居镇

【概况】 安居镇位于铜梁区北部，琼江、涪江两江交汇处，与合川区接壤，因境内有大安溪（琼江）而得名，有安居乐业之意。辖区面积56.7平方千米，场镇面积1.2平方千米，辖4个社区、13个行政村，14893户总人口34641人。有中学1所、小学3所、幼儿园3所，共有教职工231名、学生1926名。卫生院1所，有医务人员64名、床位70张；有村卫生室、点27个，乡村医生27名。镇内有国家4A级旅游景区安居古城，景区规划面积14.16平方千米，含古城核心区3.2平方千米以及黑龙嘴、琵琶岛、黄家坝、波仑寺等文化旅游功能区块。安居镇是国家历史文化名镇、国家发展改革试点城镇、全国特色小镇、全国文明村镇、中国最美乡镇、中国最具特色魅力乡镇，先后获评中国最具文化魅力古城、巴蜀文化旅游走廊新地标和巴蜀气候康养地等荣誉称号。

全年实现地区生产总值163087万元、增长5.9%，其中第一产业增加24630万元，增长8.3%，第二产业增加59931万元，增长2.6%，第三产业增加78527万元，增长7.8%，固定资产投资139860万元，增长122.6%，社会消费品零售总额64766万元、增长27.9%，完成财政公共预算收入673.4万元，农村居民人均可支配收入23449元，增长10.8%。安居古城景区接待游客430万人次，实现旅游综合收入23.5亿元。

【经济发展】 企业发展。有工业企业30余家，主要以汽摩配件生产加工、食品加工、原纸生产、白酒生产为主，其中规上工业企业5家。有各类专业合作社28个，主要以水果、蔬菜为主，均为中小规模。有商贸业经营单位840余家，主要以餐饮、住宿、零售为主，其中规上商贸企业3家、规上商贸个体10家。

农业发展。以新型农村集体经济发展为抓手，建成26千米产业环线贯穿区域农旅产业，形成安居古城、国家级湿地、绿色生态蔬菜、特色生态水果为主的产业基地12个，866.67公顷。培育农村致富带头人15名，年内回引本土人才43名，4名本土人才成长为基层党组织书记。

景区建设。全力推进拆迁攻坚，抓好景区重点项目用地保障及协建工作，新游客接待中心、黄家坝湿地休闲中心、安居古城消防中队等9个重点项目顺利竣工，有序推进书香文化街区建设。不断丰富景区业态，无缝植入鹊桥、晚霞过雾舟、复古黄包车等网红景点，顺利开通水上游乐项目，圆满举办安居古城音乐节、安居古城端午龙舟会。全面规范景区管理，统筹景区市政、消防、综治、交协警等人员力量，常态开展骑门摊、违法建筑、交通秩序、食品安全等领域专项整治行动，持续推进“拆违增绿”“景区留白”工作。

【社会发展】 生态环保。推进河长制，扎实开展污水乱排、岸线乱占、河道乱建整治专项行动，镇村两级河长常态化巡河，发现整改问题272个。日处理能力2万方的场镇污水处理厂正

鸟瞰安居。(安居镇 供图)

式投用,全面完成四面村污水处理站改扩建,基本建成杨乐坝片区农村生活污水处理设施,新增农村垃圾箱体38个,转运农村生活垃圾2000余车次,垃圾中转站压缩转运量2300余吨。开展农业面源污染治理,回收废旧农膜7吨,全面取缔肥水养鱼。栽植各类苗木133.33公顷,开展国土绿化行动。实施乌木溪综合整治,涪江铜梁段获评全市最美河流。扎实开展农业面源污染治理,全面取缔网箱养殖、肥水养鱼,拆除非法码头18个,整体复绿30余万平方米。完善农村生活污水处理设施,建成投用安居污水处理厂,持续推进雨污管网分流,场镇污水实现应收尽收、达标排放。

民生实事。大力实施农村基础设施补短板行动,优化景区周边道路12千米,硬化泥结石路12千米,新建自来水管网8956米,维修、新建提灌站3座,修复杨乐坝水毁耕地和作业便道,完成紫极、淘河、龙泉3个村土地整治项目。发放各类民政资金1200万元,完成"两癌"筛查632人次,27户公廉租房住户顺利入住,完成新增就业任务617人,登记失业人员再就业245人,发放创业担保贷款320万元,成功创建区级社区教育示范点。全面落实低保政策,城乡养老、医疗保险实现全民参保。全域推进农村人居环境整治,深化积分制、集中拉练等机制,常态开展"最美庭院""清洁文明户"评选,兑换积分奖品14万余元,改造农村户厕31户,实施农房风貌改造242户,安装太阳能路灯288盏,提档升级22.8千米道路沿线环境。

安全稳定。有序推进新冠病毒疫苗接种。组建自然灾害防治应急救援队伍,全覆盖建成村级预警平台,开展大排查大整治大执法"百日行动",确保安全生产事故"零发生"。安居水位站顺利建成投用,防汛能力大幅提高。深化"枫桥经验”，大力推进政治、自治、法治、德治、智治“五治融合”，排查化解矛盾纠纷289件，积极推行“村村见警”警务模式，深入开展扫黑除恶专项斗争、“全民反诈”专项行动，圆满完成中国共产党成立100周年大庆活动安保任务。

【党的建设】 概况。辖区现有基层党组织24个，其中机关党支部1个，村(社区)党支部17个，非公党组织6个，共有党员1113名。

思想政治建设。年内开展党委会专题学习10次、党委理论学习中心组学习16次。严格落实意识形态工作责任制，及时研究处置涉及安居网络舆情6个。

基层组织建设。深入实施党支部“扎桩”工程，扎实推进“整乡推进、整县提升”示范创建行动，成功创建示范村2个、规范村7个。顺利完成村(社区)两委换届选举，全面提升基层组织保障，建成投用石马、四面2个党群服务中心，持续优化象山、杨乐等15个村(社区)阵地环境。

党风廉政建设。严肃换届纪律，区镇党代表、人大代表选举及镇村换届风清气正。严肃执纪问责，顺利完成农村发展党员违规违纪问题排查整顿，调查处理区纪委交办问题线索4件，给予党纪处分1人、诫勉谈话1人。

(牟梨花 供稿)

领导班子名录

党委书记　管委会主任　彭小影
党委副书记　镇长　刘　明
党委委员　人大主席　王明照
党委副书记(正处级)　姚克卫
党委副书记　统战委员　张建军
政法委员　副镇长　周厚实
组织委员　人大兼职副主席　陈　颖
副镇长　李传芳
党委委员　纪委书记　区监委派出第四监察室副主任(兼)　龙志敏
宣传委员　罗　娜
党委委员　人武部长　副镇长　江怀东

各村(社区)基本情况

村(社区)	户数(户)	户籍人口(人)	支部书记(主任)	支部副书记
大南社区	654	1232	唐治均	梁　燕
临江社区	626	1186	陈泓宇	谢文均
会龙社区	434	863	胡继菊	曾令爱
大田社区	936	1505	苟　兰	周小敏
七佛村	697	1594	周贤容	周尚财
玉顶村	674	1489	李　毅	周必武
赛龙村	597	1614	王　杰	刘正建
石马村	1519	3971	张世学	刘　鑫
龙兴村	1209	3273	刘福伦	周贤富

续表

村(社区)	户数(户)	户籍人口(人)	支部书记(主任)	支部副书记
龙泉村	742	1914	朱孝华	李　静
紫极村	956	2238	周　汙	李德贵
琵琶村	560	1308	李含群	刘小川
淘河村	824	1746	张　明	徐国芳
四面村	967	2369	周　川	李朝富
杨寿村	1361	2944	陈绪明	柏自友
杨乐村	1129	2732	杨　叶	陈道琴
象山村	1023	2663	郑婷婷	李小伟

白羊镇

【概况】　白羊镇地处铜梁区北部，距区政府驻地17千米，辖区面积为38平方千米。集镇面积为0.5平方千米，全镇辖7个村和1个社区，107个村（居）民小组。2021年末，人口总户数6401户，户籍人口14950人。镇政府年末实有54人，其中行政21人，事业30人，参公3人。辖区有卫生院1所，病床30张，在职在岗职工17人；小学1所，学生278名，教师30名。

2021年，完成财政收入378.2万元；地区生产总值49902万元，同比增长5.8%；固定资产投资52690万元，同比增长24.9%；社会消费品零售总额16038万元，同比增长20%。农村居民人均可支配收入21916元，同比增长9.37%。

【经济发展】　铜梁咸菜。走规模化、规范化、标准化的现代化加工发展路径，投入140万元实施食佳蔬菜专业合作社厂房改造项目，升级建成现代化加工车间600平方米，储存车间420平方米，配齐咸菜制作加工生产设备，完成专业化生产布局，带动全镇利用冬闲田种植蔬菜66.67公顷，咸菜产业总产值达700余万元，人均增收1000余元。咸菜产品首次入驻重庆主城，在重庆陶然居新国潮坊设置宣传、展示、销售的窗口。

集体经济。把发展壮大村级集体经济作为促进农民增收的重要抓手，全镇培育发展水果66.67公顷、雷竹66.67公顷、蔬菜基地66.67公顷、优质稻66.67公顷、红薯淀粉加工4000余吨。实施完成果园灌溉设施建设项目和食佳蔬菜专

白羊咸菜入驻重庆陶然居大观园。（白羊镇 供稿）

业合作社厂房改造项目,全镇7个村11个项目实现年营业收入194万元。

【社会发展】 基础建设。完成乡村泥结石路硬化10千米;完成"农村联网路"建设1.1千米;修缮10处垮塌堤坎、桥梁。优化提升完成排水管网,新建污水管网300米、雨水管网500米;大力推进农村"厕所革命",新建金铃村公厕1座,完成农村户厕改造107户,整改老旧厕所55户。技改升级垃圾压缩站1座,绿化场镇河堤1.5万平方米,对金羊河场镇段进行提质工程建设,实现储水、保水功能。实施场镇美化亮化工程,增设太阳能路灯38盏,硬化损坏地面300平方米,修剪行道树300余棵。坚持场镇管理精细化、上水平,强化门前五包责任制,持续开展"马路办公",整治"占道经营、乱搭乱建、乱停乱放"。

民生实事。一是社会事业,全年临时救助困难群众129户,发放救助资金约30万元。累计建成1个市级、7个区级养老服务站和10个养老互助点,完成全国性示范型退役军人服务站建设、铜梁区第十二特困供养设施(敬老院)建设项目设计、预算、招投标等前期工作。新增转移就业劳动力112人,回引305名农民工返乡就业创业,职业技能培训203人。开展科技文化卫生"三下乡"活动,送各类讲座、演出等流动文化进村45场次,新建乡村健身点5个,安装健身设施15套件。二是筑牢疫情防控严密防线。新建4个全员核酸检测采样点,高标准开展应急演练3次。累计排查来铜返铜人员1123名,完成常态化消杀任务1000余次。三是防范化解重大风险。完成镇级综合应急指挥中心和7个村级综合应急救援站标准化建设。持续深入开展安全生产大排查大整治工作,检查企业52家次,排查整改安全隐患6项;协助有关部门查处各类交通违法行为500余起。治理地质灾害点隐患工程6处,对2处地质灾害风险点开展常态化监测。不断完善矛盾纠纷排查化解机制,有效化解信访积案3件,成功办理国家信访系统件4件,调查处理中央第十三督导组反馈问题2起,及时处理信访系统投诉举报13件。

生态环境。一是开展人居环境整治行动,清理沟渠12.7千米,加强废弃物资源化利用,回收废旧农膜等废弃物3.6吨。绿化美化道路130千米,栽植花草80余万株,规范鸡棚柴棚750余处,评选"美丽庭院"10户,常态化开展积分评比兑换活动,充分激发群众内生动力。二是做好河长制工作,累计巡河667次,发现并整改销号问题71个,清漂河道62.4千米,清理垃圾和漂浮物48.5吨。三是开展"五清理一活动"专项行动,依法报批建设审批手续,完成农村房屋安全隐患整治4178栋。巡查露天焚烧200余次,常态化监管工业企业排污口,常态化监测水质断面,辖区水质达标率同比提升5.4个百分点。建立护渔队伍,查处非法捕鱼2起。

【党的建设】 概况。共有基层党支部10个,其中村(社区)党支部8个,机关党支部1个,非公党支部1个,共有党员542人,培养入党积极分子14名,新发展党员7名,按期转正党员2人。

管党治党。依法依规完成换届选举,全镇8个村(社区)"两委"领导班子健全,全部实现"一肩挑"。区镇人大换届选举产生新一届区人大代表6名、镇人大代表56名。选举产生镇第十八次党代会代表106名。开展干部专题培训286人次,进一步提升基层干部业务水平和素质能力。4名党员和1个单位获区"两优一先"表彰,62名党员和2个单位获镇"两优一先"表彰,134名党员荣获"光荣在党50年"纪念章。年内专题研究意识形态工作2次,签订意识形态工作目标责任书8份,开展理论学习中心组学习13次,其中党史学习教育专题学习5次,制定白羊镇"我为群众办实事"实践活动方案,开展专题调查调研91次，研究并解决石船村集体经济发展、兵马村自来水管网水压不稳定等课题9个。严肃查办违纪案件，全年共备案问题线索3件，初核问题线索1件，了结1件，警示谈话1人。

（杨娟 供稿）

领导班子名录

党委书记　潘　静
党委副书记　镇长　叶永强
党委委员　人大主席　雷　军
党委副书记　宣传委员　肖必兵
党委委员　纪委书记　周良民
党委委员　人武部长　副镇长　蒋必伟
统战委员　副镇长　罗　燕
组织委员　人大兼职副主席　唐　颖
政法委员　副镇长　周笃署

各村（社区）基本情况

村（社区）	户数	户籍人口	中共支部书记	村（社区）主任
羊咀村	937	2229	赵锐柳	赵锐柳
水碾村	1049	2394	周龙超	周龙超
清晏村	936	2291	李国云	李国云
金铃村	670	1541	周尚强	周尚强
凤凰村	1087	2594	周定毅	周定毅
兵马村	649	1543	贾晓燕	贾晓燕
石船村	813	1952	蒋　敏	蒋　敏
金羊社区	260	406	陈志国	陈志国

平滩镇

【概况】 平滩镇始于川东驿道，清初建场，以平滩河为名。平滩镇地处铜梁区西部，距城区17千米，北接潼南区，南连大足区，S302省道和在建的铜安高速穿境而过。镇辖17个行政村、1个社区。辖区面积91.2平方千米，场镇建成区面积1平方千米，总户数17466户，2021年户籍总人口47880人。

平滩土地肥沃，农田水利设施齐备，是铜梁区农业重点镇。辖区内耕地面积4811公顷，其中水稻播种面积2464公顷，年产稻谷19071吨。形成“绿色蔬菜、特色水果、优质粮油、名优水产、生猪蛋禽”为主导的五大种养产业。建亨现代农业示范园区出产的“铜梁龙柚”在十九届中国绿色食品博览会上荣获“金奖”。

镇政府机关年末实有在编人员81名，其中行政36人，事业44人，机关工勤1人。内设党政办、经济发展办等10个综合办事机构和退役军人服务站、乡村产业培育中心等7个事业单位。

辖区内有小学4所，在校学生共计2000余人，教师150余名；中学1所，在校学生共计2000余人。镇中心卫生院有职工61人，设床位90余张；镇敬老院有职工4人，设床位50张，收住老人32名。

全镇年内实现地区生产总值165059万元，同比增长4%。第一产业增加值52730万元增长9.2%；第二产业增加值56889万元，其中工业增加值10434万元增长8.1%；第三产业增加值55440万元，同比增速7.5%，固定资产投资41494万元，同比下降40.5%。预算内财政收入1167.54万元，其中税收1163.67万元；农村居民人均可支配收入23669元，增长10%。

【经济发展】 发展特色农业。辖区内现有新型农业经营主体200余家，农业专业合作社40个；获国家地理标志农产品认证1个，国家绿色农产品认证35个，重庆市知名农产品认证2个。有蔬菜规模种植户56家，面积达520公顷，增加农民务工性收入5000余万元。全镇现有经果规模种植户13户、面积达433.33公顷，柚橘、葡萄、桃李、枇杷等规模经果面积达1000公顷，年产量达2.2万吨、产值8000余万元。现有粮油种植大户10户，粮食种植面积达180公顷，油菜示范片面积达86.67公顷。推进乌鱼、甲鱼、小龙虾、鲈鱼、美蛙等特色水产养殖，面积达566.67公顷，年产量达4500余吨、产值6000余万元。全镇畜禽规模养殖场达109家，其中生猪规模养殖场53家，生猪年出栏达4万头；蛋鸡养殖场4家，年销售商品鸡蛋达2000吨以上。全镇畜禽年产值近3亿元。

推进招商引资。镇内有个体工商户860余户、民营企业230余家、餐饮服务单位30余家、工商贸企业7家。2021年新增个体工商户146户，民营企业45家，重庆航骏建筑有限公司、巨义文化传媒公司等相继落户平滩镇并运营。

集体经济发展。全镇现有集体经济发展项目43个，其中区级及以上财政补贴项目5个，财政资金股权化改革项目7个。推行“农户+集体+企业”“农户+集体+业主+企业”等多种发展模式，充分利用荒山、荒坡和撂荒地，采取入股分红、租赁等多种形式，发展壮大农村集体经济。全镇已实现农村集体经营性收入366.5万元，其中收入20万元以上的村10个，10—20万元的村7个。

【社会发展】 场镇提质升级。实施场镇雨污分流，开展城乡接合部、场镇主干道环境综合整治。实施路灯安装、墙面美化、增设休闲座椅和绿植花箱等。推进滨河步道美化整治、老旧小区整治、弱电下地改造、公厕修复改造、店招店牌规范等项目。坚持生态场镇生态建、生态管，进一步提升精细化管理水平和治理能力，整治场镇交通秩序、占道经营，提升居民素质，完成智慧城市旧系统升级，新安装摄像头44个，40个人脸识别系统投入使用。

乡村基础建设。完成“四好农村路”建设15.3千米；完成“一事一议”泥结石路硬化建设13千米；办理农村农房建设审批手续，完成农房改建、扩建、新建选址及验收200余处。针对全镇农村易返贫致贫户、低保户、农村分散供养特困人员、因病因灾因意外事故等导致基本生活出现严重困难家庭、脱贫户等低收入群体的住房安全情况进行了逐户摸排。完成改造C级危房2户，D级危房4户，为低收入群体的住房安全提供保障。

社会保障。全镇新增城镇就业人员353人，城镇登记失业人员就业50人，城镇就业困难人员就业35人，累计开展免费职业技能培训783人次；发放小额贷款385万元；全镇新增转移劳动力24人，新增创业28户，吸纳劳动力82人，持续开展“把老乡留在在家”专项行动，返乡就业788人；送工到企业45人，完成信息产业招工229人；为51名离校未就业高校毕业生提供就业定制服务；为213名脱贫人员区外务工申请交通补助补贴18490元。困难群众基本生活保障实现“应保尽保”“应助必助”。城乡居民养老保险扩面参保26463人，新参保260人，死亡终止360人，达龄初审295人，完成基金征收317万元；城镇职工养老保险新参保及补缴248人，接续212人，暂停82人，变更、查询信息等5000余次，资格核查城乡居保与职工养老待遇9868人，保证领待人员及时足额领取待遇。

【党的建设】 基层组织建设。全镇24个党支部，共有党员1381名。2021年圆满完成村（社区）“两委”换届工作，实现书记、主任“一肩挑”，新一届“两委”班子平均年龄下降1岁，大专及以上学历提升21.6%，实现学历年龄“一升一降”。回引本土人才15名，推行“3+1”帮带机制，本土人才全部下沉村民小组锻炼。专题培训党支部书记2次，组织“两委”班子成员培训2次，开展本土人才交流座谈会2次。年内发展党员12人，培育入党积极分子13人。

发挥社会治理指挥中心功效，强化网格化管理，全覆盖设立“新乡贤好乡亲室”，化解矛盾纠纷73件。推进“五风”浸润工程，建立18个新时代文明实践站，评选10名镇级好乡亲，1名获评区级新乡贤。常态化开展少云志愿服务活动220余次，关爱慰问留守妇女、儿童175人次。

党风廉政建设。常态化开展工作督查20余次，召开党风廉政形势分析会2次，开展“以案四说”“以案促改”警示教育2次，廉政谈话120人次，印发督查通报15期，通报批评21人次，诫勉谈话1人。

（黎沛鑫 供稿）

领导班子名录

党委书记　周景前
党委副书记　镇长　熊　昕
党委委员　人大主席　刘鹏举
党委副书记　张长林
副镇长　苏生泉
政法委员　副镇长　柏　斌
副镇长　兰天英
党委委员　纪委书记　张易川
宣传委员　统战委员　经　玲
副镇长　池荣江
党委委员　武装部长　副镇长　黎　进
组织委员　杨　波

各村(社区)基本情况

村(社区)	户数(户)	户籍人口(人)	中共支部(总支、党委)书记
万桥	1163	3186	叶大忠
洋海	841	2406	周　春
华光	671	1899	傅成明
新华	954	2830	周启国
插腊	988	2872	徐世全
青杠	892	2519	田贵友
珠玉	1229	3461	王　春
高平	1226	3453	喻国庆
四方	678	1957	余　帜
太安	968	2803	罗国文
红河	819	2315	李代洪
立灯	845	2470	吴琼英
金竹	862	2575	廖少红
洪太	905	2356	孔小红
玉龙	906	2323	张登文
团宝	1038	2813	高金云
惠风	1158	3037	张光明
龙潭社区	1323	2605	陈明凤

双山镇

【概况】 双山镇位于铜梁西部，与潼南区五桂镇、卧佛镇和大足区宝顶镇接壤，距铜梁城区23千米。辖区面积33.83平方千米。辖7个村、1个社区，总户数4418户，户籍人口11838人，先后获评“重庆市休闲农业与乡村旅游示范点”“巴渝醉美乡村旅游线路”“首批国家森林乡村”等称号。

政府机关实有在编在岗44人。内设党政办公室、经济发展办公室等综合办事机构9个。镇属事业单位有农业服务中心、文化服务中心等7个。镇辖有国家一级乙等医院1所，有职工20人，开放床位20张。有6个村卫生室，10名乡村医生。有双山小学1所，在校学生303人，教职工34人。有双山敬老院1所，设有床位100张，服务对象29人，职工人员4人。

全年地区生产总值完成37217万元，同比增长9.9%。第一产业增加值14406万元，同比增长13.2%；第二产业增加值7236万元，同比增长6.2%；第三产业增加值15576万元，同比增长8.6%。固定资产投资完成46556万元，同比增长7.0%。本级财政收入实现302.55万元，其中税收299.01万元。农村居民人均可支配收入完成21998元，同比增长10.10%。

【经济发展】 特色产业。引进力动农业龙头企业1家，积极打造现代农业示范区，在群坊村建成大棚樱桃6.67公顷，实施公司化、品牌化、标准化建设，年产量1.1万千克。培育新型农业经营主体47个，建成樱桃、柠檬、李子、百香果、香椿、观赏鱼等特色产业基地17个，创建全国名优特新农业产品1个、绿色食品认证3个、有机产品认证1个。促进农业“接二连三”，建成寿桥村精米加工厂，引入知名企业酿造樱桃果酒，通过“书记直播带货”和京东、巴味渝珍、爱在龙乡三级电商平台，有序推动试产试销。

集体经济。深化“一村一品”，持续推进樱桃、李子、柠檬、百香果等小水果及魔芋、香椿种植，中蜂、清水鱼、林下养殖等项目10个；进一步盘活资源，在经果林下种植魔芋20公顷、养殖跑山鸡1000只；发挥群坊农产品展示中心体验馆实效，与长运集团合作形成“采购销”全链条模式，线上线下联动发力，实现40余种本地农产品出村进城。

农旅融合。注重从传统单一种植养殖业向节会经济转变，以万亩水果产业为主线，修建健身步道、观景平台等设施，高标准打造人居环境示范点，圆满举办十四届樱桃旅游节，促进传统樱桃产业走向农旅融合发展道路。高标准建成群坊村“一舍农场”，融赏花采摘、休闲观光、餐饮民宿、娱乐项目、农事体验于一体，与建新樱桃、大理李子、岩湾柠檬形成赏花采果乡村旅游环线，接待游客20余万人，实现旅游收入2000万余元。

【社会发展】 环境保护。通过宣传发动、示范引领等方式，动员群众主动融入到美丽乡村建设中，在辖区主干道和镇与镇连接道沿线开展集中整治行动34次，结对帮扶362次，累计清除杂草10余吨，垃圾20余吨。新增垃圾分类桶265个，新建农村垃圾集中收运平台16处，创建垃圾分类示范点3个。深化“示范村”“最清洁户”“最美庭院”创建评选工作，打造形成4条示范线、8个示范点、88个示范院落、360户示范户。从严落实河长制，全年河长巡河439人次，发现并整改问题103个，增加河长制公益性岗位2个，新增垃圾箱体38个，全年清理河道26千米，河库漂浮物3.9吨，生活垃圾5.8吨。

民生实事。加大疫情防控宣传力度，有序组织疫苗接种，实现辖区内群众应接尽接，筑牢联防联控严密防线。新建仙隐山国家森林公园乡村休闲步道4.6千米，完善路灯、健身器材等配套设施；新建建新村“母亲水窖”工程建设，提升260户720人饮水质量；完成“四好农村路”建设3千米，一事一议泥结石路硬化工程2千米；改造C、D级危房3户，分类处置农村危旧房30余户；维修整治场镇污水管网1.4千米，新划定停车位55个；完成125户卫生改厕；开展健康照护师培训35人；办理发放担保贷款6人85万元；回引256人返乡就业创业。

【党的建设】 概况。全镇有党支部9个，党员412名，其中2011年新发展党员7名，预备党员转正3名。

思想政治建设。全年专题分析研究部署推动党建工作6次，研究党建议题69个。党委会学习23次，中心组学习12次，专题研讨7次，支部主题党日学习108次，乡村讲习96次，各类宣讲会36场次。

基层组织建设。推动寿桥村从“规范村”向“示范村”晋位升级。高标准完成喻兴村党群服务中心整体新建及优化提升。通过换届，大胆使用、充分储备年轻力量，村干部平均年龄从52岁降到41岁，大专以上学历从8%提高到22.5%，有效实现“一降一升”。

党风廉政建设。全年专题研讨党风廉政建设议题8次。常态化开展警示教育4次、“以案四说”1次，诫勉谈话1人、提醒谈话4人、通报批评5人。

（陈敏 供稿）

领导班子名录

党委书记　杨东升
党委副书记　镇长　汪　杰
人大主席　黄胜勇
党委副书记　宣传委员　肖阳兵
组织委员　人大副主席　刘　波
人武部长　副镇长　张光虎
纪委书记　吴　峰
政法委员　副镇长　陈代兵
统战委员　副镇长　吴开英

各村(社区)基本情况

村(社区)	户数(户)	户籍人口(人)	党支部书记	村(居)委主任
双河社区	318	478	石德群	石德群
双泉村	748	2117	张新建	张新建
寿桥村	658	1854	戴　霞	戴　霞
岩湾村	641	1553	徐志文	徐志文
大理村	509	1162	张明耻	张明耻
喻兴村	579	1795	陶甫华	陶甫华
建新村	278	764	吴跃学	吴跃学
群坊村	687	2115	曾晓菊	曾晓菊

小林镇

【概况】 小林镇地处铜梁西部。辖区面积30.67平方千米，辖4个村1个社区，共81个村民小组，总户数4519户，总人口12426人；镇内有中心卫生院1个，在职职工14人，病床20张；敬老院1个，入住五保老人18人，社会养老11人。镇内有小学1所，7个教学班，教师28人，在校学生332人；幼儿园2所：其中公办幼儿园1所，3个班，教师7人，学生82人；民办1所，2个班，教师3人，学生55人。镇政府机关年末实际在岗44人(其中行政15人，事业27人，参公2人)。

2021年地区生产总值实现38418万元、同比增长5.8%。第一产业增加值11680万元，增长10.9%。全镇财政收入235.65万元，其中税收完成228.98万元；工业增加值完成1643万元，同比增长4.4%；第三产业增加值完成16309万元，增长8.3%；固定资产投入完成48389万元，同比增长1.3%；农民居民可支配收入达到21773元，同比增长9.5%。

【经济发展】 农业产业发展。以合作社为载体，发动群众因地制宜发展特色种养殖业，累计流转土地213.8公顷，全镇“一村一品”，已形成特色小水果“铜梁砂糖李”233.33公顷，“东坡鸡”年出栏4万余只，规模种植精品莲藕66.67公顷，优质水稻33.33公顷。深入推进澳洲龙虾生态养殖项目，建成澳洲龙虾育苗基地和示范推广基地。借助5G移动网络，投入3.5万元对全镇14户种植养殖农户安装摄像头，全程记录农产品生长过程，真正实现可直观显示农产品生长环境和重要农事记录，助推企业品牌提升，提高产品在市场的议价能力。

集体经济发展。走深走实“六要”路径，通过采取“村集体+农户”“村集体+企业+农户”等形式发展生态种植业和养殖业，通过“统一选种、统一技术、统一管理、统一收购、统一包装、统一销售”的“六统一”措施，建实利益联结机制，壮大村集体经济，实现集体经济收入467.34万元，集体经济组织造血功能持续提升，带动群众每年持续增收2600余元。借助京东、巴味渝珍、爱在龙乡、晓霖捎客等电商平台，拓宽群众的增收渠道，推动小林优质农产品走出铜梁，走向全国。

【社会发展】 民生实事。一是完成乡村振兴补短板泥结石路硬化工程10千米。二是建成小林镇养老服务中心并实现社会化运营。为小林镇700余名老年人提供质量高、服务优、覆盖广的养老服务。三是完成农村卫生改厕54户，并通过验收。四是争取上级地质隐患治理专项经费209.9万元，完成庆云村及圣灯村滑坡应急治理工程4处。五是投入130余万元完成场镇1.2千米雨污管网分流改造。六是完成新冠病毒疫苗接种9148剂次，接种首剂新冠疫苗5174人。七是争取上级资金140余万元，完成圣灯村、华寿村9处道路交通安全隐患治理。八是两癌筛查164人。九是加强乡村振兴车间建设，吸纳百余名

潼湖水库。(刘万全 摄)

群众就业,其中脱贫户2人,实现人均月收入近2000元。十是及时掌握脱贫户就业情况,安排公益性岗位12个,实现脱贫户自主外出务工57人,落实区外务工交通补贴8450元。

生态保护。召开人居环境整治院坝会19场,发放宣传资料1000余份,拆除乱搭乱建的棚舍、栅栏,改造圈舍、柴棚等共610个,实现家禽圈养、柴草归位,堆放有序。深入开展化肥农药减量,开展"果菜茶有机肥替代化肥行动项目",实施面积202公顷,发放"测土配方施肥建议卡"3500份。全年化肥减量(折纯)1吨,农药减量14.86千克。镇村河长累计巡河389次,发现并处置问题47个。对辖区2户规模渔业养殖户实行尾水治理、进行"三池两坝"建设。回收废旧农膜2.22吨,农药包装袋做到应收尽收。推进国土绿化提升工程,完成森林抚育66.67公顷,退耕还林质量提升80公顷,实施森林覆盖率提升项目75.87公顷。

农产品质量安全。为了切实抓好农药化肥减量工作,镇农业中心与辖区22户规模种养殖企业签订绿色发展目标责任书,不定时对种养殖业农产品进行质量安全检测,全年检测蔬菜水果共600余次。建立食用农产品"治违禁 控药残 促提升"三年行动治理品种监管名录库,对全镇4家涉及重点品种的业主加强管理,开展整治行动。完成畜禽产地检疫生猪2237头,肉鸡14825羽,羊74头,监管养猪场9个,养鸡场2个,抽血测抗完成猪血清、鸡血清、羊血清各30份,抗体均达到100%。

【党的建设】 概况。年底有党支部8个,其中非公党组织2个，党员411名。全年按期转正1名党员，吸收5名预备党员，延长预备期1名，开除党籍1名。

思想政治建设。全年党委中心组学习12次。督促党员充分利用学习强国平台、重庆干部网络学院等加强学习，持续提升政治理论水平。落实三会一课、谈心谈话等制度，让党内政治生活实起来。

基层阵地建设。完成圣灯村、华寿村、庆云村党群服务中心新(扩)建和基层党建示范村、规范村创建。狠抓"带头人""年轻人"两支队伍建设，高质量完成5个村社区"两委"换届工作，全面实现村(社区)书记、主任和集体经济组织法人"一肩挑"，吸收2名本土人才充实村级干部队伍，学历、年龄实现一升一降。全年走访慰问困难党员111人次，发放慰问金25700元，规范发放老党员生活补贴151200元。建立干部包社大走访制度，做到走访不漏户、户户见干部，全体干部进村入户开展脱贫攻坚、人居环境整治、矛盾纠纷排查等工作。

党风廉政建设。全年研究部署党风廉政建设工作8次、各类会议强调23次，专题开展政治纪律宣讲3次，约谈班子成员及基层党员干部12人次。开展"以案四说""以案四改"警示教育2场，覆盖党员干部90余人次。

（刘万全 供稿）

领导班子名录

党委书记 万承先
党委副书记 镇长 谢 杭
人大主席 曾德熙
党委副书记 宣传委员 陶 生
党委委员 纪委书记 张晓勇
政法委员 副镇长 唐大寨
党委委员 武装部长 副镇长 刘治宇
组织委员 周小俊
统战委员 副镇长 吴坪蔚

各村(社区)基本情况

村(社区)	户数(户)	户籍人口(人)	中共党支部书记	村(社区)副书记(副主任)
圣灯村	1114	3130	施志福	夏长春
鱼龙村	998	2905	杨德敬	杨文峰
庆云村	1089	3208	李小兰	张从富
华寿村	847	2510	何代勇	刘 开富
团山社区	471	673	唐定平	郑晓兵

虎峰镇

【概况】 虎峰镇位于铜梁区东南部，与璧山区相邻，辖区面积79平方千米，其中耕地面积3509.9公顷，林地面积4900公顷。辖22个村，4个社区（居民委员会），286个村（居）民小组，17755户，户籍人口43382人。场镇建成区面积1平方千米。

辖区有初级中学1所，开设20个班，有在校生1131人。小学5所，共有学生1407人。幼儿园9所，其中公立幼儿园5所，私立幼儿园4所，共有在校学生569人，学龄前儿童入学率达100%。虎峰镇中心卫生院，开设13个诊疗科室，有医护人员72名，实际开放床位66张。

镇政府机关年末实有81人。内设党政办公室等综合办事机构10个和农业服务中心、文化服务中心等事业单位7个。

【经济发展】 工贸企业。全年实现地区生产总值337149万元，同比增长9.8%。第一产业增加值40441万元，同比增长11.2%；第二产为增加值219119万元，其中工业增加值完成125240万元，同比增长16.1%；第三产业增加值77589万元，同比增长8.4%；固定投资94526万元，同比下降8.2%，其中工业投资46190万元，增长9.9%。财政收入1157.82万元，同比下降14.8%，其中税收1034.42万元，下降17.3%。农村居民人均可支配收入实现24300元，增长10.8%。社会消费品零售总额58301万元，增长26.9%。

狠抓企业纾困解难。辖区内初步形成机械加工、新型建材、电子信息和农产品加工四大支柱产业，全镇规模以上工业企业发展到23家。为4家企业融资300万元。为辖区内2家公司争取工业用地3.2公顷，顺利建厂生产。通过大力宣传、实地推荐等方式，帮助辖区内10家企业招工100余人，新引进中莱箱业模块化集成房屋（重庆）有限公司等工业项目2个，投资1.8亿元。

【农业发展】 以集体经济为抓手，走深走实“六要”路径，不断壮大优质经果、花卉苗木、生态蔬菜、山地特色产业四大基地。全镇水稻播种面积1614.9公顷；玉米播种面积528.33公顷；油菜播种面积308.73公顷；蔬菜及食用菌播种面积1163.53公顷；豌豆播种面积35.87公顷，产量155吨，同比增长1.9%；胡豆播种面积104.8公顷，产量331吨，同比增长2.1%；水产养殖场面积229.2公顷，产量1413吨，同比增长5.3%。共发展生猪2.7万头、禽类58万只，全镇共出栏生猪2.7万头左右，禽类出栏105万只。集体经济项目回龙村的水果、胡豆收入11万元，石寨村的花椒收入6万元，翰林村的花椒收入21万元。

【社会发展】 结对帮扶。安排机关在编在岗干部结对帮扶1户及以上原建卡贫困户、边缘户，明确帮扶责任人职责、工作要求等。聚焦危房改造，完成2020年农村危房处置费用支付，纳入市级补助房屋维修改造4户在5月全部实施完成。协助久远村委在虎峰镇久远村与企业联合创建乡村振兴车间，盘活闲置厂房2200平方米，帮助4户原建卡贫困户、1户残疾人家庭就业。发放小额担保贷款320万元，开展就业技能培训126人。建立贫困人口就业需求台账，全镇脱贫人口已就业266人。认真开展“把老乡留在老家”活动，城乡新增就业379人，返乡就业762人，城乡就业困难人员就业68人，返乡创业10人，开发公益性岗位12人。动员机关干部积极购买扶贫产品，全年帮助销售农副产品完成近82万元，购买扶贫产品近11万元。

整治污染。全年检查发现秸秆焚烧问题31起，整改31起。回收农药包装废弃物29621个，269.69千克，废旧农膜回收5吨。加强对全镇8家“三高鱼池”尾水治理，加快推进“三池两坝”建设任务，4家水产养殖场建设尾水处理设施17.14亩，铺设防渗膜9000余平方米，8家水产养殖场制作生态浮床9150平方米。发放2021年测土配方施肥建议卡海报60份、纸质件14150份。回龙村股份经济联合社等经营主体单位增施有机肥400余吨。申报农村污水治理项目3个，完成10个村生活污水治理工作。在小安溪河、久远河建设生态浮床5500平方米，确保河流水质达到Ⅲ类，整改沿河3家造纸企业。

民生实事。完成农村公路护栏安装5496米，边坡治理超额完成；全镇累计安装太阳能灯近300盏；完成公路培土102千米，栽植花卉苗木100万余株，改造柴棚圈舍1314处，打造人居环境示范点22处。完成职工养老保险560人，居民保险350人；完成职工医疗保险156人，合作医疗参保35007人；动态调整城乡低保对象44户，特困供养人员456人；临时救助204户，发放资金39.102万元；保障孤困儿童9人；补贴残疾人766名，完成残疾人居家托养22户，家庭无障碍改造87户。为17个村配备健身器材共51件。送演出进村44场、送图书阅览6场、送展览讲座4场、送辅导培训30场、送法规政策宣讲4场，受益群众达2.1万人。全年新增卫生计生奖励扶助对象92人，“两癌”检查696人次，65岁以上老年人体检4497人。开展创建区级卫生村1个。

基础建设建设。完善道路交通建设。年内续建断头路、联网公路20条，15.8千米，乡村振兴泥结石路硬化9千米，农村公路护栏安装5496米，推进新一轮场镇总体规划修编，城镇排水管网改造整治项目一期全面完成，建成雨污管网3900米，出户管网约4000米，车行道拆除及恢复8320平方米，新建雨污井163座，清掏化粪池103口。全民健身中心房屋主体完工，完成同心桥水库征地拆迁，征收土地55.6公顷，安置农业人员参保581人，工程建设有序进行。双桥村土地整理项目完成3米至4.5米宽产业路近4千米，整治山坪塘5口、整治顿水田2块，平整土地20公顷。石柱村土地整理项目248公顷，已全部完成前期工作，正在实施中。翰林等11个村复垦项目涉及68户约0.91公顷，太公等11个村复垦项目涉及60户1.15公顷全部实施完毕并通过市验收。推进人居环境建设。国道319虎峰段沿线各村培土约5千米、800余方，修建绿化带边坡护墙约6000米，栽种花木等30万余株，美化路段约11千米。

【党的建设】 概况。虎峰镇党委下属基层党组织29个，其中机关支部1个、村社区支部26个、非公支部1个、退干支部1个。共有党员1322名。年内转正8人，新发展预备党员4人，培养积极分子19人。

政治建设方面。开展中心组学习14次，班子成员上党课26次；召开镇党委会议29次，研究党建议题92个；牵头研究解决换届、软弱涣散整顿、意识形态等重难点问题16个。严格落实周工作例会和班子成员带队督察制度，印发督察通报11期，切实整改问题170个。

队伍建设。组织村(社区)"两委"换届选举,村(社区)书记、主任"一肩挑"比率100%,村(社区)专职干部平均年龄下降5岁,大专及以上文化程度占比提高21.52个百分点。狠抓"带头人年轻人"队伍建设。坚持选管并重,落实村(社区)干部职责分工机制。加强人才回引力度,全年持续滚动回引本土人才18名,物色储备后备力量21人。

围绕庆祝建党100周年主题,积极组织和参加"颂歌献给党""党史知识竞赛"等系列活动,颁发"光荣在党50年"纪念章215枚,开展"两优一先"评选,受表彰区级优秀共产党员1名,优秀党务工作者3名,评选镇级优秀共产党员、优秀党务工作者60名。

严格落实组织运转经费,兑现村(社区)干部绩效考核、一次性补贴,购买村干部意外险,为干部干事创业提供基础保障;"七一"慰问困难党员131人次,发放老党员生活补贴40余万元。

党风廉政建设。截至年底,镇纪委先后核查或参与核查信访举报(或问题线索)19件,给予处分处理18人,其中开除党籍1人、留党察看1人、严重警告1,免职(劝退职)1人、诫勉谈话2人、警示约谈12人。

(周孟 供稿)

领导班子名录

党委书记 张朝敏
党委副书记 镇长 陈俊洁
党委委员 人大主席 周祖华
党委副书记 吴 科
党委委员 纪委书记 周小锋
政法委员 副镇长 夏元毅
党委委员 人武部长 副镇长 王正伟
副镇长 陈 静
副镇长 吕 济
副镇长 柏兴霞
组织委员 人大兼职副主席 宇汝凤
宣传委员 统战委员 周小镜

各村(社区)基本情况

村名	户数(户)	户籍人口(人)	书记、主任一肩挑
石岭村	832	2043	刘成刚
久远村	777	2044	许先淑
石柱村	1253	3195	张小丽
石梯村	707	1824	张云闳
庙湾村	540	1319	黄忠梅
东山村	645	1576	扶永海
回龙村	829	2363	冉顺江
轮桥村	654	1648	席章玲
石寨村	942	2537	祝跃伟

续表

村名	户数（户）	户籍人口(人)	书记、主任一肩挑
双桥村	561	1499	陈德祥
青符村	698	1834	吴 敏
翰林村	907	2350	许弟玲
天锡村	824	2232	刘远禄
滴水村	359	970	李 会
纯古村	769	2064	张 黎
水鸭村	644	1689	陈宗全
太公村	414	1005	张祖玲
西泉村	890	1804	兰代香
进仕村	591	1294	陈 静
群力村	517	1393	夏世模
前进村	587	1529	关海泉
双龙村	496	1431	李长旭
温泉社区	602	866	徐姝梅
华西社区	482	801	宋文彬
新生社区	926	1545	秦伦萍
建新社区	309	527	万安丽

福果镇

【概况】 福果镇位于铜梁区南部，距铜梁城区20千米，东临虎峰镇，南接大庙镇、围龙镇，西靠大足区，北连石鱼镇，有省道S544过境7千米，连接周边镇街过境或联通公路34千米。辖区面积37平方千米，集镇面积1.2平方千米，耕地1466.67公顷，林地2133.33公顷。锶、玻璃用砂岩等矿产资源较为丰富。

镇机关核定编制56名，其中行政编制21名、事业编制35名，实际在编在岗54人。机关内设党政办、党群办等10个综合办事机构，下属农业服务中心、文化服务中心等7个事业单位。辖1个社区、10个村、119个村民小组。7060户户籍人口18023人。辖区有小学1所，班级12个、教师33人、在校学生398人；幼儿园2所，班级4个、教师9人，在校学生82人。有卫生院1所、卫生室16个、诊所3个、药品经营主体3户。有重庆农村商业银行、中国邮政储蓄银行2家金融机构网点。

全镇地区生产总值78211万元、增长7.5%；第一产业增加值15321万元、增长4.4%，工业增加值20284万元、增长12.1%，建筑业增加值15240万元、增长4.7%，第三产业增加值27366万元、增长7.4%；农村居民人均可支配收入22583元、增长9.8%；社会消费品零售总额34110万元、增长24%；固定资产投资57303万元、下降19.6%。

【经济发展】 产业发展。成立10个股份制经济联合社，发展新型农村集体经济项目3个，10个村集体经济年收入均超10万元。发展优质水稻、大雅柑、有机蔬菜、稻田虾等特色高效产业133.33公顷、产值400万元，盘活荒山荒坡打造农业示范园2个，完成种养循环化改造试点，提升产业效益。精心培育注册国家级农业品牌2个，以特牧公司为龙头注册“勇源祥”跑山鸡特色品牌。深入挖掘“孝德文化+酿酒文化”，打造“福果山+国裕+同心桥”特色乡土文化旅游带。

重点项目。年内完成同心桥水库涉及的293户群众、2家工业企业、3宗国有土地、4个独资私人企业工商户的征地拆迁，完成水库所涉及5个村31个社的补偿款兑现、养老保险安置工作，水库副坝主体工程基本完工。完成拦河埝水库深度治理工程。场镇雨污分流管网项目已投入使用。

【社会发展】 城乡建设。修建“一事一议”泥结路5千米，安装和改造自来水管11千米，安装漏电保护器3600余个，新装天燃气500余户。启动农村电网改造项目，改建变压器12台。定期巡查分散供水工程，消除饮水安全隐患10个。

生态环境。落实河长制，整改区河长办交办问题3个，关闭搬迁畜禽养殖场3家，整治畜禽养殖场4家，完成循环化改造1家。推行林长制，扎实抓好森林资源“四乱”突出问题专项整治，深入实施营造林和矿山复绿。关闭搬迁污染企业2家，工业固废综合利用率达92.5%。深

福果镇开展"五沿"区域环境整治。(福果镇 供图)

化积分制，持续抓好农村人居环境整治，美化墙面21处，种植花卉5万余株，修枝整形花草近1000平方米，打造村级示范点4个。

民生实事。建成11个村级互助养老点，发放低保、特困、优抚等资金300余万元，引导500余名农民工返乡就业创业，发放创业贷款60万元左右。积极推进爱国卫生运动，完成城乡妇女"两癌"免费筛查223人，倡导健康生活方式，荷香村成功创建健康细胞示范村。开展"我为群众办实事"实践活动13项，引入昆凌电子公司建立林宇村乡村振兴车间1个，安排20人就业，人平收入月均2000元。

安全稳定。开展安全隐患排查200余次，整治安全生产问题41个，纠违查处道路交通不文明行为1000余次。调解各类矛盾纠纷118件、化解"老大难"信访问题3件。安全有序推进疫苗接种，接种1.6万余剂次。

【党的建设】 政治建设。年内开展专题班学习5次、中心组研讨学习13次、"学党史、忆英烈、强信念"主题党日活动等。专题研究党建工作8次、意识形态工作4次，专题研究党风廉政建设工作3次，通报违规违纪典型案例2次。对各村(社区)党组织书记抓基层党建工作落实情况督导6次、听取汇报2次，领导干部带头讲党课12次。圆满完成村(社区)"两委"班子和镇党委、人大、政府班子换届选举。

组织建设。辖区基层党支部14个、党员584名。基层阵地建设，打造规范村7个、示范村2个，整治党群服务中心不规范问题10个，不断提高基层党组织规范化标准化水平。2021年新发展农村党员11名、机关党员2名。组织开展建党100周年庆祝活动、纪念奖章颁发仪式等系列活动，累计参与党员600余人次。

(谭豪杰 供稿)

领导班子名录

党委书记 张艺凡
党委副书记 镇长 龙 敏
党委委员 人大主席 石先财
党委副书记 童 彬
政法委员 副镇长 肖朝刚
副镇长 张隆云
党委委员 副镇长 武装部长 罗良杰
纪委书记 蒋 菲
组织委员 李 燕
宣传委员 统战委员 刘 平

各村(社区)基本情况

村(社区)	户数(户)	户籍人口(人)	党支部书记村(居)委会主任
福兴社区	767	1000	韩　航
团实村	774	2013	胡正芳
西山村	621	1498	时明中
河兴村	598	1598	傅贵芳
高山村	586	1678	王　伟
三星村	528	1465	杨光玲
龙岗村	669	1847	范立筠
三多村	454	1233	亢　勇
三元村	699	1972	胡德碧
荷香村	588	1557	胡德申
林宇村	776	2162	高永秀

石鱼镇

【概况】 全镇辖区面积32.87平方千米，有8个行政村，1个社区，共有7513户，总人口19611人。场镇建成区面积0.2平方千米。石鱼紧靠铜梁城区，交通便捷，国道319线、省道铜永路、区（县）道庆石路贯通全境，全镇村级公路硬化率达95%，各村公路通畅率达100%。有自来水站1个；污水处理厂1个；小学2所（石鱼小学、安平小学），有在校学生722人；中心文化站1个；卫生院1个，病床20张，卫生技术员23人；幼儿园2所；敬老院1所。石鱼镇机关年末实有干部58名（行政编制为23名，事业为35名），内设机构16个。

年内全镇经济社会发展态势较好，地区生产总值133679万元，同比增长8.5%。其中，第一产业增加值17997万元，同比增长12.7%；第二产业增加值76331万元，同比增长8.4%；工业增加值49954万元，同比增长8.1%；建筑业增加值26377万元，同比增长9.2%。第三产业增加值39352万元，同比增长6.6%。固定资产投资94800万元，同比增长29.4%：其中工业投资83977万元，同比增长47.2%。社会消费品零售总额22601万元，同比增长25.4%。农村居民人均可支配收入23546元，同比增长11.08%。

【经济发展】 招商引资。充分利用“重庆石鱼小企业创业基地”平台和“重庆市铜梁区石鱼镇商会”团体，盘活闲置土地，引进工业制造企业5家，解决50人以上就业问题，淘汰5家产能落后、污染严重、环保不达标企业，实施“腾笼换鸟”。同时督促企业落实环保手续、安装环保设施，为企业协调解决不动产权证办理、环评办理、小额贷款政策等问题16起。

发展集体经济。发展集体经济项目16个、成立专业合作社5个，总收入超过100万元。整合闲置资源，在长乐村、太康村建立乡村振兴车间2个，盘活兴发村闲置房屋建成泡鸡脚和纯净水公司。改良优质品种，东店沃柑，三和枇杷、李子等项目经营收入同比增长30%。

【社会发展】 基础设施建设。完成泥结碎石路硬化11千米，其中3米宽4千米，3.5米宽7千米，联网公路建成2.1千米。配合区交通局完成成渝中线高铁石鱼段地勘青苗补偿工作，配合区规资局启动国土空间规划。全面保质保量完成19户的户厕改造任务。开展“我为乡村点盏灯”民生实事，多方筹集资金68万元，采购663盏太阳能路灯，公路弯道及危险地段安装防护栏18处961米，安装警示柱1007根，警示牌44块，凸面镜14面，切实方便群众出行。

生态环境保护。坚持常态化巡河，镇村两级河长巡河470次，发现问题23个并全部整改。落实“路长制”，常态化配置垃圾箱体，建立常态化保洁机制，开发公益性岗位23个，分级分段开展道路保洁。大力推进“积分制”，开办积分银行，每月兑换奖品，开展“红黑”榜公示，激发群众内生动力。全面监测辖区工业污水、畜禽养殖企业污水以及场镇生活污水排放。整治农村面源污染，建立农膜回收中转站1个，在8个村全覆盖建立废旧农膜回收点。常态化开展禁止秸秆露天焚烧，全年禁烧巡查1004次，发现并及时处置76处。开展人居环境整治“五清理一活动”，打造人居环境示范片1个，示范点48个。推进“千村宜居”建设，兴红村获“美丽巴蜀宜居乡村”称号。

精神文明建设。深化“五风”浸润工程，全年开展相关活动6次。组织开展文化服务进村活动、演出16场次，免费开放镇村文化读书场所，开展各类讲座、培训8场次，电子阅览、图书阅览室培训室等接待群众1200余人次，送图书阅览进村2场，展览讲座2场，辅导培训2场，法规政策科技宣传进村10场。为8个村、1个社区、1个敬老院放映农村公益性电影和爱国主义教育影片共120场次。评选出镇级“好乡亲”5名，周奎荣获区级“新乡贤”称号，敖良胤荣获“重庆好人”。

社会保障。规范有序开展新冠疫苗接种，组织集中疫苗接种7470人。开展“兜底保障清零行动”“农村低保专项治理”等行动，全年度共开展经济核查542户，新增办理低保11户15人、特困5人，年末全镇低保户210户340人，特困141人。全年区镇两级临时救助146户23万余元，稻草资金救助困难群众18人2.2万元。严格落实4名事实无人抚养儿童1225元/人的救助。为符合条件对象644人，按100元/人标准购买“民政惠民济困保”商业保险。对全镇建卡脱贫户、低保、残疾、4050人员进行实名制动态管理，实现城镇新增就业人员110人。为特困人员、低保人员等发放补助金和临时物价补贴，累计413万元。全年新增7个互助养老点。年末全镇共有9个养老服务站、10个互助养老点，初步形成以敬老院、养老服务站、互助养老点“三位一体”的农村养老模式。全年举办健康服务养生讲座90场次，养生活动36场次。全镇持证残疾491人，除1人迁到香港外，全部更换为第三代智能残疾证。为14户困难残疾人送去价值5600元的慰问物品，为就业年龄段的16户困难残疾人申请居家托养，每户每年1200元。为2户困难残疾人家庭制定个性化帮扶方案发放补助资金3500元。为17名残疾人发放轮椅、手杖凳等辅助器材，为1位听力残疾人办理了助听器的定额补助1200元，3名肢体残疾人办理了轮椅的定额补助2100元。辖区城乡居民养老保险参保人数10779人，基金征收199.17万元。城乡居民医保完成参保人数16213人，做到应保尽保。

【党的建设】 概况。镇委直属党支部14个，其中非公经济党组织2个，社会组织党组织2个，机关党支部1个，村（社区）党支部9个。共有党员557名，含中共预备党员7名，其中农村党员455名，全年新发展党员6名。

党史学习教育。开展中心组学习4次、专题读书学习班7次、讲专题党课12次，邀请区委宣讲团宣讲3次，镇村小分队宣讲245次，参观党史学习教育基地3次。开展“亮身份亮承诺亮实绩”活动，为全镇555名党员配发新党徽。70名优秀党员、3个优秀基层党组织获区镇两级“两优一先”表彰，为66名党员颁发“光荣在党50年”纪念章。

基层党建整体提升。依法依规完成村（社区）“两委”换届，提拔使用干部4人次，岗位等级晋升3人次。建强“带头人、年轻人”两支队伍，1名村党支部书记通过“五方面人员”选拔进入镇领导班子队伍，回引2名优秀人才回村任职。扎实推进“整乡推进、整县提升”示范创建行动，成功创建3个示范村，5个规范村。按时足额拨付基层组织办公经费30万元，党组织工作经费2.74万元，积分制专项经费42.7万元，服务群众工作经费22万元，真正让基层党组织“有钱办事”，提升为民服务能力。

全面从严治党。完成2020年区委第三巡察组常规巡察反馈的3个方面19项具体问题的整改。组织处理27人，巡察移交问题线索2件，办理2件，党纪处分2人，开展工作群清理、农村财务清理等专项整治5次，建立完善《石鱼镇农村财务管理办法》等相关制度6个。组织镇村干部观看警示教育片，召开典型案例剖析警示教育大会10次。约谈扶贫项目、工程管理等重点岗位人员155人次，查处违规违纪党员1人。

（刘娟 供稿）

领导班子名录

党委书记　龙海波

党委副书记　镇长

骆　辉（12月选举）　王远平（11月）

党委委员　人大主席

张亚东（12月选举）　蒋永余（改非）

党委副书记　陈　伟

副镇长　郭　琴

党委委员　副镇长　政法委员

张元华（11月宣传统战改任）　何银强（改非）

党委委员　副镇长　人武部长

骆星宇（11月）　胡功友（11月调走）

宣传统战委员

王光辉（11月调入）　张元华（改任政法委员）

纪委书记　蒲　丽（11月）吴远礼（11月调走）

组织委员　施祖毅（11月）王守金（11月调走）

各村（社区）基本情况

村（社区）	户数（户）	户籍人口（人）	村（社区）书记主任“一肩挑”
鱼兴社区	712	1076	敖　爽
兴红村	1177	2898	敖天福
东店村	614	1675	李光忠
联丰村	762	2206	邹兴伦
长乐村	1124	3174	熊达友
太康村	511	1452	周　奎
兴发村	875	2202	张兴洪
盐田村	764	2040	李　鹤
三和村	974	2888	姚永国

少云镇

【概况】 少云镇位于铜梁西北部，距铜梁城区20千米，辖区面积66.85平方千米，东邻安居镇，西接潼南区，北连维新镇、高楼镇，南连侣俸镇、太平镇。辖12个村、2个社区，191个村民小组(居委会)。总户数11600户，户籍人口29224人。少云镇政府机关实有在编在岗人员63人，其中行政编制26人，参公3人，机关工勤人员1人，事业编制33人。设综合办事机构10个。镇属事业单位7个。

辖区有中学1所，在校学生993人，教职员工80人；小学4所，教职员工97人，在校学生931人；卫生院1个，卫生技术员38人，开放床位30张。铜梁区农村商业银行少云分理处1个，有职工6名，铜梁区邮政银行少云分行1个，有职工8名，铜梁区规划和自然资源局少云规划和自然资源所1个，职工4名，铜梁区工商局少云分所1个，职工6名。铜梁区司法局少云司法所1个，职工1人。少云敬老院1个，床位100张，工作人员6名。

全年地区生产总值124847万元，同比增长11.7%；农业增加值38779万元，同比增长22.8%，工业增加值26864万元，同比增长7.4%；农民可支配收入23137元，同比增长11.4%，固定资产投资66391万元，同比增长32.7%。完成一般公共预算收入463.12万元，比上年同期增长19.72%。其中：税收收入306.80万元，比上年同期增长22.02%。

【经济发展】 整治荒山荒坡1万余亩，盘活各类闲置资产，大力发展新型农村集体经济，全镇村集体经济经营性收入达304.2万元。主要产业发展“五个一”产业。一棵草：艾草产业。建成集中成片艾草基地333.33公顷，是西南地区最大艾草基地，建成加工生产线3条，乡村振兴车间1个。一条鱼：乌鱼产业。少云高碑村乌鱼养殖面积达120公顷，2021年产量近2000吨，年产值4600万元。一把椒：藤椒产业。建成“818”藤椒标准化示范种植基地80公顷，建成冻库500立方米、藤椒自动筛选生产线2条，实现村集体经济收入7万元，群众增收50余万元。一片林：柠檬产业。年内建成冷藏冷冻库450立方米，柠檬产量1100吨，产值660万元，全年分红45.8万元。一朵云：少云故里。打造少云故居红色教育基地，年内累计接待各地游客8万余人次，谋划配套产业86.67公顷。规上规模企业有4个，分别为重庆顺庆织造有限公司、重庆市琼江机械厂、重庆市铜梁区伦达机械制造有限公司、重庆伦源机械制造有限公司；其他各类企业25家。

【社会发展】 基础设施建设。全年持续推进场镇补短板工作，完成琼江堤防工程，建成群众休闲文化广场，实施朱家桥片区、东市街和海棠街改造升级项目，改造路面、规范店面，主街区、主干道实现“旧貌换新颜”。完善场镇基本功能。推进琼江二桥建设，开工建设邱少云小学，升级污水处理厂，建成市级社区养老服务站，完成敬老院改造升级立项，建成公共停车位76个。新建5座生化处理池，完成海棠街雨污分流工程、铸铁污水管道维修等。累计新建农村公路、便道18.6千米，农村人饮管网8.5千米，改厕173户、改造电网1650户，新建市区级养老服务站、农村养老互助点28个。开工建设“农村联网路”3条、2.64千米，安装公路护栏922米，完成危房改造20户，排查整治存在风险房屋338处，开工建设5个农村土地整治项目，实施规模约1223.66公顷。打造提升15个综合文化服务站点，新安装健身器械46件。

民生工程。发放低保人员低保津贴380户、37.1余万元，临时救助195户、36.7余万元，新纳入低保56户、85人，新纳入特困供养15户、15人，纳入低保边缘家庭15户、23人，孤儿助学1人，慈善慰问24户、68人，残疾人家庭个性帮扶、走访慰问等131户、7万余元。落实新参保人员3.12万人，确保应保尽保、应享尽享。开发公益性岗位20个，组织就业技能培训4场，帮助19名脱贫户实现就近就业，回引返乡创业、就业586人。建立大学应届毕业生台账，积极为未就业大学生推送就业信息。组织完成“两癌”筛查，落实生育关怀扶助23户补助资金7.7万元。按期发放优抚对象优抚定补300余万元，帮扶困难退役军人49人补助资金14万元。

平安环境建设。全年累计排查整改企业车间消防设施配备不齐等各类安全隐患74条，完成交通纠违1150次。开展农产品质量安全检查60余次。推广化肥减量技术，全镇化肥使用量减少1%以上，农药使用量减少0.5%。群工系统受理办结事项821件，办结率100%；年内排查并整改化解各类矛盾纠纷问题323个。

【党的建设】 概况。少云镇共有21个党支部，其中机关支部1个、村（社区）党支部14个、非公企业党支部6个，2021年发展党员15人，培养积极分子8人，年末有党员966名。利用乡村振兴讲习所和社区党校，开展各类学习和培训52次，覆盖党员群众1680人。

政治思想建设。建成15支党员志愿服务队，充实基层平安员队伍力量，依托镇村社会治理指挥体系，把支部建在网格上。全年发展优秀年轻党员15名，培养积极分子8人；关心关爱老党员的生产生活，如期发放老党员补贴298人约40.98万元。

党风廉政建设。印送“十严禁”纪律要求和签订换届纪律承诺书231份，畅通举报通道，确保换届风清气正。开展巩固脱贫攻坚与乡村振兴有效衔接专项督查等5项专项监督，开展新一届村（社区）“两委”成员集体廉政谈话、廉政教育基地参观学习等3次，组织廉政专题培训2次，主要领导上廉政党课2次；全覆盖开展“以案四说”警示教育，受教育人数达500余人次，教育引导党员干部知敬畏、守底线。

（余津铭 供稿）

领导班子名录

书记 陈文汉
镇长 刘有春
人大主席 周良琼
党委副书记 赵东升
党委委员 纪委书记 孔素容
党委委员 武装部长 杨彧剑
党委委员 刘安全
党委委员 杨 静
副镇长 曾永高

各村（社区）基本情况

村（社区）	户数（户）	户籍人口（人）	中共支部（总支、党委）书记	村委（社区）主任
少云村	964	2439	邱德洪	邱德洪
大佛村	979	2609	张　建	张　建
七宝村	837	2452	练　旭	练　旭
老君村	834	2362	陈金华	陈金华
海棠村	951	2268	彭　忠	彭　忠
转龙村	707	1815	蒲建忠	蒲建忠
向阳村	1381	3176	周良洪	周良洪
石庙村	814	2119	柏　强	柏　强
塔坡村	886	2144	江　中	江　中
高碑村	841	2383	唐中富	唐中富
双堰村	562	1554	欧祖荣	欧祖荣
砚池村	767	2012	陈西德	陈西德
琼江社区	927	1640	彭　杰	彭　杰
长滩社区	149	250	高　媛	高　媛

高楼镇

【概况】 高楼镇地处铜梁区西北，距铜梁城区33千米，距渝遂高速少云互通11千米，辖区面积26.47平方千米，耕地面积1510.5公顷，森林覆盖率达49%。全镇共辖4个村、1个社区居委会，86个社、3个居民小组，共有4903户，户籍人口11658人。辖区有小学1所，教职员工38人，在校学生292人，幼儿园学生57人；卫生院1所，卫生计生人员13人，开放病床20张；敬老院1座，共有房间51间，102个床位，现入住有辖区内五保集中供养老人25人。镇机关有在编干部45人（其中行政及参公20人，事业25人）。内设机构7个，下属事业单位7个。

2021年，高楼镇全年地区生产总值55476万元，同比增长9.6%；第一产业增加值17122万元，同比增长12.3%；第二产业增加值13892万元，同比增长10.9%，其中，工业增加值5715万元，同比增长4.6%；第三产业增加值24461万元，同比增长7.0%；农村常住居民人均可支配收入22201元，同比增长10.35%。2021年成功举办铜梁火龙（铁水钢花炼制及抛洒打花）非遗传承培训和首届蜂糖李采摘节；成功创建安全用电示范镇；建成乡村振兴车间1个。

【经济发展】 农业发展。年内改造荒山荒坡266.67公顷。推进农业集约化、规模化、产业化发展，累计流转土地766.67公顷，已形成以333.33公顷花椒、133.33公顷萝卜为代表的蔬菜，133.33公顷柠檬、133.33公顷优质四季水果为代表的两大产业，其中高楼涪江牌花椒、中坝沙地萝卜、凤凰沟柠檬、涪江村蜂糖李等特色农产品。新建规模养猪场3个。深度推进农旅产

高楼镇养老服务中心。（高楼镇 供图）

业融合发展，成功举办高楼镇首届蜂糖李采摘节，2021年实现集体经济收入129.4万元。其中，盘石村集体经济发展成效明显，年纯收入达到17万元，成为铜梁区首批获得奖励的试点村。

文化产业。成功举办铜梁第一期火龙非物质文化遗传培训，培养打铁水技艺人员45名。通过整合火龙文化演出单位，培养火龙表演人才，挖掘火龙文化内涵等措施，全镇火龙演出团队达到8家，演出人员上千人，实现文化演出年收入2000万余元。

【社会发展】 基础设施建设。投资360余万元，完成高楼小学至高楼村村委会0.67千米公路建设，实现场镇货运车辆分流，有效缓解场镇拥堵状况。全面完成涪江塌岸治理工程，实现河堤有效治理629米。新建3.3千米花椒产业路，硬化9千米乡村泥结石路，修补高别路、少高路部分损毁路段，改造河坝灌区高楼左右干渠20千米，实现自流灌溉面积933.33公顷，极大地方便了群众生产生活。完成生态停车场建设，场镇污水管网建设，农贸市场改扩建，垃圾压缩中转站迁建，自来水厂智慧化改造，涪江村、莲花村断头路、联网路建设。

生态环保。实施场镇提质工程，因地制宜用鹅卵石建设树圈60个，常态化抓好场镇绿化美化。辖区道路两旁绿化，累计栽种“三花一树”91.5余万株，完成公路沿线培土50.5千米。持续开展棚舍改造，引导群众改造柴棚圈舍723处，有效改善柴草乱堆乱放，畜禽散养放养的状况。选聘公益性岗位人员27人全覆盖认领清扫公共路段，做好农村垃圾处理，配备垃圾运输车2辆、2立方米勾臂箱48个、垃圾桶713个，常态化收运处置农村生活垃圾。开展人居环境整治拉练6次。开展人居环境整治示范户表彰奖励大会，激励广大群众学先进，争先进。深入推进河长制工作，镇村河长累计巡河498次，积极发现并整改巡河中发现的问题。

乡村振兴。健全防返贫监测和帮扶机制。全年帮助脱贫户销售农副产品6.73万元。落实17户5.66万元产业到户发展资金。为脱贫户提供公益性岗位11个。引进重庆昆凌电子厂，在全区率先建成乡村振兴车间，为脱贫户、低保户、留守妇女等困难人员40人解决就业，月平均工资达3300元。深入开展农村人居环境整治，党员带头美化庭院、整治环境、认领公共地段绿化管护。全覆盖推行“积分制”，实行“每月一兑换、季度一评比、半年一表彰”，评选出“最美庭院”24户，评选出“新乡贤”2名、“好乡亲”14名，提名“铜梁好人”1名。打造人居环境示范点3个。新建农村卫生厕所129个。

社会保障。积极响应区“把老乡留在老家”专项行动，全年回引返乡就业创业人员251人。举办4期职业技能培训，共计培训175人次，成功介绍133人到重点电子企业务工。年内新开发公益性岗位4个，累计开发公益性岗位29个。办理小额创业担保贷款10户，发放创业担保贷款60万元。完成5个养老互助点建设。投入1300余万元，新建铜梁区高楼敬老院新增床位102个。落实为民解困措施，全年新增低保15户25人，发放城乡低保金156.37万元。新增特困3人，发放特困救助金111.54万元。救助患大病、重病家庭159户298人，发放救助金49.46万元。资助困难大学生5人，发放救助金2.5万元。使用稻草基金救助贫困群众21人，发放救助金1.55万元。关心关爱残疾人生活，发放轮椅9个，发放护理补贴12.71万元，生活补贴8.3万元。发放计划生育奖励扶助资金31.5万元，关怀生育慰问金2.76万元。发放地质灾害避让补助金4万元。全面完成2791户农房安全隐患排查，已对排查到的312户存在安全隐患的房屋进行全面整治。开展文化演出进村8场，送展览讲座进村2次，送技能培训进村2次，送读书活动2次，完成高楼村、涪江村、莲花村、盘石村4个村的体育设施投放，不断丰富群众文化生活。

综治安全。持续开展安全生产大排查、大整治专项行动，开展安全检查381家(船)次，发现安全隐患35条，整改35条，整改率100%。查处道路交通违章612起。开展消防培训2次，防汛应急演练、校园防灾减灾演练和森林消防灭火演练各1次。强化水上交通检查，开展三无船舶及自用船舶清理，切割处理8艘三无船舶。投入约30万元全面改造老街电网和2个村薄弱电网，全覆盖整治房线矛盾、"三线"交叉跨越等安全隐患74处，清理树竹障碍2900余棵，全力保证群众用电安全，成功创建"安全用电示范镇"。安装视频监控352个，实现重点区域、重要路段全覆盖，推进平安乡村建设。

【党的建设】 全镇有7个党支部，正式党员381名。全年组织中心组学习12次，党史学习教育专题读书班6次，各类宣讲会73场次，领导班子成员上党课20场次。做实支部主题党日，用好用活乡村振兴讲习所(社区党校)"学习强国""干部网络学院"等学习平台，累计开展主题党日72次，乡村讲习60场。结合党史学习教育，开展党员先锋岗评选、党员承诺践诺、党员"三亮三比"等活动。举行党员座谈会，发放"光荣在党50年"纪念章123枚，表彰高楼镇"两优一先"36名，其中2名支部书记获区级表彰。加强党内关怀帮扶，走访慰问生活困难、获党内功勋荣誉表彰老党员57名，发放慰问金1.71万元；发放"党龄40年以上"老党员生活补贴15.414万元。使用专项党费慰问疫情防控等一线党员群众7名，发放慰问金2000元。全年开展党建督查4次，下发工作提醒15次，约谈13人次。开展警示教育2次，"以案四说"1次，上廉政党课1次，诫勉谈话1人，提醒谈话6人次，持续营造风清气正的良好政治生态。

(马海霞 供稿)

领导班子名录

党委书记 杨 勇
党委副书记 镇长 周 瑜
党委委员 人大主席 邹宽彬
党委副书记 宣传委员 夏光劲
政法委员 副镇长 陈 勇
组织委员 兼职人大副主席 曹 佳
党委委员 副镇长 人武部长 周晓波
统战委员 副镇长 陈 玲
纪委书记 刘定华

各村(社区)基本情况

村(社区)	户数	户籍人口	中共支部(总支、党委)书记	村委(社区)副书记
龙源社区	305	631	陈冬梅	欧 强
涪江村	1087	2766	周 欢	欧 建
高楼村	1504	3337	陈良勇	李尚春
莲花村	1080	2561	周秀立	周发金
盘石村	927	2363	潘延华	文 霞

维新镇

【概况】 维新镇地处铜梁西北端，与潼南区接壤，距铜梁城区43千米，区域面积50.56平方千米，渝遂高速公路和琼江在境内并行而过。辖7个村1个社区111个村（居）民小组，7078户，户籍18120人。

维新镇机关内设党政办、民政和社会事务办等10个机构，有农业服务中心等7个事业单位。年末在编在岗干部职工51人（行政编制19人，事业编制30人，参公2人）。

2021年实现全年地区生产总值64642万元，同比增长7.6%。第一产业增加值完成20185万元，同比增长11.2%；工业增加值完成8497万元，同比增长3.7%；建筑业增加值8491万元，同比增长1%；第三产业增加值27469万元，同比增长8.4%。固定资产投资50395万元，同比增长13.4%；社会消费品零售21286万元，同比增长26.4%；农村人均可支配收入22261元，同比增长9.8%。

【经济发展】 特色产业。年内累计流转土地541.33公顷，培育新型农业经营主体75个，建成区级龙头企业5个，基本建成糖柑、脆李、花椒、生猪和麻羊等五大特色产业，积极培育“三品一标”农产品，全镇特色农产品品牌达4个，成功注册“铜梁麻羊”地理标志证明商标，全面推进“三社”融合发展，促进农业“接二连三”，当年投入新建花椒烘房3处，累计建成烘房7处、冷冻保鲜库3个。

农村集体经济。围绕“六要路径”发展新型农村集体经济，全力潜挖盘活农村撂荒地164.65亩，稳住农业基本盘，全年7个村实现村级集体收入近200万元，5万元以上的村实现全覆盖，其中10万以上村达6个，农村集体经济不断壮大。

【社会发展】 基础设施建设。完成生猪养殖场产业路建设4.9千米，原乡龙柑产业路建设约1.75千米，断头路、联网路建设4.3千米，全镇7个村乡村振兴泥结石路硬化9千米，实现社社通水泥路，户户通人行便道。投资400余万元，实施杨柳村区级土地整理项目，整理土地280公顷。实施沿河村7组石桥电灌站管网延伸和营基村6社沙磨石电灌站维修整治工程，完成维新供水站智慧水厂建设，实施村级供水工程运行维护工程、实施分管改造工程，解决了群众生产生活安全用水，全面提升农村基础设施建设。

场镇功能提质。实施老街内外侧、小学及广场、琼溪河文化墙雨污管网建设900米，新建提升泵站2处，解决管网堵塞及污水乱排现象，提高场镇污水收集率，彻底实现雨污分流。实施场镇美化，场镇新建花台2个，增设地面花箱24个，灯杆花盆60个，门面花盆165个，硬化裸露地面300平方，修剪行道树100余棵，清除“牛皮癣”400余处，规范广告标牌70余处，清理卫生死角20处，更换雨污水井盖5个，安装行人隔离护栏300余米，修筑绿化美化挡墙4处。加强场镇管理，强化门前五包责任制，持续开展整治“占道经营、乱搭乱建、乱停乱放”，巩固市级卫生镇创建成果。

美丽乡村建设。一是开展农村人居环境整治。累计栽种“三花一树”38万株，美化道路40余千米，改造卫生厕所126户、新建柴棚圈1445个，全年清运并处置垃圾300余吨，开展镇级人居环境交叉检查2次、村级人居环境交叉检查60余次。二是推进河长制工作。全年解决河道清漂等问题25个，办结率100%，建立健全跨区域河道保护协议，牵头与潼南区田家镇、别口镇签订分段治理和分时段治理协议，形成“共管、共享”的良好氛围，有效解决跨区域共治薄弱环节，投入10万余元开展河道清漂和河道近岸保洁工作，清理河道及两岸18.5余千米，琼江水质持续稳定Ⅲ类。三是建设生态文明宜居乡村。持续实施“五风”浸润工程，开展送流动文化服务进村12场，用好用活“人居环境整治积分制”，评选镇级好乡亲10名，区级新乡贤1名。

社会保障。全年累计临时救助困难群众247户，发放救助资金32.53万元，累计建成5个社区养老服务站和8个养老互助点，完成镇敬老院提档升级，完成示范型退役军人服务站建设。回引354名农民工返乡就业创业，协助重点电子智能企业招工任务数143人，帮助6人创业担保贷款申请120万元，组织开展母婴护理、火锅调味、电工职业等技能培训303人次。持续推进优化健康服务，农村妇女“两癌”免费筛查205人次，组织65岁以上老年人参加免费健康体检1657人次，将420人纳入慢病管理，79名严重精神障碍患者进行规范管理。完成国家2020年铜梁区脱贫攻坚成效考核反馈问题和市级脱贫攻坚成效考核及财政专项扶贫资金绩效评价反馈问题整改，创建乡村振兴车间1个，带动10人务工增收，人均年收入21600元，村集体年分红5000元。实施四类人员D级危房改造6户。成功申报秋季雨露计划职业教育补助1.5万元，申报产业到户补助资金共13.01万元。

【党的建设】 概况。维新镇党委下属12个党支部，其中机关党支部1个，村（社区）党支部8个，非公党支部2个，社会党组织1个，全镇共有党员523人。全年新发展党员2名，培养入党积极分子11名。

政治建设。开办党史学习教育主题读书班5期，邀请区委宣讲团党史专题宣讲2场，邀请名嘴说党史院坝宣讲3场，组建镇街宣讲小分队进村宣讲126场，组织全体机关党员到潼南红色基地参观学习1次，全年完成“我为群众办实事”实践活动重点工作12件。

组织建设。全年主持召开26次党委会研究基层党建议题54个，听取班子成员党建工作汇报4次，督促开展监督检查32次，完成村（社区）“两委”换届选举，选齐配强村（社区）“两委”成员58名，8个村（社区）全部实现书记主任“一肩挑”，深入开展“六个一”行动，推动新一届村（社区）书记“上马就干”。

党风廉政建设。全年党委会研究党风廉政工作7次，开展“以案四说”等警示教育14次，约谈53人次，让红脸出汗成为常态，坚决惩治“小微腐败”，聚焦巩固脱贫攻坚成果同乡村振兴有效衔接、镇村换届等监督检查30余次，督促整改问题23个；协助区纪委办理信访举报件1件、违纪件2件，给予党纪处分2人。

（肖必娅 供稿）

领导班子名录

党委书记　谭正举

党委副书记　镇长　朱文彬

党委委员　人大主席　吴小华

党委副书记　罗晓威

党委委员　纪委书记　王长江
　　　　　组织委员　刘小玲
宣传委员　统战委员　彭美玲
党委委员　人武部长　副镇长　王建华
　　　　　政法委员　副镇长　秦海深
　　　　　　　　　　副镇长　张兴洪

各村(社区)基本情况

村(社区)	户数(户)	户籍人口(人)	党支部书记(主任)
槐树村	1312	3576	蒋木江
新滩村	435	1206	张邦能
营基村	1060	2891	张书礼
沿河村	1141	2749	黄吉良
新堰村	875	2288	周帮兵
双石村	872	2294	唐洪兴
杨柳村	1004	2469	喻学伦
龙翔社区	379	548	颜洪江

大庙镇

【概况】 大庙镇辖区总面积为41.47平方千米，其中耕地面积有1734公顷，建成街区面积为0.5平方千米。全镇辖11个村和1个社区，182个村(居)民小组10601户，人口总人口达26500人。高新区(大庙组团)逐渐发展，已初具规模。2021年大庙镇荣获铜梁区慈善会"爱心单位"荣誉称号。

全年实现地区生产总值144498万元，增长8.6%；财政收入1359.54万元，增长148.1%，其中，工商税收975.07万元，增长106.6%；第一产业增加值实现23953万元，同比增长7.1%；工业增加值4019万元，增长15.1%；第三产业增加值45682万元，同比增长10.4%；社会消费品零售总额70514万元，增长35%；农民年人均可支配收入23760元，增长10.7%；固定资产投资达272940万元，同比增长5.2%，其中工业投资236030万元，同比增长8.9%。

【经济发展】 工业发展。年内协助园区做好104.33公顷土地勘界制图、开发方案制定、调规报批等工作，完成大祥路土地规划调整、丽彩特项目滑坡排危租地、14户房屋安全拆除工作，切实保障园区用地建设。现辖区共有工业企业29家，其中：园区外企业7家(规下5家，规上2家)，年产值2.6亿元；园区内签约22家，17家企业开工建设，奥维特、新永阳铁塑、耐伦科技等7家企业已生产运行，其中规模以上工业企业5家，年产值5亿元。辖区有民营企业221家，个体工商户935家，规模以上商贸服务企业3家，规模以上商贸个体户17家。

农业发展。引进新希望饲料有限公司，推进畜禽养殖废弃物资源循环化利用，推广农业循环化耦合发展，打造现代化循环农业。大力发展新型农村集体经济，开创性建立"334"集体经济激励机制，发展农民专业合作社75个，探索"龙头企业+专业合作社+村集体经济"模式，推动实施集体经济项目39个，建成乡村振兴车间3个，实现经营总收入281.19万元，其中纯收入89.36万元。积极打造现代特色农业品牌，大力发展大庙蚕桑特色优势农产品，谋划建立"铜梁蚕桑"公共品牌，成功申报"三品一标"无公害农产品2个、无公害畜产品2个、绿色农产品3个。农产品加工企业10个，规模以上3个；农机服务类专业合作社3个，养殖类专业合作社10个，流转土地面积85.84公顷，种植类专业合作社19个，流转土地面积262.1公顷，家庭农场9个，流转土地面积14公顷，专业大户15个，流转土地54公顷。

蚕桑产业。发挥特色蚕桑产业优势，深入与西南大学合作，建成生物学博士后流动站及全龄桑饲料工厂化养蚕基地，稳步推进20公顷蛋白桑机械化采收示范桑园建设，建成智能化新蚕专用房1000平方米，推行全龄人工饲料工厂化养蚕，实现全年养蚕16批次以上，饲料养蚕示范基地逐步成型。新建年产桑葚加工产品

三品村人居环境整治美丽乡村示范点。(李金洋 供图)

200吨生产线，升级桑叶菜、桑叶粉、桑叶茶生产线，不断延伸蚕桑产业产业链，提升价值链。现全镇特色蚕桑产业有桑园168.67公顷，其中成片老桑园65.87公顷、“四边桑”45.47公顷，成片果桑37.33公顷，低杆密植标准化机采桑示范园20公顷。区级蚕桑龙头企业1个，蚕桑专业合作社2个，蚕桑家庭农场5个，养蚕家庭330户，其中年养蚕3张以上大户27户，2021年全镇养蚕965.7张，产茧38吨。

【社会发展】 城镇建设。改造场镇三四级污水管网2000余米，完成大兴路拓宽改造、场镇主管网改造工程，逐步推进城镇危房改造、文化广场升级、场镇拆违防水整治等项目建设。强化场镇秩序、清扫保洁、垃圾收运日常维护，完善市政设施设备，新增场镇垃圾箱、桶、分类亭等设施65个，配齐配强环保工作人员38人。维修路灯46盏，整修人行道路320平方米，更换破损井盖11个，规范场镇农贸市场管理，开展马路办公180次，发现整改问题720个，完成绿化栽植360平方米，修枝整形场镇人行道树木，整治绿化北门进场口，提升场镇面貌。

乡村建设。全力推进三品村巩固拓展脱贫攻坚成果同乡村振兴有效衔接示范工作，泥结石路硬化工程12千米，实施“四好农村路”0.68千米改造工程，完成农村四类重点对象8户C、D级危房改造，引导一般群众积极改造农村旧房危房96宗，建筑面积19000平方米。在乡村振兴示范村和农户集中居住区安装太阳能庭院灯70盏。推进千亿斤粮食田间基础设施、高标准农田等项目建设，补齐农业发展基础性短板。持续开展“一化两改三不见”“五沿整治”等专项行动，打造示范院落15个，完成5个区级人居示范点建设，大庙镇三品村被市级评为“宜居村庄”，被区人居办评为A级“最美村居”，双马村等3个村被评为B级“最美村居”，三品村5社唐家院子等4个院落被评为“最美院落”。

民生保障。发挥社会救助兜底保障作用，向低保户、特困供养户、残疾人等1571人发放补贴救助494.03万元，向困难群众、“三留守”人员、计生特殊家庭发放慰问金、物资122余万元。

做好就业帮扶工作，申请创业担保贷款220万元，申办社保补贴达54.4万元，举办职业技能培训班4期，培训人数达136人，向市重点信息产业企业送工173人，新增就业345人。建成社区养老服务中心1个、养老服务站11个，新建农村互助养老点12个，开展老年人健康体检2902人。加强日常重点地区来铜返铜人员摸排管控，年内摸排市外来铜返铜共计3587人，重点地区返铜380人，其中集中隔离77人，居家隔离1586人。完成重点行业监管人员核酸采样254人，建成全员核酸采样点7个，覆盖1.8万人。全镇累计接种新冠疫苗27453剂次，其中加强针1562剂次，3—11岁人群首针接种1074剂次，为辖区群众构筑起坚实疫情防控屏障。完成新时代文明实践所、站建设，升级改造镇文化服务中心，全年开展文化演出服务进村等活动19场，在庆祝建党100周年“颂歌献给党”群众文艺会演南部片区比赛中获得二等奖。

平安建设。深化平安建设，开展交通、扫黑除恶、防范电信诈骗等集中宣传活动56次，发放宣传资料8万余份。加强社会治理现代化，开展群防群治工作，摸排化解各项矛盾纠纷125件，防范化解防止民转刑案件2件。严格落实领导接待群众和领导信访问题包案工作制度，镇党政主要领导共接待群众来访97人次，处理各类信访事项43件，清仓疑难信访问题2件。深入开展大排查大整治大执法安全生产专项整治三年行动，全年累计排查隐患223条，完成整改215条，严格落实交通、消防、企业生产等安全检查工作措施，全力防范化解安全风险。

【党的建设】 全镇有党支部17个，党员784名，年内培养入党积极分子22名，吸收预备党员10名，转正7名。回引9名本土人才到村任职，进一步加强基层党组织队伍建设。持续推行“整乡推进、整县提升”示范创建行动，成功创建4个示范村、7个规范村。年内镇开展党史学习教育专题读书班及中心组会议共计20次，开展主题党日130场次，讲习活动120场次，组织党委书记和各村（社区）联系领导讲“七一”专题党课，党员教育完成选学课程、推学课程600余课；评议优秀党员241名。圆满完成镇领导班子和12个村（社区）党组织换届，全面实现书记、主任“一肩挑”，达成“两个百分百”“两升一降”目标，形成了以35岁至50岁为主体、老中青合理搭配的梯次结构。成功举办“光荣在党50年”纪念章颁发仪式，128名党员荣获纪念章；开展“两优一先”座谈会，4名党员和1个支部获评铜梁区“两优一先”称号，56名党员和3个支部获评大庙镇“两优一先”称号。关心关爱困难党员群众，走访慰问困难党员76人和生活困难群众47户，累计发放慰问金2.51万元。排查整顿党的十八大以来农村发展党员违规违纪问题，抽调6名业务骨干组建档案集中审查专班，组建15个测评访谈组，共计排查对象127名，发现疑似违规违纪问题党员10名，有效监督基层小微权力。

（郑露茜 供稿）

领导班子名录

党委书记 陶方昆
党委副书记 镇长 叶 勇
党委委员 人大主席 蒋广伟
党委副书记 统战委员 李淑华
党委委员 武装部长 副镇长 李 遗
宣传委员 李晓燕
副镇长 陈 文
政法委员 副镇长 蒲德佑
党委委员 纪委书记 马焕增
组织委员 唐 文

各村(社区)基本情况

村(社区)	户数(户)	户籍人口(人)	中共党支部书记村(社区)主任
文兴社区	1066	2034	刘　飞
黄升村	1126	2860	欧汉敏
石兴村	903	2444	杨道强
龙岩村	707	1940	陈德淑
双鹅村	738	1917	刘　惠
大狮村	790	2030	肖桂伦
金桂村	919	2478	杨朝勇
双马村	918	2280	余光明
三品村	1217	2946	侯　河
双胜村	751	1965	陈小莉
东森村	724	1836	安昌琴
莲胜村	742	1770	彭材鑫

围龙镇

【概况】 围龙镇位于铜梁南部，距铜梁城区30千米、重庆主城约25千米，辖区面积46.5平方千米；耕地面积1527.87公顷；辖13村1社区、156村民小组、4居民小组。2021年人口总户数9249户，户籍人口22918人。集镇面积1平方千米，镇辖中学1所，教师37名，在校学生346人，小学3所，教师88人，在校学生660人；学前儿童入学率100%，文化服务中心1个，医院1个，病床36张，卫生技术员22人。2021年，围龙镇政府内设11个办所，镇机关在编干部58人，其中行政编制24人，事业编制33人，参公1人。

全镇地区生产总值125066万元，同比增长14%；第一产业增加值20456万元，同比增长28.5%；第二产业增加值67727万元，同比增长12.9%，其中工业增加值34408万元，同比增长14.3%，建筑业增加值33319万元，同比增长11.3%；第三产业增加值36883万元，同比增长8.8%。固定资产投资63047万元，同比增长1.1%；其中工业投资17575万元，同比增长38.9%。社会消费品零售总额38789万元，同比增长35.5%。

【经济发展】 工业持续发展。优化营商环境，积极推动"大庙—围龙"一体化发展，不断激发企业发展活力，全镇共有24家工业企业，其中：小型企业14家，微型企业10家，发展较好的有食品加工、化工、建材企业11家。加大服务企业力度，积极引导企业强化技术改造，推动重庆权琳建材积极升规。深化招商引资，积极融入成渝地区双城经济圈建设，帮助企业到围龙服务区开设门店。细化协调机制，助力永钢建材入驻围龙矿区。

农业产业发展。投资1.5亿元的重庆雨吉润畜牧有限公司项目、龙井村30万羽智能化养鸡场稳定生产，年内新成立6个专业合作社，壮大新型农村集体经济。争取资金50万元，完善原乡蜜桃园基础设施，成功举办首届桃花节，促进农旅融合发展。龙韵村花椒加工扶贫产业项目建成投用，持续延伸产业链条，强化利益联结机制。全年实施土地改良项目300公顷，新增农机推广142台，派发惠农政策补助190余万元。

【社会发展】 推动场镇提升。统筹推进商贸产业发展，协助渝蓉高速集团举办"庆祝建党100周年"等主题活动；引导晶众鑫连锁超市积极升规为商贸限上个体，进一步提升居民生活便捷度。开展"马路办公"，整治占道经营行为；扎实做好垃圾分类宣传，增加街道巡扫次数，定期洗、消垃圾箱体，垃圾清运更加及时；完成铜梁区城镇污水管网改造工程（二标段）、围龙污水处理厂生态湿地工程。实施"照亮乡村回家路"等民生工程，安装太阳能路灯140余盏，新建垃圾压缩中转站1座，垃圾分类示范亭10个。完成行道树修枝整形310株，同时布置沿街迎新灯饰美化场镇。

改善乡村面貌。2021年6千米"乡村振兴补短板泥结石路”完工投用；完成龙湖村正坝路建设，打通产业发展环道；积极发挥先进典型示范作用，再次争取建设专项资金100万元，建好龙湖村美丽乡村示范点；持续开展“五沿”区域环境整治，全力制止露天焚烧、乱堆乱放等行为，开展人居环境拉练4次，打造人居环境示范点13处，栽种各类美化植物24万余株，打造乡村流动风景线；用好农村人居环境积分制，每月定期开展评比。全面推进立体化信息化社会治安防控体系建设，优化村级社会治理指挥中心14个。依托乡村振兴理事会、“开英工作室”等平台，健全网格化服务管理机制，鼓励村民参与讨论村社事务、调解身边矛盾纠纷，125件矛盾纠纷调处在村社一级。推进法治建设、平安建设，开展“法治茶话会”“普法讲习”等各类宣传20余次，提升群众依法办事意识和干部依法行政能力。

推动绿色发展。镇级河长巡河132次，完成率122%；村级河长巡河701次，完成率104%；发现并解决问题139个，主要河流水质稳定达标。投入资金12万元，常态化开展清漂作业。加强企业环保监管，全年检查140余次。帮助5个经营主体申报有机肥替代化肥项目，确保土壤安全。加强露天焚烧管控，全年开展巡查110余次，劝阻、教育30余次，形成防治大气污染常态化工作机制。开展义务植树，结合“3·12”植树节，在龙苑村种植经果林30亩；在龙神、龙湾、龙苑等村种植桢楠20000株；完成龙井、龙湖等村300亩新造经济林验收。实施松材线虫病除治项目，有效防治林业病虫害。持续推进“户集、村收、镇转运、区处理”的农村生活垃圾治理模式，清运垃圾1600余吨。完成全年8.6吨废弃农膜回收利用工作，和559千克农药肥料包装废弃物回收工作，回收率、处置率达100%。

完善民生保障。巩固脱贫攻坚，专题研究部署工作62次，开展走访2142次。优化帮扶措施，全镇脱贫人口人均纯收入增至15994元，同比增长20.4%。落实交通补贴11418.5元；助销农产品152294元；帮助就业212人，同比增长9%；争取人饮管网维护资金42万元，提升农村饮水安全。自筹资金对镇内15户四类对象和一般贫困户旧房进行整治提升，完成第三批重点对象危房改造任务3户，其中C级1户，D级2户。年内完成新改建三格式卫生改厕165户，卫生厕所普及率达97.2%。组织开展医保、就业等宣传活动30余次，全镇养老保险参保人数达1.45万人，城乡居民医保参保人数达1.95万人。发放各类民政资金330万元；新开发公益性岗位就业1人；提供就业技能培训300余人次；办理创业担保贷款120万元；“4050”灵活就业补贴5人；开展“把老乡留在老家”工作，积极回引552人；完成城乡妇女“两癌”免费检查385名。围绕疫情防控全年累计排查6892人，管控3335人，完成各类人群疫苗接种25450剂次。

繁荣文化事业。推进文明城区创建工作，完善15个新时代文明实践所（站）；推进“五风浸润”工程，开展主题活动14场；推荐评选镇村“好乡亲”10人、“铜梁好人”4人，获评区级“新乡贤”1名；开展政策宣讲、关爱帮扶、移风易俗等文明实践活动100余场；开展文化科技卫生“三下乡”活动52场，送电影182场；参与铜梁区庆祝中国共产党成立100周年大家唱群众歌咏活动，不定期组织队员进行气排球训练，获区气排球精英赛三等奖。

【党的建设】 概况。镇党委辖24个支部，其中包括1个机关支部、14个村（社区）党支部、1个流动党支部、7个非公党支部、1个退休干部支部；现有正式党员797人，预备党员16人。

党委核心作用凸显。累计开展中心组学习13次133人，专题读书班6次146人，各级干部讲专题党课55场1689人，各类宣讲38场1455人，参学革命遗址纪念馆等党史学习教育基地3场121人，组织优秀共产党员先进事迹报告会5场600人。举办“光荣在党50年”纪念章颁发、“两优一先”评选等活动。

筑牢基层战斗堡垒。顺利完成村（社区）“两委”换届工作，优化“两委”班子结构；调整专职干部职务34人，回引本土人才13人，新当选五职干部14人，村干部队伍建设持续加强；新一届干部平均年龄42岁，大专以上文化程度24人，比上一届增加3.8倍。扩建党群服务中心7个，提档升级党群服务中心14个。扎实开展“三个一”活动，党员参与少云志愿服务活动2500余人次，充分发挥党员先锋模范作用。

深化全面从严治党。严格落实党风廉政建设主体责任，全年组织纪律学习20次，开展“以案四说”警示教育1次，上廉政专题党课1堂，切实增强党员干部规矩意识、法纪意识。抓好重点领域的监督检查，镇纪委办理信访举报件4件，警示约谈7人次，谈心谈话104人次。

（张捍 供稿）

领导班子名录

党委书记 赵 洪
党委副书记 镇长 王 东
党委委员 人大主席 李青龙
党委委员 党委副书记 蒋和禄
副镇长 陈明鑫
政法委员 副镇长 田 林
组织委员 唐 艳
党委委员 纪委书记 刘绪章
宣传委员 统战委员 胡 涛
党委委员 武装部长 副镇长 彭 韩

各村（社区）基本情况

村（社区）	户数（户）	户籍人口（人）	中共支部书记	村委（社区）主任
龙井村	939	2140	袁 彬	
龙鸣村	765	2134	刘昭友	
龙湾村	778	2151	刘章维	
龙苑村	761	1832	叶永全	
化龙村	464	1139	李祖友	
龙珠村	884	1974	袁由全	
合龙村	534	1406	罗谟春	
龙隐村	375	983	陈应文	
龙湖村	554	1493	罗献平	
龙韵村	748	2059	罗继芳	
腾龙村	763	1913	池福会	
龙神村	464	1166	邓思国	
卧龙村	561	1537	蒋德永	
龙升社区	659	991	方晓玲	

华兴镇

【概况】 华兴镇地处铜梁区境内南端毓青山麓，距铜梁城区34千米，距渝蓉高速公路大庙互通口2千米。辖区面积37平方千米，耕地面积1167公顷，林地面积2300公顷。全镇辖6个村1个社区，102个村（居）民小组，年末5566户，总人口14168人。小安溪河贯穿全境，著名景点燃灯寺系铜梁、永川、璧山三区交界处，是铜梁区境内至高点（海拔886米）。镇机关内设党政办等10个行政机构，实有19人；社保所等7个事业单位，实有32人。华兴镇2021年成功创建"重庆市卫生镇"。

2021年地区生产总值完成65923万元，同比增长7.7%；第一产业增加值13302万元，同比增长11%；第二产业增加值33063万元，同比增长6%；其中工业增加值完成27679万元，同比增长7.9%；第三产业增加值19559万元，同比增长8.4%；全镇财政收入完成1488.5万元，同比增长62.3%；其中税收收入完成1287万元，同比增长65%；固定资产投资完成57132万元，同比增长25.8%。社会消费品零售总额16798万元，同比增长28.5%。农村人均可支配收入21970元，同比增长10.3%。

【经济发展】 深入推进供给侧结构性改革，强化企业服务；协调页岩气勘探开发临时占地6.67公顷，3个勘探开发平台均正常运转；协助庆龙锶盐有限公司完成3000万元技改项目，荣获"领军工业企业"奖项；协调矿区矛盾纠纷，保障林水建材、谊蓉商贸矿区有序开采；指导新宝药业、吴穹钢碳等公司转产升级。全力落实耕地"非农化""非粮化"专项行动，整治撂荒地6公顷；立足粮油保障区特点，大力发展优质粮油、精品果蔬，发展优质油菜66.67公顷、优质玉米126.67公顷、优质水稻280公顷；新引进家庭农场4家，用地19.33公顷，累计25家，160公顷，基本建成家庭农场产业圈。全力推进香山村生猪养殖场项目建设。

【社会发展】 基础设施建设。新建"四好农村路"8千米，"一事一议"道路硬化10千米。实施土地整治项目；新建水沟1.1千米、生产便道5千米，平整田块66.67公顷。实施高标准农田建设项目；改造梯田27.4公顷、改良土壤9.13公顷，新建水沟2千米、机耕道1.96千米，耕作道6.6千米。全力推进安全用电示范镇建设，漏电宝安装率达95%。自筹资金50万元，在农村主干公路沿线安装太阳能路灯367盏。完成城乡一体化供水工程，改造一户一表608户，农村路、电、水等一系列设施网络体系更加健全。

民生保障工作。巩固"两不愁三保障"工作，走访排查5133户，以低保兜底解决疑是贫困人员14户18人。做好困难群众临时救助，发放稻草援助资金111户约31.31万元，慰问困难老党员、优抚人员、生活困难退役军人、留守妇女和儿童290户6.93万元。推进"把老乡留在老家"专项行动，帮助317人在家门口就业；完成职业技能培训191人、城镇新增就业113人、办理创业贴息担保贷款10人。资助养老保险"四类人员"全员参保;居民医保缴费人数11317人。建成养老互助点15个。开展流动文化进村24次,播放"永远跟党走"红色惠民电影48场96部,组织文艺会演进农村演出14场,丰满群众文化生活。全年累计疫苗接种5517人,接种率100%。

生态环境保护。推进农村生活垃圾治理,增加分类处置箱268组。发放并指导农户科学使用过磷酸钙100吨、土壤调节剂40吨,降低土壤有害金属含量;推广有机肥替代化肥项目,发放果菜茶有机肥替代化肥补助5户共计5万元。加大森林保护力度,完成国土提升行动森林抚育33.33公顷,实施松材线虫疫木除治306.67公顷,报请批准使用林地4起。完成场镇雨污管网分流工程,实现场镇生活污水应收尽收、达标排放。镇村两级河长巡河990次,发现并整改问题41个;争取资金30万元,完成蔬菜农场废水循环化改造项目;投资6万元,建设生态浮床320平方米、清漂除渣口1处;全面清理"三无"渔船,渔业禁捕转户3户,建立兼职护渔工作队1支;小安溪河华兴段水质基本稳定在Ⅲ类。深化"五沿"整治,修建花台99个,栽植花木11.5万株,改造柴棚和圈舍97个,组织群众清理垃圾13537处、216吨,新打造整社示范点33个、马路节点4个;以拉练找差距,开展拉练活动9次,累计398名村社干部参与;以积分激发内生动力,每月定期评比兑换,累计兑换奖品15400份;开展场镇清洁卫生专项清理行动6次,制定常态化保洁制度,成功创建市级卫生镇。

【党的建设】 概况。镇党委辖11个党支部,其中村(社区)支部7个、非公经济支部3个(团林建材厂、非公经济联合支部、庆龙公司)、机关支部1个;现有党员522名,其中流动党员153名。

思想政治建设。采取党委会、党委理论学习中心组、专题读书班、主题党日等形式,系统全面学习研讨习近平总书记系列重要讲话精神等重点内容。组建宣讲小分队8支,开展党史学习教育"大宣讲大走访大整改"专项行动,累计宣讲119场、受众6178人,收集并解决群众反映问题16件。有序推进"我为群众办实事"实践活动,开展党员"三亮三比"行动,创新开展"积分流动站""服务送上门""党员帮插秧"等服务活动,帮助群众解决困难11件。举办"光荣在党50年"纪念章颁发仪式、"两优一先"评选表彰座谈会,开展红色革命根据地现场观摩学习,组织观看红色电影4场。严格落实意识形态工作责任,逐级签订目标责任书31份,党委会专题研究意识形态工作2次,意识形态领域学习培训14次。召开"感恩教育"坝坝会64场、1900余名群众参与。

基层组织建设。全域推进党群服务中心阵地提质改造,划分38个党小组,建成示范党小组活动室10个,确保有阵地议事。全面完成村支"两委"和村(居)民小组组长换届选举工作,实现书记、主任"一肩挑"全覆盖;组织镇村社三级干部集中培训2天,全面提升干部队伍业务水平,实现有能人办事。按计划发展党员,新吸收预备党员2名,培养入党积极分子12名。

▶ 华兴镇党史学习教育专题党课。(华兴镇 供图)

党风廉政建设。配备监察监督员7名，并组建廉政纪检舆情信息员队伍1支。开展廉政警示教育，组织党员干部学习党纪法规、典型案例11场次，廉政教育基地实地学习1次，对重要岗位人员谈话提醒12人次。开展换届纪律教育12场次，新当选的村社干部开展集中廉政谈话1次。强化办信办案，发现问题线索1个，办结1件，警示谈话3人，群众来信来访1件，追超范围发放的报账员补贴6000元。成立领导小组，制定整改方案，明确责任任务，建立完善各项制度5个，清退村干部违规务工补贴等资金8784元，完成巡察反馈问题及巡察成效评估反馈问题整改。

（黄耄 供稿）

领导班子名录

党委书记　何德忠
党委副书记　镇长　但永贵
党委委员　人大主席　蒋和桥
党委副书记　吴远礼
党委委员　纪委书记　董建彬
宣传委员　统战委员　冯廷伟
副镇长　刘永洪
党委委员　副镇长　武装部长　龙　彬
党委委员　副镇长　政法书记　陆洪华
组织委员　人大副主席　曾　敏

各村（社区）基本情况

村（社区）	户数（户）	户籍人口（人）	支部书记	村（社区）主任
惠民社区	332	522	刘启凤	刘启凤
犀牛村	983	2533	余坤芳	余坤芳
茯苓村	1179	3126	符学智	符学智
三塘村	674	1775	黄　苹	黄　苹
香山村	673	1821	罗家亮	罗家亮
明月村	1154	3011	陈　林	陈　林
团林村	571	1380	杨小平	杨小平

庆隆镇

【概况】 庆隆原名镜子滩，清道光二十五年(1845年)建场，以境内有庆隆庙得名。民国八年(1919年)建乡。2010年12月28日撤乡设镇。镇内设党政办等9个办事机构，镇属农业服务中心等7个事业单位。2021年年末，实际在编人数48人，其中公务员20名，事业人员28名。全镇辖区面积28平方千米，耕地面积1200公顷，林地面积906.7公顷。镇内有4个村和1个社区，共有90个村民小组；总户数5788户，总人口15936人。有小学2所，幼儿园1所，在校学生378人，教师50人。文化站1个，卫生院1个。

全年完成地区生产总值70995万元，同比增长12.2%；固定资产投资67357万元，同比增长70.5%；工业增加值26658万元，同比增长17.5%；工业固定资产投资完成25647万元，同比增长5.4%；农业增加值16934万元，同比增长12.9%；农村居民人均可支配收入22803元，同比增长10.4%。财政收入完成1066.59万元，其中税收1058.03万元，同比增长55.1%。

【经济发展】 重点项目。一是抓好城轨快线壁铜线、铜安高速等大通道建设征地拆迁和协调服务。成立由党政主要领导为组长的拆迁工作领导小组，落实“分组包片”责任，建立“一户一策”矛盾纠纷化解机制，完成城轨快线壁铜线23.33公顷、铜安高速22公顷交地工作，全面完成126户房屋协议签订，已拆除房屋116户，保障项目顺利进场施工。年底路基施工完成60%；城轨快线壁铜线重要控制性工程云雾山隧道于年内4月进场施工，至年底涉及庆隆境内冬笋、同康、庆新村20个组的工程项目已全部打通施工线路。全面完成大学园区征地拆迁摸底工作。二是做好辖区企业协调服务，完成顺安项目安控区内房屋搬迁，协助保障重庆顺安天力达爆破器材有限公司正常运行；配合推进垃圾焚烧发电项目建设，卫生防护区内176户全部签订房屋搬迁协议，拆除房屋175户。

农业发展。“庆隆梨”主导产业发展，成功申报为重庆市扶贫产品。年内精心举办直播带货活动，召开产销对接会，帮助农户销售梨子40万斤，销售额达180余万元。大力盘活撂荒地种植水稻、豆类及瓜果蔬菜14.67公顷，持续抓好基围虾、花椒、红心火龙果等特色产业发展。全年4个行政村集体经济收入达50万元。同时大力推广宣传农业保险，兑付农机补贴14户、耕地地力保护补贴4563户，完成水稻保险投保206.77公顷，玉米保险19.77公顷。落实“菜篮子”工程，全年全镇蔬菜种植517.91公顷，蔬菜产量1.6万吨。新发展养殖场2户，完成生猪出栏1.2万头。

【社会发展】 环境整治。全覆盖开展入户走访宣传人居环境整治。在主干道路两旁、房前屋后栽植红叶石楠、木春菊等花木74万余株，规范改造柴棚圈舍103处，改造卫生厕所72户，安装太阳能路灯418盏、庭院灯52盏。结合“五沿”区域环境整治，清理陈旧垃圾32吨、牛皮癣广告19处，修缮整治硬化路面120平方米。动员全镇2000余户在家农户全覆盖参与积分制评比，兑换奖品18.2万元。开展垃圾分类宣传，合理设置分类垃圾桶180组、分类垃圾亭5个，硬化垃圾收集点54个。落实河长制工作，全年镇村河长开展巡河809次，累计清漂6.8千米，清理生活垃圾800余吨，发现并解决问题67个。年内完成场镇雨水管网建设1000米，新建化粪池3座，提升泵站2个。

民生保障。一是全面摸排掌握全镇5237户农户"两不愁三保障"和收入等情况。持续抓好67户脱贫户、2户监测户日常走访与帮扶，帮助41名脱贫户获得交通补贴4726元，落实公益性岗位12个，建成乡村振兴车间1个，30名群众实现家门口就业。建成120立方米水果冻库1个，落实产业到户资金19户6万元，借助消费扶贫，帮助脱贫户销售农产品27万元。二是落实落细各项惠民政策。全年城镇新增就业147人，回引外出务工人员返乡就业创业252人，落实公益性岗位5个，信息化产业招工133人。发放创业担保贷款93万元，完成职业培训211人。落实救济救助及兜底政策，全年发放低保、残疾补助、特困供养等经费145.8万元，临时困难救助127人22.67万元。三是补齐农村基础设施短板。完成泥结石路硬化7千米。实施乡村亮化工程，安装太阳能路灯270盏。及时处置危房245户，D类危房改造3户。实施农村饮水安全维修养护项目，改造冬笋村、金源村老旧管网5.8千米。建成庆隆敬老院和庆隆养老服务中心，村（社区）养老互助点实现全覆盖。全覆盖摸排困难家庭用电隐患，免费整治59户四类人员家庭用电隐患，成功创建安全用电示范镇。

乡风文明。深化实施"五风浸润"工程。着力抓好公共文化服务，全年组织开展各类文艺活动3场，图书阅览、辅导培训、流动文化下乡活动19场，播放惠民电影60场。充分利用乡村讲习所开展疫情防控知识、种养殖技术讲座，不断丰富群众文化生活。评选"新乡贤、好乡亲"3名，起到示范带动作用。定期开展意识形态风险研判，签订责任书13份，开展习近平总书记"七一"重要讲话、党的十九届六中全会精神等主题宣讲48场次。

【党的建设】 政治思想建设。全年班子成员深入基层宣讲23次、讲党课18次，开展党委中心组学习12次。扎实推进党史学习教育，组织开展专题读书班6次，革命传统教育1次。

基层组织建设。成功创建基层党建示范村1个，规范村2个，完成同康村党群服务中心新建工程，不断夯实基层组织阵地。全镇共9个党支部，共有党员460人，年内新发展党员5人，按期转正3人。全面落实书记、主任"一肩挑"，配齐配强各村（社区）专职干部29名，新进专职干部13名。高质量完成村（社区）"两委"换届选举工作，新一届村（社区）干部平均年龄下降13岁，大专及以上学历占比45%，干部队伍结构得到优化。

党风廉政建设。严格遵守换届"十严禁"纪律，签订换届纪律承诺书146份。定期开展风险排查，聚焦征地拆迁、换届选举等重点领域，全年梳理廉政风险点2个，办理检举控告类信访件1件。全面完成区委对3个村党组织巡察反馈意见整改，提醒谈话10人，清退违规发放补助、工作经费1.5万元。

（彭媛 供稿）

领导班子名录

党委书记 方　军
镇长 陶启伦
人大主席 陈德星
党委副书记 曾李智
纪委书记 熊德鑫
政法委员 副镇长 任开忠
副镇长 杨明英
组织委员 人大兼职副主席 王格容
人武部长 副镇长 何小川
宣传委员 统战委员 朱纯群

各村(社区)基本情况

村(社区)	户数(户)	户籍人口(人)	支部书记、主任
镜滩社区	134	254	张仁露
冬笋村	2009	5671	谭　彬
金源村	1178	3196	蒋光友
同康村	1266	3506	陈世容
庆新村	1201	3309	金远云

永嘉镇

【概况】 永嘉镇地处铜梁区南部，距铜梁城区37千米，距成渝高速复线围龙互通口5.6千米。辖区面积63.91平方千米，场镇面积0.82平方千米，场镇常住人口3284人。耕地面积2785.19公顷，辖13个村1个社区，201个村民小组，1个居委会。年末总户数11860户，户籍总人口32668人。其中农业服务中心实有19人；社保所实有5人；文化服务中心实有2人；退役军人服务站实有2人；综合行政执法大队实有3人；乡村产业培育实有3人；乡村生态治理中心实有3人。

辖区现有中学1所，在校学生1178人，小学2所，在校学生1107人；学前儿童入学率100%，文化服务中心1个，卫生院1所，病床70张，卫生技术员37人。政府机关行政干部实有28人，事业干部37人。

2021年，实现财政收入207.7万元，其中税收201.65万元。实现地区生产总值100008万元，同比增长6%；工业增加值14111万元，同比增长7.9%；第三产业增加值45291万元，同比增长7.8%；固定资产投资52148万元，同比下降5.8%；工业固定资产投资完成3963万元，同比下降44.9%；农业增加值27165万元，增长5.2%；农村居民人口可支配收入22761元，增长10%。

【经济发展】 招商引资。优化营商环境，实施招商引资，年内成功引进重庆兴宏盛建材有限公司，重庆秀捷环保科技有限公司等落户永嘉，新发展民营企业79家。

农业项目。坚持“1+3+N”农业产业发展规划，做强笋竹特色产业，做大优果、花椒和水南竹语茶叶优势产业。按照“六要路径”工作导向，拓宽永嘉镇新型农村集体经济发展渠道。争取项目资金200万元大力发展万年村笋竹产业33.33公顷，万年、永东村种植优质柑橘33.33公顷，明山、塘坪、高龙等村种植优质花椒53.33公顷。重庆云雾山水南茶茶业有限公司承租原新胜监狱一、二、三中队片区、四中队及陈家山片区的茶园85.4公顷，用于茶叶种植，并在原新胜监狱二大队二中队旧址投资800万元建设标准化“永川秀芽”生产厂房，现已建设完毕（基地年产干茶20吨，年产值3800万元。采茶季节性用工500—800人）。2021年全镇13个村集体经济收入共438万元，宝竹专业合作社获评区级农业龙头企业，与189户建卡贫困户签订集体经济分红协议，实现“集体+建卡贫困户”利益联结机制全覆盖。新建乡村振兴车间2个，解决就业30余人。

【社会发展】 抓乡村振兴。投入10万元对丁吴路场镇入口进行规范建设；投入6万元对场镇破损的80余处下水井盖进行更换，100余平方米破损人行道进行修补，38处固定两分类垃圾桶进行更换和维修，增加挡板及护栏400余平方米，更换朝阳广场座椅4套，新增监控设施8套，全面提升场镇品质。完成泥结石路硬化15.63千米，完成C级危房改造4户，完成D级危房改造15户。

深化“五风”浸润工程，以身边人、身边事，引导群众破除陋习，崇尚文明。评选村级“好乡亲”42名，镇级“好乡亲”10名，区级好乡亲1人，评选出“最美家庭”3个，“最美清漂人”“好丈夫”“好妯娌”共3名，“最美村居”3个，“最美院落”2个。组织开展“一镇一品”民俗文化展演，累计文化下乡演出26场，电影放送52场，在场镇各类大小文艺会演、文化体育活动15场次。获得铜梁区“体彩杯”职工篮球联赛(镇街组)第三名。

生态保护。一是常态化开展河长制工作，三级河长开展巡河巡库648人次，发现并整改问题92个，会龙河永嘉镇段水质持续达标，小安溪永嘉镇段水质稳定在Ⅲ类，穆家河永嘉镇段水质持续向好，辖区其余河库水质总体状况良好。二是狠抓农村面源污染治理。建立农村垃圾“户集、村收、镇转运”机制，常态化配置垃圾箱体、垃圾桶，用好农村生活垃圾治理公益性岗位，完善收运设施，定期进行收运。同时明确专人分级分段开展道路常态化保洁。切实做好化肥农药减量增效工作，推广实施防虫网、诱虫器、杀虫灯诱杀等治虫技术，推广使用高效、低毒、低残留农药新品种，指导农民科学合理用药，提高防治效果，减轻农药污染。推动有机肥替代工作，深入实施农膜使用管理及回收，有效防控农田“白色污染”。三是扎实开展人居环境整治。全面推进铜永路、宝嘉路等干道沿线景观绿化工程；用好用活积分制，发动干部群众集中开展大扫除、大清洁，年内新建鸡圈、鸭圈367处，柴棚287处，清除杂草、杂物及存量垃圾340余吨，播撒花种230千克栽种木春菊17万余株，美人蕉3.3万余株，红枫6千余株，红叶石楠4千余株，斑竹1500余株，新建花台5座，垃圾台88座，整治大小庭院1000余个，改造卫生厕所164户。

社会保障。新冠肺炎疫情防控做到闭环管理，强化重点场所管控，年内疫苗接种16845人35713剂次，实现应种尽种，筑牢全民免疫屏障。镇级临时救助162人次共计137390元，完成农村适龄妇女“两癌”检查419人，慈善慰问脱贫户40户，各户发放物资10件和现金500元，奖扶发放1441人共计1713240元，特扶发放93人共计867000元，年内新增农村低保户51户72人；新增城市低保户1户1人，新建市级养老服务中心1个，社区养老互助点18个，各村社区实现全覆盖。完成新增加就业人员331人，职业技能培训169人，重点电子企业招工221人，高校毕业生就业18人，巩固脱贫人员稳定就业313人。2021年，全镇居民医保参保缴费共26468人，参保率达95%以上。开展安全生产、信访突出问题专项治理和矛盾纠纷大排查大调处大整治。成立“开英工作室”13个，落实平安员147名，严格执行“四议两公开”，成立乡村振兴理事会13个，解决问题190件，办结率100%。

【党的建设】 强化政治思想建设。2021年全镇共开展党委理论学习中心组学习12次、党史学习教育专题读书班5场，讲专题党课32场。全年镇村两级严格执行“三会一课”和组织生活会，各党支部开展集中学习204场次。

基层组织建设。年内先后发展党员5名，培养积极分子6名，回引9名本土人才到村挂职。2021年7月开展党性教育，以“不忘来时路，奋进新时代”为主题为镇村(社区)党员干部上党课。完成2021年村(社区)“两委”换届选举工作，村(社区)专职干部中，大专及以上学历占64.29%，40岁以下年轻干部占52.86%，年龄和学历结构呈现出“一降一升”的特点，队伍整体结构更趋优化。

持续正风肃纪。主要领导和班子成员不定期与相关人员开展谈心谈话、对分管领域开展监督检查。领导班子成员全年约谈86人次，办理检控类信访举报问题4件，提醒谈话2人次，诫勉谈话1人次；领导班子成员就年度落实党风廉政建设“一岗双责”情况向党委书面述职9人次，领导干部个人事项申报10人次。在镇村干部会上开展典型案例通报2次，加强日常警示教育。

（陈超　供稿）

领导班子名录

党委书记　蒋东华

党委副书记　镇长　李小波

党委委员　人大主席　龚代友

党委副书记　王守金

政法委员　副镇长　黎昌强

副镇长　王泽林

宣传委员　统战委员　余发强

组织委员　赵　红

党委委员　武装部长　副镇长　刘　建

党委委员　纪委书记　倪华程

各村（社区）基本情况

村(社区)	户数(户)	户籍人口(人)	党支部书记	村(社区)主任
围永村	885	2186	秦天亮	秦天亮
永东村	665	1869	肖其中	肖其中
竹海村	977	2851	胡　伟	胡　伟
高龙村	821	2424	郭基忠	郭基忠
大兴村	793	2330	吴　宽	吴　宽
蓝山村	760	2216	杨琴波	杨琴波
复兴村	776	2192	杜清贵	杜清贵
圣水村	909	2379	段祖来	段祖来
明山村	910	2604	雷世清	雷世清
和益村	890	2402	肖升洪	肖升洪
塘坪村	1077	3206	胡道平	胡道平
万年村	723	2099	邓远露	邓远露
幸福村	815	2312	白杨福	白杨福
嘉庆社区	859	1598	董秋菊	董秋菊

西河镇

【概况】 西河镇位于铜梁区南部，距铜梁城区38千米，与永川三教镇、大足玉龙镇和本区永嘉镇相邻，距围龙互通口仅7千米，距重庆主城40余千米，从主城到西河仅30分钟车程。镇辖7个行政村1个社区、97个村民小组4个居民小组，总户数7550户，户籍人口17981人。辖区面积38平方千米，集镇面积1.5平方千米。集镇有1所中学、2所小学、在校生1161人，1个卫生院，2个35千伏安变电站，1个敬老院。

镇政府机关年末实有在编在岗人员52人，其中行政编制20人，事业编制32人。地区生产总值完成69801万元，同比增长8.6%；第一产业增加值完成16965万元，同比增长13.2%；工业增加值完成22425万元，同比增长10.4%；建筑业增加值完成4770万元，同比下降9.1%；第三产业增加值完成25640万元，同比增长7.6%；固定资产投资完成18055万元，同比下降24.7%。其中：工业固投完成17321万元，同比下降16%；农村居民人均可支配收入完成22730元，同比增长10%，社会消费品零售总额25433万元，同比增长34.4%。

【经济发展】 工业经济。2021年坚持疫情防控和经济发展两手抓，全年工业总产值完成35200万元。

农业产业。快速发展46.67公顷胭脂脆桃、33.33公顷金丝皇菊、100公顷优质枇杷，66.67公顷优质稻米，以及柠檬、花椒等产业。成功举办第四届胭脂采摘节，畅销60万斤胭脂脆桃，实现销售收入420万元。同步争取上级资金60万，修建菊花烘干车间，提供务工就业岗位60余个，配套做好菊花深加工项目，将“小菊花”做成大产业，提高生态效益，全年皇菊产值达200万元。畅通重庆扶贫网线上销售渠道，提升金蕙大米市场竞争力，销售大米200吨，实现销售收入55.2万元，迈出农旅融合新步伐。

【社会发展】 场镇建设。一是开展场镇秩序维护行动。加强场市政管理力度，落实常态化市政管理队伍，制止场镇乱堆乱放、私拉乱接等行为。处理违章停车及乱设摊点123余起，发放整改通知书185余份，拆除违规占道亭棚伞、广告牌、条幅等300余处，确保场镇环境美观整洁。二是升级场镇保洁服务功能。投资25万元，扩大背街小巷清洁范围，加大民兴场环卫保洁力

金丝皇菊产业加工。(西河镇 供图)

度，严格落实常态化清扫保洁和垃圾收运机制，增加保洁频次、提高保洁质量。三是栽种花木打造宜人环境。投资5万元，修枝整形场镇行道树300株，栽种红景木、五色玫瑰、栀子花、金荷雨珍等花木1.5万株，激发居民自行管护门前花草美化环境积极性，扮靓场镇。

民生工程。一是落实农村危房处置。加强农村现存危房安全隐患排查处理，共计排查农村房屋3921户，发出排危通知17份，鉴定新增的农村重点人群进行房屋改造37户，完成一般户农村危房改造验收及农村危房处置资金拨付工作，C、D级危房改造3户，年末完工率100%，已达到入住标准。二是补齐补强农村饮水安全保障短板。整合2020年农村人饮工程剩余资金30余万元，实施龙岭村3社蓄水池建设项目，新建供水管网10千米（其中龙岭村7千米，西河村3千米），全镇建卡脱贫户饮水安全保障率达100%，集中供水率100%。三是强化水利设施维护。积极申报上级水利设施维修维护资金15万元，对西河水库电灌站、破桥河电灌站进行维修维护，保障群众灌溉用水。利用水库管理维护资金12万元，对石桥水库库体内的菱角及漂浮物进行清理，累计清理50吨，有效保障饮用水源安全；定期开展水库安全巡查，并争取上级项目资金5万元，对石桥水库坝体裂缝进行维修，坝坎和溢洪道杂草进行清除。四是全面推进脱贫攻坚与乡村振兴有效衔接试点项目。双永村建成占地300平方米文化广场。整体推进农房风貌改造，打造4个风貌改造示范点。实施村庄亮化工程，安装70盏智能一体化太阳能路灯。

环境污染治理。对工业污染实施更加严格的环境准入制度和环境保护标准，强化环境执法，严厉查处环境违法行为，运用环保标准倒逼产业升级。将全镇重点污染源企业纳入区在线监控平台进行管理；实施小微园片区环境综合整治。优化“一河一策”编制，对全镇27.5千米河道编制12个河段，每个河段各明确一名镇、村级河长实行分段负责制，细化巡河责任，明确整治方向，每月定期开展巡查和问题研判整改。全年累计巡河185次，巡河发现整改问题24个，全部完成整改。推进破桥河全流域生态治理，确保水质稳定保持在III类。同时开展“一化两改三不见”行动，累计清扫马路38千米，清理生活垃圾4.3吨。完成218户卫生改厕任务。配齐农村保洁人员队伍，实行“户分类、村收集、镇运转”的收集模式，村级垃圾收运体系更加健全，逐步完善长效机制。

社会保障。一是疫情防控。开展常态化排查及人员管控工作，建立4个全核酸检测点，开展疫情防控应急演练4次。推进疫苗接种工作，确保应接尽接。二是民生兜底落到实处。全年新增低保24户39人，新增特困8人，临时救助人员103户，全年发放低保救助金310万余元、临时救助资金18.58万元、高龄营养补贴17万余元。城乡居民医疗和社会养老保险实现全覆盖。全年开展就业技能培训240人，新增就业149人，返乡就业创业288人，发放创业贷款120万元。三是文化生活。举办羽毛球、歌咏、舞蹈、书法等各类比赛5场次，购买文化活动送演进村（社区）14场，送图书阅览进村4次，送展览讲座进村4次，送辅导培训进村5次，送法规政策科技宣传进村4场，组织开展各类书画作品展，丰富和活跃群众精神文化生活。四是大力开展法治宣传教育。开展街头法治宣传4次，进学校宣传2次，发放宣传资料2500余份，在全镇营造浓厚的学法、用法氛围。全镇未发生一起行政诉讼案件。

【党的建设】 概况。全镇有党支部12个，其中机关支部1个，村（社区）支部8个，非公党支部2个，社会团体支部1个。共有党员536人，当年转正11人，新发展预备党员9人，培养积极分子6人。镇党委先后研究29次、37个全面从严治党有关议题。为群众办实事、解决问题136件。圆满完成镇村两级换届工作，镇级换届实现组织提名人选当选率、得票率两个100%。村(社区)书记、主任"一肩挑"比例100%，班子结构得到明显优化。推进农村基层党建示范创建行动，创建示范村3个，规范村4个，整顿软弱涣散党组织1个。推进"两个责任"落实，组织到铜梁区廉政教育基地开展廉政教育2场，开展"以案四说"8场。

(李先平 供稿)

领导班子名录

党委书记 陆学福(1—10月)
姜 敏(11—12月)
党委副书记 镇长 姜 敏(1—10月)
吴明亮(11—12月)
党委委员 人大主席 周 练(1—10月)
戴 明(11—12月)
党委副书记 吴明亮(1—10月)
马存亮(11—12月)
副镇长 王继伟(11—12月)
党委委员 副镇长 武装部长
黎昌强(1—10月) 黎有志(11—12月)
党委委员 纪委书记 简晓波
组织委员 唐 艳(1—10月)
毛晓红(11—12月)
党委委员 副镇长 政法委员
马存亮(1—10月) 赵吉亮(11—12月)
宣传委员 统战委员 蒋永福

各村(社区)基本情况

村(社区)	户数(户)	户籍人口(人)	中共支部书记
西河村	733	1724	戴 熙
龙岭村	944	2355	杨泽莲
大珑村	963	2520	郭凤星
兴建村	943	2315	余永华
双永村	958	2569	蒋源秀
三善村	1157	2924	杨书明
新四村	840	2050	刘成英
长兴社区	825	1188	唐明川

安溪镇

【概况】 安溪镇位于铜梁区南端，地处毓青山西麓，东接璧山区梅江镇，南连永川区金龙镇，与永川茶山竹海相连，西靠永嘉镇，北邻华兴镇，到铜梁城区39千米，距渝蓉高速大庙互通口9千米，距重庆大学城约40千米。辖区面积29平方千米，街区面积0.25平方千米。辖4个行政村，1个社区，61个村民小组，3个居民小组，3749户，户籍人口9998人。

2021年末镇政府机关实有在编在岗人员43名，其中行政编制14名，事业编制29名。辖区内有小学1所，幼儿园2所，银行2所，卫生院1个，村卫生室6所，零售药店4所，敬老院1个。

2021年实现财政收入351.73万元，其中税收收入315.16万元；实现地区生产总值52879万元，同比增长4.7%，其中第一产业增加值9754万元，同比增长9.7%；第二产业增加值19920万元，同比下降4.7%；第三产业增加值23204万元，同比增长9.7%；固定资产投资25218万元，同比下降42.9%，其中工业投资7641万元，同比下降8%，社会消费品零售总额20844万元，同比增长21%，农村居民人均可支配收入21589元，同比增长9.4%。

【经济发展】 全镇种植绿茶433.33公顷，油茶133.33公顷，中药材通草20公顷。年内建成重庆裕和祥农牧科技有限公司规模化生猪养殖场，年出栏生猪3万头；盘活闲置土地新建油茶加工厂1座；新发展民营企业30个，增速23.44%，工商业发展得到恢复性增长。持续推广“原乡水南”系列绿茶。启动“铜梁水南茶”国家地理标识认证和铜梁区茶文化青少年劳动实践基地建设。新建占地3000平方米茶油加工厂1座。年内实现集体经济收入112.53万元，农户分红12.64万元，其中脱贫户分红5.64万元。全镇撂荒地盘活利用20公顷。推进农业集约化、规模化，累计流转土地1033.56公顷。年内4个村集体经营性收入全部超过6万元，总收入达到112.53万元。

【社会发展】 基础设施建设。实施金滩村区级乡村振兴示范村建设，安装路灯60盏、改造泥结石路3千米、提升农房风貌44户、改造农村户厕77户，新安装天然气230户，天然气入户率达到72.5%。实施场镇交通提质工程，设置单行道2条，增设交通纠违摄像2处、减速带2处，建成12千米乡村振兴泥结石路硬化和7千米四好农村路。对辖区农房安全隐患开展全面排查，累计排查2407户，整治95户存在安全隐患的房屋。推进谭洪村高标椎农田项目建设，做好渝西水资源配置工程前期协调工作。实施村庄净化、亮化、绿化工程，整治绿化S208沿线，打造5处节点，增设景观石6个。建成场镇二三级雨污管网1982米，实现污水应收尽收。安装60盏太阳能路灯和75盏庭院灯。启动龙峰村、安康村土地整治项目。完成市级卫生镇创建工作。完成龙峰村、谭洪村党群服务中心建设，启动安溪镇养老服务中心建设。

社会保障。一是巩固脱贫成果。建立健全防止返贫动态监测，全年回引返乡就业创业人员240人。为劳动力转移就业做好协调和服务工作，全年累计转移农村劳动力3618人，举办职业技能培训87人次。新开发公益性岗位4个，累计开发公益性岗位10个，全年发放公益性岗位补贴1.8万元。办理小额创业担保贷款4户，发放创业担保贷款80万元。二落实民生保障。完成建设养老互助点6个，村（社区）养老互助点实现全覆盖。全镇共发放低保、特困、临时救助、孤儿、稻草援助等救助金238.89万元。为贫困残疾人发放轮椅1个，发放护理补贴63700元，生活补贴93150元。落实计划生育奖扶政策，发放奖励扶助资金54.444万元，关怀慰问金20500元。开展免费孕前优生健康检查和妇女“两癌”检查。三是发展社会事业。持续做好双拥工作，规范化建设安溪镇退伍军人服务站。开展文化演出进村10场，送展览讲座进村1次，送辅导培训进村11次，送法规宣传进村6次。新增文体设施4处，新装健身器材18套。

生态保护。持续推进厕所革命，改造农村户厕77户；开展环境治理，新增垃圾桶485个，选聘公益性岗位人员80人全覆盖认领清扫公共路段，按照“户集、村收、镇转运”模式，常态化收运处置农村生活垃圾；开展棚舍改造，引导群众改造柴棚圈舍，有效改善柴草乱堆乱放，畜禽散养放养的状况；开展人居环境整治拉练6次，细化整改措施，形成比学赶超的良好态势；镇村河长累计巡河399次，发现并整改巡河中发现的问题149个，全部按时完成整改；实施好森林抚育工程、国土绿化行动，开展松材线虫病除治。

【党的建设】 概况。全镇有7个党支部，其中机关支部1个，村（社区）支部5个，非公经济党支部1个；有党员343人，其中流动党员93人；全年培养入党积极分子6名，新发展预备党员7名，预备党员转正2名。

思想政治建设。全年党委会研究党建相关议题64个，开展中心组学习12次，开展党史学习教育13次，党委班子成员为党员讲党课13次，各支部结合主题党日学习72次，组建基层宣讲队5支，开展十九届六中全会精神宣讲5场次。

基层组织建设。按期完成村（社区）两委换届，全覆盖实现村（社区）书记、主任“一肩挑”。创建农村基层党建示范村2个、规范村2个，整顿软弱涣散党支部1个。新聘用补充村专职干部7名，调整补充本土人才3名。完成龙峰村、谭洪村党群服务中心建设和金滩村党群服务中心提档升级。深化“我为群众办实事”实践活动，累计解决群众急难愁盼问题14件，开展58次志愿服务活动。

党风廉政建设。坚持党要管党，全面从严治党，班子成员严格履行“一岗双责”，全年镇党委专题研究党风廉政建设工作13次，班子成员开展述职述廉1次，开展监督检查36次，发现问题线索4个，开展“以案四说”警示教育2次，约谈18人次，立案查处违纪案件1起，党纪处分1人，诫勉谈话2人，追回资金3.5万元。

（蒋昌佳 供稿）

领导班子名录

党委书记　张　跃（1—11月）
谷　俊（12月）
党委副书记　镇长　谷　俊（1—11月）
镇长　刘　彦（12月）
党委委员　人大主席　石先财（1—11月）
王大洪（12月）
党委副书记　王大洪（1—11月）
党委副书记　宣传委员　方中伦（12月）
副镇长　张隆云（1—11月）

统战委员　副镇长　曾宪友
党委委员　人武部长　副镇长　罗　伟
组织委员　张　菊
党委委员　纪委书记　陶敬超
政法委员　副镇长　张保山

各村(社区)基本情况

村(社区)	户数(户)	户籍人口(人)	中共支部书记
顺河社区	255	471	陈荣建
金滩村	894	2558	郑显琼
龙峰村	823	2153	刘昌洪
安康村	922	2756	陈华进
谭洪村	676	2060	王方荣

侣俸镇

【概况】 侣俸镇位于铜梁区西部，距城区7千米，全镇辖区面积87.56平方千米，辖19个村3个社区，301个村(居)小组。16668户47034人。辖区有中学1所，学生1259人，在编教职工109人；小学4所(侣俸小学、新复小学、文曲小学、斑竹小学)，学生1627人，在编教职工151人；公立幼儿园1所(侣俸幼儿园)，学生191人，在编教职工2人；民办幼儿园4所。辖区有精神卫生中心，现有在岗职工130人。镇政府机关年末实有在编人员86名，其中行政44人，事业41人，机关工勤1人。

2021年，全镇地区生产总值实现236330万元，同比增长4%，一般公共预算收入5477.90万元；工业增加值完成69158万元，同比下降16.8%，社零总额43141万，同比增长26%元。实现农业增加值44953万元，同比增长3.3%。农村居民人均可支配收入23712元，增长9.9%。

【经济发展】 农业产业。培育新型农业经营主体215个，其中农业企业48家，合作社83家，家庭农场12家，农业大户72家。土地流转面积1333.33公顷，其中蔬菜种植666.67公顷，中药材种植200公顷，经果种植200公顷，苗木种植200公顷。耕地保护，完成23.93公顷撂荒地整治；引进业主，盘活土地133.33公顷；完成宜机化二期土地改造140公顷；高标准农田建设，整治农田13.33公顷。发展集体经济项目50个，其中种植业14个，养殖业7个，其他29个，发展柑橘种植73.33公顷，中药材、花椒种植66.67公顷，建设生态养殖(垂钓)基地6个，全年实现经营总收入441万元。申报绿色食品12个，无公害蔬菜品牌续期9个，“三品一标”产地认证10个。

企业发展。利用闲置校舍、厂房等存量土地，新发展工业企业2家；增强企业发展内生动力，抓好2家企业技改扩规。实现工业固定资产投资7亿元。市场主体培育，新发展民营企业27家。

农旅融合发展。深入挖掘侣俸文化底蕴，以侣俸寺为重点，打造乡村振兴农文旅融合发展示范片，对接区文旅委及文管所，邀请市文物保护专家、古建筑专家实地调研，对进一步保护传承提出意见建议；对接区交通局，将入侣俸寺道路纳入2022年改造项目，做好示范片整体规划设计。

【社会发展】 推动城镇提能。争取上级资金720万元，完成铜梁区城镇排水管网改造整治项目一期工程，新建污水提升泵1座、污水管网1400米、雨水管网2100米。完成全民健身中心建设。开工建设小学旁污水管网改造项目和撤并场镇污水管网改造项目。开展“马路办公”32次，发现问题85个并全部完成整改，排除安全隐患23处，规范摊位43个，整治骑门摊21个。对场镇地面进行绿化美化，栽植各类花卉植物3000余株。整治路灯管网3200米，更换路灯105盏，新安装LED路灯22盏。

推进乡村建设。年内完成4千米西郊示范片干线公路工程建设，完成5.5千米产业路建设，完成15条11.7千米“四好农村路”建设。扎实推进人居环境整治，全面推行积分制，全镇6588户农户全部参与评比积分，共积分45万分，兑现洗衣液、香皂等积分奖品25万元，评选清洁文明户653户；以“五沿”整治为抓手，落实驻村干部、村干部包户制度，1355个重点户明确一名驻村干部和一名村干部进行管理，逐户逐社全域覆盖推动人居环境整治，共发动群众6875人次、清理公路两侧垃圾82吨，平整土地1432处、2.5万平方米，栽种美人蕉等61万株，果树等4524株，改造柴棚、圈舍235处，打造7个区级最美村居、7个区级最美院落。

污染防治攻坚。全面落实“双河长”制，镇、村两级河长累计巡河897次，发现问题42个并全部完成整改。投入经费60万元，23名河道保洁员常态化开展清漂保洁，清理水面66.67公顷；争取中央资金45万元，启动孔家河、永乐河、双寨水库水质治理工程。加快推动绿色低碳发展，开展再生资源回收，共回收18吨再生资源；持续推进垃圾分类，新建垃圾收集点651个，全镇22个村（社区）实现垃圾分类全覆盖。

社会保障。持续开展“两不愁三保障”回头看，脱贫户中38户89人已纳入低保兜底保障；全镇229户脱贫户全部安装自来水并张贴饮水安全标识牌，水质、水量均得到保证，实现基本医保、大病保险、医疗救助全覆盖；全面落实建卡学生义务教育资助政策，158名学生享受教育补贴，送教上门2人。严格落实“四个不摘”要求，对229户786人脱贫对象进行动态调整和情况更新，排查出脱贫不稳定户11户34人、边缘户1户5人，全部落实“一户一策”帮扶措施。为脱贫户和边缘户购置种苗，申请补助基金11万元，助力有养殖意愿的脱贫户发展养殖业；完善利益联结机制，积极引导脱贫户通过土地入股、贷款资金合作经营等方式加入村集体经济组织，脱贫户的收益高于一般农户收益5%—10%。回引区外务工人员返乡创业就业834人；向市加工贸易重点电子企业送工229人；城镇新增就业500余人。加大创业担保贷款力度，发放创业担保贷款14人275万元；开展技能培训5期117人。办理社会保险补贴39人，发放跨区域就业往返城市间交通补贴204人。城乡居民养老保险，新参保117人，支付一次性死亡补助金63.29万元，退回参保金8.14万元。全镇低保、特困、优抚、重度残疾、特殊困难家庭人员全部纳入民政医疗救助，全年发放救助资金91.39万元，落实退役军人优抚政策，兑付发放专项资金396人530余万元，发放优待金1万余元，走访慰问困难优抚对象40人次。新建养老服务点23个，运行养老服务站22个，120位老人入住侣俸第二敬老院。完成C、D级危房改造9户，整治农村危房933户。完成西郊示范片干线公路两旁120户外立面改造。完成农村卫生厕所改造250户。

【党的建设】 概况。侣俸镇有基层党组织26个，其中机关支部1个、村（社区）22个、非公支部3个，中共党员共计1574名。

党史学习教育。党委理论学习中心组集中学习研讨12次。全镇共召开专题组织生活会23次。邀请区委宣讲团成员开展宣讲2次，班子成员在联系村（社区）党支部讲专题党课26场，22个村（社区）支部书记讲党课69次，组建宣讲小分队进村入户开展宣讲81场。结合区级重点项目清单和镇重点民生实事项目广泛开展“三亮三比”专项行动，解决群众“急难愁盼”等问题1500余件。

基层组织建设。完成村（社区）“两委换届工作”。实现支书、主任“一肩挑”和村支部书记兼任集体经济合作经济组织负责人，村（社区）

专职干部平均年龄下降到44岁，大专及以上文化程度占比提高13.5%。全年回引本土人才8名，调整补充专干3名，动态培养村（社区）后备力量22名，全年发展党员12名，“带头人、年轻人”两支队伍不断优化提升。抓实经费保障。划拨村级运转经费和党员活动经费77万元，确保有钱办事；严格审核服务群众工作经费的使用范围和方式。春节、“七一”走访慰问困难党员和特困群众292人，发放慰问金5.8万余元、老党员补贴65万余元。

党风廉政建设。开展疫情防控、人居环境整治、脱贫后成效评估、换届风气等重点工作进行监督检查，印发书面通报1期，工作提醒3次。持续深化“七个全覆盖”，退回集体资金4万余元。持续纠治“四风”，收回违规补助6412元。持续保持惩治腐败高压姿态，紧盯重点领域和关键环节，办理信访件9件，问题线索2件。多种形式开展警示教育，组织新一届村（社区）党支部书记、副书记及新进机关干部57人到铜梁区廉政教育基地参观学习，下发3期典型案例通报，组织开展“以案四说”1次，开展新一届“两委”班子成员及机关二级班子任前集体廉政谈话。

（陈绘华 供稿）

领导班子名录

党委书记 李继红
党委副书记 镇长 万 波
党委委员 人大主席 汪伯伦
党委委员 党委副书记 王伏娟
人大专职副主席 刘 龙
副镇长 李大国
组织委员 唐定静
副镇长 孙贤菊
宣传委员 统战委员 邹 鑫
党委委员 副镇长 武装部长 曾 途
党委委员 纪委书记 周 城
政法委员 副镇长 段玉平

各村（社区）基本情况

村（社区）	户数（户）	户籍人口（人）	中共支部书记	村委（社区）主任
水龙村	1179	3086	曾 勇	曾 勇
新学村	1217	3382	万 红	万 红
柏香村	580	1535	瞿和菊	瞿和菊
石蛤村	1063	3162	向以富	向以富
永乐村	1081	3165	陈方志	陈方志
玉林村	1043	3083	罗 喜	罗 喜
西岳村	486	1410	曾宗穆	曾宗穆
保乡村	1024	3003	张文峰	张文峰
文曲村	757	2291	周在春	周在春
石河村	835	2385	田贵忠	田贵忠

续表

村(社区)	户数(户)	户籍人口(人)	中共支部书记	村委(社区)主任
志和村	802	2146	冷小彬	冷小彬
天星村	958	2768	罗德中	罗德中
保宁村	719	2376	银　东	银　东
凤飞村	572	1885	唐宗合	唐宗合
妙明村	671	2169	刘远旺	刘远旺
白塔村	652	1738	黄小容	黄小容
三石村	621	1786	刘　亮	刘　亮
坪堰村	798	2346	唐云洪	唐云洪
太石村	559	1436	张　议	张　议
池水河社区区	760	1350	胡珂铭	胡珂铭
中兴社区	76	124	杨　艳	杨　艳
竹园社区	215	411	陈春宇	陈春宇

太平镇

【概况】 太平镇位于铜梁西北部，1994年1月，由撤区并镇前凉井乡和团碾办事处合并而成。辖区面积51.6平方千米，辖10个村、1个社区，全镇10906户，户籍人口25421人。镇机关年末实有59人，设有党政办、党群办等8个综合办事机构。公立基层医疗卫生院1个，医务人员36名，村卫生室19个，乡村医生20名。公立小学校2所，公立幼儿园2所，在校生679人，教师68人；私立幼儿园2所，在校生217人，教师13人。

2021年实现地区生产总值111527万元，同比增长6.3%；一般公共预算收入889.41万元，同比下降33.8%；工业增加值14799万元，同比下降17.1%；建筑业增加值38283万元，同比增长9.7%；第一产业增加值24649万元，同比增长14.9%；社会消费品零售总额27407万元，同比增长28.0%；固定资产投资54873万元，同比增长13.6%；其中工业投资12250万元，同比增长128.8%；农村常住居民人均可支配收入23790元，增长10.5%。

【经济发展】 农村集体经济。全镇已有村集体经济项目35个，村经济收入均达10万元以上，其中西郊示范片村集体经营性收入达20万元以上。完善集体经济发展利益联结机制，通过土地入股、务工等带动群众3804户9220人，增加群众收入126.9万元。

农旅融合发展。举办“桃谷人家”赏花节，积极宣传造势，持续提高“桃谷人家”在铜梁区乃至全市的知名度；建成龙灯彩扎儿童研学基地1个，并获上级主管部门授牌，开展活动2次，通过“教做学”合一的模式抓好“铜梁龙灯”文化保护、传承和利用；积极与区文旅公司对接，以闲置农房入股的形式，经营原乡慢食2家，并投入运行。

发展订单农业。对接区龙裕公司先后3次到坪漆村考察，采取“公司+农户+集体”模式，按照统一品种、统一技术、统一加工、统一包装、统一品牌、统一销售“六统一”的思路，利用山林、果园发展跑山鸡，全年发展养殖户312户，出栏跑山鸡14040只。

【社会发展】 持续巩固脱贫成效。全面完成2020年国家脱贫攻坚成效考核反馈问题整改21个、市级脱贫攻坚成效考核及财政专项扶贫资金绩效评价反馈问题整改9个。落实助学金、生活补助、爱心午餐等帮扶政策，保证无一名学生因贫失学辍学，持续全面落实健康脱贫政策，全面实行“一站式”结算和先诊疗后付费，持续加强对所有农户住房进行全覆盖排查整治，改造CD危房17户，农村居民危房实现动态清零。聚焦完善机制，健全完善防止返贫动态监测帮扶和农村低收入人口常态化帮扶措施，建立常态化摸排会商机制，细化监测程序；加强就业政策支持，着力提升劳动力收入；建立健全信息共享机制，实现动态管理等。

做好稳就业工作。实现城镇新增就业105

人，离校未就业高校毕业生就业率达到100%，发放扶持创业贷款415万元，开展职业培训360人次，协助市重点电子智能企业招工153人、回引农民工返乡就业创业483人。深入推进劳动合同制度，适时开展专项督查，确保劳动合同签订率维持90%以上。贯彻落实“互联网+调解仲裁”三年行动计划，推进调解仲裁规范化、标准化、专业化和信息化建设，劳动人事争议仲裁结案率达95%以上。

落实惠民政策。落实低保兜底政策，实施动态管理，调增59户，调减22户，停发51人。特困、孤困儿童供养工作，年内新增特困9人，停发14人。2021年区级和镇级临时救助，办理临时救助55户，救助金额380630元。落实涉老政策，全镇共有90岁以上高龄老人142人，月发金额总计29000元；100岁以上高龄老人3人，月发放金额1200元。

推进疫情防控。严格实施闭环管理。全年共排查辖区各类人员27000人次，采取隔离措施人员1462人次，核酸检测1462人次，疫苗接种共完成18岁以上人员接种19859人，加强针接种5972人，12—17岁儿童接种786人，3—11岁儿童接种1544人。

优化人居环境。持续推进“五沿”区域人居环境整治专项行动。全年人居环境拉练10次，发动群众9515人次。全镇改柴棚、改圈舍共计184处，栽花草40985平方米，整治裸露地面500余平方米；配备垃圾箱110个、垃圾桶820个，清理存量建筑垃圾20余吨，存量生活垃圾11余吨，白色垃圾6.68吨。加快推进农村户厕改造，制定摸排整改工作方案和建设方案，切实保障农村户厕改造顺利推进。年内完成农村户厕改造44户。对全镇20家畜禽养殖场进行畜禽粪污资源化利用循环化改造，对15家水产养殖基地通过降低水产养殖密度、制作生物床、尾水排入湿地进行生物净化等方式进行整改。同时，在集中使用化肥、农药频率高的耕种期，下乡进行宣传指导，引导村民科学合理使用肥料和药剂，减少土壤和水体的受污染程度。

【党的建设】 概况。全镇建有15个党支部，党员729人，预备党员7人。太平镇坪漆村党支部被中共重庆市委评为“先进基层党组织”。

推动思想政治建设。紧扣“落实基层党建责任”主线，严肃党内政治生活，全年召开党委会34次。全年组织中心组学习12次，指导各支部学习132次，结合入户走访、院坝会等，深入学习宣传党的十九大和十九届历次全会精神。悬挂宣传党史学习教育标语32幅，制作永远跟党走专栏26期，开展宣讲236场次，累计受众9531余人次。

基层组织建设。开展“整乡推进、整县提升”示范创建行动，全年建设示范村4个，规范村4个。庆祝建党100周年活动，召开“光荣在党50年”座谈会，广泛开展评选表彰“两优一先”。结合村（社区）“两委”换届，选优配强村（社区）干部队伍，77名“两委”成员一次性选举成功，村党组织书记较上届平均年龄下降1.1岁、高中及以上学历达到81.8%、书记、主任“一肩挑”比例达到100%。

（唐东　供稿）

领导班子名录

党委书记　解朝旭
党委副书记　镇长　孔令全
党委委员　人大主席　刘　翔
党委副书记　涂　强
政法委员　副镇长　钟世仁
副镇长　柴克应
宣传委员　统战委员　沈　平
纪委书记　黄　颖
组织委员　人大副主席(兼)　戴佩益
党委委员　人武部长　副镇长　田书超

各村(社区)基本情况

村(社区)	户数(户)	户籍人口(人)	中共支部书记
凉水	920	2280	陈世勇
双福	941	2349	赵隆刚
垣楼	1375	3415	周云芬
白云	750	1955	李　中
余家	683	1583	黄光强
太平	1207	2934	谢华飞
坪漆	988	2390	赵东阳
万寿	1005	2270	甘世明
团碾	1253	3037	查兴明
铁鹅	839	1958	李晓会
白云社区	917	1227	唐金龙

2022

铜梁年鉴

荣誉

集体荣誉

（2021年）

获奖单位	荣誉名称	荣获时间	颁发单位
重庆市铜梁区	“铜梁龙灯彩扎”被国务院列入第五批国家级非物质文化遗产代表性项目名录	2021年5月24日	国务院
土桥镇	第一批全国乡村旅游重点镇（乡）	2021年8月	文化和旅游部
重庆市铜梁区	2021—2023年度“中国民间文化艺术之乡”	2021年11月3日	文化和旅游部
重庆市铜梁区	确定为文化和旅游市场信用经济发展试点地区	2021年12月	文化和旅游部
重庆市铜梁区	全国文旅融合最佳旅游目的地	2021年11月	中国互联网新闻中心
重庆市铜梁区	全国十佳魅力文化旅游名区	2021年11月	中国互联网新闻中心
铜梁区发展和改革委员会	全国节约型机关	2021年8月23日	国家机关事务管理局、中共中央直属机关事务管理局、中华人民共和国国家发展和改革委员会、中华人民共和国财政部
铜梁区南城街道黄桷门村妇联	全国妇联系统先进集体	2021年12月	人力资源社会保障部 全国妇联
重庆市铜梁区人民医院麻醉科手术室	全国巾帼文明岗	2021年3月	全国妇联
重庆市铜梁区民政局婚姻登记处	全国三八红旗集体	2021年3月1日	全国妇联
重庆市铜梁区人民检察院检察五部	全国维护妇女儿童权益先进集体	2021年12月	全国妇联
铜梁区委政法委	全国维护妇女儿童权益先进集体	2021年12月	全国妇联
重庆天齐锂业有限责任公司技术部	全国工人先锋号	2021年4月	全国总工会
铜梁区体育局、铜梁区龙舞艺术推广中心	2017-2020年度全国群众体育先进单位	2021年9月	国家体育总局

获奖单位	荣誉名称	荣获时间	颁发单位
铜梁区河长办	全面推行河长制湖长制工作先进集体	2021年5月	水利部
铜梁区关工委	全国关心下一代宣传工作标兵单位	2021年8月	中国火炬杂志社
铜梁区文化旅游委	第七届中国西部旅游产业博览会优秀组织奖	2021年6月	中国西部旅游产业博览会组委会
铜梁区文化旅游委	2021重庆国际文化旅游博览会最佳人气奖	2021年6月	中国西部旅游产业博览会组委会
维新镇沿河村	重庆市脱贫攻坚先进集体	2021年4月	中共重庆市委 重庆市人民政府
铜梁区维新镇沿河村党支部	重庆市脱贫攻坚先进集体	2021年4月	中共重庆市委 重庆市人民政府
铜梁区安溪镇金滩村驻村工作队	重庆市脱贫攻坚先进集体	2021年4月	中共重庆市委 重庆市人民政府
铜梁区太平镇党委	重庆市脱贫攻坚先进集体	2021年4月	中共重庆市委 重庆市人民政府
铜梁区扶贫办	重庆市脱贫攻坚先进集体	2021年4月	中共重庆市委 重庆市人民政府
铜梁区安居镇党委	重庆市先进基层党组织	2021年6月	中共重庆市委
铜梁区土桥镇河水村党支部	重庆市先进基层党组织	2021年6月	中共重庆市委
铜梁区太平镇坪漆村党支部	重庆市先进基层党组织	2021年6月	中共重庆市委
铜梁区东城街道玉泉社区党委	重庆市先进基层党组织	2021年6月	中共重庆市委
铜梁区市民服务和营商环境促进中心机关党支部	重庆市先进基层党组织	2021年6月	中共重庆市委
铜梁区关工委	全市关心下一代工作先进集体	2021年11月	重庆市关心下一代工作委员会、重庆市精神文明建设委员会办公室、重庆市人社局
铜梁区文化旅游委	重庆市庆祝中国共产党成立100周年大家唱“歌咏活动” 组织工作奖	2021年6月25日	中共重庆市委宣传部
铜梁区政协	2021年度政协新闻宣传优秀单位	2021年12月8日	重庆市政协
重庆金庙实业有限公司	劳动保障守法诚信企业（2018-2020年度）	2021年9月	重庆市人力资源和社会保障局
重庆市铜梁区交通局建设管理科	重庆市工人先锋号	2021年	重庆市总工会
重庆市住房公积金管理中心铜梁区分中心服务大厅	重庆市工人先锋号	2021年	重庆市总工会

获奖单位	荣誉名称	荣获时间	颁发单位
重庆市鹿享家科技有限公司生产部	重庆市工人先锋号	2021年	重庆市总工会
重庆赛维药业有限公司	重庆五一劳动奖状	2021年	重庆市总工会
康济村	重庆市卫生村	2021年12月16日	重庆市爱国卫生运动委员会
人和村	重庆市美丽宜居乡村	2021年12月20日	重庆市人居环境整治工作领导小组办公室

个人荣誉

（2021年）

姓名	荣誉名称	荣获时间	颁发单位
赵安福	全国脱贫攻坚先进个人	2021年2月	中共中央、国务院
冉 劲	全国扫黑除恶专项斗争中事迹突出嘉奖	2021年3月	中央组织部 中央扫黑除恶专项斗争领导小组
余海林	《中国退役军人》宣传工作 先进个人	2021年10月	退役军人事务部办公厅、退役军人事务部宣传中心
黄德生	2020年度“强基础、转作风、树形象”专项行动表现突出个人	2021年1月	住房和城乡建设部
王成龙	“老兵永远跟党走·让退役军人成为全社会尊重的人”主题演讲比赛优秀奖	2021年5月	中华人民共和国退役军人事务部
李 季	全国人民法院保密工作先进个人	2021年6月	最高人民法院
罗 教	全国人民法院司法警察先进个人	2021年10月	最高人民法院
张华越	撰写的《各美其美，新时代人民法庭参与基层社会治理的类型化策略》在全国法院第三十三届学术讨论会中荣获论文二等奖	2021年12月	最高人民法院
程乃善（男）、王欣（女）	撰写的《范某某等诉重庆龙赢市政建设有限公司、第三人范某某侵权责任纠纷案——骨灰安葬权的法律规制》，荣获《全国法院系统2021年度优秀案例分析》一等奖。	2021年12月	最高人民法院
张 颖 赵菲菲	撰写的《原告重庆伊格斯机械有限公司诉被告重庆市铜梁区人力资源和社会保障局、第三人袁某某劳动、社会保障行政确认一案——多个间接证据形成完整证据链能否作为定案依据》，获《全国法院系统2021年度优秀案例分析》优秀奖。	2021年12月	最高人民法院

续表

姓名	荣誉名称	荣获时间	颁发单位
罗元述	重庆市脱贫攻坚先进个人	2021年4月	中共重庆市委 重庆市人民政府
周光学	重庆市脱贫攻坚先进个人	2021年4月	中共重庆市委 重庆市人民政府
郑显琼	重庆市脱贫攻坚先进个人	2021年4月	中共重庆市委 重庆市人民政府
陈　鹏	重庆市脱贫攻坚先进个人	2021年4月	中共重庆市委 重庆市人民政府
赵先平	重庆市脱贫攻坚先进个人	2021年4月	中共重庆市委 重庆市人民政府
陈韵颐	重庆市脱贫攻坚先进个人	2021年4月	中共重庆市委 重庆市人民政府
杨德胜	重庆市脱贫攻坚先进个人	2021年4月	中共重庆市委 重庆市人民政府
闫　强	重庆市第六届先进工作者	2021年10月	中共重庆市委 重庆市人民政府
陈　亮	重庆市第六届先进工作者	2021年10月	中共重庆市委 重庆市人民政府
陈　鹏	重庆市第六届先进工作者	2021年10月	中共重庆市委 重庆市人民政府
伍　春	重庆市第六届劳动模范	2021年10月	中共重庆市委 重庆市人民政府
姜合伟	重庆市第六届劳动模范	2021年10月	中共重庆市委 重庆市人民政府
吴开英	重庆市第六届劳动模范	2021年10月	中共重庆市委 重庆市人民政府
袁　媛	重庆市第六届劳动模范	2021年10月	中共重庆市委 重庆市人民政府
周　良	重庆市优秀共产党员	2021年6月	中共重庆市委
张光文	重庆市优秀共产党员	2021年6月	中共重庆市委
陈泓志	重庆市优秀共产党员	2021年6月	中共重庆市委
吴开英	重庆市优秀党务工作者	2021年6月	中共重庆市委
闫　强	重庆市优秀党务工作者	2021年6月	中共重庆市委

续表

姓名	荣誉名称	荣获时间	颁发单位
汤献春(男)、尹杰(女)、文华胜(男)、袁杰(男)	撰写的《保单执行中异议复议问题研究》在市高法院2021年执行异议复议调研课题中获优秀课题。	2021年12月	重庆市高级人民法院
刘　永	“十三五”干线公路养护管理工作先进个人	2021年4月25日	重庆市总工会
李奕奕	重庆市五一奖章	2021年	重庆市总工会
卢　强	重庆市五一奖章	2021年	重庆市总工会
李春霞	重庆市三八红旗手称号	2021年3月	重庆市人社局 重庆市妇联
张　强	2016—2020年重庆市法治宣传教育工作先进个人	2021年12月	重庆市委宣传部 重庆市人力资源和社会保障局 重庆市司法局
朱华友	2021年度政协新闻宣传先进工作者	2021年12月8日	重庆市政协
文　博	2021年度政协新闻宣传明星通讯员	2021年12月8日	重庆市政协
田时全	全市关心下一代工作终身成就奖	2021年11月	重庆市关心下一代工作委员会
周生蓉	全市关心下一代先进个人	2021年11月	重庆市关心下一代工作委员会、重庆市精神文明建设指导委员会办公室、重庆市人社局
赵明升	全市关心下一代先进个人	2021年11月	重庆市关心下一代工作委员会、重庆市精神文明建设指导委员会办公室、重庆市人社局

2022

铜梁年鉴

附录

2021年重点民生实事完成情况

（一）村镇设施建设方面

1．完成农村危房改造171户，其中C级57户、D级114户。

2．完成高楼镇涪江路塌岸治理工程主体工程。

3．全面完成旧县街道、安居镇、安溪镇、大庙镇4个受灾镇街公路路基、砼路面、生产便道、排洪沟修复，塌方段堡坎修筑，混凝土挡墙修建，泵房加高、机泵和变压器更换等。

4．全面完成乡村振兴泥结石路硬化330千米。

5．新建农村供水管网380千米。

6．全面完成农网改造项目，改造台区33个，新改建变压器44台、10千伏及以下线路30.85千米。

（二）城区环境提升方面

7．新建成5座公厕、改造5座公厕。

8．完成城区新改建垃圾压缩站5座，建制镇新改建垃圾压缩站5座。

（三）便民设施配套方面

9．为老旧小区加装电梯75部。

10．开通铜梁至龙头寺公交线路，开行投运城区至土桥、庆隆公交。

（四）劳动就业创业方面

11．开展职业培训12398人次。

12．发放创业担保贷款5809万元。

13．春送岗位（技能）活动，完成家政服务培训女职工50名；夏送清凉活动，慰问职工群众2500名；金秋助学活动，向困难农民工子女发放爱心助学礼包800份；冬送温暖活动，慰问困难企业3家，慰问劳模、困难职工、互助会特困会员、春节期间坚守岗位的一线职工等491名。

（五）医疗卫生惠民方面

14．完成25414名35—64岁城乡妇女“两癌”免费检查。

15．完成免费婚前医学检查3188对。

16．将2020年录入全国妇联“两癌”免费检查项目数据采集系统且符合救助条件的农村贫困“两癌”妇女实施全覆盖救助，完成救助17人，发放补助金18.5万元，实现应救尽救。

（六）民政扶弱济困方面

17．高楼、庆隆2所敬老院建成投用；动工建设大庙、蒲吕、平滩、白羊4所敬老院。

18．建成农村互助养老点348个。

19．为符合条件的低保对象、特困人员、孤儿、事实无人抚养儿童、部分享受国家定期抚恤补助的优抚对象（不含伤残人民警察、伤残国家机关工作人员）25721人按100元/人标准购买“民政惠民济困”商业保险。

20．开展残疾儿童康复服务208人次，改造残疾人家庭无障碍设施194户。

21．为全区参加城乡居民养老保险的退休人员提高待遇，增发120元/人。

（七）教育文化体育方面

22．建成投用金砂小学迁建工程。

23．全面完成2021年春期义务教育学校每生每天补助3元、2021年秋期农村地区义务教育学校每生每天补助1.5元、食堂运行经费义务教育学校每生每天补助0.6元。

24．全面完成西河小学学生食堂建设及新复小学学生公寓和食堂建设项目。

25．完成333个村社区农民健身点并完善266个农体工程建设。

2021年重庆市铜梁区国民经济和社会发展统计公报

重庆市铜梁区统计局

2022年2月24日

2021年，全区上下在区委、区政府的坚强领导下，坚持以习近平新时代中国特色社会主义思想为指导，深入学习贯彻党的十九大和十九届历次全会精神，认真落实党中央、国务院决策和市委、市政府部署，坚持稳中求进工作总基调，立足新发展阶段，贯彻新发展理念，积极构建新发展格局，统筹推进疫情防控和经济社会发展，扎实做好“六稳”“六保”工作，全区经济实现稳定增长，“十四五”开局良好。

一、综合情况

全年实现地区生产总值704.50亿元，比上年增长8.3%。分行业看，第一产业实现增加值63.94亿元，增长10.6%；第二产业实现增加值382.78亿元，增长7.5%；第三产业实现增加值257.79亿元，增长9.0%。三次产业结构比为9.1:54.3:36.6。

从三次产业对地区生产总值的贡献程度和拉动力看，第一产业贡献率11.8%，拉动地区生产总值增长1.0个百分点；第二产业贡献率48.7%，拉动地区生产总值增长4.0个百分点；第三产业贡献率39.5%，拉动地区生产总值增长3.3个百分点。

2021年末全区户籍人口总户数32.49万户，总人口84.55万人。其中，城镇人口40.33万人，乡村人口44.22万人。按人口年龄结构分，0—17岁14.73万人，18—34岁16.08万人，35—59岁34.47万人，60岁及以上19.28万人。按性别分，男性43.23万人，女性41.31万人。全区人口性别比（以女性为100，男性对女性的比例）104.6，其中出生婴儿性别比110.3。

全年促进城镇新增就业13351人，城镇登记失业人员就业3049人，就业困难人员就业2320人。累计开展职业培训12779人次，召开69场招聘会，702家企业累计提供岗位27938个。

全区新登记各类市场主体10093户。其中，企业2840户，农民专业合作社55户，个体工商户7198户。年末，全区市场主体总量达57874户。其中，企业14556户，农民专业合作社725户，个体工商户42593户。

二、农业

全区实现农业总产值98.10亿元，比上年增长9.8%；农业增加值65.40亿元，增长10.7%。粮食作物播种面积82.90万亩，增长0.6%；粮食产量35.50万吨，增长1.2%。蔬菜种植面积36.10万亩，增长3.6%；蔬菜产量77.30万吨，增长4.5%。生猪出栏47.09万头，增长32.2%；家禽出栏1808.77万只，增长4.4%。水产品产量3.95万吨，增长4.1%。

三、工业和建筑业

全年实现工业增加值272.72亿元，比上年增长9.5%，占地区生产总值比重38.7%；对地区生产总值的贡献率44.4%，拉动地区生产总值增长3.7个百分点。

全区规模以上工业企业366家，实现总产值693.80亿元，比上年增长12.3%。其中，大中型工业企业33家，实现总产值178.63亿元，增长14.2%，拉动规上工业总产值增长3.6个百分点。规模以上工业企业中，高新技术企业89家，实现总产值290.01亿元，增长16.9%，拉动规模以上工业企业总产值增长6.8个百分点；战略性新兴产业61家，实现总产值136.36亿元，增长18.7%，拉动规模以上工业企业总产值增长3.5个百分点；数字经济企业70家，实现总产值215.65亿元，增长18.9%，拉动规模以上工业企业总产值增长5.6个百分点。

分主导产业看，42家规模以上电子信息企业实现总产值114.15亿元，增长19.1%；188家规模以上装备制造企业实现总产值418.47亿元，增长13.8%；31家规模以上健康美妆企业实现总产值33.33亿元，增长20.0%。

规模以上工业企业营业收入增长11.3%；营业利润增长5.2%；资产负债率52.3%；产销率达97.6%。

全年实现建筑业增加值110.06亿元，比上年增长2.3%，占地区生产总值比重15.6%；对地区生产总值的贡献率4.3%，拉动地区生产总值增长0.4个百分点。

注册在铜具有资质等级纳入联网直报统计的建筑业企业114家。其中，总承包建筑业企业84家，专业承包建筑业企业30家。按资质等级分类，一级资质企业6家，二级资质企业19家，三级资质企业73家，不分等级企业16家。实现注册地建筑业总产值316.62亿元，增长15.4%。

四、服务业

全年批发和零售业实现增加值39.55亿元，比上年增长22.8%；交通运输仓储和邮政业实现增加值27.30亿元，增长7.7%；住宿和餐饮业实现增加值13.34亿元，增长17.7%；金融业实现增加值31.58亿元，增长3.7%；房地产业实现增加值29.92亿元，增长1.8%；其他服务业实现增加值114.63亿元，增长7.6%。

全区公路总里程4580千米。其中，高速公路90千米，国道52千米，省道257千米，农村公路4164千米。行政村通畅率达100%；村民小组通达率达100%，村民小组通畅率达100%；行政村通客车率100%。全年完成客运周转量26238万人/千米，货运周转量108397万吨/千米。

邮政业完成邮政函件业务4.12万件，包裹和快递业务592.51万件，快递业务收入1528.21万元。

五、国内贸易

全年社会消费品零售总额276.52亿元，比上年增长25.7%。分行业看，批发业零售额58.68亿元，增长17.4%；零售业零售额175.21亿元，增长27.0%；住宿业零售额1.25亿元，增长31.8%；餐饮业零售额41.38亿元，增长33.3%。

批发业实现销售额163.82亿元，增长51.0%；零售业实现销售额181.98亿元，增长29.3%；住宿业实现营业额2.87亿元，增长33.1%；餐饮业实现营业额51.27亿元，增长

29.8%。

在限额以上单位商品销售额中，机电产品及设备类增长273.7%，金银珠宝类增长52.9%，通信器材类增长46.7%，石油及制品类增长39.9%，五金、电料类增长31.8%，家具类增长30.6%，种子饲料类增长29.9%，化工材料及制品类增长29.8%，日用品类增长29.6%，服装、鞋帽、针纺织品类增长28.5%，建筑及装潢材料类增长25.7%。

六、固定资产投资

全年全社会固定资产投资总额比上年增长10.8%。其中，工业投资增长17.1%，占全社会固定资产投资比重为38.3%(工业技改投资增长13.1%，占工业投资比重为27.2%)。房地产开发投资增长43.6%，占全社会固定资产投资比重为18.3%。

商品房新开工面积106.59万平方米，比上年增长77.0%。商品房销售面积104.83万平方米，同比下降26.4%。其中，住宅销售面积77.60万平方米，增长3.1%；办公楼销售面积2.89万平方米，增长132.1%；商业营业用房销售面积11.31万平方米，同比下降46.0%。

七、对外经济

全年外贸进出口12.53亿元，比上年下降26.8%。其中，出口11.88亿元，同比下降26.8%；进口0.65亿元，同比下降23.6%。实际利用外资6461万美元。

八、财政金融

全年一般公共预算收入40.01亿元，比上年增长15.4%。其中，税收收入16.32亿元，下降11.6%。一般公共预算支出74.35亿元，下降0.2%。其中，一般公共服务支出7.92亿元，增长18.7%；公共安全支出3.88亿元，增长19.6%；教育支出13.89亿元，增长0.5%；科学技术支出0.91亿元，增长6.4%；社会保障和就业支出10.82亿元，增长28.7%；卫生健康支出6.71亿元，下降38.3%；节能环保支出2.10亿元，增长3.1%；城乡社区事务支出9.17亿元，下降29.0%。

全区共有银行业金融机构12家。年末全区银行业金融机构人民币存款余额604.69亿元，同比增长10.0%。其中，住户存款余额481.51亿元，同比增长10.8%；银行业金融机构人民币贷款余额433.40亿元，同比增长9.3%。银行业金融机构人民币存贷比71.7%。

全区共有证券公司2家，全年证券交易额413.28亿元，比上年增长4.2%。保险分支机构16家，全年保费收入11.21亿元，增长8.7%。

九、居民收入消费和社会保障

全年全体居民人均可支配收入36533元，比上年增长8.8%。其中，工资性收入19866元，增长8.8%；经营净收入7868元，增长7.1%；财产净收入1751元，增长2.1%；转移净收入7048元，增长12.8%。全体居民人均生活消费支出22178元，增长7.8%。其中，食品烟酒支出7364元，增长7.3%；衣着支出1993元，增长8.4%；居住支出3928元，增长5.8%；生活用品及服务支出3619元，增长8.0%；交通通信支出1854元，增长6.3%；教育文化娱乐支出1715元，增长8.2%；医疗保健支出1381元，增长17.8%；其他用品及服务支出324元，增长8.7%。

分城乡看，城镇常住居民人均可支配收入45972元，比上年增长8.3%。城镇常住居民人均生活消费支出27573元，增长7.8%。农村常住居民人均可支配收入23303元，增长10.3%。农村常住居民人均生活消费支出14617元，增长8.0%。

城乡居民收入比1.97:1，比上年缩小0.04个百分点。全体居民恩格尔系数33.2%。其中，城镇常住居民恩格尔系数31.9%，农村常住居民恩格尔系数36.5%。

年末城乡居民基本养老保险参保37.08万人；城镇企业职工养老保险参保14.14万人；机关事业单位养老保险参保1.41万人；工伤保险参保11.65万人；失业保险参保8.62万人。全区基本医保参保76.26万人。其中，职工医保11.87万人，居民医保64.39万人。

年末全区共有2747人享受城市居民最低生活保障，11478人享受农村居民最低生活保障。特困供养人员6387人。其中，城市特困人员救助供养人数3443人，农村特困人员救助供养人数2944人。

城市居民最低生活保障标准为636元/人·月，农村居民最低生活保障标准为515元/人·月，特困人员救助供养标准为827元/人·月，集中供养孤儿补助标准1477元/人·月，社会散居孤儿补助标准1277元/人·月。

十、教育和科学技术

全区共有各级各类学校250所。其中，幼儿园160所，小学62所，初中16所，普通高中5所，教师进修学校1所，职业中学1所，特校1所，专门学校1所，在铜高校3所。

全区在编教职工6054人。其中，普通高中1072人，职业中学180人，初中1818人，小学2751人，特校21人，幼儿园157人，教师进修校44人，技装中心11人。

在校学生13.77万人。其中，幼儿1.91万人，小学4.20万人，初中3.23万人，普通高中1.66万人，职业中学0.55万人，特校117人，高校2.21万人。

全区参加高考考生6582人，普通高考600分以上特优生502人，上线率11.09%，超市平均1.64个百分点；本科上线3049人，上线率67.38%，超市平均3.3个百分点；专科上线4492人，上线率99.27%，超市平均0.26个百分点。全区参加普通高中“联招”考试考生4445人，上线1747人，上线率为39.3%。700分以上特高分数段14人。

新培育科技型企业253家，总量达到793家；新培育国家高新技术企业35家，有效期内高新技术企业达到130家。果之王园艺研究院被评为市级新型研发机构，实现我区市级新型研发机构零的突破。

新增注册商标1378件，有效注册商标总量达9367件。其中中国驰名商标5件，地理标志证明商标8件。全区重庆名牌产品累计达78个，知名产品累计达24个，市长质量奖提名奖2个。

十一、文化旅游和卫生健康

铜梁区获评2021—2023年度“中国民间文化艺术(龙灯龙舞)之乡”。“铜梁龙灯彩扎”被国务院列入第五批国家级非遗项目名录。全区建成社区健身点67个，乡村健身点266个，农体工程266个，实现全区333个村(社区)健身点全覆盖，266个村农体工程全覆盖。开展流动文化服务进村活动1290场次，服务群众29.8万人次；开展送文艺演出、阅读推广、教育培训、展览展示等线上线下活动5109场次。高标准打造西郊花语悠游谷、少云故里、安溪茶叶旅游基地等一批优质乡村旅游项目，发展旅游民宿57家，建设原乡驿站8个。成功举办土桥荷文化旅游节等12场次精品乡村旅游节会。

土桥镇获评“全国乡村旅游重点镇”，土桥镇庆林村和河水村获评“重庆市乡村旅游重点村”。有线广播电视在册用户12万户。广播综合人口覆盖率99.7%；电视综合人口覆盖率99.8%。

全区接待游客1500万人次，比上年增长44.5%；实现旅游综合收入85亿元，增长87.4%。年末全区拥有A级景区8个。其中，4A级景区3个，3A级景区3个，2A级景区2个。星级酒店2家。

全区共有各级各类医疗机构853家。其中，区级医疗机构3家，镇(中心)卫生院23家，社区卫生服务中心5家，村卫生室554家，社会办医疗机构268个。全区医疗卫生机构卫生人员总数5760人，执业(助理)医师2223人，注册护士2623人。全区医疗卫生机构编制床位总数3983张。年末累计接种新冠病毒疫苗147.54万剂。完成25414名城乡妇女“两癌”免费检查初筛。开展免费婚前医学检查3188对。组建家庭医生团队181个，开展签约服务241317人。新生儿疾病筛查率98.5%，婴儿死亡率2.8‰，5岁以下儿童死亡率4.2‰。基础“八苗”接种率99.1%。公共场所母婴设施配置率达100%。完成卫生厕所改造3606户。

十二、资源、环境和应急管理

规模以上工业综合能源消费量55.51万吨标准煤，产值能耗强度0.08吨标准煤/万元。

全年总降水量1128.7毫米；治理水土流失面积5平方千米。

全年全区空气质量优良天数达324天，PM2.5年均浓度38微克/立方米。城市生活污水集中处理率达98%以上，乡镇生活污水处理率达85%以上，生活污水处理达标率达100%。琼江、小安溪地表水断面全部达到地表水Ⅲ类水质要求，城市集中式饮用水水源水质达标率达到100%。

完成营造林建设9.7万亩，成功创建绿色示范村17个，森林覆盖率达到48%。

建成区新增绿地面积60.01公顷，建成区累计绿地面积1697.90公顷。

全年全区共发生各类安全生产事故15起，死亡15人。其中，道路交通事故6起，死亡6人。

注：

1.本公报中2021年数据均为初步统计数，最终数据以《铜梁统计年鉴2021》为准，部分数据因四舍五入的原因，存在与分项合计不等的情况。

2.地区生产总值以及各产业、行业增加值绝对量按现价计算，增长速度按可比价计算。

3.规模以上工业总产值含区供电公司数据。

4.邮政数据仅包括中国邮政集团有限公司重庆市铜梁区分公司数据。

5.恩格尔系数是指居民食品烟酒消费支出占全部生活消费支出的比重。

6.行业统计标准：

规模以上工业：年主营业务收入2000万元及以上的工业法人单位。

资质以上建筑业：有总承包、专业承包资质的建筑业法人单位。

限额以上批发和零售业：年主营业务收入2000万元及以上的批发业、年主营业务收入500万元及以上的零售业法人单位。

限额以上住宿和餐饮业：年主营业务收入200万元及以上的住宿和餐饮业法人单位。

房地产开发经营业：全部房地产开发经营业法人单位。

规模以上服务业：年营业收入2000万元及以上的交通运输、仓储和邮政业，信息传输、软件和信息技术服务业，水利、环境和公共设施管理业，卫生；年营业收入1000万元及以上的租赁和商务服务业，科学研究和技术服务业，教育，物业管理、房地产中介、房地产租赁经营和其他房地产业；年营业收入500万元及以上的居民服务、修理和其他服务业，文化、体育和娱乐业，社会工作。

资料来源(以文中数据为序)：

本公报中户籍人口数据来自区公安局；就业、社会保障(除医疗保险)数据来自区人力社保局；各类市场主体、商标、名牌产品数据来自区市场监管局；道路、周转量数据来自区交通局；邮政数据来自中邮铜梁分公司；对外经济数据来自区商务委；财政数据来自区财政局；银行数据来自合川人行；证券、保险数据来自区金融发展中心；医疗保险数据来自区医保局；最低生活保障、特困数据来自区民政局；教育数据来自区教委；科技数据来自区科技局；文化旅游数据来自区文化旅游委；有线广播电视用户、电视综合人口覆盖率数据来自重庆广播电视信息网络有限公司铜梁分公司；广播综合人口覆盖率数据来自区融媒体中心；卫生数据来自区卫生健康委；改厕数据来自区农业农村委；降水量数据来自区气象局；治理水土流失数据来自区水利局；环保数据来自区生态环境局；林业数据来自区林业局；绿地数据来自区城管局；安全生产数据来自区应急局；其他数据来自区统计局。

铜梁区行政区划一览表

镇、街道	社区数(个)	社区名称	村数(个)	村名称
巴川街道	11	东方社区 正街社区　东城社区 和平社区　龙山社区 体育街社区　八一路社区 仙鱼社区　淮远社区 袁家社区　柿花社区	5	大雁村　接龙村　玉皇村　千年村 盘龙村
东城街道	9	塔山社区　全兴社区 晏渡社区　姜家岩社区 金龙社区　长坡社区 龙城社区　玉泉社区 双门社区	7	飞凤村　花院村　安全村　水星村 拦马村　梁祝村　青羊村
南城街道	7	南门社区　南城社区 两路社区　岳阳社区 桐子社区　白龙社区 团结社区	9	河东村　马滩村　巴岳村　翠英村 梯子村　黄桷门村　鱼溅村 聚星村　西来村
蒲吕街道	5	葫芦社区　新市社区 穆莲社区　大坪社区 龙桥社区	10	青山村　沙坝村　新联村　善心村 康济村　人和村　平安村　沙心村 石虎村　大塘村
旧县街道	3	金钟社区 万寿社区 人和社区	17	永兴村　金钟村　檬梓村　石砚村 四龙村　宋坪村　双兴村　箭高村 丁家村　九塘村　中峰村　龙洞村 永清村　祝家村　白果村　长河村 大观村

续表

镇、街道	社区数(个)	社区名称	村数(个)	村名称
土桥镇	1	桃溪社区	10	高桥村 大磨村 六赢村 黄沙村 新田村 河水村 庆林村 新房村 高垭村 石庄村
二坪镇	1	兴龙社区	6	二郎村 隘口村 狮子村 中山村 严家村 三房村
水口镇	1	清泉社区	4	树荫村 汪祠村 天寨村 大滩村
安居镇	4	大南社区 临江社区 会龙社区 大田社区	13	龙兴村 赛龙村 玉顶村 石马村 琵琶村 紫极村 淘河村 龙泉村 杨乐村 杨寿村 四面村 象山村 七佛村
白羊镇	1	金羊社区	7	羊咀村 水碾村 清晏村 金铃村 凤凰村 兵马村 石船村
平滩镇	1	龙潭社区	17	万桥村 洋海村 华光村 新华村 插腊村 青杠村 珠玉村 高平村 四方村 惠风村 太安村 红河村 立灯村 金竹村 洪太村 玉龙村 团宝村
双山镇	1	双河社区	7	双泉村 岩湾村 寿桥村 大理村 群坊村 喻兴村 建新村
小林镇	1	团山社区	4	圣灯村 庆云村 鱼龙村 华寿村
虎峰镇	4	新生社区 华西社区 建新社区 温泉社区	22	石岭村 久远村 石柱村 水鸭村 东山村 天锡村 纯古村 太公村 青符村 双桥村 翰林村 轮桥村 石寨村 回龙村 西泉村 进仕村 双龙村 群力村 前进村 滴水村 石梯村 庙湾村
福果镇	1	福兴社区	10	林宇村 三星村 三多村 西山村 河兴村 团实村 荷香村 龙岗村 高山村 三元村
石鱼镇	1	鱼兴社区	8	兴红村 东店村 联丰村 长乐村 盐田村 三和村 兴发村 太康村

续表

镇、街道	社区数(个)	社区名称	村数(个)	村名称
少云镇	2	琼江社区 长滩社区	12	少云村　大佛村　七宝村　老君村 转龙村　海棠村　向阳村　石庙村 塔坡村　高碑村　双堰村　砚池村
高楼镇	1	龙源社区	4	涪江村　高楼村　莲花村　盘石村
维新镇	1	龙翔社区	7	槐树村　新滩村　营基村　沿河村 新堰村　双石村　杨柳村
大庙镇	1	文兴社区	11	黄升村　石兴村　龙岩村　双鹅村 大狮村　金桂村　双马村　三品村 双胜村　东森村　莲胜村
围龙镇	1	龙升社区	13	龙井村　龙鸣村　龙湾村　龙苑村 化龙村　龙珠村　合龙村　龙隐村 龙湖村　龙韵村　腾龙村　龙神村 卧龙村
华兴镇	1	惠民社区	6	犀牛村　茯苓村　三塘村　香山村 明月村　团林村
庆隆镇	1	镜滩社区	4	冬笋村　金源村　庆新村　同康村
永嘉镇	1	嘉庆社区	13	围永村　永东村　竹海村　高龙村 大兴村　蓝山村　复兴村　圣水村 明山村　塘坪村　和益村　万年村 幸福村
西河镇	1	长兴社区	7	西河村　新四村　龙岭村　大珑村 双永村　兴建村　三善村
安溪镇	1	顺河社区	4	金滩村　安康村　龙峰村　谭洪村
侣俸镇	3	池水河社区 中兴社区 竹园社区	19	水龙村　新学村　柏香村　石蛤村 永乐村　玉林村　西岳村　保乡村 文曲村　石河村　志和村　天星村 保宁村　凤飞村　妙明村　白塔村 三石村　坪堰村　太石村
太平镇	1	白云社区	10	凉水村　垣楼村　白云村　余家村 太平村　坪漆村　双福村　万寿村 团碾村　铁鹅村
合计	67		266	

重庆市铜梁区组织机构及其领导班子名录

区级领导班子名录

★中共重庆市铜梁区委员会

书　　记｜唐小平(8月离任)　谭　庆(8月到任)
副 书 记｜姜国杰(8月离任)　万　隆(9月到任)　朱华伦(12月离任)
屈　锐(女)(12月到任)
常　　委｜钟　伟(8月离任)　何建伟(12月离任)　陈益国(12月离任)　胡华超(12月离任)
屈　锐(女)　张　波(11月离任)　杨贤忠(12月到任)　江　涛　廖　强
汪桥生(8月到任)　杨逊红(11月到任)　李兆龙(11月到任)
何晓萍(女)(11月到任)　周良华(12月到任)

★重庆市铜梁区人大常委会

主　　任｜叶永海
副 主 任｜王　敏(女)　谢发耀　秦玉梅(女)　魏加奎　龙其贤(女)(3月到任)

★重庆市铜梁区人民政府

区　　长｜姜国杰(8月离任)　万　隆(9月到任)
副 区 长｜胡华超(常务)　杨贤忠　蒙格丽(女)(8月离任)　黄　科　梅玉军(11月离任)
夏　斌　王小波

★政协重庆市铜梁区委员会

主　　席｜严永超
副 主 席｜张学农　杨大怀　汪德富　李治伦　曹定福　陈庆华(女)　曾　祎(女)(3月到任)

中共重庆市铜梁区纪委
（重庆市铜梁区监察委员会）

书　　记｜汪桥生　钟　伟（9月离任）（监委主任）
副书记｜张　勇（监委副主任）　陈炳模（监委副主任）　胡绪强（监委副主任）
纪委常委｜黄恩来（监委委员、正处级）　王　勇（监委委员、正处级）
唐　娟（监委委员、正处级）　欧　兵　盘　燕
监委委员｜王道萍　龙　飞
纪委监委办公室主任｜周文斌
纪委监委组织部部长｜夏　薇
纪委监委宣传部部长｜杨相军
纪委监委党风政风监督室主任｜谢　超
纪委监委信访室主任｜彭志强
纪委监委案件监督管理室主任｜张和平
纪委监委第一监督检查室主任｜陈爱忠
纪委监委第二监督检查室主任｜陈　龙
纪委监委第三监督检查室主任｜胡　萍
纪委监委第四监督检查室主任｜朱代君
纪委监委第五监督检查室主任｜饶　竞
纪委监委第六监督检查室主任｜柏志芬
纪委监委第七审查调查室主任｜郭　雷
纪委监委第八审查调查室主任｜吴　春
纪委监委第九审查调查室主任｜刘明堂
纪委监委第十审查调查室主任｜张　飞
纪委监委案件审理室主任｜陈　宇
纪委监委纪检监察干部监督室主任｜刘兴斌
监委派出第一监察室主任｜喻　红
监委派出第二监察室主任｜汪　霞
监委派出第三监察室主任｜鲁　超
监委派出第四监察室主任｜赵　英
监委派出第五监察室主任｜郭明勇
监委派出第六监察室主任｜黄　群

重庆市铜梁区人民法院

院　　长｜张俊文

副　院　长 | 张仁文　张　勇　毕耀才
政治处主任 | 赖　萍
执行局局长 | 王洪斌
纪检组组长 | 肖扬帆
法院审判委员会专职委员 | 汤献春　郭辉刚　罗光模

★重庆市铜梁区人民检察院

检 察 长 | 冉　劲　曾廷全(3月离任)
副检察长 | 何　书(正处级)　李海燕(4月任职)　张　涛(11月离任)(正处级)
纪检组长 | 刘朝东(正处级)
检察院检察委员会专职委员 | 杨德瑜　李涪燕

★中国人民解放军重庆市铜梁区人民武装部

部　　长 | 王露顺
政　　委 | 江　涛
副 部 长 | 湛　军

区级部门领导班子名录

★区委办公室

主　　任 | 何春雨(档案局局长)
纪委监委驻区委办公室纪检监察组组长 | 周祖华
保密委专职副主任 | 汪　亮
副　　主　　任 | 黄兆全　邓　洋　李福川
改革促进中心副主任 | 王　锦

★区人大常委会办事机构

办 公 室 主 任 | 郑跃润
副　　主　　任 | 周　兵
人 代 工 委 主 任 | 刘登刚
副　　主　　任 | 丁　平
文 教 工 委 主 任 | 张世友

副主任｜陈代林
农业工委主任｜张新全
副主任｜周红旗
监察和法制委主任｜陶小平
副主任｜李世红
城环委主任｜李　江
副主任｜贺立新
财经委主任｜汤启玲
副主任｜王远平（正处级）
社会建设委主任｜李　文
副主任｜陈　琼（正处级）

★区人民政府办公室

主任｜徐　波（外事办主任）
纪委监委驻区政府办公室纪检监察组组长｜周优能
副主任｜汪文波　周泉丞　陈　鑫
政府经济研究中心主任｜邓恒云
政府经济研究中心副主任｜喻　韬　肖翠焕
电子政务管理中心主任｜王　刚

★区政协办办事机构

秘书长｜印才英
副秘书长｜夏　勇
经科专委主任｜张　卫
副主任｜施晓倩
社会和法制专委主任｜刘　兵
副主任｜陈汝亮
教科卫体委主任｜邓永清
农业农村委主任｜李书平
文史专委主任｜陈方正
副主任｜汪　谧
联络专委主任｜周维凤
副主任｜杨光伟（正处级）

★区委组织部

部　　长｜何晓萍(11月到任)　张　波(11月离任)
纪委监委驻区委组织部纪检监察组组长｜胡荣华
副部长｜刘艳(常务)　李　凯　王长锋
部委委员｜侯守李

★区委宣传部

部　　长｜杨贤忠(11月任职)　屈　锐(11月离任)
副部长｜闫　强(常务)　涂伟生(正处级、新闻出版局局长)
马　兰(区政府新闻办主任)

★区委统战部

部　　长｜何建伟
副部长｜何　忠(常务)
王万勇(正处级、区民宗委主任、区政府侨务办公室主任)

★区委政法委

书　　记｜周良华
副书记｜李祥华(常务)　蒋　伟　左春华(社会治理创新中心主任)　丁生堂
政治处主任｜彭　宁
防邪办副主任｜杨　朔
社会治理创新中心副主任｜谭　卫　尹利君

★区委研究室

主　　任｜唐　翔
副主任｜蒋承兵　唐思华

★区委网信办

主　　任｜陈　党(区网信办主任)
区互联网信息中心主任｜杨洪伟(六级职员)

★区委编办

主　　任｜游国辉（组织部副部长、公务员局局长）

副 主 任｜谢显刚

★区委巡察办

主　　任｜陈炳模

副 主 任｜赵克昌　李先君

巡察组专员｜李兴万　肖　斯　唐登云　郭光宏　米　萍

★区委老干局

局　　长｜肖舒丹（组织部副部长）

副 局 长｜宗　程

★区机要保密局

局　　长｜王科友

★区党史地方志研究中心

副 主 任｜蒋思凤

★区委党校

校　　长｜屈　锐

副 校 长｜张　勰（常务）　李　勇（正处级）　邱　红

校务委员｜刘　波

★区融媒体中心

主　　任｜邓　斐

总 编 辑｜周　娟

副 主 任｜刘德书　陈　果　赵兴明　肖明益

★ 区发展改革委

主　　任 | 周伟峰
纪委监委驻区发改委纪检监察组组长 | 王开忠
副 主 任 | 丁　娟　李　伟　冯　琴

★ 区教委

主　　任 | 唐建民(教育工委书记)
教育工委副书记 | 高国民(正处级)
区纪委监委驻区教委纪检监察组组长 | 尹祚乐
副主任(教育工委委员) | 曾晓海　李　军　周良平
教育工委委员 | 张晓利　周茂伟(区教委总督学)

★ 区科技局

局　　长 | 张　跃
副 局 长 | 刘啟勇(正处级)　王　勇

★ 区经济信息委

主　　任 | 吴　别
副 主 任 | 曾西明(正处级)　周　琴　杨晓波

★ 区公安局

局　　长 | 夏　斌
副 局 长 | 赵廷刚(常务)　赵吉红　杨　涛　魏远空
政治处主任 | 高万洪
区纪委监委派驻区公安局纪检监察组组长 | 刘　斌

★ 区民政局

局　　长 | 朱华友
副 局 长 | 邱光兵　刘　爽

★区司法局

局　　长｜彭　宏
副 局 长｜杨春燕　余　敏
政治处主任｜戴　红

★区财政局

局　　长｜刘　志
区纪委驻区财政局纪检监察组组长｜陈民科
副 局 长｜欧建军　周志勇　喻小非

★区人社局

局　　长｜陈　瑜
副 局 长｜姜正德　杨　帆　郑渝强
社会保险事务中心主任｜宋关心(正处级)
就业和人才中心主任｜刘世福(正处级)

★区生态环境局

局　　长｜张光明
副 局 长｜张忠杰　秦　伟　周永强
生态环境保护综合行政执法支队支队长｜李长洪
生态环境保护综合行政执法支队政委｜王晓友

★区住房和城乡建委

主　　任｜王昌友(民防办主任)
副 主 任｜姚庆峰　马良辉　唐金剑
土地房屋征收管理中心主任｜何　渝
土地房屋征收管理中心副主任｜杨　强
纪委监委派驻区住房和城乡建委纪检监察组组长｜陈显芬

★区城市管理局

局　　长｜张光文(城市管理综合行政执法局局长)

副 局 长 | 龙思梅　杨中荣
城市管理综合行政执法支队支队长 | 黄德生
城市管理综合行政执法支队政委 | 张小红

★区交通局

局　　长 | 张　勇
副 局 长 | 陈旭坤　周春花　谭洪平
交通运输综合行政执法支队支队长 | 杨　峰
交通运输综合行政执法支队政委 | 张　强

★区水利局

局　　长 | 李　琼
副 局 长 | 向世强　吴　江　尹远明

★区农业农村委

主　　任 | 张焕兵(农业农村工委书记、乡村振兴局局长)
农业农村工委副书记 | 王守军(正处级)
副 主 任 | 杨晓林　熊小莉
纪委监委驻区农委纪检监察组组长 | 袁小林
农业综合行政执法支队支队长 | 李大春
农业综合行政执法支队政委 | 戴安勇

★区商务委

党组书记 | 陆学福
主　　任 | 刘紫耀
副 主 任 | 陈小波　徐婷婷　彭建平

★区文化旅游委

主　　任 | 严　勇(体育局局长)
副 主 任 | 龚剑宇　李　亚　高晓涛
文化市场综合行政执法支队支队长 | 邓　军
文化市场综合行政执法支队政委 | 任　维

★区卫生健康委

主　　任｜周良华

党委副书记｜唐丽珊(正处级)

纪委监委驻区卫生健康委纪检监察组长｜周光燕

副 主 任｜王　强　亢丽霞　唐升长

卫生健康综合行政执法支队支队长｜陈国庆

卫生健康综合行政执法支队政委｜周光灿

★区退役军人事务局

局　长｜程绪友

副局长｜刘文伦(正处级)　唐　林

★区应急管理局

局　　长｜张正全

副 局 长｜段义勇　龙云兵　游华明

应急救援中心主任｜梁　博

★区审计局

局　　长｜罗昌西

副 局 长｜刘　黎　向　红

纪检组长｜徐德富

经济责任审计工作联席会议办公室主任｜符　蓉

★区统计局

局　　长｜金治海

副 局 长｜刘　念　赵文娟　李　建

★区医疗保障局

党组书记｜李祖建

局　　长｜周　莲

副 局 长｜刘　霞

医疗保障事务中心主任 | 杨　芳

★区林业局

局　　长 | 叶常松
副 局 长 | 龚　碧　姚　伟

★区信访办

主　　任 | 曾永生(政府办副主任)
副 主 任 | 刘开勇　刘定航　颜　航
督查专员 | 何德凯　蒋和唐

★区机关事务局

局　　长 | 杨　晋
副 局 长 | 冉顺江　贺李霞

★区大数据发展局

局　　长 | 周　凡
副 局 长 | 贺　杨

★区招商投资局

局　　长 | 甘珊麟
副 局 长 | 肖　瑜　陈　瑶　石云川

★高新区管委会

党工委副书记 | 任建平(管委会常务副主任)　秦佳宾
管委会副主任 | 王　婧　匡安全
高新区企业服务中心主任 | 张先利
口岸和物流服务中心主任 | 杨　旭

★淮远新区管委会

党工委书记｜赵光友(管委会主任)
管委会副主任｜杨家麒

★国家农业科技园区管委会

党工委书记｜李锦峰(管委会主任)
管委会副主任｜秦建春(正处级) 刘 强

★龙城天街商圈管委会

党工委书记｜陈 立(管委会主任)
管委会副主任｜魏全伟 王河静

★安居古城景区管委会

管委会主任｜彭小影
管委会副主任｜汪书红

★区供销社

主 任｜张桂生
副主任｜吴金泉 周永新 高凯碧

★农工党铜梁区工委

专职副主委｜杨秋华

★区工商联

主 席｜王宗立
副主席｜袁红梅(常务) 汪克霞
秘书长｜周晓梅

★区总工会

主 席｜谢发耀

副主席｜潘国庆(常务)　邱　英　秦　敏

★团区委

书　　记｜韩　莉
副书记｜汪正玲　李　鑫

★区妇联

主　　席｜张　燕
副主席｜刘云惠　黄　怡

★区残联

理事长｜蒋文勇
副理事｜肖师在

★区科协

党组书记｜柳建华
主　　席｜陈恒煦
副主席｜游　伟

★区文联

主　　席｜秦启江
副主席｜何　磊

★区社科联

主　　席｜张世友
副主席｜秦　剑

★区侨联

主　　席｜朱家春

★ 区计生协

副 会 长 | 陈　琼(常务)
秘 书 长 | 谢显云

★ 区档案馆

副 馆 长 | 张　浩　徐　彬

★ 区市民服务和营商环境促进中心

主　　任 | 唐　娟
副 主 任 | 陈恒秀　童中雄

★ 区公共资源交易中心

主　　任 | 邱　东
副 主 任 | 赵加洪

★ 区金融发展中心

主　　任 | 刘秀丽
副 主 任 | 马振新　叶相伟

★ 区国资中心

主　　任 | 李　江
副 主 任 | 龙训伦　段礼华

★ 区畜牧业发展中心

主　　任 | 王咏忠
副 主 任 | 石　柱

★ 铜梁中学

校　　长 | 陈　亮
党委书记 | 周有龙(副校长)

副 校 长 | 王华春　胡德冰　周　会
纪委书记 | 胡川黔

★ 铜梁一中

校　　长 | 李　勇
党委书记 | 苏在明(副校长)
副 校 长 | 赵　峰　李　永
纪委书记 | 杨龙刚

★ 铜梁二中

校　　长 | 罗昌明
党委书记 | 黄恩维(副校长)
副 校 长 | 刘思才　张达勇
纪委书记 | 夏远学

★ 职教中心

校　　长 | 解朝旭
党委书记 | 欧利民(副校长)
副 校 长 | 高文禄　童光法　陈光勇
纪委书记 | 严丽红

★ 教师进修学校

校　　长 | 李奕奕
党委书记 | 阳兴春(副校长)
副 校 长 | 胡拥军　刘启龙
纪委书记 | 杨一洪

★ 人民医院

党委书记 | 刘人铭
院　　长 | 王厚明
副 院 长 | 高尚秀　陈　浩　曹　剑
纪委书记 | 杨　杰

★ 中医院

党委书记｜许　安
院　　长｜傅念生
副 院 长｜傅廷斌　刘　智　李卫国
纪委书记｜何品姝

★ 妇女儿童医院

党委书记兼院长｜谢海峰
副　　院　　长｜胡云川　廖　斌　姜和兰　尹　勇

★ 疾病预防控制中心

主　　任｜张隆云

★ 鹏程物资公司

董事长兼总经理｜熊泽钢

★ 金龙城建公司

董　事　长｜喻道萍
总　经　理｜朱建东
监事会主席｜詹宗云
副 总 经 理｜胡　利　周晓丽　彭远华　官红元　张成洪

★ 绅鹏公司

董　事　长｜李知亮
总　经　理｜廖金龙
监事会主席｜吴悦章
副 总 经 理｜张旭东　龙　玲　刘　允

★ 安居华夏文旅公司

董　事　长｜刘　强

总　经　理｜胡　建
监事会主席｜刘利萍
副总经理｜何世波　刘长江　张久洪　王　斌

★龙廷公司

董事长｜陈　刚
总经理｜雷　田
副总经理｜高山茗　孟　江

★玄天湖旅投公司

董　事　长｜刘　云
总　经　理｜庞登科
监事会主席｜吴国强
副总经理｜谭金中　杨　勇

★龙裕城乡建设开发有限公司

董事长｜刘劲松
总经理｜周　俊
副总经理｜王　勇　肖朝芳

★金庙公司

董事长兼总经理｜廖金龙
监事会主席｜吴悦章
副　总　经　理｜徐斌峰　池华宣

市管在铜单位领导班子名录

★区规划自然资源局

局　　长｜欧朝刚
副局长｜周安宏　袁云兰

土地整治储备中心主任｜王志诚

土地整治储备中心副主任｜冯　炯　兰天宏　杜流洪

★区市场监管局

局　　长｜周光辉

副 局 长｜冉茂波　姚　雄　罗明海　董永华　朱　勇　邓　超

综合行政执法支队支队长｜任　伟

纪检组长｜黎鹤立

★区税务局

局　　长｜冉洪波

副 局 长｜游浩东　杨　兵　张强辉　王　昆

纪检组长｜祝　浪

总经济师｜童　强

总会计师｜杜省宾

★区气象局

局　　长｜廖向花

副 局 长｜何　杨　蔡国强

★区烟草局

党组书记｜何　杨

副 局 长｜秦　伟

副 经 理｜谢秀丽

★区住房公积金中心

主　　任｜蒋光琴

副 主 任｜杰永兰

★邮政公司

总 经 理｜付克开

副总经理 | 陈昌勇　周旭晓

★电信公司

总 经 理 | 林国明
副总经理 | 杨　平　张　蒲　陈　勇

★移动公司

总 经 理 | 谭开键
副总经理 | 黎　力　刘　波

★联通公司

总 经 理 | 曾佩双(3月任职)　余　力(3月离任)
副总经理 | 杨家强

★粮食公司

党委书记 | 朱启学
党委副书记、纪委书记 | 文人辉
副总经理 | 甘华中　胡正亚

★供电公司

总 经 理 | 汤雪松
党委书记 | 王建明
副总经理 | 陶　宏　刘录东　吴　彬　蒋　伟
纪委书记、工会主席 | 汪业平

★有线电视网络公司

分公司总经理 | 曾　立
分公司副总经理 | 王　洪　弓　科

★ 龙泽水务公司

董 事 长 | 杨川红(3月任职)
总 经 理 | 刘　淑(3月任职)　蔡　源(3月离任)
督察专员 | 柴学松
副总经理 | 张强富　徐　然　陈学建(4月任职)

在铜金融机构

★ 农业发展银行

行　　长 | 韩　军
副 行 长 | 刘全泉

★ 中国银行

行　　长 | 张亚琼(10月任职)　段　勇(10月离任)
副 行 长 | 罗　莉

★ 工商银行

行　　长 | 陈　典
副 行 长 | 梁晓明　梁　剑　钱　瑜

★ 农业银行

行　　长 | 张　俊
副 行 长 | 毛昂舟　谢　筱(行长助理)
纪委书记 | 孙　彤

★ 建设银行

行　　长 | 郑启斌
副 行 长 | 张春花　曾　颖(10月离任)　赵明刚
纪检组长 | 陈海峰

★重庆银行

行　　长｜易笑天
副行长｜邢光会　肖　武

★重庆农商行

行　　长｜康　波
副行长｜余　新　左　军(纪委书记)　舒　鹏

★邮储银行

行　　长｜曹　琴
副行长｜赵昭栩(5月任职)(纪检委员)　余承蔚(7月离任)

★三峡银行

行　　长｜汤启海
副行长｜徐　银

★浦发村镇银行

行　　长｜鄢兴强
行长助理｜刘晓海　晏显兵

★哈尔滨银行

行　　长｜李建勇(9月任职)　丁胜利(9月离任)
行长助理｜张　冉

★民生银行重庆铜梁小微支行

行　　长｜李　欣

2022

铜梁年鉴

索引

索引

说 明

一、本索引采用主题分析索引法编制。按主题词首字汉语拼音顺序排列，其余按页码顺序排列。索引主题词后的阿拉伯数字表示该主题内容所在页码。

二、“数字铜梁”“特载”“专记”“大事记”“统计资料”“附录”等部分的具体内容和有关单位的“综述”，镇街的“概况”“经济发展”“社会发展”“党的建设”等统一条目因相对固定，未做索引。

三、类目、分目用黑体字排印，其余款目用宋体字排印。

A

B

C

D

E

F

G

H

J

T

W

X

Y

Z